# 中國古代政治制度與歷史地理

——嚴耕望先生百齡紀念論文集

香港中文大學歷史系中國歷史研究中心、新亞研究所 編

齊魯書社

圖書在版編目（CIP）數據

中國古代政治制度與歷史地理：嚴耕望先生百齡紀念論文集/香港中文大學歷史系中國歷史研究中心，新亞研究所編.--濟南：齊魯書社，2019.12
ISBN 978-7-5333-4257-9

Ⅰ.①中… Ⅱ.①香… ②新… Ⅲ.①政治制度史－中國－古代－文集②歷史地理－中國－古代－文集 Ⅳ.①D691.2-53②K928.62-53

中國版本圖書館CIP數據核字(2019)第292655號

責任編輯：李軍宏　史全超
封面設計：郭　覲
版式設計：劉羽珂

中國古代政治制度與歷史地理
——嚴耕望先生百齡紀念論文集
ZHONGGUO GUDAI ZHENGZHI ZHIDU YU LISHI DILI
香港中文大學歷史系中國歷史研究中心、新亞研究所 編

| | |
|---|---|
| 主管單位 | 山東出版傳媒股份有限公司 |
| 出版發行 | 齊魯書社 |
| 社　　址 | 濟南市英雄山路189號 |
| 郵　　編 | 250002 |
| 網　　址 | www.qlss.com.cn |
| 電子郵箱 | qilupress@126.com |
| 營銷中心 | （0531）82098521　82098519　82098517 |
| 印　　刷 | 山東新華印務有限公司 |
| 開　　本 | 787mm×1092mm　1/16 |
| 印　　張 | 27.75 |
| 插　　頁 | 3 |
| 字　　數 | 580千 |
| 版　　次 | 2019年12月第1版 |
| 印　　次 | 2019年12月第1次印刷 |
| 印　　數 | 1—800 |
| 標準書號 | ISBN 978-7-5333-4257-9 |
| 定　　價 | 148.00圓 |

# 弁　言

李啓文

《中國古代政治制度與歷史地理——嚴耕望先生百齡紀念論文集》，蓋“嚴耕望先生百齡紀念學術研討會”之晚果也。

2016年，值嚴師歸田先生冥壽百齡而辭世廿載，若借此而舉辦學術研討會，既可表彰先生於學術上之貢獻；亦可用爲紀念，以示後學之不忘師教。先是，2015年夏，余拜訪香港中文大學歷史系中國歷史研究中心主任黎明釗教授，蒙黎教授聯絡，香港中文大學歷史系系主任葉漢明教授、新亞書院院長黄乃正教授、新亞研究所所長劉楚華教授先後俯允，“嚴耕望先生百齡紀念學術研討會”遂由香港中文大學歷史系中國歷史研究中心、新亞書院、新亞研究所合辦，新亞研究所校友會教育文化有限公司協辦，於2016年10月14日至15日假香港中文大學馮景禧樓2樓文學院會議室舉行。

研討會蒙大陸（内地）與臺灣、香港、澳門三地區學人支持，復蒙香港中文大學歷史系系主任黎明釗教授、新亞書院院長黄乃正教授、新亞研究所所長劉楚華教授主持開幕典禮；才俊地靈，無别蘭亭之會；秋高氣爽，有逾滕閣之歡。所可惜者，許倬雲教授、邢義田教授等因事未克赴會；而榮新江教授、辛德勇教授、侯旭東教授、凍國棟教授等，或以繁忙，或因抱恙，皆未能出席。幸鄒逸麟教授、陳國燦教授、鄭永常教授雖因事未能踐約，仍惠賜鴻文；朱雷教授、廖伯源教授、劉增貴教授、陳尚君教授等，皆撥冗莅臨；辛德勇教授復賜詩致慶；諸學人并發表鴻篇巨製；而一衆曾受教於嚴師之前輩學長，亦紛紛出席，細訴曩昔嚴師授課之泥鴻。學人析義，吐鳳含章；故舊緬懷，感恩受教。研討會最終圓滿結束。

然最可嘆者，蘇慶彬教授及宋叙五教授原允出席，并欲撰寫論文，詎於是年（2016）九月先後辭世。乜小紅教授既已撰寫論文，亦擬來港赴會，却因病而未果，尋且溘然長逝，良可慨嘆。陳國燦教授竟於本年（2018）六月上旬仙化，其文章雖寫就，惜梓匠尚蹉跎，縱成書而未睹，徒嗟嘆以奈何。蓋壽夭難期，哀樂有感者也。

研討會結束後，擬裒輯各篇文章，出版論文集以爲紀念；然雷家驥教授、乜小紅教授之論文，已先投他刊；耿慧玲教授之論文，亦收入其專著之内；故今徵集所得（各篇文章已經作者修訂），共得二十三篇，其中或有如資料彙編者，亦在收録之列，蓋存當日會議之舊也。論文集之出版，承香港中文大學歷史系中國歷史研究中心、新亞研究所出資，澳門大學中文系鄧國光教授、新亞研究所校友黄樹志先生又津貼若干，方得付諸剞劂；受惠多方，唯存感荷。

論文集由香港中文大學歷史系中國歷史研究中心與新亞研究所合編。各作者行文習慣互有差别者，今已統一體例；而文章用字，皆遵出版之規範。至於論文内原附地圖者，因出版條件所限，未能朱墨套印，悉皆删去，特此説明。

初，承朱雷教授聯絡，論文集擬交由某出版社付梓。詎去歲（2017）孟夏，出版社來函，謂出版論文集一事須中止。劇變遽聞，徬徨不已。幸蒙友人轉介，終覓得齊魯書社編校出版，幾番波折，始克梓行。昔1941年夏，歸田師自武漢大學畢業後，旋入齊魯大學國學研究所①；今七十餘年後，研討會論文集輾轉由齊魯書社出版；舊痕新事，或偶有相類似者耶？

2018年4月17日初稿，20日（戊戌穀雨）修訂，
25日復訂；6月11日定稿
2019年4月20日（己亥穀雨）校對後復訂，22日再訂



① 參見嚴耕望《錢穆賓四先生與我》，臺灣商務印書館1992年版，第50～68頁。

# 目　録

## ·歷史諸方面·

# 嚴耕望先生之
# 學術成就與治史精神

# 試論嚴耕望先生對中國歷史地理學發展的貢獻

鄒逸麟

**摘要**：嚴耕望先生是我國著名歷史學家。他一生致力於我國制度史和歷史地理兩大領域的研究，對此做出過重大貢獻。本文主要討論其在歷史地理領域裏的重大貢獻。

20世紀60年代，嚴先生已在香港中文大學開設“中國歷史地理”課程，其重點在歷史人文地理，并先後發表了一系列戰國以來歷史人文地理的論著，奠定了歷史人文地理的基礎，以後又着重研究唐代人文地理。其重要貢獻就是《唐代交通圖考》，他認爲：交通是空間發展的首要條件，其對唐代水陸交通路綫的考訂，極爲細緻，其資料之豐富，後世無出其右者。其他對隋唐五代歷史人文地理的成果，都對後世有極大啓發。今天我們紀念嚴先生的學術成果，必定能推動歷史地理學的發展。

**關鍵詞**：歷史人文地理　沿革地理　唐代交通　文化地理

**作者簡介**：鄒逸麟，復旦大學中國歷史地理研究所教授嚴耕望先生是我國著名的歷史學家。過去由於各種原因，内地（大陸）與港臺地區學術資訊隔閡，我雖早已聞知嚴先生的大名，然始終未能讀到1949年以後嚴先生的論著。直到1991年訪學日本時，在京都中國書店買到先生的《嚴耕望史學論文選集》，纔有機會拜讀先生的大作。以後陸續讀到《唐代交通圖考》與《治史答問》等著作，對嚴先生的學問十分敬慕。可惜緣慳一面，未能有機會當面聆教，實爲憾事。

今年（2016）是嚴先生百歲紀念，作爲一個内地學者，雖未能親受嚴先生教益，但拜讀嚴先生著作後，對先生做學問的這種淡泊名利、心無旁騖、全神貫注、數十年如一日投身於學術的精神，佩服至極。今略作小文以志敬仰之情。

嚴先生學問博大精深，從現今我們看到的嚴先生的著作目録，得知嚴先生學問着重在中國制度史和歷史地理學兩個方面。這是他在大學畢業前夕就立下的志願。① 本人才疏學淺，未能拜讀嚴先生的全部論著。衹是因本人專業是歷史地理學，衹能在此領域裏，對嚴先生所研究的歷史地理領域所做的貢獻，試談個人的一些淺見。



## 一、現代中國歷史人文地理學發展的引領者

20世紀30年代，由顧頡剛、譚其驤先生創立的“禹貢學會”，開創了我國現代歷史地理學的局面，在其創辦的《禹貢》半月刊的7卷1、2、3合期的“紀念文”項之《本會此後三年中工作計畫》内説：“蓋研究吾國地理之目的，端在明瞭古今疆域之演變，户口之增損，民族之融和，山川之險易，以及郡縣建置，道路修築，邊城關堡之創設，運河溝洫之浚鑿，土地物産之利用，其所關於民生經濟及國家之大計者爲至重且巨也。”説明當時顧、譚兩位先生就考慮到歷史人文地理之研究。在《禹貢》半月刊上也有零星歷史人文地理文章的發表，然皆篇幅短小，影響不大。不久抗戰全面爆發，國事日非，學者四散，何暇顧及學術研究？1949年後，“人文地理學在中國大地上便無立錐之地，被逐出地理學界”②。

20世紀50年代初期，内地學者因多種原因，多未能潛心學術。但我的老師譚其驤（季龍）先生生前就未曾忘記歷史人文地理的研究，由於他自20世紀50年代開始至80年

---

① 嚴耕望《治史答問》：“在大學末期，我本有‘政治制度史’與‘歷史地理’兩方面興趣。”臺灣商務印書館1985年版，第14頁。

② 鄒逸麟：《中國人文地理叢書·序二》，《中國歷史人文地理》，科學出版社2001年版。

代的三十餘年内，將全部精力投入《中國歷史地圖集》的編繪，無暇顧及歷史人文地理的研究，但他始終未能忘懷歷史人文地理的發展。他在20世紀90年代初發表了《歷史人文地理研究發凡與舉例》上下篇，上篇由他擬出觀點，請其助手葛劍雄先生執筆；下篇由他自己執筆，僅寫了第一部分，因發病未能完篇，成爲絶響。他寫道：

> 自然地理和人文地理是地理學的兩大分支，同樣，歷史地理學也包括歷史自然地理和歷史人文地理兩大部分。建國（新中國）以後將近三十年，人文地理遭受冷落，大致和社會學、法律學等學科一樣，長期廢而不講。我們歷史地理學也受其影響，祇注重歷史自然地理，忽視歷史人文地理，除了歷代的疆域政區不能不講外，對人文地理的其他方面，絶少有人肯花力氣去鑽研。但人文地理的研究成果其實頗有益於國家的經濟文化建設，所以西方國家一貫很重視。我國從70年代末以來，也在積極重建這門學科。最近幾年地理學界的人文地理隊伍已日益壯大，并取得了不少研究成果。歷史地理學方面，也相應把部分的力量轉移到了歷史經濟、人口、城市、文化等歷史人文地理領域。但是總的説來，歷史人文地理的發展還是很遲緩的，還遠遠不足以闡明我們這個歷史悠久、廣土衆民國家的歷史時期人文地理的發展過程。這就必然會影響中國人文地理學的健全創立和發展。因爲當代的人文地理現象都植根於歷史時期的人文地理現象，不瞭解歷史人文地理，也就講不清楚當代人文地理。所以，積極開展歷史人文地理的研究，不僅對歷史地理説來十分必要，對整個地理學界説也具有重大意義。①

然而在此同時，20世紀40—60年代，嚴耕望先生既在“史語所”從事研究，以後又在香港中文大學教授“中國歷史地理”課程。他重點研究的兩大方面之一，就是歷史人文地理。他認爲：“不過一般所謂歷史地理，主要就沿革地理（政治地理）而言，而我後來的研究，推展到經濟、社會、宗教、文化各方面，欲從人文地理角度窺探全史，這是舊歷史地理學的延伸。”② 他原先計劃寫成《國史人文地理》一書，然計劃宏大，短時很難完成，於是先將講義中某些部分整理成文，主要在人文地理方面，發表了《唐代人文地理》（1954）、《隋代人文地理》（1954）、《五代十國人文地理》（1954）等論文，這些當爲他規劃寫作《國史人文地理》的基礎之作。

我國地域廣大，區域之間自然環境差异很大。在商品經濟不發達的古代社會，不同自然環境形成了不同經濟區域和文化區域，這是歷史人文地理的兩大區域要素。而歷史人文地理主要反映這兩大要素形成的過程和變遷的特點。這種區域特徵直至20世紀70



---

① 譚其驤：《長水集續編》，人民出版社1994年版，第201頁。

② 嚴耕望：《錢穆賓四先生與我》，臺灣商務印書館1992年版，第47頁。

年代還未有根本變化，可見人文地理現象的長期性和穩定性。今天的人文地理實爲歷史人文地理的延續。如不瞭解歷史人文地理，就無法深入理解今天的區域人文的差异，對建設當代社會無疑是很大的缺陷。可見研究歷史人文地理之重要。嚴先生那時在臺灣、香港進行學術活動，較少受到干擾，故能有此研究成果，對現代歷史人文地理起了重要的推動作用。

人文地理中尤以文化地理爲其基本要素。文化區域差异的形成，是由自然環境長期影響人們的生産和生活所形成的，有相當長的延續性和穩定性。班固《漢書·地理志》後序："凡民函五常之性，而其剛柔緩急，音聲不同，繫水土之風氣，故謂之風；好惡取捨，動静亡常，隨君上之情欲，故謂之俗。"其後引成帝時劉向"地分"和朱贛"風俗"，講到各地的人文差异，均以"秦地""巴蜀""魏地""周地""韓地""趙地"區分，可見都是沿襲戰國以來的舊習。此時距戰國已有四百餘年，可見文化地理的延續性和穩定性的特徵十分明顯。所以，從文化地理入手，研究人文地理是很明智的舉措。



文化粗略而言，有精英文化和通俗文化之分。通俗文化多在民間，古代民間史料分散，難以探索。而精英文化則爲歷代統治者所注意，故史料保存較多。且精英文化對歷代政治體制、思想潮流具有很大影響。所以嚴先生以戰國時代學術和人才爲題切入，以研究中國精英文化之初始格局，具有重要意義。《夏代都居與二里頭文化》（1980）、《戰國學術地理與人才分布》（1976）、《揚雄所記先秦方言地理區》（1975）、《戰國時代列國民風與生計》（1985）① 四篇雄文，是先生研究文化地理的代表著作。《戰國學術地理與人才分布》，就是從戰國時代學術的儒、道、墨、法、名、陰陽、縱横、農、雜、兵、小説、術數、方技、詩賦，凡十四家的代表人物，就其"國籍"與活動範圍，繪製地圖，從而得知：先秦學術興盛，大抵在大河中流（三門峽以下）之南北、淮河平原東北部，東北逾泰山至海濱一帶，此即三晋核心地帶與宋陳魯齊地區也；長江流域蓋唯荆楚核心之較小地區而已。至於東南吴越地區，已無盛國，地近荒蕪。東北之燕，與趙之西境（太行山以西），地處邊陲，文化落後；唯晚期燕國頗受陰陽家之影響耳。渭水流域之秦，則政主專制，民尚武勇，宜無學者之産生矣。此各地區學術興盛或落後之大略也。② 此爲我國精英文化最早的地理格局，爲以後社會文化的發展、變遷的起始點。

揚雄《方言》是我國第一部記録方言的書，也是世界上第一本方言詞彙集。揚雄（前53—18）爲漢成帝時黄門侍郎，後在天禄閣校書。他搜集和整理記録了當時的口頭詞彙，整理出這本方言比較詞彙集，比較了各地詞彙异同，反映了漢代方言地理面貌，對我們研究古代方言功莫大焉。在今天我國漢語的七大方言中，北方方言可以粗略地看

① 嚴耕望：《嚴耕望史學論文選集》，臺灣聯經出版事業公司1991年版。
② 《嚴耕望史學論文選集》，臺灣聯經出版事業公司1991年版，第63頁。

成是古漢語數千年來在廣大的北方地區發展的結果，其餘六大方言，却是歷史上北方居民不斷南遷從而在南方逐步形成的。① 所以揚雄《方言》所反映的方言分布仍是我國方言發展之源。

嚴先生根據揚雄《方言》所記周秦間的齊、楚、秦、晋、周、鄭、韓、魏、趙、燕、魯、衛、宋、陳、吴、越十六國别所述方言，將先秦時期方言分爲：(1) 關東西區；(2) 關西區；(3) 關東區；(4) 東北海岸之燕及朝鮮北半部區；(5) 海岱間之齊國區；(6) 長江中下游區；(7) 江淮區。并繪製了《揚雄所記先秦方言地理區圖》，顯示了先秦方言的十大區域：秦晋區、隴西區、趙魏區、北燕朝鮮區、東齊區、中原區、江淮區、吴越區、南楚區、蜀漢區。方言地域差异，亦即文化差异。《禮記·王制》篇："五方之民，言語不通，嗜欲不同。" 從方言分布角度，探討古代文化的地域差异，是很有見地的。

《戰國時代列國民風與生計》一文，仍是先生直接涉及人文區域差异的研究。先生據戰國秦漢的資料，考明戰國時期各地區的經濟、民風各有特點，而這類特點的形成，則與該地區自然條件有關。嚴先生總結戰國時期各國的民風與生計，歸納起來：



> 齊國濱海，工商發達，政治無約束，其民活潑，較富厚，富知識。"寬緩闊達""足智好議論"而有貪名。至於勇於持刺私鬥，有"粗""勇"之名者，蓋就下層社會而言歟？
>
> 魯宋梁陳地居河南大平原，以稼穡桑麻爲業，其民又深濡舊文化傳統，故節儉好蓄藏，敦厚重義多君子。韓國舊境陽翟西南，本夏人舊住，民風忠樸，略同。此皆戰國時代民風最謹厚醇樸地區，惟南部陳蔡故地，與楚鄰接，爲楚所滅，且遷都之，故戰國後期，楚風頗盛。
>
> 衛及三晋國都邯鄲、鄭、梁地區，地在太行東南，大河内外，居天下之中，四方交會，民風不純。其舊風大抵剛武尚氣，輕於走險，趙衛尤甚；而鄭梁則稍類宋、魯。其民男女社交公開，好聲色，所謂鄭衛之音也。於趙亦然。邯鄲男子或以技藝爲倡優。女子或美容色，習歌舞，不擇老少，不遠千里，奔富厚，爲諸國後宫所重，故邯鄲重婦人。鄭蓋略同。此區諸國生計，則重商賈，周之洛陽亦然。而鄭尤爲古老重商之國，邯鄲則爲中原最繁榮都市，爲倡優，奔富厚，蓋與都市發展有關聯性。
>
> 魏國西疆，本晋之核心舊地，其民儉纖習事，亦好商賈。其北則趙國之太行西地，北至塞表，其民矜忮好氣，任俠爲奸，邊境戎狄，漢化尚淺，尤爲僄悍，事畜牧。東北之燕，其民愚戇少慮，好貞輕死；其生計則漁鹽田畜商賈兼而有之。

---

① 周振鶴、游汝杰：《方言與中國文化》，上海人民出版社 1986 年版，第 9 頁。

秦本西戎，保存戎俗頗重，尚武勇，重小兒雄壯，而輕老忤親，此其徵也；而要不失於樸質少文。其生計，渭水盆地好稼穡，輔以商賈；西北邊胡，尤上氣力，以射獵爲先。巴蜀本西南夷，地入於秦。其人樂觀不愁苦，好淫佚，雖褊狹，但柔弱，不至狠鬥。其地平原肥沃，農林産業本富，李冰興水利，更無凶年憂。然邊境山地多銅鐵、丹砂、僰僮、笮馬、旄牛，多爲中原諸國所需，故蜀人兼業商貿。中古而下，蜀之賈頗爲有名，淵源早矣。

楚民輕剽，易怒，悍勇而乏韌性。越風略同，而又過之。"輕死易發"，故世稱"性脆而愚"。又楚越之民信巫鬼，尚淫祀。此殆中國南方之通俗也，蠻越尤甚。其生計則雖亦耕稼植稻，但火耕水耨，技術極爲落後。蓋地廣人稀，果植繁夥，采於林，漁於水，生活極易解决，無饑饉之患，故無待勤勞積聚以致富，正如今日之南洋土人也。①

以上勾勒出的戰國各地區的經濟和民風的特點，事實上并不限於戰國時代，而是一直延續到西漢末年。經漢末六朝之亂，至唐代纔出現新的格局，實可以代表唐代以前的人文地理格局，可見人文地理在農業社會裏的穩定性和延續性。而嚴先生此文，是爲國史人文地理開局之作。如再往上溯春秋以至周商，因資料缺乏難以論及全國之狀況，故研究國史人文地理當以此文爲起點。其學術價值當可想見。



嚴先生在勾勒出我國文化地理初肇的格局後，即選擇唐代人文地理作爲研究的重點。其所以選擇唐代，"蓋盛唐時代，中國實以東方共主之姿態出現，四夷君長群尊中國皇帝爲天可汗，中國聲教之遠播，异族向慕之竭誠，可見一斑。原來中國傳統文化經數千年之發展，至此而國家統一，政治安定，故文化發展得作一大集結，復以兼容并包達量宏忍之態度對待异族文化，故异（族）文化亦得在中國順利傳播，育長融和。……此唐代文化之鼎盛所以不可及也。"② 遂作《唐代文化約論》，包括：制度規模、宗教哲學、文學藝術、史學地學、科學工藝、生活樂舞、普及傳播、交通與文化等，全面論述唐代人文地理中的精神文化層面。以後又有《唐代人文地理》的長篇論著，其中就有疆域、政區、户口、産業（含農林漁牧工礦等）、交通、都市商業、人物民風、宗教、民族等人文地理中政治、經濟層面的内容。與此前後相配合的有《隋代人文地理》《五代十國人文地理》的論著。總之，我國歷史上最輝煌的中古時期人文地理的格局已經奠定，爲後人研究此前、此後歷史人文地理做出了典範。其對我國歷史人文地理的研究具有指導性意義。

① 《嚴耕望史學論文選集》，臺灣聯經出版事業公司 1991 年版，第 108～109 頁。

② 嚴耕望：《唐代文化約論》"引論"部分。

## 二、唐代交通路綫研究的重大成果

《唐代交通圖考》是嚴先生在歷史地理方面研究的最重大的成果，也是在歷史地理領域裏最重要的貢獻。

從20世紀40年代開始，嚴先生就有志於“唐代人文地理”的研究，并開始資料的收集，“除交通問題外，如國疆、政區、軍鎮、户口、都市、物産、民族、民風、宗教、文化各方面大約也將近十萬條”①。然唐代歷史宏偉，國土遼闊，内容極其豐富，必須尋找一個切入點入手。嚴先生即從交通問題入手。其在《我撰唐代交通圖考的動機與經驗》一文中指出：“在中國這樣大國中，各個地區也不一樣，必須注意各地區實際情形及其相互間的交流與影響，這種交流與影響，也藉交通而發生作用。所以交通對於各方面都有聯繫的作用，交通可説是歷史研究的樞紐問題之一。”② “交通爲空間發展之首要條件，蓋無論政令推行，政情溝通，軍事進退，經濟開發，物資流通，與夫文化宗教之傳播，民族感情之融和，國際關係之親睦，皆受交通暢阻之影響，故交通發展爲一切政治經濟文化發展之基礎，交通建設亦居諸般建設之首位。中國疆域遼闊，交通建設尤爲要務。故中山先生避總統之位，即以鐵路建設爲己任，其立意蓋以交通建設爲國家一切建設之基本也。”③

誠然，古代各地之間的溝通主要靠交通，在農業社會交通主要爲水陸兩道。在科技不發達時代，交通路綫有相當的穩定性。就是説，前人開通了一條交通路綫，後人往往沿襲，即有新闢，也不可能隨便弃遺舊道。因此，研究古代交通路綫，應選擇一個國力强盛、幅員遼闊、承前啓後的朝代，可以溝通前後之交通變遷，而唐朝是最理想的時代。唐代承秦漢以來上古時代八百餘年的强力統治，幅員遼闊，國力强盛，中外交通十分發達，且歷時近三百年，下啓宋元後千年的近古、近代社會，在交通方面有承上啓下的作用。

唐時國内外水陸交通十分發達。李肇《國史補》卷下：

> 凡東南郡邑無不通水，故天下貨利，舟楫居多。轉運使歲運米二百萬石輸關中，皆自通濟渠（即汴河也）入河而至也。江淮篙工不能入黄河。蜀之三峽、河之三門、南越之惡谿、南康之贛石，皆險絶之所，自有本處人爲篙工。大抵峽路峻急，故曰：“朝發白帝，暮徹江陵。”四月、五月爲尤險時，故曰：“灧澦大如馬，瞿塘不可下；灧澦大如牛，瞿塘不可留；灧澦大如襆，瞿塘不可觸。”揚子、錢塘

① 《治史答問》，臺灣商務印書館1985年版，第35頁。

② 《嚴耕望史學論文集》下册，上海古籍出版社2009年版，第1487～1488頁。

③ 《治史答問》，臺灣商務印書館1985年版，第129頁。

二江者，則乘兩潮發櫂，舟船之盛，盡於江西，編蒲爲帆，大者或數十幅，自白沙溯流而上，常待東北風，謂之潮信。七月、八月有上信，三月有鳥信，五月有麥信。暴風之候，有拋車雲，舟人必祭婆官而事僧伽。江湖語云："水不載萬。"言大船不過八九千石。然（則）大曆、貞元間，有俞大娘航船最大，居者養生、送死嫁娶悉在其間，開巷爲圃，操駕之工數百，南至江西，北至淮南，歲一往來，其利甚博，此則不啻載萬也。洪鄂之水居頗多，與屋邑殆相半。凡大船必爲富商所有，奏商聲樂，從婢僕，以據柂樓之下，其間大隱，亦可知矣。

研究清楚唐代交通路綫，對近代鐵路、公路出現以前的交通路綫基本上可以搞清了。所以嚴先生從《唐代交通圖考》入手，研究國史的交通地理是非常科學的。

嚴先生《唐代交通圖考》體大精深，篇幅宏偉。其收集材料之廣，非常人所能企及。諸凡正史、通鑑、政書、地書、類書、雜著、詩文、碑刻、佛藏、科技諸書所見及考古資料，凡涉中外交通，不論片紙巨篇，皆在搜集範圍之内，正可謂"竭澤而漁"。其所考全國交通路綫：以長安、洛陽兩京驛路爲樞軸，"汴州（今開封）、岐州（今鳳翔）爲樞軸兩端之伸延點。由此兩軸端四都市向四方輻射發展，而以全國諸大都市爲區域發展之核心"①。當時兩京道上交通繁忙，"東至宋（今商邱）、汴，西至岐州，夾路列店肆待客，酒饌豐溢，每店皆有驢賃客乘，倏忽數十里，謂之驛驢。南詣荆、襄（今襄陽），北至太原、范陽（今北平），西至蜀川（指成都）、凉府（即凉州），皆有店肆以供商旅，遠適數千里，不持寸刃"②。嚴先生對由兩京道輻射至唐代四邊境之驛路，一一考訂；并對收徵史料，"悉心比勘，精辨細析，指證詳明，俾後之讀史治史，凡涉政令之推行，軍事之進退，物資之流通，宗教文化之傳播，民族社會之融和，若欲尋其徑途與夫國疆之盈虧者，莫不可取證斯編，此余之職志也"③。其對學術嘔心瀝血、認真負責的態度，令我等後輩感佩不已。故其200萬字的《唐代交通圖考》實爲前無古人、後也難有來者的可垂千古的名作。



筆者未能全面拜讀，僅就所學，略談體會。

唐代境内核心地區，所指即黄河中下游、長江中下游以及嶺南諸地的交通驛道。雖亦繁雜，然因資料齊全，且大多有今地可印證，考訂并不太難。且前人多有成果，雖有許多地方需要糾正，常人亦可有所作爲。唯唐代長安西出、北出驛道，因歷來諸説不一，且古今地名差异極大，考證極難。嚴先生對唐代西北邊疆道路的考訂，實爲我國交通史上一大貢獻。《新唐書·地理志》末所記賈耽《入四夷道里記》爲學者所熟知。然

① 嚴耕望：《唐代交通圖考·序言》，上海古籍出版社2007年版，第5頁。
② 嚴耕望：《唐代交通圖考·序言》，上海古籍出版社2007年版，第5~6頁。
③ 嚴耕望：《唐代交通圖考·序言》，上海古籍出版社2007年版，第7~8頁。

後世學者對長安西出之驛道，均未曾有精確考訂。嚴先生對長安西通涼州之南北兩驛道，涼州通往安西之驛道，長安通往河湟青海地區之驛道，北庭都護府通向伊西、碎葉之驛道，以及唐通回紇的三道，爲歷來最爲困難的課題。嚴先生不僅一一考訂其驛路，并繪製出地圖，爲唐代邊疆地理奠定了格局，爲研究唐代邊疆史地建立了平臺。其功莫大焉。

其次，隋唐開鑿南北大運河，自北而南，有永濟渠、通濟渠（汴河）、山陽河（邗溝）、江南運河，自幽州（今北京）至餘杭（今杭州），全長二千餘里。其中汴河、邗溝、江南河前人多有記述，流路清楚。唯有永濟渠雖在唐宋文獻中多有記録，然在今圖上尚缺明確的定位。故嚴先生以永濟渠爲專篇考訂。其《隋唐永濟渠》："此篇分爲三節。第一節論證渠道上游開鑿之取綫。此爲本文撰述重點之所在，亦前賢所未能深入探究者。第二節考新鄉東北至獨流口之渠道所經，可稱爲渠道之中段。……第三節考幽州東南至獨流口之渠道所經，可謂爲渠道之北段。此則宋代志書稍見表露，而爲前賢所未留意者。盡此三節，隋開永濟渠道藉可大明，即隋唐時代河北道南北交通之大動脉仍能歷歷可指也。"① 永濟渠流經問題，正如嚴先生所言，其渠上游引沁至清的渠道是如何走向的，前人都含糊其事，謂大致即今孟姜女河。嚴先生據明清志書考訂，認爲孟姜女河"當僅爲明清時代最南綫之沁河故道，或爲中古黄河故道；絶非隋永濟渠故道也"②，而認爲今名小丹河、舊名長明溝水者乃隋疏之舊道，當爲不刊之論。

其下嚴先生專考永濟渠引沁水東合清水後，"其衛縣以東，北至獨流口約五百公里（就直綫言）之流程，實亦與酈《注》之淇水、清河（淇水下游名清河）流程略相一致；惟館陶東北至弓高、東光間約一百五十公里之流程在酈《注》清河流程之東，相距常約數公里至二三十公里，而平行東北流；具見永濟河之工程實多循漢魏北朝之舊河道也。再勘以今圖，則今日衛河流程幾全循隋唐之永濟渠故道。蓋當時相地勢高下之宜，循前代舊河之迹，取綫得當，故能河床穩定，迄今不改也"③。其所考流程與吾師譚其驤先生主編《中國歷史地圖集》隋唐部分永濟渠正合。

自獨流而上至幽州，爲永濟渠北段，"其流程之西北半段（安次以北）蓋因桑乾水河道而浚治者，東南半段（安次以南）蓋因酈《注》之滹沱枯溝與八丈溝水而浚治者；下入巨馬河，自即利用之以爲渠道。此段渠道東南合巨馬河，至獨流口，與由懷衛東北歷魏貝德滄等州而來之永濟渠合，形成一條南北通貫之運漕水道也"④。

嚴文以收集自唐宋至明清有關永濟渠之豐富資料，并與渠旁所經歷的地名一一考訂，最終將永濟渠所經流程在今圖上反映出來，自可定論，其對唐代河北地區水運交通



① 《唐代交通圖考》第五卷，上海古籍出版社 2007 年版，第 1589 ~ 1590 頁。
② 《唐代交通圖考》第五卷，上海古籍出版社 2007 年版，第 1595 頁。
③ 《唐代交通圖考》第五卷，上海古籍出版社 2007 年版，第 1622 頁。
④ 《唐代交通圖考》第五卷，上海古籍出版社 2007 年版，第 1627 頁。

路綫做出了重要貢獻。

筆者未能對《唐代交通圖考》作詳細的研讀，僅就所見，略談粗淺體會，實不能反映該書成就於萬一。

## 三、對歷史沿革地理基礎研究的貢獻

嚴先生學問的重點是制度史和歷史地理。制度史中，地方行政制度的演變，即爲歷史地理前身沿革地理之核心内容。嚴先生發表過的論文有《秦漢地方行政制度》（1961）、《魏晋南北朝地方行政制度》（1963），以及《中國地方行政制度史略》（1954）、《括地志序略都督府管州考略》（1964）、《景雲十三道與開元十六道》（1965）、《唐代行政制度略論》（1969）等文，對唐以前我國地方行政制度已有全面的論述。後學者據此可基本瞭解我國中古以前地方行政制度的演變。《楚置漢中郡地望考》（1941）爲其最早一篇歷史地理論文，得到錢穆先生的贊許。另有《漢書地志縣名首書者即郡國治所辨》（1954）一文，則專爲考訂沿革地理的一重大問題。《漢志》首縣是否即爲郡治，自清人閻若璩以來多有疑問。嚴先生於1954年即有專文對此進行考辨，認爲《漢志》義例首縣當爲漢末平帝元始二年之郡治，應無疑義。當時因海峽兩岸不通音訊，大陸學界對嚴先生論述未能聞見。1979年由香港讀者劉福注先生向内地推薦嚴文，我所參加《中國歷史地圖集》修訂漢圖部分的王文楚教授參閱後，認爲“嚴先生論述《漢志》乃據西漢平帝元始一時之版籍，其首列之縣即爲西漢末各郡國治所，論證有據，分析透徹，總的説來，論説令人信服。故據嚴先生的考證，改正了其中確是錯誤的幾處”①。其中雖有幾處郡國仍有可商榷之處，但嚴先生的論文對後輩進行歷史地理的考訂提供了範例。嚴先生以後主要從事唐代交通路綫的考訂，對政區沿革未能投入全部精力，否則當能有詳盡的沿革地理著作問世，對歷代政區沿革的貢獻當與唐代交通研究埒等。

綜觀嚴先生一生對歷史地理研究的貢獻，在海外爲一大家，無人能出其右者。我們從其《治史經驗談》及幾篇采訪録中得知，嚴先生治學專在“敬業”兩字。這對我們後輩學者有極大的啓發。今天我們緬懷先生的學術成就，主要學習他的治學方法和態度，以及數十年堅忍不拔、投身學術的精神，同時繼承他的遺業，將歷史人文地理研究推向新的高潮。

筆者才疏學淺，所談體會難表嚴先生學問於萬一，草就此文，略示敬仰之意。

（2016年3月16日）



---

① 王文楚：《關於〈中國歷史地圖集〉第二册西漢圖幾個郡國治所問題》，《歷史地理》1987年第5輯。

# 嚴耕望先生治史之説蠡探

李學銘

**摘要：**嚴耕望（歸田）先生（1916—1996）治史，以考辨、析論具體問題爲主，少作長篇治史理論的述説，例外的是他的《治史經驗談》和《治史答問》。不過他的史學論著，或多或少總會出現些治史之説，其中有些已見於《治史經驗談》或《治史答問》，也有些不一定明顯地見於上述兩書。無論怎樣，這些治史意見都不是系統的述説，需要有人從中勾稽、整理、探析；嚴先生還有些治史之説，寓言外之意或言未盡意的，似乎也需要有人作進一步的述釋。本文的撰作，主要是這兩方面的工作，如有需要，當然也會對《治史經驗談》和《治史答問》的内容稍作引述，借資印證。可以説，本文嘗試整合嚴先生散見於各篇或各書中的治史意見，并稍解説，使其略成系統。這不免會招來"以蠡測海"之譏，但也可能有助於他人繼續探尋、述釋嚴先生的治史之説。

**關鍵詞：**治史之説　探析　博通　史料　辯證

**作者簡介：**李學銘，香港新亞研究所教授、香港公開大學榮譽教授

## 一、前　言

嚴耕望先生（1916—1996）治史，以考辨、析論具體問題爲主，少作長篇治史理論的述説，例外的是他的《治史經驗談》和《治史答問》。前者由九篇文字組成，内容主要從治史的角度，談原則、方法、目標、修養，而探索問題的具體技術則涉及不多。至於撰作原則，不外：大處着眼，小處入手，以具體問題爲先着，從基本處下功夫；固守一定原則，不依傍，不斥拒，能容衆説，祗求實際合理，不拘成規。目標在：真實、充實、平實、密實，無空言，少皇論，務期對治史的後者有切實的幫助。① 《治史答問》則刊出二十一項設問及答案，内容是嚴先生自述個人的治史經驗和意見，其中有《治史經驗談》所未涉及的看法，可視爲《治史經驗談》的補編或續編。② 可以説，嚴先生治史的主要意見，大抵都在這兩部書裏。因此，談論嚴先生治史之説的人，大多會舉述這兩部書的内容或摘引這兩部書的語句來作爲依據。

不過，嚴先生其他方面的論著，或多或少總會出現些治史之説，其中有些或已見於《治史經驗談》或《治史答問》，也有些不一定明顯地見於這兩部書。無論怎樣，這些意見都不是系統的述説，需要有人從中勾稽、整理、探析；嚴先生還有些治史之説，寓言外之意或言未盡意的，似乎也需要有人作進一步的闡釋或引申。本文的撰作，大抵嘗試整合嚴先生散見於各篇或各書的治史意見，并稍加解説，使其略成系統；如有需要，當然也會引述《治史經驗談》和《治史答問》的語句，借資印證。這樣處理，不免會招來"以蠡測海"之譏，也可能會有解讀的偏差。期望本文的意見，或可有助於他人繼續探尋、述釋嚴先生的治史之説。

## 二、嚴先生治史之説探析

我們要較系統地瞭解、談論嚴耕望先生的治史之説，除了他的《治史經驗談》和

① 參閱嚴耕望《治史經驗談·序言》，《怎樣學歷史——嚴耕望的治史三書》，遼寧教育出版社 2006 年版，第 4 ~ 5 頁。又《治史經驗談》初版於 1981 年 4 月，由臺灣商務印書館出版。

② 參閱嚴耕望《治史答問·序言二》，《怎樣學歷史——嚴耕望的治史三書》，遼寧教育出版社 2006 年版，第 128 頁。

《治史答問》，似可不必再作他想。不過，嚴先生有時也會爲了討論具體問題而在他的史學專著内，插入一些治史意見。這些意見，對上述兩書的内容，大抵會有呼應、强調、增補的作用。下面就是筆者對這些意見的摘引和探析，如有需要，也會有稍作引申的説明。

## （一）專精與博通

嚴先生在《錢穆賓四先生與我》中引述，1973 年 2 月 23 日錢先生寄信給嚴先生，談到一次以“理學與藝術”爲題的講演，説：

> 學問貴會通。若祇就畫論畫，就藝術論藝術，亦如就經論經，就文史論文史，凡所窺見，先自限在一隅，不能有通方之見。①

嚴先生在這段引文後表示：



> 近代治學過分在狹小範圍内用功，以爲可獲專精成就，其實往往緣木求魚，背道而馳，很難達到精深成果。……治史既要專精，也要博通。祇能博通，固必流於膚淺；過於專注精深，實亦難以精深，且易出大毛病，而不自知。②

嚴先生指出，偏於專精或偏於博通，都有問題。他的治史表現，向以專精見稱，但他常不忘博通的要求。他曾憶述楊聯陞（蓮生）先生（1914—1990）轉述錢賓四先生之言來自勵：

> （楊）告訴我説：“我去看了錢先生，談到你。先生説你是專家之學，我説你現在已不祇是專家了。”……蓮生以現在一般標準論人，我誠然已相當博通，不專守一隅。先生一向標準極高，希望我更上層樓，故持論不同。③

可知嚴先生注重的是更上層樓、極高標準的博通，而不是一般標準的博通。

關於如何博通，嚴先生認爲須留意兩方面：其一是史學本身的博通，即對於上下古今都要有相當的瞭解，尤其是對於自己研究範圍的前後時代特别是前一個時代，要有很

---

① 見嚴耕望《怎樣學歷史——嚴耕望的治史三書》，遼寧教育出版社 2006 年版，第 292 頁。

② 見嚴耕望《怎樣學歷史——嚴耕望的治史三書》，遼寧教育出版社 2006 年版，第 292 ~ 293 頁。

③ 見嚴耕望《怎樣學歷史——嚴耕望的治史三書》，遼寧教育出版社 2006 年版，第 312 頁。

深入的認識；如果研治專史，同時對其他專史也要有很好的瞭解。其二是史學以外的博通，主要是對各種社會科學知識也要吸收一些，并可能做有效的應用；這樣做，最低限度可使自己的治史態度較爲開明。①

爲了從事唐代人文地理的研究，嚴先生就曾詳密地搜集參考資料，可說是博通的一種具體表現。他在《唐代交通圖考·序言》中這樣自述：

> 决定從事唐代人文地理之研究，視野所屆，除一般政區沿革外，泛及經濟、社會、文化、民族各方面，凡涉區域分布發展者，皆在搜討之列，而特置重要交通路綫一課題，諸凡正史、通鑑、政書、地書、别史、雜史、詩文、碑刻、佛藏、科技、雜著、類纂諸書，及考古資料，凡涉及中古交通，不論片紙巨篇，搜録詳密，陳援庵先生謂“竭澤而漁”，余此項工作庶幾近之。②

可見研治任何某一專門學問，仍當通解其他方面的知識，并廣搜可用資料，而且須懂得會通。治史如是，治其他學問也應如是，否則易出毛病，也難以取得精深的成果。



### （二）史學的骨幹

嚴先生在《錢穆賓四先生與我》中，提到1941年3月23日錢先生在武漢大學的講課，課題是“中國政治制度史導論”。嚴先生這樣記述：

> 先生一開講，就説歷史學有兩隻脚，一隻脚是歷史地理，一隻脚就是制度。中國歷史内容豐富，講的人常可各憑才智，自由發揮；祇有制度與地理兩門學問都很專門，而且具體，不能隨便講。但這兩門學問却是歷史學的骨幹，要通史學，首先要懂這兩門學問，然後自己的史學纔有鞏固的基礎。③

錢先生對武漢大學學生的提示是：地理與制度是史學的兩隻脚，也是骨幹和基礎。

嚴先生自述聽了錢先生這番話，感到非常興奮，因爲他當時對這兩門學問産生了濃厚的興趣。而往後幾十年，他的歷史研究，的確堅定不移地偏向這兩方面發展。不過嚴

---

① 參閱嚴耕望《治史經驗談》第一節“原則性的基本方法”，《怎樣學歷史——嚴耕望的治史三書》，遼寧教育出版社2006年版，第8、10頁。

② 見嚴耕望《唐代交通圖考》（“中研院”史語所專刊之十三），“中研院”歷史語言研究所1985年，第2頁。《序言》又收録於《治史經驗談》“附録二”，文字則稍有出入，未知是嚴先生生前的修訂還是出版社的改動。參見《怎樣學歷史——嚴耕望的治史三書》，遼寧教育出版社2006年版，第229頁。

③ 見嚴耕望《怎樣學歷史——嚴耕望的治史三書》，遼寧教育出版社2006年版，第265頁。

先生指出：一般所謂歷史地理，主要就沿革地理（政治地理）而言。而嚴先生後來的研究，則推展到經濟、社會、宗教、文化各方面，他是想從人文地理的角度去窺探全史，這可説是舊歷史地理學的延伸。至於制度的研究，則是嚴先生與同門好友錢樹棠（1918—2014）相約分工，以便兩人可在不同園地各自發展。結果嚴先生在專心轉向歷史地理研究之前，對制度方面的研究，也取得了很好的成績。① 錢賓四先生視爲骨幹的兩門學問，嚴先生經過一段時間的努力，都有出色的表現，無負老師的期許。

可補充説明的是，重視史學的骨幹——地理和制度，并不表示我們不重視史學其他各門的研究，否則史學研究的類别可能不多，而研究的成果也可能單薄了些。我們試考察古代和現代有成就的史學名家，他們不一定人人都是研究地理和制度的頂尖專家。錢先生和嚴先生的意見，祇是提示治史者不能忽略地理和制度的認識，因爲這是史學的骨幹，否則在研究過程中，不時會面對不能解决的困難，或攀越不了攔路的障礙。至於嚴先生全力投入地理和制度的研究，而且成果驕人，那是學術研究取向的選擇和堅持，值得我們學習、尊敬。今次研討會的副標題“中國古代政治制度與歷史地理”，就是要特别彰顯嚴先生研究地理和制度的成就。



### （三）時間與空間

嚴先生在《我撰唐代交通圖考的動機與經驗》一文中表示：

> 歷史是人類在縱的時間上與横的空間中活動的總現象，是一個整體，所以歷史各方面有其縱的連貫性，也有其横的聯繫性。研究歷史要注意時間性，這是人人所深知的，但一般都比較忽略空間性。就空間言，大家祇注意到國與國之間的問題；但研究一國的歷史多不大注意本國内的區域問題。此在小國猶可，但在中國這樣大的國家就必須注意區域問題。②

嚴先生指出，歷史各方面有縱的連貫性，這是時間問題；也有横的聯繫性，這是空間問題。研究歷史，人們多注意縱的時間而忽略横的空間。因此，嚴先生特别在空間方面强調：我們不要祇注意國與國之間的問題，更須注意本國内各區域的問題，中國幅員廣大，更應如此。

爲了讓讀者有具體的印象，嚴先生更現身説法，以自己的唐代交通研究爲例：

---

① 參閲嚴耕望《怎樣學歷史——嚴耕望的治史三書》，遼寧教育出版社 2006 年版，第 265 ~ 266、273 頁。

② 見《嚴耕望史學論文集》下册，上海古籍出版社 2009 年版，第 1487 頁。

研究斷代史，必須注意各個地區的情況，纔能真正算是這一時代的全史，而各地區關係的聯繫就涉及交通問題。各種專史，在中國這樣大國中，各個地區也不一樣，必須注意各地區實際情形及其相互間的交流與影響，這種交流與影響，也藉交通而發生作用。所以交通對於各方面都有聯繫的作用，交通可說是歷史研究的樞紐問題之一。……所以我研究歷史地理，特別注意交通問題……①

這是説，研究唐代各地區的交通，就是要瞭解唐代各地區的實際情況及其相互的交流與影響。交通，對唐代各地區有横的聯繫作用，瞭解這種聯繫，就可對唐代區域的情況有較清晰的印象。

由於《唐代交通圖考》集中於對空間的考察和析論，所以嚴先生在《唐代交通圖考·序言》中并没有多提時間方面的意見。不過，他在談到自己的治史經驗時，則不忘提示我們要注意歷史的時間和空間。他鄭重指出：研究問題，搜集證據，在腦中要時時記住縱的時間與横的空間，即時序年代與地理區域；時代、地域不同，祇能比較參考，不能混爲一談。② 雖説研究歷史要注意時間是“人人所深知的”，但忽略的人仍然不少，甚至賢者不免。例如清代著名學者章學誠（1738—1801）批評范曄（398—445）《後漢書》叙事抵牾，并舉虞詡、傅燮兩《傳》爲例，就因爲忽略了叙事時間的先後，以致出現誤評的情況。章氏之誤，我在《後漢書虞傅兩傳叙事抵牾考》一文中已有辨析③，這裏就不詳論了。



## （四）史料是基礎

嚴先生在《佛藏中之世俗史料》一文的開篇就説：

研究歷史，無論采取什麽方法，都要以史料爲基礎；不能充分掌握史料，再好的方法，都不能取得真實的成果。④

嚴先生於是以佛藏爲例，指出其中史料極爲豐富，對中古史的研究幫助極大。例如魏晋南北朝時代，除兩史八書外，其他史料可説寥寥無幾，研究政事政制的人，尚可憑正史得到可觀成果，但在其他方面就存在諸多困難，這一時代的佛家書籍不少，若摒而不

① 見嚴耕望《嚴耕望史學論文集》下册，上海古籍出版社 2009 年版，第 1487 ~ 1488 頁。

② 參閲嚴耕望《治史經驗談》第一章“原則性的基本方法”，《怎樣學歷史——嚴耕望的治史三書》，遼寧教育出版社 2006 年版，第 28 頁。

③ 參閲李學銘《東漢史事述論叢稿》，臺灣萬卷樓圖書公司 2013 年版，第 121 ~ 128 頁。

④ 見《嚴耕望史學論文集》下册，上海古籍出版社 2009 年版，第 1004 頁。

用，自是一大損失。① 據嚴先生的考察，佛家書籍中的史料，竟廣及政治、外交、人口、產業生計、交通與都市、商業、社會生活與禮俗、道教、人物品題、魔術雜技、癘疾藥物、古書輯佚、聲樂唱導、稽胡地理分布、大地球形説等方面。②

佛家書籍衹是其中的一例。除了佛家書籍，治史者更應循多途徑去搜尋、掌握史料，同時也不能忽略正史的脱訛。能够這樣，纔可使歷史研究有廣博堅實的史料基礎，衹有在這種基礎上所取得的研究成果，纔是真實而可靠的。下面試進一步引述嚴先生的意見并説明：

1. 筆記小説

嚴先生的史學論著，大多有極豐富的史料作爲述論的基礎，這是人所共知的事。例如《唐人習業山林寺院之風尚》一文，嚴先生所掌握的史料，除正史外，更廣涉《全唐詩》、《全唐文》、佛教書籍、敦煌文書、詩話，以至筆記小説等。嚴先生在這篇論文的“附記”中説：

> 本文取材，頗多唐五代筆記小説家言。此類記事或不無失實之處；然本文主旨不在考證個别事項之準確性，而在闡明當時社會之一般風尚。稗官所記容有失實，然仍足反映當時社會風氣，此無可否認者，故取之不礙。③



嚴先生同意，筆記小説家言的“記事或不無失實”，但衹要不是用來考證個别事項的準確性，而足以反映當時社會的一般風尚，則筆記小説仍可“取之不礙”。試略作檢視，嚴先生在討論唐人習業山林寺院的風尚時，引用的筆記小説就有不少，如：《摭言》《雲溪友議》《唐才子傳》《太平廣記》《北夢瑣言》《南部新書》《酉陽雜俎》《雲笈七籤》《唐語林》《雅言雜載》等。④ 他的引述，的確爲自己研究的論題提供了不少有用的輔證史料。

2. 石刻史料

1966 年，嚴先生曾爲新亞研究所的學生講授有關“史料”的課題，内容重在“考古器物”與“石刻文字”，并涉及佛藏、本草、方志、族譜、小説各方面，目的在促使研究生於一般史料外能擴大眼界於其他方面。而於石刻史料應用的重要，嚴先生更表達了很大的關心。⑤ 他在《石刻史料叢書序》中説：

---

① 參閱《嚴耕望史學論文集》下册，上海古籍出版社 2009 年版，第 1032 頁。

② 參閱《嚴耕望史學論文集》下册，上海古籍出版社 2009 年版，第 1004 ~ 1032 頁。

③ 見《嚴耕望史學論文集》下册，上海古籍出版社 2009 年版，第 931 頁。

④ 參閱《嚴耕望史學論文集》下册，上海古籍出版社 2009 年版，第 886 ~ 931 頁。

⑤ 參閱嚴耕望《石刻史料叢書序》，《嚴耕望史學論文集》下册，上海古籍出版社 2009 年版，第 1331 頁。

民國以來金文考史大行於時，誠以先秦史料，闕略殊甚，治古史者有待取證於鼎彝銘文也。然於石刻史料之應用則殊寥落。……然石刻内容實極繁富，儒佛道經、公文、章約、盟誓、圖繪、界至、醫方、書目、詩文、行狀、題記、紀功，以及各種興建之紀事等等悉有之。若以今日之史學領域言，秦漢以降，諸凡政治、經濟、宗教、學術各方面之研求，亦莫不可取資於石刻，固不限於邊疆民族之文字與史事也。①

在同一篇《序》中，嚴先生又説：

以上所論皆就石刻内容所表現之史料而言也。至若石刻本身本即爲最寶貴最可信之藝術史料，研治中古繪畫、書法、雕刻之藝術，捨石刻外，可用之資料當無多矣！②


正因爲有這樣的認識，所以嚴先生在1964年已向臺灣藝文印書館的主事人嚴一萍建議出版《石刻史料叢書》，并爲《石刻史料叢書》擬訂目録③；稍後嚴先生更爲《石刻史料叢書》撰寫序文，扼要説明石刻史料的繁富和價值。現代治史的學者，能認識石刻史料的重要，并應用石刻史料作爲論據，爲歷史研究開出新路，實有賴於嚴先生的倡導和《石刻史料叢書》的出版。

### 3. 正史脱訛

研究歷史的人，一般都會以正史爲基本史料，然後再去考尋正史以外的典籍和其他資料。不過正史的記述，有真有僞，有可信有不可信，其中或有人存心造假，或對文獻資料誤讀，或所據史料有誤，因此在引用時，必須仔細審定考核，這當然是複雜、艱巨的工作。相對來説，正史中文字語句的脱訛，就似乎較爲簡單，但仍不可輕忽，因爲一些脱訛，可能會誤導我們對人對事的論斷。嚴先生在《正史脱訛小記》一文中説：

正史部數甚多，卷帙浩繁，傳世既久，頗多脱誤。……我無意校訂古籍，但在研究中古政治制度與人文地理之過程中，往往發現古籍傳刻致誤之處頗多。三十餘年前撰《唐僕尚丞郎表》，發現《舊唐書》之誤書或傳刻脱訛者約近六百條，《唐

---

① 見嚴耕望《石刻史料叢書序》，《嚴耕望史學論文集》下册，上海古籍出版社2009年版，第1328～1329頁。

② 見嚴耕望《石刻史料叢書序》，《嚴耕望史學論文集》下册，上海古籍出版社2009年版，第1331頁。

③ 見嚴耕望《石刻史料叢書序》，《嚴耕望史學論文集》下册，上海古籍出版社2009年版，第1331頁。

> 會要》、《新唐書》及《通鑑》等亦各有若干條……故友嚴一萍檢示拙作《梁書廬陵王續傳脱訛》一短札……意在引起我對於校訂古籍之興趣……乃就往日所發現隋代以前諸正史之傳刻脱訛處綴合爲此文，共凡六十條，聊備他日重校正史者之采擇。①

嚴先生的舉述，可見隋以前諸正史、兩《唐書》以至《唐會要》《通鑑》脱訛的嚴重。

嚴先生又説：

> 今應青年學人之美意，選刊拙作，爰就舊稿删去十條，而選取《舊唐書本紀拾誤》八條，并另撰《舊唐書·德宗紀》建中元年户數脱文一條、《新唐書·地理志》户口數字脱訛一條若干事，都計仍爲六十條，俾青年讀者略窺正史奪訛之面目，提高警覺，喚起戒心，期能儘量避免爲古史脱訛所誤導耳!②

嚴先生自言撰述《正史脱訛小記》的目的，在使後學認識正史脱訛的面目，并提高警覺，喚起戒心，以免爲正史的字句脱訛所誤導。嚴先生在文中所校訂脱訛的正史，包括:《史記》《漢書》《三國志》《晋書》《宋書》《南齊書》《梁書》《陳書》《魏書》《北齊書》《周書》《隋書》《北史》《舊唐書》《新唐書》。③ 以此爲例，我們對唐以後各代正史的脱訛，在引用時，又怎能掉以輕心，不記取嚴先生的提示?

### (五)《通鑑》的史料價值與局限

20世紀60年代，筆者在香港中文大學文科研究院進修時，論文導師之一是嚴耕望先生（另一位導師是牟潤孫先生，1908—1988）。記得嚴先生最初對筆者的教導是：研究東漢史，不要衹讀范曄（398—445）《後漢書》和諸家有關東漢的史籍，還要讀《史記》《漢書》《三國志》；此外，更要先讀《資治通鑑》有關漢史部分的記事。爲甚麽要先讀《通鑑》？嚴先生當時没有進一步説明，筆者也没有提問，其實他在《中國中古史入門書目》這篇短文中，已有簡要的説明：

> 司馬光《資治通鑑》：此爲中古時代一部最完善的政治通史，歷代興亡利弊得失，都經精心剪裁綜述。治中古史者，可先仔細研讀此書，對於中古史事自能有個

---

① 見《嚴耕望史學論文集》下册，上海古籍出版社2009年版，第1178頁。

② 見《嚴耕望史學論文集》下册，上海古籍出版社2009年版，第1178～1179頁。

③ 參閱《嚴耕望史學論文集》下册，上海古籍出版社2009年版，第1179～1209頁。

基本認識。①

嚴先生囑咐筆者要先讀《通鑑》的原因，上述文字，可算是個言簡意賅的答案。

嚴先生重視史料，對《通鑑》的史料價值，他在《資治通鑑的史料價值》一文中就有具體的述説：

> 若從史料觀點言，可依時代先後分爲戰國秦漢、魏晋南北朝與隋唐五代三個時段。戰國秦漢時代，所據史料，除正史之外或許不多，故史料價值可能不高（此待進一步認識）；魏晋南北朝時代，所采正史以外之史料已很不少；隋唐五代時期，所采正史以外之史料極爲豐富；而被采録之原書絶大多數都已失傳，僅能在《通鑑》中留其内容之踪迹，故《通鑑》之史料價值乃不得不大爲提高。②

嚴先生指出，《通鑑》中的魏晋南北朝、隋唐五代時期所采正史以外的史料，後者“極爲豐富”，前者也“很不少”；相對而言，戰國秦漢時期所據史料，除正史外“或許不多”，因此“史料價值可能不高”。嚴先生是位矜慎的學者，他在文中既用了“或許”和“可能”的措辭，又附注云“此待進一步認識”。可以推想，嚴先生所謂“史料價值可能不高”，衹是與魏晋南北朝和隋唐五代這兩個時期比較而言。要是專就戰國秦漢來説，《通鑑》所據正史以外的史料，到了後來，有不少已經湮没難尋，因此這個時期的歷史記述，仍有正史以外的史料價值，可供治史者參考。據崔萬秋《通鑑研究》列舉《通鑑》所用史料書目，除今存正史外，凡二百數十種，其中包括各朝實録及各種雜書；張須的《通鑑學》，考出《通鑑》引用的書目就更多；而且，引用之外，《通鑑》的編撰者應還參考了不少資料，書目之數，就更難估計了。可見《通鑑》采集史料的繁富。③ 此外，嚴先生又多舉實例，指出“《通鑑》之文遠詳於正史而當别出於已失傳之更原始史料者”。除了《通鑑》本文的史料價值，嚴先生又提到《通鑑考异》和胡三省（1230—1302）的注也要留意，因爲其中也保存了不少重要而有用的史料。④

不過，嚴先生在充分肯定《通鑑》史料價值的同時，還不忘向後學提示：



---

① 見《嚴耕望史學論文集》下册，上海古籍出版社 2009 年版，第 1345 頁。

② 見《嚴耕望史學論文集》下册，上海古籍出版社 2009 年版，第 1163 頁。

③ 參閱《嚴耕望史學論文集》下册，上海古籍出版社 2009 年版，第 1163 ~ 1164 頁。又參見崔萬秋《通鑑研究》中之“通鑑之藍本參考資料”一節，臺灣商務印書館 1967 年版，第 38 ~ 62 頁。按：張須《通鑑學》一書，根據《通鑑》及《通鑑考异》所引書列成目録，分爲十類，總計凡三百零一種，較崔書所列爲多。不過張書所列，仍有錯誤及遺漏，但已足可證明《通鑑》所據史料的繁富。參見張須《通鑑學》，臺灣開明書店 1958 年版，第 45 ~ 85 頁。

④ 參閱《嚴耕望史學論文集》下册，上海古籍出版社 2009 年版，第 1175 頁。

> 《通鑑》史料豐富，考證著墨亦極謹嚴。然改編前人陳篇，且加濃縮，照例不免有誤解誤書處。温公修《通鑑》，亦不免有此毛病。故利用《通鑑》史料，亦當時加警惕。若其所采之原書尚見行世者，最好隨時取與比勘，免爲《通鑑》改編之文所誤導。①

在上述提示後，嚴先生跟着舉了好幾個例子，證明“《通鑑》作者因誤讀正史而作出錯誤之編録”②。從史料價值看，《通鑑》到底是由編寫或改寫原始史料而成的史籍，如果所載與尚見行於世的原書（包括正史）相同或非常相近，就不適宜視爲第一手史料。除非載述的内容或語句與原書有差异，而這些差异可供辨析或討論，這就需要治史者做“考史尋源”和“比勘”的工作。總之，《通鑑》的史料價值很高，治史者應善加利用，但它也有局限和訛誤。嚴先生對我們的提示已很清楚了。

還須補充説明的是，《通鑑》以“資治”爲目的，讀者對象是君主和大臣，因此史料去取和行文措辭，往往有既定的立場和取向。《通鑑》的載述，有助於我們瞭解司馬光的撰作用心，但也的確影響了它的史料價值。嚴先生在這方面没有顯著的評論或説明，但我相信他大抵也會認同這樣的看法。

## 三、史學論著的撰作

從事史學以至其他學術範圍的研究，總得要有論著的撰作和發表，否則研究工作不算完成，而研究成果也難以爲人所知。嚴耕望先生長期從事歷史研究，也不斷有長篇短篇的論著發表，所以他對論著撰作的種種問題，常表露出關注之情。所謂論著，既包括較短篇的論文，也包括較長篇的大著作。下面試舉兩項説明他的意見：

### （一）述證與辯證

凡屬學術論著，都會涉及問題的論證。衹“述”而不“論證”的撰作，固難以稱爲真正的學術論著，衹“述論”而不提供足够的論據爲證，恐怕也不足以稱爲良好的學術論著。關於如何撰作史學的“論證文字”，嚴先生在《我撰唐代交通圖考的動機與經驗》一文中説：

> 我常説論證文字，有述證與辯證兩類。述證文章的寫作比較容易，主要工作在搜集資料，資料準備好了，排比材料即可成文，較爲省事，但述證文的寫作實際上

① 見《嚴耕望史學論文集》下册，上海古籍出版社 2009 年版，第 1169 頁。
② 見《嚴耕望史學論文集》下册，上海古籍出版社 2009 年版，第 1169 ~ 1175 頁。

> 等於較高級的編輯工作，在論文寫作上，是比較低層次的；辯證性的論文，纔是比較高層次的論文，在寫作技術上，寫作過程上，比較難得多。但純辯證性的論著祇限於較短的論文，長不過幾萬字，大著作大都是參合兩種性格的論著，而述證的分量總比較多。①

看來嚴先生評價較高的，是辯證性的論著，而不是述證性的論著，雖然他也指出，篇幅較大的大著作，大都兼有述證與辯證的性格，而述證的分量總是比較多的。他跟着以《唐代交通圖考》爲例，説明自己的撰作過程和經驗：

> 我這部書有些處是述證性的，有些處是辯證性的，遇到……種種困難情形，就必須用辯證方式來解決，運用縝密思考，在繁雜中尋出頭緒，在衝突中辨其是非……化衝突爲融合，在不合理中説明其何以不合理，有錯誤，甚至要説明其錯誤之故……尋查相關史料，大多要憑聯想力，有時也利用工具書。②



上述解決問題的辯證方式，就是所謂“無孔不入，有縫必彌”。我們試細讀嚴先生的各種論著，就可時時看到他這方面的辯證表現。③

除了歷史地理，嚴先生在政制史方面的論著，也采用述證和辯證的方式來解決問題。以《中國地方行政制度史》來説，書中每一章每一節都有精密考證的創獲，由於篇幅較大，創獲頗多，可以肯定，其中不少考證是用了辯證方式來解決問題的。至於事前有周密的通盤計劃，執行計劃時能長久堅持、努力，確是嚴先生慣常對待大型研究工作的態度，在史學界已早爲人所知了。

嚴先生似無意要求人人都去撰寫純辯證性的論著，但他自己的撰作，則根據需要，大多參合述證和辯證的方式。我們或可這樣推想：嚴先生對後學的期望，是儘量多寫些參合述證和辯證成分的論著，如有可能，也可試寫難度較大的純辯證論著。層次較低的純述證論著，也可以寫，但不宜多寫，更不宜全部論著都這樣寫。

### （二）治史不必輕文

嚴先生在《治史答問》中，有這樣的設問：

---

① 見《嚴耕望史學論文集》下册，上海古籍出版社 2009 年版，第 1491 ~ 1492 頁。

② 見《嚴耕望史學論文集》下册，上海古籍出版社 2009 年版，第 1492 頁。

③ 參閱嚴耕望《治史答問》之十三，《怎樣學歷史——嚴耕望的治史三書》，遼寧教育出版社 2006 年版，第 167 ~ 179 頁。

研究中國歷史，先從中文方面入手，或者先進中文系，打好中文基礎如何?①

嚴先生的答案是：

中國語文爲治中國史的一項基本條件，因爲治史必須有看得懂古書的能力，又要有寫作表達的能力，所以研究歷史的人必須要有適當的中文程度，這是毫無疑問的。但專從中文入手，却有毛病。……中途轉到歷史園地中來，他的史學基礎既很薄弱，對於與史學有關的各種社會科學更無一點概念。②

這個答案，平實易明。哪有研究中國歷史，必“專從中文入手”？當然更不必“先進中文系”。所以《治史答問》這一則的標目是：“研究中國史不必要從中文入手。”“不必要”，似不能也不應解讀爲“必須不要”。强調“中國語文爲治中國史的一項基本條件”的嚴先生，又怎會輕忽中文？他顧慮的，是中文系學生的史學基礎。據筆者所知，在20世紀五六十年代的香港，大專院校多設文史系，即使後來有中文系和歷史系的區分，中文系的學生也大多兼修中文、中史，甚至有修讀較多中史課程的。至於往日以至今天的香港大學，無論稱中文系或中文學院，都把中史課程包納在課程内。可以説，即使是中文系的學生，似乎甚少有“專從中文入手”的問題。再説，有志專研中國古今文學的中文系學生，大抵也不會突然轉而專治中史；而有興趣治中史的中文系學生，大抵也會争取機會，多選修中史或多研讀中史的著作，然後才轉而專治中史，因此史學基礎一般不太薄弱，對各種社會科學也不會全無概念。

有人根據嚴先生在《治史答問》中的答案，而推論嚴先生主張對中國文學有濃厚興趣的人不要研治中史，也不鼓勵中文系的學生研治中史，因爲嚴先生舉姓錢的同門好友爲例，指出“他以中文見長來讀歷史系，在大學中也特嗜中文系的課。他文章寫得好，治史也很努力，但終於不能有所發展”。其實嚴先生的好友之所以在中史發展不甚理想，正如錢賓四先生所評，主要是“個性執著，程度雖好，但很難發得開”③。除了個性會影響學術取向和研究態度，筆者以爲社會環境、工作環境和學術環境，有時也會



---

① 見嚴耕望《怎樣學歷史——嚴耕望的治史三書》，遼寧教育出版社2006年版，第160頁。

② 見嚴耕望《怎樣學歷史——嚴耕望的治史三書》，遼寧教育出版社2006年版，第160～161頁。

③ 參閱嚴耕望《錢穆賓四先生與我》，《怎樣學歷史——嚴耕望的治史三書》，遼寧教育出版社2006年版，第273頁。又《治史經驗談》也有類似記述，《怎樣學歷史——嚴耕望的治史三書》，遼寧教育出版社2006年版，第123～124頁。錢賓四先生評錢樹棠“很難發展開”，筆者以爲主要指歷史研究特别是歷史地理方面的研究。錢樹棠的學問表現包括文字學、訓詁學、史學、古典文學等方面，尤其是《楚辭》研究，他有《離騷四繹》和《九歌析論》的出版，據説頗爲學界所推許。因此，他的歷史地理研究未能專注，自難與嚴耕望先生有相匹的表現。

限制或影響一個人的研究發展。筆者這樣説，并無意與嚴先生的意見立异，因爲筆者完全同意他的“慎戒執着”① 之説。“執着”，表示過分執泥於某一或某些事物而不超脱，這就不能没有所蔽。同樣的理由，如果研治中史的人，由一開始以至後來都衹知中史、執着於中史的種種而不知或不理其他，筆者相信嚴先生也是不同意的。嚴先生屢次强調治史“既要專精，也要博通”②，論著取材、參考所及，更廣至史籍以外多方面資料，包括文學總集、個人詩文集、筆記小説等，就可以作爲證明。

嚴先生一生全心奉獻於史學，那不用多説。上面引文提到他認爲治中史的人“必須要有適當的中文程度”，包括“看得懂古書的能力”和“寫作表達的能力”，這就是所謂“適當的中文程度”。有這樣想法的人，怎會不留意自己的中文？嚴先生在談及影響自己一生最深的五本書時，提到《史記》：

> 此書不但使我對於中國古代文化有了基本認識，并且啓示我，研究歷史應該關顧到社會各層面，附帶的，也影響我寫論文時特别注意章法與前後綫索，因爲我初讀此書時，以《史記論文》爲讀本。③



《史記論文》是一部從文章撰作角度去評點《史記》的書。嚴先生通過《史記論文》的提點，進而特别注意論文撰作的章法與前後綫索，可見他很重視論文的組織和表達方式，這是對寫作技巧的講究。

嚴先生在《中古時代幾部重要地理書》一文中又説：

> 我開始對《水經注》有興趣，是在大學時代，當時也不是由歷史的觀點來看這本書，最主要的目的是想看他的寫景文，而且我個人一向對游記很有興趣，看完後果然收獲很大。《水經注》的寫景文實在美，而且潔要，他最長的一段寫景文是寫三峽，也衹有一百五十餘字，其他的都很短，有的甚至衹有幾個字就把當地風景描寫得很傳神，境界很高，真是不世美文。我想柳宗元的寫景文是遠不如他的。④

① 見嚴耕望《治史經驗談》，《怎樣學歷史——嚴耕望的治史三書》，遼寧教育出版社 2006 年版，第 123 頁。

② 見嚴耕望《錢穆賓四先生與我》，《怎樣學歷史——嚴耕望的治史三書》，遼寧教育出版社 2006 年版，第 292 頁。

③ 見嚴耕望《中國中古史入門書目》附録《影響我一生最深的五本書》，《嚴耕望史學論文集》下册，上海古籍出版社 2009 年版，第 1348 頁。《史記論文》一書，清人吴見思評點《史記》之作，其中既有閲讀方法的説明，也有文學藝術方面的提示。

④ 見嚴耕望《中國中古史入門書目》附録《影響我一生最深的五本書》，《嚴耕望史學論文集》下册，上海古籍出版社 2009 年版，第 1541 頁。

一向對游記很有興趣的嚴先生，在大學時代就去讀酈道元（469？—527）的《水經注》，讀的角度不是歷史而是寫景。他稱《水經注》爲“不世美文”，并與他讀過的柳宗元（773—819）寫景文比較，可知他的閱讀範圍，已由《水經注》推廣至柳宗元的寫景文，甚至可能會再推廣至其他作者的游記文章，纔會作出有關比較的言論。再根據嚴先生自述，知道他晚年常與錢賓四先生談詩論文，又愛誦讀王維（701？—761）詩和杜甫（712—770）詩，而他自號爲“歸田”，就取意自陶淵明（365—427）的《歸園田居》詩。① 如果嚴先生對文學不感興趣，或對中文重視得不够，大抵不會有這樣的表現。

嚴先生的史學論著，向以樸實、充實見稱，衹要細讀過他的論著，應可看到他其實很講究篇章組織和材料安排，行文用字雖不講求華美，但下筆嚴謹、矜慎、潔要，應該是一位很重視寫作表達的史學家。在《治史經驗談》的“論文撰寫與改訂”一節中，嚴先生對自己的撰作要求和經驗有頗詳細的説明，這裏就不必再多費功夫轉述了。②

## 四、結　語



嚴耕望先生爲人與治史的風格，筆者以爲或可用樸實、充實、堅實、平實來概括。學術界稱贊嚴先生是中國史學界的“樸實”楷模，筆者在“樸實”以外增加六字，不過表示對此説的呼應和强調。嚴先生上課時，曾向同學提示：論史、論人、論事，不要輕下概括語，因爲概括時總有不周全、不準確的地方。③ 筆者用了八個字來概括嚴先生的爲人與治史風格，已試作較周至的考慮，仍不免有違師教，但爲了論説的方便，也衹好如此。

嚴先生的治史之説，筆者相信也可以用這八個字來形容。他的治史之説，主要已詳細而清晰地見於《治史經驗談》和《治史答問》。因此我們要考尋嚴先生治史之説的論據，除了上述兩書外，似乎不必再去東翻西檢罷。不過根據閱讀的印象，嚴先生的史學論著，有時總會出現些治史之説，有的是散句，有的是語段，部分内容或已見於《治史經驗談》和《治史答問》，也有些不明顯見於這兩書的。無論怎樣，這些治史意見都不是成系統的述説，需要我們從中勾稽、整理、探析；有時爲了印證或補充，也得要對

---

① 參閱嚴耕望《錢穆賓四先生與我》，《怎樣學歷史——嚴耕望的治史三書》，遼寧教育出版社2006年版，第291～292、299頁。

② 參閱嚴耕望《治史經驗談》，《怎樣學歷史——嚴耕望的治史三書》，遼寧教育出版社2006年版，第92～96頁。

③ 嚴耕望《治史經驗談》第一節“原則性的基本方法”之六中，有“慎作概括性的結論”一目，説過類似意見，詳見嚴耕望《治史經驗談》，《怎樣學歷史——嚴耕望的治史三書》，遼寧教育出版社2006年版，第27頁。

《治史經驗談》和《治史答問》的內容，稍作引述。

本文試圖整合嚴先生散見於各篇或各書的治史之説，使其略成系統，在解説時，或許會有些偏差或不足，這就不免會招來"以蠡測海"的譏諷，而自己也不敢逃避這樣的譏諷，因此在擬定本文題目時，用了"蠡探"兩字。"探"有"探尋""探微""探析"等用意。所探主要在：從《治史經驗談》《治史答問》兩書以外的論著，探尋嚴先生治史之説；根據字面之説，做稍進一層的解説或補充；探析不大顯著或較少人留意的治史意見，使其不被忽略；偶然也會作言外之意或未盡之意的解讀或引申。以上種種探述或析論，如與嚴先生所主張的原意有出入，那當然要由筆者來承擔責任。

# 嚴耕望先生之治史精神與學養

李金强

**摘要：** 桐城嚴耕望師（1916—1996）以中國中古史研究聞名於史學界，并以中國政治制度史及歷史地理兩門專史，獨步史壇。本文乃因此前受業於嚴耕望師，而得悉其學行，故以其生平及著述入手，探究嚴師之從學、教學與研究之經歷。并透過其所出版之“治史三書”——《治史經驗談》《治史答問》《錢穆賓四先生與我》，分析其治史精神與學養，由是得見嚴師具有重視史料之求通求全、經世致用及重視品德修養之治史精神。并分析其學養之積漸，乃因師友傳承與切磋，及自我勤恒研究而至，得成其考史、論史、釋史之卓技，爲其日後研究中古史、制度史、歷史地理及交通史，立下典範。進而指出錢穆先生於香港創設新亞書院及研究所，培養研究中國文史哲人才，遂有“新亞學派”之譽稱，而曾受業於錢穆先生之嚴師，當爲新亞學派開山之大弟子。

**關鍵詞：** 治史三書　錢穆　顧頡剛　傅斯年　史料　經世致用　史家修養　商務印書館　新亞學派

**作者簡介：** 李金强，香港浸會大學歷史系教授桐城嚴耕望師（1916—1996），號歸田，以中國中古史研究聞名於史學界，并以政治制度史及歷史地理兩門專史，獨步史壇。於 1945 年得入"中央研究院"歷史語言研究所任職，此爲其一生學術研究與事業轉捩及發皇之時，在該所之職級先由助理員，升遷至助理研究員、副研究員以至研究員。此後爲其師錢穆賓四先生（1895—1990）所邀，南下香港中文大學歷史系及新亞研究所任教。以教授之職而任研究所之導師，講學上庠，春風化雨，其一生學行，由是得於港臺兩地流播。及至晚年，更出版治史三書——《治史經驗談》《治史答問》《錢穆賓四先生與我》，將其一生史學研究之際遇、經歷與心得，表白於世。而其生平、學問與志業，由是得以流傳於中華大地，同爲其弟子門生及後起年輕史學工作者所記懷與學習。① 1973 年余入學新亞研究所，隨嚴師研習"中國中古史專題"及"中國歷史地理"兩科，得窺其於中國中古史研究之"偉業"。其時，嚴師持樸實生活，究心學術，用心教學，自立典範。并蒙其教以"看人人所能看得到的書，説人人所未説過的話"之訓語，此爲余一生治史奉爲圭臬之座右銘，至今不敢忘。嚴師學問與德業，當爲 20 世紀中國史學界之樸實楷模。此本文研究嚴師治史精神與學養之所本。

## 一、從學、教學與研究

我國新史學之發展，奠基於"民國史學"。其時，在西力衝擊下，經史子集之傳統學術蛻變而成爲"西學"分科，而史學即在此中西學術文化交匯下逐漸成形。② 其初由梁啓超於 1902 年倡導新史學建立典範始。③ 踏入民國後，史學日漸學院化、專業化

---

① 嚴師的生平及著述，參見廖伯源《嚴耕望先生傳略》、宋德熹等《歸田學記》、李啓文《嚴耕望先生著作目録》，均刊於嚴耕望先生紀念集編輯委員會編《充實而有光輝——嚴耕望先生紀念集》（以下簡稱《充實而有光輝》），臺灣稻禾出版社 1997 年版，第 35 ~ 44、199 ~ 272 頁；又參見廖伯源《嚴耕望先生之學術成就》，載《貫古通今　融東會西：扎根史學五十年》，香港三聯書店 2016 年版，第 70 ~ 83 頁；學者尤重嚴師之史學成就，鄔建麟《嚴耕望史學研究》，華東師範大學 2013 年博士學位論文；陸玉芹《未學齋中香不散——錢穆和他的弟子》，廣東教育出版社 2007 年版，第 136 ~ 156 頁；王子今《中國交通史研究一百年》，《歷史研究》2002 年第 2 期。王文稱許嚴師《唐代交通圖考》一書，爲"具有經典意義的名著"，"規模與價值，均有空前之意義的交通巨著"。而更重要則爲譽贊嚴師，對於學界同行提出對該書之補正之首肯態度，認爲此乃促進學術研究之健康發展。

② 羅志田：《引言：西學衝擊下近代中國學術分科的演變》，《近代中國史學十論》，復旦大學出版社 2003 年版，第 2 ~ 24 頁。

③ 汪榮祖：《章太炎與現代史學》，《史學九章》，臺灣麥田出版社 2002 年版，第 182 ~ 184 頁。指出新史學倡導，除梁啓超外，章太炎亦應居一席之地位。

與獨立化。隨着北京大學史學系成立（1917），各大學的史學研究逐漸脱離國學研究院，相繼成立史學系，進而建立學科體制，遂得培訓專業史學人才，由是新史家輩出，而史學流派接踵而生。① 新史學之研究成果，層出不窮。② 就史家而言，嚴師即推舉“二陳”——陳寅恪（1890—1969）、陳垣（1880—1971），吕思勉（1884—1957）及錢穆爲此一時期之代表者。③ 就學派而言，錢穆早有傳統派（記誦派）、革新派（宣傳派）及科學派（考訂派）之劃分④，而學人更有分爲史料學派及史觀學派。⑤ 前者强調“史學即是史料學”，以出身北大之傅斯年（1896—1950）爲首，并由傅氏創設之“中央研究院”歷史語言研究所爲其基地。⑥ 至晚近則有王師爾敏提出的“非主流史學”，并列舉出國粹學派（劉師培、章太炎），南高與學衡派（柳詒徵），戰國策學派（林同濟、雷海宗），新亞學派（錢穆、孫國棟），歷史地理學派（竺可楨、張其昀）等⑦，而嚴師即爲此一民國新史學發展中，早年從學錢穆，繼而置身於“中研院”史語所，而晚年講學於新亞書院及研究所者，由是集民國新史學名家與流派之學於一身，從而成就其生平與志業，而爲當世華文史學之名家。

嚴師爲賓四先生早年弟子，受教於戰時嘉定武漢大學歷史系（1941）及成都齊魯大學國學研究所（1941—1943）。錢氏於武漢大學任教時，指出歷史學有兩隻脚，一爲歷史地理，一爲制度史，二者爲歷史學之骨幹，要通史學，先要懂這兩門學問，以此爲先。嚴師遂受影響，决定一生致力於此兩門專史。初以秦漢及隋唐地方行政制度史爲研究對象，漸以唐史爲其研究重心。⑧ 就國學研究所而言，此乃由顧頡剛先生所創辦，顧



① 汪榮祖：《五四與民國史學之發展》，《五四研究論文集》，臺灣聯經出版事業公司 1979 年版，第 221 ~ 233 頁；劉龍心：《學術與制度——學科體制與現代中國史學的建立》，新星出版社 2007 年版，第 1 ~ 12、217 ~ 320 頁。

② 顧頡剛：《當代中國史學》（1946），香港龍門書店 1964 年版，第 1 ~ 5 頁；顧氏并指出民國史學的發展，乃因西洋科學治史方法，進化，唯物史觀輸入，以及新史料發現所致。民國史學研究成果，見第 83 ~ 142 頁。

③ 嚴耕望：《史學二陳》《通貫的斷代史家——吕思勉》，《治史答問》，臺灣商務印書館 1985 年版，第 79 ~ 98 頁。

④ 錢穆：《國史大綱》上册，臺灣商務印書館 1977 年版，第 3 ~ 6 頁。

⑤ 參見許冠三：《新史學九十年：一九九〇》上册，香港中文大學出版社 1986 年版；《新史學九十年：一九九〇》下册，1988 年版。

⑥ 李金强：《導言：20 世紀中國新史學的起承轉合》，《世變中的史學》，廣西師範大學出版社 2010 年版，第 1 ~ 7 頁；又參見杜正勝《無中生有的志業——傅斯年的史學革命與史語所的創立》，杜正勝、王汎森主編《新學術之路》，“中研院”史語所 1989 年，第 1 ~ 41 頁；又參見 Mechthild Leutner 著，孫立新譯《政治與科學之間的歷史編纂——30 和 40 年代中國馬克思主義歷史學的形成》（山東教育出版社 1997 年版）一書。

⑦ 王爾敏：《前言》，《20 世紀非主流史學與史家》，廣西師範大學出版社 2007 年版，第 1 ~ 8 頁。

⑧ 嚴耕望：《從師問學六十年》，《錢穆賓四先生與我》，臺灣商務印書館 1992 年版，第 46 ~ 47 頁。

氏早年“慧眼識英雄”，已邀錢氏至北京各大學任教，至此再邀其任職該所，故嚴師同受教於錢、顧二人。① 繼而於1945年致函傅斯年并附論文三，毛遂自薦，希望受聘，結果獲聘爲助理員，得入“中研院”史語所，從此潛心學問，以治唐史、中國政治制度及中國歷史地理著稱於史學界②，并於1970年獲選爲“中研院”院士。至1964年受其師錢穆之邀，被聘於香港中文大學新亞書院，自臺來港，於新亞歷史系及研究所任教，由是與香港史學界結緣。③ 在職期間，先後講授“中國政治制度史”“歷史地理”“中國中古史專題研究”等科。④ 其間，除著作等身外，并爲香港之中國中古史研究，培訓新一代之學者。⑤ 嚴師之專家研究與學問，衹見知聞於行内之“高手”。然其間於“中國中古史專題”一科，上學期講述其治史心得及生平師友的學行。下學期則以其政

① 嚴耕望:《錢穆賓四先生與我》，臺灣商務印書館1992年版，第11～20、45頁。謂於齊魯大學國學研究所，與錢氏“朝夕相處，作息追隨將近三年”；又參見錢穆《八十憶雙親・師友雜憶》，岳麓書社1986年版，第207頁。記述嚴師及其同班錢某（樹棠）相隨，并謂日後到臺灣，見嚴師“已學有專精”。



② 嚴耕望:《我對傅斯年孟真先生的感念》，《錢穆賓四先生與我》，臺灣商務印書館1992年版，第152～159頁，嚴師謂欲入“中研院”史語所，得同於中央大學畢業之嚴師母段畹蘭（1919—2010）之好友曾祥和（沈剛伯妻，後任教臺灣師範大學歷史系）提示，竟獲所長傅斯年接納，而得以利用該所優良環境，成就其一生之專業。又參見官德祥《〈顧頡剛日記（1941—48）〉中所載的嚴耕望先生及其夫人段畹蘭女士》，載《書目季刊》2011年45卷2期。嚴師於戰時北碚邂逅嚴師母，時爲顧頡剛之助手，且訓練嚴師母爲其寫自傳。顧、嚴二人爲師生，而顧則對嚴師母信任和器重，三人關係於此可見。

③ 蘇慶彬:《嚴耕望（歸田）老師》，《七十雜憶——從香港淪陷到新亞書院的歲月》，香港中華書局2011年版，第340～343頁。據蘇氏言，嚴師到港任職，除賓四師力薦、師恩難却外，亦由於子女入讀大學，需要經濟上支持。并謂到港租住於巴富街，此物業爲邵氏紅星凌波所有。

④ 廖伯源:《嚴耕望先生傳略》，嚴耕望先生紀念集編輯委員會編《充實而有光輝》，臺灣稻禾出版社1997年版，第215頁。記1964年受聘香港中文大學，於新亞研究所任導師，於大學部歷史系講授“中國政治制度”與“歷史地理”兩科。至1974年新亞研究所脱離香港中文大學，始行專任香港中文大學，於新亞研究所則爲兼任導師，1978年於香港中文大學退休後，出任香港中文大學中國文化研究所高級研究員，至1981年脱離香港中文大學，始於新亞研究所專任，一度於美國耶魯大學講授唐史半年（1979）。先後在新亞研究所講授“中國中古政治制度研究”“三代兩漢人文地理研究”“中國中古史料研究”“中國中古史專題研究”“魏晋南北朝人文地理研究”。又參劉健明《筆耕室受教記》，謂其於1975年入學香港中文大學歷史系時，嚴師講授“中國歷史地理”“中國政治制度史”“中國中古史料”“中國中古史專題”四科，同前書，第91頁；又參見《新亞研究所概況1986—1987》，香港新亞研究所1987年，第24～25頁，記嚴師於所中講授“中國政治制度史研究”“中國中古史料研究”“魏晋至唐宋人文地理研究”三科。又參見《新亞歷史系系史稿》（新亞歷史系1985年，未刊）第7頁，記嚴氏曾開“秦漢史”“國史地理與人文研究”二科。

⑤ 譚宗義:《星沉大地——敬悼恩師桐城嚴耕望歸田先生》，劉健明:《筆耕室受教記》，并載嚴耕望先生紀念集編輯委員會編《充實而有光輝》，臺灣稻禾出版社1997年版，第55、91～94頁；譚氏於1965年新亞研究所受業於嚴師，而劉健明則於1979年入讀香港中文大學研究院。又參見劉健明、吕振基《四十年來香港的隋唐五代史研究》，周佳榮、劉詠聰主編《當代香港史學研究》，香港三聯書店1994年版，第203、205～207頁。

治制度史及唐代交通研究的論文著作，抽選講論。稍後將其上學期講稿整理及擴充，交由臺灣商務印書館出版，包括《治史經驗談》《治史答問》《錢穆賓四先生與我》三書，日後由内地出版社合編而成《怎樣學歷史——嚴耕望的治史三書》①，流播學界，爲海内外青年學子所捧讀，嚴師平實治史之輝煌成就，由是爲後進所敬仰，從而大享盛名。

## 二、治史精神

筆者現從三方面説明嚴師之治史精神，分别論述如次：

其一，就重視史料的治史精神而言。嚴師受教於錢穆，并工作於“中研院”歷史語言研究所。後者即由傅斯年所創，故對傅氏提倡科學治史求真，主張“上窮碧落下黄泉，動手動脚找東西”的“史學即史料學”主張，自有所認知。② 事實上，嚴師之治史最重史料，他説：“研究歷史，無論采取什麽方法，都要以史料爲基礎；不能充分掌握史料，再好的方法，都不能取得真實的成果。”③ 并在研究唐代交通時申明，其奮力搜集史料，“諸凡正史、通鑑、政書、地書、别史、雜史、詩文、碑刻、佛藏、科技、雜著、類纂諸書，及考古資料，凡涉中古交通，不論片紙巨篇，搜録詳密，陳援庵先生謂‘竭澤而漁’，余此項工作庶幾近之”，此乃其平生治學之本，故謂：“既詳徵史料作深入之研究，又期廣被於全面，嚴密組織，成其系統。”④ 而對其詳徵之史料，作深入研究，其法乃“悉心比勘，精辨細析，指證詳明”。⑤ 嚴師以史料爲本之“科學”治學精神，表露無遺。

尤有進者，嚴師對史料選取，宜從正史入手，認爲研究中國史，宜先讀基本材料，

① 嚴師之《治史三書》，乃由著名唐史學者王壽南爲其安排，於臺灣商務印書館出版。1965年，王氏於臺灣政治大學政治研究所攻讀博士，王雲五及嚴師爲其共同指導老師。其後王壽南主編商務印書館“岫廬文庫”，遂爲嚴氏出版治史三書，見王壽南《懷念歸田師》，嚴耕望先生紀念集編輯委員會編《充實而有光輝》，臺灣稻禾出版社 1997 年版，第 52 ~ 53 頁；内地將治史三書合編出版之由來，參見傅杰《本書説明》，《怎樣學歷史——嚴耕望的治史三書》，遼寧教育出版社 2006 年版，第 1 ~ 2 頁。

② 嚴耕望：《我對傅斯年孟真先生的感念》，嚴耕望先生紀念集編輯委員會編《錢穆賓四先生與我》，臺灣商務印書館 1992 年版，第 152 ~ 159 頁。嚴師於此記述傅氏聘用之情及對其家人之照顧，又感念其創設歷史語言研究所，使有志之士能從事研究而有所感恩。然文中亦提及傅氏尤重其所引用石刻材料。

③ 嚴耕望：《佛藏中之世俗史料》，《嚴耕望史學論文集》下册，上海古籍出版社 2009 年版，第 1004 頁。

④ 嚴耕望：《唐代交通圖考·序》，嚴耕望先生紀念集編輯委員會編《充實而有光輝》，臺灣稻禾出版社 1997 年版，第 181、189 頁。

⑤ 嚴耕望：《唐代交通圖考·序》，嚴耕望先生紀念集編輯委員會編《充實而有光輝》，臺灣稻禾出版社 1997 年版，第 188 頁。

主要乃指“專題研究所屬時代的正史”，認爲正史包羅萬有，宜從頭到尾看，其着眼點在於瞭解研究的整個時代，先具全盤認識，切忌用爲題目找材料的方式去看。而其他與此一時期相關的史料，即基本書籍，也應全部從頭到尾看一遍，如此方能找到所屬的寶貴史料，而不致漏失。此即他所説“由頭到尾讀正史時，主要着眼點，是求對這一時代的全盤認識，找材料是副目的；所以要讀得仔細，應該盡可能處處求懂。對於其他的書，雖然也要從頭到尾的看，但可把尋材料視爲主要目的，附帶的自然也增加你對於整個時代的全盤認識”①。從而指出“新的稀有難得的史料當然極可貴，但基本功夫仍在精研普通史料”②。繼而指出錢穆之名著《劉向歆父子年譜》《國史大綱》即爲顯例。後書尤其提出不少卓見，所利用者皆爲普通史料，不過二十四史而已。又湯用彤的《漢魏兩晋南北朝佛教史》，主要利用《高僧傳》此一舊史料，却成爲此一課題最具成就之著述，從而歸結出嚴師治史名句：“看人人所能看得到的書，説人人所未説過的話。”進而明言其治史“也是從一般普通史料入手”，雖然引用其他史料，“但真正基礎仍然建築在正史上”。③ 可見嚴師治史材料以正史爲本，然對相關研究課題之史料，尤重“遍搜”及“全讀”，務必達“竭澤而漁”之地步，故治史精神，務必求“通”求“全”。從而得出史實的真相，故其史著乃建築於史料之上而呈現光輝。④



其二，就治史的經世精神而言，嚴師回憶從學於賓四先生時，先生勉其應“立志總要遠大，要成爲領導社會，移風易俗的大師”，要寫有價值的著述。并謂至中年後，又囑其“多講學，啓迪後進”，於此可見賓四先生“無時不關心學術、關心社會”的經世精神，嚴師於文中再三表示信守。故其研究著述未忘師訓，所研究之政治制度、歷史地理及唐代人文地理、交通地理等課題多屬經國濟世之史事，并求精研國史，創新知識。此外，又將其精深研究之專題、專著，每每化爲簡明文字，以“約論”“述”立題行文，求其影響社會。又應邀演講，使其研究精深，廣爲學子所知。⑤ 就其研究中國地

---

① 嚴耕望：《治史經驗談》，臺灣商務印書館 1981 年版，第 25 頁。

② 嚴耕望：《治史經驗談》，臺灣商務印書館 1981 年版，第 26 頁。

③ 嚴耕望：《治史經驗談》，臺灣商務印書館 1981 年版，第 29 頁。

④ 嚴耕望：《治史答問》，臺灣商務印書館 1985 年版，第 77 ~ 78 頁。“我認爲治史仍當以發掘史實真相爲主流，以解釋、治史爲輔助，找出史實的真相寫録下來，可以永遠於人有用，即永遠不算落伍”，而具有永久性價值。

⑤ 嚴耕望：《錢穆賓四先生與我》，第 62 ~ 68 頁，嚴師將其精深研究簡明化，見《唐史研究叢稿》，香港新亞研究所 1969 年，第 1 ~ 8 頁，以《論唐代尚書省之職權與地位》一文爲例，前置“約論”，以簡練精確的文字，扼要説明唐代尚書六部與九寺諸監之政務與事務職權之分劃，并述有唐一代尚書省地位之隆替與轉變，而其論證研究文字則見之正文。又參見本書附篇七文，第 599 ~ 656 頁，乃將其研究唐代交通驛道論文之結論，以簡明文字寫出，以饗後學。就其演講而言，參見嚴師之演講記録，嚴耕望：《我撰唐代交通圖考的動機與經驗》《中國史上經濟文化之地理的發展》，《嚴耕望史學論文集》下册，上海古籍出版社 2009 年版，第 1487 ~ 1507 頁。此一下册内文卷下《綜合編》，多屬普及文字。

方行政制度而言，嚴師明言地方行政爲治國重要之一隅，以國史而論，“歷代治亂興亡，造因固多，而人民生活與社會治安恒居於首要之地位，此則地方行政所直接影響者”①。此其起而研究秦漢及魏晋南北朝地方行政制度之因由。

及至1942年其至齊魯大學國學研究所任職助理員時，開始閱讀歷代重要書籍，研究重心轉入唐代，其之所以關注唐代，乃因“唐代是中國史上具有關鍵性的大時代”，而其收録史料乃爲“政治制度”與“人文地理”兩大範疇。② 嚴師謂國史上雖漢唐并稱，然唐代立國之規模與文化尤勝秦漢。盛唐以天可汗尊號爲“東方共主”，而其文化兼容并包，此即“華夷一家”。其制度、文學、史學爲中國傳統文化結晶。宗教哲學，取印度文化而光大之。藝術樂舞與科學，則博采西亞，可見唐代采長補短，創新文化而日見鼎盛，影響國際。繼而稱譽唐爲“不惟亞洲之輝光，抑亦第七八九世紀世界文化之日月矣”。③ 處於民國亂世，外敵入侵，對照所研究之唐代，悠然思中古中國之光輝。就唐代交通研究而言，嚴師研究動機在於交通爲“政令推行，政情溝通、軍事進退、經濟開發、物資流通，與夫文化宗教之傳播，民族感情之融和，國際關係之親睦，皆受交通暢阻之影響”。故謂交通建設爲國家一切建設之基本也，故謂“中山先生避總統之位，即以鐵道建設爲已任”，交通史研究，意義莫大於此。④

其三，就史家修養而言，嚴師尤爲重視，於《治史經驗談》一書，特闢兩章説明之。分别爲第八章《努力途徑與工作要訣》及第九章《生活、修養與治學之關係》，多以其生平，就學、任職，所遇師友的經歷言之。而歸納出“做學問努力的途徑、工作要訣與日常生活、人生修養等”三方面⑤，提出其個人的經驗及意見。

（一）努力的途徑方面，嚴師認爲要成爲有成就的史家，最好能有抱負、有信心、有計劃。有抱負就是有大志，纔能有目標，并經長時間堅持的努力，纔能有成。有信心，既能立志，尚須有堅定的自信，由此立下長遠可行的計劃，纔能成事。如司馬光寫《資治通鑑》，乃經周詳計劃進行。進而以其個人研究歷程之計劃作爲示範，此即嚴師自1946年後，立志研究中國歷代人文地理，求以地理觀點講中國史，并期望建立一立體歷史觀。遂有三步計劃，第一“唐代交通圖考”，第二“唐代人文地理”，第三“國史人文地理”。最終完成《唐代交通圖考》一書，其他兩部分亦撰寫了不少文章。⑥

---

① 嚴耕望：《中國地方行政制度史甲部·序言》，嚴耕望先生紀念集編輯委員會編《充實而有光輝》，臺灣稻禾出版社1997年版，第143頁。

② 嚴耕望：《治史答問》，臺灣商務印書館1985年版，第18~19頁。

③ 嚴耕望：《唐代文化約論》，《嚴耕望史學論文集》下册，上海古籍出版社2009年版，第814頁。

④ 嚴耕望：《唐代交通圖考·序》，嚴耕望先生紀念集編輯委員會編《充實而有光輝》，臺灣稻禾出版社1997年版，第179頁。

⑤ 嚴耕望：《治史經驗談》，臺灣商務印書館1981年版，第135頁。

⑥ 嚴耕望：《治史經驗談》，臺灣商務印書館1981年版，第139~140頁。

（二）工作要訣方面，舉出胡適提出“勤”“謹”“和”“緩”，并自行加上“恒”“定”“毅”“勇”，合爲八字訣。所謂“勤”，乃勤於閱讀、勤於思考、勤於寫作，也相當勤於聽受與講授，特別提出“寫作是學問成熟的最後階段”，“非寫作成文，不能視爲研究終結”。至於“恒”，就治學而言，“勤”是基本要訣，但若無“恒”（持久）以濟之，雖勤亦不能有成。故永恒的勤，學問必然有成，嚴師對勤、恒二字訣，所論尤多。勤、恒二字，實爲嚴師一生爲學的寫照。“毅”則表現於耐性，“勇”則爲勇於懷疑、勇於設想、勇於立論，此即胡適所説的“大膽假設”。“謹”即謹慎，即“小心求證”。“和”即温和，“研究問題要從容客觀”也。“緩”則有兩點，第一點，“工作緩緩地做，不要搶快”；第二點，“著作完成後，最好暫緩發表”。前者爲“慢工出細活”，後者則文章擱置一個時期，必定發現有可修改之處。①

（三）至於日常生活及人生修養方面。此即嚴師的名句“工作隨時努力，生活隨遇而安”，乃以此自勉、勉人。但需注意：（1）健强身體，健康心理；（2）一心力，惜時光；（3）淡名利，避權位；（4）堅定力，戒浮躁，此即回應上文之定字訣，堅定研究興趣與工作，不要見异思遷；（5）開闊胸襟（有容乃大）；（6）慎戒執着。就此六項，嚴師以健康身心爲治學之首，其健身之法乃“每日清晨從不間斷地散步”，亦是娱樂之一。此外，特舉陳寅恪先生爲例，認爲自己生前未能完成其有志撰寫的《中國通史》及《蒙古史》兩書，乃因其“身體健康太差，又是悲觀主義者”之故。又舉其師顧頡剛先生爲例，二十多歲就大享盛名，其後告知嚴師“深悔年輕時弄得名氣太大，不能安心工作”。②

由此可見嚴師對於史家之治學、生活及修養皆有其自我準則與要求，以此謀求“成爲一個堅强純净的‘學術人’”③。而嚴師上述所論，確能己立立人，此其得以成爲名史家之因由。

## 三、學　養

嚴師一生著作等身，其專書名著，分别爲《唐僕尚丞郎表》（四册）、《中國地方行

---

① 嚴耕望：《治史經驗談》，臺灣商務印書館 1981 年版，第 140 ~ 153 頁；嚴師治學極勤，手不釋卷。參見譚宗義《星沉大地——敬悼恩師桐城嚴耕望歸田先生》，嚴耕望先生紀念集編輯委員會編《充實而有光輝》，臺灣稻禾出版社 1997 年版，第 58 頁。

② 嚴耕望：《治史經驗談》，臺灣商務印書館 1981 年版，第 157 ~ 174 頁，謂其寓居九龍塘畢架山霞明閣，附近大小公園 9 個，其女兒曉松亦曾早起陪父晨運。又筆者任教浸會大學時，校址鄰接畢架山，多次遇嚴師於路上，趨前問候，告知日常皆南行至農圃道新亞研究所上課，以此鍛煉。嚴曉松：《永懷父親》，李金强：《追記嚴師耕望之學行》，并載嚴耕望先生紀念集編輯委員會編《充實而有光輝》，臺灣稻禾出版社 1997 年版，第 3、77 頁。

③ 嚴耕望：《治史經驗談》，臺灣商務印書館 1981 年版，第 157 頁。

政制度史》（甲、乙二部，四册）、《唐史研究叢稿》（一册）、《唐代交通圖考》（六册），皆是卷帙浩繁專深研究之史著①，得見其精湛學養、精練文字之學風，此其得以成爲一代之名史家之因由。就其學養之累積而言，可從其師友傳承與切磋，以及其自我勤恒研究兩方面説明之。

就師友影響與切磋而言，嚴師謂其一生所受師長影響者三人。首爲鄉鎮小學算術教師馮溶生，馮先生使其對於算術發生濃厚興趣，嚴師日後研究深入精細，得之於少年時數學訓練。其次爲安慶高級中學中國史教師李則綱，爲民國時期安徽的名史家。任教時李氏已出版《史學通論》《始祖的誕生與圖騰》，後書乃用人類學及圖騰觀念研究史前史，亦因聆聽李氏演講“歷史演進的因素”及得讀梁啓超《中國歷史研究法》一書，最終對歷史産生興趣，從而投身史學。再則爲就讀武漢大學歷史系時（1937—1941），受教於賓四先生之“秦漢史導論”及“中國政治制度史導論”兩科，此後再至齊魯大學國學研究所，跟隨賓四先生學習及研究，確立研究志趣及方向，對嚴師影響最大。②

與此同時，就讀於武漢大學歷史系時，嚴師所選修報讀之學科，不以史學爲限③，包括文、哲及社會科學等各方面的學科。據其所説，於歷史系所修科目，斷代方面，選修了吴其昌之“殷周史”，汪詒蓀之“明清史”（實際衹講明清之際），徐子明之“秦漢史”“三國史”，然因學生不滿其教學，講了兩堂便離開。專史方面，選修系主任方壯猷之“中國史學史”、陳登恪之“中國近代外交史”及吴其昌之“中國通史”（衹講古代民族史）。外國史方面則修讀陳祖原之“西洋通史”及“中古史”，郭斌佳之“近代史”，汪詒蓀之“日本史”，并修讀“史學名著選讀”一科。至於外系科目，兼修韋潤珊之“世界地理”，劉賾之“文字學”、“聲韵學”及“訓詁學”，徐天閔之“詩選”，蘇雪林之“中國文學史”，朱光潛之“近代文藝思潮”及“論理學”、“哲學概論”、“政治學”、“社會學”、“經濟學”、“中國經濟史”等科。觀嚴師於其大學教育之培訓，可見於史學以外，兼修小學、新文學、地理學、社會科學等各科，由是具備優秀傳統文化及西學新知。此嚴師治史方法與學殖，得見其於精研考證史料外，尚具備地理學、政治學及其他社會科學知識，此民國史學倡導科學治史之史料派及主張借用社會科學，輔助歷史研究的“新史學”學風，皆能得見於嚴師之政治制度史及歷史地理研究兩方面

① 李啓文補訂：《嚴耕望先生著作目録》，嚴耕望先生紀念集編輯委員會編《充實而有光輝》，臺灣稻禾出版社 1997 年版，第 251～271 頁，計專書 10 種，論文 173 篇，紀念性文字 3 篇，史料編纂 1 種。

② 嚴耕望：《從師問學六十年》，《錢穆賓四先生與我》，臺灣商務印書館 1992 年版，第 42～45 頁。

③ 嚴耕望：《治史經驗談》，臺灣商務印書館 1981 年版，第 145 頁，嚴師認爲青年學習時代，應選擇優良教師的課，仔細聆聽，借此得悉其講授内容的“一家之言”，且聽課的印象較閲讀爲深刻。

著述中。①

嚴師於武漢大學就讀時，以其畢業論文《秦漢地方行政制度》，請示賓四先生批閱，此項研究成果獲其首肯，賓四先生邀嚴師至齊魯大學國學研究所，任職助理員，隨其學習。該所位於成都西北三十餘里崇義橋的賴家花園。因藏書家羅氏及四川省立圖書館所藏，均寄存於此，故藏書甚豐。該所由哈佛燕京學社支持興辦，并由顧頡剛以歷史系教授之職，兼任研究所主任，負責實際行政工作，賓四先生亦以歷史系教授兼研究員，并聘胡厚宣爲研究員，下置助理員八九人、書記四五人，并加一編輯。稍後顧氏因辦《文史雜志》，遷居重慶，所務交由賓四先生主持。該所規定研究員或助理員，各自選定題目研究。并需於每周六參加講論會，輪流演講及作讀書報告。講畢共同討論，最後由顧、錢兩位評論。其後顧氏前往重慶，皆由賓四先生主持評論。時嚴師以秦漢地方行政制度研究爲對象，主要受教於賓四先生。然亦獲顧氏的指導，如其所撰《兩漢郡縣屬吏考》，顧氏即爲其審閱，并協助其於《中國文化研究彙刊》發表。② 此外，其間嚴師曾報告“兩漢地方官吏之籍貫限制”，深受賓四先生的肯定。而師生二人亦由於共同生活，賓四先生除指導學問外，更對治學成材之爲學與做人，對嚴師多所勉訓，如立志不爲名利所約束、如何努力學術等。嚴師謂受其指點，一生受益不淺，嚴師日後於《治史經驗談》一書，另闢一章，論述生活、修養與治學之關係，堪稱不忘師訓，其來有自。此外，所中之出版物，除《齊魯學報》外，又出版《責善》半月刊，供該所人員及所外學者投稿，投稿者不乏名家，如丁山（1901—1952）、楊樹達（1885—1956）、金毓黻（1887—1962）等。嚴師於此刊先後投稿五篇，包括《楚置漢中郡望考》《漢武帝始創年號辨》《楚秦黔中郡地望考》《論秦客卿執政之背景》《秦宰相表》。其研究地方行政制度史，由是“起航”。而其武漢大學同班錢樹棠，亦於此時加入本所研究。嚴師對錢氏推許尤多，謂與其於武漢大學共學時，多受其影響，如接受其建議，修習中文系的課程，并因錢氏對歷史地理學的研究興趣，日後亦加入此一專史的研究行列，入所

① 嚴耕望：《治史答問》，臺灣商務印書館 1985 年版，第 6 ~ 7 頁；《治史經驗談》，臺灣商務印書館 1981 年版，第 2 ~ 5 頁；治史應專精與博通并備，而博通尤重借助社會科學理論論史。民國時期之新史學風氣，參見朱希祖《序》，James Harvery Robinson、何炳松譯《新史學》，商務印書館 1931 年版，第 1 ~ 2 頁。1920 年，朱希祖出任北京大學史學系系主任，謂因看到德國史家蘭普賚克（Karl Lanprecht）之著作，始悉“研究歷史應當以社會科學爲基本科學”，故改變該系課程，規定一、二年級需修政治學、社會學、經濟學等科，并邀何炳松譯出該書，作爲推介“新史學”的課本。關於“新史學”學風，并促成社會史研究的勃興，參 Peter Burke，*Sociology and History*. London：George Allen & Unwin，1980. pp. 23 ~ 30.

② 嚴耕望：《錢穆賓四先生與我》，臺灣商務印書館 1992 年版，第 2 ~ 52 頁；官德祥：《〈顧頡剛日記（1941—1948）〉中所載的嚴耕望先生及其夫人段畹蘭女士》，第 77 ~ 79 頁。該文透過日記説明顧、嚴、段三人師生情誼及關係建立。此外，并述嚴師離開齊魯研究所，至重慶北碚，得顧氏安排暫住史地圖書社，負責標點《後漢書》工作，因此認識師母段畹蘭。

後的嚴師，其初專注乃政治制度史方面研究，而錢氏則在歷史地理，同門互相砥礪，有助嚴師學問長進及開拓。①

至1945年秋，嚴師由於毛遂自薦，得以進入傅斯年所創設之“中研院”史語所任助理員，從此安心研究，故嚴師對傅氏感銘尤深。傅氏之雇用及關照，使嚴師得以利用該所的優良環境與設備，專心研究，於“紛亂不安的社會中”逐漸取得學術成就。②置身於此一民國以降史學界之主流，以史料考證見長的史語所，嚴師研究注重史料之學風，由是積澱。而更重要則嚴師爲借此與該所“賢豪”如胡適、全漢昇（1912—2001）等相交，并因此於1957年獲派至哈佛訪問，得與任教哈佛東亞系的楊聯陞（1914—1990）相識，楊爲當世國史研究的史學泰斗。嚴師謂楊氏“天分極高，學問極博，自己謙稱雜家，其實他的學術觸覺靈敏，境界很高，常能貫通各方面的知識，提出新穎論點”③。嚴師之學養即在此師友交往及砥礪中，而得以積漸充實而日見光輝。

就自我勤恒研究而言，始於青年時期，已見嚴師勤讀課外書。嚴師在高中時，因受其師李則綱之影響，已決定將來從事史學研究。又因其受李氏以人類學治史之啓迪，故其時所讀之書，除李氏之《始祖的誕生與圖騰》（商務印書館1935年版）外，其餘如莫爾甘（L. H. Morgan，1818—1881）著、楊東蒓譯之《古代社會》（商務印書館1935年版），羅維（R. H. Lowie）著、吕叔湘譯之《初民社會》（商務印書館1935年版），林惠祥《文化人類學》（商務印書館1934年版），岑家梧《圖騰藝術史》（商務印書館1937年版），恩格斯《家族私有財産及國家之起源》（新生命書局1929年版），馬凌諾夫斯基著、李安宅譯《巫術科學宗教與神話》，米勒利爾著、陶孟和等譯《社會進化史》（商務印書館1924年版），另有米勒利爾著、葉啓芳譯《婚姻進化史》（商務印書館1936年版），西村真次著、李寶瑄譯《文化移動論》（商務印書館1936年版），《體質人類學》等人類學、社會學、文化學之專著。由此可知，青年時期的嚴師治史，其初即用社會科學及人類學治史，堪稱民國史學界具有“社會史”研究導向的先驅角色。

就史書閱讀而言，嚴師早已閱及《左傳》《三國志》，繼讀《評點史記論文》《御批通鑑輯覽》《史通》《通志二十略》《讀史方輿紀要》。此外，又看過《世本》《竹書



---

① 嚴耕望：《從師問學六十年》，《錢穆賓四先生與我》，臺灣商務印書館1992年版，第54～68頁；又參見嚴耕望《責善半月刊再版書後》，《嚴耕望史學論文集》下册，上海古籍出版社2009年版，第1333～1335頁。謂此刊除史學問題外，尤多邊疆調查研究文字，嚴師自謂最愛此類文字。參見錢樹堂《紀念嚴耕望學兄》，嚴耕望先生紀念集編輯委員會編《充實而有光輝》，臺灣稻禾出版社1997年版，第10頁。錢、嚴二人，先後於武漢大學及國學研究所共學，相知至深，於國學研究所時，錢氏研究兩漢人文地理，擬寫《漢史地綜》。

② 嚴耕望：《我對傅斯年孟真先生的感念》，《錢穆賓四先生與我》，臺灣商務印書館1992年版，第152～159頁。

③ 嚴耕望：《從師問學六十年》，《錢穆賓四先生與我》，臺灣商務印書館1992年版，第132～133頁。

紀年》《國語》《國策》等先秦史文獻，又閱讀閻若璩《尚書古文疏證》此一清代考證學名著。

與此同時，由於西學東漸，追求新知，我國之出版與學術，於五四運動前後，日見蓬勃。其中“新史學”的著述如通史、斷代史、專著、譯著、史學專業期刊，更如雨後春筍，層出不窮。故嚴師於課外自行涉獵，從而與民國“新史學”相互呼吸，其學養即由此拓展，所讀及章節體之新編史書，如吕思勉《白話本國史》（商務印書館 1938 年版）、《史通評》（商務印書館 1934 年版）、《中國民族史》（世界書局 1934 年版），章嶔《中華通史》（商務印書館 1935 年版），鄧之誠《中華二千年史》（商務印書館 1938 年版），夏曾佑《中國古代史》（商務印書館 1935 年版），陳恭禄《中國近代史》（商務印書館 1941 年版），胡適《中國哲學史大綱（上）》（商務印書館 1927 年版），馮友蘭《中國哲學史》（商務印書館 1935 年版），梁啓超《先秦政治思想史》（中華書局 1936 年版）。并謂對胡適、梁啓超二書，閱讀尤其認真，并以此爲本，撰寫《儒家之禮的理論》，刊於《學風》第 7 卷第 1 期（1937），此爲其學術論文之先聲。又讀梁啓超《中國歷史研究法》（商務印書館 1930 年版），嚴師之師李則綱《史學通論》（商務印書館 1935 年版），何炳松譯《新史學》（商務印書館 1923 年版），并經常翻閲《禹貢》及《食貨》兩種半月刊。① 故嚴師於青年時期，有關其時商務印書館出版之新編史學名著及期刊，均見其涉獵。值得注意的是，嚴師在安慶高級中學就讀時的左旁，即有商務印書館，故每周末時皆至該館看書，尤其留意新出版的文史社會科學書籍，至少翻閲其序言及目録，於此可見一斑；嚴師亦參加該館之六折新書訂購，如《當代社會學説》，Walter C. Langsam 著，謝元範、翁之達譯之《一九一四年後之世界》（商務印書館 1936 年版）等書，由是洞悉其時史學出版與研究的動向。嚴師於中學時期所讀之書，此適值中國出版界巨子商務印書館大量出版新編國史及其他學科著述時，而得以閲讀。② 不但對其一生爲學做人影響至深，并促成其日後從事中國史的研究③，爲其打下治史的良好學養基礎，此其日後漸露頭角成爲名史家之其來有自。



隨着升讀大學及國學研究所，以至史語所、香港中文大學新亞書院及研究所的任

---

① 嚴耕望：《我在中學大學讀書時代的課外閲讀》，《治史答問》，臺灣商務印書館 1985 年版，第 2 ~ 4 頁。

② 史春風：《商務印書館與中國近代文化》，北京大學出版社 2006 年版，第 74 ~ 130 頁。時商務印書館出版中外文史哲及社會科學專著，數量龐大，影響 20 世紀中國學術及文化之發展。

③ 嚴耕望：《中國中古史入門書目》，《嚴耕望史學論文集》下册，上海古籍出版社 2009 年版，第 1347 ~ 1348 頁。嚴師特舉中學時期對其爲學做人影響至深五本書，包括《曾文正公家書》及《家訓》（人生修養方面）、《中國分省圖》（中國地理興趣方面）、《史記》（古代中國文化方面）、梁任公《中國歷史研究法》（決心從事中國史研究方面）、莫爾甘《古代社會》（社會科學、人類學興趣方面）。

職，嚴師治史漸由先秦史下移至秦漢以至於唐，并以唐史爲研究重心。其課題則由政治制度史，以至歷史地理。① 就朝代史而言，嚴師曾舉列中古史入門書目，包括：錢穆《國史大綱》，吕思勉《秦漢史》《魏晋南北朝史》《隋唐五代史》，而中古史籍則包括：司馬遷《史記》、司馬光《資治通鑑》、杜佑《通典》、劉義慶《世説新語》、慧皎《高僧傳》等，而工具書則爲永瑢等《四庫全書簡明目録》。② 就先秦史而言，嚴師自青少年時，已對人類學産生興趣，遂及考古學，且其任職之史語所，下設考古室，得以接觸考古研究，故能以考古學資料與文獻資料相配合，研究上古史人文地理。③ 其後研究唐史，始於閲讀《全唐文》，并且細密深研新舊《唐書》，借以對唐史具有全面的瞭解，故能論述兩書之史料價值，并爲《舊唐書》考訂補拾。此外，由於唐代詩學發達，唐詩所含史料豐富，一部《全唐詩》實爲唐史史料寶庫。遂用“詩”“史”互證法研究唐史課題，并謂此一研究法以陳寅恪最爲獨步。④ 就政治制度史而言，謂其産生興趣，由於得讀陶希聖《秦漢政治制度史》一書而起，然其書之地方政府一章，頗爲簡略，并發現翁方綱《兩漢金石記》之碑陰題名，“可考郡縣政府中分曹甚繁，各置掾史”，借此補充其地方政制組織，遂由秦漢始起研究。稍後下移至魏晋南北朝及隋唐，而成其《中國地方行政制度史》甲、乙兩部之專著。嚴師指出對此研究，所用史料除“正史、政書及地理書之外，子、集、金石、簡牘、類書、雜著等皆加以搜羅考訂成書”⑤。就歷史地理而言，其興趣始於兄長德明送他商務印書館版的《中國分省圖》，從而瞭解全國山川河流，由是注意歷史地理之研究。至 1947 年前後，其決定研究唐代人文地理，計劃由國疆、政區、户口、民族、産業、交通、都市、商業、宗教、文化各方面入手。此項計劃并受賓四先生鼓勵，認爲研究應“多方面看問題，較爲靈活有意義”。於 1957



---

① 嚴師對政治制度史、歷史地理、上古史與考古學等的興趣及研究重心何以放在唐代的説明，參見《治史答問》，臺灣商務印書館 1985 年版，第 10 ~ 20 頁。

② 嚴耕望：《中國中古史入門書目》，第 1345 ~ 1347 頁；嚴師并對《資治通鑑》進行研究，謂該書不但爲以儒家史觀綜述一千三百六十餘年史事，且其中包含極高價值之史料。見《資治通鑑的史料價值》，載《嚴耕望史學論文集》下册，上海古籍出版社 2009 年版，第 1163 ~ 1177 頁。

③ 嚴耕望：《我對於上古史與考古學的興趣》，《治史答問》，臺灣商務印書館 1985 年版，第 20 ~ 21 頁。余聽嚴師“中國中古史專題”一科，已告知尤重國内《考古》《文物》兩期刊，每期必讀。

④ 嚴耕望：《我的研究重心何以放在唐代》《我對於唐詩史料的利用》，《治史答問》，臺灣商務印書館 1985 年版，第 18 ~ 19、27 ~ 32 頁；《舊唐書奪文拾補》《舊唐書本紀拾誤》，載《嚴耕望史學論文集》下册，上海古籍出版社 2009 年版，第 1210 ~ 1327 頁；嚴師謂其糾正《舊唐書》600 多處、《新唐書》300 多處，見《治史答問》，臺灣商務印書館 1985 年版，第 16 頁，注 2。

⑤ 嚴耕望：《我對於政治制度史的興趣是怎樣引發的》，《治史答問》，臺灣商務印書館 1985 年版，第 10 ~ 11 頁；并參見《中國地方行政制度史・甲部序言》，嚴耕望先生紀念集編輯委員會編《充實而有光輝》，臺灣稻禾出版社 1997 年版，第 155 ~ 156 頁。

年至哈佛大學訪問研究，以此爲首要研究課題。① 至1966年嚴師搜集及撰述工作，乃以唐代人文地理爲範圍，漸及交通地理，由博入專，最終完成《唐代交通圖考》此一專書。該書利用唐代與宋初志書、《元和志》、《通典》（州郡典）、《太平寰宇記》及《舊唐書·地理志》材料，勾畫長安、洛陽至各府州的驛程路綫，并附以實際史例；記述沿途所經地點、歷史古迹、民族互市等情況，歷經二十載成書，被譽爲中國交通史之典範著述，而其學養亦由此顯見。②

最後尚須一提者，嚴師研究之政治制度史及歷史地理，其基礎史料仍是由正史入手，據其所説，元史專家姚從吾（1894—1970）評其"衹是勤讀正史"。事實并非如此，嚴師史學當由正史而産生創獲成績，應驗其所説"看人人所能看得到的書，説人人所未説過的話"的名句。然其間亦利用正史以外的詩文、佛藏、石刻、雜著等"新史料"，此亦見其史學研究之識見。③ 就佛藏而言，嚴師指出《大藏經》藴含大量中古時代的政治、社會、經濟、民族乃至科技藝術等史料，至爲寶貴，亦爲其常常引用者。④ 就石刻史料而言，嚴師更與嚴一萍合作出版《石刻史料叢書》，收録兩宋以來石刻史料，以供學人應用。嚴師研究兩漢地方行政制度，始用漢碑，至研究交通路綫，更多加利用漢唐碑文以證。⑤



由此觀之，嚴師學通古今，兼具中西，堪稱一舊學新知轉深沉的淵博專家。

## 四、結　論

嚴師爲20世紀中國中古史、政治制度史及歷史地理的名史家，其治史精神與學養自成一家。此皆因其自中學時期已然立志研究國史，此後勤讀課外書籍，尤重商務印書館出版之中外史地、人文學科、人類學、文化學、社會學的名著、譯著，吸納舊學新知，打下良好的學術基礎。及至入讀武漢大學歷史系，其選科聽講，除修中外史學，并修文字、聲韵、訓詁之小學，新文學，地理，社會科學等各科，由此强化其傳統文史、

---

① 嚴耕望:《我對於歷史地理的興趣是怎樣引發的》，《治史答問》，臺灣商務印書館1985年版，第13～16頁。嚴師於1953年間已先後發表《隋代人文地理》《唐代人文地理》《五代十國人文地理》，爲其由政治制度史轉入歷史地理的著述先聲，見《嚴耕望史學論文集》下册，上海古籍出版社2009年版，第1372～1486頁。

② 嚴耕望:《我撰唐代交通圖考的動機與經驗》，《嚴耕望史學論文集》下册，上海古籍出版社2009年版，第1490～1491頁。

③ 嚴耕望:《治史經驗談》，臺灣商務印書館1981年版，第26～29頁。

④ 嚴耕望:《佛藏中之世俗史料》，《嚴耕望史學論文集》下册，上海古籍出版社2009年版，第1004～1032頁。

⑤ 嚴耕望:《石刻史料叢書·序言》，嚴耕望先生紀念集編輯委員會編《充實而有光輝》，臺灣稻禾出版社1997年版，第194～195、197頁。

國學知識及西方人類學、社會科學之新知。繼而於齊魯大學國學研究所研修，從事國史專題研究。其間先後師從李則綱、錢穆、顧頡剛，得悉國史研究之門徑。日後又蒙傅斯年接納，進入“中研院”史語所任職研究工作，成其專家之學。1949 年隨史語所赴臺灣，至 1964 年出任其師賓四先生所創辦的新亞書院及研究所之教職，從事中國古代史及專史之研究與教學。綜觀嚴師一生治史，透過其自述及本文研究，可知與賓四先生關係最爲密切，從而確立其研究政治制度及歷史地理兩大專史之志業。而嚴師之生平著述，主要亦就此兩大範疇，起自上古，下迄隋唐，自闢蹊徑，開創課題，上下尋索。并以正史爲本，“采摘”詩文、佛藏、石刻、雜著等豐富史料，而以人類學、政治學、地理學知識爲輔，成其專著、論文、史料輯録之著述，堪稱著作等身，并以此獨步史林。成名後的嚴師，與當代名家如胡適、全漢昇、楊聯陞等相過從，談史論學，由是拓展學殖。且因置身上庠，言教身教，得以“弟子三千”，本次研討會之召開，即由此而起。其間嚴師於研究、講學之際，謹記賓四先生主張史學經世，復有感於自身史學經驗，有益於後學青年，遂起而撰寫《治史三書》，表白其治學之經歷及治史經驗之心得，三書於字裏行間透露出嚴師治史精神與學養。本文即以此《治史三書》作爲探究之文本，得見嚴師具有重視史料之求通求全、經世致用及重視品德修養之治史精神，此皆治史者不容忽略之圭臬。而其舊學新知之學養，成其考史、論史、釋史之卓技，爲後來治中古史、制度史、歷史地理及交通史者，立下典範。嚴師即以其專業卓越之史學成就，最終得獲“中研院”院士之榮銜；而其《治史三書》更普爲後學青年所推崇，由是得享名史家之桂冠。



進而言之，賓四先生所創辦之新亞書院及研究所，以發揚優秀傳統中國文化爲己任，尤重中國史學精神與學養，培訓後起具有文史志趣之青年，從而影響香港華文史學之興起。① 至有王師爾敏於綜觀 20 世紀中國史學之發展後，提出新亞史學應當自成一派之論，并列錢穆及其弟子孫國棟等爲學派開山之始。賓四先生於 1955 年所創立之新亞研究所，實乃學效齊魯大學國學研究所之創辦經驗，同獲美國哈佛燕京學社之資助，建立研究人員體制，成立講論月會，出版《新亞學報》及專書，推動中國文史哲研究，繼而招收攻讀中國文史哲之研究生，以“博通”及“精專”之治學方法施教，爲“二戰”後海内外培訓不少研究中國文史哲之專才。其中研究所首屆史學組畢業生，即有孫國棟、余秉權、羅球慶、柯榮欣、章群、何佑森及哲學組唐端正七人，該所由是成爲海外培訓中國文史哲的摇籃。② 嚴師早年於國内受教於賓四先生，已列門墻③，繼而赴

① 李金强、文兆堅：《當代香港華文史學之興起——以錢穆（1895—1990）與新亞書院爲個案》，余振等主編《21 世紀世界與中國——當代中國發展熱點問題》，清華大學出版社 2003 年版，第 605 ~ 625 頁。

② 李金强：《孫師國棟（1922—2013）與新亞研究所》，《新亞學報》2015 年第 32 卷，第 1 ~ 15 頁。

③ 陸玉芹：《未學齋中香不散——錢穆和他的弟子》，廣東教育出版社 2007 年版，第 104 ~ 134 頁，賓四先生於國内成名之弟子，尚有何茲全、李埏二人。

臺，再行南下香江，於新亞書院及研究所任教。而新亞學派得以創立於香港，其開山者爲賓四先生，而研究所第一屆史學組畢業生，聞名於史學界者爲孫國棟、章群、何佑森、余秉權、羅球慶五人，堪稱開山之第一代弟子。而嚴師受教賓四先生於武漢大學國學研究所，最終南下香港講學，并於研究所出任導師，紹繼賓四先生之學行，培訓後至之員生，與新亞自然契合。故於紀念嚴師百年之忌辰，以此立論，提出宜稱嚴師爲新亞學派開山之大弟子。

# 嚴耕望先生唐史文獻研究方法發微

陳尚君

**摘要：** 嚴耕望先生是享譽國際的唐史大家，他以後半生精力撰寫的《唐代交通圖考》爲當代學術史的不朽豐碑。20 世紀 50 年代中期，他曾自述有一段學術選擇的猶豫，即作人文地理研究還是作唐史文獻校訂，他認爲兩者皆意義重大，非投入畢生精力難以完成。爲此，他請教了國學大師錢穆先生，錢爲他一言解惑，選擇了人文地理一途。本文則希望從他已發表的著作中，尋覓他研治唐史文獻的主要思路和治學方法，揭示此一學術規則之當代價值與展開途徑，寄望有繼起者完成此項重大研究。

**關鍵詞：** 嚴耕望　唐史文獻　文本校訂　研究方法發微

**作者簡介：** 陳尚君，復旦大學中國語言文學系教授今年（2016）是嚴耕望先生百年誕辰，也是他去世二十周年之忌辰，紀念研討會下月（10月）在香港中文大學舉辦。爰撰本文，以敬瓣香。

## 一

桐城嚴耕望先生，近代學人之典範。平生建樹最著者，一爲漢魏行政制度史研究，二爲唐代人文地理研究，尤以《唐代交通圖考》享譽學林，三爲唐史文獻研究，最著者爲《唐僕尚丞郎表》。近百年來唐史研究前以陳寅恪先生、岑仲勉先生得造其極，繼起而獲學界認可者，嚴先生爲不二人選。他一生勤於著述，不計名利，如到臺北參加"中研院"會議期間仍携帶卡片及時處理，在香港任教多年，一直擔任高級講師，爲專力於研究工作而不申請擔任教授或講座教授，皆非一般人所能做到。更難能可貴者，是他在1955年的學術選擇。這一年，嚴先生年近四十，考慮一生之學術目標，於唐代人文地理與唐史基本文獻研究二者之間，猶豫彷徨，難作抉擇。他自己在《錢穆賓四先生與我》一文中的叙述是：

> 我在撰述《唐僕尚丞郎表》過程中，深感新舊兩部《唐書》各有優劣。《新書》體制完備，但文傷簡略，往往因文害意，釀成很多錯誤。《舊書》叙事詳盡，但因後期史料零落，比次每誤，僅就我撰此《表》時，已發現謬誤或奪訛不下六百條，此外問題可想而知。清人沈炳震東甫合鈔兩書爲一編，甚有卓識，但是詳者鈔之未盡，誤者摘發殊少，所以我很想"本沈氏《合鈔》，鈔之益審，糾之益精，又廣徵他籍，爲之注補"，俾"學者研尋，取給爲便"，意欲如王先謙之於兩《漢書》，對學林亦是一項貢獻。祇是唐籍浩繁，必須投入畢生精力與時間，始克有成。但我自一九四六、一九四七年已開始搜録"唐代人文地理"材料，意欲從地理觀點研究隋唐五代人文各方面的發展情況。這項工作也工程浩大，亦非投入畢生精力與時間不可。故此兩項大工作勢難兼顧，致遲疑不决。

所引一段文字見其撰《唐僕尚丞郎表》"序言"部分，此序定稿於1955年9月。此時先生陸續搜輯的"唐代人文地理"材料，還不同於後來撰《唐代交通圖考》之計劃，大約更接近於1953年所撰《唐代人文地理》一文所述，涉及"疆域與邊防""行政區劃""户口分布""産業一——農林（附水利工程）""産業二——漁牧""産業三——

工礦”“交通”“都市與商業”“民風區域與人才分布”“佛教分布”“邊疆民族”“地理圖志”等方面。這當然是很大的規劃，確非投入一生而難以告竣。

先生當年之猶豫困惑，殆在二者皆爲非一生投入不可，又必能傳之久遠之著作，其學力大進之時，知學識、眼光及定力投入其間，足能完成，且并世别無合適人選。是年方值人生之半，有此自斷尤其珍貴。嚴先生云當時《唐僕尚丞郎表》已撰述完成，將來去向必須及時决定。他説：

> 一次（錢穆）先生來到臺北，我即以此項猶豫的問題向先生請教，先生稍加思索，告訴我説：“你已花去數年的時間完成這部精審的大著作。以你的精勤，再追下去，將兩部《唐書》徹底整理一番，必將是一部不朽的著作，其功將過於王先謙之於兩《漢書》。但把一生精力專注於史籍的補罅考訂，工作實太枯燥，心靈也將僵滯，失去活潑生機。不如講人文地理，可從多方面看問題，發揮自己心得，這樣較爲靈活有意義。”



據林磊《嚴耕望先生編年事輯》（中華書局 2015 年版）所考，此事發生在 1955 年 9 月，錢穆兼任新亞研究所所長，受邀擔任訪日代表團團長。錢穆之指點，自屬學術史上難得之佳話，但非全據學理及價值考慮，亦自分明。所謂在局者迷，局外者清，或可作一例。因爲此次選擇，嚴先生决意放弃他念，全力做唐代人文地理。他在《唐代交通圖考》“序言”中説此後“决定從事唐代人文地理之研究”，“除一般之政區沿革外，泛及經濟、社會、文化、民族各方面，凡涉區域分布發展者，皆在搜討之列，而特置重在交通路綫一課題，諸凡正史、通鑑、政書、地書、别史、雜史、詩文、碑刻、佛藏、科技、雜著、類纂諸書，及考古資料，凡涉中古交通，不論片紙巨篇，搜録詳密，陳援庵先生謂‘竭澤而漁’，余此項工作庶幾近之”。可以見到先生從側重人文地理到决意作《唐代交通圖考》，在資料積累到學術意義方面的不斷探索。事實是，從 1955 年完成《唐僕尚丞郎表》，到 1966 年發表治唐代交通第一篇論文《唐藍田武關道驛程考》，其間懸隔十一年。積累之富，準備之豐，確令人駭嘆。

嚴先生對《唐代交通圖考》的自我評價是：“此爲我平生功力最深之著作，亦爲司馬氏《資治通鑑》以後九百年來史學界功力最深之論著。《日知録》《明儒學案》《文史通義》諸書，其境界也高，影響也大，但功力不如我之深，我書精審遠過前人。”這是他 1986 年 3 月 11 日給大侄嚴伯高信中的話，因是親屬，又是學術圈外的人，因而得以將内心之自負，坦率地表達出來。對此，筆者是十分贊同的。司馬光修《資治通鑑》，目的雖是提供治亂之道，但方式則是欲將一千三百六十二年間的重大史事梳理清楚，重點之關注在人、時、事，方法則是先全面占有文獻，逐年逐月逐日編排，先成長編，再删繁就精，寫成定本。嚴先生之關注重點則在地理，廓而爲道路、城鄉、河湖、山水，雖以唐爲中心，具體則要追溯唐前以明源委，考察唐後以見變化，而他的此項工作則因關注文化地理，民俗遷變，古今改移，人事來往，而爲前古所未有之著作。他的編纂辦法，也與司馬光接近，即先窮盡文獻以作長編，他積累的超過二十萬張卡片，即相當司馬光的長編。他的研究工作事實上經歷了近四十年，如此厚積薄發，故能精品迭出，驚駭學界。雖然《唐代交通圖考》最後完成僅爲計劃之五分之三，但筆者相信他留下的學術卡片，應該已經完成了全書的長編，希望這部分資料能够得到保存、整理，甚至出版。筆者想特别强調，今人談到司馬光，經常稱贊他身後留下的資料與初稿即達兩屋之多，從現代史學立場看，這些原始文獻如果得到保存，其價值應該不在《資治通鑑》之下。

嚴先生在1955年的學術選擇，更顯他之明智與定力。這是他人難以認清，更無法做到的。從1955年轉向，1966年初有發表，1985年出版《唐代交通圖考》第一册《京都關内區》，到生前陸續出版《河隴磧西區》《秦嶺仇池區》《山劍滇黔區》《河東河北區》五册，身後由門人據遺稿整理《河南淮南區》，仍有《江南嶺南區》《河運與海運》《交通制度》《綜結》四册未完成。回看他在1955年的學術選擇，唯此方能有成，即此終未底成，足令今人贊佩與唏嘘。



## 二

嚴先生治唐史，自承始於1947年春，此後八年，歷經世變，始終專心著述，以1955年《唐僕尚丞郎表》之完成告一段落。該表之著述動機，一則因此前他有編著《兩漢太守刺史表》之經驗，知道以完備之文獻、細密之考證及按科學方法重新排比職官年表，可以突顯存世文獻之缺漏與未盡精密；二則爲治唐代行政制度史之必須，唐代日常政事由尚書省承其大端，而六省尚書、侍郎各主部務，所任至重，梳理清楚此一時代中樞核心人物之任職始末，爲此項研究之基礎；三則因唐職官年表完整者，僅《新唐書·宰相表》一種，翰學年表大約存三分之二，其他僅吴氏《方鎮年表》略備。除此以外，左右僕射、左右丞、六部尚書侍郎，自是唐代政治舞臺上最重要之人物。此外，筆者還想指出此項工作雖肇端於史語所在大陸的最後階段，但主體部分則完成於史語所寄居桃園楊梅火車站附近倉庫的艱難時期。全部運臺之兩千多箱書籍、文物，開箱上架者僅一二百箱。嚴氏之工作以唐代基本史籍爲依據，補充詩文集、雜史説部及石刻、内典、敦煌等新文獻，主體文獻是比較常見的典籍，正適合此艱難時期之圖書條件。儘管如此，嚴氏之工作并没有因此而降低標準。

《唐僕尚丞郎表》文獻準備極其充分。就當時言，必然曾作大量的卡片和輔助工具書。即就唐人存世各類典籍中曾任尚書左右僕射、尚書左右丞、六部尚書及侍郎，包括中唐以後與户部并稱三司之度支使、鹽鐵使一并考及。將所有基本載籍中所涉曾任該數職官之人物，逐項編製相關卡片，然後剔除其中之贈官、中葉後之檢校官，比較同一任官之記載同异，校訂姓名正誤，所任職官之準確官名，其實際預職之起訖時間，并通過這些排比，借以瞭解同一時間六部主官哪些人在位，各尚書、侍郎之前任後繼又各是哪些人。這些事實，不通過精密的排比和校讀，一般讀史是無法知曉的。

該書體例周詳，卷一《述例》説明官守與制度，卷二至卷四《通表》則爲各任官人物之年表，卷五至卷二二《輯考》則説明文獻依憑，最後附引用書目與人名索引。其考證之精密，方法之科學，成就遠在吴《表》以上。六十年來新見文獻數量巨大，就筆者所知可作訂補者未逾百人，足見此書之成就。

還可以進一步舉例來説。《唐六典》和兩《唐書·職官志》，對唐代中央到地方之官員設置皆有具體之規定，而正員之外，則有兼、判、權知、檢校，前期雖非真除，但屬實職，至後期則有所不同。肅、代間屬於過渡時期，需要區別對待。同一人授官，其品階、官階、賞賜等均有區别，但遷轉書法，則又各有所不同。嚴書於凡例中定書法十二例，即品同職均曰换，品高職均曰遷，品低職均曰换，品同職重曰遷，品同職輕曰轉，品高職重曰遷，品高職輕曰徙，品低職重曰换，品低職輕曰左遷，重謫曰貶，特遷曰擢，曰擢遷，僕尚丞郎外任曰出爲，節鎮刺史入爲僕尚丞郎曰入遷，又以圖表之方法將僕尚丞郎共十六項官守按照上下左右來揭示其品秩位序。這些嚴格的規定，確保了全書的質量。全書凡數度删削方得定稿，將繁瑣的官稱儘量用簡稱來代替，將複雜的考證儘量從繁趨簡，大多僅列舉書證，無庸煩言，一般考證均在一二百字内得到結論。即便如此，全書仍達百萬字規模。此書爲史語所遷臺後第一部新撰大書，在極其艱難中仍得出版，對作者與主持者皆應致敬。



在《唐僕尚丞郎表》撰述中，嚴先生所得任職官員凡 1116 人，2680 餘任，而僅此部分之考訂，即發現兩《唐書》謬誤訛奪逾 600 則。嚴先生據以推想，兩書所涉時間、人名、地理、辭章、名物、事件之訛誤，“更不知凡幾”，没有專人對此作系統、完整、精密之考訂，則二書何可使人信任。筆者認爲，正是從此一立場，嚴先生看清楚校理唐史基本文獻學術意義之重大，以及具體之實施辦法。

## 三

兩《唐書》編修時，唐國史實録尚多有保存。《舊唐書》成於亂世，可貴者爲多存國史舊文，遺憾者爲未究詰文獻成就一代良史。《新唐書》之成，文獻尚豐，唯二位主編熱衷於文章義例，及文省事增，於事實真相多未盡追究，故留下遺憾亦多。司馬光誠一代良史，其於唐五代史實之保存，功不在兩《唐書》之下，惜以一代興亡爲中心，見其大而弃其微。其他若《唐六典》存官制，《開元禮》存禮制，《唐會要》存典章，《元和郡縣圖志》《太平寰宇記》述地理，各臻其極。嚴先生在撰《唐僕尚丞郎表》期間，窮盡文獻，對唐史文獻之基本構成及價值，有極其深刻之體會，加以分解史料，按官位逐年編次，更看到許多史實之記載欠缺，彼此之矛盾違忤，究詰真相之可能及解決問題之方法。看到這些問題，他在 20 世紀 50 年代前期已經有一些具體的論著，較著名者有《舊唐書奪文拾補》《舊唐書本紀拾誤》《新舊兩唐書史料價值比論》等論著，追溯人物早年活動者如《杜黄裳拜相前之官歷》，考訂史文者有發表在《大陸雜志》等刊物上的學術短札等。這些所得，大多與《唐僕尚丞郎表》之編寫有關。

《杜黄裳拜相前之官歷》（《史語所集刊》1955 年第二十六本）有憾於兩《唐書》黄裳本傳於其早年事迹記載簡略，乃據《郎官石柱題名》知其在杜佑前曾任金部郎中，當在大曆十四年以後；又據《舊唐書・德宗紀》，知其建中四年爲司封郎中；據《册府元龜》卷一六二，知其興元元年以給事中兼御史中丞、江淮宣慰使；復據《舊唐書・德宗紀》，知其貞元五年爲河南尹，據多書記載知其六年遷刑部侍郎，七年仍見任，尋以禮部侍郎知貢舉，此年冬改吏部侍郎，十一年，以中貴讒譖貶官。這些基本事實之廓清，當然可以補史書之闕文，更重要的則在於梳理清楚他的宦迹交游後，對研究他因家族、科舉、從幕、同官、交游形成的人事網絡，對研究傳主的人生軌迹和政治事件中的衝突進退，都有重要的關係。今人傅璇琮撰《唐代翰林學士傳論》，就是憑借此一思路，窮盡文獻，對中晚唐在政治、文學上均據有極其重要地位的 200 多位翰林學士的仕歷做了徹底的清理。倘若有人將兩《唐書》所有具名人物之生平脉絡梳理清楚，其意義極其重大。

《舊唐書本紀拾誤》（收入《唐史研究叢稿》，新亞研究所 1969 年），自稱爲撰《唐僕尚丞郎表》時“留意所及之諸問題，擇其有足補正《舊書・本紀》者”，編次而成，其中“有屬傳刻奪誤者”，“有屬傳刻字誤者”；再則爲“原書撰述之誤”，所舉則年月誤者，“有恰誤前一年者”，“有誤前兩年者”，“有恰誤後一年者”，“有恰誤後兩年者”；“書事謬誤者”，則“有一事前後重書者”，“有誤一人前後兩事爲一事者”，“有誤罷官爲始任者”。至於官銜謬誤，則更不勝枚舉了。

《舊唐書玄宗紀開元十七年條奪文》（《大陸雜志》1956 年第 13 卷第 5 期），認爲《舊唐書・玄宗紀》此年八月“乙酉，尚書右丞相、開府儀同三司兼吏部尚書宋璟爲尚書右丞相”，粗看似可通，下之“右丞相”爲“左丞相”之誤，但顔真卿《宋璟碑》則載宋至十六年以西京留守兼吏部尚書，則前一銜必非其所有，復據《唐會要》及兩《唐書》諸人傳之所載，知張説、源乾曜、宋璟三人同時轉官，《本紀》所載前一“尚書右丞相”下當奪“張説爲尚書左丞相”八字，璟之原官僅爲“開府儀同三司兼吏部尚書”。

《舊唐書宣宗紀大中八年條書事多誤》（《大陸雜志》1956 年第 13 卷第 7 期）則指出《本紀》該年書九事，就中五事有誤，一是魏謩監修國史，應在九年三月或十年三月，不應提前記在八年三月；二是據吴廷燮《唐方鎮年表》，知李景讓自山南節度使入爲吏部尚書爲大中十年春事，不應載在八年三月；三是記載韋澳自翰林學士爲京兆尹，丁居晦《重修承旨學士壁記》載在大中十年五月，《資治通鑑》同，記作八年五月事顯誤；《本紀》又載蘇滌五月自户部侍郎、翰林學士承旨出爲荆南節度使，應爲六年或七年出爲尚書左丞，其本官也應爲兵部侍郎而非户部侍郎；七月載魏謩兼户部尚書，嚴先生引《新唐書・宰相表》認爲大中間宰相皆循六部尚書之高低步步遷升，次序不紊。謩兼户部爲十年十月事，作八年誤。

以上兩篇加起來僅不足二千言，爲其作《唐僕尚丞郎表》期間之片斷所得，説起來波瀾不驚，但寫起來談何容易。後來中華書局點校本尤傾力於此類史文誤失之清理，但要净盡真談何容易。

《通鑑作者誤句舊唐書之一例》（《大陸雜志》1953 年第 6 卷第 2 期），認爲《資治通鑑》卷一九九載“以太子左庶子于志寧爲侍中，少詹事張行成兼侍中。以檢校刑部尚書、右庶子兼吏部侍郎高季輔兼中書令”，所載爲貞觀二十三年五月太宗彌留之際太子李治以東宫僚屬控制中樞之人事安排，傳本并無訛誤。但與《舊唐書・高宗紀》對讀，可知“檢校刑部尚書”當上讀爲張行成之新官，不是高季輔的舊職，高的新職爲“檢校吏部尚書”，再從前後記載找到確證，從而證明司馬光當年誤讀史文，以致誤叙。

《舊唐書食貨志鹽鐵節奪文與訛誤》（《大陸雜志》1956 年第 13 卷第 3 期）則指出《食貨志》載開元元年十一月河中尹姜師度開水道置鹽屯，“公私大收其利”，引致左拾遺劉彤言事，上令宰相議其事，引起鹽鐵專賣政策之變化。嚴先生則指出此節出宋本，另《册府元龜》卷四九三亦全同，知誤文宋時已經如此。其中“州自餘處”之“州”字爲衍文，“比令使人”以下，據《唐會要》卷八八知奪“至十年八月十日，敕：諸州所造鹽鐵，每年合有官課”二十字。再爲姜師度守河中之時間，《舊唐書》卷一八五下姜本傳載其開元六年方爲河中尹，嚴認爲仍誤，因《册府元龜》卷六七八載姜開元八年仍在同州刺史任，則其徙河中、治鹽池事必在此以後。清理文獻，嚴先生考定改蒲州爲河中府及姜爲河中尹，皆九年之事。此則考證，知唐史文獻歧互多有，且類型千變萬化，不作窮究，則難得真相。

以上各文均屬片段，但非有全面比讀文獻則難以發現問題，没有細緻追究則難以解决問題。嚴先生深知讀書中得片段發現并不難，要徹底或相對徹底地整理文獻，則非有巨大的投入而難有大成。

## 四

對於具體治唐史文獻之方法，《錢穆賓四先生與我》一文中也有具體之論述，其言云：“我在撰述《唐僕尚丞郎表》過程中，深感新舊兩部《唐書》各有優劣。《新書》體制完備，但文傷簡略，往往因文害意，釀成很多錯誤。《舊書》叙事詳盡，但因後期史料零落，比次每誤，僅就我撰此《表》時，已發現謬誤或奪訛不下六百條，此外問題可想而知。”他的基本設想是繼續清沈炳震《新舊唐書合鈔》的辦法，在其基礎上參照王先謙治前後《漢書》的辦法，窮究史料。這確實是一項大工程，最後可以形成超過千萬字的著作，并爲今後治唐史者以永久的參考。但此一設想尚屬初步構想，若繼續工作，我以爲必然還會有許多的調整。特別是當代學術觀念已經發生根本之變化，今人治學更重視第一手文獻，更看重有層次地揭示文獻先後的變化軌迹，以及通過全部文本的反覆比讀索引以追求事實真相。就此而言，沈氏《新舊唐書合鈔》多數以《新唐書》爲基礎，附鈔《舊唐書》，就未必妥當，我相信嚴先生如果繼續這一工作，逐步會有很大的調整，體例也會更趨細密。

在此要特別討論嚴先生晚年所寫的兩篇文章，一篇是《資治通鑑的史料價值》，寫於 1992 年 4 月，刊於該年創刊的《香港中文大學中國文化研究所學報》第 1 期；另一篇是《新舊兩唐書史料價值比論》，初稿與前篇爲同時所寫，定稿於 1995 年 11 月，即其辭世前不足一年，刊出則在他謝世次年之《新亞學報》第 18 卷。後一篇開首即云：“前人論兩《唐書》，多抑《舊》而揚《新》。若從史學觀點言，此論固不可易，若從文章觀點言，此論更不可易；但若從史料觀點言，則兩書各有優劣，不可偏廢。”此爲大略。具體討論則甚爲深入。他認爲：“《舊書》本紀，自唐初至中晚期敬、文時代，月日分明，記事詳贍，尚不失常規。自武宗以下，乃繁簡失均，且極零亂，晚唐列傳，亦甚零落。”



具體分析，則涉《舊唐書》價值有以下數點：“第一，《舊書》本紀固然遠較《新》紀爲詳；列傳方面，一人在兩書皆有傳者，大抵亦《舊》詳於《新》。就史料言，同一史事，記載較詳，價值多半較高，何况《舊書》記録較爲原始。”“就史料言，抄録原料，不加改作，使原料較原始之形態得到保存，正足寶貴，故就此點言，《舊書》史料價值實在《新書》之上。”“第二，《舊書》晚唐諸帝紀，常見七零八落，詳略失衡，甚至雜亂無章。”“就傳統正史本紀體例言，可謂極其繁蕪，極不得體。”“却因此保存了原史料本來面目，價值反而極高。”第三，《舊唐書》無表，諸志也遠不如《新志》之詳贍，但也有極大長處，如《地理志》詳記各州府沿革及領户情况。而《舊唐書·職官志》因《六典》見存，故無大作用，但如《六典》不存，則必爲鴻寶。

對《新唐書》，嚴氏充分肯定其增補之功，其中最主要的爲《表》與《志》，《宰相表》《方鎮表》均具卓識，兩《世系表》爲中古士族世系留下的珍貴記録。諸志則除新增《儀衛》《選舉》《兵》三志，其餘諸志均有較多增補，有些篇幅增倍。列傳則大量增加中唐後重要人物之事迹。列傳書諸人之籍貫，《舊唐書》多書郡望，《新唐書》則儘量改記實際籍居出生地。

至於《新唐書》之缺憾，也多有揭示。《新唐書》删略史文，有極其重大史實而漏略者。嚴氏舉《舊唐書·德宗紀》載代宗末年藩鎮基本定型之各鎮領州、兵之數，讓讀者對國家大局有基本之瞭解，《新唐書》認爲置於《本紀》過於臃累，自可成説，但於《方鎮表序》及《藩鎮列傳序》仍無所及，衹能認爲識短。而《舊唐書·憲宗紀》有李吉甫《元和國計簿》載天下方鎮、州縣數及領户數，以及財政依辦數和兵戎數額，自是極重要之記載，而《新唐書》若删而移至《食貨志》猶自可恕，但大多無存。

再述《新唐書》爲節省文字，往往導致重大失誤。嚴舉四例，一爲太宗伐遼時，萊州與陜州各承不同責任，《新唐書》却將其歸并爲一；二是述李謹行事迹，《舊唐書》作“其部落家僮數千人”，《新唐書》僅爲文章計，視“部落”爲冗文而删去，全不慮家僮何以至數千人；三則《吐蕃傳》叙唐蕃定界，《舊唐書》云“雲（當作靈）州之西，請以賀蘭山爲界”，是指雙方此段以賀蘭山爲界，而《新唐書》則改作“請雲州西盡賀蘭山爲界”，是吐蕃所求遠遠超過原來事實；四則《舊唐書》叙西突厥王庭所在，“自焉耆國西北七日行至其南庭，又正北八日行至其北庭”，是北庭在南庭正北八日行，而《新唐書》删一“又”字，則似焉耆正北八日行至北庭。宋人重文章，重史例，重書法，删冗辭，全不慮及史文删改後造成的訛失。此則《舊唐書》優於《新唐書》者。

以上分析，皆客觀中肯，非研讀舊史數十年者難以臻此。

《資治通鑑的史料價值》則主要在糾正前人認爲該書“衹是融鑄正史材料”之偏失，認爲從史料觀點看，戰國秦漢時代史料價值可能不高，魏晋南北朝時代正史外材料已經不少，至隋唐五代則正史外材料極其豐富，此則於《通鑑考异》所引，南宋洪邁、高似孫皆有抉發者。嚴先生以《資治通鑑》與唐五代正史本紀對讀，枚舉彼此詳略同异之若干事例。又揭示其考正嚴謹之多例，强調《通鑑考异》與胡注皆存有重要史料。并引温公《與宋次道書》，知修《資治通鑑》時僅《唐紀》所作長編即不減六七百卷，而定稿不過八十一卷。“足見長編輯録史料之富，惜皆删落。若長編仍存，保存史料更多，其史料價值應必更高。”筆者是十分贊同的。筆者還可補充説明的是，如果將《資治通鑑》五代諸紀分切爲中朝與十國兩部分，十國又按國別史分別編次，不難看出十國部分因爲充分利用了劉恕已經失傳的名著《十國紀年》，其叙十國史事部分遠較他書爲詳。

從上舉二文，可以看到嚴先生從 1955 年後雖然以轉治人文地理爲主，但對唐史基本文獻之關注始終没有輕弃，基本看法比早年更爲圓融透徹。



## 五

最近六十年，唐史文獻的最重要工作，一是内地兩《唐書》點校本的出版（當年没有參考嚴先生的工作），二是大量新出稀見史料的發表，三是各類專題論著的出版。其中《舊唐書》點校本比較充分地參考了該書的存世善本，并充分參考了前人的考訂成果，重視他校在文本寫定中的作用。儘管由於完成於特殊時期，最後定稿因過於强調校勘記從簡，而使已經發現的問題没有得到充分校改，從中華書局所存當年由筆者任教的復旦大學點校組所作長編來看，確達到很高水平。當然，當年由於條件所限，包括嚴先生在内許多學者的見解并没有得到參考。現在回過來看，嚴先生當年的設想如果完成，將總體提升唐史研究的水平。一些學者已經部分完成了類似的工作。比如今年（2016）剛去世的傅璇琮先生《李德裕年譜》和《唐翰林學士傳論》兩種，就是從個人研究到群體研究的值得重視的著作，且對唐史基本文獻重建具有學術示範的意義。（詳見拙文《唐代文史研究的典範之著——評傅璇琮先生〈唐翰林學士傳論〉兩種》，收入盧燕新等編《傅璇琮先生學術研究文集》，商務印書館2012年版。）

筆者自1993年始，肆力作五代文獻之輯録，歷十二年，至2005年出版《舊五代史新輯會證》，其中最重要之收獲在於徹底利用《册府元龜》所存五代實録原文以校訂《舊五代史》史文，從而得以看清雖然五代實録從南宋起即陸續淪亡，而其十之五六尚賴《册府元龜》之摘録而得保存，若加上《五代會要》《舊五代史》《資治通鑑》諸書不同形式之節録改寫，則十之七八當可恢復。同時也得理解，唐代實録之原書，雖僅《順宗實録》一種五卷，賴宋刊《韓昌黎集》得以保存，其他各朝實録之遺存，遠比一般學者所知爲更加豐富，若得有心人加以輯録校考，得爲一般學人所信任與利用，實在是功莫大焉。深憾岑仲勉先生開拓衆多而最終未能總集其成，感慨嚴耕望先生明瞭唐史文獻研究之方法與意義，最終未獲展開，不自量力，因有意繼起而承此。筆者的設想稍有不同之處是，從人、事、時、地、書諸端考慮。舊史以人爲中心，因欲作兩《唐書》列傳箋證，糾訂訛誤，補充事實，以《舊唐書》爲主，《新唐書》爲補，鳩聚新舊文獻以明真相。無傳人物，則擬作《唐碑傳集》《唐史翼》《元和姓纂》新本以擴充之。唐基本史書的初源爲國史、實録，後者皆編年，《資治通鑑》即删其繁而成。實録原書雖多遺逸，然原文及間接所存者爲數極夥，擬作唐實録輯存及《唐史長編》以盡其事。六經皆史，唐人之著述亦皆可作史來讀，存佚不一，則擬作《唐人著述考》以加究明，詳記作者、成書、内容、存佚及孑遺。至於地理、事件、制度，今人建樹多矣，可不必重複。以上所見，筆者在2010年爲詹宗祐遺著《點校本兩唐書校勘彙釋》（中華書局2012年版）所作“序”，以及前引2012年爲傅璇琮《唐翰林學士傳論》兩種所作書評中皆有討論，在此不贅。初成框架，無奈多年合作之重新寫定存世唐詩之《全唐五代詩》一書，被不肖者無故劫掠，自念積累多年，文獻已豐，學力稍進，不能輕弃，故自2008年起蹈厲感奮，欲以個人之力獨立成書，底成大約歷時十年，倏忽已老矣，更感嚴先生當年决斷之有識，故述所感如此。非敢自詡也，願告後學此一端學問之意義與方法，期有繼起而能得有成就者。

（2016年9月18日於復旦大學光華樓）

# 迎嚴耕望教授到新亞書院講學*

蘇慶彬

**摘要**：嚴耕望先生是研究中國中古史卓有所成的史學家，不獨在政治制度方面迭有貢獻，更是中國中古歷史地理學的權威。嚴先生在中學時，已對史學發生興趣，就讀武漢大學及齊魯大學國學研究所後，受錢穆先生的啓發督勵，努力研習。20世紀40年代中進入史語所後，更能將錢先生與史語所兩種治學風格融合互濟，沉潛奮發，成績斐然，在1970年獲選爲“中研院”院士。

嚴先生在政治制度方面的研究，無論在秦漢魏晋南北朝隋唐的地方行政制度，還是中央政治制度，其專著及單篇論文都有卓越成就。在歷史地理方面，更出版了《唐代交通圖考》皇皇五册，這是他會聚一生心力的重要著作。

嚴先生重視史料，强調治史必須根據資料，從資料中得出結論。他更將自己累積數十年來治史的經驗，寫成小書，奉獻給青年史學工作者。

**關鍵詞**：《秦漢地方行政制度史》　《魏晋南北朝地方行政制度史》　《唐僕尚丞郎表》　《唐代交通圖考》　《治史經驗談》　《治史答問》　《錢穆賓四先生與我》　《唐史研究叢稿》　《嚴耕望史學論文選集》

**作者簡介**：蘇慶彬，香港中文大學歷史系教授（已去世）

---

* 本文原載香港中文大學新亞書院《新亞生活》月刊1993年3月15日第20卷第7期。2015年夏，新亞研究所及香港中文大學歷史系决定合辦2016年嚴先生百齡紀念會，蘇慶彬教授答允出席并增補本文，其後蘇老師病重，無法補述嚴先生在1983年以後的成就，今年（2016）9月9日蘇老師辭世，“嚴耕望先生百齡紀念學術研討會”籌備委員會鑒於此文在評述嚴先生的學術成就方面，有較深入的探討，所以收録本文於是次會議的論文集内。本文是新亞校友袁美芳女士重新輸入文字，李啓文先生曾校對舛誤，謹致謝忱。

## 一、引　言

新亞書院創校的目的，是發揚中國傳統文化，進而促進中西文化文流。新亞書院錢賓四先生學術文化講座的設立，就是要實踐這一目標和理想。今年（1993）講座已進入第十二屆。過去主持講座的，都是國内外的一流學者，他們的講詞再透過專書出版，流布海内外，獲得學術界高度評價，確立了新亞錢賓四先生學術文化講座地位。

今次很高興能邀請“中研院”院士、新亞研究所導師嚴耕望教授主持講座。先生不但是研究中國中古史有卓越成就的史學家，更是中國中古歷史地理學的權威；而且是追隨錢賓四先生問學五十年從未間斷、關係深厚的弟子。又曾任香港中文大學歷史系教授。今天由先生來主講“中國古代華夏文化之地理的發展”，更有特殊意義。



## 二、求學時轉益多師

嚴耕望教授，號歸田，安徽桐城縣人，生於1916年。先生小學高年級時，受數學教師馮溶生先生影響，對於數學發生濃厚興趣；中學時代，在中國史教師李則綱先生引導下，廣泛吸收社會科學知識，在各種因緣凑合下，學習興趣漸由數學轉移到中國歷史。

1937年七七事變後，先生進入國立武漢大學歷史系。時值抗戰非常時期，多位名教授相率離校從政，先生當時雖身爲學生，但有感於師資不足，遂毅然與同班同學商議，向學校建議，聘請留在敵後方的著名教授如吕思勉、錢穆等到武大任教，獲得校方接納，賓四先生即在此一動議下抽暇到武大講學一個月，這是先生受業於錢先生的開始。

1941年3月，錢先生在武漢大學開授中國政治制度史及秦漢史。錢先生一開講便説：“歷史學有兩隻脚，一隻脚是歷史地理，一隻脚就是制度。中國歷史内容豐富，講的人可各憑才智，自由發揮，衹有制度與地理兩門學問，都很專門而且具體，不能隨便講……”先生當時的畢業論文題目正是“秦漢地方行政制度”，又在兩年前曾撰寫有關歷史地理的文章，聽了錢先生這番話後，更加强了研究歷史地理和政治制度的信心。

先生在武漢大學畢業後，獲錢先生推薦入齊魯大學國學研究所任助理員。自後三年，先生與錢先生朝夕相處問學，在錢先生的啓發、督勵下，勤力研讀，并在《責善》

半月刊與金陵、齊魯、華西三大學《中國文化研究彙刊》發表論文多篇。

齊魯大學國學研究所因經濟問題停辦後，要另找較爲安定治學的環境極不容易，衹有當時之中央研究院是安定的學術研究機構，但苦無途徑可入。先生迫不得已，乃向當時中央研究院歷史語言研究所傅斯年所長上書自薦，獲得傅先生的欣賞而進入史語所，時在 1945 年。這是先生從事史學研究工作過程中的一個重要階段。

先生自言治學經過，先得馮溶生先生的教誨，在數學的學習中磨煉成思考問題能深入、能細密的能力與習慣，不致思路混淆，不敢一步虛浮。繼而得李則綱先生的引導，廣泛汲取新知識，境界得到開闊，對史學漸有宏觀的通識傾向。其後又得賓四先生長期的琢磨、督勵，認識到爲學總要朝着大處、遠處、高處看。最後又能進入“中研院”史語所。史語所是歷史考證學的中心，它有一套治學傳統，在研究意趣與方法論上，雖與錢先生所揭櫫者不同，但正可長短互濟，此後的學術論著，正是在前期的訓練與史語所的傳統兩種不同的取向，融合熔鑄而成。先生這一番話，不僅透露自己爲學的歷程和論文在風格上、意境上都別具一格的原因，同時亦顯示出先生的不忘舊恩和尊師重道精神。





## 三、研究與教學

1946 年先生隨“中研院”遷到南京，1949 年再遷往臺北。由於事出倉猝，到臺灣後一切尚未就緒，生活極爲困難，學人士氣低沉，先生却依然奮發埋首研究工作。經多年努力，許多重要論文、專刊相繼出版，獲得學術界高度評價，而胡適之先生更爲推許。先生在史語所從助理員依次擢升爲副研究員、專任研究員及研究講座。這期間，先生曾應哈佛大學哈佛燕京學社邀約爲訪問學人，與美國的中外學者互相交流。

1964 年，先生受聘爲香港中文大學新亞書院研究所導師，其後轉入歷史系，但先生從未停止自己既定的研究工作。1970 年，先生由於在學術研究上有超卓成就，當選爲“中研院”院士。先生之能當選院士，對於一些默默努力學術工作的年輕學人，具有一種鼓舞作用。

1977 年，先生自香港中文大學歷史系榮休後，任中國文化研究所高級研究員。1981 年先生自香港中文大學全面退休，新亞研究所再聘之爲教授兼導師。近十餘年（至 1993 年）來，曾先後應邀爲耶魯大學歷史系客座教授、“中研院”史語所特約講座、傅斯年講座、東吴大學特約講座，在港臺地區培育了不少年輕學人。

## 四、政治制度與歷史地理

先生治中國中古史的範疇，一是政治制度，一是歷史地理。以往學者研究政治制度史，大都沿襲《通典》《通考》的老路，到陶希聖先生纔開始采用現代方法。但研究政治制度的學者，多偏重於中央政制，又多着眼於史志記載的職掌條文，很難進一步瞭解當時的實况。如漢代的御史大夫與丞相的關係，據《百官表》稱御史大夫“掌副丞相”。先生在《秦漢地方行政制度史》中涉及有關御史大夫時，徵引新舊史料一一分析，尋求實際情况，説明“西漢詔書由御史大夫下丞相”，御史大夫寺又在宫中，即爲宫官，可證御史大夫非丞相之副，當時御史大夫猶如後漢的尚書令，是皇帝的親近之職。表文稱“掌副丞相”一語，似應是後期制度而非西漢中葉前期制度。

中國政制由秦漢型演變爲隋唐型，中間經過許多變化。漢初丞相總其綱，九卿分掌各事。西漢末尚書逐漸侵奪宰相職權，東漢以後權勢更隆，兼分九卿職務，直接參與行政。至隋及唐初，尚書令僕便成爲宰相正官，六部分曹，共行國政，而九卿亦相沿不廢。這是政制由漢到唐演變的重要過程。在唐代除置六部尚書，亦置九寺諸監，若粗讀《六典》、兩《志》文字，九寺職務幾乎與六部相重複；所掌各事又極相似，甚至唐人杜佑對唐代前期舊制亦缺乏真切認識，致使後世學者不易通曉。以爲九寺諸監之職，是重複混淆；或説九寺諸監是閑司。而先生細讀《六典》、兩《志》文字，慎思精析，并旁徵博引，在《論唐代尚書省之職權與地位》一文中，認爲六部與九寺諸監，雖同掌一類事，但作者用字遣詞截然不同。又從兩者的組織繁簡、置官人數之多寡，以及首長在政治上地位之高低，就兩者的關係加以分析，證明六部尚書與寺監之職權，似同而實不同，九寺諸監亦非閑職。兩者有下行上承的關係。尚書六部之職是“掌政令”以“行（君相之）制命”，而九寺諸監之職是“掌諸事”以“行（尚書之）政令”。尚書六部即上承君相之制命，製爲政令，頒下於寺監，促其施行，而爲之節制。寺監則上承尚書六部的政令，親事執行。要言之，尚書六部是上級機構，主政務；寺監是下級機構，掌事務。以今日政治學上來説，六部是政務官，官員不必多；寺監是事務機構，事類叢瑣，組織龐大，需衆多官吏。六部長官是政務官，故地位特隆；寺監長官，是事務官，故權勢遠遜。此一問題，經先生縝密考證，可釋千數百年在中國政制上的疑惑，是先生在政制史上的一大貢獻。



古今史家，常稱道隋代的富庶，謂國庫充盛，足可支持五六十年之用。論者多推論此與隋文帝的節儉、高熲建輸籍之法有關。錢賓四先生在《國史大綱》對此亦提出一些極具關鍵性論點，但未加詳證，不易爲人理解。先生精研魏晋南北朝地方行政制度，從魏晋南北朝三百餘年地方政治之積弊，以及隋代改革的實際情況加以鑽研，先從西漢迄南北朝末期州、郡、縣的地方行政區劃割裂增置的紛繁、地方行政組織日益龐雜，吏員猥多，加上地方官吏的貪殘現象，一一根據現有史料分析，利用數字統計所得：南北朝末期全部州郡約數，有州近三百，有郡七百，有縣一千五六百。最保守估計，南北地方政府的將佐吏員合計三十七八萬以上，士兵必逾一百五十萬。當時南北注籍户數四百萬有奇，口數一千一百萬有奇，平均是十户供一將吏四兵士，對中央負擔尚不在此限。

隋統一後，簡化行政架構，整飭貪污，税户加增，借此種種情況加以推論，先生認爲：假定南北朝末期，三國（北齊、北周、陳）政府的收支均能相抵，經隋整頓後支出減爲三四分之一，收入所增若以二分之一論，兩者相乘，即每年支出僅及收入六分之一，即剩餘的積蓄，當足支五十年以上的用度，并非虚言。先生治史，不易輕信，信必有確證，此一論證，足見先生治學之嚴謹態度。

先生研究中央政制，如《北魏尚書制度考》《唐僕尚丞郎表》及其他所有論著，對中古中央官制都有極大貢獻。而先生研究重心，尤在地方行政制度。由於中國史志所載政制，多詳於中央，而忽略地方，因此資料貧乏。而先生治史喜歡從大處着眼，難處着手，不畏艱辛，搜羅有關資料，雖片言隻字，亦不輕易放過，經精研分析、綜合述論，其中創獲甚豐，更重建中古地方政制的規模，所著《秦漢地方行政制度史》及《魏晋南北朝地方行政制度史》兩書，成爲近代研究中國古代地方政制的經典之作。

先生治史的另一範疇是歷史地理。現在一般研究中國史的學者，較少注意歷史地理。其實，歷史地理的知識對探討政治史、經濟史，以及宗教史、學術史，都極爲有用，特别是中國幅員廣大，更顯得其重要。先生的研究計劃原先希望寫一部國史人文地理，但由於計劃過於龐大，擬將人文地理的研究分批進行。但探討人文地理，最基本的問題是交通。研究交通是一項艱巨而又複雜的工作，許多學人不願花太多時間。先生遂立願先研究唐代的交通作爲基礎，現已出版《唐代交通圖考》五册，約一百七十萬字。此書從搜集有關資料起到出版，已花去四十年以上時間，尚有三册，正在續撰出版中。



先生《唐代交通圖考》涉及問題極爲廣泛，寫作態度又極謹嚴，故規模宏大，而論證精密，得到極多具體的新結論。自序説："凡此百端，皆詳徵史料，悉心比勘，精辨細析，指證詳明，俾後之讀史治史，凡涉政令之推行，軍事之進退，物資之流通，宗教文化之傳播，民族社會之融和，若欲尋其徑途與夫國疆之盈虧者，莫不可取證斯編，此余之職志也。"先生曾自謂此書是"一生心力所萃的重要著作"。錢賓四先生也欣喜地稱許爲久已不見的大著作，我們希望後三册在不久的將來能全部刊出！

## 五、强調史料的重要

近代治史學者，頗多主張先有一理論方法。先生以爲方法理論衹可作爲治史者的參考，并非靈符。治史不能每一論題都先有一個理論意念，憑此理論意念搜集資料去證實此一主觀意念。先生强調治史必須根據資料，從資料中得出結論最爲重要。要從史料的搜羅、史事研究去建立自己的看法，不是遵從某一既定的理論指導。因此搜集資料必須全面，文獻及其他有關資料必須細讀、精研，要有"竭澤而漁"的精神。故先生的論著，均以精深擅長。楊聯陞先生論學嘗言"自己爲雜家，論專精，則不及歸田"，這一稱譽絶非客套之言。

先生在學術上有如此成就，非時會所致，而是本身具有無比的耐力、堅拔不移的意志，更能牢記早年錢先生的多方訓勉。這在他所撰《錢穆賓四先生與我》中有詳明記録。先生不但能牢記師訓不忘，而且能身體力行，雖名利當前，常自勵自惕，故能澹泊自甘，寂寞自守，安然埋首研究工作，數十年不易其操，自非有高度修養不能達致。

## 六、治史經驗公之於人

先生嘗言，治學應有幾個階段，晚年學有所成然後纔能發揮議論，近年來先生在研究工作之餘，先後撰寫《治史經驗談》《治史答問》二書。《治史經驗談》是先生將自己累積數十年來治史的經驗，奉獻給青年史學工作者。此書闡述治學的原則、方法、目標，特别强調日常生活與人生修養，要鍛煉自己成爲一個健康純凈的“學術人”。此書在臺灣刊出後極受歡迎，成爲治史入門必讀之作。《治史答問》可視爲《治史經驗談》的續篇。最近出版的《錢穆賓四先生與我》一書，不僅是悼念先師之作，更道出受錢先生教誨、指導、規勸的心路歷程。尤爲可貴的是，能將私人所記日志及收藏錢先生論學書信的精要處，公之於人，對於後輩學人的治史蹊徑與治學精神有指引的作用。



先生著作豐富，先後出版的專書有《兩漢太守刺史表》一册、《唐僕尚丞郎表》四册、《秦漢地方行政制度史》二册、《魏晋南北朝地方行政制度史》二册、《唐代交通圖考》五册，以上均由“中研院”史語所出版。《唐史研究叢稿》一册，由新亞研究所出版。《嚴耕望史學論文選集》一册，由聯經出版。《治史經驗談》《治史答問》《錢穆賓四先生與我》各一册，由臺灣商務印書館出版。其餘論文 150 多篇，分别發表於 50 餘家出版機構所刊雜志、論集中。其中有些篇已增補收入《叢稿》或《選集》，有些篇已改編入各專書中。

# 中國古代政治制度

# 郡縣制的早期發展

## ——以魏國爲中心

張偉保　温如嘉

**摘要：** 中國地方行政制度，肇始於封建制度的采邑制、世卿世禄制的解體及君主中央集權官僚制的推行，而郡縣制之施行正是上述演變的關鍵。隨着戰國開始，社會經濟高速發展，導致兼并戰爭加劇。各國君主爲提升能力，陸續加强對國內資源的管控，先後進行了重大的政治改革，範疇涉及土地所有制、税收、兵制及法制等方面。其中，魏國是最先進行變法的國家，李悝的《法經》及吴起的軍政改革均對魏國地方行政産生了積極作用，使以中央集權官僚體制下的郡縣制得以成功推行，并成爲後來列國地方行政改革的典範。本文以魏國郡縣制的遞嬗爲中心，考察春秋、戰國之際新中央集權郡縣制的早期發展，期望對此一重要課題有所貢獻。

**關鍵詞：** 采邑制　郡縣制　魏文侯　李悝　吴起

**作者簡介：** 張偉保，澳門大學教育學院副教授；

温如嘉，澳門大學教育學院博士生

## 一

魏國是戰國第一個實行變法的國家，公元前453年，趙襄子、魏桓子、韓康子打敗知伯，分其地。其後，晋君反朝於三家，分晋的局面已經成立。公元前438年，晋哀公死，晋幽公即位。韓、趙、魏瓜分晋國剩餘土地，衹有絳與曲沃兩地留給晋幽公。① 從此韓、趙、魏被稱爲三晋。魏文侯斯於公元前445年即位，於公元前433年改元稱侯。據陳夢家《六國紀年》，即位十二年稱侯，後三十八年逝世，共五十年（前445—前396）。② 三家之中，魏首先稱侯。至公元前403年，周威烈王正式承認三家爲諸侯。司馬光爲維護西周以來的貴族政治，對此曾提出了嚴厲的批評。



魏文侯重用翟璜、李悝③、吴起、西門豹等，實行變法，加强了魏氏全面控制國家的力量。與此同時，魏國逐步實行郡縣制以取代以往的采邑制，宣布傳統貴族政治的正式結束，以及中央集權制的誕生。郡縣制對國君控制全國的户口、兵員、財税及各級地方官員，均産生了巨大的作用。西嶋定生認爲“秦漢帝國之形成，是克服了氏族制束縛而出現君主專制，以及君主對人民的個别人身統治，并以這二個因素爲基本結構而形成爲統一帝國”④。而郡縣制的推行，正是使君主能够全面使用公權，“成爲支配人民的主權者……（而）所謂國家秩序，也不外是以這種公權爲中心的支配體制”⑤。究竟郡縣制在魏國建國前期曾發生何種作用，使其成爲戰國初期最强大的國家，正是本文擬探究的主題。

學者曾經指出春秋時代封君的邑與縣的産生有關。吕文郁教授曾列舉春秋時采邑制的四點特點：一是春秋時代的采邑主對采邑擁有所有權。二是春秋時代的采邑基本上都是世襲的。三是采邑主在采邑内享有治民權。四是采邑主在采邑内有統帥軍隊的權力。⑥ 由此可見，采邑制確實是貴族政治一個不可缺少的組成部分。配合采邑制的是傳

---

① 到了公元前376年，韓、趙、魏廢晋静公，遷於端氏，并把晋公室所有土地全部瓜分。

② 陳夢家：《六國紀年》，中華書局2005年版，第111～112頁。

③ 按：李悝或作李克，相關討論參看本文第三節。

④ [日] 西嶋定生著，武尚清譯：《二十等爵制》，國際文化出版公司1992年版，第27頁。

⑤ [日] 西嶋定生著，武尚清譯：《二十等爵制》，國際文化出版公司1992年版，第28頁。

⑥ 吕文郁：《采邑制的衰敗及其在中國歷史上的殘存形態》，《吉林大學社會科學學報》1989年第4期。

統的國野制度和井田制，而上層建築則爲封建制與宗法制。嚴耕望師曾指出西周的分封制以“封親戚爲主，承認土著爲輔”，而封建的方法以“錫之土地、人民及其地位，加以誥訓，指導其統治之政策”①。至於宗法制則以“嫡長子繼承制爲主”，利用血緣關係造成一種政治統治的系統……政治上，“大宗有維護小宗的責任，小宗有支持和聽命於大宗的義務”②。軍事上，“軍隊以宗族爲基礎。各級貴族有由其宗族成員與私屬人員所組成的軍隊。因爲宗法關係，宗族軍隊須聽命於宗主”③。

中國地方行政制度的專家周振鶴教授在20世紀80年代曾提出《縣制起源三階段説》④，在學術界産生了較大的影響。筆者據之加以討論。周氏認爲“從周初的政治制度來看，還没有行政區劃的痕迹”⑤。他根據《左傳·桓公二年》“天子建國，諸侯立家，卿置側室，大夫有貳宗，士有隸子弟”的記載，確認周初實行的是“封邦建國”的封建制。在封建制度下，配合以血緣爲基礎的宗法制，周政權與衆諸侯“分疆而治”，其相應義務是納貢、朝覲和征伐。⑥ 諸侯也采取類似的方法，“將采邑分封給卿大夫……每個采邑都有一套獨立的統治機構，有一批如同後代官吏的家臣……如同一個小朝廷”⑦。當時衹存在國與野，國就是城，城外是郊，郊外是野。國與野是城邦内外，國都以外的土地是分封給卿大夫的。⑧ 當時，大邑或有先君宗廟的邑稱爲都，都的周圍是鄙，都鄙均處於廣義的“野”之中。⑨ 周氏隨即指出縣的意義在春秋戰國時期有三個階段的發展，即縣鄙之縣、縣邑之縣與郡縣之縣。他認爲縣鄙之縣實即指“縣與鄙相同”。他特别引用《國語》載單襄公出使，經過陳國，發現那裏管理得很差，出現了“國無寄寓，縣無施舍”⑩ 的狀況。

周振鶴教授又説：“縣的性質在春秋時期開始有所變化，這種變化可以從楚國看出來。”⑪ 他指出楚文王（前689—前675年在位）用了彭仲爽爲令尹，并派他去管理申縣。周振鶴教授又説楚莊王時，申縣縣公巫臣反對以申、吕二縣作爲賞田，是因爲“此申、吕所以邑也，是以爲賦，以禦北方”。其後，到了楚靈王（前540—前529年在

---

① 嚴耕望：《中國政治制度史綱》，上海古籍出版社2013年版，第15～16頁。
② 嚴耕望：《中國政治制度史綱》，上海古籍出版社2013年版，第19、21～22頁。
③ 嚴耕望：《中國政治制度史綱》，上海古籍出版社2013年版，第22頁。
④ 《中國歷史地理論叢》1997年第3期；按：相關論點收於周振鶴《中國地方行政制度史》，上海人民出版社2005年版。
⑤ 周振鶴：《中國地方行政制度史》，上海人民出版社2005年版，第10頁。
⑥ 周振鶴：《中國地方行政制度史》，上海人民出版社2005年版，第12～13頁。
⑦ 周振鶴：《中國地方行政制度史》，上海人民出版社2005年版，第13頁。
⑧ 周振鶴：《中國地方行政制度史》，上海人民出版社2005年版，第14頁。
⑨ 周振鶴：《中國地方行政制度史》，上海人民出版社2005年版，第14頁。
⑩ 周振鶴：《中國地方行政制度史》，上海人民出版社2005年版，第16頁。
⑪ 周振鶴：《中國地方行政制度史》，上海人民出版社2005年版，第17頁。

位）時，楚國又滅了陳國和蔡國，并任命了兩個縣公。① 其實，從楚文王到楚莊王（前613—前591年在位）之際，楚國還滅了鄧、弦、黃、夔、江、六、蓼、庸等小國，這些小國也應當成爲楚縣。

然而，縣制的發展變化，不少學者都曾强調晋縣的演變最具代表性，包括顧頡剛、童書業、楊寬、吕文郁等都有相關的討論。周振鶴也認爲以縣爲邑在春秋的晋國表現最爲明顯。這大概與現存三晋史料較多有關，例如《史記》的《晋世家》《趙世家》《韓世家》《魏世家》，《左傳》，《國語・晋語》，《戰國策》的《魏策》《趙策》《韓策》，《古本竹書紀年》，《孟子》，《吕氏春秋》，《韓非子》，《説苑》，《韓詩外傳》等，保存了大量相關的史料。根據有關的記載，可以從三晋歷史的發展，粗略勾畫出三晋縣制的嬗遞經過。

從晋獻公（前676—前651年在位）誅殺群公子以鞏固君權開始，晋國開始出現改變。《左傳・莊公二十三年》載："晋桓、莊之族逼，獻公患之。士蔿曰：'去富子，則群公子可謀也已。'"公曰："爾試其事。"士蔿與群公子謀，譖富子而去之。"明年，士蔿又與群公子謀，使殺游氏之二子。"後年，"士蔿使群公子盡殺游氏之族，乃城聚而處之。冬，晋侯圍聚，盡殺群公子"。經過士蔿的計謀，晋獻公消滅了威脅日盛的晋國公族，大大加强了自己的實權。與此同時，晋獻公命令士蔿主持修築了位於絳城的新都。晋獻公更將軍隊擴充爲兩個軍，每一軍爲一萬人。晋獻公有了較多的軍力後，便開始開拓疆土。《左傳・閔公元年》載："晋侯作二軍，公將上軍，太子申生將下軍。趙夙御戎，畢萬爲右，以滅耿、滅霍、滅魏。還，爲太子城曲沃。賜趙夙耿，賜畢萬魏，以爲大夫。"周振鶴教授指出，後來晋室也將霍縣分封給先軫的兒子先且居。這也是晋國滅國爲縣的顯例。這些縣"不再作爲采邑，而是派异姓大夫管理"②，其性質已接近中央集權下的新縣制。其後，晋國爆發了驪姬之亂，太子申生被殺，經歷了奚齊、卓子、惠公、懷公四個短暫而混亂的政局，公子重耳流亡十九年後，得秦穆公之助，返國繼位，史稱晋文公。晋文公以高齡即位，在位時間雖然不足十年，却能完成繼齊桓公以來的霸業。《左傳・僖公二十五年》載，晋文公平定了王子帶之亂，受到周襄王的獎賞，賜"與之陽樊、温、原、欑茅之田"③。

同年冬，"晋侯圍原，命三日之糧，原不降，命去之。諜出，曰：'原將降矣。'軍吏曰：'請待之。'公曰：'信，國之寶也，民之所庇也。得原失信，何以庇之？所亡滋多。'退一舍而原降。遷原伯貫於冀。趙衰爲原大夫、狐溱爲温大夫"。根據周振鶴教

① 周振鶴：《中國地方行政制度史》，上海人民出版社2005年版，第18頁。

② 周振鶴：《中國地方行政制度史》，上海人民出版社2005年版，第23頁。

③ 吕文郁説："杜預把先茅説成人名是没有根據的，解《左傳》者都不知先茅之縣在何處，就是因爲他們不知道先茅即欑茅。"見氏著《周代的采邑制度》，社會科學文獻出版社2006年版，第245～246頁。

授的分析，“温、原兩縣都數易其主，并非大夫的世襲采邑。退一步説，即使是賜給大夫的食邑，也是國君可以隨便予奪的，具有國君直屬地的性質”①。

由晋獻公（前676—前651年在位）到晋襄公（前627—前621年在位）五十多年間，是晋國實行新縣制的第一階段。據上文的分析，其間因滅國或受周王賜贈，晋國獲得不少新領土，建立了多個直接隸屬晋侯的縣，其性質與當時楚國滅國爲縣極爲相近，是中央集權的一種表現，不再把新領地以采邑的形式分予有血緣關係的貴族。這些新的縣公一般都是有功勞、具能力的异姓官員。整體而言，晋君能掌握實際權力，也能自由地選用不同的大夫執政。晋文公更曾因魏犨不奉君命，幾乎要把他殺掉。②

自襄公逝世後，晋國出現了一個很壞的君主——晋靈公（前620—前607年在位），終於引致極嚴峻的亂局，并促成异姓公族大夫輪流執政，而晋侯的地位隨之下降，有點大權旁落的意味。此爲晋國縣制嬗遞的第二階段。這個階段延續到晋頃公（前525—前512年在位）時期，出現六卿專政的局面，前後共約一百年。第二階段的前期，晋君尚能掌握相當權力，并曾出現晋悼公（前573—前558年在位）復霸的記録。例如，《左傳·成公十一年》秋載：“晋郤至與周争鄇田，王命劉康公、單襄公訟諸晋。郤至曰：‘温，吾故也，故不敢失。’劉子、單子曰：‘昔周克商，使諸侯撫封，蘇忿生以温爲司寇，與檀伯達封於河。蘇氏即狄，又不能於狄而奔衛。襄王勞文公而賜之温，狐氏、陽氏先處之，而後及子。若治其故，則王官之邑也，子安得之？’晋侯使郤至勿敢争。”晋君插手事件，成功迫使郤至罷手，反映了晋君仍掌握實權。

然而，晋國不但在邊地設縣，“在内地還改造大夫的采邑爲縣”③。例如，晋頃公十二年（前514）時，韓、趙、魏、范、知、中行六卿一起消滅了公族祁氏和羊舌氏，將他們的采邑分爲十縣，標志着六卿專政局面的正式展開。《史記·晋世家》載：頃公“十二年，晋之宗家祁傒孫、叔向子，相惡於君。六卿欲弱公室，乃遂以法盡滅其族。而分其邑爲十縣，各令其子爲大夫。晋益弱，六卿皆大”。《左傳·昭公二十八年》有更詳細的記録：

> 秋，晋韓宣子卒，魏獻子爲政，分祁氏之田以爲七縣，分羊舌氏之田以爲三縣。司馬彌牟爲鄔大夫，賈辛爲祁大夫，司馬烏爲平陵大夫，魏戊爲梗陽大夫，知徐吾爲塗水大夫，韓固爲馬首大夫，孟丙爲盂大夫，樂霄爲銅鞮大夫，趙朝爲平陽

---

① 周振鶴：《中國地方行政制度史》，上海人民出版社2005年版，第24頁。

② 《左傳·僖公二十八年》載：春，三月，丙午，入曹，數之以其不用僖負羈，而乘軒者三百人也，且曰獻狀，令無入僖負羈之宫，而免其族，報施也。魏犨、顛頡怒曰，勞之不圖，報於何有。爇僖負羈氏，魏犨傷於胸，公欲殺之，而愛其材，使問，且視之，病，將殺之。魏犨束胸見使者曰，以君之靈，不有寧也，距躍三百，曲踴三百。乃舍之。

③ 周振鶴：《中國地方行政制度史》，上海人民出版社2005年版，第25頁。

大夫，僚安爲楊氏大夫。謂賈辛、司馬烏爲有力於王室，故舉之；謂知徐吾、趙朝、韓固、魏戊，餘子之不失職，能守業者也；其四人者，皆受縣而後見於魏子，以賢舉也。

十名縣大夫中，有四名是來自當權的卿族，兩名是有功於周王的，餘下四名則是以能力選拔的。由此可見，司馬遷所説“分其邑爲十縣，各令其子爲大夫”的説法似稍欠準確。但是，從晋國後來出現六卿專政的局面來看，司馬遷的判斷還是相當可靠的。

整體而論，這個階段中，晋不衹在新獲他國之邑設縣，在“‘國’内滅掉有力世族（卿）或其他世族（大夫），收没其邑，也設縣，而分屬於少數的有力世族……這樣的過程不斷發生，屬於晋，‘國’附近的許多邑幾乎皆夷爲縣，又由於國政掌握在少數私門手中，各卿遂領有多數的縣，組織其人民，成爲强大兵團的私屬。《左傳》所謂‘韓賦七邑皆成縣也，羊舌四族皆强家也，五卿八大夫因其十家九縣，長轂九百，其餘四十縣遺守四千’。（昭公五年）國之三軍逐漸轉化爲有力世族所統率的私屬兵團”①。增淵龍夫更指出：“成公二年（前589）鞌之戰，晋三軍兵力八百乘，至昭公十三年（前529）邾南治兵，晋兵力激增爲四千九百乘。”這個差异，增淵龍夫明確指出是邑變成縣的結果，而這是由於晋鄙邑之民是從來没有軍役或軍賦的負擔的。② 邑變爲縣，原來的“野”的居民被課徵重賦，自然也引起人民的反抗。例如，就在這些年中，鄭國“子産作丘賦，國人謗之”（昭公四年，前538年）。前述晋文公得温、原諸邑後改爲縣，其中一邑陽樊人民不服，被文公率師圍之，并遷其民。③



差不多同一時間，齊國的晏嬰與晋國的叔向一起嘆息兩國公室都處於季世。兩人的觀察很有代表性，反映了這兩個傳統諸侯國的國君正面臨嚴重危機。兩人的對話如下：

叔向曰：“齊其何如？”晏子曰：“此季世也，吾弗知。齊其爲陳氏矣！公弃其民，而歸於陳氏。……”叔向曰：“然。雖吾公室，今亦季世也。戎馬不駕，卿無軍行，公乘無人，卒列無長。庶民罷敝，而宫室滋侈。道殣相望，而女富溢尤。民聞公命，如逃寇仇。欒、郤、胥、原、狐、續、慶、伯，降在皂隸。政在家門，民無所依，君日不悛，以樂慆憂。公室之卑，其何日之有？《讒鼎之銘》曰：昧旦丕顯，後世猶怠。况日不悛，其能久乎？”晏子曰：“子將若何？”叔向曰：“晋之公族盡矣。

---

① ［日］增淵龍夫：《春秋戰國時代的社會與國家》，杜正勝編：《中國上古史論文集》，臺灣華世出版社1979年版，第882頁。

② ［日］增淵龍夫：《春秋戰國時代的社會與國家》，杜正勝編：《中國上古史論文集》，臺灣華世出版社1979年版，第882頁。

③ ［日］增淵龍夫：《春秋戰國時代的社會與國家》，杜正勝編：《中國上古史論文集》，臺灣華世出版社1979年版，第883頁。

肸聞之，公室將卑，其宗族枝葉先落，則公室從之。肸之宗十一族，唯羊舌氏在而已。肸又無子。公室無度，幸而得死，豈其獲祀?”（昭公三年，公元前539年）

事實上，叔向感嘆“政在家門……公室之卑”，説明了晋國内部政治的大趨勢，而叔向自己所屬的晋國羊舌氏，也是晋之著名公族，很快亦步“欒、郤、胥、原、狐、續、慶、伯”等没落公族的後塵，即叔向之子楊食我在政争的旋渦中被殲滅，封邑没收，相關内容已見於上文的討論。

周振鶴教授還提出三點：第一，大夫之子雖有優先出仕之特權，但受命者尚需有才有德。第二，縣大夫都要到該縣履職，并且在辭行時受執政正卿訓勉。第三，縣大夫處理重要案件，都要向中央呈報，遇到難以處理的，更需要轉報中央定奪。執政如想接受賄賂，曲斷縣裏送上的案件，也可能受到勸阻，反映了執政也不能視縣爲私邑而任意處理。①

第三階段爲六卿擅權階段。這個時候，晋國的公族幾乎全部在政治鬥争中落敗，其追隨者或被殺害，或被迫離開晋國，或降爲皂隸。晋國的行政大權由六卿輪流執掌。六卿之間隨即展開更爲激烈的鬥争。其中，最著名的是趙氏的“下宫之難”及兩次的晋陽之圍，幾乎把趙氏政權徹底摧毁。在這個過程中，六卿中的范氏和中行氏率先覆滅。到了知伯瑶執政時，大有一統晋國的趨勢，終於迫使韓、魏二卿爲求自保而達成與趙共滅知氏的密議。

在這個過程中，晋君大權完全旁落，并在三家共分知氏的土地時，孤注一擲地試圖聯結齊、魯兩國以作反抗。當然，晋君最後以失敗告終而被迫出走齊國，在途中不幸逝世。② 與此同時，原在第一階段以中央集權爲主導的新縣制，隨着君主力量的急劇下降，便完全落入六卿的手中，成爲這些掌權的卿大夫的權力基礎。這類私有化的縣邑，便不再是晋君所能控制的地盤。

當三家分晋的局面確立後，趙、魏、韓三個家族的統治者便開始吞食晋君餘下的土地。由於三家經歷了多年的生存競争，土地及軍事力量已超越一般中等諸侯國。同時，三家似乎深受知氏力求完全控制晋國而滅亡的經驗，遂采取較穩妥的途徑，即各自自行建立獨立國家，并在外交上采取聯合政策。其中，魏文侯率先在公元前433年稱侯。其餘兩國則采取緩進政策，終於在公元前403年三家一同獲得周威烈王正式授予諸侯的位號，增强了他們的合法性。同時，晋國的郡縣制亦全部成爲三位新君的直接管轄地。换言之，原先代表卿大夫的私人勢力的縣邑，至此便完全成爲韓、趙、魏三國君主有效統

① 周振鶴：《中國地方行政制度史》，上海人民出版社2005年版，第27～28頁。參見《左傳》昭公二十八年秋所載相關内容。

② 謚號爲晋出公。

治下的地方行政單位。類似的情形也出現於田氏完全控制的齊國。

最後，周振鶴教授概括出戰國時期郡縣制的四個特徵，包括：（1）郡縣的縣不是采邑，而完全是國君的直屬地；（2）其長官不世襲，可隨時或定期撤换；（3）其幅員或範圍一般經過人爲的劃定；（4）縣以下還有鄉里等更基層的組織。① 根據其他資料，我們可以補充以下二點：第一，邊境的縣，一般都隸屬郡，郡守可以因應需要“行縣”，如吴起守西河或爲苑守及令尹時的工作。第二，縣令需要向上級呈報一縣之狀況，即上計制度，如苦陘令需向上級呈上上計報告。② 此外，《淮南子》載魏文侯時，解扁在東封令（縣令），上計入三倍。③

## 二

經過春秋中後期近兩百年的發展，郡縣兩級的地方行政制度遂成爲主導。戰國時期的郡縣性質的縣，再不是春秋時代的封邑了。④ 當時，郡的長官爲守，守有保衛之義，故郡守多由軍官充任。吴起善於軍事，獲李克推薦爲西河守，多次打敗秦國，魏遂在黄河以西建立了西河郡和上郡，并沿洛水修築長城爲屏障。



三家分晋的局面既經形成，魏文侯遂率先實行變法。《説苑》等歷史文獻有多次提及魏文侯的事迹，反映了其作爲政治領袖的優秀品德，其中包括德行、納諫、尊賢、好學、重用賢臣等幾個方面。

### （一）文侯德行

1. 韓、趙相與爲難。韓子索兵於魏，曰：“願借師以伐趙。”魏文侯曰：“寡人與趙兄弟，不可以從。”趙又索兵以攻韓，文侯曰：“寡人與韓兄弟，不敢從。”二國不得兵，怒而反。已乃知文侯以構於己，乃皆朝魏。（《韓非子·説林下》）

2. 魏文侯與虞人期獵，明日，會天疾風，左右止，文侯不聽，曰：“不可。以風疾之故而失信，吾不爲也。”遂自驅車往，犯風而罷虞人。（《韓非子·外儲説左上》）

---

① 周振鶴：《中國地方行政制度史》，上海人民出版社 2005 年版，第 26 頁。

② 李兑治中山，苦陘令上計而入多。李兑曰：“語言辨，聽之説，不度於義，謂之窕言。無山林澤谷之利而入多者，謂之窕貨。君子不聽窕言，不受窕貨，子姑免矣。”（《韓非子·難二》）按：李兑或作李悝；中山當時屬魏國。

③ 《淮南子·人間訓》；又，《晋書·張軌傳》：“駿境内嘗大饑，穀價踴貴，市長譚詳請出倉穀與百姓，秋收三倍徵之。從事陰據諫曰：‘昔西門豹宰鄴，積之於人；解扁莅東封之邑，計入三倍。文侯以豹有罪而可賞，扁有功而可罰。今詳欲因人之饑，以要三倍，反裘傷皮，未足喻之。’”駿納之。

④ 白鋼主編：《中國政治制度史》，天津人民出版社 2009 年版，第 185～186 頁。

## （二）文侯納諫

1. 師經鼓琴，魏文侯起舞，賦曰："使我言而無見違。"師經援琴而撞文侯不中，中旒潰之，文侯謂左右曰："爲人臣而撞其君，其罪如何？"左右曰："罪當烹。"提師經下堂一等。師經曰："臣可一言而死乎？"文侯曰："可。"師經曰："昔堯舜之爲君也，唯恐言而人不違；桀紂之爲君也，唯恐言而人違之。臣撞桀紂，非撞吾君也。"文侯曰："釋之！是寡人之過也，懸琴於城門以爲寡人符，不補旒以爲寡人戒。"（《説苑》卷一）

2. 魏文侯與田子方語，有兩僮子衣青白衣，而侍於君前，子方曰："此君之寵子乎！"文侯曰："非也，其父死於戰，此其幼孤也，寡人收之。"子方曰："臣以君之賊心爲足矣，今滋甚，君之寵此子也，又且以誰之父殺之乎？"文侯愍然曰："寡人受令矣。"自是以後，兵革不用。（《説苑》卷六）

3. 魏文侯觴大夫於曲陽，飲酣，文侯喟然嘆曰："吾獨無豫讓以爲臣。"蹇重舉酒進曰："臣請浮君。"文侯曰："何以？"對曰："臣聞之，有命之父母，不知孝子；有道之君，不知忠臣。夫豫讓之君，亦何如哉？"文侯曰："善！"受浮而飲之，嚼而不讓。曰："無管仲鮑叔以爲臣，故有豫讓之功也。"（《説苑》卷八）

4. 魏文侯與大夫飲酒，使公乘不仁爲觴政曰："飲不釂者浮以大白。"文侯飲而不盡釂，公乘不仁舉曰浮君。君視而不應，侍者曰："不仁退，君已醉矣。"公乘不仁曰："周書曰：'前車覆，後車戒。'蓋言其危，爲人臣者不易，爲君亦不易。今君已設令，令不行，可乎？"君曰："善。"舉白而飲，飲畢曰："以公乘不仁爲上客。"（《説苑》卷一一）

5. 莊周貧者，往貸粟於魏，文侯曰："待吾邑粟之來而獻之。"周曰："乃今者周之來，見道傍牛蹄中有鮒魚焉，大息謂周曰：'我尚可活也？'周曰：'須我爲汝南見楚王，決江、淮以溉汝。'鮒魚曰：'今吾命在盆甕之中耳，乃爲我見楚王，決江、淮以溉我，汝即求我枯魚之肆矣。'今周以貧故來貸粟，而曰須我邑粟來也而賜臣，即來亦求臣傭肆矣。"文侯於是乃發粟百鍾，送之莊周之室。（《説苑》卷一一）

6. 魏文侯御廩灾，文侯素服辟正殿五日，群臣皆素服而吊，公子成父獨不吊。文侯復殿，公子成父趨而入賀，曰："甚大善矣！夫御廩之灾也。"文侯作色不悦，曰："夫御廩者，寡人寶之所藏也，今火灾，寡人素服辟正殿，群臣皆素服而吊；至於子，大夫而不吊。今已復辟矣，猶入賀，何爲？"公子成父曰："臣聞之，天子藏於四海之內，諸侯藏於境内，大夫藏於其家，士庶人藏於篋櫝。非其所藏者不有天灾，必有人患。今幸無人患，乃有天灾，不亦善乎！"文侯喟然嘆曰："善！"（《説苑》卷二〇）

7. 魏文侯燕飲，皆令諸大夫論己。或言君之智也。至於任座，任座曰："君不肖君也。得中山不以封君之弟，而以封君之子，是以知君之不肖也。"文侯不説，知於顔色。任座趨而出。次及翟璜，翟璜曰："君賢君也。臣聞其主賢者，其臣之言直。今者任座之言直，是以知君之賢也。"文侯喜曰："可反歟？"翟璜對曰："奚爲不可？臣聞忠臣畢其忠，而不敢遠其死。座殆尚在於門。”翟璜往視之，任座在於門，以君令召之。任座人，文侯下階而迎之，終座以爲上客。文侯微翟璜，則幾失忠臣矣。上順乎主心以顯賢者，其唯翟璜乎？（《吕氏春秋·自知》）



## （三）文侯尊賢

1. 魏文侯且置相，召李克而問焉，曰：“寡人將置相，置於季成子與翟觸，我孰置而可？”李克曰：“臣聞之，賤不謀貴，外不謀内，疏不謀親，臣者疏賤，不敢聞命。”文侯曰：“此國事也，願與先生臨事而勿辭。”李克曰：“君不察故也，可知矣，貴視其所舉，富視其所與，貧視其所不取，窮視其所不爲，由此觀之，可知矣。”文侯曰：“先生出矣，寡人之相定矣。”……翟璜不説曰：“觸何遽不爲相乎？西河之守，觸所任也；計事内史，觸所任也；王欲攻中山，吾進樂羊；無使治之臣，吾進先生；無使傅其子，吾進屈侯鮒。觸何負於季成子？”李克曰：“不如季成子，季成子食采千鍾，什九居外，一居中；是以東得卜子夏、田子方、段干木，彼其所舉人主之師也，子之所舉，人臣之才也。”（《説苑》卷二）



2. 魏文侯從中山奔命安邑，田子方後，太子擊遇之，下車而趨，子方坐乘如故，告太子曰：“爲我請君，待我朝歌。”太子不説，因謂子方曰：“不識貧窮者驕人，富貴者驕人乎？”子方曰：“貧窮者驕人，富貴者安敢驕人。人主驕人而亡其國，吾未見以國待亡者也；大夫驕人而亡其家，吾未見以家待亡者也。貧窮者若不得意，納履而去，安往不得貧窮乎？貧窮者驕人，富貴者安敢驕人。”太子及文侯道田子方之語，文侯嘆曰：“微吾子之故，吾安得聞賢人之言，吾下子方以行，得而友之。自吾友子方也，君臣益親，百姓益附，吾是以得友士之功；我欲伐中山，吾以武下樂羊，三年而中山爲獻於我，我是以得友武之功。吾所以不少進於此者，吾未見以智驕我者也；若得以智驕我者，豈不及古之人乎？”（《説苑》卷八）

3. 田子方侍魏文侯坐，太子擊趨而入見，賓客群臣皆起，田子方獨不起，文侯有不説之色，太子亦然，田子方稱曰：“爲子起歟？無如禮何！不爲子起歟？無如罪何！請爲子誦楚恭王之爲太子也，將出之雲夢，遇大夫工尹，工尹遂趨避家人之門中，太子下車，從之家人之門中，曰：‘子大夫，何爲其若是？吾聞之，敬其父者不兼其子，兼其子者不祥莫大焉，子大夫，何爲其若是？’工尹曰：‘向吾望見子之面，今而後記子之心，審如此，汝將何之？’”文侯曰：“善。”太子擊前誦恭王之言，誦三遍而請習之。（《説苑》卷一〇）

4. 魏文侯見段干木，立倦而不敢息；及見翟璜，踞堂而與之言，翟璜不説。文侯曰：“段干木，官之則不肯，禄之則不受；今汝欲官則相至，欲禄則上卿；既受吾賞，又責吾禮，毋乃難乎？”（《説苑》卷八）

5. 魏文侯過段干木之閭而軾，其僕曰：“君何爲軾？”曰：“此非段干木之閭乎？段干木蓋賢者也，吾安敢不軾？且吾聞段干木未嘗肯以己易寡人也，吾安敢高之？段干木光乎德，寡人光乎地；段干木富乎義，寡人富乎財。地不如德，財不如義。寡人當事之者也。”遂致禄百萬，而時往問之，國人皆喜，相與誦之曰：“吾君好正，段干木之敬；吾君好忠，段干木之隆。”居無幾何，秦興兵欲攻魏，司馬唐且諫秦君曰：“段干木，賢者也，而魏禮之，天下莫不聞，無乃不可加兵乎？”秦君以爲然，乃案兵而輟，不攻魏。文侯可謂善用兵矣。夫君子善用兵也，不見其形，而攻已成，其此之謂也。野人之用兵，鼓聲則似雷，號呼則動天，塵氣充天，流矢如雨。扶傷舉死，履腸涉血，無罪之民，其死者已量於澤矣，而國之存亡，主之死生，猶未可知也，其離仁義亦遠矣。（《新序・雜事五》）

6. 魏文侯問狐卷子曰：“父賢足恃乎？”對曰：“不足。”“子賢足恃乎？”對曰：“不足。”“兄賢足恃乎？”曰：“不足。”“弟賢足恃乎？”對曰：“不足。”“臣賢足恃乎？”對曰：“不足。”文侯勃然作色而怒曰：“寡人問此五者於子，一一以爲不足者，何也？”對曰：“父賢不過堯，而丹朱放；子賢不過舜，而瞽瞍頑；兄賢不過舜，而象傲；弟賢不過周公，而管叔誅；臣賢不過湯武，而桀紂伐。望人者不至，恃人者不久。君欲治，從身始，人何可恃乎？”《詩》曰：“自求伊祜。”（《韓詩外傳》卷八）

7. 公季成謂魏文侯曰：“田子方雖賢人，然而非有土之君也，君常與之齊禮，假有賢於子方者，君又何以加之？”文侯曰：“如子方者，非成所得議也。子方，仁人也。仁人也者，國之寶也；智士也者，國之器也；博通之士也者，國之尊也。故國有仁人，則群臣不争；國有智士，則無四鄰諸侯之患；國有博通之士，則人主尊。固非成之所議也。”公季成自退於郊三日請罪。（《新序・雜事四》）

### （四）文侯好學

1. 魏文侯封太子擊於中山，三年，使不往來，舍人趙倉唐進稱曰：“爲人子，三年不聞父問，不可謂孝。爲人父，三年不問子，不可謂慈。君何不遣人使大國乎？”太子曰：“願之久矣。未得可使者。”倉唐曰：“臣願奉使，侯何嗜好？”太子曰：“侯嗜晨鳧，好北犬。”於是乃遣倉唐紲北犬，奉晨鳧，獻於文侯。倉唐至，上謁曰：“孽子擊之使者，不敢當大夫之朝，請以燕閑，奉晨鳧，敬獻庖厨，紲北犬，敬上涓人。”文侯悦曰：“擊愛我，知吾所嗜，知吾所好。”召倉唐而見之，曰：“擊無恙乎？”倉唐曰：“唯唯。”如是者三，乃曰：“君出太子而封之國，君名之，非禮也。”文侯怵然爲之變容。問曰：“子之君無恙乎？”倉唐曰：“臣來時，拜送書於庭。”文侯顧指左右曰：“子之君，長孰與是？”倉唐曰：“禮，擬人必於其倫，諸侯毋偶，無所擬之。”曰：“長大孰與寡人。”倉唐曰：“君賜之外府之裘，則能勝之，賜之斥帶，則不更其造。”文侯曰：“子之君何業？”倉唐曰：“業《詩》。”文侯曰：“於詩何好？”倉唐曰：“好《晨風》《黍離》。”文侯自讀《晨風》曰：“鴥彼晨風，鬱彼北林，未見君子，憂心欽欽，如何如何，忘我實多。”文侯曰：“子之君以我忘之乎？”倉唐曰：“不敢，時思耳。”文侯復讀《黍離》曰："彼黍離離，彼稷之苗，行邁靡靡，中心搖搖，知我者謂我心憂，不知我者謂我何求？悠悠蒼天，此何人哉？"文侯曰："子之君怨乎？"倉唐曰："不敢，時思耳。"文侯於是遣倉唐賜太子衣一襲，敕倉唐以雞鳴時至。太子起拜，受賜發篋，視衣盡顛倒。太子曰："趣早駕，君侯召擊也。"倉唐曰："臣來時不受命。"太子曰："君侯賜擊衣，不以爲寒也，欲召擊，無誰與謀，故敕子以雞鳴時至，《詩》曰：'東方未明，顛倒衣裳，顛之倒之，自公召之。'"遂西至謁。文侯大喜，乃置酒而稱曰："夫遠賢而近所愛，非社稷之長策也。"乃出少子摯，封中山，而復太子擊。故曰："欲知其子，視其友；欲知其君，視其所使。"趙倉唐一使而文侯爲慈父，而擊爲孝子。太子乃稱："《詩》曰：'鳳凰於飛，噦噦其羽，亦集爰止，藹藹王多吉士，維君子使，媚於天子。'舍人之謂也。"（《説苑》卷一二）

2. 自孔子卒後，七十子之徒散游諸侯，大者爲師傅卿相，小者友教士大夫，或隱而不見。故子路居衛，子張居陳，澹臺子羽居楚，子夏居西河，子貢終於齊。如田子方、段干木、吴起、禽滑釐之屬，皆受業於子夏之倫，爲王者師。是時獨魏文侯好學。（《史記·儒林列傳》）



## 三

魏文侯重用翟璜、李悝①、吴起、西門豹等賢臣，實行變法，加强了魏氏全面控制

---

① 史稱文侯謂李克曰："先生嘗教寡人曰，'家貧思良妻，國亂思良將'。今所置非成則璜。二子何如？……李克趨而出，過翟璜之家。翟璜曰：'……卜相，果誰爲之？'李克曰：'魏成子爲相矣。'翟璜忿然作色曰：'……臣何負於魏成子。西河之守，臣之所進也。君内以鄴爲憂，臣進西門豹。君謀欲伐中山，臣進樂羊。中山已拔，無使守之，臣進先生。君之子無傅，臣進屈侯鮒。'"據此，這個李克是翟璜的晚輩，在魏服務的時間也是魏文侯在位的中晚期。由此而言，李悝與李克應是同一個人。孫開泰《吴起傳》附録二收録《李悝與李克是兩人考》一文，除指出《漢書·藝文志》有《李克》七篇，屬儒家，另有《李子》三十二篇，屬法家；又《漢書·古今人表》列李悝在"上下"欄，李克在"中上"欄。最後，作者推論魏文侯要李克在翟璜與公子成二人之間擇一人爲相，認爲當日擇相是"魏文侯罷李悝爲相"時的事。事實上，作者的推論并没有提供任何證據。而在《吴起傳》第20~21頁提及魏文侯用李悝爲魏相，對魏實行變法改革時，主要内容爲實行"食有勞而禄有功，使有能而賞必行，罰必當"的抑制舊貴族政策，其實在文獻記載中却是李克（見本段第3條引文）。因此，孫氏的論點前後有明顯矛盾，故所謂"李悝與李克是兩人考"，不足以視爲定論。又，先秦至漢初對各個思想家進行批評，如孟子闢"楊朱、墨翟"，荀子"非十二子"，《吕氏春秋》及《淮南子》也是對各思想家作出批判。最早視之爲學術流派，始見於司馬談《論六家要旨》，最後劃分爲"九流十家"的是班固依據劉歆《七略》撮寫成的《漢書·藝文志》。因此，所著《李克》七篇，屬儒家；《李子》三十二篇，屬法家，是漢代的劃分。戰國初年尚未有這個區分，最顯著的例子是同時的吴起，受業於曾申，傳《左氏春秋》，但是孟子所謂"善戰者服上刑"的兵法專家，而他與魏武侯所言的"在德不在險"，也保留了儒家的仁德觀，非窮兵黷武者可比（如白起）。又班固《古今人表》將李克、李悝分爲二人，并把李克排在翟璜和李悝之前，據上文的分析，應是把一人分作兩人之誤。

國家的力量。以下據《説苑》《韓詩外傳》等材料，摘録相關内容。

### （一）文侯重用賢臣李悝（或稱李克）

1. 魏文侯問李克曰："爲國如何?"對曰："臣聞爲國之道，食有勞而禄有功，使有能而賞必行，罰必當。"文侯曰："吾賞罰皆當而民不與，何也?"對曰："國其有淫民乎？臣聞之曰：奪淫民之禄以來四方之士；其父有功而禄，其子無功而食之，出則乘車馬、衣美裘，以爲榮華，入則修竽琴、鐘石之聲，而安其子女之樂，以亂鄉曲之教，如此者奪其禄以來四方之士，此之謂奪淫民也。"（《説苑》卷七）

2. 魏文侯問李克曰："刑罰之源安生?"李克曰："生於奸邪淫泆之行。凡奸邪之心，饑寒而起，淫泆者，久饑之詭也；雕文刻鏤，害農事者也；錦綉纂組，傷女工者也。農事害，則饑之本也；女工傷，則寒之源也。饑寒并至而能不爲奸邪者，未之有也；男女飾美以相矜而能無淫泆者，未嘗有也。故上不禁技巧，則國貧民侈，國貧窮者爲奸邪，而富足者爲淫泆，則驅民而爲邪也；民以爲邪，因之法隨，誅之不赦其罪，則是爲民設陷也。刑罰之起有原，人主不塞其本，而替其末，傷國之道乎?"文侯曰："善。"以爲法服也。（《説苑》卷二〇）

3. 魏文侯問里克（按：即李克）曰："吴之所以亡者，何也?"里克對曰："數戰而數勝。"文侯曰："（數戰）數勝，國之福也。其獨亡，何也?"里克對曰："數戰則民疲，數勝則主驕；驕則恣，恣則極（物，疲則怨，怨則極慮）。上下俱極，吴之亡猶晚矣！此夫差所以自喪於干遂。"《詩》曰："天降喪亂，滅我立王。"（《韓詩外傳》卷一〇，相似的記載又見於《新序·雜事五》）

4. 魏文侯問李克曰："人有惡乎?"李克曰："有。夫貴者則賤者惡之，富者則貧者惡之，智者則愚者惡之。"文侯曰："善行此三者，使人勿惡，亦可乎?"李克曰："可。臣聞貴而下賤，則衆弗惡也；富能分貧，則窮士弗惡也；智而教愚，則童蒙者弗惡也。"文侯曰："善哉言乎！堯舜其猶病諸！寡人雖不敏，請守斯語矣。"《詩》曰："不遑啓處。"（《韓詩外傳》卷八）

5. 李悝爲魏文侯上地之守，而欲人之善射也，乃下令曰："人之有狐疑之訟者，令之射的，中之者勝，不中者負。"令下而人皆疾習射，日夜不休。及與秦人戰，大敗之，以人之善射也。（《韓非子·内儲説上》）

6. 李兑（按：即李克）治中山，苦陘令上計而入多。李兑曰："語言辨，聽之説，不度於義，謂之窕言。無山林澤谷之利而入多者，謂之窕貨。君子不聽窕言，不受窕貨，子姑免矣。"（《韓非子·難二》；按：中山當時屬魏國）

7. 魏文侯時，李克務盡地力，而白圭樂觀時變，故人弃我取，人取我與。（《史記·貨殖列傳》。按：參看下段引文，李克作李悝）

8. 陵夷至於戰國，貴詐力而賤仁誼，先富有而後禮讓。是時，李悝爲魏文侯作盡地力之教，以爲地方百里，提封九萬頃，除山澤邑居參分去一，爲田六百萬畝，治田勤謹則畝益三升，不勤則損亦如之。地方百里之增減，輒爲粟百八十萬石矣。又曰糴甚貴傷民，甚賤傷農；民傷則離散，農傷則國貧。故甚貴與甚賤，其傷一也。善爲國者，使民毋傷而農益勸。今一夫挾五口，治田百畝，歲收畝一石半，爲粟百五十石，除十一之稅十五石，餘百三十五石。食，人月一石半，五人終歲爲粟九十石，餘有四十五石。石三十，爲錢千三百五十，除社閭嘗新春秋之祠，用錢三百，餘千五十。衣，人率用錢三百，五人終歲用千五百，不足四百五十。不幸疾病死喪之費，及上賦斂，又未與此。此農夫所以常困，有不勸耕之心，而令糴至於甚貴者也。是故善平糴者，必謹觀歲有上中下孰。上孰其收自四，餘四百石；中孰自三，餘三百石；下孰自倍，餘百石。小饑則收百石，中饑七十石，大饑三十石。故大孰則上糴三而捨一，中孰則糴二，下孰則糴一，使民適足，賈平則止。小饑則發小孰之所斂，中饑則發中孰之所斂，大饑則發大孰之所斂，而糶之。故雖遇饑饉水旱，糴不貴而民不散，取有餘以補不足也。行之魏國，國以富强。（《漢書·食貨志》上；又見於荀悦《漢紀·孝宣皇帝》）





9.《漢書·藝文志·諸子略》載儒家有《李克》七篇①，法家有《李子》三十二篇。② 李悝著《法經》六篇。（見《晋書·刑法志》《唐律疏議》）

### （二）文侯重用賢臣西門豹及其他大臣

1. 魏文侯使西門豹往治於鄴，告之曰："必全功成名布義。"豹曰："敢問全功成名布義爲之奈何？"文侯曰："子往矣！是無邑不有賢豪辨博者也，無邑不有好揚人之惡，蔽人之善者也。往必問豪賢者，因而親之；其辨博者，因而師之；問其好揚人之惡，蔽人之善者，因而察之，不可以特聞從事。夫耳聞之不如目見之，目見之不如足踐之，足踐之不如手辨之；人始入官，如入晦室，久而愈明，明乃治，治乃行。"（《説苑》卷七）

2. 魏文侯時，西門豹爲鄴令，有令名。至文侯曾孫襄王時，與群臣飲酒，王爲群臣祝曰："今吾臣皆西門豹之爲人臣也！"史起進曰："魏氏之行田也以百畝，鄴獨二百畝，是田惡也。漳水在其旁，西門豹不知用，是不智也。知而不興，是不仁也。仁智，豹未之盡，何足法也！"於是以史起爲鄴令，遂引漳水溉鄴，以富魏之河内。民歌之曰："鄴有賢令兮爲史公，決漳水兮灌鄴旁，終古舃鹵兮生稻粱。"（《漢書·溝洫志》）

3. 樂羊爲魏將，以攻中山，其子在中山，中山縣其子示樂羊，樂羊不爲衰志，攻之愈急。中山因烹其子而遺之羹，樂羊食之盡一杯。中山見其誠也，不忍與之戰，果下

---

① 班固自注：子夏弟子，爲魏文侯相。

② 顔師古注：名悝，相魏文侯；富國强兵。王先謙補注引《唐律疏議》：悝撰次諸國法，著《法經》……六篇而已，商君受之以相秦。

之，遂爲魏文侯開地，文侯賞其功而疑其心。（《説苑》卷五）

4. 魏文侯攻中山，樂羊將，已得中山，還反報文侯，有喜功之色，文侯命主書曰："群臣賓客所獻書，操以進。"主書者舉兩篋以進，令將軍視之，盡難中山之事也。將軍還走北面而再拜曰："中山之舉也，非臣之力，君之功也。"（《説苑》卷六）

5. 魏文侯使舍人毋擇獻鵠於齊侯。毋擇行道失之，徒獻空籠，見齊侯曰："寡君使臣毋擇獻鵠，道飢渴，臣出而飲食之，而鵠飛冲天，遂不復反。念思非無錢以買鵠也，惡有爲其君使，輕易其幣者乎？念思非不能拔劍刎頭，腐肉暴骨於中野也，爲吾君貴鵠而賤士也。念思非敢走陳、蔡之間也，惡絶兩君之使，故不敢愛身逃死，來獻空籠，唯主君斧質之誅。"齊侯大悦曰："寡人今者得兹言三，賢於鵠遠矣。寡人有都郊地百里，願獻於大夫以爲湯沐邑。"毋擇對曰："惡有爲其君使而輕易其幣，而利諸侯之地乎？"遂出不反。（《説苑》卷一二）

## 四

文侯重用賢臣吴起與西河郡的設置：

1. 魏文侯問於解狐曰："寡人將立西河之守，誰可用者？"解狐對曰："荆伯柳者，賢人，殆可。"文侯曰："是非子之仇也？"對曰："君問可，非問仇也。"文侯將以荆伯柳爲西河守。荆伯柳問左右，誰言我於吾君。左右皆曰："解狐。"荆伯柳見解狐而謝之曰："子乃寬臣之過也，言於君，謹再拜謝。"解狐曰："言子者，公也；怨子者，吾私也。公事已行，怨子如故。"張弓射之，走十步而没，可謂勇矣。《詩》曰："邦之司直。"（《韓詩外傳》卷九）

2. 吴起於是聞魏文侯賢，欲事之。文侯問李克曰："吴起何如人哉？"李克曰："起貪而好色，然用兵司馬穰苴不能過也。"於是魏文侯以爲將，擊秦，拔五城。（《史記·孫子吴起列傳》）

3. （周威烈王）十七年，魏文侯伐秦至鄭，還築汾陰、郃陽。（《竹書紀年》）

4. 吴起儒服以兵機見魏文侯。文侯曰："寡人不好軍旅之事。"起曰："臣以見占隱，以往察來，主君何言與心違？今君四時使斬離皮革，掩以朱漆，畫以丹青，爍以犀象。冬日衣之則不温，夏日衣之則不凉。爲長戟二丈四尺，短戟一丈二尺。革車奄户，縵輪籠轂，觀之於目則不麗，乘之以田則不輕，不識主君安用此也？若以備進戰退守，而不求能用者，譬猶伏鷄之搏狸，乳犬之犯虎，雖有鬥心，隨之死矣。昔承桑氏之君，修德廢武，以滅其國。有扈氏之君，恃衆好勇，以喪其社稷。明主鑒兹，必内修文德，外治武備。故當敵而不進，無逮於義矣；僵尸而哀之，無逮於仁矣。"於是文侯身自布席，夫人捧觴，醮吴起於廟，立爲大將，守西河。與諸侯大戰七十六，全勝六十四，餘則鈞解。闢土四面，拓地千里，皆起之功也。（《吴子·圖國》）

5. 吴起治西河，欲諭其信於民，夜日置表於南門之外，令於邑中曰："明日有人能僨南門之外表者，仕長大夫。"明日，日晏矣，莫有僨表者。民相謂曰："此必不信。"有一人曰："試往僨表。不得賞而已，何傷?"往僨表，來謁吴起，吴起自見而出，仕之長大夫。夜日又復立表，又令於邑中如前，邑人守門争表，表加植，不得所賞。自是之後，民信吴起之賞罰。(《吕氏春秋·慎小》)

6. 吴起與秦戰，舍不平隴畝，樸嫩蓋之，以蔽霜露，如此何也？不自高人故也。乞人之死不索尊，竭人之力不責禮，故古者甲冑之士不拜，示人無已煩也。夫煩人而欲乞其死，竭其力，自古至今，未嘗聞矣。(《尉繚子·武議》)

由於吴起與郡縣制初期發展有密切關係，現以戰國初年魏文侯設西河郡爲例來加以討論。以上六則資料，其中第一則的時間不太清楚。據瞭解，荆伯柳曾爲上黨守，生平不詳。文侯問西河守於解狐，可能是文侯攻占西河後的初步構思。但據"文侯以吴起善用兵，廉平，盡能得士心，乃以爲西河守，以拒秦、韓"，可以肯定吴起終於被委任爲西河守。而吴起任西河守一直到武侯初年纔因公叔痤之讒，畏誅而奔楚。换言之，吴起是西河郡的首任郡守。原來西河一帶自秦穆公崛起後，已成爲秦的東境。到了戰國前期，魏文侯用李悝爲相，實行變法，國力驟然倍增。文侯在咨詢李悝（克）後，隨即委派吴起擔負攻打西河的重任。吴起善用兵，又能深得"士心"，又借秦國内亂不斷，很快便大獲全勝。魏文侯在新取得的大片土地建立了西河郡，派吴起爲郡守，繼續開拓西邊和北邊的土地。其後，除在西河郡設立了不少城池，如汾陰、郃陽等縣城，還不斷拓展西河郡北部的疆土。經過多年的努力，魏國在西河郡的北面設立了上郡。到梁惠王時，上郡共有十五個城，并在這個區域修築了魏長城。

此外，《史記·孫子吴起列傳》也撮述了吴起的事迹，其中對戰國初年西河設郡有相當多的記述：

> 吴起者，衛人也，好用兵。……聞魏文侯賢，欲事之。文侯問李克曰："吴起何如人哉?"李克曰："起貪而好色，然用兵，司馬穰苴不能過也。"於是魏文侯以爲將，擊秦，拔五城。起之爲將，與士卒最下者同衣食。卧不設席，行不騎乘，親裹赢糧，與士卒分勞苦。……文侯以吴起善用兵，廉平，盡能得士心，乃以爲西河守，以拒秦、韓。魏文侯既卒，起事其子武侯。……公叔爲相，尚魏公主，而害吴起。……吴起懼得罪，遂去，既之楚。

吴起去楚後，魏國仍有效控制西河郡，直到梁惠王在公元前364年從安邑"徙邦於大梁"①。梁惠王以東方的開拓爲重點，遂削弱了魏國對西河郡的控制。其後，在公

① 繆文遠：《戰國史繫年輯證》，巴蜀書社1997年版，第54頁。

元前361年，秦孝公下令求賢，商鞅入秦。不久，商鞅獲孝公的重用。公元前359年，商鞅任左庶長，借鑒了魏國變法的經驗，“定變法之令”①。秦國變法後日益强大，終於在公元前330年，迫使“魏入河西地於秦”。又在公元前328年，“魏納上郡於秦”，使魏國力量撤出黄河以西的全部地區。② 梁惠王爲重建西邊防綫，遂在黄河以東設立了河東郡，作爲魏國西部的新防綫。

## 附録

**晋獻公（前676—前651年在位）至魏文侯（前445—前397年在位）期間**
**郡縣制成立五階段簡表**

| 階段 | 時間 | 例子 | 説明 |
| --- | --- | --- | --- |
| 一、新占領土設縣 | 晋獻公（前676—前651年在位）至晋襄公（前627—前621年在位） | 1.《左傳·閔公元年》載：“晋侯作二軍，公將上軍，太子申生將下軍。趙夙御戎，畢萬爲右，以滅耿、滅霍、滅魏。還，爲太子城曲沃。賜趙夙耿，賜畢萬魏，以爲大夫。”<br>2.《左傳》僖公二十五年（前635），晋文公平定了王子帶之亂，受到周襄王的獎賞，賜“陽樊、温、原、欑茅之田”<br>3. 同年冬，“晋侯圍原，命三日之糧，原不降，命去之。諜出，曰：‘原將降矣。’軍吏曰：‘請待之。’公曰：‘信，國之寶也，民之所庇也。得原失信，何以庇之？所亡滋多。’退一舍而原降。遷原伯貫於冀。趙衰爲原大夫、狐溱爲温大夫”。根據周振鶴教授的分析，“温、原兩縣都數易其主，并非大夫的世襲采邑” | 滅國爲縣，停止將新占領土分封給卿大夫，改由晋君任命不世襲的縣官 |

① 繆文遠：《戰國史繫年輯證》，巴蜀書社1997年版，第61～66頁。
② 繆文遠：《戰國史繫年輯證》，巴蜀書社1997年版，第113、115頁。

（續表）

| 階段 | 時間 | 例子 | 説明 |
|---|---|---|---|
| 二、改邑爲縣 | 晋靈公（前620—前607年在位）至晋頃公（前525—前512年在位），即异姓公族大夫輪流執政時期 | 晋頃公十二年（前514）時，韓、趙、魏、范、知、中行六卿一起消滅了公族祁氏和羊舌氏，將他們的采邑分爲十縣 | 十名縣大夫中，有四名是來自當權的卿族，兩名是有功於周王的，餘下四名則是以能力選拔的 |
| 三、縣成爲掌權六卿的私屬 | 晋定公（前511—前475年在位）時，六卿專政時期 | "韓賦七邑皆成縣也，羊舌四族皆强家也，五卿八大夫因其十家九縣，長轂九百，其餘四十縣遺守四千。"（昭公五年） | 原在第一階段以中央集權爲主導的新縣制，隨着君主力量的急劇下降，這類私有化的縣邑，不再是晋君所能控制的地盤 |
| 四、縣成爲新建國家的地方行政區 | 晋出公（前474—前452年在位），三家分晋 | 晋君大權完全旁落。三家共分知氏的土地後，晋君反朝於三家 | （1）郡縣的縣不再是采邑，而完全是國君的直屬地；（2）其長官不世襲；（3）其幅員或範圍一般經過人爲劃定；（4）縣以下還有鄉里等更基層的組織。根據其他資料，我們可以補充以下兩點：第一，邊境的縣，一般都隸屬郡，郡守可以因應需要"行縣"，如吴起守西河或爲苑守及令尹時的工作。第二，縣令需要向上級呈報一縣之狀况，即上計制度 |
| 五、郡的産生與郡縣二級制 | 魏文侯斯（前445年繼位，前433年稱侯，前403年被周天子策爲諸侯，前397年卒）稱霸 | 文侯用吴起，設西河郡、上郡，正式出現了以中央集權爲特徵的郡縣二級地方行政制 | 郡的長官爲守，守有保衛之義，故郡守多由軍官充任。吴起善於軍事，獲李克推薦爲西河守，多次打敗秦國，魏遂在黄河以西建立了西河郡和上郡，并沿洛水修築長城爲屏障 |

# 秦漢陶文性質及所見行政與手工業制度演變

## ——以關中爲中心

林永昌

**摘要：** 本文在收集秦漢時期關中地區出土陶文的基礎上，整合出土背景和鈐有印文陶器的性質，分析秦漢政府對主要生活日用陶容器和建築陶器生産與管理之方式。本文指出，與陶器相關的管理制度在秦漢之間發生了較大轉變。秦時期陶容器一般由所謂的“私營”作坊生産，并由都城或治縣轄下的市亭管理。建築材料則由不同的中央機構共同主持，并調動大量的地方力役，少數爲私營作坊直接生産，作爲支付力役的抵償。漢以後三輔地區的基層政府似乎不再直接管理或控制陶容器的生産，建築材料的管理則簡化爲由大匠和官司空直接支配和管理，但相關制度在武帝以後基本消失。關中地區秦漢時期陶文性質與格式的區别，不單顯示出漢代對原有中樞機構生産和池澤税收管理功能的整合與再劃分，也揭示出漢代中央和地方行政對製陶手工業管理方式的轉變。

**關鍵詞：** 陶文　關中　製陶手工業　秦漢行政制度

**作者簡介：** 林永昌，香港中文大學人類學系歷史系助理教授

# 一、前　言

秦漢時期陶器上戳印有“某市”或“某亭”的陶文是考古中較爲常見的現象，過去金石學和古文字學的著録①甚多，而這一類陶文對秦漢時期官制、地方行政和徭役制度也提供了不少可供討論的新材料。關於該類陶文印記的性質，俞偉超先生的研究②較早指出，陶文中的“市”或“亭”，所指當爲縣市中旗樓一類的中央官署，而與實質上的地方行政單位“亭”無關。某亭陶文并非因亭下有時立市而稱“亭”或“市”字。之所以稱其爲某亭，按照俞偉超先生的觀點，乃因市内的市樓在漢代又稱爲“旗亭”。在漢代文獻中，市、亭多連稱，市樓和旗亭二者本身也常通用。故此，大部分帶“市”或“亭”陶文的陶器，都可能和官府産品相關。自此以後，市亭的性質基本成爲學界定論。但是，近年由於帶戳印陶文的地下出土資料在各地不斷涌現，雖已有若干結合較新材料之綜合研究和整理③，對於該類陶文所反映的手工業生産管理和地方行政制度，却仍有待更進一步的探討。過去存在的問題可簡單概括爲以下數點：

首先，市亭陶文所反映的手工業組織管理，一般被籠統視作秦漢時期的普遍制度，而没有細究其制度的區域性差异現象，也没有分析秦漢轉承間制度上的演變。值得注意的是，進入西漢以後，市或亭這一類陶器的發現都不多。僅此一點，已説明秦漢間的轉變是長久被忽略的重要問題。而這到底代表了漢代旗樓的功能發生改變，還是代表了在西漢以後，官府没有再直接管理陶器的生産？陶文的時代變化當與秦漢時期的地方行政制度密切相關，但一直以來這一問題并未進行全面的梳理。

其次，大多數陶文雖然爲考古出土資料，但對陶文的分析没有結合背景，來細察本

① 高明編著：《古陶文彙編》，中華書局 1990 年版；陳直：《關中秦漢陶録》，天津古籍出版社 1994 年版；袁仲一編著：《秦代陶文》，三秦出版社 1987 年版；周進集藏，周紹良整理，李零分類考釋：《新編全本季木藏陶》，中華書局 1998 年版；王輝、程學華：《秦文字集證》，臺灣藝文印書館 1999 年版。

② 俞偉超：《漢代的“亭”、“市”陶文》，《文物》1963 年第 2 期。由於該文成文較早，俞偉超後來根據新材料進行了增補，參見俞偉超：《秦漢的“亭”“市”陶文》，《先秦兩漢考古學論集》，文物出版社 1985 年版，第 132 ~ 145 頁。該文對原來的題目和内容進行了一定的修改，如補充了在原文發表以後新出現的一批和咸陽市亭相關的陶文，但基本觀點未變。

③ 如王恩田編著《陶文字典》，齊魯書社 2007 年版；袁仲一、劉鈺編著《秦陶文新編》，文物出版社 2009 年版。

身社會背景中的組織。不少學者雖已提出，這一類陶器部分是官府控制製作然後出售的①，但討論仍可進一步和考古背景相結合，分析可能存在的組織分工，或試圖探尋和其他手工業之間的聯繫。

再次，在秦漢陶文中，還包括大量“標志秦代中央官署下轄製陶作坊和官營徭役性作坊的印記”的陶文。② 這一類帶有“工官”性質的陶文，多與建築構件或磚瓦的燒製相關。但是，市亭類和工官類陶文兩者背後作坊組織差异如何，則未引起足够的注意。而制度上的新認識，也可補充文獻中相關記載片言隻語留下的空白。

關中③是秦國與西漢王朝的核心所在，關中地區出土的陶文又極其豐富，是解決上述問題最理想的地方。因此，本文以秦國的核心區爲中心，對比秦統一前後和西漢時期出土的兩大類陶文材料，從過去分析不多之處入手，如出土背景、所記載的地點和官署內容的差异等，結合相關的考古現象，研究戳印陶文的性質以及和管理生產相關的一系列問題。



## 二、秦代陶文



爲了方便以下行文時對不同材料的稱呼，本文參考了以往的分類方法，將帶有“市”或“亭”字即與市亭管理和控制相關的印文稱爲“市亭類”陶文。這一類的陶文，既包括位於都城作坊亦包括地方郡縣作坊所生產的產品。同時，本文將帶有與中央官署相關印文的陶器（或陶建築材料），稱爲“工官類”陶文。雖然印文所示的機構不一定屬於文獻（如《漢書·百官公卿表》）所載監督生產建造的工官，但是這些機構下屬單位管理了磚瓦的生產，而且以印文作爲監督質量或進度完成的印記，因而具有一定“工官”的性質。另外要説明的是，這些區分衹是根據管理單位性質而制訂，却非因產品的種類——儘管在下文中會提及，兩類陶文所涉及的器類和出土背景差异甚大，基本上是兩類平行的手工業生產系統。在分類以後，本文將在前人收集和整理的基礎上，對陶文所在陶器的器類和出土背景進行整理和分類。

### （一）市亭類陶文

市亭類陶文基本的格式是“地方縣名 + 市或亭”，僅有咸陽市亭相關的陶文在這項基本格式上增加里名和作坊工匠之名。目前關中地區市亭陶文多戳印於陶容器之上，少

---

① 袁仲一：《秦代的市、亭陶文》，《考古與文物》1980 年第 1 期。

② 中國社會科學院考古研究所編著：《中國考古學·秦漢卷》，中國社會科學出版社 2010 年版，第 674 頁。

③ 具體定義詳見王子今《秦漢區域地理學的“大關中”概念》，《人文雜志》2003 年第 1 期。而本文中的關中，主要指渭河平原一帶。

量爲陶建築材料。以往有學者已提出，冠以某亭或某市，作用是“表明其製陶作坊已在某市府注册，接受市井機構的管理和交納市税”①。需要補充的是，在大多數報告資料中提及的秦漢陶文，一般還包括以下幾類：直接在燒製好的器皿上刻畫的名字、刻畫和獻祭祭品有關的刻文（如秦氏十斗）及墨書陶文，這些都并非在此要論述的市亭類陶文之列。在下面的論述，我們先按縣位置整理市亭類陶文的情況。咸陽市亭的現象最爲複雜，我們因此會集中討論咸陽市亭相關的分類問題。

1. 櫟市

在秦孝公正式遷都咸陽以前，櫟陽曾在獻公時期短暫作爲秦都城。② 鑒於櫟陽扼守咸陽以東的重要地理位置，在西漢初年高祖劉邦亦短暫定都櫟陽。據考古調查，櫟陽面積爲400萬平方米，遠大於一般的縣城③，其重要性可見一斑。在櫟陽城内以往的調查工作中，曾發現過大量分布的陶窑。④ 與櫟市陶文相關的發現，則主要見於臨潼劉莊村秦墓⑤、東陵二號陵園陪葬墓⑥、澄城縣良周村秦宫遺址⑦和渭南縣同家村采集的陶罐⑧之上。目前爲止，在櫟陽城内的調查和發掘工作中，尚未發現戳印櫟市的陶文。



2. 芷市

芷市即芷陽市亭之省文。芷陽是秦時期重要的陵園區所在，位於今臨潼韓峪鄉一帶，過去的考古工作在此已發現過成片的製陶作坊與相關的建築遺存。帶芷市或芷亭之陶文，曾見於始皇陵的馬厩坑出土的3件陶容器上。⑨ 在臨潼上焦村發現的一批秦墓，部分可能和二世殺害的秦公室成員有關，其中出土了3件帶芷亭戳印的陶容器。⑩ 芷市的陶文，還見於東陵區所采集的陶容器上。⑪

3. 麗市

麗邑爲始皇陵園所在，是專門設置的陵園邑，在秦時期亦安置了大量爲修築陵墓徵

---

① 袁仲一、劉鈺編著：《秦陶文新編》，文物出版社2009年版，第211頁。

② 〔西漢〕司馬遷撰：《史記》卷五，中華書局1963年版，第201頁。

③ 具體的分析，請參見程嘉芬《漢代司隸地區聚落體系的考古學研究》，吉林大學2015年博士學位論文。

④ 劉慶柱、李毓芳：《秦漢櫟陽城遺址的勘探和試掘》，《考古學報》1985年第3期。

⑤ 陝西省考古研究所秦陵工作站、臨潼縣文物管理委員會：《陝西臨潼劉莊戰國墓地調查清理簡報》，《考古與文物》1989年第5期。

⑥ 陝西省考古研究所、臨潼縣文物管理委員會：《秦東陵第二號陵園調查鑽探簡報》，《考古與文物》1990年第4期。

⑦ 姜寶蓮、趙强：《陝西澄城良周秦漢宫殿遺址調查簡報》，《文博》1998年第4期。

⑧ 袁仲一、劉鈺編著：《秦陶文新編》，文物出版社2009年版，第54頁。

⑨ 秦俑坑考古隊：《秦始皇陵東側馬厩坑鑽探清理簡報》，《考古與文物》1980年第4期。

⑩ 秦俑考古隊：《臨潼上焦村秦墓清理簡報》，《考古與文物》1980年第2期。

⑪ 袁仲一、劉鈺編著：《秦陶文新編》，文物出版社2009年版，第56頁。

發的刑徒。在最近發現的臨潼區冢王村的秦人墓地中，隨葬陶器上發現有戳印麗邑或麗市的印文，據推測墓主和修築陵墓之工人相關。① 在臨潼劉寨遺址，曾發現有大量磚瓦和陶窑，部分帶有麗邑印文②，很可能是麗邑所轄作坊之所在，該地點亦發現大批帶有不同地名的陶文，很可能麗市所轄的製陶作坊管理了部分從地方徵調的陶工。在始皇陵的食官遺址中③，發現有 5 片和麗邑相關的戳印陶文。麗亭生産的陶器，還見於始皇陵馬厩坑的 3 件陶罐和 2 件陶盆之上。在上焦村發現的一批秦公室墓葬中，也出土了 5 件帶麗市印記的陶器。麗市和芷市製作的陶器性質相近，主要供陵園或陵邑相關的人員或工匠之用。

4. 杜市

杜縣之治所在西安市南郊長安區杜城一帶。在宣帝以後更名爲杜陵。目前帶杜市的陶文發現較多，全部戳印在陶容器之上，主要見於西安南郊的潘家莊墓地和茅坡村墓地④，而且數量頗多，分别有 33 件和 12 件帶陶文的陶器。杜亭陶文亦出於咸陽的長陵車站範圍内。帶杜亭印文的産品較多，包括陶鼎、盒、蒜頭壺、鍪、甑、罐、缶和盂等大部分戰國晚期常見陶容器。另外，在清澗李家崖墓地戰國墓葬中⑤，也發現一戳印杜市之陶器。杜市的這一例子，是目前陶器從産地到發現地運送距離最遠之例。同時，杜市或杜亭的産品亦是目前發現帶地方市府生産印記數量最多的陶容器。

5. 美市

即美陽市亭簡稱。美陽縣治所在法門寺一帶。經考古發掘，在莊白的戰國墓葬出土陶器組合中，戳印發現於兩件陶盆之上。⑥ 此外，在扶風召公鄉采集的陶鼎上，亦發現有美亭⑦陶文。

6. 犛（斄）市

犛縣在今楊凌法禧遺址一帶，但在鄰近郿縣白家，曾出土帶犛亭之秦代陶片。⑧ 另外，扶風縣博物館藏陶鼎和壺上也發現有犛亭印文。⑨ 在今楊凌市法禧村部城作坊中，

① 目前該資料還未見公布，僅見於中國考古網發布之消息，http：//www. kaogu. cn/cn/xccz/20140506/46062. html。

② 陳曉捷：《臨潼新豐鎮劉寨村秦遺址出土陶文》，《考古與文物》1996 年第 4 期。

③ 秦始皇陵考古隊：《秦始皇陵西側“麗山飤官”建築遺址清理簡報》，《文博》1987 年第 6 期。

④ 西安市文物保護考古所編著：《西安南郊秦墓》，陝西人民出版社 2004 年版。

⑤ 陝西省考古研究所、陝北考古工作隊：《陝西清澗李家崖東周、秦墓發掘簡報》，《考古與文物》1987 年第 3 期。

⑥ 孫雅儒：《從“美亭”陶文看市亭制度》，《寶鷄社會科學》2011 年第 2 期。

⑦ 陝西省文物志編纂委員會等編著：《扶風縣文物志》，陝西人民教育出版社 1993 年版。

⑧ 陝西省考古研究所：《陝西眉縣白家遺址發掘簡報》，《考古與文物》1996 年第 6 期。

⑨ 陝西省文物志編纂委員會等編著：《扶風縣文物志》，陝西人民教育出版社 1993 年版。

曾發現犛亭之陶片①，該遺址亦發現戰國晚期和製陶相關的廢品遺存，雖然帶犛亭之陶片數量不多，但可證明犛亭及所管理的製陶作坊在法禧村附近。

7. 咸陽市

咸陽市亭相關的陶文發現數量最多，分布亦較廣。在以往歷年金石學著録的陶文中，亦以此類與咸陽市亭相關的陶文爲大宗。在咸陽地區發現的戰國晚期墓葬中，出土的陶器多帶有咸陽市亭印記，可知咸陽居民爲其主要的消費群體。另外，由於在始皇陵馬厩坑中曾發現帶咸陽市亭的陶容器②，可見修建始皇陵的工匠或官員也從咸陽市亭獲取日用陶器。咸陽市亭分布較廣，最西和最北地點分別可到扶風王家嘴遺址③與雲陽甘泉宫④附近，但這些地點一般都衹有零星的發現，可能衹是偶然運輸到較遠地區之産品。

以往對咸陽長陵車站一帶的調查中，曾發現大片的製陶作坊區，除了陶圈、水井、陶窑外，還出土大量的製陶工具，如陶墊、陶拍、陶圈等。在陶器廢品上，也發現有大量戳印和咸陽市亭相關的陶文。由於同類陶文亦見於個別製陶工具之上，可以確定這批帶咸陽市亭印文的陶器，生産地點肯定在咸陽長陵車站一帶。⑤ 在作坊區中，經發掘和采集，共發現 171 件四字式與咸陽亭相關的陶文、12 件六字式與咸陽亭相關的陶文和 91 件帶單字的陶文。⑥ 與咸陽市亭相關的陶文，每一種的發現數量都不多，目前來看重複最多的是咸完里元（即咸陽市亭下完里中名元的工匠），共 12 件；其次是咸屈里臺，共 8 件。但大多數陶工的名字，目前都衹有 1 ~ 2 件的發現。與咸陽亭相關的陶文多在陶容器上，少數在陶水管、井圈、筒瓦和陶墊之上。



要再補充的是，以往的觀點以爲“里”單位的有無，是這批陶文性質能否再細分的主要標志，同時也是區分官營與私營製陶作坊的憑據。例如，在黄家溝出土一件陶盒，直接戳印有“咸陽亭”的印記，學者如袁仲一以爲其是咸陽市亭製作作坊的印記，即咸陽管理市井的市府官署機構直接生産的産品。⑦ 相反，帶里名的陶文（如上述的咸完里元），以往觀點以爲屬於民間私營製陶作坊的印記，其生産和銷售都已在咸陽官府

---

① 陝西省考古研究院編著：《邰城鑄鐵：陝西楊凌漢代鑄鐵遺址發掘與研究》，上海古籍出版社 2018 年版。

② 秦俑坑考古隊：《秦始皇陵東側馬厩坑鑽探清理簡報》，《考古與文物》1980 年第 4 期。

③ 袁仲一編著：《秦代陶文》，三秦出版社 1987 年版。

④ 姚生民：《陝西淳化出土秦漢市亭陶文陶器》，《考古與文物》1984 年第 3 期。

⑤ 陝西省考古研究所編著：《秦都咸陽考古報告》，科學出版社 2004 年版。

⑥ 由於這些單字陶文大多數爲“成”字，我們推測這些單字陶文屬製作工序完成後標記的可能性更高。

⑦ 袁仲一、程學華：《秦代中央官署製陶業的陶文》，《考古與文物》1980 年第 3 期。袁仲一：《秦代徭役性官營製陶作坊的陶文》，《陝西省考古學會第一届年會論文集》（1983 年）。袁仲一、劉鈺編著：《秦陶文新編》，文物出版社 2009 年版，第 123 頁。

管理市井的官署機構登記并獲批准。① 由於對長陵車站的調查也發現部分不帶“里”的陶文（如咸陽巨鬲），因此報告認爲該作坊“包括市府在内和秦咸陽城民間經營兩種性質不同的手工業製陶生產部門”②。對於這一觀點細加斟酌，不難發現仍有不少未能圓滿解釋的地方。例如，這兩類陶文皆在同一作坊區内被發現，這兩類作坊生産的位置區間很可能有所重疊。然則，在當時是如何同時管理兩類作坊？爲何要在同一製陶區内同時安插兩類作坊？再者，衹有“咸陽亭”而不戳印“里”的陶文，多數皆在板瓦，少數在陶容器之上，按常理推測，似乎判斷爲同一類作坊不同的分工更爲合理。另外，目前發現的可能是“咸陽亭”市府製陶作坊生産陶容器的數量，遠低於咸陽市亭帶里籍的陶文，從生産的實用性來看也不太合理。綜合上述問題，我們更傾向於，這兩類陶文實際上都是同一類作坊的産品，陶文的格式不同，衹是因省文方式不同所致，本質上兩者性質可能差别不大。

8. 其他地點

出土陶文所記述的其他地點還包括阿亭、雒亭、雕陰等。這些地點距咸陽較遠，個别甚至已超出内史郡的範圍。此外，這些地點所出土帶印記陶文的數量較少，和上述所整理的市亭有較明顯差别。阿亭類陶文出土於隴縣店子 M269 陶缶之上。同墓地 M265、M279、M283 出土的陶罐上亦見僅有亭字之陶文。③ 袁仲一推測其爲天水郡阿陽縣的省文。④ 但是天水置郡時間在武帝以後，遠晚於店子 M269 之時代。阿亭所指之縣，暫時存疑。雒亭陶文爲徵集品，雒爲上雒縣之省文⑤，該陶器發現於商州孝劉二村。根據器物形制及書寫風格，袁仲一推斷其爲秦器。同樣，印有雕陰類陶文，爲黄龍縣文化館品，雕陰印文戳印於陶罐肩上。此外，根據袁仲一⑥的收集，目前已知的市亭陶文還包括在東陵園采集的高市和鄭市。

小結

首先，在咸陽都城中出現的作坊或工匠，不論完全是私營或是受市亭控制，一般以生産陶容器爲主，但一定程度上也承擔了磚瓦的生産。地方市亭作坊生産的陶容器，與咸陽市亭所産之種類基本接近，説明了都城與地方作坊的性質相若。目前發現的印文，主要與咸陽都城和陵區或都城周邊的縣相關，但是内史郡下大部分縣城尚未見有相關的印文戳記，而且内史郡下距離咸陽較遠的縣一般也是未有相關市亭印文。换句話説，在

① 袁仲一：《秦民營製陶作坊的陶文》，《考古與文物》1981 年第 1 期。袁仲一、劉鈺編著：《秦陶文新編》，文物出版社 2009 年版，第 87 頁。

② 陝西省考古研究所編著：《秦都咸陽考古報告》，科學出版社 2004 年版，第 204 頁。

③ 陝西省考古研究所編著：《隴縣店子秦墓》，三秦出版社 1998 年版。

④ 袁仲一、劉鈺編著：《秦陶文新編》，文物出版社 2009 年版，第 40 頁。

⑤ 袁仲一、劉鈺編著：《秦陶文新編》，文物出版社 2009 年版，第 44 頁。

⑥ 袁仲一、劉鈺編著：《秦陶文新編》，文物出版社 2009 年版，第 209 頁。

關中地區出現的地方市府陶文，基本上都與咸陽或陵園區較爲接近①，而且數量之區別，也説明了僅有個别縣的市府在管理陶容器的生產和銷售。

其次，對比都城和地方市亭的陶文，可看出兩者差别衹在於都城轄下作坊區的結構較複雜，下屬的工匠數量較多，也需記録所在里籍，而且地方市亭作坊磚瓦一類的建築材料記録極罕見。而這一管理模式很可能是以咸陽爲中心建立起來的新制度，即使在雍城地區目前尚未發現。在雍城發現的豆腐村作坊②，使用時間由戰國早期延伸至秦統一時期，使用時間上基本和咸陽城的大型製陶作坊重叠，但除在陶量上發現的“公斗”外，尚未見有戳印陶文。因此，郡縣地方市府對製陶作坊進行管理，即使在關中地區很可能也并不普遍。在聚落中心實施嚴格的陶手工業管理制度，在秦國可能衹是咸陽所獨有。

## （二）工官類陶文

與市亭類陶文相對，工官類陶文主要指戳印有中央官署單位的陶文，中央官署之下往往會包括工匠之名。另外，秦陶文中僅有工匠名稱的印文實際爲大宗，因爲不少與工官類陶文中工匠的名稱相同。袁仲一推測名字相同者，則可能爲同一名工匠，僅把工官名稱省去。③ 這一類僅有工匠名稱的陶文，部分與工官類陶文相關。秦時期不同官署的屬官都參與磚瓦的燒製工作，因此，製陶涉及複雜的行政系統，但不同的官署之間又似有一定的分工。我們按出土發現的位置，將其分成咸陽宫殿區、始皇陵區、東陵陵園區、阿房宫與其他宫殿區，分别介紹陶文的發現情況。

### 1. 咸陽宫殿區

目前已發表的材料主要包括一號、二號、三號、四號宫殿與在聶家溝—柏家嘴宫殿遺存。值得注意的是，在宫殿區附近的胡家溝發現有成排整齊布局的陶窑，廢品基本爲磚瓦一類的建築材料，很有可能是燒製磚瓦屬官之所在。在宫殿區發現的陶文，大部分爲單字式，直接記録工匠的名稱。另外還有相當一部分屬於左/右司空的磚瓦，這一類陶文也多在左或右之後記録製陶工匠名稱。此外，宫殿區出土的陶文，還包括少數“大”和“宫司空”的陶文，“大”即大匠的省稱。以咸陽一號、二號、三號、四號宫殿所出土的所有陶文爲例，帶單字工匠名稱（或符號標記）的陶文共 429 件，左/右（司空）爲 133 件，另外還有極少數帶宫或寺的陶文。④ 在聶家溝—柏家嘴宫殿區發現

---

① 當然，不少關中以外的其他作坊也有印文，例如三門峽地區的陝亭和侯馬地區的絳亭，但我們尚不清楚印文的出現是否和其社會背景有關。

② 陝西省考古研究院、寶鷄市考古研究所、鳳翔縣博物館編著：《秦雍城豆腐村戰國製陶作坊遺址》，科學出版社 2013 年版。

③ 袁仲一、劉鈺編著：《秦陶文新編》，文物出版社 2009 年版，第 11 頁。

④ 陝西省考古研究所編著：《秦都咸陽考古報告》，科學出版社 2004 年版。

的101件陶文中，有45件應該屬於單字式工匠的名稱，30件屬於左/右（司空），另有3件屬於大匠類陶文。值得注意的是，在聶家溝—柏家嘴宮殿區中，還發現有11件屬於帶四字式陶文、屬咸陽亭管理的作坊製作的陶器，但僅有2件是戳印在陶容器上，其餘則在建築材料上。袁仲一等根據秦封泥中“宮司空”的發現，以爲“宮”應爲宮司空的省文，宮司空應是失載的名稱①，不見於文獻。同樣，由於封泥中曾出現“左司空高”等印文，左/右實質就是左/右司空。此外，在宮殿區發現少量咸陽市亭的陶文，表明若干歸市府管理的陶工，被無償徵調作爲徭役，以解決官府作坊一時的供應不足，因而無法及時製作印章。② 總體而言，左/右（司空）應是中央直轄咸陽宮殿區生產磚瓦的機構③，但大匠官署也提供了部分材料。爲解決宮殿用瓦的需要，受市亭管理的作坊可能以力役的方式，提供少部分材料。

2. 始皇陵園區

始皇陵園區同樣設置有燒製磚瓦的設施。在始皇陵區已發掘的諸地點中，發現的印文有一定特點，除了大匠和宮司空，還包括較少見於其他地點的印文，如寺水、寺工和都船，以及不見於其他文獻的左/右水、大水。帶“水”字的印文對應的官署很可能是專門設立、以解決始皇陵用瓦需要的機構。

（1）兵馬俑與兵馬俑坑。

在已發掘的一號和二號兵馬俑坑中，在陶俑、陶馬身上發現的陶文共500餘件④，另外在鋪地磚上也發現帶陶文的磚塊76件。工官類的印文主要在陶馬身上，共280餘件，官署主要爲宮、右和大，還包括工匠的單名稱。其中，宮系統陶文數量最多，目前共發現104件，其他的中央官署陶文包括左司空12件、左水3件、都船系統11件、大匠系統8件、寺工系統4件。僅有工匠名稱的爲21件。袁仲一先生以爲“宮”系統官署的出現，可能是因爲陶工被抽調到兵馬俑的製作中。但實際上“宮”系統陶文的數量在兵馬俑相關的發現中是最多的，我們推測當時的組織情況可能恰好相反，宮司空原來應是劃分掌管陵園和兵馬俑的製作，部分産品纔供應宮殿的修建。

在兵馬俑坑中發現的陶文，更多是屬於人名或人名冠以地名的陶文，地名以咸陽數量最多，已發現67件。其他地點包括櫟陽、臨晋和安邑，各有1件。但這些陶文都不

① 袁仲一、劉鈺編著：《秦陶文新編》，文物出版社2009年版，第6頁。

② 袁仲一、劉鈺編著：《秦陶文新編》，文物出版社2009年版，第139頁。

③ 袁仲一以爲宮司空主要是從事宮殿的磚瓦的生産，個别技術較高的工匠被徵調到兵馬俑的生産上。見袁仲一、劉鈺編著：《秦陶文新編》，文物出版社2009年版，第13頁。

④ 陝西省考古研究所、始皇陵秦俑坑考古發掘隊編著：《秦始皇陵兵馬俑坑一號坑發掘報告(1974—1984)》，文物出版社1988年版。陝西省考古研究所、秦始皇兵馬俑博物館編著：《秦始皇帝陵園考古報告（1999）》，科學出版社2000年版。更詳細的統計見袁仲一、劉鈺編著：《秦陶文新編》，文物出版社2009年版，第10、20～22頁。

是印文，而是刻文，可能説明了因咸陽的製陶手工業發達，工官從咸陽地區市亭製陶作坊徵調技藝較高的工匠，臨時參與兵馬俑的製作。① 此外，没有地名的工匠名稱，共109件。這些人名部分與咸陽宫殿和秦始皇陵園磚瓦出現的左/右司空系統的工匠重名，很可能都是被臨時徵調生産兵馬俑的陶工。② 此外，始皇陵兵馬俑坑鋪地磚上也有陶文，共76件，主要是“宫”類陶文，其他類别包括大水和左/右水，這些很可能是由大匠和左/右司空下再分出的分支，進行專門化生産。

（2）食官遺址。

食官遺址是始皇陵封土東南的四合院遺址，主要是供應陵園内祭祀所需供品的官署之所在。遺址内出土44件左司空類陶文，29件右司空類陶文。另外，還包括陶文如下：左水99件、右水1件、大匠類6件、大水30件、寺水16件、宫水6件，宫司空系統29件，都船系統11件和北司4件，這些都是在板瓦或筒瓦之上。此外，有從頻陽等徵調而來的陶工印文3件，另有11件單戳印人名的陶文。上文已提及，食官遺址還出土了與市亭相關的陶文，共10件帶麗山食官戳印，6件見於陶壺之上。其他市亭陶文還包括麗山反（1件）和麗山厨（1件），都戳印於陶器之上。



（3）寢殿、便殿和門址。

袁仲一先生等在《秦陶文新編》中公布了歷年來從寢殿、便殿和門址采集或徵集陶文整理的成果，發現陶文共233件，包括東園2件、右司空類14件、左司空類31件、左水類20件、大匠類13件、大水類11件、寺工類6件、寺水類18件、宫司空類48件、宫水類6件、北司類13件和單獨陶工的名字12件。③ 另外，其還包括印有其他地名、很可能是徵調而來的陶工的記録，共10件。這一批資料并非經考古發掘，背景較爲散亂，但總體上類别和始皇陵内所見相若。另外，因爲宫司空的比例較高，説明其職責除了製作兵馬俑，還包括燒製陵園内的宫殿用瓦。

（4）魚池遺址。

在魚池遺址中④，發現的磚瓦陶文數量較多，特點是印文中非咸陽地名的比例甚高。除了屬於中央系統的大匠類4件、北司6件、左司空1件和都船1件外，出土的陶文還包括大量咸陽以外的地名，如美陽7件、新城7件、藍田4件、西道8件、西處2件、臨晋3件、頻陽3件、宜陽3件、郥陽2件、汧8件、戲1件、芷陽10件、杜2件、烏氏1件、栒邑1件、好畤1件。另外，還發現僅鈐有工匠名稱的印文3件。位於麗邑的臨潼劉寨遺址⑤，發現的大量磚瓦和陶窑也帶有不同地名的陶文，除工官類陶文

① 更詳細的統計參見袁仲一、劉鈺編著《秦陶文新編》，文物出版社2009年版，第18頁。

② 袁仲一、劉鈺編著：《秦陶文新編》，文物出版社2009年版，第22頁。

③ 袁仲一、劉鈺編著：《秦陶文新編》，文物出版社2009年版，第51頁。

④ 始皇陵秦俑坑考古發掘隊：《陝西臨潼魚池遺址調查簡報》，《考古與文物》1983年第4期。

⑤ 陳曉捷：《臨潼新豐鎮劉寨村秦遺址出土陶文》，《考古與文物》1996年第4期。

如大匠 5 件、北司 4 件、宫司空 5 件、居室 2 件外，陶文顯示的其他地點包括當陽、美陽、藍田、新城、降、上邽、下邽、宜陽、安邑、廢丘、皮。袁仲一以爲非咸陽地名的記録，是表示工匠由原來所在之縣被徵調到始皇陵燒造磚瓦。① 而目前在所有秦宫殿與陵園遺址中，僅有魚池和與修建始皇陵相關的麗邑中，發現有大量被徵調陶工的證據。

3. 芷陽和東陵陵園區

在上述提及的芷陽製陶作坊區中，還發現一定數量中央官署製作的陶器，印文包括左/右司空類、宫司空和大匠類，以左/右司空爲主。此外，東陵陵園區在以往的工作中，除櫟市和麗市製作的陶容器，還出土了芷陽市府所製作的陶建築材料。

4. 阿房宫與其他離宫别苑

在阿房宫未完工的前殿遺址中，出土了一批帶工官類陶文的材料，所出的工官機構包括北司、左/右司、左/右宫和大匠。其他較少見的工官包括大左和少左。另外，個别印文帶有工匠名稱，如大匠昌與大匠乙。② 和咸陽宫殿區不同，單獨工匠名稱的印文發現甚少。此外，這些屬官所提供磚瓦的比例似乎相當，宫類陶文爲 6 件，左/右司爲 9 件，大匠爲 4 件，北司爲 6 件。僅從陶文的數量，看不出是以哪一處的中央官署爲主導。在上林苑其他地點的宫殿區中，也散見有帶工官印記的陶文，包括寺右、宫己、宫卯、宫辛、北司、左司。③ 目前對於離宫或在咸陽以外宫殿用瓦供應的研究還有待更多資料的補充。

爲方便表述，我們將工官類陶文整理如下表所示。

秦時期的中央官署對各宫殿、陵園磚瓦供應的分工

| | 始皇陵 | 咸陽宫 | 阿房宫 |
|---|---|---|---|
| 大匠 | ○ | ○ | ○ |
| 大水 | ○ | | |
| 宫司空 | ○ | ○ | ○ |
| 左/右司空 | ○ | ○ | ○ |
| 左/右水 | ○ | | |
| 北司 | ○ | | ○ |
| 都船/寺工 | ○ | | |

① 袁仲一、劉鈺編著：《秦陶文新編》，文物出版社 2009 年，第 62 頁。

② 中國社會科學院考古研究所、西安市文物保護考古所、阿房宫考古工作隊：《阿房宫前殿遺址的考古勘探與發掘》，《考古學報》2005 年第 2 期。

③ 中國社會科學院考古研究所、西安市文物保護考古所、阿房宫考古隊：《上林苑四號建築遺址的勘探和發掘》，《考古學報》2007 年第 3 期。

總體而言，在秦時期主要流行的工官類陶文，一般是直接戳印官署單位，個别則在官署後附加工匠之名稱。下屬設有製陶作坊的單位，如北宫、左宫、右宫、居室等，原來職責不一定與建造或燒造磚瓦相關。① 但這些單位因各有分工，專門負責不同地點工程的項目，工匠便爲工官所直接控制的磚瓦生産陶工。由於在這些地點亦發現戳印市亭和工匠名稱的建築材料，有不少學者也以爲屬於臨時徵發并帶徭役性質的工匠所生産的陶器。秦代對製陶工業的控制十分嚴格，生産陶容器的工匠除了要登記編户以外，個别還須爲中央官署提供建築材料。而且不論是中央還是地方作坊，戳印印文要具體到工匠的名稱，甚少用數字或編號來代替工匠之名。從其他郡縣徵調的工匠，多與始皇陵的修建有關，較少與其他宫殿或離宫别苑的修建有關，抽調本身不是常制。至於帶咸陽市亭戳記的陶文，其數量要遠超於其他縣市亭的陶文。地方市亭的産量可能不高，所對應的作坊工匠群體規模應不大。而這一類市亭陶文，除了作爲商品標識和批准售賣的標記，也可能衹是工匠批量生産陶器時戳上若干的陶文，以方便計算所應交之税。而且，也衹有咸陽市亭的陶文會精確到具體工匠的名稱或里名。因大量工匠在咸陽内集中生産，將里籍和人名登記，應是對大量勞工人口進行管理不得不采用之法。



另外，以往有學者以爲秦時期的陶作坊大體可分爲官營與民間私營兩大類，其中“官營又分爲中央官署製陶作坊，官營徭役性製陶作坊，都邑和郡縣市府製陶作坊。前兩種官營製陶作坊，主要爲宫殿建築、陵園建築燒造磚瓦。都邑和郡縣市府作坊，主要生産日常用的生活陶器，另外也燒造部分磚瓦。其産品一部分拿到市場上銷售，一部分供應官府做用”②。但正如上文論及，民間私營作坊是否真的和市府作坊相對立，仍需進一步討論。首先，不論是都城市亭，還是地方市亭，陶文性質相近，生産的産品基本類同，差别衹在陶工里籍的有無。而且，中央官府咸陽市亭的陶文，目前已有的出土數量遠少於所謂的民營作坊，即使是建築材料也不多。如果咸陽市亭的陶文誠然能分爲兩大類，那麽都邑市府作坊産量之低，控制陶工數量之少，其存在的實際意義不得不成爲問題。也許，這兩類陶文之所以出現，可能衹是印章規格的不規範性所致，個别的里籍被省去。大多數“民間私營作坊”實際與中央市府作坊性質相同。所以這些作坊要麽全屬於市府製陶作坊，要麽全屬於民間私營，可能并不存在兩者并立的狀態。换句話説，秦代製陶業不一定有官營和民間私營的本質區别。更值得注意的是，在秦代，爲宫殿建築和陵園燒製建築磚瓦的作坊是自成系統的，由中央官署直接管理。日用生活陶容器則由市亭來完成，政府不一定直接管理作坊的運作或生産。除偶然例子，如生産日用生活陶容器的作坊（不論是在咸陽，還是地方），都甚少參與建築磚瓦的生産。因此兩大陶文實際上代表了兩類不同的管理體系。

① 袁仲一、劉鈺編著：《秦陶文新編》，文物出版社 2009 年版，第 248 頁。
② 袁仲一、劉鈺編著：《秦陶文新編》，文物出版社 2009 年版，第 269 ~ 270 頁。

# 三、西漢時期陶文

西漢時期關中地區的陶文，總體上遠不及秦陶文之豐富，種類之複雜。尤其是“市亭類”陶文，其數量甚少，過去大型著録出版的情況也不及秦陶文，但近年來綜合整理、彙編、研究的出現①，爲我們的對比研究提供了很好的基礎。爲方便與秦陶文對比，我們仍然按照市亭類和工官類陶文進行比較——儘管漢代關中地區市亭類陶文發現的例子可算是鳳毛麟角。有陶文或印文發現的考古地點，主要包括漢長安城内的未央宫、長樂宫、武庫等。本文也會考察其他地點的陶文，如長安東郊的墓地中出土的帶陶文陶器，以梳理西漢以後陶文所見制度上的若干變化。

## （一）市亭類陶文

終漢代一朝，陶器相關的文字材料其實相當豐富，尤其是朱書陶文一類的材料，對於幫助我們分析漢朝的宗教觀念和早期道教的形成，具有無可取代的重要地位。衹是與秦朝或戰國晚期容器上陶文的種類和數量相比，西漢關中地區日常陶器的製作和銷售制度，出現了以下幾點重大變化：

（1）一般的陶容器上甚少見或基本不見戳印的陶文，不論陶文是否屬於市亭類陶文。②

目前關中地區已公布的西漢墓約在2000座以上，雖然還不到已發現西漢墓③的五分之一，但遍查這批資料，我們目前尚未發現明確有戳印市或亭一類的陶文。④ 戳印陶文僅有少數例子，如在西安南郊的厠所遺址發現器底帶“日利”戳文的陶碗。⑤ 在西安東郊和東南龍首原的墓葬，發現有6件在肩部模印有“河一”銘文的陶器。⑥ 河一當與河南郡的鐵官作坊相關，但爲何陶器能長距離輸送到西安，暫時無法解釋。在陝縣西

① 苗豐：《散見漢代陶文集録》，復旦大學2012年碩士學位論文。佟艷澤：《漢代陶文研究概況及文字編》，吉林大學2012年碩士學位論文。

② 需要説明的是，儘管俞偉超先生曾指出帶市亭類的陶文是西漢時期的制度，但可能囿於當時的條件，發表資料不多，對於討論陶文的年代跨度無法細分。實際上，在關中地區帶市亭類陶文的陶器，基本上没有明確在西漢早期以後的墓葬中發現。我們不排除在西漢最早階段，可能曾延續了管理製作陶器的市亭制度，但即使存在，這一現象也僅維持了很短的時間。

③ 侯寧彬：《西安地區漢代墓葬的分布》，《考古與文物》2004年第5期。

④ 目前在關中地區所見，明確的特例僅爲陝縣西漢墓地出土的一件西漢早期陶缶（3113：12）上有戳印市的印文。見中國社會科學院考古研究所編著《陝縣東周秦漢墓》，科學出版社1994年版。

⑤ 陝西省考古研究所：《西安南郊繆家寨漢代厠所遺址發掘簡報》，《考古與文物》2007年第2期。

⑥ 西安市文物保護考古所等編著：《長安漢墓》，陝西人民出版社2004年版。

漢墓地①出土的一件陶鈁上（3003：125），帶有“日利千萬”字樣的陽文。相關的資料也見於漢平陵的調查工作中。在調查大王村西上官皇后陵時，曾清理過堆積豐富的H5，出土的陶盆口沿上刻畫有“山石大吉”“金公大吉”“大吉金”“大吉”等吉語刻文和數字如“二”“八”②，衹是未見任何市亭類陶文。

需要注意的是，即使是在一般被視爲西漢早期標尺即文景以後至武帝時期的《西安龍首原漢墓》報告③中，亦無任何帶市亭陶文的例子。個别陶器上出現陶文，僅爲“寺工王氏十斗”“田氏十斗”“馮氏十斗”“成”等這一類刻畫陶文。其性質很可能是親友助喪的記録④，并習見於西安地區的西漢墓葬中。⑤ 此外，在寶鷄雍城附近的高莊⑥和八旗屯⑦墓地，個别晚至西漢時期的墓葬中也偶見陶器上刻畫人名與助喪祭品單位的現象，説明這一類陶文在關中地區十分常見。在一些定爲“秦人”的墓地，如西安南郊的潘家莊⑧，過去曾報導發現過刻畫的陶文，如“楊九斗三升”“南陽趙氏十斗”“杜氏客十斗”等，但這些墓地整體偏晚，如潘家莊墓地中出土這些陶器單位本身就是報告分期的最晚階段，報告也謹慎地把這一時段籠統地定爲秦統一至西漢。因此，墓葬的實際年代很可能是在西漢以後。相反，在明確以秦時期墓爲主體的墓地，如咸陽塔兒坡墓地⑨，僅有戳印的市亭以及一例刻畫的市亭陶文，而不見刻畫的人名與助喪記録的陶文。同樣，在咸陽的黄家溝墓地⑩，也是以戳印的市亭陶文爲大宗，僅有12件陶器上有刻畫的單字，如“共”“中”“文”“弓”等，這些單字之後未有刻畫的單位。總體而言，在所有戰國晚期到西漢時期的材料中，市亭類陶文都是以印章戳印於未入窑燒製的陶器上，燒完後再刻畫市亭的例子極少。而且，在陶容器上戳印的市亭類陶文和刻畫的人名陶文基本上不會共出；戳印的市亭類陶文應該是秦陶文或陶容器的主要特點。西漢以後，這一特點則基本消失；刻畫人名類陶文（包括刻畫的吉語）成爲西漢陶容器上陶文的特點之一。

此外，墓葬資料所見陶文特點的變化，也可作爲漢長安城作坊區和長安城内宫殿區



① 中國社會科學院考古研究所編著：《陝縣東周秦漢墓》，科學出版社1994年版。

② 咸陽市文物考古研究所編著：《西漢帝陵鑽探調查報告》，文物出版社2010年版，第81頁。

③ 西安市文物保護考古所等編著：《西安龍首原漢墓》，西北大學出版社1999年版。

④ 袁仲一、劉鈺編著：《秦陶文新編》，文物出版社2009年版。

⑤ 西安市文物保護考古所等編著：《長安漢墓》，陝西人民出版社2004年版。

⑥ 雍城考古工作隊：《鳳翔縣高莊戰國秦墓發掘簡報》，《文物》1980年第9期。吴鎮烽、尚志儒：《陝西鳳翔高莊秦墓地發掘簡報》，《考古與文物》1981年第1期。

⑦ 陝西省雍城考古隊：《一九八一年鳳翔八旗屯墓地發掘簡報》，《考古與文物》1986年第5期。

⑧ 西安市文物保護考古所編著：《西安南郊秦墓》，陝西人民出版社2004年版。

⑨ 咸陽市文物考古研究所編著：《塔兒坡秦墓》，三秦出版社1998年版。

⑩ 陝西省考古研究所編著：《秦都咸陽考古報告》，科學出版社2004年版。

出土陶文情況變化的佐證。在漢長安城的西北角，歷年的考古工作和勘探，發現了大量的陶窑與手工業的生產遺存，個别的陶窑區因分布較散，且填土中出土有陶容器的廢品，當時報告的編者與其他學者①都將這些陶窑視爲“民營製陶作坊區”，但在跟西市有關的發掘資料中，從來未提及在陶容器上有戳印文字。在與西漢帝陵相關的陵邑、門址等的考古工作中，戳印市亭陶文也甚少發現。因此，進入西漢初年以後，不論是日用生活容器還是送葬用的陶明器，已不再帶任何戳印的市亭類陶文，應是確定的考古事實。與市亭相關的制度在漢代雖然仍存，但對都城中陶作坊製作和銷售的管理，秦和西漢之間有較大變化。

（2）在長安城範圍之内，都城所管轄的作坊或生産設施分布較爲零散，没有大量集中分布的現象。尤其是與咸陽或其他戰國時期的都城相比，漢長安城中作坊區數量少，所占的空間面積也不大。

正如前文所提及的，在漢長安城的西北角（即文獻中的西市），發現成片的手工業作坊區，所生產的陶器包括建築磚瓦、陶容器、鐵車馬器、銅錢和較高等級墓葬隨葬之用的陶俑等。除了生產廢品，考古工作勘探還發現有生產燒製陶器的陶窑②、陶範③等。而且，陶窑的布局情況和燒製陶器的種類相關。成行排列、有一定間隔、整齊布局的陶窑（如 Y2－22），絶大多數也與生產建築材料相關。根據窑内廢品，推測其可能是生產陶容器的地點，即主要的窑區，主要爲三處，但皆與陶俑作坊重叠。而且，這些陶窑在布局上十分分散，數量也少，作坊整體的規模不大且生產設施呈點狀分布。④ 因此，西市作坊區雖然整體頗具規模，日用陶容器生產的部分却與咸陽城的布局情況出現截然不同的現象，日用陶容器的生產區没有與其他種類的陶器有明確的生產區的劃分。相反，在咸陽專門生產日常生活陶容器的長陵車站作坊，窑爐、水井、廢品等的分布範圍達 1.1 萬平方米，而且報告提及，生產設施都是稠密分布。從生產設施布局與廢品或生產工具堆積所顯示的規模來看，西漢長安城似乎遠不及咸陽城的陶容器手工業生產。

---

① 白雲翔：《漢長安城手工業生產遺存的考古學研究》，中國社會科學院考古研究所、陝西省考古研究院、西安市文物保護考古所編：《漢長安城考古與漢文化》，科學出版社 2008 年版，第 97～161 頁。

② 中國社會科學院考古研究所漢城隊：《漢長安城窑址發掘報告》，《考古學報》1994 年第 1 期；中國社會科學院考古研究所漢城隊：《漢長安城 23—27 號窑址發掘簡報》，《考古》1994 年第 11 期；劉振東：《漢長安城新發現窑爐》，《考古學報》2001 年第 4 期。

③ 中國社會科學院考古研究所漢城工作隊：《1992 年漢長安城冶鑄遺址發掘簡報》，《考古》1995 年第 9 期；中國社會科學院考古研究所漢城工作隊：《1996 年漢長安城冶鑄遺址發掘簡報》，《考古》1997 年第 7 期。

④ 白雲翔：《漢長安城手工業生產遺存的考古學研究》，中國社會科學院考古研究所、陝西省考古研究院、西安市文物保護考古所編：《漢長安城考古與漢文化》，科學出版社 2008 年版，第 97～161 頁。

（3）西漢時期不僅在都城的墓葬或居址出土的陶容器上不見都城市亭相關的陶文，在長安城以外的縣邑或陵邑中也不見任何市亭陶文。而且，即使是在縣級單位發現的較大型的製陶作坊中，亦基本不見任何市亭類陶文。

西漢時期長安以外墓葬資料的公布一直存在較大的問題，目前僅有極少數的專門報告。① 但在散見於簡報的墓葬資料中②，戳印有市亭類陶文的陶容器也基本未見。而且，在相關的生產作坊中，也未見印有市亭陶文的廢品、工具，甚至是製陶工具上也未見有刻或戳印作坊工匠名字的現象。在關中地區，長安以外目前已發現并發掘的製陶作坊，爲眉縣的堯上作坊。③ 該作坊面積達 7 萬平方米，發掘面積爲 2300 平方米。出土的次品或廢品包括瓦和其他的日用陶器如盂、釜、盆等，該作坊同時出土的有澆鑄銅帶勾和鐵農具的陶範。但經初步整理後發現的陶文數量極少，已辨認出的僅有“霸陵過氏”“南舍”“斄亭”。而且，“霸陵過氏”是戳印於陶鼓風管上，和陶容器無關。上文提及，犛（斄）亭在今楊凌法禧村位置，距眉縣有一定距離。顯然，製陶作坊雖然也是以生產陶容器爲主的，但基本上未見任何與管理工匠户籍、身份相關的文字資料，也不見任何和管理陶器製作與銷售相關的“市亭”類陶文。由於陶文資料的缺乏，我們無法知道作坊和眉縣的市亭存在着何種層級和管理的關係。

漢代陵邑是長安周邊聚落系統的重要組成部分，規模較大的陵邑往往聚集了大量的人口，在西漢晚期個别規模甚至和長安城相當。④ 這些陵邑所安置的人口，大部分爲從關東遷移來的豪强。陵邑具有提供陵寢祭祀的消費、修建相關的建築，以及控制移民的實際作用。但是，在以往對帝陵和陵邑的調查和勘探工作中，地表上采集的陶器也基本不見市亭或工官類的陶文。⑤ 這些陵邑往往發現帶大量燒造建築材料和生活用具的陶窑，如在茂陵 V 號遺址陳阡村南的位置，發現成排分布的八座饅頭形陶窑，附近却不見任何帶陶文的陶器殘片。在漢代，陵邑内部的磚瓦消費應由陵邑内部的製陶作坊負責，但是并未發現這些作坊有使用工官類陶文作爲監督管理的痕迹。

## （二）工官類陶文

與市亭類陶文不同，在漢代磚瓦一類建築材料上戳印的工官類陶文發現的數量仍然

① 比如陝西省考古研究所編著《高陵張卜秦漢唐墓》，三秦出版社 2004 年版。

② 如陝西省考古研究所寶鷄工作站、寶鷄市考古工作隊《陝西眉縣常興漢墓發掘報告》，《文博》1989 年第 1 期。

③ 陝西省考古研究院：《陝西眉縣堯上遺址：爲秦漢中小型聚落遺址研究提供重要實物資料》，《中國文物報》2011 年 3 月 11 日第 7 版。

④ 葛劍雄：《西漢長安—陵縣——中國最早的城市群》，尹達等主編：《紀念顧頡剛學術論文集》，巴蜀書社 1990 年版，第 676 ~ 680 頁。

⑤ 參見咸陽市文物考古研究所編著《西漢帝陵鑽探調查報告》，文物出版社 2010 年版。唯一的例外，是在對高祖長陵的調查中，發現 3 片戳印有工官類陶文的板瓦。

較多。然而，漢代工官類陶文的格式和陶文的出土情況，和秦陶文所見和歸納的現象有很大的不同。故此，我們先按照若干漢陶文的主要發現地點，分類介紹陶文大體的情況。

1. 長安城内宫殿區

在長安城内的主要宫殿區官署設施如未央宫、長樂宫、武庫等，是目前漢代工官類陶文的主要發現地點。這些宫殿的修建時間不一，但出土的工官類陶文種類相當接近。

未央宫修建於漢高祖時期，是西漢行政系統的中心。過去的考古工作①集中於前殿、西南角的城樓、中央官署和椒房。在未央宫以上地點出土的板瓦、筒瓦上發現的陶文，包括18件帶“大”和序數編號的大匠系統陶文，16件帶“宫”和序數編號的陶文②，3件爲居或居室印文，10件帶“工”和序數的陶文。具體的内容包括大九、大廿五、大廿九、大卅、大卅二、大卅六、大卅七、大五十一、工左、工七、工廿、工廿六、工廿九、工四十四、工四十六、工五十一、宫右、宫三、宫十九、宫廿二、宫廿五、宫卅一、宫卅八、宫四十、宫七十九、居室、居、宫丑等。根據秦陶文的文例，“大”即大匠省文，“宫”很可能是宫司空的省稱，因爲在長安城城墻西南角的發掘中，發現戳印有“都司空”的條磚，説明在重用陶文系統後司空仍是掌管建造的主官，因此將宫釋爲宫司空甚爲合理。在大匠、宫司空後的編號，可能衹是表示生産的數量，但亦可能代表在宫司空下屬的生産組或工匠組，即和郡縣鐵官中一旦出現多作坊，便以編號（如河一和河三）相區分的原理相近。不過，因爲序數（編號）本身既有個位數，又有十位數，少數爲百位數，再考慮到每一宫殿用瓦要求之多，將數字看成生産數量的標記（如上述兵馬俑之情況），則難以解釋每批産量差别如此之明顯。因此，本文傾向於數字主要表示大匠或宫司空下屬管轄的生産單位。至於“居室”，則屬於少府的屬官，在秦時期“居室”主要向陵區提供磚瓦，在漢以後仍然存在，但轉變爲向宫殿供應燒製好的磚瓦。

同樣始建於高祖時期的長樂宫，也發現了大量戳印有工官類陶文的例子。例如，在長樂宫中的排水管發掘中，發現在五角形水管上有陶文，内容爲居□和大廿一印文。③在二號建築的發掘中，發現大量戳印有印文的板瓦和磚瓦④，印文的内容包括大廿五、

① 中國社會科學院考古研究所編著：《漢長安城未央宫：1980—1989年考古發掘報告》，中國大百科全書出版社1996年版。

② 另外，未央宫還出土了陶文爲宫丑的板瓦，將其計算在内，宫司空系統的則最少包括17件。

③ 中國社會科學院考古研究所漢長安城工作隊：《漢長安城長樂宫排水管道遺址發掘簡報》，《考古》2003年第9期。

④ 中國社會科學院考古研究所漢長安城工作隊：《漢長安城長樂宫二號建築遺址發掘報告》，《考古學報》2004年第1期。

大廿七、大三十、大四十八、大五十七、大五十八、宮甲、宮庚、宮九、宮十。板瓦有大甲、大二、大四、大十、大十五、大十六、大十七、大卅、大卅二、大卅五、大四十八、大五十一、大六十、宮辛、宮六一等。值得注意的是，這批陶文皆從二號建築發掘出土，在發掘四號建築時却未有提及印文。① 報告提及，戳印有印文的筒瓦内側面多有麻點紋，是典型武帝時期以前的製作特點，故此，報告結合文獻和考古材料，推測出土大量印文的長樂宮二號建築的修建年代在西漢早期。值得注意的是，長樂宮出土印文的内容，很少與未央宮所出者重複。在這批陶文中，僅有 4 例重複出現於未央宮，包括大卅、大卅二、大五十一和大廿五，説明中央官署的燒瓦作坊雖然由大匠和宮司空管理，但系統下屬的工匠分成不同的工匠組，生産供應於不同地點的磚瓦。

長安城内武庫②，是中央官署下屬儲存兵器或裝備的機構。出土板瓦上個别帶有陶文。在 180 件板瓦中，有 14 件帶戳印陶文。公布的陶文包括大四十五、大四十八、大四十□等。在 115 件筒瓦中，有 11 件帶戳印陶文，内容包括大四、大五和大廿四等。11 件帶戳印的筒瓦，表面皆有細繩紋内麻點紋，板瓦則爲表面粗繩紋内面素面，這些都屬於武帝以前板瓦或磚瓦的特點。武庫是與未央宮同期建成之宮殿，始建時間在高祖七年（前 200）。因此，這批材料很可能屬於年代較早的標本。

長安城内最後的一批陶文材料主要見於北宮的範圍内。北宮的靠北墻位置發現了 11 座分 3 組成排分布的陶窑（Y31 – 41），3 組間隔約爲 15 ~ 18 米，窑室一般爲橢圓形。窑内出土了一定數量變形的板瓦和筒瓦。31 件瓦有陶文，大部分屬於大匠系統陶文。窑室爲橢圓形，單烟道，窑室的平面形制、烟道結構和戰國秦漢之際的特點較爲接近，出土物主要爲“表面繩紋内面麻點紋筒瓦，表面中粗繩紋内面素面的板瓦，小方格紋磚菱形紋與渦紋瓦等”。因此，報告將年代定爲西漢前期，下限不超過西漢中期，并同時提出在“在西漢中晚期建築遺址中，很少發現有‘大匠’陶文戳印的磚瓦”③，這一結論基本可從。

### 2. 長安城西市内的作坊區

上文提及，在長安的西市範圍内發現有多組陶窑，發掘者根據這批陶窑的空間布局情況分爲兩類。第一類主要包括 Y2 – 22。這一批陶窑分三排排列，間距整齊，窑内回填的主要是建築材料，因此屬於官辦或中央官署屬下直接管轄的陶窑。第二類包括 Y23 – 27，位置十分分散，窑内出土的遺物既有建築材料，還有生活器皿和當作明器使用的陶俑，報告以爲“這些陶窑産品的多樣化，反映了其生産的多品種，小批量，這是個體

---

① 中國社會科學院考古研究所漢長安城工作隊：《西安市漢長安城長樂宮四號建築遺址》，《考古》2006 年第 10 期。

② 中國社會科學院考古研究所編著：《漢長安城武庫》，文物出版社 2005 年版。

③ 中國社會科學院考古研究所漢長安城工作隊：《漢長安城北宮的勘探及其南面磚瓦窑的發掘》，《考古》1996 年第 10 期。

私營陶窑生産的特點。我們認爲這五座窑址不是統一管理的官辦陶窑，而應爲民營的私窑”①。先不論這批陶窑的性質是否能再作區分，Y2－22、Y23－27 和較新發表的 Y43－48②，都未在建築材料上發現有工官類的陶文。甚至這批陶窑所燒製的陶俑廢品，也絶少見陶文。而已有的特例僅存在於唐家村收集的陶俑上，有陶文“弟賣”，但報告没説明是否刻字。③ 另外，在相家巷發掘的 Y2－22 三組陶窑中，在前室火膛窑室填土中出土了大量陶俑廢品，在個别的陶俑胸部、腹部和脚底部，發現了四處有 X 形刻畫符號，一殘俑胸部刻有“人”字，一殘俑足底刻有“六”字。④ 以往報告⑤曾根據《漢書・百官公卿表》的顔師古注，推測這些都是少府屬官“東園匠”所製。但已有的發掘資料中没有任何陶文資料表明西市内的作坊區屬哪一級中央官署機構所直接控制。

3. 長安以外宫殿區、禮制性建築與陵邑區

在與陵邑相關的調查工作中，工官類陶文不算多見，且僅在長陵的調查中發現過三片帶印文的瓦，分别爲宫□、則和宫二。⑥ 長陵爲高祖之陵，是西漢諸陵中除萬年陵外最早的。但在對長陵以後修建諸陵的調查中，未見印有工官類甚至是市亭類的陶文。在長安以南的禮制性建築群⑦中，在少量的條磚和板瓦上發現有陶文，包括左/右宫、文左和四右，但年代大致在西漢晚期。另外，在雲陽甘陽宫和雲陽陵相關的調查工作中，也發現過一批在建築材料上的陶文⑧，包括甘菑、船室、甘居、居甘、宫、上林、北司、大匠等屬於工官系統的陶文，以及高、生、倉等單個工匠名稱的印文。甘陽宫始建於秦代，附近亦發現過咸陽市亭的陶文，因此這批地表調查所得之“漢代”陶文是否有時代早晚之分，祇能有待日後更多資料來補充。

總結以上地點所發現的有關工官類的陶文，漢代工官類陶文有以下特點：

其一，目前發現的工官類陶文，絶大多數在年代上屬於西漢早期，所共存的板瓦或磚瓦都出現了西漢早期的特點。相反，西漢早期所見的這批陶文，絶少見於具有西漢中晚期特點的磚瓦之上。可資佐證的是，修建時代明確較晚的桂宫（修建於武帝時期），已發掘的二號、三號和四號宫殿出土的磚瓦都没有工官類陶文。⑨ 因此，西漢時期工官

① 中國社會科學院考古研究所漢城工作隊：《漢長安城 23—27 號窑址發掘簡報》，《考古》1994 年第 11 期。

② 劉振東：《漢長安城新發現窑爐》，《考古學報》2001 年第 4 期。

③ 陳安利、馬咏鐘：《漢長安遺址出土大型陶俑》，《文博》1989 年第 1 期。

④ 中國社會科學院考古研究所漢城隊：《漢長安城窑址發掘報告》，《考古學報》1994 年第 1 期。

⑤ 中國社會科學院考古研究所漢城隊：《漢長安城窑址發掘報告》，《考古學報》1994 年第 1 期。

⑥ 咸陽市文物考古研究所編著：《西漢帝陵鑽探調查報告》，文物出版社 2010 年版，第 18～19 頁。

⑦ 中國社會科學院考古研究所編著：《西漢禮制建築遺址》，文物出版社 2003 年版。

⑧ 姚生民編著：《甘泉宫志》，三秦出版社 2003 年版。

⑨ 中國社會科學院考古研究所、日本奈良國立文化財研究所編著：《漢長安城桂宫：1996—2001 年考古發掘報告》，文物出版社 2007 年版。

類陶文出現多寡頻數具有一定的年代關係。發現工官類陶文的未央宮和武庫，始建年代早，出土有戳印的磚瓦多。始建年代較晚的桂宮，却未發現有工官類陶文的殘瓦。以往的報告已認識到并提出，"在西漢中晚期建築遺址中，很少發現有'大匠'陶文戳印的磚瓦"①，這一點是十分正確的。但更全面的表述應是，在西漢中期以後，西漢早期沿襲於秦系統的一套工官陶文，基本上消失了。以往研究漢代磚瓦的學者②，也注意到在長安城西南角和杜陵邑西漢晚期的單位中，出土了帶少量"都司空"的條磚，或許相關官署在西漢晚期重新啓用了"司空"系統的工官陶文。這種工官陶文在西漢中期消失的現象，可能因爲主要宮殿已基本建成，整體工程量驟減，不再需要用複雜的"物勒工名"制度來管理小規模的磚瓦燒造或者建築工程。總體而言，西漢中期以後中央官署基本上少有直接管理磚瓦燒製的，所有工官類的陶文已步出歷史舞臺，這應是符合事實的總結。

其二，在西漢早期的工官系統中，根據已發現的情況來看，以"大匠"類和"宮"（宮司空）類爲主，而且"大匠"類陶文的發現數量略占多數。在長安城内的多處宮殿和中央官署的情况皆是如此。但在秦陶文中，負責都城宮殿磚瓦燒製的主要是以左/右（司空）爲主要負責的屬官，宮司空更多負責與陶兵馬俑相關的燒製工序。在西漢早期，監督或安排燒製宮殿磚瓦的工序部分的職權轉移到將作大匠的屬官之下。但西漢早期以後，不論是大匠還是宮司空，都没有再使用"物勒工名"的工官系統監督或安排宮殿磚瓦的生産，這一點基本與西漢早期以後都城或地方的市亭撤出，或減弱對"私營作坊"陶器製作在市場上出售的控制有一定的共通性。

其三，當工官類陶文變成以大匠和宮司空主導以後，西漢時期中央官府控制和管理磚瓦的生産同時出現精簡化的現象。在秦代，同時要負責燒製磚瓦的都船和寺工一類的官署基本上没有再管理生産的記録。再者，大匠和宮司空以下的屬官不再區分左、右屬官。從陶文所見的管理方式上來看，秦陶文和西漢陶文的最大區别在於，秦工官類陶文除了少數例子外，甚少用序數或編號來標識。秦陶文或直接用官署的名稱來標記，或衹戳印工匠之名而不記官署。但在西漢以後，不論是大匠還是宮司空類，下屬都分成若干個工匠群，組織下屬工匠的生産，即很可能由原來的二級式管理，再安插一級新的組織，變成三級式的管理，在組織上也變得更加層級化和系統化。對工匠的管理，則由原來針對單個工匠，轉變成由工匠組統一調配。這些工匠群内部可能有一定的分工，負責不同宮殿的興建。

其四，秦陶文中央官署控制作坊的陶文，部分使用了由其他地區徵調而來（特别

① 中國社會科學院考古研究所漢城工作隊：《漢長安城北宮的勘探及其南面磚瓦窑的發掘》，《考古》1996 年第 10 期。

② 劉振東、張建鋒：《西漢磚瓦初步研究》，《考古學報》2007 年第 3 期。

是由咸陽徵調）的陶工。但在西漢時期，與從都城或地方徵調工匠進行生產相關的陶文基本不見。當然，這并不是説漢代不存在徵調人口修築陵邑或興建宫殿的現象。實際上，漢代諸陵邑的人口主要是靠徵調的人口來填充的。但臨時性地徵調人口，并記録相關的户籍地和工匠名之手工業制度，在漢代基本上不再存在。

其五，西漢時期中央官署作坊除了磚瓦以外，未見對陶俑一類送葬品生產的直接管理或監督考察。這一類送葬品雖然可能劃歸將作大匠或東園匠來管理，但既然工官類陶文的核心在於“以考其誠”，工官類陶文的少見，可能正暗示了中央官署對於這類物品生產方式和管理的變化。除了中央官署直接控制生產的力度變弱，都城所管理的製陶作坊規模也在不斷縮小，基本上衹限於長安城的西北，也不負責陵邑磚瓦的生産。换句話説，關中秦漢陶文格式和出土背景的諸種變化，實際上可能反映了漢代從中央到地方市亭對於製陶工業的生產和銷售不再施行直接的管理，管理和控制的力量也變得越來越弱。

## 四、結　論

爲了更扼要地把握和歸納秦漢時期陶文和其背後行政和管理制度的變化，我們首先把以上分析關中地區秦至西漢時期的陶文格式和内容上的特點總結如下：

**市亭類**

| 秦陶文 | 西漢陶文 |
| --- | --- |
| 集中於咸陽，記録里名或工匠名。以容器爲主，少數生產建築材料。個別郡縣也有市亭爲陶器生產管理而打下的戳印 | 進入西漢以後已基本消失。不論是日用陶器還是建築材料，看不出都城或地方市亭對日用陶器器皿有任何管理。陶器即使有印文，也衹是吉祥用語 |

**工官類**

| 秦陶文 | 西漢陶文 |
| --- | --- |
| 和燒製磚瓦相關，但未見有任何燒製陶器器皿的現象。中央宫殿或陵園由左/右司空、宫司空和大匠等屬官負責，但這些職位本身不一定與手工業製作有關。每一名工匠要對官府負責，而且秦帝國徵用了龐大的工匠群體 | 工官的職責系統化和專門化。僅負責都城内宫殿磚瓦燒製。集中於大匠和宫司空系統之中，且出現三層式管理。相關制度在武帝以後基本消失 |

陶器皿和建築用材雖然爲一般的日常生活用品，但在地方行政與手工業生産制度上，揭示了大量一直被忽視的諸多方面。首先，製陶業在戰國與秦時期仍是都城或個别地方市亭重要的經濟環節，也是重點控制的對象。在當時的大都城中，較大型的製陶作坊似乎是聚落必須要有的元素。個别地方市亭也會參與管理陶器生産，規模和工匠群體數量却不及咸陽，因此也無須對工匠的里籍和名字進行登記。這種以都城爲中心聚集大量製陶手工業生産者并通過大型製陶作坊直接管理，是戰國以來都城設置的傳統，而咸陽長陵車站製陶作坊則是這一發展趨勢的頂峰。在戰國晚期，僅有少數縣之市所設的旗亭與陶器生産或管理有關。而且在關中地區目前已知的常見出土陶文的縣名如杜陽、芷陽等，基本上都屬於京畿一帶。陶器作坊的設置很可能不是每縣之常制，即使是雍城，在現有的工作中基本未見帶雍市或雍亭的陶器。市亭陶文的消失，我們尚不清楚是否代表西漢以後的民營或私營作坊不再受市亭對製作或銷售方面的監督。但是，都城周邊不再出現大型的製陶（器皿）中心區，很可能代表西漢不再使用集中控制的方法管理製陶手工者，對製陶工業管理可能有一定程度的放鬆。



除了對整個製陶工匠群管理的鬆弛，陶文還反映了中央官署中製陶管理更加系統化。在西漢早期出現的工官類陶文，一般來説更爲精簡，集中於大匠和宫司空兩系統中，同時負責宫殿磚瓦的燒製，而且明確轉移到將作大匠（亦即原來將作少府）的系統中。其他少府的屬官，則很少參與磚瓦的燒製和生産。在大匠和宫司空之下，設有不同的工匠組，并以工匠組而非工匠個人爲管理對象。同時，在西漢時期基本不見任何徵發不同地區陶工服徭役生産的陶文。顯然，秦時期工官類陶文中人名數目衆多，除了因爲“物勒工名”制度較發達外，還可能因爲宫殿修築準備相關的制度并未完善，加上工程浩大，徵集的陶工越多，自然就需要繁雜的標識來管理這批工匠。漢代以後可能吸取了秦亡的教訓，在徵發力役方面避免重蹈秦之覆轍。再加上制度更加系統化，導致了工官類陶文變成以官署和數字編號爲主。隨着主要宫殿區陸續建成，對磚瓦的需求量減少，從而使西漢中期以後不再流行承襲秦系統的工官陶文。

漢代陶文的改變，意味着中央政府對陶工業管理方式的逐漸減弱，同時也反映了製陶手工業對當時社會經濟重要性的變化，中央政府因而調整了對重要物品的管理策略，變成重鹽鐵、輕陶器的格局。根據《史記·貨殖列傳》的記載，戰國開始出現了一批因經商或控制手工業生産而發家的巨富，但依靠手工業起家的戰國新貴（如邯鄲郭縱）① 基本上皆與冶鐵或煮鹽有關。相比之下，製陶的利潤遠不及冶鐵和煮鹽，對大量手工業者控制以防動亂的迫切性，也肯定不如其他手工業。在這一背景下，漢武帝從元狩三年起依桑弘羊和孔僅的建議，在各郡縣設置鹽官和鐵官，實行鹽鐵專賣，除增加收入解决財政危機外，更有助於避免地方因手工業者的聚集而反抗起事。故此，在戰國以

① 〔西漢〕司馬遷撰：《史記》卷一二九，中華書局 1963 年版，第 3259 頁。

後經濟重心發生轉移，製陶在地方行政和經濟中變成了相對次要的手工業領域。陶器印章的格式和出現的有無，實際上反映了漢代地方行政系統對製陶手工業的控制程度。漢代雖然也有市亭，但没有對瓦工的直接管理（至少是在長安没有），市亭也没有再直接控制、管理陶器的生産與銷售，更進一步説，陶器的銷售可能也不是市丞所要批准的内容。同時，隨着國家系統的複雜化，陶器本身不再成爲國家所要管理和控制的主要資源。建築材料的生産也由大規模的剥削變成定期定額的生産，漢帝國對陶器的重視和勞役程度自然不如秦代般嚴格。

經過上述的分類和整理，秦漢陶文的種類和出土背景的變化，實質上是製陶手工業生産在秦漢時期地方行政制度體系中的作用和地位演變之縮影，也是中央行政系統對手工業管理方式轉移的結果。以嚴格的制度來管理陶器的製作、銷售、流通，以及監督，爲中央生産磚瓦製品，衹在戰國和秦時出現過，在西漢以後則不再是社會的常態。這對於瞭解秦漢時期的地方行政系統和對其他手工業的管理，應具有重要的啓示作用。

（本文寫作過程得到商周田野工作坊諸位老師的啓發性意見，
修稿亦得益於與會多位先生的指正，於此致以謝忱）

# 政治制度與西漢後期之政局變化

廖伯源

**摘要：** 讀人人能讀之書，成立前人未曾言之説，此治古代史者之追求。本文結合政治史與政治制度史之研究，利用大量《史記》《漢書》之文字與史例爲證據，論證漢武帝後期至西漢末之史事。質疑昭帝繼承之合法性，證明廢昌邑王賀（後封爲海昏侯）之原因乃是權臣霍光與賀之權力鬥争。考論霍光以臣下執掌皇帝之權力，因改變制度，使西漢後期諸將軍領尚書事輔政及皇帝之親信宦官取代丞相九卿，成爲皇帝决策之主要輔佐。此政治格局方便外戚與宦官之專擅與弄權。

本文研究西漢之“中朝官”，在君主專制政治下，决策權全屬君主，君主之意志爲最高之權威。若君主不信任已有之官僚系統，召集一批親信在宫内參與謀議，輔佐决策：或派出爲使者，諭意公卿，指導大臣；或越過行政系統而直接執行君主之指示；或在皇帝童稚不理政事時，宫中近臣憑借君主之名義，代行君主之權。此即“中朝現象”，此等親信近臣即爲“中朝官”。“中朝”之發生是專制君主絶對權力之表現。在任何君主專制政治下，皆有中朝發生之可能。研究一朝之史事，其結論可推而廣之解釋其他朝代乃至古今中外之類似現象，亦爲治史者之追求。

**關鍵詞：** 霍光　中朝　中朝官　昌邑王　劉賀　武帝　昭帝　領尚書事　大將軍

**作者簡介：** 廖伯源，臺灣“中研院”歷史語言研究所研究員（已退休）

# 導論：武帝崩時之政治形勢

漢初有兩大政治勢力，是爲宗室諸侯王及功臣列侯集團。諸侯王國領土大者跨州兼郡，諸侯王自治其國。高祖打天下之大功臣皆封爲列侯，同功一體，利益與共，占據漢初朝廷之重要官職。經文、景、武三朝之削藩措施，諸侯王之領土大減，且喪失政治權力，不能干涉朝廷政治。自文帝令列侯之國、功臣列侯集團瓦解後，列侯分散各地，亦不再成爲政治力量。丞相本爲功臣列侯之代表，受尊重，權力大。列侯集團瓦解後，丞相失去政治之後盾，權力之大小，視乎皇帝之態度。武帝集權，侵辱丞相，且多所誅殺，致使武帝後期之丞相不能統領百官，綱紀朝廷。巫蠱之變，外戚誅滅盡凈。武帝一崩，頓成權力真空之狀態，昭帝八齡登基，以霍光爲首之中官掌握權力。



# 一、西漢中期的權力鬥争

霍光是霍去病的异母弟，十餘歲入爲中官，在宫内行走凡三十餘年。《漢書》謂武帝臨崩，立八歲之幼子弗陵爲太子，而以霍光爲大司馬大將軍，與其他四人同輔政。武帝崩時，尚有三子，燕王旦與廣陵王胥已封王三十餘年，居於其國。《漢書》謂此二王多過失，故不得立，實則二王并無大過。若武帝廢長立幼，當是感情之愛惡，與二王之過失無關。《漢書》述武帝崩前後數日事，《紀》《表》《傳》抵牾，事實或經竄改。關於昭帝母鉤弋夫人及昭帝之出生，有數則神怪故事。這些故事或爲立昭帝者之造作，以確立昭帝爲真命天子之形象，防民間之謡言，尤其是昭帝二兄之反對。昭帝是否真爲武帝所立，其事可疑；然缺乏有力之證據，本文僅止於提出疑問，不敢下確定之斷語。

昭帝立，霍光成爲朝廷最有權勢之大臣，既爲大司馬大將軍，又自領尚書事。尚書經景、武二朝之發展，已漸成爲皇帝之秘書。行政公文及天下上書先到尚書，經尚書批注後再上皇帝。昭帝衹有八歲，霍光自領尚書事，審閱尚書呈上之公文奏章，然後作决定。《漢書·霍光傳》謂“帝年八歲，政事壹决於光”是也。霍光領尚書事，實際上是行使皇帝的權力。自此以後，有所謂“領尚書事”官；在皇帝親政時，領尚書事領導尚書作業，并爲皇帝决策之顧問；在非常時期，即皇帝不能或不欲理政時，領尚書事可代行皇帝之權。

昭帝在位十三年，二十歲時突然崩殂，既無子息，又不及指定繼承人。其時，昭帝兄廣陵王胥尚在，群臣議立，咸持廣陵王；然此與光意違，其事拖延月餘，後以光意立昌邑王賀爲帝。昌邑王賀爲武帝孫，登基時年十七八，前此爲昌邑王已十有四年；其以諸侯王入主，然在位僅二十七日，霍光即以其“行淫亂”廢之。

昌邑王賀淫亂，其事可疑，蓋事無佐證，而反面之證據則有之。昌邑群臣對王之教導頗力，王有錯失，皆切諫之；然考其所諫之内容，則盡爲不可馳騁射獵，親近小人，而當留意於經書治術。若王有更嚴重之過失如淫亂之類，昌邑舊臣不可能結口不言。班固於《漢書》中保留數篇篇幅甚長關於王騎射游戲之諫書，如其所見資料有王行淫亂之諫書，當不會捨弃。《漢書》不見此類諫書，應是此類諫書根本不存在。再者，王若有淫亂之名，朝廷大臣當不會擇之爲帝，以承大統。王於昌邑國中非好色淫亂之人，入京十餘日却行淫亂而使霍光陰謀廢之。所謂行淫亂者，恐是廢王而造作之罪名。

昭帝姊鄂邑蓋長公主寡居，私丁外人。“上與大將軍聞之，不絶主歡，有詔外人侍長主。”時昭帝八歲，此事霍光决定之。則光對男女關係之觀念，并不嚴正；若謂霍光爲昌邑王之淫亂而冒滅族之險以廢皇帝，恐過於高估霍光。





霍光廢昌邑王賀之真正原因，是賀登基後，親用其昌邑舊臣，排斥昭帝朝之中官，欲奪霍光之權而親政。昌邑王賀入主，率其國舊臣二百餘人入京，升遷親近之。張敞諫王謂“國輔大臣未褒，而昌邑小輦先遷，此過之大者也”。蓋王欲奪霍光之權，然光自武帝崩後專政十餘年，權大勢重，根據深厚，若王逼之太甚，必有大變。敞之諫王，其意甚善。即王之舊臣昌邑郎中令龔遂亦勸王曰：“陛下左側讒人衆多……宜進先帝大臣子孫親近以爲左右。如不忍昌邑故人……必有凶咎……願……皆放逐之，臣當先逐矣。”龔遂絶無自認爲讒人之理。蓋其洞悉當時之政治形勢，昌邑舊臣在皇帝左右，妨礙昭帝大臣之利益，昌邑王親政奪權更爲昭帝大臣所不容，而後者權大勢重，昌邑若不對其安撫妥協，勢必受其迫害，龔遂有此諫言。但昌邑王年輕，無政治經驗，急於親政奪權；計昌邑王在位二十七日，遣使者“持節詔諸官署徵發，凡千一百二十七事”。王既廢，霍光盡誅昌邑舊臣二百餘人。“出死，號呼市中，曰：‘當斷不斷，反受其亂。’”則昌邑王賀之廢，純粹爲權力鬥争。霍光專政十餘年，行皇帝之權，昌邑王賀入主，有收回權力之迹象，光即迅速廢之。

## 二、西漢時期之中朝官

《漢書》屢見中朝（内朝）、中朝官（内朝官）之名目。《漢書·劉輔傳》注引孟康曰：“中朝，内朝也。大司馬、左右前後將軍、侍中、常侍、散騎、諸吏爲中朝。丞相以下至六百石爲外朝也。”後世學者論中朝官皆以此爲本。劉奉世、錢大昕皆以給事中亦是中朝官。今人勞幹則加上左右曹、尚書。今且不問這些官名是否全是中朝官之官名，亦不問其是否包含所有中朝官之官名，僅列出一串官名并不能説明中朝官之意義。

本文據史書之史例，歸納中朝官之特性有如下數端：

### （一）中朝官可以經常出入宫内禁中，侍從左右

在禁中侍從皇帝之中官都有此條件，蓋其職執役宫中，但并非所有中官皆是中朝官。又有若干政府行政官員，因特别受皇帝親信尊重，亦可經常進宫，侍從皇帝左右。出入宫禁，侍從左右是中朝官之必須條件，但非充分條件。

### （二）官職冗散，無固定之行政職務

西漢無固定職務之冗散官甚多。第一類：加官。西漢之加官計有大司馬、領尚書事、特進、奉朝請、侍中、中常侍、左右曹、諸吏、散騎、給事中等。所謂加官，是在其本官之上，再加一官銜，使其地位提高，或使其得入禁中，或方便其受派遣擔任某項特别任務，此加上之官銜稱爲加官。傳統認爲中朝官之官銜幾全部包含在上列諸加官中。第二類：言官。所謂言官，是能够親近皇帝、以言語諫諍爲職之官員。王符曰："侍中、大夫、博士、議郎，以言語爲職，諫諍爲官。"言官在皇帝身旁顧問應對，補闕拾遺，亦是無行政責任之冗散官。第三類，其他，如謁者、待詔等。

冗散官無固定行政職務，可以隨時受詔侍從，又可隨時受遣執行任務，一旦其執行之任務干涉政治，則成爲中朝官。又有一些政府之行政官員，雖有本職之行政職務，因受皇帝親信，間中亦得侍從左右，參與謀議，顧問應對，若其受皇帝臨時委派擔任某些超出其本職之政治任務，亦可視爲中朝官。

### （三）皇帝之代表

爲使其政策確實執行，皇帝常派出使者督導各級政府官員；又有特殊事件，爲便於控制，貫徹其個人意志，皇帝不使行政機構辦理，而特遣使者處理。是皆皇帝爲集中權力，鞏固個人統治之手段。皇帝遣使者執行之事務，就其性質可分爲責令自殺、賞賜拜官、徵發官署、案獄殺人、發兵討伐、巡行天下、出使外國、侍祠祭神等，可謂無所不包。舉凡皇帝所欲，皆可遣使者持節詔令爲之。使者爲皇帝之代表，任何人皆得服從。使者不但監察指導政府行政官員，且有時越過行政官員，直接處理事件，攘奪行政官員之職權。使者臨時受派遣執行任務，任務所涉之内容超出其本職之職權，若執行之事務涉及政治，則此使者可視爲中朝官。

### （四）皇帝之參謀顧問

經常在皇帝左右之官員中，有特受親信而有才能者，間中可向公卿大臣傳旨諭意，或秉承皇帝之意旨與大臣辯論政事，使大臣不敢非議反對皇帝之政策，乃至詰問大臣，論其罪惡。又有代表皇帝接受吏民上言者，可謂皇帝與百官及百姓之中間人，交通上

下。更重要者，有爲皇帝顧問之對象，參與謀議，輔佐決策，對朝廷政治之影響極大。若皇帝年幼或不理政事，其特别尊重者可以攝政而代行皇帝之權。諭意公卿，交通上下，參與謀議，皆非其行政職掌，而是皇帝之臨時特派或召集；至代行皇帝之權，更是僭攝非常制，是皆中朝官之特徵。

### （五）"一朝天子一朝臣"之性格特别顯著

中朝官與皇帝之關係，在百官中最爲密切，其人選完全視乎皇帝之個人喜好。前主所好，後主未必喜愛。且皇帝之親近臣享有某些特權，或爲討好皇帝而疏忽其他，至有爲太子所憎惡者。又太子有其東宫官屬、師傅親信；太子即位，東宫官屬隨之進宫爲中官，而先帝之中官則多外出讓位。西漢後期且漸成慣例，皇帝崩，近臣皆隨陵爲園郎。中官"一朝天子一朝臣"之性格非常明顯，中朝官是中官之中最受皇帝親信者，故中朝官之"一朝天子一朝臣"性格特别顯著。

總結中朝官之定義：凡是受皇帝委任執行一些臨時性的、非其本職所規定的政治任務之官員，在其執行該任務時，可稱之爲中朝官。



官員之所以成爲中朝官，與其官職無關，故不可以官名定義中朝官。

凡在君主專制之下，皆有可能出現中朝官與中朝現象。蓋決策權全在君主，君主之意志爲最後之權威。若君主不信任已有之官僚系統，召集一批親信在宫内參與謀議，輔佐決策，或派出爲使者，諭意公卿，指導大臣，乃至越過官僚系統而直接執行君主之指示，此即爲中朝現象，此等親信即爲中朝官。中朝現象之發生是專制君主絶對權力之表現。中朝現象不但在西漢出現，在中國皇朝時期的各個朝代皆可能出現。即使在現代，在今日世界之其他國家中，權力集中之總統在其權力不受制衡之下，亦有可能出現中朝現象。

## 三、以政治制度之觀點解釋昌邑王賀之廢黜及西漢後期之政局變化

比較漢文帝與昌邑王賀。二人皆以諸侯王入主，登基以後，皆在宫内安插私人，發號施令。陳平、周勃輩能聽從文帝，因此輩皆高祖功臣，於漢初皆爲政府行政系統之高官，其職權爲制度所定。文帝親政，使其代國舊臣領京師戍衛，并不影響丞相、太尉之職權。霍光不能容忍昌邑王，蓋霍光在宫内爲官。霍光爲大司馬大將軍領尚書事，大將軍是其本官，將軍"掌兵及四夷"，有事則置，事畢即罷，并非固定之行政官職。大司馬、領尚書事皆加官，職掌不定，因人因時及因皇帝的信任與否而异。領尚書事始於霍光自領尚書而先有事實，後再演變成爲官名。霍光在宫内實際行使皇帝之權力，此非制度之職權，而是中朝官所行之權宜。昌邑王賀入京爲帝，欲親政，行使皇帝之權力，霍

光祇有兩條路可走：一是交出權力，一是廢昌邑王賀。

據本文第二部分所論中朝官之性質：中朝官一旦不受皇帝信任，即使其所領官銜不變，其權力及政治作用亦完全喪失，其人亦不再是中朝官。昌邑王賀既率昌邑舊臣二百餘人入京，又疏遠昭帝之宮内大臣，昌邑王賀若能行使皇帝之權力，霍光衹有交出權力一途。霍光不肯離權失勢，故唯有迅速廢昌邑王賀。

武帝崩至西漢末，中朝官特別活躍。蓋霍光以中官在宮内執政，爲鞏固其權勢，乃施行若干措施，以提高中官之權力與地位，這些措施改變了某些官制，因此造成西漢後期政治格局之變化。自霍光始，諸將軍常置，任期長，典禁兵，在宮内參與政治。其他諸中官亦在宮内形成參與謀議、决策之參謀團，成爲皇帝之主要謀臣，完全改變了西漢前期丞相、御史大夫及九卿等政府高官爲皇帝主要謀臣之格局。顯赫之中官且能利用皇帝不理事之機會代行皇帝之權。因中官地位權力改變，外戚不再如西漢前期之熱衷於爲丞相、太尉（如田蚡之謀求爲丞相、太尉），而是希望在宮内爲將軍。且外戚爲政府行政之高官，有行政責任，會與皇帝疏遠而生隔膜；在宮内參謀顧問則易與皇帝維持密切關係，特受親信者皇帝且授予大權。政治制度之改變爲西漢後期外戚權勢高漲的重要原因之一。

霍光專政二十年，宮中之重要人物，尤其是典兵之將領，盡是霍氏親黨，昌邑王賀既廢，霍光立已淪爲庶民之武帝衛太子孫，是爲宣帝。宣帝隻身入宮登基，直如霍光之傀儡。宣帝既無舊臣（入主之諸侯王有其王國之舊臣），與朝廷之官員又無淵源；此時宣帝所能推心置腹者，恐怕衹有宦官（宣帝在宮中之舊識恩人親戚如張賀、許廣漢輩，盡是宦官）。在受權臣欺壓之環境中，宣帝必然深深體悟有建立其親信團體之必要，尤其京師及宮内之武力，必須緊握手中。所以宣帝親政後，大量引用外戚，又對宦官親信有加。在政治上顯赫之宦官，西漢僅有弘恭、石顯二人，二人都是在宣帝朝開始活躍於朝廷之政治。元帝時，中書令石顯弄權，百官因顯奏事，事决顯口。

西漢後期朝局之變化：中朝官特別活躍，諸將軍領尚書事取代丞相，成爲最有權勢之大臣，外戚争爲諸將軍領尚書事輔政，權勢高漲，終於外戚王莽篡漢。其原因可追溯至霍光之專政。

# 南北朝賦税徵收對漢晋之制的繼承與變化之我見

朱　雷



**摘要：** 漢唐的賦税趨勢——北凉到麴氏高昌、北魏等皆承襲漢晋制度，以“資産爲宗”。魏孝文帝改革均田制時，以“丁身”爲本，取代漢晋之制。隋唐承襲，直到推行“兩税制”時，回歸漢晋之制，以“資産爲宗”。

**關鍵詞：** 資産爲宗　丁身爲本　兩税制的回歸

**作者簡介：** 朱雷，武漢大學歷史學院教授

“五胡亂華”是游牧民族對農耕社會的一次强烈的衝擊，導致西晋政權的覆亡。司馬氏的一支，帶着一部分官僚門閥士族，也隨着一大批流民過江，與南方士族結合，建立東晋政權，承襲着漢晋以來的制度，并爲隨後的南朝所承襲。

至於北方，西北角上的河西走廊到吐魯番盆地，爲張軌及其子孫所建之前凉政權。張軌本西晋之凉州刺史，故前凉所行本漢晋之制，包括後之北凉沮渠氏，已爲吐魯番出土文書的研究所證實。①

北方整個地域最終爲鮮卑族的北魏政權所占據，但北魏本是游牧民族，當時在政治、經濟、文化諸方面遜於漢族。在争奪北方領土的過程中，在同漢族和其他民族軍事激戰中，屠殺和搶奪都是常態。而一旦控制了局面，要想鞏固統治的局面，就必須建立一套制度。鮮卑族統治者在其征戰過程中，在與漢族官僚士大夫的漸進結合過程中，汲取了漢族的制度文化。

在賦税徵收方面最清楚不過了。在《魏書》的《紀》《傳》《志》中就可見到，一個在軍事上獲得勝利的政權，在建立自己統治的制度上，不得不采取被征服者的制度，以鞏固自己的政權，保障賦税的徵收。

北魏世祖拓跋燾在太延元年十二月甲申（436 年 1 月 5 日）詔曰：

> 若有發調，縣宰集鄉邑三老計貲定課，裒多益寡，九品混通，不得縱富督貧，避强侵弱。

從此詔“計貲定課”“九品混通”，就可見到是繼承了西晋户調徵收之制，祇是不知是如何進行“九品混通”的。

今據近人錢寶琮先生考訂，作於北魏孝文帝行“均田制”，徵收賦税以“丁身爲本”之前的《張丘建算經》②，在上書卷中所列二十二例題中，第一十三題爲：

> 今有率户出絹三匹，依貧富欲以九等出之，令户各差除二丈。今有上上三十九户，上中二十四户，上下五十七户，中上三十一户，中中七十八户，中下四十三

① 詳情參見朱雷《吐魯番出土北凉貲簿考釋》，《武漢大學學報（哲學社會科學版）》1980 年第 4 期。

② 郭書春、劉鈍校點：《算經十書》（一），遼寧教育出版社 1998 年版。

户，下上二十五户，下中七十六户，下下一十三户。問九等户户各應出絹幾何?①

《算經》這類集中講論數學問題的文獻，所列例題當然是與當時的生活制度緊密相聯的。所以以此例題中涉及的户調徵收與前引拓跋燾太延元年十二月甲申詔聯繫起來，即可認定這是按此詔所出的例題。并可根據此例題末的“答曰”及“求曰”兩部分看出“九品混通”是如何進行的。

答曰：
上上户户出絹五匹
上中户户出絹四匹二丈
上下户户出絹四匹
中上户户出絹三匹二丈
中中户户出絹三匹
中下户户出絹二匹二丈
下上户户出絹二匹
下中户户出絹一匹二丈
下下户户出絹一匹

“答曰”回答了經過“術曰”“草曰”② 計算出的結果。這個數計過程更爲複雜，從而看出“九品混通”是如何防止“縱富督貧”的。把平均每户出“户調”三匹，按“九品混通”之法，做到户等高，所交户調爲多，最終上上户户出五匹，比起“率户”出絹三匹，高出二匹。直到經過“九品混通”，中中户——五等户方交納絹三匹，而下下户——九等户户出絹一匹。

北魏孝文帝太和九年（485）頒行“均田制”，按丁授田，故賦税徵收不再按過去所行用西晋户調制的“計貲定課”“九品混通”，而改爲以“丁身爲本”，按丁徵收。在北魏統治範圍内都照行此制，此後的東魏、西魏，北齊、北周，直至隋唐，皆行此制，雖各隨時代有所變化，但“以丁身爲本”，按“丁”授田，按“丁”徵收賦税，這一根本原則不變。

至於吐魯番盆地，不在北魏統治範圍内。北魏太延五年（439），拓跋燾滅北凉，

① 郭書春、劉鈍校點：《算經十書》（二），《張丘建算經》卷中，遼寧教育出版社 1998 年版，第 19 頁。

② 郭書春、劉鈍校點：《算經十書》（二），《張丘建算經》卷中，遼寧教育出版社 1998 年版，第 19～20 頁。

占據河西走廊，沮渠安周等逃據吐魯番盆地。北魏僅在敦煌置鎮，不再追擊，其原因不是無力追擊北涼殘部，而是因爲擔心南朝劉宋的“北伐”，再是占據吐魯番盆地後，也就直接面對强大的柔然。與其如此，不如有一個北涼殘部作爲緩衝。衹是後來的麴氏高昌，一百四十年的統治所行的賦税徵收，當然未行北魏的孝文改制，而依然是漢晋脉絡，直到唐貞觀十四年（640）太宗平高昌國，把唐所行之制——均田制、租庸調制推行到吐魯番盆地，這也爲吐魯番出土文書所證實。從北凉的殘貲簿結合文獻漢晋殘簡等的研究，經溯源的追索，可以看出北凉是承襲了漢晋之制，按資徵税。

但唐德宗建中元年（780）行“兩税制”，楊炎改制的重點是改“租庸調制”的“以丁身爲本”爲“以資産爲宗”。這樣，從北魏太和九年（485）以來，賦税改爲“以丁身爲本”，經過近三百年又回歸到“以資産爲宗”，即漢晋之制上來了。至於如何評價，那不是本文所要解決的問題，本文僅是談到這種歷史的回歸現象，而提出這個問題。

# 因地制宜：南選在嶺南實施的時地差异

廖幼華

**摘要：** 本文以唐宋時期嶺南地區實施的南選爲題，闡述一項制度從建立、落實到消亡，在不同時空裏的轉换及變异。唐初對嶺南采行“以土制土”策略，任由統州長官自行辟舉僚屬，貞觀年後嘗試把邊州任官權收回，程序簡易的“南選”制遂應運而生。南選不但對參選人資格限定寬鬆，應選程序也相對簡單，目的是讓本地所需數量龐大的州司佐官及縣令、尉等官員，均由南選銓任的嶺南人士擔任。唯終以文化發展嚴重失衡而無法全面落實。安史亂後本道長官自辟僚屬及攝官情况更爲普遍，德宗朝獲選官員又須親赴吏部團奏，造成南選存續的困境，文宗開成年間被迫廢止。宋代爲顧及南人不擅舉業，特在二廣實施南選攝試，并以提高解額率及相對簡易的政務考試，來協助當地人獲得攝官資格。此外八路差官制下的二廣漕司注擬，也是爲了懷柔遠人、解决當地嚴重闕官而置，隨後又逐步改由吏部銓官，以差遣大小使臣方式任二廣官職。南宋後期除了西廣僻遠之處，大部分州縣已納入吏部選授，漕司攝官範圍急遽縮減，二廣銓試又於孝宗乾道八年罷廢，漕司銓官權力幾近消失，兩宋持續追求的集權目標，至此終於完成。唐宋兩朝雖都實施南選，前後却有頗大差异，具有明顯“因地制宜”與“因時而异”的特色。

**關鍵詞：** 南選　嶺南　二廣　南選攝試　南選攝官

**作者簡介：** 廖幼華，臺灣中正大學歷史學系退休教授中國幅員廣袤，統一王朝爲能强化統治，需要建立一套完善的選官制度，從各地挑選具有基本文化素養及行政能力者，共同組成官僚集團治理國家，并借此籠絡優秀人才及强化對中央的向心力。嶺南地處中國版圖南陲，隋代以前，不論政治、經濟或文化發展都顯現出明顯的滯後現象①，朝廷威權也相對薄弱，祇能采行較寬鬆的治理方式，安撫各地之土豪酋。隋得天下後，逐步收回地方官吏的任用權，嶺南却以位置僻遠緣故，仍能保留相當程度的自主，即使在開皇十五年（595）罷州縣鄉官爲流官後，當地豪族依然擁有世襲官吏及自辟僚佐的權力。② 李唐建國初期，高祖能在不動干戈的情況下輕易將嶺南納入版圖，全賴當地豪酋的支持，因此沿續前朝舊例，廣納土人爲官，承認土酋子弟世襲官爵權力，嶺南之土官權勢也得以維持不墜。盛唐以降，隨着王朝勢力的鼎盛，中央開始收回地方銓官的部分權力，一種在朝廷監督下又具有優遇土人性質的選官措施——“南選”遂應時而生。在唐朝近三百年國祚裏，不論政治、經濟、社會或文化都曾有過激烈的變動，南選當然無法置之於外，也不斷地隨之改變，但“懷柔遠人”的核心思想始終得以貫徹，對於選人的特殊待遇從未中斷。兩宋是繼唐之後另一在嶺南（宋稱廣南路或二廣）③ 實施南選的王朝④，宋代實施南選的詳細狀況，目前由於相關論著寡少，而難以探知全貌。依照史書所記，宋代南選的産生，肇因於二廣“士夫難以



---

① 曾華滿：《唐代嶺南發展的核心性》，香港中文大學 1973 年學位論文。

② 南北朝時代，州的官吏都由刺史自辟，造成州級官吏中地位較高者多以豪宗大族擔任。隋文帝開皇十五年“罷州縣鄉官”，日本學者濱口重國以爲自此之後“確立了流内官以上依舊由中央任命的制度，不僅如此，還采用了州縣流内官不任用本地出身者的方針”（文出《所謂隋的廢止鄉官》，《日本學者研究中國史論著選譯》第四卷，第 331 頁）。不過，若依《文獻通考・選舉十・舉官・唐》的記載“按前代選用，皆州府察舉，至於齊隋署置，多由請托”來看，這項政策的實施并不似濱口先生認爲的那般徹底。在中國歷史發展中，地域發展的不均衡性一直是普遍存在的現象，對於中央政令的落實，也因地域不同而出現很大差异；尤其依照史書所記，嶺南的土豪酋在隋代都還有官吏世襲的現象。筆者以爲這是嶺南發展滯後性的一種結果。與筆者持相同看法者不乏其人，例如張澤咸《唐代“南選”及其産生的社會前提》（《文史》第 22 輯）以及王承文《唐代“南選”與嶺南溪洞豪族》（《中國史研究》1998 年第 1 期）都有相似之見解。

③ 唐代嶺南道首於懿宗咸通三年分爲東、西兩道，宋初改稱廣南路，太宗至道年間再將廣南路分爲東路及西路，合稱爲二廣。參見〔南宋〕王象之原著，李勇先校點《輿地紀勝》卷八九，四川大學出版社 2005 年版，第 3039 頁。

④ 依《大元聖政國朝典章・典章十一・職制二・病患百日作闕》元世祖至元十七年（1280）正月尚有“行中書省准，中書省咨吏部呈，南選官員俱係都省銓注”一條叙事，但相關情形不詳，筆者懷疑入元之後，南選制已不是南方的主要銓官方式，因此一般學者都以爲歷史上真正落實南選銓官的祇有唐、宋兩朝。

一一到部"，而由漕司（轉運使）代行吏部銓選①，顯見其出現背景與唐代相似，都是爲解決偏遠地區選官困難的權宜措施。宋朝是中國歷史上第一個力行重内輕外的集權王朝，其强幹弱枝政策也充分展現在銓官制度上，尤其徽、欽二帝北狩後，國家衹餘半壁江山，對於京師所在的南方，經營遠較以往深入，二廣的發展也邁入前所未有的高峰，凡此種種都讓二廣銓官面臨新的問題，與之相應的新措施也隨之出現。

近二十年來，受到政治學蓬勃發展的影響，中國歷史政治地理學有逐漸與社會學科結合的傾向。不少學者跳出傳統沿革地理對於疆域、首都及行政區劃變化等研究範疇，轉而以現代政治學對地緣政治、國家權力、客觀領土以及區域軍事對抗關係等角度，來探索中國歷史時期的政治地理涵義及現象。與此同時，地理因素在政治過程中發揮的作用，也獲得了前所未有的關注，"所有的政治過程，其實從某個角度來看都和地理學有關"的觀念②，也得到學界的普遍認同。在此前提下，如果討論千餘年前中國政治制度，依然忽視地域差异對政治過程及政治結果造成之影響，很可能最後會得到悖離歷史真相的結論。本文特以唐宋時期嶺南地區實施的南選爲題，闡述一個制度從建立、落實到消亡，在不同時空裏出現的轉換及變异，期望借此拋磚引玉，吸引更多學人對這類議題的關注與研究。



## 一、唐代南選

嶺南地處中國南陲，歷史時期不論政治、經濟或文化發展，都帶有明顯的滯後性特徵。分處於各地的大小氏族，數代盤踞嶺南、壟斷地方政治權力。史稱楊隋覆亡之際，李靖度嶺至桂州，"遣人分道招撫，其大首領馮盎、李光度、寧真長等皆遣子弟來謁，靖承制授其官爵。凡所懷輯九十六州，户六十餘萬"③。朝廷迫於形勢，不得不維持南朝領州長官自辟下屬舊例，當地權力結構因此延續未變，數量龐大之土人品官及胥吏也借此因循不替。④ 爲數衆多的分立部族與作風强悍的土酋"不知教義，以富爲雄……性并輕悍，易興逆節"⑤，即使到太宗臨朝、四夷來附的鼎盛時期，嶺南土豪都還保持着强悍、獨立於朝廷之外的形態。《册府元龜》對此有頗爲生動的描述：

---

① 〔南宋〕周去非著，楊武泉校注：《嶺外代答校注》，中華書局 1999 年版，第 166 頁。

② Joe Painter、Alex Jeffrey 著，謝明珊、陳坤森譯：《空間與權力：政治地理學新風貌》，臺灣韋伯文化國際出版有限公司 2012 年版，第 3 頁。

③ 〔後晋〕劉昫撰：《舊唐書》卷六七，臺灣鼎文書局 1976 年版，第 2477 頁。

④ 唐代一般六品以下、九品以上的州縣佐吏品子，可由"本州量其所堪，送尚書省"奏擬授官。詳見《唐六典》卷二所載，中華書局 1992 年版。

⑤ 〔北宋〕樂史撰，王文楚等點校：《太平寰宇記》卷一五七，中華書局 2007 年版，第 3011 頁。

蕭齡之貞觀十八年爲廣州都督，表稱嶺南州縣多用土人任官。不顧憲章，唯求潤屋，其婚嫁資須，即税人子女，百姓怨苦，數爲背叛。且都督刺史多居莊宅，動經旬月，不至州府，所有辭訟，皆委之判官。省選之人，竟無几案，唯有敕詔施行，纔經省覽而已。又首領之輩，年别娶妻，不限多少，各營别第，肆情侵奪，專恣若是，實斁彝倫。於是詔下并禁斷，自此蠻俗便之。①

内文所載“省選之人，竟無几案”，就是唐史學者認爲高宗以前嶺南曾經實施南選的重要證據。② 由上文所叙，州縣任官多用土人，而土官罔顧國家憲章，任意索需及侵奪百姓的行爲，也近似盗匪；都督、刺史又長居莊宅，鮮至州府治事，名義上雖爲朝廷命官，其實與雄踞一方的土霸首領無异。③ 省選之官無事可爲，衹能看看詔敕了事，當然無須几案。上文特别把“省選之人”提出來，與一般土官行爲兩相對照，足資證明太宗朝即使曾以南選銓官，在地方勢力深植、首領肆情侵奪形勢下，實施的範圍也極爲有限，否則往後就不會有高宗上元三年（676）的詔令出現。

依《册府元龜》所叙，唐代南選出現的原因，肇因於“桂、廣、交、黔等州都督府，比來所奏擬土人首領，任官未甚精擇”，高宗纔於上元三年八月敕令“宜准舊例，至應選補時，差内外官五品已上清正官充使選補，仍令御史同往注擬”④，主持嶺南官吏的選任。如果把這項詔令與上一敕文合讀，可以清楚看出内文所稱之“未甚精擇”對象，應是指都督、刺史自行舉用的目無律法的土官，因此朝廷纔企圖以南選方式提拔當地優秀人才，并借此改良吏治、壓縮都督與刺史的舉官權力。不過自此之後南選是否持續施行，又能否改變長期以來土豪把持地方官員的現象，都還存有很大疑問。所幸近來《敦煌文書S1344開元户部格殘卷》的出現，解決了上述的懷疑。依照殘卷敕文所記，直到武后長安元年（701），嶺南土人都督、刺史都還是與貞觀年間一樣不至州府辦公，“所有辭訟，别立案判官”，省選之人也與往昔同樣的“無几案”。⑤ 此時距離上元南選詔令的頒布已經有二十五年，嶺南的政治環境顯然未因南選銓官的出現而有太大





① 〔北宋〕王欽若等編：《宋本册府元龜》卷六八九，中華書局1989年版，第2391頁。

② 參見王承文《唐代“南選”與嶺南溪洞豪族》（第89～90頁所述，《中國史研究》1998年第1期）。筆者以爲，此處之“省選”之人，也可能是指吏部選任的“北人南來任官者”，不一定是由南選出身的南人官吏。本條資料對於土人把持本地職官、濫權妄爲的情况，是最好的證明。

③ 根據唐代韋敬辨《智城洞碑》與《澄州無虞縣六合堅固大宅頌》碑文所叙，直到高宗、武后朝，嶺南土官都還有自營堅固莊宅，且有於宅内治事的習慣。以上碑文俱收録於《廣西少數民族地區石刻碑文集》，廣西人民出版社1982年版，第1～3頁。

④ 《宋本册府元龜》卷六二九，第2024頁。又同見於《唐會要》卷七五，唯兩者文字略有差异，此處采用版本較早的《宋本册府元龜》記載。

⑤ 詳見郝春文、金瀅坤《英藏敦煌社會歷史文獻釋録》（社會科學文獻出版社2006年版）第5卷《敦煌文書S1344開元户部格殘卷》。

變化。加以此處自來就是一個以土民宗主社會結構爲主的地域，地方豪酋壟斷政治及經濟資源已有長久之歷史，可以想見就算南選曾有過相當程度的落實，這種以南人爲對象的選官方式，所銓之官當然還是無法逃離土豪子弟之手。但從朝廷角度而言，高宗在尊重本地勢力的原則下，就地選任南人爲官，一面將之納入正常職官系統，另一面又可適時給予一些規範與優遇，就算一時難見成效，若依嶺南當時政經形勢來看，仍不失爲解決問題的好方法。

唐代早期選官，主要有科舉、門蔭、辟召、軍功及流外入流五種方式，尚未形成完整的選官制度。直至高宗總章二年（669），因承平既久，選人數目已超過官吏員額，裴行儉與張仁禕纔建立長名姓歷榜，引銓注之法注擬官員。① 即使如此，完整的銓選制度也要延續到玄宗開元年間纔算基本完成。②《新唐書・選舉志》就叙述了這項發展完善後的銓選制度。其文云：



凡選有文、武，文選吏部主之，武選兵部主之，皆爲三銓，尚書、侍郎分主之。……每歲五月，頒格於州縣，選人應格，則本屬或故任取選解，列其罷免、善惡之狀，以十月會於省，過其時者不叙。其以時至者，乃考其功過。……凡擇人之法有四：一曰身，體貌豐偉；二曰言，言辭辯正；三曰書，楷法遒美；四曰判，文理優長。四事皆可取，則先德行；德均以才，才均以勞。得者爲留，不得者爲放。五品以上不試，上其名中書門下；六品以下始集而試，觀其書、判。已試而銓，察其身、言；已銓而注，詢其便利而擬；已注而唱，不厭者得反通其辭，三唱而不厭，聽冬集。厭者爲甲，上於僕射，乃上門下省，給事中讀之，黄門侍郎省之，侍中審之，然後以聞。主者受旨而奉行焉，謂之“奏受”。視品及流外，則判補。皆給以符，謂之“告身”。凡官已受成，皆廷謝。③

依據文中所叙，唐代的銓選從擇人標準的身、言、書、判，到頒格州縣、取解會省、南曹勘驗、三銓試察、長名留放、三唱三注、依格擬官、都省審覆、門下過官、授予告身、廷謝聖恩等程序，都有一套繁複而完整的規定。南選既是針對偏遠地區舉行的特殊選官措施，本來就具有“因地制宜”的權宜性質，因此在設置之初，不論法條内容或施行狀况都不能與中央的正式銓選（北選）相提并論，而須配合時局與當地政治環境，逐步地轉换與改變。

---

① 〔北宋〕司馬光編著，胡三省音注：《資治通鑑》卷二〇一，臺灣啓業書局 1977 年版，第 6362 頁。

② 參見寧欣《唐代選官研究》（臺灣文津出版社 1995 年版）第二章《唐代的銓選制》所述。

③ 〔北宋〕歐陽修、宋祁撰：《新唐書》卷四五，臺灣鼎文書局 1985 年版，第 1171、1172 頁。

## （一）程序簡易的南選

南選制的發展與實施情況，在目前得見的史料中，以《宋本册府元龜》的版本最早也最完整。依據該書開元六年（718）九月二十七日敕文記載，南選的施行程序是：

> 應南州每府同一解，嶺北州及黔府管内州，每州同一解。各令所管，勘責出身、由歷選數、考課優勞等級，作簿書，先申省，省司勘應選人曹名，考第一事已上，明造曆子。選使與本司對勘定訖，便結階定品，署印牒，付選使。其每至選時，皆須先定所擬官，使司團奏後，所司但覆同，但憑進畫，應給籤告。所司爲寫，限使奏敕到六十日内寫了，差專使送付黔、桂等州，州司送本州府分付。①

南選是由中央委派南選使到當地選官，對於選人資格勘定及銓選程序也相對寬鬆的制度，有如簡易版的"北選"。除無北選嚴格的身、言、書、判四項擇人標準外，選舉程序也相對簡便，取消了選人取解會省，三銓試察、三唱三注及廷謝聖恩等反覆過程。衹須當州以簿書申省，經過省司的資格勘定，再由選使與本司對勘曆子，便能"結階定品，署印牒"；任官的告身也由專使送至本州府分付。選人的參選與銓官手續，由始至終都在嶺南選所完成，不必千里迢迢奔赴長安。

除此之外，南選的選限日期也比北選短得多，依據《宋本册府元龜》開元六年八月敕文記載：

> 是月，敕嶺南及黔中參選人曹名文解，每限五月三十日到省，八月三十日内檢勘使了。選使及選人限十月三十日到選所，正月三十日内銓注使畢。其嶺南選補使，宜移桂州安置。②

相較於北選選人必須在十月到達吏部參選，至來年三月纔能銓選完畢，南選選人的銓官手續則相對簡化，雖然一樣是在十月三十日抵達選所，但至次年正月三十日即可銓注完畢，選期比吏部參選縮短了兩個月。③ 由此可見，對選人資格限定寬鬆、應選程序相對簡單以及選限日期縮短，都是朝廷對南選者的特殊優待。

---

① 《宋本册府元龜》卷六三〇，第 2026 頁下。

② 《宋本册府元龜》卷六三〇，第 2026 頁下。

③ 《唐會要》卷七五載："貞觀十九年十一月，馬周爲吏部尚書，以吏部四時持衡，略無暇休，遂奏請取所由文解，十月一日赴省，三月三十日銓畢。"

簡易版的南選制，是針對南方偏遠地區設置的銓選制度。既然對選人資格限定寬鬆，又是以五品的南選使主持選補，銓注對象也就以當地六品以下的州、縣官吏爲主。至於一些具備特殊景行、藝能及政術能力，足以擔任五品以上職官的選人，纔由所管都督府具條堪稱所職聞奏①，經尚書奏擬後即可授官②，一如唐朝前期以嶺南土豪酋爲刺史之例，不列入南選的範圍。由於選補使銓注之官品級較低，大多擔任本籍貫州縣以外的判司、録事參軍，以及令丞、主簿與縣尉等，所以當地一些士子不再甘於南選銓官，轉而另謀出身或參加北選，以脱離南選的地域限制，獲得更好前程。這就是《宋本册府元龜》所録天寶十三載（754）敕文的主要背景：

> 七月二十七日敕，如聞嶺南州縣，近來頗習文儒。自今後，其嶺南五府管内白身，有詞藻可稱者，每至選補時，任令應諸色鄉貢舉，仍委去使准式考試，有堪及第者，具狀聞奏。如有願赴京者，亦聽。其前資官并常選人等，有詞理兼通，才堪理務者，亦任北選及授北官。③



依照唐代的選才規定，唯有前資官及具有出身者，纔能參加吏部選補，而其他不具出身、没有任官資歷的“白身”或散試官，就不能自稱鄉貢，以之應選。④ 但依上文所述，直至玄宗天寶年間，朝廷纔以嶺南州縣“近來頗習文儒”的原因，特別允許一些具詞藻、但無任官歷資或貢舉出身的“白身”，在選補時以權宜的“應諸色鄉貢舉”方式應試，先取得鄉貢資格，再獲得吏部參選的機會。這無疑是爲嶺南一些原無參選資格的本地人所開創的特殊恩例。另外值得注意的是，敕文也同時對“前資官并常選人”參加北選及銓注北官，設立了“詞理兼通，才堪理務”的要求。在正常情形下，這兩項要求本來就是一般選人參選的必備條件，敕文實無特別提出的必要。筆者以爲這項記載的出現，除説明嶺南子弟漢文化素養的提升，已反映在當地各色鄉貢選人增加上之外，一些稍諳文字却不一定嫻熟律令或文學的豪酋子弟，也借着先前長官自署僚佐的機會，逐漸成爲數目不少的“前資官”。這些合格的選人如果想擴大參政機會或獲得更好的仕途，當然可以依例參加吏部銓選（北選）或擔任北官。推測這項規定應是朝廷爲了吏部銓官的公平以及對官吏品質的控制，纔對嶺南選人參加北選及擔任北官者，有

---

① 〔北宋〕王溥撰：《唐會要》卷七五“上元三年八月七日敕”，中華書局 1998 年版。

② 《資治通鑑》卷二一〇載：“舊制，三品以上官册授，五品以上制授，六品以下敕授，皆委尚書省奏擬。”

③ 《宋本册府元龜》卷六三〇，第 2028 頁下。

④ 《宋本册府元龜》卷六三一載：“中書門下奏：應禮部諸色貢舉人，及吏部諸色科目選人等，凡未有出身未有官，如有文學，衹合於禮部應舉；有出身有官，合於吏部赴科目選。近年已來，格文差斥，多有白身及用散試官并稱鄉貢者并赴科目選，及注擬之時即妄論資次曾無格例……”

"詞理兼通，才堪理務"的特別要求。

南選銓注之官，不必親赴京城團奏、取告牒，是朝廷對嶺南選官的特別恩例。不過這項特例在德宗興元元年（784）有了轉變。根據史書記載，當年十一月，嶺南選補使右司郎中獨孤愐奏請依前一年（建中四年，783 年）九月一日敕，"選補條件所注擬官，便給牒放上，至上都，赴吏部團奏，給告身"①。自此朝廷取消了獲選之人免赴長安的特殊待遇。三年之後，又敕令"嶺南、黔中選，舊例補注訖，給牒放上，其俸除、手力、紙筆、園厨雜給之外，餘并待奏申敕到後，據上日給付"②。從嶺南赴京的里程，若依地理書所記，最近之處也要三千一百餘里③，路途懸遠，行程十分艱難，對俸禄微少的低階官員而言，沿途所費也是項沉重的經濟負擔。朝廷因此在選補完畢"給票放上"時，特別恩許"其俸除、手力、紙筆、園厨雜給之外，餘并待奏申敕到後，據上日給付"④，以補貼費用的方式助其成行。⑤ 免除赴京團奏、取告身程序，一直是朝廷對偏遠地區選人的特殊優待，取消這項措施，固然可以避免一些以"擘名""接脚"方式的冒名詐欺行爲⑥，却嚴重影響南人參選的優待和求官意願，朝廷祇好另外以較寬鬆的注官方式，來平衡兩者之不同需求。

唐自高宗朝後選人數目快速增長，在"僧多粥少"的形勢下，罔冒、詐欺的情况也愈見頻繁。德宗貞元四年（788）八月，吏部特別針對銓選詐僞的弊病，敕令各地州司在納狀完畢後，"以州印印狀尾，末縫相連，星夜送觀察使司。定判官一人，專使勾當"⑦。企圖以較嚴格的銓選程序，杜絶選人"改張毁裂制敕旨甲"等冒僞行爲。即使如此，南選之人依然享有額外的優遇，朝廷不但特許其"不納文狀，限其狀直送吏部曹，不用都司"，而且"如須盤問，即下所在州府責狀"⑧。可知中央在收納嶺南選人





① 《宋本册府元龜》卷六三〇，第 2030 頁上。

② 《宋本册府元龜》卷六三〇"貞元三年十一月十日敕"。

③ 《太平寰宇記》記載唐代廣州至長安四千四百里、桂州三千四百里、韶州三千一百四十二里、賀州三千五百七十二里。

④ 《宋本册府元龜》卷六三〇"貞元三年十一月十日敕"。

⑤ 宋朝對僻遠州縣赴京參選的士人，也有支助"赴任選還雇錢之費"的規定，顯然是延續唐代對遠州的優遇，《續資治通鑑長編》（上海師範大學古籍所、華東師範大學古籍所點校本）之《哲宗十七・元祐元年二月》，在討論遠州銓的八路差官制時，有"……竊聞按送雇錢，以每歲通計，數不甚多，自可以坊場、河渡錢支給，不至闕事"的記録。

⑥ 《宋本册府元龜》卷六三〇，第 2031 頁上 ~ 第 2031 頁下，貞元四年八月吏部奏云："伏以艱難以來，年月積久，兩都士類散在遠方，三庫敕甲又經失墜，因此人多罔冒，吏或詐欺。分見官者，謂之擘名，承已死者，謂之接脚，乃至制敕旨甲，皆被改張毁裂。……"

⑦ 《宋本册府元龜》卷六三〇。

⑧ 《宋本册府元龜》卷六三〇"貞元八年記事"載："黔中、嶺南不應合北選人，不納文狀，限其狀直送吏部曹，不用都司。發人到日，所司勘會，即奸僞必露，冤抑可明。如須盤問，即下所在州府責狀。其隱漏未盡，及在遠不及期限者，亦任續通，依前觀察使與送所在勘責……敕旨依奏。"

文狀後，就直接轉交吏部注官，不似一般銓注必須再經過中書、門下的覆審；對於有疑問的選人盤問與查核，也下放給南選州府自行負責。足以説明不論情勢如何變化，優待南人的銓選方式，仍然是不會改變的原則。不過，從另一角度來看，這些銓選特例的出現，其實也透露出“嶺南選人文化水平不及中原人士”的潛在意涵。從好的方面來看，這固然是一種招撫遠人的優遇，但也不自覺流露出一種漢族人對嶺南文化的優越感。因此筆者認爲，對選人資格認定寬鬆、充滿權宜與優遇色彩的南選制，適足以説明嶺南漢文化的發展仍然不及一般水平，當地的選官自然不能與中州相提并論；尤其安史亂後朝廷威權下降，各地長官自辟僚屬的情況更趨普遍，嶺南奏辟與差攝官吏的冗濫，也嚴重擠壓到當地官員的闕額。因此對南選的維續時間或實施地域，都不能有過高的評估。



### （二）南選的地域局限

#### 1. 南選的實施範圍



唐代南選的實施地點，多集中在以土民爲主要人口結構的黔中、嶺南地區，其間江南、淮南等地雖曾因水旱灾“遣選補使即選其人”①，但實施的次數不多，很可能衹是因應天灾後的短暫措施。福建的泉、建、福三州也有施行記録，但因史書記載簡略，很難據以瞭解詳細狀況，本文因此以史書記載最爲清楚的嶺南爲討論對象。② 南選是否在嶺南各地一體通行？到目前爲止，一般學者都持肯定的態度，其主要根據是高宗上元三年（676）“以嶺南五管、黔中都督府得即任土人，而官或非其才，乃遣郎官、御史爲選補使，謂之南選”這條資料，以爲高宗朝時南選的落實範圍已經涵蓋了整個嶺南地區。筆者以爲閱讀這條史料時，若與下條記述一并考慮，可能會得到不同的結論。其文載云：

> 大足元年七月二十九日敕，桂、廣、泉、建、賀、福、韶等州縣，既是好處，所有闕官，宜依選例省補。③

這條敕文頒布的時間（大足元年，701 年）距離上元三年委派南選使至嶺南銓選已有二十餘年，時間雖不算短，但能否取代長期以來由土豪酋把持地方職官的局面，實在令人懷疑。除此之外，《開元户部格殘卷》也收録了一條同年（大足元年，701 年）的記

① 《新唐書》卷四五，第 1180 頁。

② 唐宋史書在提到南選時，一般多以嶺南、黔中并舉，涉及個别州府的記事則集中在嶺南廣、桂、韶、賀、容、潮六州。至於記有福建選補的衹有大足元年七月二十九日及貞元三年十一月十日兩條敕令，由此可見福建實施南選的時間應比嶺南短、範圍也更小，其影響也遠不如嶺南。

③ 參見《宋本册府元龜》卷六二九。

事，内中明載“省選之人”直到此時都還處於“無几案”的無事、無權狀態。① 因此筆者認爲這條敕文應是上元三年詔敕後的進一步規定，特别把位處海、陸交通要道上人口數目多且經濟發展較好的桂、廣、賀、韶、泉、建、福七州挑選出來，列爲“好處”，强制將七州闕官列入南選，不再任由統州長官或土人豪酋壟斷地方官員的出任。

亦有唐史學者根據此條史料中有“省補”二字，主張這是嶺南四州列入北選的開始。四州之外的其他州縣，則繼續實施上元三年以來的南選銓官。② 筆者在比對各書敘述後，認爲大足元年敕文雖有“依選例省補”字樣，但如果據此就認定桂、廣、賀、韶已經改爲北選，顯與隨後之記載矛盾。

首先，如前所述，天寶十三載（754）時朝廷曾以“嶺南州縣，近來頗習文儒”緣故，特别下敕，讓無功名之白身在選補前先以易便的考試方式取得諸色鄉貢資格；又進而要求前資官及常選人必須具備詞理兼通、才堪理務的能力，纔能“任北選及授北官”。此項詔令之頒布距離大足元年已有五十三年，如果真似學者所言，廣、韶四州早已實行北選，天寶十三載的敕文理當不會出現。筆者據此大膽推測，大足元年敕文所稱之“選例”，未必是北選之下的銓注擬官，很可能所指爲上元三年以後的南選選例。姑且不論早在貞觀十八年之敕文，可能已將南選出身者稱爲“省選之人”，如果再考慮到高宗朝後嶺南選人的出身、經歷與選數都須經過“簿書申省”，省司也勘應了選人的曹名與考第，那麼既然廣、韶諸州的官闕與選人應勘都經過吏部的考核程序，與以往土豪家族視地方官職爲禁臠相比，此處稱之爲“省補”亦無不可，不見得非指“北選”不可。

其次，依照《册府元龜》玄宗開元六年九月敕文記載，當時一般嶺北州及黔府管内州的參選人文解，是每“州”同一解發送京師，與嶺南地區的每“府”同一解情況不同。此處所稱之“府”，應是高宗永徽年後嶺南改置的廣、桂、容、邕、安南五府（即一般所稱之嶺南五管或五府經略），各府之下分别統領十數或二十餘州，改州爲府，發解選人的涵蓋地域當然比嶺北諸州大得多。之所以出現這項改變，應是考慮到嶺南的參選人數少，如果每州都要爲少數人發解，衹會徒增煩擾，不合於行政效益，因此纔總合諸州於一府解送。作者將開元六年與大足元年七月的敕文做一比較，發現高宗衹把桂、廣、賀、韶四個“好州”特别挑出來實施省補，玄宗朝後的南選參選人却改由五府送解，顯然參選之人不再限於四州；如果再參照天寶十三載敕文所記“如有願赴京者，亦聽。其前資官并常選人等，有詞理兼通，才堪理務者，亦任北選及

① 《英藏敦煌社會歷史文獻釋録》第5卷《敦煌文書S1344開元户部格殘卷》記載：“嶺南土人任都督刺史者，所有辭訟，别立案判官。官司補人，竟無几案……”

② 王承文：《唐代“南選”與嶺南溪洞豪族》，《中國史研究》1998年第1期。戴顯群：《唐代的南選制度》，《福建師範大學學報（哲學社會科學版）》1998年第3期。

授北官"① 一并推斷，南選地域的擴大可能要晚至玄宗朝。對於少數表現優异的選人及前資官，朝廷也僅以消極的態度"亦聽"其參加北選，或"亦任"爲北官，敕文内完全看不出有强制四州選人參加北選的規定。或許由於上述四州的經濟與文化發展特别突出，在此之前已有不少選人改由北選來任北官了，因此一般學者纔會誤認四州在大足年間已經改爲北選。爲了進一步證實筆者的看法，下文將以唐代嶺南科舉狀况作爲各州文化發展的觀察指標，借以説明嶺南文化發展的高度失衡對於銓選注官的影響。

2. 嶺南科舉與銓選

科舉是唐代讀書人進入仕途的"正途"，由此出身者，將能獲致更好的前程，因此吸引士子競相投入科舉。在嶺南科考史料相對缺乏的情况下，觀察各州的中舉人數，也是一種探討人文發展地域差异的較好方式。筆者依據《登科記考》統計，在唐近三百年間，嶺南進士及第者僅有十人②，其間韶州以三人位居第一，桂州有二人，廣、高、封、愛、交州則各有一人。③ 如果把明經一并列入，按照兩廣方志的統計④，及第者增爲三十八人，高宗朝一人，武后朝二人，其餘三十五人都在玄宗朝以後纔登科，人數的分布與唐代科舉發展進程、亦聽南人北選的時間基本一致。其間出於廣州者有十二人，韶州九人，兩地合計二十一人，超過總數之半。（參見表一）



---

① 《宋本册府元龜》卷六三〇，第 2028 頁下。

② 本文所叙之唐代嶺南道管州并不包含連州。根據《太平寰宇記》記載，"連州在貞觀中屬江南道，開元、天寶中劃屬嶺南道，乾元後屬湖南管"。連州屬於嶺南管州的時間很短，雖然《輿地紀勝》記其"大曆三年又屬廣州"，可是《元和志》仍將連州置於江南道下，由此可見不是《輿地紀勝》記載有誤，就是連州改屬廣州的時間很短，因此本文在統計唐代南選人數時不包括連州。宋朝以後，連州因"據嶺及洭水言之，合屬嶺南道"，一直劃屬廣南路，本文後半部關於宋代的討論，纔涵括連州。

③ 本文依據徐松撰，趙守儼點校《登科記考》（中華書局 1984 年版）的内文及附考統計。唐代嶺南道進士及第見諸記載者，計有韶州 3 人（張九齡、張九皋、張仲方），桂州 2 人（曹鄴、趙觀文），廣州（鄭愚）、高州（馮煜）、封州（莫宣卿）、愛州（姜公輔）與交州（廖有方）各 1 人。進士人物顯有遺漏，本文之關注焦點在科舉人物的地域分布，因此姑列於此作爲參考。

④ 另據謝啓昆《廣西通志》卷六三記載，嶺南西部則有進士 8 人（《續修四庫全書》卷六七七《史部・地理類》，上海古籍出版社 2000 年版），加上廣東 30 人，嶺南共有進士 38 人。本文采用的《廣東通志》《廣西通志》雖非唐宋作品，但對於兩朝科舉史料搜羅頗爲完整，中舉之人名籍亦十分清楚，時間也貫穿整個唐宋時期，非《登科記考》或正史各列傳所能相比。内容雖可能小有訛誤，但考慮到本文采用兩書衹在説明嶺南各地文化發展的差异，記載出現的小差异并不影響對整體局勢的觀察，因此仍以兩書統計作爲分析的基準。由於清代廣東與廣西省的統縣與唐宋不同，本文既以唐宋爲題，故對各州科舉之統計，概以唐嶺南東、西道及宋廣南東、西路所轄州郡爲準。〔清〕阮元：《廣東通志》卷六六，《續修四庫全書》卷六七〇《史部・地理類》，上海古籍出版社 2000 年版。

**表一：唐代嶺南道科舉人數統計表①**

| | 廣州 | 潮州 | 韶州 | 循州 | 高州 | 封州 | 康州 | 桂州 | 昭州 | 藤州 | 白州 | 愛州 | 總計 |
|---|---|---|---|---|---|---|---|---|---|---|---|---|---|
| 人數 | 12 | 2 | 9 | 2 | 1 | 3 | 1 | 2 | 3 | 1 | 1 | 1 | 38 |
| | 30 | | | | | | | 8 | | | | | |

**資料出處：**阮元《廣東通志》，謝啓昆《廣西通志》。

廣、韶州在嶺南科舉上能有如此突出表現，應與兩州特殊的地理區位及優越的經濟發展有密切關係。廣州是中古時期通往海外的最大貿易港口，人口衆多，商業興盛；韶州則位處長江流域進入嶺南的主要交通大庾嶺道要口。兩處皆因地居交通樞紐而經濟繁榮，與中原之頻繁往來也促進了文化的同質性，《太平寰宇記》稱贊兩地“文通經史，武便弓弩；婚嫁禮儀，頗同中夏”②。由此可知，兩地的土俗色彩較少，接受漢文化程度高，因此在進士科舉上的表現也遠較他州突出。韶州在經濟發展上雖不及廣州，但文風頗盛，被譽爲“嶺海千年第一人”的賢相張九齡，就出自韶州③，除此，禪宗五祖慧能也曾在韶州曲江曹溪説法三十年，這些都對當地文化發展有很大助益。唐代以後隨着江南農業經濟地位的躍升，中國經濟的發展軸綫轉而偏向東部，江西通往廣州的大庾嶺道在張九齡兄弟拓寬後，交通更爲利便，廣、韶間驛路遂成爲南方最重要的通海大道，兩州的重要性也因此有增無減。

至於地理位置比較偏西的桂、賀兩州，在科舉人數表現上雖遠不及廣州、韶州突出，但因地處越城嶺道與萌渚嶺道南口，由中原南來，經長江入湘水，再循湘江支流而上，即可進入西江流域，早在秦代就已成爲北方王朝通往嶺南的兩條主要交通路綫。玄宗朝後，大庾嶺道拓築成功，萌渚道的重要性也逐漸被東鄰連、郴州路取代，經濟發展遠不如前。雖然秦漢以來累積的經濟實力，仍讓其列名於南選四州，在科舉上的表現却十分寥落。至於其他地區的文化發展狀況，根據表一統計，在唐代嶺南道統轄的七十三州中④，衹有十二州出現過進士，衹占本道總州數的六分之一，而其餘六十一州在唐近三百年國祚中，都無科舉人才産生。文化發展的嚴重失衡與科舉人才稀少，應是玄宗朝

① 本文所叙之唐代嶺南道管轄州縣不包含連州。宋太宗以後，因爲“據嶺及洭水言之，合屬嶺南道”，將連州改屬廣南路，自此之後未再改動。因此本文討論唐代的部分不包含連州，本表的統計也不包含《廣東通志·選舉表》所記的連州唐代科舉7人。後文宋代之討論與統計，則涵蓋連州。

② 參見《太平寰宇記》卷一五七《嶺南道一·廣州·風俗》所記。另，同書卷一五九記載韶州的風俗，也是“同廣州”。

③ 據《新唐書·宰相世系表》及《曲江集》記載，韶州張氏家族在唐代共有7人科舉及第，其間除張九齡、九皋兄弟外，尚有九齡伯父張宏雅，以及張仲方、張仲孚（九皋孫）、張紹儒、張忠（仲孚孫）等。

④ 《新唐書》卷四三上《地理七上·嶺南道》，第1095頁。

前南選衹能局限在少數州縣，以及南人難以參加北選的另一重要原因。

由以上論述可知，唐代嶺南各州的文化發展極不平均，衹有廣、韶兩地在科舉上表現特别突出，不但成爲最有條件實施南選的地區，也是日後較能穩定施行吏部選授的兩州，至於其他州縣的社會、文化發展，直到中唐以後都還很難達到南選的程度。例如：敬宗時，名列嶺南五管之一的容州曾想要“依例比選”①，以及文宗開成年間，具有魚鹽與通海之利的潮州，也想列入“吏曹注官”，結果都難以落實。廣、韶兩州雖已納入吏部選授，銓選注官依然面臨着重重困難，個中原委，嶺南節度使盧鈞分析得極爲透徹：

> （開成五年）十一月，嶺南節度使盧鈞奏當道，伏以海嶠擇吏，與江淮不同，若非諳熟土風，即難搜求人瘼。且嶺中往之弊是南選，今之弊是北資（選）。臣當管二十二州，唯韶、廣兩州官僚，每年吏部選授。道途遐遠，瘴癘交侵，選人若家事任持，身名真實，孰不自負，無由肯來。更以俸入單微，每歲號爲比遠，若非下司貧弱令史，即是遠處無能之流。比及到官，皆有積債，十中無一肯識廉耻。臣到任四年，備知情狀，其潮州官吏，伏望特循往例，不令吏部注擬，且委本道求才。若攝官廉慎有聞，依前許觀察使奏正。事堪經久，法可施行。敕旨依奏。②

追求光明前途與更好的生活條件，不論任何時代都是人類的願望，這也是嶺南選人不畏艱苦、千里赴選的重要原因。一般而言，能參加吏部銓選者衹限於少數杰出士人，其餘大量南人子弟衹能經由其他途徑入仕，而留在本道發展。③ 自然環境的惡劣，促使優秀人才的外流，一般人對於嶺南蠻荒、瘴癘交侵的既定印象，也同樣讓嶺北選人裹足不前。由上述引文來看，直到唐代後期就算在經濟、文化發展俱佳的廣、韶兩州，經過吏部銓選而至者，仍然是“下司貧弱令史”以及“遠處無能之流”。嶺南的選官發展至此，也衹能走回初唐的老路了。

缺乏合格的地方官員，是唐自建國以來嶺南地方行政一直未能妥善解决的嚴重問題。高祖、太宗兩朝延續南北朝舊例，以土豪酋子弟充任地方官員，既達到安撫遠人的

---

① 依照《宋本册府元龜》卷六三一記載，敬宗寶曆二年，容管經略使曾奏請依四州例“比”選，不過《唐會要·南選》對此却記爲：依四州例“南”選。兩者有一字不同，由於《宋本册府元龜》版本最早，叙事也最完整，此處以《册府元龜》爲準。

② 參見《宋本册府元龜》卷六三一所記。《唐會要》《全唐文》《宋本册府元龜》對此條之叙述幾乎完全相同，衹有在“且嶺中往之弊是南選，今之弊是北資（選）。臣當管二十二州”這一記載上出現了“北選”“北資”之差，筆者采信《元龜》及《全唐文》所記，以“資”字解。

③ 唐代任官有籍貫的限制，依規定“不許百姓任本貫州縣官及本貫鄰縣官”，但可留在本道任官。詳見《宋本册府元龜》永泰元年七月及憲宗元年和三年詔令。

目的，又能解決地方治理問題，暫時減緩了嶺南委任官吏的難題。貞觀十八年後，隨着帝國强大與羈縻州府系統建立，邊疆之地也逐漸納入王朝版圖，一種既能籠絡南人又能收權中央的南選制度乃逐漸成形。不過在龐大土豪勢力影響下，這項制度可能要到大足年後，纔有條件在部分州縣落實。高宗先將南選的官闕及對選人勘應權任收回吏部，至德宗朝又進一步要求獲選官員必須親赴京師團奏、取告身。不過這項舉措不但嚴重違反歷史慣例，也直接影響到南人的參選意願；在北官不願南來、南人又無法千里赴京的兩難形勢下，嶺南終於落入無合格官吏可用的困境，這就是文宗開成五年嶺南節度使盧鈞所言“嶺中往之弊是南選，今之弊是北資（選）”的真正意思。

德宗朝新增的兩項南選程序，雖然能減少不合格官員的選任，但較爲嚴格的銓選手續與選人奔波千里的辛勞，并不是簡單的“不納文狀，限其狀直送吏部曹，不用都司”等恩例可以解決的，嶺南的選官因此難再持續下去。從穆宗朝起，南選就有過停選的記録。① 大和三年（829），文宗又再針對“遠路行李，未免勞人”問題，下敕暫停嶺南選補，當處人才之舉用，則任由統州長官“宜委推擇”，待兵息事簡後，纔再“續舉舊章”；五年（831），又敕權停；七年（833），再停一二年。開成二年（837）續停三年；四年（839）又以選補撓動遠情理由，將停罷多時的選補更停五年。② 文宗在位僅十四年（827—840），就有五次停止選補的記録，自此之後史書也再無任何關於南選的記載，因此筆者有足够理由相信，南選自文宗大和三年後，就已然停廢。直到唐朝滅亡以前，嶺南除了廣、韶兩州仍能維持吏部銓選外，其餘州縣受到唐後期政局動亂及中央威權快速衰退的影響，統州長官職權更爲擴大，州縣令佐不由吏部注擬而委諸本道求才，權攝官泛濫，都已是很普遍的狀況。

### （三）嶺南州縣多攝官

州縣官吏良窳，是王朝統治地方成敗的關鍵。嶺南遠處南方荒陬，既然合於條件的北方選人不樂南仕③，衹能以其他方式選用本地人爲官。南選雖是解決問題的好方法，可惜迫於形勢不能推行於全境，落實的時間也是“或廢或置，不常其任”④。在需官迫切、遠路選補又難免勞人的形勢下，衹好沿襲舊例，由“廉使宜委推擇”當地之

① 按照《唐會要·南選》載，穆宗長慶二年（822）正月曾詔令“權停嶺南、黔中今年選補”。

② 《宋本册府元龜》卷六三一記載：“（開成）四年正月，吏部奏嶺南五管及黔中道選補，准元和十年九月二十九日格，五年一集，至選前一年，南曹先牒五管等道催索文解。又准大和五年三月十八日敕權停，今欲准格檢舉排比，伏請裁下。詔曰：兩道選補使，停罷多時，極爲利便，隔年舉奏，撓動遠情，宜更停五年。”

③ 《宋本册府元龜》卷六三一記載，開元四年，一些管蠻僚州及黔州的州縣“官員多闕，吏部補人，多不肯去。成官已後，或假解，或從正，考滿得資，更別參選”。

④ 《宋本册府元龜》卷六二九，第2020頁上。

官吏。①《舊唐書·韓佽傳》即記載文宗朝韓佽出爲桂州觀察使時，在所領桂管二十餘郡中，“州掾而下至邑長三百員，由吏部而補者什一，他皆廉吏量其才而補之”②。這種由統州長官或刺史推擇的地方官吏，從雜色入流③甚至流外出身的攝官恐怕不少，因而形成地方吏治的一大弊病。也難怪文宗在停止嶺南選補後，就曾在詔書中有“假攝之官，皆授里人，至有胥賈用賄，求假本府令録，裒斂剥下，而又恣其喜怒，以報己私”④ 之語。《全唐文·懿宗·大赦文》也叙述了觀察使奏辟之監州官，多爲本地土豪與雜色出身人士的情況：

> ……邕、容、桂、廣等道管内刺史，每州皆管三縣，人户不少，其間選用尤要得人，訪聞本道觀察使所奏監州官，多是本土富豪百姓，兼雜色人，例皆署爲本道軍職，或作試銜，便奏司馬權知軍州事，既不諳熟文法，又皆縱恣侵欺，多取良家以爲奴婢……⑤



桂州，有唐一代都是中央派遣南選使的駐地，文風之盛不但爲嶺南西部第一，也是經濟發展較好的州郡，但在觀察使統轄的二十餘郡中，州縣上佐由吏部選補者，也衹占了十分之一。本地富豪及一般雜流以試銜、權知名義，先就任攝官，數年之後即可憑勞績循例補正，進入品官之流。這種仕途捷徑雖不是嶺南所獨有，但由當地自行辟用屬官、以攝官權知的普遍情況來看，地方長官舉用州縣官吏的權力，與北方之跋扈藩鎮相比，也毫不遜色。

唐代的地方職官系統，經過秦漢以來的長期發展，已經相當完整。在州層級方面，除首長刺史外，佐官尚有别駕、長史、司馬以及録事參軍和司功、司户、司法等六曹參軍；縣則有縣令、縣丞、縣尉及主簿等⑥，再加上等倍以上的胥吏，官員數目相當龐大。唐代嶺南一直存有闕官嚴重的問題，如果不允許流外出身人士充任地方官吏，在北官不願南來的形勢下，地方管理階層很可能出現斷層或空洞化危機。爲解决這項困難，唐朝前期就已經允許統州首長以奏辟、辟署的方式“差攝”僚佐或州、縣

① 《宋本册府元龜》卷六三一《銓選部三·條制第三》載：“大和三年二月敕，嶺南選補，雖是舊制，遠路行李，未免勞人。當處若有才能，廉使宜委推擇……”

② 依《舊唐書》卷一〇一《韓佽傳》記載，韓佽在文宗大和九年四月以給事中爲桂管觀察使。

③ 唐代後期，雜色入流、門蔭及明經是中下級官員的三個主要來源，縣令等地方官多以此爲主。參見劉後濱《論唐代縣令的選授》，《中國歷史博物館館刊》1997 年第 2 期，第 55 頁。

④ 見《宋本册府元龜》卷六三一“文宗開成四年正月記事”。

⑤ 〔清〕董誥：《全唐文》卷八五，上海古籍出版社 1990 年版，第 392 頁。

⑥ 唐代中州、下州的六曹參軍不全置，衹依州縣大小酌設一至數員。縣的僚佐除縣丞、縣尉、主簿外，還有司功佐、司户佐、司兵佐、司法佐、司士佐等，一般也都不并置。

長官。① 這種"不關上聞，攝職可也"② 無需事先上奏即可差官權攝的舉官方式，至安史亂後又有更進一步發展，《全唐文·玄宗·幸普安郡制》就清楚記録了當時諸路節度、采訪、支度、防禦等使有"各任便自簡擇"州縣僚屬的權力。③ 一般學者多主張，這項政策祇是爲應付安史之亂的權宜措施，戰後不久，朝廷爲避免權力下移，就已詔令諸道長官必須及時申闕，禁止再任意差攝州縣官。④ 不過此項詔令却因"州縣屢空，首宰多闕"⑤ 緣故而無法落實，就長期嚴重闕官又廣行奏辟的嶺南而言，其實更欠缺禁止差攝州司、令丞的條件。直到德宗貞元年間，觀察使李復都還在上奏中說"南方事宜素异，地土之卑，上佐多是雜流，大半刺史見闕，請於判官中揀擇材吏，令知州事"⑥。顯然刺史由判官權知，州郡上佐（別駕、長史及司馬）由雜流出身的情況，仍如以往般嚴重。《唐會要·刺史上》之"開成四年三月"條即云：

> 嶺南小州，多是本道奏散試官及州縣官，充司馬知州事，不三兩考，便請正除，僥幸之門，莫甚於此。⑦



説明直到文宗朝，嶺南以不具出身的散試官充攝縣官、州上佐及判司情况⑧，仍然相當常見。這類由本道奏辟的攝官，祇需經過兩三考，便可請除正官。與一般選人相比，

---

① 賴瑞和先生認爲"唐代後期出現了一種稱爲'攝'的州縣官"，陳翔却主張州縣攝官在唐前期已經出現，筆者傾向後者之説法。詳見賴瑞和《論唐代的州縣"攝"官》，《唐史論叢》第九輯，第66~86頁；陳翔《唐代中央與地方關係研究——以三類地方官爲中心》下編《唐代州縣攝官》，武漢大學2010年博士學位論文，第68~98頁，現已收録於《陳翔唐史研究文存》，臺灣花木蘭文化出版有限公司2013年版。

② 〔唐〕杜牧：《樊川文集》卷一四《唐故銀青光禄大夫檢校禮部尚書御史大夫充浙江西道都團練觀察處置等使上柱國清河郡開國公食邑二千户贈吏部尚書崔公行狀》，上海古籍出版社1978年版，第207~211頁。

③ 《全唐文》卷三六六《玄宗·幸普安郡制》載："其諸路本節度采訪支度防禦等使虢王巨等，并依前充使。其署官屬及本路郡縣官，并各任便自簡擇，五品以下任署置訖聞奏，六品以下任便授已後一時聞奏。"

④ 詳見寧欣《唐代選官研究》第四章第一節、第二節所述。

⑤ 王欽若編纂，周勛初等校訂《册府元龜校訂本》之《帝王部第六八·求賢第二》載："代宗寶應元年九月詔……自頃中原多故，汔未小康，州縣屢空，守宰多闕。攝官承乏者，頗無舉職之能。懷才抱器者，或有後時之嘆。"由於《宋本册府元龜》自卷六九起至卷一二八闕佚，本處文字采用以明版校訂之《册府元龜校訂本》。

⑥ 《唐會要》卷六八《刺史上》，第1202頁。

⑦ 《唐會要》卷六八《刺史上》，第1208頁。

⑧ 李錦綉：《唐代制度史略論稿》第一部《唐代"散試官"考》，中國政法大學出版社1998年版，第198~210頁。

這不但省免資歷勘核及參選的麻煩，磨勘也由四考縮短爲兩考、三考①，仕進之途簡省、加快許多。這也是前文所叙開成五年嶺南節度使盧鈞奏請潮州官吏"若攝官廉慎有聞，依前許觀察使奏正"的最好注脚。厦門大學年輕學者陳翔即指出，唐代中央在落實"禁止散試官攝州縣奏正"政策上，對嶺南一直是采取比較寬鬆的做法②，筆者以爲這項説法完全可以成立。

盛唐以降，嶺南杰出人才多已轉投科舉或參加北選，南選銓官條件又愈趨嚴格，多數無法由正常途徑出仕的人士，衹好寄望於本地流外職及攝官。諸道長官辟舉及任意差攝州縣官的權力增强，必然嚴重影響南選使的銓官。由此可以推知，唐朝中期以後的南選實施範圍雖然較以往有所擴大，但官闕在大量攝官的壓縮下，南選銓官的必要性也降低許多，這應該是文宗大和年後南選屢次詔停終致廢止的另一原因。如果我們依然認定唐代南選是一項行之多年的普及性措施，可能會與當時、當地的實際發展有所抵牾。

## 二、中央集權下的宋代二廣南選





唐代後期的藩鎮割據是王朝滅亡及五代十國戰亂的主要原因，有鑒於此，趙宋取得天下後，即力行中央集權。在"權歸中央"思想主導下，朝廷先差遣京朝官出任地方知州、通判及知縣，取代原先藩鎮自署的職官；開寶四年（971）再下詔禁止諸道州縣繼續差用攝官，各地"凡有闕員，晝時以聞，當旋與注官。若正官未到，各以見任他官權管"③。此法立意雖然良善，但在中州人士無意至此任官的情况下，實與空談無异。若能汲取前朝實施南選的經驗，兼顧中央與地方之不同需求，不失爲解决問題的好方法，因此宋代建立了由當路轉運司銓注的八路差官制及南選攝試、南選攝官三項制度。依照《嶺外代答》所叙，這些制度的産生背景與唐朝一樣，都是肇因於二廣（嶺南）"去朝廷遠，士夫難以一一到部，令漕司奉行吏部銓法，謂之南選"④。兩朝雖都同稱"南選"，但不論制度内容、施行方式或實施地區都有很大差异。首先，唐代的嶺南銓選率由中央委派之選補使擔任，兩宋則改由當路轉運使（漕司）執行銓注。其次，宋代之南選通常與"攝官""攝試"兩詞合并出現，顯見宋代的南選已擴及層級更低之攝官。除此之外，唐代施行南選的地域比較廣，曾經包括嶺南、黔中及福建等經濟發展相對落後的地區。宋朝所稱之"南選"，則特指行於廣南東、西路的銓官制度。此外，隨

---

① 《新唐書》卷四五《選舉志下》，第1173頁。

② 陳翔：《唐代中央與地方關係研究——以三類地方官爲中心》下編《唐代州縣攝官》，武漢大學2010年博士學位論文，第68~98頁。

③ 四川大學古籍整理研究所標點校勘、"中研院"史語所兼任研究員王德毅教授校訂：《宋會要輯稿·職官·攝官》"開寶四年正月"條。

④ 〔南宋〕周去非著，楊武泉校注：《嶺外代答校注》，中華書局1999年版，第166頁。

着中央統治的深化與廣南經濟、文化環境的改變，吏部差官的範圍也逐步擴大，一些原由漕司試攝的官闕，也逐漸被朝廷收回，至南宋後期還能維持以攝官出任縣令、尉丞的地區，大概已退至更爲惡弱偏遠的深廣縣份。

### (一) 宋代南選①

宋開寶四年 (971) 南漢後主劉鋹來降，嶺南劃入趙宋版圖，唯南唐、吴越及北漢仍然分立南北，太祖實無多餘心力關注嶺南行政，於是采取三項權宜措施解決當時問題。(1) 令吏部銓選荆襄以南州縣年未五十者，爲諸州通判，得携族之官。(2) 送南漢舊官僚至學士院試書判，稍優者授州縣上佐、令録、簿尉。(3) 州縣如有闕員，差前資官承攝，三攝無曠敗者，報請朝廷除正。② 攝官冗濫、任用不依法制，是嶺南多年來長官自辟僚屬導致的結果，趙匡胤爲了安撫人心及緩解地方嚴重闕官形勢，也衹得承續往例，將行之有年的寬鬆選官方式予以明文之規範。

太宗統一全國，除舉行貢舉擴大官僚規模外，也對二廣以嶺北人士爲通判及差遣攝官的“非其人”現象提出檢討與規範。《宋會要輯稿・職官六二・攝官》記載：

> (太宗) 雍熙四年六月詔：“向者嶺南闕官處，權以攝官處之，而多非其人。自今并令試問吏理，及察驗人材行止，稍有可取，即選用之。三年無遺闕，送赴京，當與出身叙録。仍不得於外增添差攝，每攝須及一周年已上，理爲一任。如經三攝有勞績，無殿犯，方得奏解赴闕。候到，試問所業淺深，引見量材録用。如嶺北人到彼見差攝勾當者，委本州長吏常須察訪，在任有逾違者，差人押過嶺北，歸本屬州縣。今後北人過嶺南者，不得更有差攝。”③

詔書中明白規定，選用攝官必須先經過“吏理”考試，有可取之處纔得入選，這是對開寶年間“試書判”的延續；至於規定攝官一年爲一任，三任有勞績而無過犯者，方可取得奏解遣發赴部，由中央量材録用，也是遵循以往“三攝無曠敗者，報請朝廷除正”的舊法。其與開寶詔文的最大差异，是對攝官籍貫采取更嚴格的限制，明確規定此後非二廣籍的“北人”(五嶺以北之人)，不得再充任攝職。這可説是對廣南子弟政治權力的明文保障。

由於雍熙四年 (987) 詔書對本管差攝的闕官數額并無明確規定，可能造成二廣攝

① 唐代南選的地區包括嶺南、黔中及福建；宋代雖實施八路差官制，但史書常把川、廣的銓官特别提出來説明其特殊選舉狀況，而“南選”一詞也成爲二廣注官的專有名稱，不再涵蓋四川地區。

② 〔元〕脱脱等撰：《宋史》卷一五八，臺灣鼎文書局 1978 年版，第 3697 頁。

③ 《宋會要輯稿・職官六二・攝官》。

官人數失控及官吏素質的降低，因此在詔令頒布四年後（淳化二年，991 年）朝廷再度下詔“令兩路各於攝官内選留二十五人以備承乏，餘悉放歸田里”①，初步限定了攝官的員額。真宗時，又應權三司户部判官黄宗旦之請，把轉運司試補的權力收回，規定各州府所有闕官“自今更不得解送入轉運司乞行試補”，轉由中央銓司“差廣南本土人見在諸處守官及鄉土相近者充填”②。銓官對象雖然還是二廣人，但以數目有限的二廣合格官員填補偌大官闕，衹能説是個不切實際的理想，因此在詔下隔年（真宗乾興元年，1022 年）就以少人注擬理由，重又恢復舊制，再令“廣南東、西路依舊差補攝官”③。仁宗朝端州刺史包拯就曾上書稱“嶺外遐僻，憚其地遠”，無人注擬，以及“其十數年無正官處，并差土人充攝官”，充分顯現了廣南對於攝官的迫切需求。④ 爲能繼續選用攝官又同時提升本地官員素質，仁宗皇祐年間（1049—1054）的“南選試攝”制度於是出現。

1. 南選攝試

仁宗實施南選攝試的情况，《宋史》僅有簡單之記事，所幸《嶺外代答》與《宋會要輯稿》兩書有較詳細的記録，足爲本文之參考。據《宋會要輯稿》記載：



> 權發遣昌化軍李康臣奏。皇祐廣南東、西路通行敕節文：應闕官處許轉運司差攝官。臣契勘二廣舉人兩舉到省試下，家貧親老，無以贍給，即就本路轉運司試刑法、敕令格式、斷案五場，考中者補爲南選攝官，乃祖宗優异遠方，永爲不刊之典。⑤

自此之後，對廣南士人出任攝官，除規定必須是二廣籍貫外，還要具備“兩舉到省試”的資格，通過包含刑法、敕令格式及斷案五場在内的考試，試中者纔由漕司補爲南選攝官。這項舉措既能兼顧土人的任官優勢，又可保證攝官的基本文化水平及處理行政事務的能力，可説是太祖朝以來的一大進步。

---

① 《宋會要輯稿·職官六二·攝官》。

② 《宋會要輯稿·職官六二·攝官》載：“（天禧五年，1021 年）十二月，權三司户部判官黄宗旦言：前在廣南西路提點刑獄，見轄下攝官頗多不法。况遠方之民，冤枉難訴，所置攝官殊無所益。乞除見任及自來不合差使去處爲闕官權差勾當者，候三十六個月滿，别無遺曠，令轉運司依舊制解來赴銓外，其餘已受世補及隨軍充使文牒、未經差使者，并放逐便。仍乞不抽已受文牒，許令鄉曲稱呼。其逐州府自今更不得解送入轉運司乞行試補，所有闕官處，下銓司差廣南本土人見在諸處守官及鄉土相近者充填。從之。”

③ 《宋會要輯稿·職官六二·攝官》“真宗乾興元年十一月記事”。

④ 詳情參見〔北宋〕包拯撰《孝肅包公奏議》卷三《請廣南添差職官》，中華書局 1985 年版，第 38 頁。

⑤ 詳見《宋會要輯稿·職官六二·攝官》。

南選攝試，以通過"兩舉到省試"作爲補官的基本門檻，固然是提升官員素質的好方法，但對舉業不盛的二廣士子而言，其難度直與登天無异，朝廷必須在既有的科舉制度上做些與之對應的配合措施，以協助士人通過解試，獲得參加省試資格。宋代的科舉，在唐朝解試及省試上又增添了殿試，成爲三級考試制度。解試的實施方式，也由唐朝單純的州試，擴充爲國子監試、開封府試、州郡試及各種别頭試（包含鏁廳試、漕試、牒試、諸路和國子監試）① 等多項類别。應舉之士人必須通過其中一項解試，取得解額資格後纔能參加省試。各項考試中，以在全國州、府、軍貢院舉行的州郡試參加舉子最多，中試比例也最低②，對科舉之業尚不嫻熟的二廣士人而言，更是難上加難。即使僥幸在州郡試中勝出，也不易在省試終場，跨過科舉之門，朝廷爲此特别在兩地實施"漕試"來解决問題。漕試的對象，起初衹限於"西川、廣南罷任官，有侍行子孫歸本貫取解不及"與"見任在本鄉守選待闕者"。③ 但因漕試録取率高，取得解額比州郡試容易得多④，一些官員子弟爲求擠進省試窄門，"往往捨鄉貢而圖漕牒"⑤，冒籍參加偏遠地區的解試，逼得朝廷不得不嚴加審核應試人本貫以及縮小親等範圍。⑥ 即使如此，直到南宋覆亡前，牒試冒濫的現象仍是屢見不鮮，朝廷也衹是不斷消極重申"嚴保官批書之法"⑦，未再縮小參考者資格。顯然朝廷所欲禁絶的，衹是非本地的"冒貫者"，對於出身本地的官員親戚以及非本貫而在當地爲官的子弟，都在優遇之列。如由當時一般人對嶺南瘴鄉的惡劣印象及不樂南仕情況來看，參加二廣漕試的成員，可能還是本地籍貫的官員子弟居多。歸根究底，"漕試"其實就是一個協助嶺南人士獲取省試機會的捷徑，是一項對當地人的特殊優遇。

---

① 所謂"别頭試"，是指考試時主試官和本地官吏的子弟、親戚及門客都必須回避，另派考官、别設場屋進行考試，名義上是爲避免舞弊而置，其實也有優待官員子弟的效果。

② 參見裴淑姬《論宋代科舉解額的實施與地區分配》，《浙江學刊》2000 年第 3 期。

③ 《宋會要輯稿・選舉・新科明法・發解》。

④ 根據《宋會要輯稿・選舉・新科明法二・發解二》記載，（仁宗景祐）四年二月十一日，詳定科場條貫所言："直集賢院賈昌朝奏，諸州舉人親戚守任在本貫、遠地官僚子孫在任處、發解官親戚三等舉人，乞今後并申轉運司類聚，别差官考試，每十人解三人。"可知漕試有百分之三十的極高録取率。

⑤ 〔南宋〕洪邁：《容齋隨筆・四筆》卷八，《四部叢刊》本，上海書店 1984 年版。

⑥ 《宋會要輯稿・選舉一六・新科明法・發解》載："（孝宗乾道）四年正月十九日，詔臣寮集議牒試冒濫等事，將舊法删修，立爲成法：應本貫川、廣而任别路差遣，或本貫别路而任川、廣差遣者，隨行本宗及异姓緦麻以上親願應舉，而無户籍，二千里外，許所在州投狀勘實，申送轉運司試。其武臣大小使臣以上，本貫川、廣任别路，及或别路任川、廣仿此外，止許牒親子孫。"

⑦ 詳見《宋會要輯稿・選舉・新科明法・發解》載，參加解試者必須"令召保官二員，結罪保明批書。如有委保不實，從貢舉申明，保官先降一官，然後勘罪"。另吴自牧《夢粱録》卷四《解闈》亦載："八月十五日放貢舉應試，諸州郡縣及各路運司并於此日放試，其本州貢院止放本州諸縣應舉士人，運司放一路寓居士人及有官文武舉人，并宗女夫等。"（廣陵書社影印清代《武林掌故叢編》本）

二廣士子在通過解試、取得解額資格後，即可參加省試。爲避免省試人數過於龐大及保證參試者水準，朝廷還實施嚴格制度來管控解試録取名額。北宋解額的分配曾有過兩次較大變動，不論是前期施行的“比例解額制”或真宗大中祥符二年（1009）以後的“固定解額制”，解額數目的分配多以“本州元額之廣狹、逐處文物之盛衰、科舉登第之多寡”① 爲基本原則。不過這也不是放諸四海的標準，二廣的狀況就與之背道而馳，除“赴試者少而解額寬”外，連羈縻州縣集中的左、右江溪峒地區，也有解額二名②；解額數目的分配，政治考量顯然占了很大比重。此外，趙冬梅依據司馬光所記嘉祐年間三次（1058 年、1060 年、1062 年）科舉及第的結果③，統計仁宗朝解額數與省試録取的比例（詳見文後附表），發現廣南東路的解額數有 258，省試録取比例爲51∶1；而廣南西路的解額數則有 164，録取率爲 164∶1，是全國省試比例最低者。造成此一异常現象原因④，曾任參知政事的歐陽修有極爲清楚的説明。《宋會要・科舉三・科舉條例》云：



> （英宗治平三年）今廣南東、西路進士，例各絶無舉業，諸州但據數解發。其人亦自知無藝，衹來一就省試而歸，冀作攝官爾。朝廷以嶺外烟瘴，北人不便，須藉攝官，亦許其如此。⑤

朝廷不顧“文物之盛衰、科舉登第之多寡”的基本原則，大幅提高廣西的解額率，顯然是基於懷柔遠人的政治目的。而這些經由漕試獲得解額的士子，并不精嫻於舉業，參加省試亦非志在得第，衹想借此獲得兩舉資格⑥，達到前述參加“南選攝試”的門檻。這些都是針對二廣人士設置的特殊待遇。

2. 南選攝官

二廣舉人衹要具備兩次赴京參加省試的經歷，即可至本路轉運司參加“試攝”。考試内容爲刑法、敕令格式及斷案五場。⑦ 中試後，漕司給公據，即可“服緑參南選”，

---

① 《宋會要輯稿・選舉一六・新科明法・發解》。

② 《嶺外代答校注》，第 168～169 頁。

③ 〔北宋〕司馬光撰，李文澤、霞紹暉校點：《司馬光集》卷三〇，四川大學出版社 2010 年版，第 726～727 頁。

④ 趙冬梅：《北宋科舉解額考》，《北大史學》1998 年第 00 期，第 223～235 頁。

⑤ 詳見《宋會要輯稿・科舉三・科舉條例》。

⑥ 據《宋會要輯稿・職官六二・攝官》記載，真宗乾興元年十一月詔，除“進士曾應兩舉”外，又有“諸科三舉”的規定。

⑦ 兩宋南選攝試的考試内容曾有幾次變化，但都不離刑法與斷案，是一種基於實用性考量的考試方法。

成爲莅民的“假版”州縣官，這就是宋人所稱的“南選攝官”。①

北宋二廣州縣舉用的攝官，在一般情況下衹要“三攝無曠敗”，即可請爲正官。升遷如此快速，容易因歷練不足産生諸多問題，因此北宋把南選攝官分爲正攝、待次兩級；南宋高宗紹興年後，再新增解發攝官一級，成爲三級制度。② 基本上，徽宗以前的二廣攝官升爲正命的時間，衹需兩任四年③；至三等攝官制形成後，待次攝官則須歷兩任無缺失，漕司纔發給公據印紙，升等爲正額攝官；正額又兩任而無過，漕司再解發吏部，補授九品之迪功郎④，即可出任主簿、縣尉或鹽稅官等職務。其仕途之快速順利，與一般胥吏出職動輒即需二十年相比⑤，確實不可相提并論，難怪周去非對於二廣“試攝”升遷快速的獨特現象十分感嘆，而有“夫二廣士子，少年得舉，即可補攝，數年而受真命，見次厚賞，資歷易深，升改甚捷，有官至正郎任數子者”⑥。依照《宋會要輯稿·職官》的記載，由漕司差注的南選攝官一般都是吏部銓注時限届滿而仍無人願就的“殘零”闕，纔轉發給漕司差注攝官。由此可知，“南選攝官”制度下的廣南攝官，不論晋用的職位或員額，都與正官一樣同受吏部的掌控，衹是把官員的選用權下放給漕司，由漕司在當地補攝而已。

廣南位處國家版圖邊緣，朝廷威權至此已是强弩之末，政令貫徹的程度遠低於中原，尤其一些與溪峒接鄰的“獨員管勾”的惡弱州縣，能够以正官闕掌州縣都屬不易，副官、下佐衹能以攝官充任。南選攝官，是朝廷企圖將二廣選任攝官納入制度化的一種嘗試，自此之後直至南宋末年，攝官數目雖然幾經變化，但以定額數目控制攝官冗濫的做法，一直施行不輟。衹是隨着時代推移及地方形勢的轉變，二廣各司攝官數目曾有二十五、三十、五十甚至百人以上的變化⑦；東、西兩路的數額也不盡相同，大抵而言，位置僻遠的西路員額，多於經濟文化發展較好的東路。試補攝官窠闕的權力，也歷經由本道漕司注攝、劃歸吏部銓注，以及由吏部與轉運司互使等幾次轉換。⑧ 而且至少在南

① 《嶺外代答校注》，第170～171頁。

② 依照《宋會要輯稿·職官六二·攝官》記載紹興五年瓊州教授鄔大昕言“（二廣攝官）祖宗朝，一路以二十五人爲額，號曰正攝……後又增二十五人，號曰待次。崇、觀以來，又增五十人，號曰額外。注授并由轉運司”。楊武泉先生推斷宋朝之待攝官三等制，大約形成於南宋紹興年間。

③ 宋代的攝官一般都是四年一任，兩廣地區依據《嶺外代答》的記述，“正額歷兩任無過則解發”，是解發前四年已兩任，故一任應爲兩年。

④ 《嶺外代答校注》，第170～171頁。

⑤ 《慶元條法事類》卷五二《解試出職》載：“都知兵馬使，每州補壹名，滿三年罷……自入役通計及貳拾年……”（臺灣新文豐出版公司影印本）

⑥ 《嶺外代答校注》，第170～171頁。

⑦ 參見《宋會要輯稿·職官六二·攝官》之三九、四〇、四四、四五、四八、五二及《嶺外代答·法制門·攝官》等所載。

⑧ 哲宗元祐元年，曾詔二廣窠闕吏部與轉運司互使。

宋以前，開立試補攝官窠闕的州縣，就已經依照地理位置及經濟發展程度，區分爲不同等級，并逐步把上、中等的攝官官闕收回吏部差注。這在《宋會要輯稿·攝官》"孝宗乾道六年五月二十五日"條有頗爲清楚之記載：

> 臣僚言：廣中進士兩舉於禮部者，舊法許從轉運司試補攝官。蓋緣祖宗朝仕宦者憚於入廣，所在闕官，因而廢事，兼廣中士人艱於仕進，故優爲此法……本部照會："二廣水土惡弱，自來有攝官專司。今據廣東轉司申，見管攝官以二十五人爲額，内窠闕元係上中下三等。内上、中等已准朝廷取撥歸部差注外，有下等一十九處，内五處荒廢外，有一十四處命官未必願就，乞依舊存留攝官。廣西轉運司申，見管四十五處内……乞從本司依現行條法差注。所有正額、待次攝官各五十員，今欲各留三十員爲額。其逐司議論互有不同，若依臣僚陳請盡罷攝官，即恐惡弱等處無人願就。今指定，欲依廣東轉運司所申，撥一十處窠闕歸本司定擬選人，小使臣依條使闕外，如將來出榜召官指射，限滿無願就人，依條再榜一季，又無官願就，却令本司注攝官。"從之。①





宋朝歷經百餘年努力，借由各項措施的逐步落實，一步步把二廣注官的權力收回吏部，終於在乾道六年（1170）下詔，兩年後并罷二廣銓試。② 唯據上文所叙，就在詔下結束廣南漕試的同年，孝宗依然同意把廣南東路的下等十四處官闕保留給試補攝官；而環境更爲惡弱的廣西，保留給攝官的名額更多，需正額、待次各三十名，作爲"無人願就"後的安排。顯然直到南宋後期，即使是文化發展較好的廣南東路，也無法全部納入正常的吏部銓注，更遑論僻處邊疆、土人勢力更爲龐大的廣西了。

### （二）八路差官下的二廣注官

宋承唐末五代衰敗，北有遼與西夏爲患，南境又有大理掣肘，王朝所謂僻遠地區，已由唐代的嶺南與黔、閩，擴及西、北兩面的川峽，遠州銓官的範圍更爲廣大。宋初，朝廷差注州縣官員實行遠近輪流的方式，一任爲近，一任爲遠，但因地方官員俸入有限，加以經濟文化差异等因素，一般選人皆以任官遠地爲懼。神宗爲解決中州士人不願至遠惡處就官難題，除持續以南選試攝方式在二廣選任攝官外，又於熙寧三年（1070）二月降《八路差官敕》，史書稱之爲"遠州銓"。遠州銓的實施始末，依照《宋史·選

① 《宋會要輯稿·職官六二·攝官》。

② 《宋會要輯稿·選舉·銓試》孝宗乾道六年五月二十五日載："朝廷嚴銓試之法，近却因緣作八路就廣中銓試。臣謂二廣銓試，可以并罷。或已試中而願就外差注者，聽就部射闕。"廣東西路銓試自乾道八年始并罷。

舉志》記載是：

川峽、閩、廣，阻遠險惡，中州之人，多不願仕其地。……既分川峽爲四路，廣南東、西爲二路，福建一路，後增荆湖南一路，始立八路定差之制，許中州及土著在選者隨意就差，名曰“指射”，行之不廢。①

其後又載：

神宗更制，始詔：“川峽、福建、廣南之官罷任，迎送勞苦，令其轉運司立格就注，免其赴選。”於是八路自常選知州而下，轉運司置員闕籍，具書應代時日，下所部郡衆示之。凡見任距受代半年及已終更者，許用本資序指射。有司受而閱之，定其應格當差者，上之審官東院、流内銓，審覆如令，即奏聞降敕。若占籍本路，或游注此州，皆從其便；惟不許官本貫州縣及鄰境，其參擬銓次悉如銓格。無願注者，上其闕審官，而在選者射之。……②

神宗朝的“八路差官”，其實是王安石爲兼顧中州人不願適遠以及遠州選人樂就家便的“兩得所欲”新法。將中央銓選正官的權力下放給轉運司，當路窠闕優先讓本地見任官指射，試中即就定擬，對選人籍貫也没有嚴格的限制。顯然朝廷企圖用免赴選、不必長期待闕等優厚條件，吸引八路即將任滿以及待闕之官員繼續留任當地。由於八路差官允許占籍本路的官員指射，實施之後難免有“一郡之官，土人太半，寮寀吏民皆其鄉里親信，難於徇公，易於合黨”及“鄰州比縣不無親故，任情囑托，變移曲直”③ 的問題出現，重蹈往日土人跋扈景況，因而遭到一些朝臣反對。神宗面對這項質疑，依然未把守令員闕收歸朝廷④，推測其根本原因除了這項制度能收回地方之銓官權力，開放沿邊八路給當地選人注差，還可提高邊州官員就差比率，借此機會降低攝官數目。

八路差官，是特爲偏遠州縣設置的優待制度，差注條件當然比正式的吏部銓選寬鬆得多。朝廷爲解決邊遠州縣的闕官問題，可以忽視土人壟斷地方官闕，但對爲數衆多的天下選人來説，八路差官與吏部銓選間的巨大差异，是極爲不公的。依據哲宗元祐元年（1086）監察御史上官均所言，這些差异至少包含以下五點⑤：

① 《宋史》卷一五九《選舉五・銓法下・遠州銓》，第3721頁。
② 《宋史》卷一五九《選舉五・銓法下・遠州銓》，第3722頁。
③ 《續資治通鑑長編》卷三八〇《哲宗十七・元祐元年六月》，第9237頁。
④ 《宋史》卷一五九《選舉五・銓法下・遠州銓》，第3723頁。
⑤ 參見《續資治通鑑長編》卷三八〇《哲宗十七・元祐元年六月》，第9237頁。

（1）諸路選人須赴吏部等候春秋試法，試大義五道①，預選者方得差遣；八路注授則不須試法，隨意指射。

（2）諸路選人須待次一年方得差遣，待闕三年始得赴任，再加上三年任期，歷經七年方可完成一任；八路選人於七年之間，即可歷經三任。

（3）八路在任之時曾犯罪停替或體量罷任，并許再指射差遣；而一般在吏部待次之人，即使歷任無過，尚須試法，候及一年方有注擬。

（4）八路選人於待次、待闕的四年中，并無廩禄奉養；八路士人雖有待次，但允許就任權攝差遣之職，故禄無虚日。

（5）參加八路差注的選人，多爲本地士子於鄉試合格後，赴禮部試多次不録取，而特經允許給予出身的"特奏名"②，得官之人既免試法又就家便，故多衹於本路指射。

八路闕多而待闕人少，吏部闕少而待闕人多，是八路差注實施後的最大疵議，爲解决這項難題，朝廷雖曾以"八路季闕，從吏部與轉運司隨季互使"③ 的方式因應，依然遭到監察御史"仕者厚薄不一，吏部差注壅并與選人待闕留滞"的批評。④ 哲宗迫於形勢，乃下詔"八路知州、通判、僉判、監司屬官、承務郎以上知縣、大使臣員闕，并歸吏部差注"，但爲免重蹈廣、川兩路官闕無人願就的困境，還是將"水土惡弱及自來差攝官處"⑤ 自吏部差注中剔除。九年之後（紹聖元年，1094 年）恢復八路差官法，不過，僅五年（元符元年，1098 年）再度把八路知州、通判闕收回吏部注擬，衹有廣南路與烟瘴邊蠻之地，依舊維持"落南士夫優先指射"⑥ 及由漕司注擬的差官方式。⑦徽宗崇寧二年（1103）朝廷又以僻遠縣令、丞無人願就原因，重新恢復八路注官。⑧從熙寧三年神宗降《八路差官敕》起，至靖康之難欽宗北狩，短短四十三年間，八路差官制就有過數度改易，不論如何變化，特别優遇僻遠地區土著及寄居者的原則，却一直維持不變。

南宋在喪失北半江山後，僻遠之地也衹餘川、廣兩處，南遷之初，廣南銓選雖一度



---

① 《宋史》卷一五六《選舉二 · 科目下》載："熙寧八年，始立教授試法，即舍人院召試大義五道。……元祐中，罷試法，已而論薦益衆，乃詔須命舉乃得奏。紹聖初，三省立格，中制科及進士甲第……皆不待試，餘召試兩經大義各一道，合格則授教官。元符中，增試三經。政和二年……自是或如舊法，中書選注……或用元豐試法，更革無常。"

② 參見《宋史》卷一五六《選舉一 · 科目上》所記。

③ 《續資治通鑑長編》卷三八〇《哲宗十七 · 元祐元年》"四月十八日詔"，第 9236 頁。

④ 《續資治通鑑長編 · 哲宗十七 · 元祐元年二月》，第 9238 頁。

⑤ 《宋會要輯稿 · 職官六二 · 攝官》"哲宗元祐元年閏二月二十八日詔"。

⑥ 《宋會要輯稿 · 選舉 · 銓選一 · 審官東院 · 尚書左選上》"哲宗元符二年六月四日"。

⑦ 《宋會要輯稿 · 職官一〇 · 司勛》"哲宗元符元年"。

⑧ 《宋會要輯稿 · 職官四八 · 縣令縣丞》"徽宗崇寧二年四月十九日"，原先由吏部依條差官的八路縣令、縣丞，如果"一季無人願就，下八路差注"。

劃歸吏部，但亂離之際把地方銓官歸屬吏部，非唯攝官差注不行，内地選人也因地遠烟瘴，願意就差者少，形成“二廣州縣多缺官，有一郡止知州，或一縣全缺正官者”① 情形，吏部既無合行差遣之人，衹好率由舊章，二廣窠闕依舊委由本路差注。② 不過隨着南宋對南方統治的强化，正常的吏部銓試也愈加嚴格，相對寬鬆的二廣銓試就成爲銓官制度上的一項漏洞。高宗紹興二十七年（1157），首先對以往優先差官的土著及寄居者訂立了更嚴格的限制，規定參選人雖原爲土著本貫，但自祖父以來用别州軍户貫者，不再允許差注；西北流寓及東南籍貫、寄居七年以上却無産業者，以及雖有産業物力但寄居未達七年者，都不許列入二廣差注内。③ 由於八路差官下的南選具有“無人注授”“試中即就定擬”“禄無虚日”等優惠，不但對來自内地的“落南士夫”與隨侍、寄居之待闕官員有頗大吸引力④，而且遭到一些外地出官人的覬覦，朝廷遂先設法移籍二廣，試中之後却赴吏部注差。爲能確實保障二廣“土人”以及長期落籍的外地官員，孝宗乾道二年（1166）又特地爲此下詔，嚴禁冒籍參試。《宋會要輯稿》載其事云：

> 前權（通）通判融州唐孝穎言，竊謂銓試許廣南漕司，蓋緣有本窠闕，試中即就定擬，此祖宗八路之法，以去朝廷稍遠，故優之也。近年吏部銓試之法一嚴，則有自别路移籍廣南漕司銓試者。既試中，却有移籍赴吏部注差者。原立法之意，豈如是哉！欲乞詳酌，行下二廣漕司，每遇銓試，止許本路土著官；并委係西北流寓人、在路寄居及七年以上，各召保官二員，次第經州縣結罪保明，方許收試，仍試中人，不得更移籍赴吏部注差。從之。⑤

孝宗讓占籍本路或長期居留的官吏優先差注二廣官闕，次年又下詔規定非本路籍貫的銓試闕“若州若縣，各有員數”⑥，推測南宋中期以後，廣南銓試的優厚條件不但吸引不少“落南士人”落籍久居，文化的快速發展也促進當地科舉人物增加，再加上爲數不少的試補攝官，二廣的闕官問題已不似往日嚴重，遂詔令“自乾道八年（1172）爲始，并罷二廣銓試”⑦。唐宋五百年來爲嶺南而置的特殊銓官制度，至此正式告終。

---

① 依《建炎以來繫年要録》卷六八“紹興三年九月”記載：“（廣南宣諭明槖）又言：二廣州縣多缺官，有一郡止知州，或一縣全缺正官者，望令吏部速注正官。”顯然直到南宋初年，州縣都還是嚴重闕官，甚至有一郡止知州、一縣全闕正官的情形出現。

② 《宋會要輯稿・職官六二・攝官》“高宗建炎二年十一月二十五日”。

③ 《宋會要輯稿・職官八》“高宗紹興二十七年六月十六日”。

④ 《嶺外代答校注》，第166～167頁。

⑤ 《宋會要輯稿・選舉》“乾道二年二月十五日”。

⑥ 《宋會要輯稿・職官八・吏部》“孝宗乾道三年十二月四日”所記。

⑦ 《宋會要・選舉二六・銓試》“孝宗乾道六年五月二十五日紀事”，《續修四庫全書》，第420頁上。

## （三）南選差官的地域差异

南宋以降，隨着二廣經濟的進一步發展，南遷前一些初露文風的州縣也獲得了較大成長，爲求取得更好晋升之階，這些優异之士已不屑由南選攝試取得攝官職任，轉而投身科舉。① 不過這樣的發展并不是各地皆同，根據筆者統計，宋朝二廣進士人數共 760 人②，與唐代的 38 人相比，增幅極爲明顯。依據表二所示③，北宋時期廣南東路科舉出身者共計 176 人，各州之中以連州舉業最盛，有 45 位進士，北江上游的大韶州地區有 43 人次之④，其後依序爲潮州 35 人、廣州 29 人以及循州 11 人。南宋以後廣東進士人數倍增，在總額 336 人中，以廣州 142 人，名列第一，潮州 69 人次之，大韶州地區則以 51 人位居第三（參見表二）。

**表二：宋代廣南東路科舉人數統計表**

| 州名 | 循州 | 南雄州 | 韶州 | 連州 | 潮州 | 惠州 | 廣州 | 南恩 | 新州 | 康州 | 封州 | 梅州 | 肇慶府 | 德慶府 | 英德府 | 合計 |
|---|---|---|---|---|---|---|---|---|---|---|---|---|---|---|---|---|
| 北宋 | 11 | 18 | 25 | 45 | 35 | 4 | 29 | 1 | 0 | 2 | 2 | 0 | 2 | 0 | 2 | 176 |
| 南宋 | 28 | 29 | 22 | 10 | 69 | 14 | 142 | 0 | 0 | 0 | 1 | 0 | 18 | 3 | 0 | 336 |
| 人數 | 39 | 47 | 47 | 55 | 104 | 18 | 171 | 1 | 0 | 2 | 3 | 0 | 20 | 3 | 2 | 512 |

**資料出處：**阮元《廣東通志》。

廣南中部的英德、肇慶兩府以及封、康、南恩三州都是科舉人物寥落的地方。僻處東江上游的梅州與僅轄一縣的新州，都是嶺南東部瘴癘最嚴重的地區，兩宋三百餘年間無一進士出現，是廣東舉業最不發達的地方。廣西的進士人數雖不及廣東之半，衹有 242 人，但在北、南宋間增長率也十分驚人，幾乎達到百分之二百。北宋時代，西路科舉人數最集中的地區，是鄰近廣東又正處逾嶺陸路要口的昭、賀兩州，人數分别爲 16

① 參見《嶺外代答》，第 171 頁。

② 學者賈志揚也依據方志名録對兩宋各州的進士人數進行統計，但在廣南 39 個府州軍中，賈表所列僅 19 處，不及廣南統州之半，筆者雖不詳其取捨標準，但由其對兩宋舉業十分興盛的連州都未見録於附表中，顯然有很大的遺漏，因此本文并未參考《宋代科舉》的所有統計。參見賈志揚《宋代科舉》附録三，表二十六（臺灣東大圖書公司 1995 年版）。

③ 宋代廣南兩路的統轄州軍數曾有變動，本文僅依《宋史》與《輿地紀勝》所記來劃分東、西路，廣東統有州軍 14 個，廣西則領有 25 個州軍府。

④ 宋朝之後，韶州由於人口繁盛，州縣事務過於龐雜，遂分韶州另立南雄州。本文爲能與唐朝科舉取得一致性的比較基礎，故將韶州與南雄州的人數合并計算，共有進士 43 人，躍升爲廣南路第二位。

人及12人（參見表三）。南遷之後，廣西進士及第的人數雖有快速的增長，但是各州舉業發展很不平均，及第人數達到兩位數字以上者，衹有静江府（桂州）（62人）、昭州（20人）、宜州（19人）及柳州（16人）四處，没有科舉人物出現的有融、象、藤、梧、容、邕、横七州；尤其是貴州、廉州、萬安軍、吉陽軍四個州軍，不論在北宋或南宋時期，都無科舉及第的記録。

**表三：宋代廣南西路科舉人數統計表**

| 州名 | 賀州 | 昭州 | 融州 | 静江府 | 柳州 | 象州 | 潯州 | 鬱林 | 藤州 | 梧州 | 高州 | 化州 | 賓州 | 容州 | 邕州 | 横州 | 欽州 | 宜州 | 雷州 | 瓊州 | 昌化軍 | 總計 |
|---|---|---|---|---|---|---|---|---|---|---|---|---|---|---|---|---|---|---|---|---|---|---|
| 北宋 | 12 | 16 | 3 | 4 | 5 | 11 | 2 | 2 | 4 | 1 | 4 | 1 | 0 | 2 | 8 | 1 | 1 | 6 | 0 | 0 | 0 | 83 |
| 南宋 | 7 | 20 | 0 | 62 | 16 | 0 | 4 | 1 | 0 | 0 | 8 | 5 | 3 | 0 | 0 | 0 | 1 | 19 | 7 | 5 | 1 | 159 |
| 合計 | 19 | 36 | 3 | 66 | 21 | 11 | 6 | 3 | 4 | 1 | 12 | 6 | 3 | 2 | 8 | 1 | 2 | 25 | 7 | 5 | 1 | 242 |

**資料出處**：謝啓昆《廣西通志》。

經由以上分析，可知宋代廣南兩路的科舉發展有兩點特色：其一，南宋倍於北宋，顯爲宋代南方經濟發展的表現。其二，東路沿續前朝的發展，人數也倍於西路。而一些素有瘴癘惡名的西廣州縣，也有少數科舉人才出現。南宋的二廣差官，遂以此爲基礎，除持續加强吏部銓官比重，把上、中兩等的攝官注授從漕司手中收回，又以差遣武官及破格定差的方式，鼓勵官員至惡弱州縣任官，向削減南選攝官及漕司差官員額的目標再邁進一步。

依據《宋會要輯稿》所録，早在高宗紹興三年（1133）正月，吏部就曾經要求把“廣南上等攝官窠闕共八十二處，欲乞權行撥歸本部差注”①。至孝宗朝後，撥歸吏部差注的範圍還擴大到中等州縣②，即便如此，一些原屬於吏部注授的下等惡弱州縣，仍

① 《宋會要輯稿·職官六二·攝官》。

② 《宋會要輯稿·職官六二·攝官》載：“本部照會：‘二廣水土惡弱，自來有攝官專司。今據廣東轉司申，見管攝官以二十五人爲額，内窠闕元係上中下三等。内上、中等已准朝廷取撥歸部差注外，有下等一十九處，内五處荒廢外，有一十四處命官未必願就，乞依舊存留攝官。……其逐司議論互有不同，若依臣僚陳請盡罷攝官，即恐惡弱等處無人願就。今指定，欲依廣東轉運司所申，撥一十處窠闕歸本司定擬選人、小使臣依條使闕外，如將來出榜召官指射，限滿無願就人，依條再榜一季，又無官願就，却令本司注攝官。’”

難令選人駐足，導致三十餘處的僻遠縣令十餘年都無正官出任。在此情况下，讓尚書左選（武官選）與吏部通差窠闕，或經由當地帥司選辟，以小使臣①、守闕、副尉等充任巡尉、縣令、都監，乃至知州、知軍等各級職官②，不失爲解决問題的簡便方法，《嶺外代答》對此有詳細的説明：

> 廣西奏辟，不限資格，唯材是求。自守闕、副尉、下班之類，一經奏辟，皆得領兵民之寄。大率初辟巡尉、知寨，次辟沿邊知縣、都監，次可辟左、右江提舉，等而上之，沿邊知州、軍，皆可辟也。守、倅，舊許帥司奏辟，今多與監司聯銜具奏。……③

宋代政書、文集對於南宋專差武臣至廣西擔任知州、通判及縣令、尉的記載頗多，但類似之叙述則少見於廣南東路。作者依《宋會要輯稿》所記，統計南宋孝宗朝二廣文武通差及武臣知州的地區，發現廣東衹有惠州與德慶府的知州屬於文武通差範圍；廣西狀况恰與此相反，在全路22個州級行政建置中，除鄰近廣東又位處北部的昭、賀州，西江中游的梧、藤、潯三州以及柳江中游的柳州、象州，這7個没有軍事威脅及經濟發展較好的州府外，其餘15個州都屬於文武通差及差遣武臣的範圍（參見表四）。如果再依《宋會要輯稿·縣官·縣尉》淳熙元年三月七日詔令"勘會除本選自來認定沿邊縣尉，專差武臣小使臣窠闕去處"④推斷，南宋中期以後，武臣的去處顯然已退縮到廣西的沿邊州縣。⑤而南選攝官的注授地點，可能又再退而下之，被擠壓到小使臣都不樂至的西部惡弱下縣。





---

① 宋代武官也按官階分爲三等，太宗後將三班借職、三班奉職、左右侍禁等稱"小使臣"，内殿崇班、内殿承制、合門祗候等稱"大使臣"。

② 依據《宋會要輯稿·職官四七·判知州府軍監》記載，仁宗天聖七年五月就開始"選有勇武謀略内殿崇班已上"的武職官充任廣南知州。

③ 《嶺外代答校注》，第163～164頁。

④ 《宋會要輯稿·縣官·縣尉》淳熙元年三月七日："詔吏部將沿邊縣尉自今隨格通差文武臣……如同日指射，先差選人，次大小使臣。勘會除本選自來認定沿邊縣尉，專差武臣小使臣窠闕去處，從本部依見行條法已降指揮差注外，今欲將沿邊文臣縣尉窠闕通差文武臣，欲依尚書侍郎左選已措置事理施行。"

⑤ 據《宋會要輯稿》記載，孝宗在乾道五年及淳熙元年，都曾下詔令廣南西路的邕、賓、横、廉、宜州，以及萬安軍"專差武臣知州郡"。

表四：孝宗朝廣南路通差文武臣及差遣武臣知州表

| 時間 | 通差文武臣及差遣武臣知州 | 施行方式 |
| --- | --- | --- |
| 孝宗<br>乾道五年 | 瓊州、昌化軍、吉陽軍、廣安軍、高州、鬱林州 | 文武臣通差知州 |
| | 廉州、欽州、融州、賓州、横州、雷州、宜州、邕州、萬安軍 | 并差武臣 |
| | 静江府 | 文武臣通差 |
| 孝宗<br>淳熙元年 | 廣東路惠州、德慶府<br>廣西路静江府、融、高、雷、鬱林、瓊州、昌化、吉陽軍 | 差文武臣知州郡 |
| | 廣南西路邕、賓、横、叙、廉、宜州、萬安軍 | 專差武臣知州郡 |

**資料出處：**《宋會要輯稿》。

## 三、結　語



嶺南僻處中國南陲，北隔五嶺與荆揚接界，形勢相對孤立，境内地形崎嶇複雜，綿延的山脉與丘陵造成内外交通的極大障礙。獨特的地理環境與氣候，不但阻礙了其與中原地區的經濟、文化交流，也造成境内部落分立、土豪酋長期壟斷地方權力的形勢。唐朝初年，對嶺南采行“以土制土”策略，任由統州長官自行辟舉僚屬。① 貞觀年後，唐朝勢力臻於極盛，太宗在廣建羈縻州府的同時，開始嘗試把邊州的任官權力收回，“南選”這一特殊選官制度很可能自此産生。不過這項嚴重影響土酋權益的措施，難免在實施過程中遭到很大抵制，還是難逃無以爲繼的命運。直到半世紀後的高宗朝，才勉强具備了遣使銓官的條件，由少數經濟文化發展俱佳的州縣開始推行。

爲了適應嶺南時勢，南選自始就是專爲土人打造的簡易銓官制度，不但對參選人的資格限定寬鬆，應選程序也相對簡單，又能省免奔赴千里參選的困擾。此項制度的原意是讓本地所需數量龐大的州司佐官及縣令、尉等官員，均由選使銓選的嶺南士人擔任②，而非由地方自行辟舉，以强化中央的控制力。玄宗更允許文化素養表現突出的土

---

① 王承文：《唐代“南選”與嶺南溪洞豪族》，《中國史研究》1998 年第 1 期；廖幼華：《歷史地理學的應用：嶺南地區早期發展之探討》第五章《嶺南的蠻化漢人》，臺灣文津出版有限公司 2004 年版。

② 唐代慣把獲罪官員貶斥到偏遠地區，其中尤以嶺南爲最。依據兩《唐書》記載統計，唐朝遭貶人士中，有名有姓且有具體貶謫地者共 211 人，其中嶺南道就有 138 人，約占貶謫總人數的 65%。即使如此，貶謫官員占嶺南整體官吏數的比例還是很小，無法滿足地方吏治所需。此外，值得注意的是唐代嶺南經濟、文化發展最好的廣、韶州，都不是貶謫之人的去處。參王雪玲《兩〈唐書〉所見流人的地域分布及其特徵》，《中國歷史地理論叢》2002 年第 4 輯。

人，破格參加銓選條件嚴格的北選，可惜真正具備參選能力的地區祇有條件最好的廣、韶兩州，在土人勢力磐固、文化發展又極度失衡的多數州縣内，南選依然無法全面落實，差攝僚佐或辟舉州縣長官情形仍然極爲嚴重。

安史亂後，嶺南雖未陷入藩鎮割據局面，但中央之威權下降，也反映在本道長官自辟僚屬的情况上，南選職官闕額因此受到嚴重排擠；再加上德宗朝後獲選官員都須親赴吏部團奏，選人因此“無由肯來”，凡此種種都造成南選存續的困難。文宗開成年間，爲解決嶺南選人不願千里赴闕的難題，朝廷特地放寬南人的銓選規定，但依舊無法扭轉南選衰敗形勢，最後不得不予以停辦。由此可見，嶺南南選停止的政治原因，并非肇因於參與銓官的士人已經轉爲北選，而是南選官闕又爲當道所據，重回唐初長官自辟僚屬之舊途；從此經本道奏辟的大量假攝官，更成爲衆多無法參加正式銓選土著的禁臠。

宋朝以集權中央爲國策，囿於晚唐地方長官自辟僚屬及攝官冗濫的包袱，如何在集權前提下又能兼顧二廣闕官及土人的政治權力，是兩宋治理當地的一大挑戰。宋代廣南路的南選具有兩個明顯特質，第一項特質是以當地人爲優先的選官方式。宋代的二廣銓官，延續了唐代南選優遇南人的傳統，除了太祖初年短暫以嶺北人士爲諸州通判外，太宗朝後不論攝官選用或八路差官制下的正官注擬，都還是以當地人爲主。此外又顧及南人不擅舉業，難由正常科舉入仕，朝廷還特别在二廣實施南選攝試及相對簡易的政務考試來協助土人獲得攝官資格，借此捷徑幫助二廣土人邁入仕途。八路差官制下的二廣漕司擬注，其實可以説是唐代嶺南南選的延續，都是爲了懷柔遠人、解決當地嚴重闕官問題而置。不過隨着時間及地域發展的變化，兩朝也出現了一些差异。唐朝銓選是以占籍本路的土人爲對象。宋代則企圖以優厚條件吸引即將任滿或待闕中的二廣官員繼續留在當地任官，對於選人籍貫雖不嚴格要求，但無論北宋的寬鬆“游注此州”條件，或南宋漸趨嚴格的“寄居七年以上、有産業物力者”的規定，都一樣要求選人必須與廣南有某種程度的地緣關係，以維持南選“優遇遠人”的基本精神。

第二項特質是逐步縮小漕司擬注權限，改由吏部差注的銓官趨勢。爲了避免兩廣攝職人員的膨脹，朝廷除以定額數目控制攝官數量外，還依照地理位置及經濟發展程度，將攝官區分爲不同等級，逐步把上、中窠闕的南選攝官收回吏部銓注，并以差遣武官的方式，以大、小使臣就任二廣官職。自此之後，留給漕司差遣攝官的地區，祇限於西廣少數惡弱下縣。宋代從建立八路差注制到限制攝官數量，無處不顯露出吏部權力逐步深入地方基層的意向，其間雖因君主更迭與時勢變動，導致所行政策寬緊不一，但大體而言，南宋後期除西廣遠僻之處外，大部分州縣都已納入吏部選授的範圍。漕司試補攝官的範圍急遽減縮，二廣銓試又於孝宗乾道八年罷廢，漕司銓選官員的權力幾近消失，兩宋持續追求的集權目標，至此終於完成。元朝時南選不再是偏遠地區選授官吏的主要方式。① 筆者以爲，唐宋兩朝雖都實施南選，前後却有頗大差异，具有明顯“因地制宜”與“因時而异”的特色。

**附表：北宋嘉祐年間各地解額及録取數比例表**

| | 嘉祐三年 | | 嘉祐五年 | | 嘉祐七年 | | 三年總録取比率 |
|---|---|---|---|---|---|---|---|
| | 解額 | 録取數 | 解額 | 録取數 | 解額 | 録取數 | |
| 國子監 | 118 | 22 | 108 | 28 | 111 | 30 | 4.2:1 |
| 開封府 | 278 | 44 | 266 | 69 | 307 | 66 | 4.7:1 |
| 河北路 | 152 | 5 | 缺 | 缺 | 154 | 1 | 51:1 |
| 河東路 | 44 | 0 | 41 | 1 | 45 | 1 | 63:1 |
| 陝西路 | 缺 | 缺 | 123 | 1 | 124 | 2 | 82:1 |
| 京東路 | 157 | 5 | 150 | 5 | 缺 | 缺 | 30.7:1 |
| 廣南西路 | 38 | 1 | 63 | 0 | 63 | 0 | 164:1 |
| 廣南東路 | 97 | 3 | 84 | 2 | 77 | 0 | 51:1 |
| 梓州路 | 63 | 2 | 缺 | 缺 | 缺 | 缺 | 31:1 |
| 利州路 | 26 | 1 | 缺 | 缺 | 28 | 0 | 54:1 |
| 夔州路 | 28 | 1 | 32 | 0 | 缺 | 缺 | 60:1 |
| 荆湖南路 | 69 | 2 | 69 | 2 | 68 | 2 | 34:1 |
| 荆湖北路 | 缺 | 缺 | 24 | 0 | 23 | 1 | 47:1 |

**資料出處**：趙冬梅《北宋科舉解額考》附表。

① 依《大元聖政國朝典章·典章十一·職制二·病患百日作闕》所記，元世祖至元十七年(1280)正月，還有“行中書省准，中書省咨吏部呈，南選官員俱係都省銓注”叙事，但筆者所見相關史料僅此一條，推測元代之後南選可能已不是南方的主要銓官方式。

# “專達”的“閑職”

## ——唐至北宋太常禮院沿革考

張曉宇



**摘要：** 自秦漢以來，太常或太常寺皆爲處理朝廷禮儀之核心機構。自北宋起，太常禮院逐漸步入前臺，成爲主導禮儀事務的一個核心機構。然而縱觀天水一朝，太常寺亦爲常置部門，并無廢弃。太常寺與太常禮院這兩個禮儀機構在官制方面的“叠床架屋”現象，北宋時人已爲留意。有以爲太常禮院主掌朝廷大禮理所當然者；亦有以爲太常禮院喧賓奪主，在處理典禮上不合規矩者。二説紛紜，莫衷一是。通過梳理太常禮院的制度沿革，本文重點探討唐至北宋時期太常禮院與太常寺、崇文院、禮部等其他禮儀機構之間的職屬關係，嘗試回應太常禮院職權之謎。此外，北宋中期針對太常禮院的一系列改革，包括真宗設立禮儀院、仁宗的康定改革，還有神宗朝設立的元豐郊廟禮文所，乃是影響禮院職能的幾件大事。這些改革從何而來？對太常禮院的職權又有甚麽具體影響？禮院職權的變化和整個元豐官制改革又有甚麽關係？這些都是本文尤爲關注并力圖回應的問題。

**關鍵詞：** 太常寺　太常禮院　集議　禮儀院　康定改革　詳定禮文所

**作者簡介：** 張曉宇，香港中文大學歷史系助理教授中華文化傳統素以禮儀著稱。封建時代的中原王朝强調以禮治國，朝廷禮儀制度乃是國家統治體系不可或缺的一部分。有鑒於此，各朝各代均設置有專門機構調控與推行各種朝廷儀制。自秦漢以來，太常或太常寺皆爲處理朝廷禮儀之核心機構。無論太常還是奉常，中唐以前，中央政府討論、制訂與實踐禮儀的重心都是從太常寺輻射出去的。作爲九卿之首的太常卿，在秦漢典籍記載中位高權重，可以説是《周禮・春官》所載禮治理想主義的一種制度體現。① 然而好景不長，理想的禮治體系和現實政治之間充滿張力，禮官系統原來所具備的教育、宗教及一般議政職能慢慢向外剥離出去，太常和太常寺逐漸走向專門化，變成集中處理國家典禮的專職機構。魏晋南北朝各種國家禮典的修撰，都體現了禮官系統這一專職化的趨勢。②

隋唐以來，隨着禮司職權的細化，太常寺在國家官僚體系中的位置也歷經變遷。然而太常寺作爲核心禮儀機構的地位基本保持不變。中唐以後，禮官系統終於發生了一點微妙變化：中唐典籍中出現了一個新名詞——禮院。禮院的出現，自然暗示了官僚體制中禮官系統的一些改變。然而這些改變在唐代衹是細雨微瀾的程度，并未取代太常寺的核心地位。北宋成立後，禮院纔逐漸步入前臺，成爲主導禮儀事務的一個特殊機構。在唐宋文獻裏，“禮院”也被稱爲“太常禮院”，與太常寺并爲常置部門，彼此之間關係複雜，職權方面且有“叠床架屋”之疑，時人亦大感困擾。過去十年以來，作制度史尤其是禮制史研究的學者們開始留意“太常禮院”這個特殊的禮儀機構，前賢如張文昌、朱溢、吴麗娯諸先生都在研究裏談到了這個問題，然而針對北宋太常禮院的職權之謎仍有餘義未盡。③“禮院”或“太常禮院”究竟是一個甚麽性質的機構？它和其他禮儀機構在職權上有甚麽不同？太常禮院之沿革和北宋整體政治風氣又是甚麽關係？在討



---

① 太常爲九卿之首一説，東漢初期的王隆在他仿字書《急就章》寫成的《漢官篇》中已經提出過。根據王隆的説法，“太常社稷郊時，事重職尊，故在九卿之首”。〔東漢〕王隆撰，胡廣注：《漢官解詁》，中華書局 1985 年版，第 2 頁。勞榦：《秦漢九卿考》，《大陸雜志》1957 年第 12 期。張文昌：《制禮以教天下——唐宋禮書與國家社會》（以下簡稱《制禮以教天下》），臺灣大學出版中心 2012 年版，第 230 ~ 231 頁。

② 張文昌：《制禮以教天下》，第 236 ~ 249 頁。

③ 張文昌：《制禮以教天下》，第 258 ~ 262 頁；朱溢：《從郊丘之争到天地分合之争——唐至北宋時期郊祀主神位的變化》，《漢學研究》2009 年第 2 期；吴麗娯：《唐代的禮儀使與大禮使》，《中國社會科學院歷史研究所學刊》第五集，商務印書館 2008 年版，第 127 ~ 156 頁。筆者後來發現一篇關於北宋太常禮院的新文章，討論了禮院與禮儀院的職掌關係，頗可參考。見張志雲、湯勤福：《北宋太常禮院及禮儀院探究》，《求是學刊》2016 年第 3 期。

論這些問題之前，先需交代一下禮院這個機構的由來。

## 一、唐代的禮院和太常禮院

“禮院”一名，至遲至唐玄宗一朝已經出現。學者多以爲太常禮院之設置大概在開元中，而準確的設置時間則難以確定。① 根據《舊唐書·玄宗本紀》記載，可以確認“禮院”是唐廷於開元十九年（731）夏四月壬午日在京城長安設立的。《舊唐書》所記甚簡，開元十九年（731）“夏四月”條下衹有“於京城置禮院”六字，并没有説清楚具體地點。② 反而在《舊唐書》卷一五〇討論德宗順宗諸子部分，後晋的編撰者們突然扯開一筆，説“開元中置禮會院於崇仁里”③。這個“禮會院”是否就是“禮院”？從時間上來看，兩者均爲開元中設置。更直接的證據來自北宋初王溥所編的《唐會要》。王溥百卷本《唐會要》於建隆二年（961）編成，其主要材料來自唐德宗時蘇冕（734—805）四十卷本《會要》（唐初至德宗）和唐宣宗大中七年（853）宰相崔鉉重編的四十卷本《續會要》（德宗至宣宗）。④《唐會要》中關於代宗以前的部分，基本上源自蘇冕收集的唐代官方文書材料。其中卷八三“嫁娶”一條，明確提到“開元十九年四月四日，於京城置一禮會院”⑤。開元十九年（731）四月四日，换算成天干地支，正是壬午日，與《舊唐書》記載的“禮院”設立日期完全吻合。如果换算成公曆的話，“禮會院”或“禮院”的始設日期當爲 731 年 5 月 14 日。⑥

至於禮會院具體設置的地點，新、舊兩《唐書》中均有所謂“崇仁之禮院”⑦，考之《唐會要》，則知“崇仁”實爲“崇仁坊”簡稱。唐代文書里、坊兼用，有時候説“崇仁里之禮院”“置禮會院於崇仁里”，⑧ 有時候就變成了“（禮）院在崇仁坊南

① 張文昌：《制禮以教天下》，第 262 頁。

② 〔後晋〕劉昫等撰：《舊唐書》卷八，中華書局 1975 年版，第 196 頁。

③ 《舊唐書》卷一五〇，中華書局 1975 年版，第 4046 頁。

④ 〔南宋〕晁公武：《郡齋讀書志·後志》卷二，《國學基本叢書》，臺灣商務印書館 1968 年版，第 853 頁。

⑤ 〔北宋〕王溥撰：《唐會要》卷八三，中華書局 1955 年版，第 1529 頁。

⑥ 新舊曆日期轉换工具，可參“中研院”兩千年中西曆轉换，http：//sinocal. sinica. edu. tw。

⑦ 《舊唐書》卷一〇七，中華書局 1975 年版，第 3272 頁；〔北宋〕歐陽修、宋祁撰：《新唐書》卷八二，中華書局 1975 年版，第 3616 頁。

⑧ 《唐會要》卷五，第 52 頁；《唐會要》卷六，第 70 頁。從這兩條《唐會要》的材料來看“禮院”“禮會院”這兩個名稱，開元中葉并没有區分開來。

街”①，其實指的都是同一地。唐代行坊市制，《唐會要》和《通典》都説禮會院地處崇仁坊南街，但未説明具體位置。② 北宋宋敏求《長安志》有一條更詳細的記載，明確説明崇仁坊“南門之西”即禮會院。具體位置見圖一。

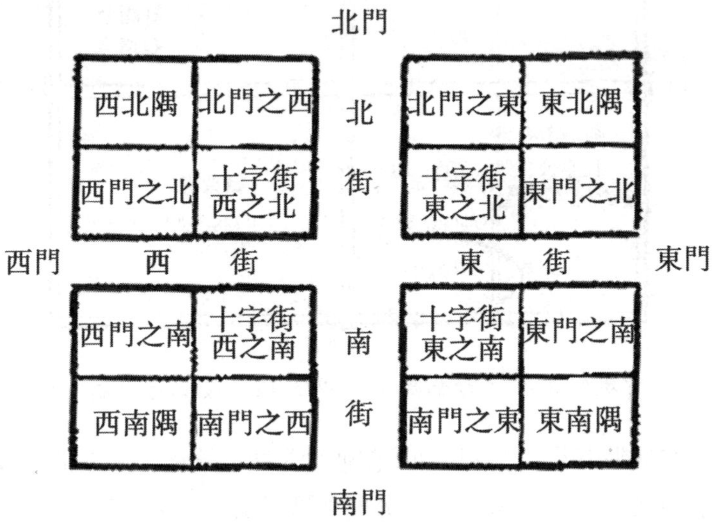


圖一　引自賀從容編著《古都西安》圖 7.3：城坊内格局示意圖③

據《長安志》記載，崇仁坊西南這塊地方原來是唐中宗嫡女長寧公主的宅第。韋后當政時，長寧公主權勢炙手可熱，兼并了多處宅子，其宅第占據崇仁坊四分之一。後來韋后倒臺，公主夫婿楊慎交被貶爲外官，這塊宅子祇能賣掉。其中東邊一半地（上圖“西門之南”＋“西南隅”兩個區塊）賣給朝廷，後改爲景龍觀；西邊一半的向南一面——上圖“南門之西”這個區塊——在開元十九年（731）就給了新設置的禮會院作爲用地。④ 據建築學家賀從容先生分析，唐長寧公主宅占地約 21.4 公頃。⑤ 禮會院用地占崇仁坊全坊十六分之一，那麼範圍應該有五公頃左右（五百畝）。開元年間（713—741）禮會院的具體位置可以參見圖二：



---

① 《唐會要》卷八三，第 1529 頁；〔唐〕杜佑著，［日］長澤規矩也等校訂，韓昇譯：《日本宮内廳書陵部藏北宋版通典》卷五八，上海人民出版社 2008 年版，第 268 頁。

② 《唐會要》卷八三，第 1529 頁。

③ 賀從容編著：《古都西安》，清華大學出版社 2012 年版，第 281 頁。

④ 〔北宋〕宋敏求撰：《長安志》卷八《唐京城二》，〔清〕紀昀等編：《文淵閣四庫全書·史部地理類》，總第 587 册，上海古籍出版社 1987 年版，第 3 頁上。

⑤ 賀從容編著：《古都西安》，清華大學出版社 2012 年版，第 284 頁。

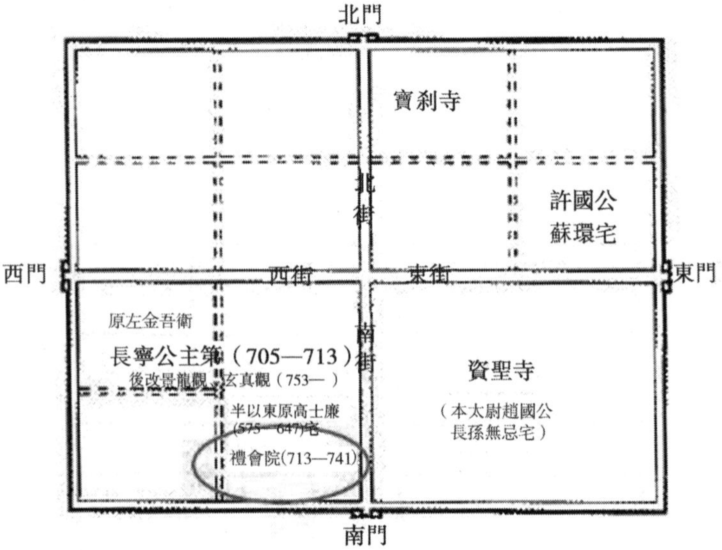


圖二　引自賀從容編著《古都西安》圖 7. 12：崇仁坊内高士廉宅用地①



從設置時間和地點來看，禮會院和禮院似乎是同一機構。宋人王應麟類書《玉海》雖然將唐“崇仁禮院”和唐“禮會院”分開兩條説明，并引《唐會要》云開元中“置禮會院於崇仁禮院”②，然而遍檢《唐會要》，并無“置禮會院於崇仁禮院”一語。如果不是王應麟所引有誤，那就是王氏所見《唐會要》版本和今天流行的王溥百卷本不同，可能出自早期蘇冕四十卷本《會要》，或者另一個王溥百卷本。即便如此，校之内、外二證，“置禮會院於崇仁禮院”一語也不符合《唐會要》和其他唐代典籍上的記載。如果在開元十九年（731）禮會院設置之前早已有“崇仁（里）禮院”，爲甚麼唐代典籍毫無記載？又怎麼解釋《唐會要》在同一句材料中混用“崇仁禮院”“崇仁禮會院”的現象呢？事實上，王應麟自己也不確定禮會院和“禮院”的關係，在《玉海》卷一六七“崇仁禮院”和“禮會院”條目下，緊接的就是“唐禮院”條目，附注小字“同見上”③。足證王氏雖然引用他所見《會要》版本中開元中“置禮會院於崇仁禮院”句，其本人還是傾向認爲禮會院與禮院乃同一機構。既然我們不知道王氏所采《會要》的本子，兩《唐書》、今本《唐會要》和《通典》所記時間地點又歷歷相合，“禮院”之名源於唐廷開元十九年四月四日在長安崇仁里設置的某個禮儀機構，當無疑義。

---

① 賀從容此圖將禮會院繫在 713—741 年下，即開元元年至二十九年，不確（圖 7. 10 崇仁坊長孫無忌宅圖也是如此）。考禮會院開元年初尚未成立。若純以開元年間製圖，亦當爲開元十九年至開元末（731—741）。賀從容編著：《古都西安》，第 285、286 頁。

② 〔南宋〕王應麟輯：《玉海》卷一六七，江蘇古籍出版社、上海書店 1987 年版，第 20 頁上 ~ 第 22 頁上。

③ 《玉海》卷一六七《宫室 · 院》，第 21 頁下。

值得注意的是，作爲禮會院的“禮院”，一開始是爲了皇室宗親嫁娶行禮而設立的。宋人的《長安志》提到公主（皇姑、皇姊妹、皇女），郡主（太子女），縣主（親王女）出嫁都在此院行禮。①《唐會要》將禮會院和皇家嫁娶聯繫起來講，亦是此意。②和平年代，皇室女眷出嫁前都會在位處崇仁里的禮會院設宴，以昭皇家禮儀之氣派。③然而據《德宗實録》，安史兵變後禮會院因爲缺乏管理，遂而荒廢。④ 一直要到唐德宗建中元年（780）十一月，禮儀使顔真卿上《更定婚禮奏》，提出重訂皇家公主新婚拜見公婆的上下尊卑之禮，禮會院纔再次進入唐人視野。⑤ 這時距離禮會院初設之時，已經四十多年了。

唐禮會院最初設置目的既與皇女婚嫁有關，自然屬於皇家禮儀機構的一部分。遺憾的是，在現存唐代史料中很難找到關於禮會院職權的具體討論。有些記載將禮會院歸於司農寺屬下⑥，然而《唐六典》“司農寺”條下從司農卿、司農少卿到主簿、録事、計



① 〔北宋〕宋敏求撰：《長安志》卷八《唐京城二》，第 4 頁上。新、舊《唐書》都提到東宫“太子”不在東宫居住，而“太子亦分院而居，婚嫁則同親王、公主”，“太子、親王、公主婚嫁并供帳於崇仁之禮院”（《舊唐書》卷一〇七《玄宗諸子》，第 3272 頁；《新唐書》卷八二《十一宗諸子》，第 3616 頁）。前後文理不通，疑兩《唐書》第二次提到的“太子”下脱“之子”二字。“子”在唐代可解爲女子，“太子之子”即郡主之謂也。檢《唐會要》卷五《諸王》條：“太子不居於東宫，但居於乘輿所幸之别院。太子之子，亦分院而居，婚嫁則同親王公主，於崇仁里之禮院。”則分院而居之“太子”實爲“太子之子”，當無疑義。《唐會要》卷五《諸王》，第 52 頁。



② 《唐會要》卷六《公主》，第 70 頁；卷八三《嫁娶》，第 1529 頁。

③ 《新唐書》卷八二《十一宗諸子》，第 3616 頁。

④ 《德宗實録》曰：“初，開元中置禮會院於崇仁里，自兵興以來廢而不修。”《德宗實録》已佚，此處轉引自宋敏求《長安志》卷八《唐京城二》，第 4 頁上。并見《唐會要》卷六，第 70 頁；《舊唐書》卷一五〇，中華書局 1975 年版，第 4046 頁。這兩條材料史源應該也是出自《德宗實録》。

⑤ 〔唐〕顔真卿：《更定婚禮奏》，《日本宫内廳書陵部藏北宋版通典》卷五八《嘉禮三》，第 268 頁。顔真卿建中元年十一月二日的上奏馬上引起了回響。大約半個月之後，唐德宗即委派宗正卿李琬、光禄卿李涵等唐宗室出身的禮官本《開元禮》及“古今舊儀”重新檢討公主、郡主、縣主拜見公婆的禮儀（《玉海》卷一六七《宫室・院》，第 21 頁上至下）。最後檢討的結果大體上依顔真卿所奏，廢除了一些不合儒家尊卑典訓的唐代習俗，比如公婆要拜見皇家出嫁媳婦而媳婦不需答拜。顔氏此奏及德宗主導下的公主出嫁禮改革，可以説反映了儒家禮儀“輩份尊卑觀”針對社會階層“貴賤尊卑觀”的一次超越。此外，德宗大幅削減這次皇家女兒出嫁的禮儀用費（從 70 萬錢削減到 3 萬錢），也顯示出了一種經典的“簡禮”取向。值得注意的是，德宗并没有整體上削減出嫁公主的用費。嚴格來説，他衹是將婚禮的禮儀用費削減到了 3 萬，70 萬錢剩下的 60 多萬還是賞給了下嫁的公主做將來之用（《唐會要》，第 70 頁；《舊唐書》卷一五〇，中華書局 1975 年版，第 4046 ~ 4047 頁）。這些錢最後到底是爲公主所私有，還是融入了下嫁的夫家家庭？不得而知。然而德宗這一次婚禮改革對儒家“輩份尊卑觀”及“簡禮”的支持，無疑是深得後世士大夫之心。南宋永嘉學者葉適就曾經慨嘆德宗一朝政治堪稱白璧無暇者，“唯有禮會院成婚一事，而《新史》不收”。〔南宋〕葉適：《習學記言》卷四〇，《諸子百家叢書》第三輯，上海古籍出版社 1992 年版，第 373 頁。

⑥ 《日本宫内廳書陵部藏北宋版通典》卷五八，第 268 頁；《唐會要》卷八三，第 1529 頁。

史，并無任何與“禮會院”相關的資料。① 自德宗以後，關於“禮會院”的記載越來越少，“禮院”之名却漸漸增多。其中最典型的是兩個事件，一個是唐宣宗時人裴庭裕在《東觀奏記》中所記關於太常卿高銖和博士李慤之間的一次爭吵，發生在唐宣宗大中元年（847）。爭吵緣由是高銖要處罰“禮院”的學生，而李慤面奏執政，認爲“禮院雖係太常寺，從來博士自專，事無關白者”②。由於禮院“博士”享有一定的獨立性，他們也不需要在太常寺高官（三卿）初次莅臨“禮院”時集會參見。故而高銖對禮生的處罰，不合典故。③ 當時執政丞相因爲高銖輩份高而不作正面回應。然而高銖自覺“爲後生所辱”，乞罷官歸田。④ 從這條材料看來，“禮院”是挂在太常寺名下的機構，享有一定的自主權。日常事務由禮院博士操持，太常寺的長官太常卿也不能過於干涉。

另一個事件發生在四年以後。唐宣宗大中四年（850），令狐綯“以舊事帶尚書省官，合先省上。上日，同列集於少府監。時白敏中、崔龜從曾爲太常博士，至相位，欲榮其舊署，乃改集於太常禮院，龜從手筆志其事於壁”⑤。這裏明確提到了“太常禮院”的名字。白敏中、崔龜從這兩位新相自太常禮院出身，遂倍加青眼舊署。這裏的“太常禮院”也是由太常博士操持。唐因隋制，太常寺設四位太常博士，負責考察辨別朝廷禮制。⑥ 在行祭祀大禮之時，需要和太常卿一起引導儀式。⑦ 唐代以後，太常博士也負責制定謚號。初唐關於重臣許敬宗的謚號之爭，就是由太常博士袁思古發起的。⑧ 從白敏中和崔龜從這兩位太常博士針對“太常禮院”的認同感來看，至遲在唐宣宗年間，“太常禮院”已經是唐人眼中的一個獨立禮儀機構了。

以上兩個唐宣宗時代的故事都提到了“禮院”之名，然而這個“禮院”或“太常禮院”明顯和“禮會院”職能不同。從内廷系統的“司農寺—禮會院”到外廷系統的



---

① 〔唐〕李林甫等撰，陳仲夫點校：《唐六典》卷一九“司農寺”條，中華書局 1992 年版，第 519 ~ 525 頁。

② 〔唐〕裴庭裕撰，田廷柱點校：《東觀奏記》卷下，中華書局 1994 年版，第 132 頁。

③ 張文昌先生已經解讀過這條材料（張文昌《制禮以教天下》，第 258 頁），這裏略加補充。參照前文後理，高銖與李慤之爭當出於意氣，亦即作爲太常寺首官的高銖在初次參觀禮院時，禮院博士没有群集參拜。所謂“博士自專，事無關白者”，恐怕是禮院博士爲拒絶參拜高銖所找的一個制度理由。至於他們爲甚麽這麽做，史料有限，祇能先存疑了。

④ 《東觀奏記》卷下，第 133 頁。

⑤ 《舊唐書》卷一七二，第 4466 頁。

⑥ 《日本宫内廳書陵部藏北宋版通典》卷二五《職官七》，上海人民出版社 2008 年版，第 99 頁。太常博士乃魏文帝首設之官職，參見張文昌《制禮以教天下》（第 236 ~ 237 頁）及陳仲夫點校中華書局版《唐六典》卷一九相關校勘記文字，第 419 頁。

⑦ 《唐六典》卷一四《太常寺》，第 396 頁；《日本宫内廳書陵部藏北宋版通典》卷二五《職官七》，第 99 頁。

⑧ 《舊唐書》卷八二《許敬宗》本傳，第 2764 ~ 2765 頁。

"太常寺—太常禮院"，從開元十九年（731）到大中元年（847），這一百多年間圍繞"禮院"這個機構到底發生了甚麽事情？唐代"禮院"是否存在着"禮會院"和"太常禮院"兩個時代，還是根本就是兩個不同機構？或者開元年間的崇仁坊"禮院"衹是"禮會院"的簡稱，另外還有一個"太常禮院"自太常寺系統中分裂出來，而與禮會院無關？

如果"禮會院"和"太常禮院"真是兩個完全不同的機構，而上文針對"崇仁坊禮院"的考證純屬巧合，那麽開元以前理應有一些關於"太常禮院"的記載。然而史料有限，實不足徵。現今看到最早關於"禮院"的記載出現在唐肅宗至德年間。至德一載（756）八月六日，焦士炎提出升級唐朝先祖李虎、李昞陵墓規格，太常禮院曾上奏提供理論支持。① 另外就是《唐會要》所記貞元七年（791）正月二十六日針對太常寺的一次人事改革："復置禮儀直兩員，禮院直兩員。并停禮院修撰官一人，檢討官一人，孔目官一人，院典三人。"② 這裏提到的直禮儀官是唐肅宗乾元元年（758）廢置的，到了貞元七年（791）又恢復了，同時停罷了禮院修撰、檢訂、孔目等官。兩年以後，貞元九年（793），朝廷又重置了太常寺和太常禮院的修撰及檢討各一員，禮生員各三十五人，從此變成定額。③ 换言之，雖然至德一載已有太常禮院之名，但貞元九年以後太常禮院及其人事架構纔成爲定制。同年官任太常禮院修撰的王涇呈上了自己寫成的十卷本《大唐郊祀録》④，代表了貞元年間"禮院"和"禮院"屬官在制禮、議禮方面已經獨當一面了。

"禮會院"在唐德宗建中元年（780）時再次出場。十幾年之後的貞元年間，"太常禮院"人事架構得以固定。這其中是否有着甚麽連帶關係？我們不知道。比較肯定的是，太常禮院和禮會院在德宗至憲宗中間幾十年裏曾經并存。爲了方便理解，現整理時序如下：

開元十九年（731）：唐玄宗在崇仁坊西南區設立禮會院。

至德一載（756）：唐肅宗朝出現"太常禮院"之名。

---

① 《唐會要》卷二〇，第397頁。

② 《唐會要》卷六五，第1135頁。

③ 《唐六典》記貞元九年四月敕文是"太常寺宜署禮院修撰、檢討官各一員，便爲定額"。《唐會要》卷六五《太常寺》，第1136頁。張文昌先生曾加以解釋，認爲反映了太常寺與禮院之間的張力（張文昌《制禮以教天下》，第258頁），其説難通，疑今本《唐六典》有誤字。查《册府元龜·掌禮部·總序》曰："貞元九年以太常寺、禮院置修撰、檢討各一員，禮生員三十五人。"（〔北宋〕王欽若等編纂，周勛初等校訂：《册府元龜》卷五六三《掌禮部一·總序》，鳳凰出版社2006年版，第6453頁）文通字順。則"署"字當爲"置"字之誤。清《欽定歷代職官表》卷二七"太常寺"條引《册府元龜》，不誤。見〔清〕永瑢、紀昀等編：《欽定歷代職官表》卷二七，《文淵閣四庫全書·史部職官類》總第601册，上海古籍出版社1987年版，第26頁下。

④ 《新唐書》卷一一《禮樂一》，第309頁。

建中元年（780）：唐德宗復興“兵興以來廢而不修”的禮會院。

貞元七年（791）：置直禮院官，同時罷禮院修撰、檢討、孔目、院典等屬官。

貞元九年（793）：重置太常寺和太常禮院修撰、檢討、禮生等官。

元和七年（812）：左拾遺楊歸厚因自家婚禮借用禮會院被貶官。①

從這條脉絡來看，禮會院和太常禮院在中唐以後應該是兩個機構。太常禮院源出太常寺，和專責皇家婚娶的禮會院在職權上關係不大。然而太常禮院之名不見於肅、代以前的史料記載，令人懷疑這個機構本非常設，和玄宗時代出現的“禮儀使”一樣，恐怕祗是處理重要禮儀事務的一種臨時差遣。當然，這種差遣也會有常態化的時候。② 但是貞元以前，太常禮院的人事架構和職權範圍應該説還没有固定，很難認爲其是一個常設機構。此外，禮會院在肅、代二朝的缺席和太常禮院的突然出現實在巧合。以往研究者常把太常禮院始置定於開元年間，實際上開元十九年成立的是作爲禮會院的“禮院”。是否有這樣一種可能：安史兵變以後，作爲禮會院的“禮院”消失在兵亂中，而太常寺内部分化出來的一個臨時機構取得了“禮院”之名，演變成爲後來的太常禮院？





由於缺乏决定性史料，唐代“禮院”名稱的承傳演變終歸祗是猜測。貞元以後太常禮院一變而爲常設，太常禮官尤其是太常博士，積極參與各種議禮討論，進而加强了太常禮院的地位。白敏中、崔龜從之自我認同，太常博士李慤公然頂撞太常卿高銖，都可以放在這個背景裹去理解。中唐以後，大至南郊、祠祀、禘、祫等國家大典，小至典禮奏樂或宗廟之禮中的細節如神主靈位、謚號等，已然全部屬於太常禮院議禮的範圍了。③ 唐末、五代之轉型中，經常可以看到太常禮院博士們議禮之身影。唐僖宗光啓元年（885）討論翻新李唐太廟的時候，太常禮院博士滿額爲四人，與太常寺配額相同。④ 到了北宋初期，太常寺與太常禮院這種“寺内有院”的“上下雙軌”制愈加複雜，和唐代“禮院”撲朔迷離的形象可謂一脉相承。

---

① 《舊唐書》卷一五《憲宗下》，第444頁；北宋人錢易在《南部新書》裹也提過楊歸厚這個故事。《南部新書》丁卷，中華書局2002年版，第50頁。

② 參見張文昌先生關於唐禮儀使職能的研究。張文昌：《制禮以教天下》，第262～272頁。

③ 唐貞元以後禮院針對各項禮儀事務的“出鏡率”非常高，不勝枚舉，略舉幾例：《舊唐書》卷五二《后妃下》，第2195頁（元和十一年）；《舊唐書》卷二一《禮儀一》，第845頁（元和十五年）；《唐會要》卷九下《雜郊議下》，第195頁（長慶三年）；《舊唐書》卷二八《音樂一》，第1053頁（大和三年）；《舊唐書》卷二六《禮儀六》，第1010頁（會昌六年）；《舊唐書》卷一七七《楊收》本傳，第4595頁（大中三年）；《唐會要》卷三八《服紀下》，第688頁（大中六年）。

④ 殷侑之孫殷盈孫時爲禮院四博士之一。他在其他三位不在京師的情况下獨自建言改革太廟，得到朝廷嘉許采納。《舊唐書》卷一六五《殷盈孫》本傳，第4323～4324頁。

## 二、北宋太常禮院沿革

五代以來各朝變遷，太常禮院依然在發揮議禮和制禮的職能。後周世宗顯德五年(958)，竇儼就曾建議朝廷組織專人按照《唐會要》的體例編撰《大周通禮》，編好後交由禮院掌之，以成一代之制。① 入宋以後，關於禮院的記載不絕於書。宋太祖立國的建隆元年（960），關於宋室宗廟廟數的討論，還是百官集議之後由兵部尚書張昭爲之定議。② 建隆二年（961）十二月，太常禮院作爲常規編制已經參與討論皇親的喪儀問題。③ 與此同時，太常寺亦時見宋初史籍之記載。上文提到的後周禮儀專家竇儼，周、宋易代以後，被擢升爲禮部侍郎兼判太常寺。④《宋史・職官志》“太常寺”條云：

> 宋初，舊置判寺無常員，以兩制以上充，丞一人，以禮官久次官高者充。別置太常禮院，雖隸本寺，其實專達。有判院、同知院四人，寺與禮院事不相兼。⑤

這裏明確提到宋初太常禮院和太常寺在職權上仍是兩個單位，太常禮院并有專門入奏之權。值得留意的是，《宋史・職官志》乃據宋人官、私制度史料編成⑥，最後拼凑出來的宋初禮儀機關圖像，與其説是實録，更像是一種理念和現實的混合體。例如“别置太常禮院”一説，聽起來太常禮院頗像是趙宋王朝的新發明。實際上，從制度沿革的角度來看，宋初太常禮院明顯是唐末以來太常寺與太常禮院“上下雙軌”制的直系傳人。衹不過在職權分配和人事架構方面有所差别而已。

關於太常寺的具體職權，《宋史・職官志》曰太常卿掌“禮樂、郊廟、社稷、壇壝、陵寢之事”，而各種禮儀具體行禮時的規範，也是由太常寺官員負責導引和安排。

---

① 〔北宋〕薛居正等撰：《舊五代史》卷一四五，中華書局 1976 年版，第 1936 頁。

② 〔南宋〕李燾：《續資治通鑑長編》卷一“太祖建隆元年正月甲午”條，世界書局 1964 年版，第 7 頁上。

③ 《續資治通鑑長編》卷二“太祖建隆二年十二月乙卯”條，第 16 頁下。

④ 《續資治通鑑長編》卷一“太祖建隆元年三月壬戌”條，第 9 頁上。

⑤ 《宋史》卷一六四《職官四》，中華書局 1985 年版，第 3883 頁。

⑥ 《宋史・職官志》的史源問題一向複雜，從清人到鄧廣銘先生，一直有《職官志》究竟是摘抄趙宋各朝國史志還是直接轉抄馬端臨《文獻通考》而成這種疑問。鄧先生的“《宋史・職官志》抄襲《文獻通考》説”因爲《宋史職官志考正》這一經典著作的流行而廣泛爲人所知。近年來有針對“《職官志》抄襲《通考》説”的反思，亦可參考。詳見孔繁敏《〈宋史・職官志〉史料來源考辨》，《史學史研究》2014 年第 4 期。

《職官志》還提到凡“禮樂有所損益”，還有“祀典、神祇、爵號與封襲、繼嗣”這些方面的考訂，最後都要上報禮部。① 這個説法其實也是制度理想主義的反映。宋初酌用唐制，自太祖恢復科考後，禮部就主要負責制科了，并没有時間來管“禮儀損益”之事。據《職官志》其中一種史源《兩朝國史志》所記：

禮部：判部事二人，以兩制及帶職朝官充，凡禮儀之事悉歸於太常禮院，而貢舉之政領於知貢舉官。本曹但掌制科、舉人，補奏太廟、郊社齋郎。室長掌坐都省集議百官，謝賀章表，諸州申舉祥瑞，出納内外牌印之事，而兼領貢院焉。②

姑且不論《兩朝國史志》“凡禮儀之事悉歸於太常禮院”的説法是否準確，禮部以制科貢舉爲首要職責是宋初史料斑斑可證的。③ 至於有關郊祀、宗廟大禮“損益”的具體討論，雖然要上報禮部，但實際主導權是在太常部門手中。當然，按照北宋“祖宗之法”的習慣，太常部門議禮之權必須有所制衡。禮部既然忙於制科而無法分心議禮，那麽因唐制而來的“三館（昭文館、史館、集賢館）—崇文院”系統，因其位置清要、人選優异，自然就成爲太常部門的合作伙伴。④ 曾經在秘書省工作過十幾年、熟悉館閣制度的北宋學者程俱在《麟臺故事》裏將崇文院與太常禮院并行的議禮機制歸

① 《宋史》卷一六四《職官四》，第3883頁。

② 〔北宋〕王珪等編：《兩朝國史志》，轉引自《宋會要輯稿·職官一三》“禮部”條，中華書局1957年版，第13頁。王珪此書主要記載仁宗、英宗朝史事，已佚。《宋會要輯稿》《宋史》各志中頗有一些引文。考宋真宗大中祥符時王旦亦曾撰有《兩朝國史志》，記太祖、太宗兩朝國史。然此書南宋時已不傳（〔南宋〕洪邁：《容齋三筆》卷一四“九朝國史”條，吉林文史出版社1994年版，第366~367頁）。王珪記仁、英兩朝的《國史志》則南宋時仍有傳本。參見〔南宋〕晁公武《郡齋讀書志·後志》卷一，第774頁。據此推知《宋會要輯稿》所引當爲王珪的一百二十卷本《兩朝國史志》。又，此條材料亦見《文獻通考》卷五二《職官考六》“禮部尚書”條，大同小异，“以兩制及帶職朝官”下增“以下”二字。〔元〕馬端臨著，上海師範大學古籍研究所、華東師範大學古籍研究所點校：《文獻通考》卷五二“禮部”條，中華書局2011年版，第1522頁。

③ 《續資治通鑑長編》卷四“太祖乾德元年九月丙子”條規定祇有禮部纔能貢舉人，第21頁上；卷九“太祖開寶元年三月癸巳”條記禮部補奏舉子覆試，第2頁上；卷一八“太宗太平興國二年正月丙寅”條記太宗登位不久即詔禮部研究科考名額，第1頁下至第2頁上；卷一九“太宗太平興國三年八月甲戌”條記太宗詔諸州解生以秋集禮部，并見“九月甲寅”條禮部主持非常例之秋試，第12頁下。此外，如《兩朝國史志》所記，一些低級祭祀官員如太廟齋郎的補額，禮部亦參與其事。比如太宗淳化元年表奏高麗進士金行成兒子金宗敏爲太廟齋郎一事，就是禮部安排的。《續資治通鑑長編》卷三一“太宗淳化元年十一月丁丑”條，第10頁上、下。

④ 關於宋初“三館—崇文院”系統的基本形態，參《宋會要輯稿·職官一八》“集賢院”“崇文院”二條，第18頁；〔北宋〕程俱撰，張富祥校證：《麟臺故事校證》卷一“沿革”條，中華書局2000年版，第7~18頁。關於唐宋三館沿革的簡要描述，參見《玉海》卷一六五“唐三館”諸條，第13頁上至下；同卷“宋朝史館”“建隆昭文館”“太平興國三館”諸條，第33頁上~36頁下（元豐改制以前）。

結爲宋初祖宗之法其中一個重要元件。① 用他的話來説：

> 祖宗時，有大典禮政事講究因革，則三館之士必令預議。如范仲淹議職田狀，蘇軾議貢舉者，即其事也。詳議典禮，率令太常禮院與崇文院詳定以聞，蓋太常禮樂之司，崇文院簡册之府，而又國史典章在焉。合群英之議，考古今之宜，則其施於政事典禮，必不詭於經理矣。②

程俱這個説法，和《宋史·職官志》所謂“禮部：掌國之禮樂……凡禮樂制度有所損益，小事則同太常寺，大事則集侍從官、秘書省長貳或百官，議定以聞”③ 對照來讀，正顯示了宋人制度設計層面的完美想象。理論上來説，太常禮院、太常寺和館閣的頂級人才合作議禮，決定細節，然後上報禮部。禮部判斷議禮主體是“大事”還是“小事”後，再決定是否同意太常機構的決定，或者擴大範圍，召集其他部門以作進一步討論。然而正如鄧小南先生指出的，宋代“祖宗法度”可以分“説法”和“做法”兩個層面④，兩者之間的各種互動造成了制度原則和制度實踐之間的落差。事實上，現實“做法”遠比理論“説法”複雜。宋代這種以審議禮制爲主的討論過程，在實踐“做法”中并不歸結於禮部，而是以“集議”的特殊形態出現在北宋前期官僚架構之中。相關集議體系先從太常機構和三館出發，然後是中書舍人或知制誥加上翰林學士的兩制之議，然後再到各部尚書、臺諫官及諸司四品或五品以上官，最後是文武百官的大集議。⑤ 如平田茂樹先生所言，整個集議構造體現的是國家意志和士大夫各集團之間的張力。⑥ 作爲一種朝廷常制，集議更是太常禮官在現實政治領域彰顯自己學術與政治意識的上佳手段。

從集議的角度來看，北宋前期官職分離和寄禄官制度所造成的繁難也影響到了太常機構。宋仁宗明道二年（1033）爲了重新確定寄禄官的職責，准殿中侍御史段少連所奏，規定集議大禮時挂名尚書省（南省）各曹的兩制官員也要參加本省集議，不得托辭拒絶赴會。⑦ 這樣一來，議禮就變成了一個士大夫群體所共享的權力領域，而不至於爲禮官所壟斷。一言而蔽之，兩制官員參與集議對太常禮官而言是一種制

① 關於程俱生平，可以參考張富祥先生《麟臺故事校證》“前言”，第2～4頁。

② 《麟臺故事》卷三“選任”條，第144頁。

③ 《宋史》卷一六三《職官三》，第3851頁。

④ 鄧小南：《祖宗之法——北宋前期政治述略》，生活·讀書·新知三聯書店2006年版，第12～13、528～529頁。

⑤ 《宋會要輯稿·儀制八》“集議”條，第8頁之九。

⑥ ［日］平田茂樹著，林松濤、朱剛等譯：《宋代政治結構試論——以“對”和“議”爲綫索》，參見氏著《宋代政治結構研究》，上海古籍出版社2010年版，第161～167頁。

⑦ 《宋會要輯稿·儀制八》“集議”條，第8頁之八。

約。太常博士趙良規和部分禮院官員在景祐年間反對南省集議强召兩制及其他帶實職的副官、郎中、員外（郎）等，表面上是怕帶兩制實職者還要回尚書省開會，造成官職錯亂，“位叙頓差”①。其背後所真正顧慮者，恐怕還是太常禮院和禮官們的職權問題。這一點在之後御史臺反對趙良規動議的别奏中亦可見反證。這封别奏强調商議重要典禮需要斟酌各方意見，不應該因爲尚書省的寄禄官性質而免除兩制帶尚書官者的集議責任——這種免除在宋代官僚術語中被稱爲“絶曹”。用御史臺的原話來説：“豈有受禄則繫官爲俸，議事則絶曹爲辭?”② 换言之，討論朝廷大禮的時候，御史臺認爲兩制官必須在場。③

“受禄則繫官爲俸，議事則絶曹爲辭。”這句話無疑抓住了宋初官職分離的核心矛盾。御史臺奏章討論集議時所羅列的集議範圍，更爲我們理解太常禮院議禮職權提供了寶貴的信息。爲了方便分析，兹將朝廷降敕議事的材料分條羅列如下：

1. 或集尚書省五品以上及知雜御史者。
2. 或兩制、兩省五品以上、尚書省五品以上、御史臺知雜以上者。
3. 或翰林學士、丞、郎、大兩省、御史臺知雜以上。
4. 或翰林學士、兩省官、御史臺官、員外郎以上者。
5. 或兩制、兩省及南省四品以上，并御史臺官者。
6. 或知制誥以上并兩省侍郎以上者。
7. 或兩制并秘閣、三館官者。
8. 或翰林學士、本省五品以上、兩省官知制誥以上、御史臺知雜以上者。
9. 或尚書省官與太常禮院官者。
10. 或百官者。④

這十種集議範圍從大到小，大概是這麽一種次序：10 >4 >2 >3 >8 >5 >9 >1 >7 >6。有些集議如 7、9、10 没有列明品級，難以估計具體人數。所以這裏估計的集議範圍，主要從參與部門的多樣性出發。10 種集議裏，有 8 種和兩制官有關，可見兩制官員在宋初集議中的重要地位。值得注意的是，第 9 條的尚書省“本省”集議，專門提到了太常禮院，説明了禮院作爲議禮機構至遲在景祐年間已經和尚書省之間建立了單獨集議制。通過集議制度，太常禮院與崇文院的館閣體系與兩制官員也聯繫了起來。在

---

① 《宋會要輯稿·儀制八》“集議”條，第 8 頁之九至第 8 頁之十。

② 《宋會要輯稿·儀制八》“集議”條，第 8 頁之十一。

③ 御史臺在在强調兩制在議禮中的重要性，也暗含了對太常禮官尤其是太常博士單獨處理禮儀事務的不信任。

④ 《宋會要輯稿·儀制八》“集議”條，第 8 頁之十。

“合群英之議，考古今之宜”的集議中，太常禮院作爲議禮機構的角色逐漸突顯，而制度理想主義的代表——禮部和太常寺——則慢慢銷聲匿迹了。

需要强調，太常禮院在宋仁宗朝集議制度中脱穎而出，并非一個孤立現象，現象背後還有着另外一些制度脉絡。如果説太祖、太宗二朝太常禮院和太常寺仍在唐末、五代以來“上下雙軌制”框架中運行的話，真宗、仁宗二朝以來的一些制度變化則讓太常禮院得以反客爲主，超過太常寺，成爲議禮的核心機構。這個問題牽涉太常系統職責變遷。本來太常寺作爲處理禮儀的傳統機關，即使“寺與禮院事不相兼”①，理應也是一大重要部門。事實上，據神宗熙寧時期（1068—1077）宋敏求撰成之《春明退朝録》所記，北宋初年太常寺仍是清貴之所，“皆禁林之長主判”，長官皆出於兩制之士中的俊彦。② 這個時候，人事制度上太常寺與禮院已經分道揚鑣，前者長官是出身兩制的判寺一或二人，後者長官是獨立的“判禮院”和“同判禮院”。③ 太常寺儘管事權較唐有所退步，名義上仍是太常禮院的直系上司。

但是，太常寺衹是名義上太常禮院的直系上司。關鍵在於太常寺和禮部的寄禄機構性質造成其先天不足。《王文正公遺事》裏記王旦（957—1017）之子王雍求仕，執政寇準（961—1023）爲了表彰賢臣，特地將王雍調做寄禄閑職官的判太常寺，以顯清貴。④ 這是真宗年間的事。判太常寺這種長官級的位置屬於高流品閑職，然而太常博士在宋人眼中反而没有這種清貴的暗示。按照宋代祖宗法例，太常博士多供進士出身者遷轉之用。進士甲科第一名慣例不除博士，恐怕是因爲博士多在禮院行走，實務工作太多，不屬於清貴的“閑職”，所謂“非以待第一人也”⑤。太常寺和禮部既爲寄禄之虚位，太常禮院職權遂有相應之增加。除了負責國家典禮大小事務以外，禮院也兼管禮部



---

① 《宋史》卷一六四《職官四》，第 3883 頁。

② 〔北宋〕宋敏求撰，誠剛點校：《春明退朝録》卷上，中華書局 1980 年版，第 11 頁。《宋會要》“太常寺”條前半部分與《春明退朝録》此條文字多同，恐摘抄《退朝録》而來，或出同一史源。唯《宋會要》“禁林之長主判”下多“皆以兩制統”小注五字。《宋會要輯稿·職官二十二》“太常寺”條，第 22 頁之十八。

③ 《宋史·職官志》認爲太常寺判寺無常員，《宋會要》提出判寺應該是一或二人。《宋會要輯稿·職官二十二》“太常寺”條，第 22 頁之十七至十八；《宋史》卷一六四《職官四》，第 3883 頁。又，徐松輯本《宋會要》此處“禮院自有判院、同判院”一句，“禮院”誤抄爲“花院”，今據《春明退朝録》校爲“禮院”。《春明退朝録》卷上，第 11 頁。

④ 〔北宋〕王素撰：《文正王公遺事》，朱易安等主編：《全宋筆記》第一編第五册，大象出版社 2003 年版，第 200 頁。

⑤ 詳參南宋時人曾敏行在《獨醒雜志》裏追憶宋初祖宗之法“分别流品”時對太常博士的看法。〔南宋〕曾敏行撰：《獨醒雜志》卷一，朱易安等主編：《全宋筆記》第四編第五册，大象出版社 2008 年版，第 123 ~ 124 頁。

系統下祠部郎中“祠祀享祭”之權，職務繁多。① 瞭解這一點，就不難明白爲甚麼歐陽修撰《新唐書》時求一閑職，朝廷調他到太常禮院，會有“朝廷將太常禮院作閑慢差遣耶”的反諷了。②

第二個影響太常禮院職權的制度脉絡源出真宗、仁宗兩朝的“禮儀院”改革。“禮儀院”是真宗大中祥符六年（1013）八月成立的，其前身爲六年前專門爲制訂天書、符瑞等祀典儀注而設立的“起居院詳定所”。③ 關於“禮儀院”和太常禮院的關係，張文昌先生根據《續資治通鑑長編》和《宋史·職官志》等其他材料已經梳理了一個基本脉絡，值得參考。④ 不過在這個脉絡裏，還有一些重要細節需要注意。

首先是“起居院詳定所”和太常禮院的關係。南宋時人孫逢吉在《職官分紀》中談到，自唐以來禮儀使和禮院本來是掌郊祀大禮的，衹不過禮儀使屬於臨時性質，郊祀禮完畢即停置。宋初禮院依然主掌郊祀之禮。⑤ 太宗雍熙時試圖封禪以後，纔有了以學士常參官“詳定儀注”的說法。⑥ 考《續資治通鑑長編》“太宗雍熙四年九月辛巳”條，其云太宗在考慮來年東郊籍田之禮時，詔翰林學士宋白、賈黃中、蘇易簡“同詳定儀注，置五使如郊祀之制”⑦，恰恰呼應了孫逢吉“詳定儀注”始於宋太宗雍熙年間的說法。雖然雍熙封禪没有成功，但是宋太宗留下的這一套“詳定儀注”的做法，由臨時之制逐漸轉變爲真宗時的常規之制，也就是“起居院詳定所”。⑧ 真宗大中祥符元年（1008）四月，宋真宗開始推動封禪計劃，命泰山路糧草引進使曹利用、宣政使李神福安排行營道路，而晁迥、李宗諤、杜鎬、陳彭年（961—1017）、王旦這批學士官員上奏請依“郊祀故事面命五使”⑨。這裏所謂的“郊祀故事”，自然是指太宗雍熙四年詔令宋、賈等人同“詳定儀注”的做法。



---

① 據《兩朝國史志》記，祠部長官“判司事一人，以無職事朝官充。凡祠祀享祭皆太常禮院，而天文刻漏歸於司天監。本司但掌祠祭、晝日休假，令受諸州僧尼、道士、女官、童行之籍，給剃度受戒文牒而已”。《宋會要輯稿·職官一三》“祠部”條，第 13 頁之十六。

② 〔北宋〕江休復撰：《江鄰幾雜志》，朱易安等主編：《全宋筆記》第一編第五册，大象出版社 2003 年版，第 150 頁。

③ 《續資治通鑑長編》卷八一“真宗大中祥符六年八月庚午”條，第 8 頁上。

④ 張文昌：《制禮以教天下》，第 284 ~ 287 頁。

⑤ 〔南宋〕孫逢吉撰：《職官分紀》卷一八“禮院”條，《文淵閣四庫全書·子部類書類》，總第 923 册，上海古籍出版社 1987 年版，第 38 頁上；《宋會要》編者亦采此說。《宋會要輯稿·職官二十二》“禮儀院”條，第 22 頁之二十二。

⑥ 〔南宋〕孫逢吉撰：《職官分紀》卷一八“禮院”條，第 38 頁上。

⑦ 《續資治通鑑長編》卷二八“太宗雍熙四年九月辛巳”條，第 8 頁下。

⑧ 宋太宗雍熙封禪的意圖最終在兒子真宗這一代完成了，也就是著名的大中祥符天書封禪。關於太宗、真宗二朝的封禪意圖和實踐，詳參張維玲：《宋太宗、真宗朝的致太平以封禪》，《清華學報》2013 年第 3 期。

⑨ 《續資治通鑑長編》卷六八“真宗大中祥符元年四月乙未”條，第 12 頁下。

在大中祥符元年進奏的這批學士之中，王旦的身份尤其特别。王當時的頭銜是“太常禮院詳定儀注”①，可見真宗朝“詳定儀注”乃至“詳定所”作爲差遣官的職權在開始時已經和太常禮院融合在一起了。《職官分紀》另外記載真宗命令李維與姜嶼兩位禮院官員“詳定禮儀。事畢（按：指封禪事），遂不廢（按：指詳定所）”②。這是另一條有力證據，説明了“詳定所”草創之初已由太常禮院主導。直到大中祥符六年將“詳定所”改爲“禮儀院”之前，真宗關心的天書、符瑞、封禪祀典或相關儀注，多由禮院禮官們負責制訂，這是史料明載的。③

大中祥符六年詳定儀注所被廢，表面上是分割了太常禮院制訂儀注之權，可是太常禮院在制禮、議禮體系中的地位依然重要。雖然新成立了禮儀院負責祀典儀注，但由於“自東封後，凡行大禮繫太常禮院及詳定所”，文書典章都集中在太常禮院，没有太常禮院協助，想制訂儀注也不知從何做起。④ 禮儀院成立半年後，參知政事丁謂和學士陳彭年上任禮儀院判院和知院之時，朝廷仍有將太常禮院和詳定所文字集中於禮儀院的詔命，足見當時還有一些禮儀文書由禮院保留。⑤

從人事架構層面來説，真宗一朝以參知政事和翰林學士等高級文官以充禮儀院長官，間接爲後來禮儀院歸并太常禮院後禮院地位的升格做了鋪設。上文分析了仁宗景祐年間禮院是如何通過集議制度和兩制學士這批高級官員發生聯繫的。事實上，這個聯繫在真宗朝的“禮儀院”時代已經存在了。尤其需要留意的是翰林學士陳彭年在這個禮院升格運動中的重要作用。陳彭年本爲詳定所長官，後來詳定所變爲禮儀院，他順理成章接任禮儀院。然而陳彭年同時兼任修起居注的重任。爲了方便他工作，“徙起居院於三館”，禮儀院和三館合并一處。⑥ 大中祥符八年（1015）崇文院被燒，三館之地搬到左右掖門外，禮儀院也一并搬出禁中。⑦《玉海》記載得更具體，提到三館是搬到了左





---

① 《續資治通鑑長編》卷六八“真宗大中祥符元年四月乙未”條，第 12 頁下。

② 《職官分紀》卷一八“禮院”條，第 38 頁上。

③ 比如大中祥符二年令太常禮院修訂真宗喜歡的道場齋醮儀式，《續資治通鑑長編》卷七一“真宗大中祥符二年四月庚戌”條，第 15 頁上；三年龍圖閣直學士陳彭年與太常禮院合作詳定接收天書的儀制，《續資治通鑑長編》卷七四“真宗大中祥符三年十二月丁卯”條，第 16 頁上；五年太常禮院檢討儀注，《續資治通鑑長編》卷七五“真宗大中祥符四年五月甲戌”條，第 13 頁上；五年讓太常禮院詳定崇奉天尊儀式，《續資治通鑑長編》卷七九“真宗大中祥符五年十月戊午”條，第 6 頁下。

④ 《宋會要輯稿·職官二十二》“禮儀院”條，第 22 頁之二十三。

⑤ 《宋會要輯稿·職官二十二》“禮儀院”條，第 22 頁之二十三。

⑥ 《續資治通鑑長編》卷八一“真宗大中祥符六年八月庚午”條，第 8 頁上。亦見《麟臺故事校證》卷二“省舍”條，第 27 頁。唯程俱搬院之時間爲大中祥符七年二月，考《宋會要》所載徙館時間亦爲六年八月（《宋會要輯稿·職官二十二》“禮儀院”條，第 22 頁之二十三），不知孰是。

⑦ 《宋會要輯稿·職官十八》“三館”條，第 18 頁之五十二；《麟臺故事校證》卷二“省舍”條，第 28 ~ 30 頁。

掖門西："與禮儀院、禮院相接，同判院官皆帶館職。"① 這樣一來，崇文院（館閣）—起居院—禮儀院—禮院，通過陳彭年還有後來宋綬、晏殊這批身兼館閣之職的禮儀院官員，在空間上便緊密聯繫在一起了。程俱所謂"蓋太常禮樂之司，崇文院簡册之府，而又國史典章在焉"的"説法"，也落實到了"做法"層面。②

縱觀大中祥符一朝，禮儀院和禮院的職掌與其説是互相侵奪，不如説是一種合作。禮儀院建立初期人才不够，朝廷即調用"禮院官二人赴院編修"③。這段時期也没有其他材料表明禮院的議禮權受到嚴重影響。④ 大中祥符之後的天禧年間（1017—1021），太常禮院直禮官李惟吉在親王詢問禮儀難題之時，甚至不和上級判院官討論，亦不等上司簽名，直接以白狀回條。對於此事，宋真宗還專門重申了太常禮院議禮的文字規範。⑤ 白狀回條固然是禮官個人輕疏，然而真宗慎重詔令條約，已足以反證太常禮院在常制上仍然具有重要地位，并非有了禮儀院就無足輕重。

禮儀院負責的封禪、天書、祥瑞這一套東西固乃真宗所好，却非仁宗所喜。而禮儀院"占公人二十二人，歲費錢千七百餘貫""主押人月特支錢三千"這樣的大項開支，更惹生性節儉的宋仁宗不快。⑥ 終於在天聖元年（1023）四月決定廢除禮儀院，而舊禮儀院系統中的官職全部并入太常禮院。⑦ 於是晏殊、馮元這一批原知禮儀院的兩制官員摇身一變成了判、同判太常禮院官。⑧ 而"久來屬太常禮院"的"詳定儀制"權力，現在也重回禮院手中。⑨ 天聖年間，因爲"禮儀院"遺留的制度因素，太常禮院長官如晏殊、馮元等都是别領他職的。到了明道元年（1032），太常禮院有一位知院薛紳上奏，要求恢復國初之制，設立四名禮院知院官，每日當值。這樣禮院知院就能像漢魏以來的太常博士一樣，充分發揮議禮功能，禮院遂無人手短缺之憂。⑩ 在馮元和議下，宋仁宗最終采納了薛紳上奏，將禮院知院增至四人。這個時候，《兩朝國史志》"凡禮儀之事悉歸於太常禮院"和《續資治通鑑長編》天聖元年"太常禮院，典禮所出"這兩



---

① 《玉海》卷一六八《宫室·院》，第 30 頁上。

② 《麟臺故事校證》卷三"選任"條，第 144 頁。

③ 《玉海》卷一六八《宫室·院》，第 29 頁上。

④ 《長編》裏就有這段時間禮院上奏議禮的幾條材料。比如天禧元年太常禮院進言宰相王旦之死當輟朝，《續資治通鑑長編》卷九〇"真宗天禧元年十二月庚申"條，第 18 頁上至下；還有天禧三年進獻的《大禮稱慶合班圖》，也是太常禮院製成的，《續資治通鑑長編》卷九四"真宗天禧三年十一月辛酉"條，第 10 頁下。

⑤ 《續資治通鑑長編》卷八九"真宗天禧元年三月丁卯"條，第 15 頁上。

⑥ 真宗後期禮儀院禮官的月俸和禮院同例，等於至少是雙倍支出。這方面的詳細數據，參考《宋會要輯稿·職官二十二》"禮儀院"條，第 22 頁之二十三至二十四。

⑦ 《續資治通鑑長編》卷一〇〇"仁宗天聖元年四月辛丑"條，第 10 頁上。

⑧ 《續資治通鑑長編》卷一〇〇"仁宗天聖元年四月辛丑"條，第 10 頁上。

⑨ 《宋會要輯稿·職官二十二》"禮儀院"條，第 22 頁之二十四。

⑩ 《玉海》卷一六八《宫室·院》，第 30 頁上。

套“説法”，纔在“做法”層面真正合流。① 太常禮院也正式打破了唐代以來的“上（太常寺）—下（太常禮院）”雙軌架構，一枝獨秀，成爲主導重大典禮和議禮事務的制度核心。

從太祖太宗到真、仁兩朝，太常禮院的重要性在這一世紀裏總體是回旋向上的。中間雖有禮儀院長達十年的一段插曲，也并没有讓太常禮院成爲閑職。天聖元年將本屬禮儀院的兩制官員轉入太常禮院，明道元年進一步將禮院和知院官員固定爲四人。這兩個步驟都加强了禮院專達之權。《宋史·職官志》提到太常禮院“雖隸本寺，其實專達。有判院、同知院四人”，所描述的更像是仁宗時期的禮院。② 這個時候，名義上太常寺和太常禮院“事不相兼”，其實重要典禮的安排與討論皆出於禮院。太常寺衹負責掌社稷廟、武成王廟、齋宫習樂等次級典禮而已。③

北宋朝廷對太常禮院這種反客爲主的情况并非一無所覺。宋仁宗於康定元年（1040）曾經針對太常禮院做過一次改革，廢除禮院知院官，同時重設太常寺判寺和同判寺長官，試圖將禮院和太常寺的人事架構合二爲一，“以判太常寺總之”④。康定元年重設太常禮儀機關的努力，如張文昌先生所言，是出於對天聖以後太常禮院長官位階反高於太常寺長官的一次反動。⑤ 這次反動的背後原因，既有制度理想主義的因素，也有實際考慮的層面。制度理想主義的體現自然是寺院合一，以“判太常寺總之，兼禮儀事”⑥，把朝廷禮儀的制禮和議禮重心重新擺回太常寺。宋仁宗時人宋敏求將這種制度理想主義追溯到唐朝。他認爲“唐太常置卿一員，少卿二員，博士四員……今若置判寺一員，同判寺二員，則合唐之卿數矣”⑦。宋敏求的説法是以《唐六典》的完美模板作爲康定改革的制度基礎。事實上，如上文所析，唐貞元以後太常寺和太常禮院的人事架構時有變化，本身也不合乎《唐六典》之記載。宋敏求以《唐六典》爲基準，反映的還是宋人自己的制度想象。

然而康定改革背後還有更深層的一面，也就是宋人構思中的實際“做法”。早在明道二年（1033），范仲淹已經在條陳上仁宗八事的第七條裏説“百司流外，日以增

① 《宋會要輯稿·職官一三》“禮部”條，第13頁之一；《續資治通鑑長編》卷一〇〇“仁宗天聖元年四月辛丑”條，第10頁上。

② 《宋史》卷一六四《職官四》，第3883頁。

③ 《宋會要輯稿·職官二十二》“太常寺”條，第22頁之十七；亦參見龔延明：《宋史職官志補正》，浙江古籍出版社1991年版，第248頁。

④ 《宋會要輯稿·職官二十二》“太常寺”條，第22頁之十八；《職官分紀》卷一八“禮院”條，第39頁上。

⑤ 張文昌：《制禮以教天下》，第286頁。

⑥ 《職官分紀》卷一八“禮院”條，第39頁上。

⑦ 《春明退朝録》卷上，第11~12頁。

冗……禮部、太常寺典禮樂，又置禮儀院、太常禮院"①。"日以增冗"的背後，是更多的人事支出，以及兼禮儀事長官"近有至六七人者"的人才重疊現象。② 康定改革精簡太常部門的人事架構，正是爲了改變這種情況。

儘管仁宗朝的康定改革改變了太常部門的架構，但對太常禮院實際職權影響甚微。康定以後，禮院雖然名義上屬太常寺長官管轄，禮院出身的禮官依然執朝廷大禮之牛耳。尤其是禮典修撰方面，具體事務都是禮院在處理。慶曆四年新修的兩部重要禮典，《太常新禮》四十卷和《慶曆祀儀》六十三卷，都是以太常禮院名義進獻的。③ 此外，由歐陽修主持編纂的北宋中葉禮典《太常因革禮》一百卷，其編纂班子也是由太常寺和禮院兩大系統組成。其中同判太常寺兼禮儀事李柬之、吕公著、宋敏求、周孟陽這四位都帶兩制或館閣職，需要兼任其他文書起草及書籍編校工作。④ 而禮院出身的知院吕夏卿、李育、陳繹，尤其是禮院編纂姚闢和蘇洵這兩位，則專門負責《太常因革禮》的實際編輯工作。⑤ 雖然歐陽修判太常寺時曾有太常禮院"文字散失"之嘆⑥，然而《太常因革禮》是一部建基於"禮院文字"的著作。據張文昌所製《太常因革禮》引書統計表，《太常因革禮》引禮院例册 74 條、儀注 49 條，約占全書引文十分之一，足見禮院文字在《太常因革禮》成書中的重要性。⑦



太常禮院之所以能在長官改易以後還能保持核心禮儀機構地位，自然和太常寺仍爲寄禄機構有關。除此之外，空間因素也頗重要。上文在討論真宗大中祥符一朝禮儀院之變遷時，已經分析過禮儀院和禮院是怎樣和崇文院在空間上發生聯繫的。自大中祥符八年宫中失火以後，崇文院和禮儀院就搬出了禁中，遷到了左掖門西。具體見圖三：

---

① 《續資治通鑑長編》卷一一二"仁宗明道二年六月癸未"條，第 20 頁下。

② 《春明退朝録》卷上，第 11 頁；《職官分紀》卷一八"禮院"條，第 39 頁上。

③ 《續資治通鑑長編》卷一四六"仁宗慶曆四年正月辛卯"條，第 6 頁下。

④ 李柬之是龍圖閣直學士兼侍讀，吕公著是龍圖閣直學士兼崇文院侍講，宋敏求是知制誥，周孟陽是集賢殿修撰。見歐陽修《〈太常因革禮〉序》，〔北宋〕歐陽修等撰：《太常因革禮》，王雲五主編：《叢書集成初編》第 1043 册，商務印書館 1936 年版，第 2 頁。

⑤ 南宋文人葉夢得《石林燕語》提到《太常因革禮》的編纂過程，即云"姚闢、蘇洵掌其事，爲《太常因革禮》一百卷"。可見這兩位禮院官員纔是實際編纂工作的負責人。《石林燕語》卷一，中華書局 1984 年版，第 8 頁。

⑥ 〔南宋〕熊克：《聖朝職略》，轉引自〔清〕周城撰，單遠慕點校《宋東京考》卷七《官治》"太常寺"條，中華書局 1988 年版，第 114 頁。

⑦ 張文昌：《制禮以教天下》，第 187 ~ 189 頁。

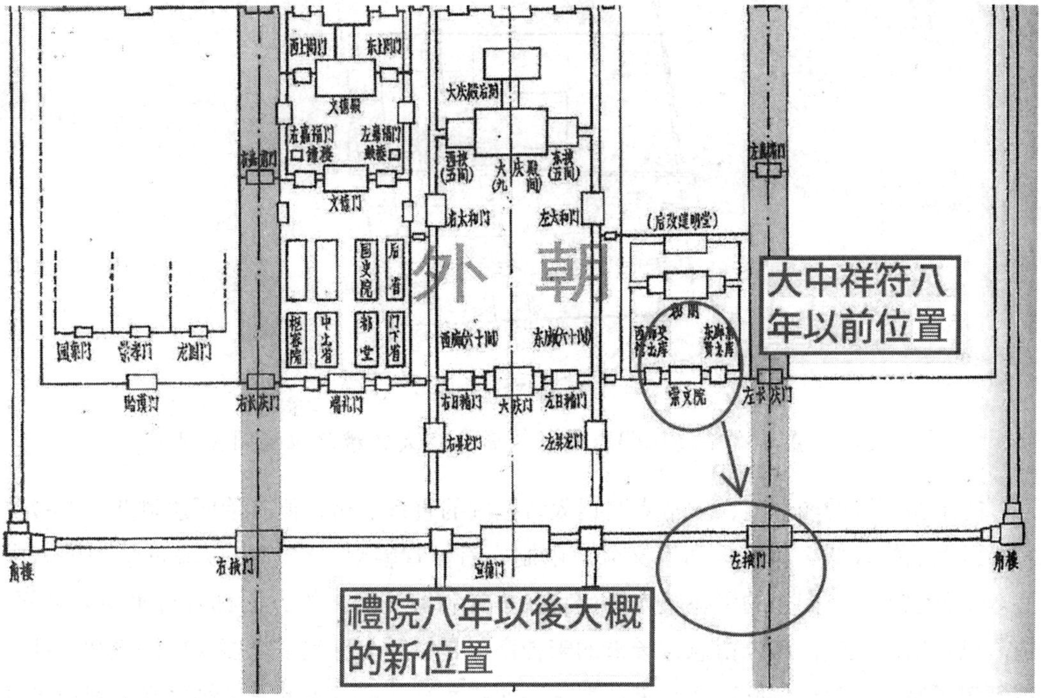




圖三　崇文院、禮儀院、禮院大中祥符八年前後位置圖①

如圖三所示，太常禮院地址儘管搬到了左掖門西，仍然還在禁中附近，大概在宣德門外偏東一點。然而據《春明退朝録》所記：

> 太常寺舊在興國坊……嘉祐八年，徙寺於福善坊。②

太常寺雖然坊制自五代起已經慢慢崩壞，但是宋廷官方文書上還會采用繼承自唐坊制的這一套字眼。

開封城内“興國坊”與“福善坊”大概位置參見圖四：

---

① 此圖本李路珂先生《古都開封與杭州》一書圖 4.5《北宋東京宮城主要部分平面示意圖》所製而成。參見李路珂編著《古都開封與杭州》，清華大學出版社 2012 年版，第 74 頁。

② 《春明退朝録》卷上，第 12 頁。

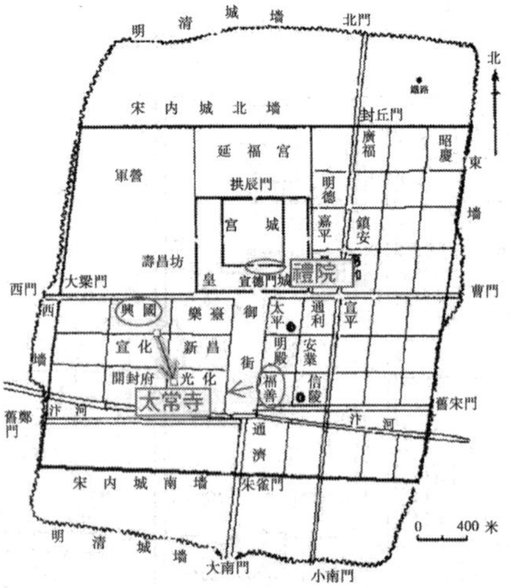


圖四　嘉祐八年（1063）前後太常寺與太常禮院位置關係圖①



從上圖可以明顯看出，太常寺名爲太常禮院的直系上司，但其治所遠離禁中。禮院官員雖然品級較低，却因爲和崇文院、兩制、尚書省聯繫緊密而得以親近禁中權力中心。不難想象，空間上的優勢讓太常禮官在集議和編纂禮書等方面都有近水樓臺之便。這一點仁宗時人或許尚未留意，後來的宋神宗却是敏鋭留意到了。熙寧變法之初，神宗就新設了審官西院這個磨勘機構來考課京師使職武官。有意思的是，神宗在分離原審官院（熙寧時改爲審官東院）和新審官西院的詔書裏專門提到“仍以太常禮院治所爲審官西院，其禮院歸太常寺置局”②。以太常禮院治所作爲新人事機構的官署，自然是因爲地點貼近禁中，較爲便利。另一方面，詔禮院置局太常，乃是神宗新政針對太常機構長久以來職權顛倒的一種“撥亂反正”，也是仁宗康定改革後的總體趨勢。到了元豐年間，神宗代替王安石親自主持變法，以講求禮制爲先，釀成了元豐初年的郊廟禮文改革。終北宋一朝，元豐禮文改革對太常禮院職權造成的衝擊可謂至巨。元豐以後，禮院不再掌控議禮製禮之大局，漸爲其他機構所取代。

朱溢先生在《從郊丘之争到天地分合之争》一文裏概述了郊廟禮文改革前後太常禮院制度變遷的一些重點。朱先生着重提出的熙寧七年（1074）詔書，應該説是一大轉折點。詔書規定判太常寺官“自今可不赴禮院，如有議論，禮院官赴寺商量”③。如朱先生所述，這點反證了之前太常寺官須赴禮院討論禮儀事務。④ 此外，這條詔書還透

---

① 原圖爲李合群本周寶珠先生《宋代東京研究》所製成的開封城内里坊概念圖。筆者在上面標記了“興國坊”“福善坊”與禮院的大概位置。參見李合群《北宋東京内城里坊布局初探》，《中原文物》2005 年第 3 期，第 92 頁。

② 《續資治通鑑長編》卷二一一“神宗熙寧三年五月丁巳”條，第 17 頁下。

③ 《續資治通鑑長編》卷二五八“神宗熙寧七年十一月己酉”條，第 5 頁下。

④ 朱溢：《從郊丘之争到天地分合之争——唐至北宋時期郊祀主神位的變化》，第 283 頁。

露了一個重要信息，就是熙寧三年（1070）“禮院歸太常寺置局”這一敕令并未徹底執行。至少太常禮院和太常寺在地理上來看還是兩個官署，所以纔有“自今可不赴禮院”的説法。一直要到元豐二年（1079）尚書省刑部改制，朝廷爲了給熙寧以來反覆設廢的刑部詳斷司騰出位置，纔把太常禮院地點撥給刑部詳斷司作爲官署。① 估計到了這時，禮院纔真正從禁中附近搬到了太常寺内。

伴隨着元豐改制本官職權的恢復，太常寺的職權也相應加强，這和郊廟禮文改革中新設立的一系列機構是有關聯的。② 這些新機構中，最重要的當然是詳定郊廟奉祀禮文所。如朱溢先生所言，詳定禮文所的設立客觀上分薄了太常禮院制禮職權。③ 更值得注意的是，詳定禮文所在太常寺置局，而細考禮文所設立之初的人員構成，其核心人物陳襄和楊完都是太常寺出身的官員。④ 此外，禮文所元豐年間的工作中，頗有一些和太常寺官員合作處理禮儀的事例。比如元豐元年（1078）禮文所指出獻祭牲牛之前要好好清洗，以符合古制，并提議具體監察工作由太常寺主簿負責。⑤ 由此可見，禮文所和太常寺因爲人事重叠而建立的合作關係，不到半年已經在發揮作用了。次年天章閣待制羅拯提出高禖壇行禮空間不够的問題時，也是先交太常寺討論，再由禮文所補充。⑥ 這時候，太常寺與詳定禮文所并議的機制已經相對成熟了。

其他元豐新設議禮機構如詳定朝會儀注所也有和太常寺合作的記録。⑦ 當然，這些記録并不代表太常禮院職權已被詳定禮文所和改制後的太常寺完全取代。事實上，任何制度改革在實踐中都要經歷一段過程。元豐初期，太常禮院的議禮功能仍然在正常發揮。元豐元年十一月，詳定禮文所成立不久後提出關於天子和百官的祭服問題，最後也是詔送禮院再議。⑧ 元豐二年禮院與太常寺合并後，仍有幾個禮院參與議禮的例子。⑨





---

① 《續資治通鑑長編》卷二九六“神宗元豐二年十月乙巳”條，第10頁上。

② 這些新機構包括詳定郊廟奉祀禮文所、詳定正旦御殿儀注所、詳定朝會儀注所等。《續資治通鑑長編》卷二九八“神宗元豐二年五月戊辰”條，第2頁下；《續資治通鑑長編》卷二九九“神宗元豐二年七月戊寅”條，第4頁下。又，詳定朝會儀注所恐爲“詳定郊廟禮文朝會儀注所”之簡稱，後者顧名思義，應爲郊廟禮文所的下轄機構（此名見《續資治通鑑長編》卷三〇〇“神宗元豐二年十月己亥”條，第8頁下）。張文昌從《續資治通鑑長編》中還找到了一些别的名稱，如“詳定儀注所”“詳定禮文并詳定朝會儀注所”等（《制禮以教天下》，第288頁）。恐怕有些是重名。無論如何，這些儀注所和元豐詳定禮文所的關係是很有意思的題目，值得專文梳理。

③ 朱溢：《從郊丘之争到天地分合之争——唐至北宋時期郊祀主神位的變化》。

④ 《續資治通鑑長編》卷二八七“神宗元豐元年正月戊午”條，第2頁上。

⑤ 《續資治通鑑長編》卷二九〇“神宗元豐元年七月癸酉”條，第8頁下至第9頁上。

⑥ 《續資治通鑑長編》卷二九九“神宗元豐二年八月戊申”條，第18頁上至下。

⑦ 《續資治通鑑長編》卷二九九“神宗元豐二年七月戊寅”條，第4頁下至第6頁下。

⑧ 《續資治通鑑長編》卷二九四“神宗元豐元年十一月乙酉”條，第7頁上。

⑨ 比如祭品問題，見《續資治通鑑長編》卷二九九“神宗元豐二年八月癸亥”條，第22頁下至第23頁上；還有皇族過世後的山陵、謚號等問題，遲至元豐二年末仍屬於禮院議禮的職權範圍。《續資治通鑑長編》卷三〇一“神宗元豐二年十一月丁丑”條，第2頁下至第3頁下。

此外，由於禮院之前壟斷了許多禮儀文獻資源，討論禮儀問題遇上疑難需要質詢禮典、禮册時，禮院還是不可或缺的。京兆府教授蔣夔上書朝廷質疑《唐開元禮》所制定的孔子師徒祭儀坐次，也是交由禮院准《熙寧祀儀》決斷的。①

元豐初期，太常禮院仍然維持着一定職能。然而元豐中葉以後，詳定禮文所逐漸主導禮儀事務，禮院的出場率大大降低。爲了重建秦漢以來九卿太常寺主掌禮儀的理想“説法”，也爲了繼承仁宗康定改革減省冗官之“做法”，宋神宗通過設立詳定禮儀所與太常寺合作的機制來削弱太常禮院的專門職能。這個過程以熙寧三年（1070）“禮院歸太常寺置局”這一步驟爲開端，以元豐五年（1082）官制改革完成，太常寺長官太常卿總領禮儀事務作結。② 十二年裏，太常寺從一個寄禄閑職機構變成了“分案九，置吏十有一”的實權機構。③ 元豐改制以後，太常禮院偶爾驚鴻一現，但太常寺主導禮儀事務的基本模式終有宋一朝再無甚大變化。④

## 三、結　語



從 8 世紀唐中期的禮院、禮會院演變到五代和北宋的太常禮院，這個跨度三百多年的制度史變遷，見證了理念“説法”和實踐“做法”的分合。太常禮院在北宋前中期异軍突起，證明了“分久必合，合久必分”的不易之理。其他制度因子，例如集議體制所帶來的跨部門合作、禮院地理上的近水樓臺之便，還有禮儀院廢除後兩制學士并入禮院、禮院四名知院常額化等，都是考量禮院變遷的重要綫索。更重要的是禮院官員的

① 《續資治通鑑長編》卷二九六“神宗元豐二年正月甲午”條，第 6 頁下至第 7 頁下。

② 《玉海》卷一六八《宫室・院》，第 30 頁下。

③ 《宋史》卷一六四《職官四》，第 3883 頁。《職官志》原文爲“分案五”，龔延明據《玉海》及《職官志》本文互校考證爲九。龔説爲是。《宋史職官志補正》，第 248 頁。

④ 據筆者查考，元豐五年依《唐六典》完成官制改革大綱以後，就很少見到太常禮院參與實際禮儀操作的記録了。《續資治通鑑長編》搜羅官方材料甚富，然而五年以後基本上衹有禮院官作爲兼任官的記載。涉及具體禮儀處分的記録，衹有元豐八年正月，御輦院曾提出修訂禮院確立的皇太后儀衛規格（《續資治通鑑長編》卷三五一“神宗元豐八年正月丁未”條，第 2 頁上）。此外，元祐七年春曾經有一次關於禮院官員監禮的檢討。但值得注意的是，這次檢討其實是太常寺提出來的。這點正是反證了太常寺和太常禮院的關係在元豐以後已經“正常化”了，太常寺是主，禮院是副（《續資治通鑑長編》卷四六九“哲宗元祐七年正月乙巳”條，第 4 頁上）。元豐改制以後，除太常寺外，南省即尚書省禮房的職權也被强化了。北宋名儒程頤（1033—1107）弟子張繹記載了一則程頤和張載的有趣對話。張載罷太常禮院歸關中後，經過洛陽見到程頤。程問張可否告知太常禮院近來議禮主題，張答曰：“大事皆爲禮房檢正所奪，所議惟小事爾。”〔北宋〕程顥、程頤著，王孝魚點校：《二程集》，中華書局 1981 年版，第 270 頁。考《續資治通鑑長編》，張載罷太常禮院在熙寧十年（1077）七月（《續資治通鑑長編》卷二八三“神宗熙寧十年七月乙卯”條，第 11 頁上），則禮房侵奪太常禮院之職權，熙寧後期已見端倪。

自我認同感，從晚唐的白敏中、崔龜從到北宋中葉的趙良規、歐陽修、陳彭年、薛紳、姚闢、蘇洵，這些曾任職禮院的精英都在用自己的方式定義禮儀政治中的“做法”。這些“做法”固然有“叠床架屋”之慮，然而不可否認的是，在長達幾個世紀的時間裏，這些“做法”是行之有效的。把“太常寺—太常禮院”這個小部件放在晚唐至北宋整個職官體系的大背景下來理解，被後人譏爲累贅不堪的寄祿官和差遣制，其“做法”在當時是否也有其合理的一面？元豐改制以後，回復“古制”，是否就消除了冗官的問題？①

宋哲宗元祐三年（1088），當時朝廷有一位御史翟思上奏反省元豐改制，對省官、省吏和省祿、省費之間的關係剖析甚明。這份奏疏代表了改制以後某些官員針對元豐新制的意見，值得細味。其中，針對太常禮院有這麽一段話：

> 臣等略舉禮部一曹言之：昔者兩制一人兼判太常禮儀事，其太常禮院則館職之官兼行主判。今禮部有侍郎、郎中、員外，祠部亦置郎官，而太常有少卿、博士、丞、簿，其實皆禮官也。②

翟思“其實皆禮官也”的説法頗有些“白頭宫女在，閑坐説玄宗”的意味。當太常寺、禮部、祠部因太常禮院退出歷史舞臺而再次走上前臺的時候，該怎麽理解中唐以後太常禮院“雖隸本寺，其實專達”的制度“變態”？元豐改制復興了六部九卿職能，到底是帶來了方便，還是造成了新的混亂？從後人角度來看，我們難免困惑於一些純制度層面的變化。但是，任何制度變化背後涉及的都是活生生的人。在當時語境下，制度設計者和執行者是怎麽看這些制度的？從“見得古人意思”的觀點出發③，翟思對於太常禮院的緬懷，仍然值得我們深思。





---

① 關於元豐官制改革的基本框架和影響，一部比較簡明的英文著作是 Winston Lo 三十年前寫成的 *An Introduction to the Civil Service of Sung China: With Emphasis on Its Personnel Administration* (Honolulu: University of Hawaii Press, 1987), pp.58 ~ 78, esp.70 ~ 78. 另外兩篇重要概論文章是：龔延明的《北宋元豐官制改革論》,《中國史研究》1990 年第 1 期；劉後濱《“正名”與“正實”：從元豐改制看宋人的三省制理念》,《北京大學學報（哲學社會科學版)》2011 年第 2 期。

② 《續資治通鑑長編》卷四一五“哲宗元祐三年十月戊戌”條，第 12 頁。

③ 此語出自朱熹。朱子答學生關於理解經義的問題時説：“今人觀書，先自立了意後方觀，盡率古人語言入做自家意思中來。如此，衹是推廣得自家意思，如何見得古人意思!”〔南宋〕黎靖德編，王星賢點校：《朱子語類》卷一一，中華書局 1994 年版，第 180 頁。

# 歷史地理

# 從出土文獻看漢唐間高昌地區的交通變化與開發

陳國燦



**摘要：**由漢至唐，從内地通往高昌地區的交通，有一個變化過程，嚴耕望先生已有詳細論證。本文旨在用近三十年間新出土的文獻資料對先生所論作些補充。漢魏時期由内地往車師國，即戊己校尉地區，走的是：自敦煌，出玉門關，西北穿大沙海，抵吐魯番盆地柳中的"大海道"。北朝時期走的是：出敦煌，北向伊吾盧，再直西經莫賀延磧，抵達吐魯番盆地的白芳城，再西至高昌國都高昌城的"伊吾路"，又名"莫賀延路"，唐時名"赤亭道"。到了唐代，走的是：由瓜州出唐玉門關至伊州，沿北山南坡而西，經羅護鎮，抵吐魯番盆地的赤亭鎮，再西抵西州州府高昌城的"新開道"。唐對"新開道"的開發，完全取代了原絲綢之路所經的樓蘭道，西州由此而成爲東經伊州、瓜州直達長安，西至焉耆、龜兹達中亞的官方驛路的樞紐之地，成爲絲綢之路上的中心。

**關鍵詞：**大海道　伊吾路　莫賀延路　赤亭道　新開道

**作者簡介：**陳國燦，武漢大學歷史學院教授（已去世）

高昌地區，即今吐魯番地區，出土了大量文獻，反映出此地通往内地的交通，由漢至唐，經歷了一個變化過程。嚴耕望先生的不朽巨著《唐代交通圖考》，在其第二卷《河隴磧西區》中，已有全面詳細的考證。① 然嚴先生這部分成果發表較早，未及完全見到近數十年間新出土的文獻資料②，故本文着重從出土簡牘及紙質文書方面，對由漢至唐數百年間高昌地區的交通變化與開發，作點補充，以作爲對先生的景仰和紀念。

## 一、漢魏時的“大海道”

西漢張騫通西域後，由内地往西域的道路，如《漢書·西域傳》所載有南北二道：“自玉門、陽關出西域有兩道。從鄯善傍南山北，波河西行至莎車，爲南道；南道西逾葱嶺則出大月氏、安息。自車師前王廷隨北山，波河西行至疏勒，爲北道；北道西逾葱嶺則出大宛、康居、奄蔡焉。”③ 這南北二道均經敦煌出關，西南出陽關爲南道；西北出玉門關爲北道。然而，車師前王廷在今吐魯番交河故城，由敦煌出玉門關至車師前王廷這段路程，史載甚少，賴敦煌文書 P. 2009 號《西州圖經殘卷》對此有具體記載：



> 大海道
>
> 右道出柳中縣界，東南向沙州一千三百六十里，常流沙，人行迷誤，有泉井鹹苦，無草，行旅負水擔糧，履踐沙石，往來困弊。④

這是由敦煌出玉門關後，向西北穿行於沙漠戈壁，到達“柳中縣界”的道路，柳中縣是唐在吐魯番盆地東南的縣名，前凉時高昌建郡後名“田地縣”，是兩漢在車師前國設

---

① 嚴耕望：《唐代交通圖考》第二卷《河隴磧西區》第十二篇《長安西通安西驛道下》之“（三）玉門關至安西之驛程與捷道”，上海古籍出版社 2007 年版，第 441 ~ 495 頁。其在“漢隋間通西域諸道及其與唐道之關係”一節中特别指出：“至於瓜沙以西，則因時代不同，頗多更易。”（第 479 頁）

② 先生《唐代交通圖考》第二卷成書於 1985 年，在考證“赤亭守捉城”云：“惜《吐魯番出土文書》纔刊五册，尚未見此館驛名。”（第 459 頁）在論述“交河縣”時也説：“惜《吐魯番出土文書》現僅刊布五册，尚未見此諸文書。”（第 470 頁）表明先生十分重視唐出土文書的記録。

③ 〔東漢〕班固撰，〔唐〕顔師古注：《漢書》卷九六《西域傳序》上，中華書局 1962 年版，第 3872 頁。

④ 敦煌文書 P. 2009 號《西州圖經殘卷》，唐耕耦、陸宏基編：《敦煌社會經濟文獻真迹釋録》第一輯，書目文獻出版社 1986 年版，第 54 頁。

置戊己校尉屯田以後最早出現的縣名。這條道路長一千三百餘里，由於常流沙、履踐沙石，故又稱爲“大沙海”。① 兩漢時，向西去的軍旅、使者，由西域、中亞各族各國東來的使節和商胡，都是走的這條道路。敦煌懸泉置所出Ⅰ0309③：20（A）號簡載：

烏孫、莎車王使者四人，貴人十七，獻橐佗六匹，陽賜記□（A）②

這是烏孫國王、莎車國王派遣使者四人、貴人十七名，向漢朝廷貢獻駱駝六匹，通過敦煌懸泉置去往内地的記録。又懸泉置所出Ⅱ0115④：37號，是一件西漢元平元年十一月己酉的詔書，文載：

元平元年十一月己酉，□□詔使甘□□迎天馬敦煌郡。爲駕一乘傳，載御一人。御史大夫廣明下右扶風，以次爲駕，當舍傳舍，如律令。③

這是西漢宣帝新即位，詔令使臣甘延壽到敦煌郡迎接大宛所貢汗血馬的詔令。表明西域天馬入貢走的是此道。而駐於車師前國的戊己校尉也由此道去往内地，如懸泉簡Ⅴ1812②：120號④簡載：

九月甲戌，效穀守長光、丞立，謂遮要、縣（懸）泉置，寫移書到，趣移車師戊己校尉以下乘傳，傳到會月三日，如丞相史府書律令。掾昌，嗇夫輔。

這是一件要求敦煌遮要、懸泉諸置爲迎送車師戊己校尉以下乘傳做準備的移書，類似的戊校尉和己校尉通過此路的記録還有許多，反映出戊己校尉及以下官吏都是走大海道經過敦煌去往内地的。

大海道雖然人行迷誤，往來困弊，但在魏晉十六國時期仍在使用，吐魯番出土的北涼高昌郡文書就曾多次提到“守海”，所守之海，應是指大沙海，如哈拉和卓91號墓所出北涼《建（平）某年兵曹下高昌、横截、田地三縣符爲發騎守海事》⑤ 中第2～3行載：

---

① 王去非：《關於大海道》，閻文儒、陳玉龍編：《向達先生紀念論文集》，新疆人民出版社1986年版，第485～493頁。

② 敦煌懸泉漢簡Ⅰ0309③：20號簡，胡平生、張德芳編撰：《敦煌懸泉漢簡釋粹》，上海古籍出版社2001年版，第109頁。

③ 敦煌懸泉漢簡Ⅱ0115④：37號簡，胡平生、張德芳編撰：《敦煌懸泉漢簡釋粹》，上海古籍出版社2001年版，第104頁。

④ 胡平生、張德芳編撰：《敦煌懸泉漢簡釋粹》，上海古籍出版社2001年版，第127頁。

⑤ 國家文物局古文獻研究室等編：《吐魯番出土文書》（録文本）第一册，第131頁；中國文物研究所等編：《吐魯番出土文書》（圖文本）第一卷，第67頁。

三人乘所配馬，田（地）三騎，通身合七騎，次往海守十日。以休領。

同文書第6行起，又是一次布置七騎“海守十日”由官員以休領隊的符文。又同墓出《兵曹條次往守海人名文書》載：

兵曹掾趙苕、史翟富白：謹條次往海守人名
在右。明廿五日催遣，敕抵詣田地縣下召受辭。
事諾逢敕奉行。

校（曹主簿）詵①

這是高昌郡兵曹通知田地縣廿五日去“海守”的人名。由士兵所守之海，當是大沙海。田地縣城亦名柳中，在今吐魯番盆地東南的魯克沁，東南緊鄰大沙漠，大海道即由此向東南延伸。顯然是由於常有行旅人迹往來，纔派兵守此沙海道口，反映出北涼時大海道仍在作爲高昌地區通向内地的主要通道在使用。從吐魯番出土的北涼高昌郡高寧縣《條次烽候差役更代簿》也能看到這條交通路綫，該《更代簿》爲每差役更代一次，做一次出更録案的簿記，存有25片，每片均殘缺不全②，但可以將多件同式内容各部分拼接成多件完整式樣的案記内容。兹録一件拼接完整的案記如下：

| | | |
|---|---|---|
| 1 | □□張相富、翟紾——右二家户候次，逮三日爲更，晝烟夜 | |
| 2 | 火，與高昌、田地（相）承保，無失脱，失脱軍法，月十 | |
| 3 | 七日候，廿日竟與代，代到乃下。 | |
| 4 | 賊曹闞禄白，謹條次取候人名如右， | |
| 5 | 事諾紀識奉行 | 校曹主簿　養 |
| 6 | | □月□□日白 |
| 7 | 主簿　就 | 廷掾　溢 |
| 8 | 功曹史　□ | 録事　猛③ |

這是北涼高昌郡高寧縣徵派本縣人户上烽堠守望、每三日更代一次的案記，其中



① 《吐魯番出土文書》（録文本）第一册，第146頁；（圖文本）第一卷，第73頁。

② 榮新江、李肖、孟憲實主編：《新獲吐魯番出土文獻》，中華書局2008年版，第197～209頁。

③ 陳國燦：《〈北涼高昌郡高寧縣條次烽候差役更代簿〉考釋》，《吐魯番學研究》2013年第2期，第1～9頁。

“與高昌、田地（相）承保，無失脱”一語，反映出此烽堠的走向。本《更代簿》出自高寧縣，高寧縣城在高昌城東30里，而田地城又在高寧東南30里，三地烽堠連成一綫，相互承保，保的是高昌經高寧、田地通敦煌交通路綫的暢通和安寧，與前列守海任務相應接。隋裴矩《西域記》對於這條道路曾記載説：

> 在西州高昌縣東，東南去瓜州一千三百里，并沙磧之地，水草難行，四面危，道路不可準記，行人唯以人畜骸骨及駝馬糞爲標驗。以其地道路惡，人畜即不約行，曾有人於磧内時聞人唤聲，不見形，亦有歌哭聲，數失人，瞬息之間不知所在，由此數有死亡。蓋魑魅魍魎也。①

《隋書·高昌傳》在略引此條後説：“故商客往來，多取伊吾路。”② 選擇“伊吾路”的，不衹是商客往來，官使往來也選取此路。不過，“伊吾路”完全取代“大海道”的時間，則晚至北魏。





## 二、北朝往高昌國的“伊吾路”

“伊吾路”往高昌的綫路是：出敦煌，北向伊吾盧，再直西經莫賀延磧，抵達吐魯番盆地的白芳城，再西到高昌國都高昌城，此道在歷史上被稱爲“莫賀延路”。莫賀延磧，唐崔融説：“莫賀延磧者，延袤二千里，中間水草不生焉。”③ 實際并没有二千里，據《大慈恩寺三藏法師傳》載：“莫賀延磧，長八百餘里，古曰沙河，上無飛鳥，下無走獸，復無水草。”④ 屬於乾旱的荒漠戈壁地帶。

伊吾盧，即今新疆哈密，東漢明帝永平十六年（73），北征匈奴，“竇固破呼衍王於天山，留兵屯伊吾盧城”⑤，并置宜禾都尉管理屯田。章帝建初二年（77）三月，“復罷屯田伊吾，匈奴因遣兵守伊吾地”⑥，復爲匈奴所據。其後雖然曹魏置“伊吾

① 參見《史記》卷一二三《大宛列傳》“正義”所引裴矩《西域記》，中華書局1959年版，第3175頁。

② 〔唐〕魏徵、令狐德棻撰：《隋書》卷八三《西域·高昌傳》，中華書局1973年版，第1847頁。

③ 〔唐〕崔融：《請不拔四鎮議》，《唐會要》卷七三“安西都護府”條，中華書局1955年版，第1329頁。

④ 〔唐〕慧立、彦悰著，孫毓棠、謝方點校：《大慈恩寺三藏法師傳》卷一，中華書局2000年版，第16頁。

⑤ 〔南朝宋〕范曄撰，〔唐〕李賢等注：《後漢書》卷二《明帝紀》，中華書局1965年版，第120頁。

⑥ 《後漢書》卷八八《西域傳》，中華書局1965年版，第2910頁。

縣"，晉置"伊吾都尉"，但都"寄理敦煌北界"①，實際常爲柔然、高車所控制，東西交通常受其騷擾，北魏"太延中，遣散騎侍郎王恩生等使高昌，爲蠕蠕所執"②。王恩生往使高昌顯然走的是伊吾路，故纔被柔然所執，表明直到北魏前期，此路仍不安全。出於安全的考慮，魏晉時仍走"大海道"，而沒有改走"伊吾道"。

十六國時，伊吾爲西涼、北涼和柔然交替所控。北魏强大後，於文成帝太安二年（456）八月，"平西將軍、漁陽公尉眷北擊伊吾，克其城，大獲而還"③。至孝文帝太和十二年（488），"十有二月，蠕蠕伊吾戍主高羔子率衆三千以城内附"④。自此以後，伊吾纔比較穩定地控制在北魏政權手中，成爲北魏通往西域的通道。

太和二十一年（497），高昌國王馬儒"遣司馬王體玄奉表朝貢，請師迎接，求舉國内徙"。孝文帝同意，願"割伊吾五百里，以儒居之"，并"遣明威將軍韓安保率騎千餘赴之"，馬儒也派左右長史鞏顧禮、麴嘉"率步騎一千五百迎安保，去高昌四百里而安保不至"。雙方相迎錯過，結果衹有"禮等還高昌，安保亦還伊吾"⑤。從此記載知，韓安保率騎千餘赴迎高昌步騎，是從伊吾出發的，在茫茫的莫賀延磧中，錯過相迎是很容易發生的事。此後不久，韓安保又派遣"韓興安等十二人使高昌，儒復遣顧禮將其世子義舒迎安保。至白棘城，去高昌百六十里"⑥。白棘城，即吐魯番盆地東部的白芀⑦，其城遺址在今吐魯番市鄯善縣東巴扎村。這也再一次證實，北魏至高昌的路綫是從伊吾穿莫賀延磧至白棘城，再到高昌的。



從北魏至隋，高昌去往内地的道路都是走的伊吾路。唐初，玄奘法師西行求法，走的也是此"伊吾路"。據《大慈恩寺三藏法師傳》及相關考證，貞觀三年（629）春三月，玄奘法師離長安，五月抵瓜州出唐玉門關北行，五月底至伊吾，停十餘日。玄奘原計劃到伊吾稍事休整後，即西北向可汗浮圖城（今新疆吉木薩爾縣）進發，可是在伊吾遇到了正欲回國的高昌國使者，使者歸告其王，高昌國王麴文泰立即"敕伊吾王遣

① 〔唐〕李吉甫撰，賀次君點校：《元和郡縣圖志》卷四〇《伊州》，中華書局1983年版，第1029頁。

② 〔北齊〕魏收撰：《魏書》卷一〇一《高昌傳》，中華書局1974年版，第2243頁。

③ 《魏書》卷五《高宗紀》，中華書局1974年版，第115頁。

④ 《魏書》卷七《高祖紀》，中華書局1974年版，第164頁。

⑤ 《魏書》卷一〇一《高昌傳》，中華書局1974年版，第2244頁。

⑥ 《魏書》卷一〇一《高昌傳》，中華書局1974年版，第2244頁。

⑦ 嚴先生對"白芀"考證云："按此白棘城與《唐和傳》《慈恩傳》之白力城地望頗相當，蓋即一音而异寫耳。《南史》作白刃、《梁書》作白刀，皆白力之形訛，非'力'訛也。"（《唐代交通圖考》第二卷，第457頁）據吐魯番所出北凉《兵曹條往守白芀人名文書》載："兵曹掾張預白：謹條往白芀守人名在右。"白力實應寫作白芀，發音爲白棘。白刃、白刀，皆爲白芀之形訛而生。

法師來，仍簡上馬數十匹，遣貴臣馳驅設頓迎候”①。所謂設頓，即在磧路上新設食宿之所，以方便法師行旅。這就是《續高僧傳》中所說的“恒置郵馹，境次相迎”②。有高昌來的迎接使團陪同，加之在磧中有郵驛境次相迎，於是玄奘“涉南磧，經六日至高昌界白艻城”，於六月中到達高昌王國。③ 這也反映出到了隋末唐初，經莫賀延磧行走的“伊吾路”已形成了一條固定的交通綫路。



從伊吾至高昌王城之間的里程，《通典·州郡典》“伊吾郡”條載：“西至交河郡七百五十里.”④ 而在“交河郡”條又載爲“東北到伊吾郡八百四十里”⑤。差别在於前記者爲“伊吾路”東西直行綫；後記者爲唐“新開道”由向東北轉而向東南的曲綫，故曲綫比直綫要多行九十里。由此看，穿莫賀延磧的“伊吾路”是由内地到高昌路程最短的捷徑。此道雖然也是缺水草，須載糧而行，且多大風，但仍被東來西往的行旅所用。當年裴行儉册送波斯王子泥涅師回國，走的就是此道。《舊唐書·裴行儉傳》載：

高宗……因命行儉册送波斯王，仍爲安撫大食使。途經莫賀延磧，屬風沙晦暝，導者益迷。行儉命下營，虔誠致祭，令告將吏，泉井非遥。俄而雲收風静，行數百步，水草甚豐，後來之人，莫知其處。衆皆悦服，比之貳師將軍。⑥



此事反映出磧内還是可遇到“水草甚豐”之處。唐代伊州、西州之間驛使往還亦常行此路。吐魯番所出《唐神龍元年（公元七〇五年）高昌縣賈才敏等牒爲長行馬死方亭戍東事》載：

1. 神龍元年四月　日高昌縣人賈才敏陰運達等領
2. 　　長行馬一匹赤草　一匹留敦
3. 府司：才敏被差逐長行馬六匹送使往伊
4. 州，回至方亭戍東卅里頭，前件馬忽患急
5. 黄致死，爲在枯磧，肉無人買，皮見領來。
6. □ 其有公驗，自餘五(當作四)匹安全到

---

① 〔唐〕慧立、彦悰著，孫毓棠、謝方點校：《大慈恩寺三藏法師傳》卷一，中華書局2000年版，第18頁。

② 〔唐〕道宣撰，郭紹林點校：《續高僧傳》卷四《唐京師大慈恩寺釋玄奘傳》，中華書局2014年版，第98頁。

③ 《大慈恩寺三藏法師傳》卷一，中華書局2000年版，第10~18頁。參見陳國燦《玄奘與高昌王國》，《吐魯番學研究》2014年第2期，第6~12頁。

④ 〔唐〕杜佑撰，王文錦等點校：《通典》卷一七四《州郡典》“伊吾郡”，中華書局1988年版，第4557頁。

⑤ 《通典》卷一七四《州郡典》“伊吾郡”，中華書局1988年版，第4558頁。

⑥ 〔後晋〕劉昫等撰：《舊唐書》卷八四《裴行儉傳》，中華書局1975年版，第2802頁。

7. [ ]檢□□請裁[謹]（牒）①

據“爲在枯磧，肉無人買”判斷，賈才敏等回程走的是莫賀延磧路，衹有莫賀延磧纔符合“枯磧”的概念。方亭戍應是唐蒲昌府設在磧中的一個戍所，在赤亭鎮以東，可能是西州在東磧與伊州分界的界戍，約在今十三間房一帶。②

“伊吾路”到了唐代改稱爲“赤亭道”，唐《西州圖經殘卷》載此道走向所記文有缺，姑轉引如下：

赤亭道

右道出蒲[ ]

磧滷雜沙[ ]③



日比野丈夫先生説：“《西州圖經》的赤亭道條殘缺，似可理解爲，由蒲昌縣往東、通過沙漠邊緣向赤亭的道路，由此東行達伊州之納職縣。納職可比定爲今日之拉布楚喀；赤亭可比定爲今之齊克塔木。”④ 此説符合實際，也表明原稱之“伊吾路”，至唐已名之爲“赤亭道”。嚴耕望先生特别注意到《玄奘法師傳》中的“涉南磧”的記載，指出：“按此云‘行南磧’，似指南道而言。”并引《宋史·高昌傳》所載王延德往西州回鶻的《使高昌記》中云：“次歷納職城。城在大患鬼魅磧之東，南望玉門關甚近。地無水草，載糧以行。凡三日至鬼谷口避風驛，用本國法設祭，出詔神禦風，風乃息。凡八日至澤田寺。”嚴先生分析説：“此行程亦經納職，殆取《新志》所云之伊西道；‘南望玉門關甚近’者，雖臆測之辭，亦見其爲南綫也。”⑤“澤田寺”，實是“赤亭鎮”回鶻語音的再漢譯。嚴先生的論證進一步明確了此道爲唐伊西道上的南綫，是完全符合實際的，惜未進一步指明此道在唐時稱之爲“赤亭道”。⑥ 唐伊西道既有南綫，就應另有

---

① 陳國燦：《斯坦因所獲吐魯番文書研究》，武漢大學出版社1995年版，第264頁。

② 陳國燦：《唐西州蒲昌府防區内的鎮戍與館驛》，《陳國燦吐魯番敦煌出土文獻史事論集》，上海古籍出版社2012年版，第287頁。唐方亭戍由西州赤亭鎮所轄，其戍守任務及兵卒由蒲昌府承擔。

③ 敦煌文書P. 2009號《西州圖經殘卷》，唐耕耦、陸宏基編：《敦煌社會經濟文獻真迹釋録》第一輯，書目文獻出版社1986年版，第54頁。

④ ［日］日比野丈夫：《唐代蒲昌府文書の研究》，《東方學報（京都）》第33册，第277頁。

⑤ 嚴耕望：《唐代交通圖考》第二卷，第454～455頁。

⑥ 在“唐代瓜、沙、伊、西、安西、北庭交通圖”（圖九）上，嚴先生將“赤亭道”誤繪爲由赤亭鎮北向天山以北的道路，此處予以更正之。赤亭道實由赤亭鎮直東經方亭戍、避風驛、納職縣達伊州的道路。

北綫，此北綫就是唐初新開發的“新開道”。

## 三、唐代由内地到西州的“新開道”

“新開道”是唐政權滅高昌國後，於貞觀十六年（642）新開闢的一條伊西道，唐《西州圖經殘卷》載：

> 新開道
>
> 右道出蒲[ ]
>
> 觀十六年[ ]
>
> 有泉井[ ]
>
> 之厄，今見阻賊不通。①



新開道，據《西州圖經殘卷》所記，此道也是出蒲昌縣界，上列第3行殘存“（貞）觀十六年”諸字，可能是説此道是貞觀十六年（642）由官府新開闢的道路，上列第4行存“有泉井”，是説此道沿途有泉井供水。根據這些綫索，再加上“新開道”緊列在赤亭道之後，推測此道應是指的伊、西北路，即貞觀以後常用的新道。正因是常用道路，故《新唐書·地理志》在“伊州納職縣”條下列舉了它的走向：

> 自縣西經獨泉、東華、西華駝泉，渡茨萁水，過神泉，三百九十里有羅護守捉；又西南經達匪草堆，百九十里至赤亭守捉，與伊西路合。②

這條新路由於傍天山南麓而行，故沿途多有泉水。《沙伊地志》“伊吾縣”條下載：

> 源泉水：縣北十里。第二水：縣東北五里。第三水：縣東北九里。凡三水皆臨崖涌出，南流入磧即絶。③

---

① 唐耕耦、陸宏基編：《敦煌社會經濟文獻真迹釋録》第一輯，書目文獻出版社1986年版，第54頁。

② 《新唐書》卷四〇“伊州伊吾郡·納職縣”條，但并未言此道名“柳谷道”，中華書局1975年版，第1046頁。

③ S.0367號《唐光啓元年（公元八八五年）書寫沙州伊州地志殘卷》，唐耕耦、陸宏基編：《敦煌社會經濟文獻真迹釋録》第一輯，書目文獻出版社1986年版，第40頁。

又《沙伊地志》“納職縣”條載：

城北泉，去縣廿里，在坎下涌出，成湍流，入蒲昌海也。①

由上知伊吾、納職的泉水，均出自城以北“臨崖涌出”。據此，再往西的獨泉、東華、西華、駝泉、神泉也當在納職的西面偏北。由此知這條新開的驛路乃傍泉水而行，這就是嚴耕望先生所云的伊西路北綫。② 由於沿途水草有保障，比南綫安全易行，儘管它的走向呈弓背形，到赤亭纔與南綫相合，比之於南綫的直綫距離多出百里左右③，然自唐開闢後，沿途均建有驛館，吐魯番所出《唐天寶十四載（公元七五五年）柳中縣具屬館私供馬料帳歷上郡長行坊牒》中所記天寶十三載十二月廿日起的支付馬料帳中，列有本綫各館馬匹用料：

青麥捌斗

右同日給蒲昌館（帖馬拾）陸匹充料。踖子准前，付健兒張庭俊。

青麥陸斗

右廿三日給達匪館帖馬拾貳匹充却回料。踖子准前，健兒范婆奴。

青麥肆斗

右同日給草堆館帖馬捌匹充料却回。踖子准前，付健兒趙漼。

青麥壹□□勝

右同日給本館帖馬兩匹，羅護回馬壹匹，共叁匹充料。踖子准前，付馬子戈庭賓。

青麥叁碩伍斗　床叁碩伍斗

右廿四日給羅護坊馬壹伯匹充料。踖子准前，付馬子　　　　張承暐等同領。

青麥叁碩伍斗　床叁碩伍斗

右廿八日給赤亭坊馬壹伯匹充料。踖子准前，付健兒趙令璋　付惣管張景□。④



① 唐耕耦、陸宏基編：《敦煌社會經濟文獻真迹釋録》第一輯，第41頁。

② 嚴耕望：《唐代交通圖考》第二卷，第453頁。

③ 按《新唐書·地理志》所記伊州城至納職一百二十里，納職至羅護三百九十里，羅護至蒲昌二百一十里，蒲昌至高昌一百二十里（走山南綫），共計八百四十里，比南綫的七百五十里要多走九十里。

④ 《吐魯番出土文書》（録文本）第十册，第82～83頁；（圖文本）第四卷，第442頁。

所云“帖馬”，乃郡長行坊中憑官府下朱帖調用的馬，這些對官使迎來送往專用的馬匹，到每個驛館，均須由各館負責給料。以上所列蒲昌館、達匪館、草埏館、本館(柳中館)、羅護坊、赤亭坊，正是此新開道上諸館坊馬料由柳中縣負責供給的當時記録。

嚴耕望先生 1985 年出版《唐代交通圖考》，在論及《新唐書・地理志》所載“神泉驛”時說：“惜《出土文書》尚未刊布有神泉館驛之文件。”① 數年之後，吐魯番所出《唐天寶十四載（公元七五五年）申神泉等館支供（封）大夫帖馬食䜩歷請處分牒》被整理刊布出來，其中便列有神泉驛，這是一件對御史大夫、安西都護兼北庭都護封常清通過諸館，其帖馬所用馬料支用情況的報告，轉引如下：

1. 陸碩陸蚪肆勝　（神）泉館□
2. 柒碩□蚪捌勝羅護館□
3. 貳拾陸碩玖蚪伍勝赤亭館□
4. 壹拾陸碩陸蚪肆勝達匪館□
5. 　右得郡坊帖馬健兒趙璀等狀□
6. 　大夫帖馬食䜩歷并連朱帖具數如前□
7. 　坊過大夫帖馬，先令每館食前件料□
8. 　朱帖與食歷同，具檢如前，請處分。
9. 牒件檢如前，謹牒。
10. 　　　　正月　　　　日典康□
11. 　　　　神泉等四館連朱帖□
12. 　　　　坊帖馬料麥粟共伍□
13. 　　　　玖蚪。勘責食數同□
14. 　　　　諮。榮□
15. 　　　依判□②

文中 2 行與 12 行食料數有缺，如將 12 行總數與諸館分數比較，可將 2 行之“□”補爲

① 嚴耕望：《唐代交通圖考》第二卷，第 461 頁。

② 《吐魯番出土文書》（録文本）第十册，第 238～239 頁；（圖文本）第四卷，第 547 頁。

歷史地理

"陸"，12行之麥粟共爲"伍拾柒碩玖㪷"。由此牒可以看出，封大夫帖馬的行進路綫是由神泉館→羅護館→達匪館→赤亭館，顯然是由伊州往西州走向中所經的諸驛。這些館驛馬匹食料均由西州交河郡長行坊負責供給。而神泉以東的諸館驛馬匹的食料，則由伊州伊吾郡供給了。由此看，神泉館是唐開元、天寶間在新開道上與伊州伊吾郡交界的界驛。

新開道的開發是唐代對絲綢之路交通改善所做的重要貢獻，一直爲後代所繼承使用。清光緒間陶保廉侍其父往迪化赴任，寫成《辛卯侍行記》①，從所記看，他們走的就是唐的新開道，所記沿途驛站道里，與《新唐書·地理志》及出土文獻所載基本相合。

北朝時，高昌國的經營使絲綢之路中經高昌盆地成爲熱綫，原經樓蘭的古道，因自然環境惡化而趨於衰弱。唐代對"新開道"的開發，完全取代了原絲綢之路所經的舊道，唐西州由此而成爲東經伊州、瓜州直達長安，西至焉耆、龜茲至中亞的官方驛路的樞紐之地，成爲絲綢之路上東西通道的中心。而這條在唐代新開發的交通新幹綫及沿綫驛館的設置，在吐魯番出土文書中，都有具體生動的記載。



① 陶保廉著，劉滿點校：《辛卯侍行記》，甘肅人民出版社2002年版，第365~407頁。

# 論東漢巴郡物産與劉璋分三巴

官德祥

**摘要：** 東漢末劉焉留給其子劉璋的遺産，大致有非物質性和物質性兩類。非物質性者，意思是指由劉焉時代遺下各勢力間的矛盾及禍根；而物質性者，專指巴郡的物産資料。歷史上對劉璋評價是“暗弱”，但遺漏了他在“分三巴”的智慧，有欠公允。三次分巴，劉氏雖處被動，但他能妥善處理，反客爲主，此反映他頭腦非但不“暗”，并在處於“弱”勢中仍能憑借智慧多次化險。本文除了研究東漢巴郡物産的分布外，還在此基礎上爲劉璋“三次分巴”的歷史評價作一點新的補白。

**關鍵詞：** 巴郡　物産　分三巴　暗弱

**作者簡介：** 官德祥，北京大學博士

## 一、緒　言

“巴蜀”二字多被學者連稱，但是焦點總放在“蜀”而忽略“巴”。有學者曾用“以偏概全”來批評這“重蜀輕巴”的傾向。① 有鑒及此，本文以“巴”爲研究對象，補其不足。② 至於本文研究時段定於東漢，原因是東漢政府中葉以後曾對巴地政區做過連串分郡行動，尤以東漢末劉璋政權分巴行動至爲急激，短短時間三次分巴。劉璋在此三次分巴中曾扮演着關鍵角色，表現出領導者的政治智慧。



近年論劉璋的文章已不再停留於“成王敗寇”之窠臼或囿於“暗弱性格”之桎梏，如高茂兵與周建敏合著《益州土著士人與劉璋、劉備集團》、劉華《論東州流民與劉焉劉璋的關係》、安劍華《“東州士”與蜀漢政權》、李兆成《蜀漢政權與益州士族》、馬寧等《劉璋“暗弱”辨》、羅開玉《關於〈建安四年北江塴碑〉的幾點認識》、曠天全《劉璋論略》等。③ 馬寧、曠天全文章對諸葛亮評劉璋的功過提出反駁。曠天全之文條分縷析，論據中肯。④ 上述文章從巴郡主客集團及不同人士的利益衝突點切入，對劉氏

---

① 張澤咸云：“……人們通常以西蜀成都平原代表整個四川，那是以偏概全。”參見張澤咸《六朝隋唐間川東地區的經濟發展》一文，中國社會科學院科研局組織編選《張澤咸集》，中國社會科學出版社 2007 年版，第 245 ~ 256 頁。

② 秦統一全國後，在西南方設置巴郡。西漢時期，將黔中郡西部（大致相當於今黔江、酉陽、秀山、武隆四縣）納入巴郡，自此巴郡政區格局大抵不變。顧祖禹《讀史方輿紀要》云：“《禹貢》荆、梁二州之域，春秋爲庸國地，後屬巴國，戰國時屬楚，秦屬巴郡，漢因之。……”見〔清〕顧祖禹撰，賀次君、施和金點校：《讀史方輿紀要》卷六九《夔州府》，中華書局 2005 年版，第 3246 頁。巴郡範圍與《華陽國志》所載古巴國範圍基本相同，即“東至魚腹，西至僰道，北接漢中，南極黔、涪”。

③ 參見高茂兵、周建敏《益州土著士人與劉璋、劉備集團》，《樂山師範學院學報》2004 年第 8 期；劉華《論東州流民與劉焉劉璋的關係》，《昭通師範高等專科學校學報》2007 年第 1 期；安劍華《“東州士”與蜀漢政權》，《成都大學學報（社會科學版）》2010 年第 6 期；李兆成《蜀漢政權與益州士族》，《四川文物》2002 年第 6 期；段少京、陳金鳳《劉璋失益州新論》，《南昌航空工業學院學報（社會科學版）》2004 年第 1 期；馬寧、石超、李金鑫《劉璋“暗弱”辨》，《傳承》2008 年第 8 期；羅開玉《關於〈建安四年北江塴碑〉的幾點認識》，《四川文物》2011 年第 3 期；曠天全《劉璋論略》，《西華師範大學學報（哲學社會科學版）》2004 年第 3 期。

④ 曠天全：《劉璋論略》，《西華師範大學學報（哲學社會科學版）》2004 年第 3 期，第 114 ~ 121 頁。

所面對的幾股勢力做了深入剖析，把從前僅以劉璋性格爲焦點的狹隘視角大大拓寬。可惜，利用“分三巴”爲劉璋“暗弱”作辯的文章鳳毛麟角，似乎大家都忽略了劉璋在此方面的才能。故此，筆者撰寫本文，除研究東漢巴郡的産業外，還爲劉璋“三次分巴”的歷史評價做一點新的補白。

## 二、劉焉留給劉璋的“物質及非物質”遺産

劉璋，生卒不詳。字季玉，東漢末劉焉之子。焉有三子，兄劉範及劉誕均死於政治漩渦中。① 後來劉焉死，劉璋被趙韙（穎）推擁承繼父親爲益州刺史，同時也接收了父親遺留下來的歷史包袱。②

劉焉留給其子劉璋的遺産，筆者粗略地將其分成兩類——（1）非物質性；（2）物質性。③ 非物質性者，是指由劉焉時代遺下的各勢力間的矛盾及禍根，而物質性者專指巴郡的物産資料。不過，在未探討劉焉所留給劉璋的遺産之先，須對劉焉據益州及以後事情做出交代，以瞭解整件事情的來龍去脉。

靈帝時，劉焉任太常職。當時政治衰缺，王室多故。劉焉感到時局波譎雲詭，如履薄冰。據《三國志·蜀書·劉二牧傳第一》載：“焉内求交阯牧，欲避世難。”這反映出劉焉意興闌珊的心情。④ 未幾，劉焉又因爲聽了董扶的一番話，而改寫了他及其子劉璋的命運。

《蜀書·劉二牧傳第一》載：

> ……侍中廣漢董扶私謂焉曰：“京師將亂，益州分野有天子氣。”焉聞扶言，意更在益州。⑤

---

① 劉焉三子分别是劉範爲左中郎將，劉誕爲治書御史，劉璋爲奉車都尉，見〔西晉〕陳壽撰，陳乃乾校點：《三國志·蜀書·劉二牧傳第一》，中華書局 1982 年版，第 867 頁。

② 趙韙即趙穎。趙穎，《三國志》作“趙韙”，參見〔清〕錢大昕著，方詩銘、周殿傑校點《廿二史考异》卷一四《續漢書二》，上海古籍出版社 2004 年版，第 266 頁。另，《三國志·蜀書·劉二牧傳第一》“裴注”，第 868 頁。

③ 王夫之在其《讀通鑑論》中對於劉璋繼承劉焉父業絶不苟同，其曰：“……劉焉之牧益州，漢命之；命之以牧，未嘗命之以世。焉死，璋偷立乎其位，益州豈焉所可傳子，而璋有宗社之責哉?”〔清〕王夫之撰，舒士彦點校：《讀通鑑論》卷九，中華書局 1975 年版，第 298 頁。另參見〔東晉〕習鑿齒著，〔清〕湯球、黄奭輯佚，柯美成彙校通釋：《漢晋春秋通釋》，人民出版社 2015 年版，第 128 頁。

④ 《三國志·蜀書·劉二牧傳第一》，第 865 頁。“内求州牧以避世難”并無“交趾”二字，參見〔東晉〕常璩撰，劉琳校注《華陽國志校注》卷五《公孫述劉二牧志》，巴蜀書社 1984 年版，第 485 頁。

⑤ 《三國志·蜀書·劉二牧傳第一》，第 865 頁。

由劉焉“欲避世難”至“焉聞扶言，意更在益州”之一百八十度轉變，前後各走極端，一言退一言進，無不教人感到疑惑。也許劉焉“欲避世難”并非出自真心，而“意更在益州”纔是他心底一直所渴求。因此其受到董扶“京師將亂，益州分野有天子氣”的激發，便欣然走上益州天子夢的路。①

又，陳壽《三國志·蜀書·劉二牧傳第一》云“意更在益州”，“更”字是關鍵，表明劉焉本來的野心。漢室亂，正是劉焉割據稱雄的黄金機會。不過《華陽國志》無“更”字，未知孰是孰非。但可以肯定的一點是，後來的歷史告訴我們，“益州”就是劉焉及劉璋兩代人的精神寄托。

據史書所載，劉焉能當上益州牧，有點戲劇化。據《華陽國志》卷五《公孫述劉二牧志》云：

> ……會刺史河南郤儉賦斂繁擾，流言遠聞，而并州殺刺史張壹，凉州殺刺史耿鄙，焉議得行。漢帝將徵儉加刑，以焉爲監軍使，尋領益州牧。董扶亦求爲蜀（西部）〔郡屬國〕都尉。太倉令巴郡趙韙（穎）去官，從焉來西。②

文中提及的太倉令趙韙（穎），即後來向上推舉劉璋，以及第一次促成分巴郡的重要政治人物。值得留意的是第一次分巴之前，劉焉身上發生了三件大事，其更衍生出其他問題，這都由其接班人劉璋一力承繼。

首先，劉焉到益州，時間得宜，恰巧避開黄巾馬相一劫。③ 刺史儉、縣令李升、巴太守趙部均被黄巾所殺。幸得州從事賈龍以家兵破滅，州界回復清净。劉焉來，衹負責善後工作，“撫納離叛，務行小惠”，“時南陽、三輔民數萬家避地入蜀，焉恣饒之，引爲黨與，號‘東州士’”。南陽、三輔民入蜀，造成將來益州主客集團間的相互矛盾和衝突。主客矛盾是劉璋承繼了父親給他的第一件“非物質遺産”和挑戰。

劉焉給劉璋的第二件遺産是“遣張魯斷北道”④。劉焉以“……魯爲督義司馬，與

---

① 陳壽評曰：“……劉焉聞董扶之辭則心存益土……”見《三國志》卷三一《蜀書·劉二牧傳第一》，第870頁。

② 見《華陽國志》卷五《公孫述劉二牧志》，據劉琳《校注》，第485～486頁。

③ 關於馬相，任乃强論之甚詳，參見〔東晋〕常璩撰，任乃强校注《華陽國志校補圖注》卷五《公孫述劉二牧志》，上海古籍出版社1987年版，第342頁注6。

④ “……在處理和張魯政權的關係上，劉璋則犯了大錯……張魯在劉焉死後，就不大把劉璋看在眼裏。故而劉璋大怒，處死了張魯的母親和弟弟，并派人討伐，後又遭致失敗。可以説劉璋是輕視了這股盤踞於漢中地區的勢力。認爲衹要自己的軍隊一出，必然凱旋而歸，所以毅然殺死人質。漢中的政權從此也不再投鼠忌器。”參見馬寧、石超、李金鑫《劉璋“暗弱”辨》，《傳承》2008年第8期。

别部司馬張脩（衡）將兵擊漢中太守蘇固，魯遂襲脩殺之，奪其衆”①，造成日後尾大不掉的局面。張魯在漢中的統治方式是“以鬼道教民”，自號“師君”。② 其來學道者，初皆名“鬼卒”。受本道已信，號“祭酒”。各領部衆，多者爲治頭大祭酒。用樸素的宗教思想管理民衆。③ 在這一個“户出十萬，財富土沃，四面險固”的小範圍裏，一片升平。與張魯集團的對立氣氛是劉焉留給劉璋之第二件“非物質性遺産”。



劉焉具政治野心。《公孫述劉二牧志》云：“謀襲長安……謀泄，范、誕受誅。”與此差不多同時“天火燒焉車乘蕩盡，延及民家”，一連串事件，令人懷疑天火不是巧合。興平元年，劉焉徙治成都，“既痛二子，又感袄灾，疽發背卒”。至此，劉氏家破人亡，僅剩季子璋存活。④ 漢獻帝初平四年是劉氏家族最悲慘的一年，悲劇的發生是劉焉“乃造乘輿車服千餘，僭擬至尊”以及和征西將軍馬騰通奸所招致的。劉焉死，誰繼承他呢？《三國志・蜀書・劉二牧傳第一》載：“州大吏趙韙（穎）等貪璋温仁，共上璋爲益州刺史，詔書因以爲監軍使者，領益州牧，以韙爲征東中郎將，率衆擊劉表。”⑤ 此處提到首次分巴主角之一即上面提及之前太倉令——趙韙（穎）。趙韙（穎）對於劉璋來説是父執輩。上載“貪璋温仁，共上璋爲益州刺史”，“貪”字表明趙韙（穎）居心叵測。這禍端亦是劉璋所承繼的第三件“非物質性遺産”。



## 三、巴三分後各郡縣城所擁有之物産分配

至於“物質遺産”方面，劉璋則承繼了巴郡豐富的物産資源。

---

① 《三國志・魏書・二公孫陶四張傳第八》，第 263 頁；另，同卷裴松之注：“張修應是張衡，非《典略》之失，則傳寫之誤。”另見高敏《漢末張魯政權史實考辨》，收載於氏著《秦漢史論稿》，臺灣五南圖書出版股份有限公司 2002 年版，第 365 ~ 392 頁。

② 《三國志・張魯傳》云：“自號‘師君’。以祭酒領部衆，多者爲治頭大祭酒。其弟衛敗於陽平關，魯奔入巴中，太祖遣人慰諭，魯盡將家出。”是天師之名，由師君得之。《水經・沔水注》云：“水南逕張魯治東。其西有張天師堂，於今民事之。”所謂天師者，指道陵。參見〔清〕俞正燮撰《癸巳存稿》卷一三“張天師舊事”條，遼寧教育出版社 2003 年版，第 381 頁。另參考錢穆《蜀中道教先聲》，《錢穆先生全集（新校本）・讀史隨札》，九州出版社 2011 年版，第 18 ~ 19 頁；《張道陵與黄巾》，《錢穆先生全集（新校本）・讀史隨札》，九州出版社 2011 年版，第 20 ~ 29 頁。另可參見〔清〕梁章鉅撰，楊耀坤校訂《三國志旁證》卷一九，福建人民出版社 2000 年版，第 498 頁。

③ 高敏在其《漢末張魯政權史實考辨》中討論説“張魯到漢中以後，由於形勢的變化，他立即建立了具有獨立性的政權，并没有繼續忠於劉焉父子和聽從他們的擺布；特别是他并没有拋弃五斗米道的傳統”，高氏行文同情張魯，詳見其文，收載於氏著《秦漢史論稿》，臺灣五南圖書出版股份有限公司 2002 年版，第 365 ~ 392 頁。

④ 《華陽國志》卷五《公孫述劉二牧志》，據劉琳《校注》，第 488 ~ 490 頁。

⑤ 《三國志・蜀書・劉二牧傳第一》，第 867 頁。

要知巴郡的經濟，有必要從先秦時期説起。就《巴志》中所載的物産大概如下："……土植五穀，牲具六畜。桑、蠶、麻、紵、魚、鹽、銅、鐵、丹、漆、茶、蜜、靈龜、巨犀、山鷄、白雉、黃潤、鮮粉，皆納貢之。其果實之珍者：樹有荔芰，蔓有辛蒟，園有芳蒻、香茗、給客橙、葵。其葯物之异者有巴戟、天椒；竹木之璝者有桃支、靈壽。……"① 上述各類物質性遺産到漢代仍然存在，部分重要物産如鹽和鐵，更得到政府的積極開發。

《華陽國志·巴志》云：獻帝初平元年（實興平二年），征東中郎將安漢趙韙建議分巴爲二郡。② 韙欲得巴舊名，故白益州牧劉璋，以墊江以上爲巴郡，（江）［河］南龐羲爲太守，治安漢。劉璋更以江州至臨江爲永寧郡，朐忍至魚復爲固陵郡，巴遂分矣。（請參考漢獻帝興平二年巴郡、永寧郡、固陵郡各自領域示意圖。）③ 三郡地區分後，各地繼承有不同區域的各種各類物資遺産，這些都成爲日後争權奪利的硬實力，不容輕忽。

爲了弄清楚東漢首次分巴後三地經濟物産的分配情狀，現就巴分三郡（即巴郡、永寧郡、固陵郡）所分屬地物産詳述如下：



## （一）巴郡

興平二年，巴郡共八縣。有安漢、墊江、閬中、西充國、南充國、宕渠、宣漢、漢昌。州牧劉璋"以墊江以上爲巴郡"。按譚其驤主編《中國歷史地圖集》"益州刺史部北部"所記墊江以上，沿水路主要分西北及東北兩綫。④ 前五縣安漢、墊江、閬中、西充國、南充國，墊江之西北方向沿"西漢水"兩岸分布。後三縣宕渠、宣漢、漢昌，墊江之東北方向沿"灊水"⑤ 及"不曹水"兩岸分布。

### 1. 安漢

巴郡太守但望分郡疏載："謹按《巴郡圖經》境界，南北四千，東西五千，周萬餘里，屬縣十四。鹽鐵五官，各有丞史。户四十六萬四千七百八十，口百八十七萬五千五百三十五。……敢欲分爲二郡：一治臨江。一治安漢。各有桑麻丹漆，布帛魚池。鹽鐵

---

① 《華陽國志》卷一《巴志》，據劉琳《校注》，第25頁。

② 分巴爲二郡，是從巴郡再分出二郡，合共三郡。有關趙韙（穎）分巴時間亦有商榷，詳見本文"四、劉璋的三次分巴郡"。

③ 本文巴郡首次分爲三之年份乃據李曉傑所定於興平二年。參見李曉傑《漢末巴郡沿革表》，載於氏著《東漢政區地理》，山東教育出版社1999年版，第172頁之地圖。

④ 譚其驤主編：《中國歷史地圖集》，中國地圖出版社1982年版，第53～54頁。

⑤ 《札樸》卷七《匡謬》"潛水"條云："《水經》：'潛水出巴郡宕渠縣，又南入於江。'酈注：'潛水，蓋漢水枝分潛出，故受其偁耳。'馥案：出宕渠者，《説文》作灊水，經典借'潛'字。《書》：'沱潛既道。'《漢志》作'灊'。又借'涔'字，《夏本紀》'沱涔已道'是也。酈注以爲潛水，失之。"詳見〔清〕桂馥撰，趙智海點校《札樸》，中華書局1992年版，第260頁。

足相供給。兩近京師。"① 但望"一治安漢"的構想要到東漢末趙韙分巴纔得以實現。《郡國志》注引譙周《巴記》曰:"……趙穎分巴爲二郡,欲得巴舊名,故郡以墊江爲治,安漢以下爲永寧郡。"② 按《華陽國志·巴志》云:"以墊江以上爲巴郡,(江)[河]南龐羲爲太守,治安漢;以江州至臨江爲永寧郡。"令人費解的是安漢、墊江同在巴郡内,而安漢爲郡治。錢大昕以爲趙韙(穎)爲安漢人,故欲移巴郡之名於安漢也,錢氏之説有其道理,譙周《巴記》之文似有誤。③ 至於巴名的價值如何,本文後再有討論。

另外,任乃强對"一治臨江。一治安漢。各有桑麻丹漆,布帛魚池。鹽鐵"此句中"各有"一詞理解爲"兩地農産相當",筆者同意此點。這段文字反映出漢時川東山區已墾闢爲田疇,農産品及漁産品除"自給自足"外,更有"向外輸出"和"供應"的情況,文中"足相供給"四字便是生産剩餘的證明,同時反映出兩地互通有無及互相依存的商貿關係。但是,作者對此句中後段之任氏標點則有异議之處。

查任氏《校補圖注》標點與劉琳《校注》相异。劉琳《校注》標點如下④:"……各有桑麻、丹漆、布帛、魚池、鹽鐵,足相供給,兩近京師。……"任氏標點爲:"……各有桑麻丹漆,布帛魚池。鹽鐵足相供給。兩近京師。……"任氏標點有其解釋,其釋文曰:"鹽鐵則巴東豐富,巴西缺乏,但水道供給便近,故曰'足相供給'。"⑤ 揆之史料,巴東臨江縣"鹽官,在監、塗二溪,一郡所仰;其豪門亦家有鹽井"⑥。《隸續》卷一一《嚴舉碑陰》載:"鹽官有秩,安漢任□字立中。"⑦ 巴西安漢地區實非如任氏所言之"缺乏",故不存在任氏所言之"足相供給"的情況。再者,就以位處巴西面的南充國縣,和帝時置,後地名雖屢改,《華陽國志》亦記其地"有鹽井",此井一直維持到現代未變。⑧ 正反駁任氏言巴西地方缺乏鹽産。任





① 《華陽國志校補圖注》卷一《巴志》,上海古籍出版社 1987 年版,第 20 頁。另見〔清〕嚴可均輯《全後漢文》卷六六《請分郡疏》,商務印書館 1999 年版,第 675 ~ 676 頁。

② 〔南朝宋〕范曄撰,〔唐〕李賢等注:《後漢書·郡國志五》,中華書局 1965 年版,第 3507 頁。

③ 王文才、王炎據《華陽國志》校訂譙周《巴記》此段,詳見二王氏合著《蜀志類鈔》,巴蜀書社 2010 年版,第 16 頁。另,參見〔清〕錢大昕《廿二史考异》卷一四《續漢書二》,上海古籍出版社 2004 年版,第 266 頁。

④ 〔東晋〕常璩:《華陽國志》卷一《巴志》,據劉琳《校注》,第 49 頁。

⑤ 見《華陽國志校補圖注》卷一《巴志七》注 19,上海古籍出版社 1987 年版,第 24 頁。

⑥ 《華陽國志》卷一《巴志》,據劉琳《校注》,第 67 頁。

⑦ 參見〔南宋〕洪适《隸釋·隸續》卷一一《嚴舉碑陰》,中華書局 1985 年版,第 394 頁。另,參見嚴耕望先生《中國地方行政制度史》甲部《秦漢地方行政制度史》,"中研院"史語所專刊,1980 年,第 197 頁。

⑧ 巴西充國縣有鹽井數十,至近現代南閬鹽場産量僅次於自貢、犍爲、樂山,詳見劉琳《華陽國志校注》卷一《巴志》"南充國縣"條注 2,第 95 頁。

氏此論斷也許是在相對情況下提出的，言下之意或可解讀爲巴西鹽產不及巴東豐富。

2. 墊江

墊江，治今重慶合川市。① 原巴國別都，秦當已置縣。西漢爲縣，東漢、蜀、晉因之。原屬巴郡，獻帝興平元年劉璋分三巴，屬巴郡，建安六年巴郡改名巴西，縣仍屬。《漢書・地理志》"墊江"條注引孟康曰："音重疊之疊。"② 段玉裁云："墊江縣爲嘉陵江、渠江、涪江會合之地，水如衣之重複，故曰褺［即墊（dié）］江。"③ 墊江地處交通要衝，一點三向，透過水路輻射面廣，是政治、經濟及軍事的理想基地。早於巴子時代便有"……雖都江州，或治墊江，或治平都，後治閬中"之說。④ 墊江於歷史時期曾被選址爲治所，足見其領先地位。到東漢末，征東中郎將安漢趙韙（穎）建議"……以墊江以上爲巴郡……"就是看重"墊江"的水路交通的優勢，以墊江爲分郡基底，許慎釋"墊"字爲"下底"之意或與此有關。⑤



《華陽國志・巴志》載："墊江縣，郡西北中水四百里，有桑蠶牛馬。漢時龔榮以俊才爲荊州刺史，後有龔楊、趙敏，以令德爲巴郡太守。淳于長寧雅有美貌。黎、夏、杜皆大姓也。"⑥ 在沮附近墊江縣有牛馬畜牧情形。巴西地處今嘉陵江流域中部和渠江，位於四川盆地山丘區的東部，養畜業發達，是盛產黄牛及水牛的理想地方。

3. 閬中

《巴志》曰："巴子時……後治閬中。"⑦ 其特殊地位早已顯明。又，班固《漢書》

---

① 周振鶴編著：《漢書地理志彙釋・地理志上三》"巴郡"條，安徽教育出版社 2006 年版，第 335 頁。另參考錢林書編著《續漢書郡國志彙釋・益州巴郡》"墊江"條，安徽教育出版社 2007 年版，第 296 頁。

② 〔東漢〕班固撰，〔唐〕顏師古注：《漢書》卷二八上《地理志》，中華書局 1962 年版，第 1064 頁注 4。〔東漢〕許慎《說文解字》載："墊，下也，從土執聲。"詳見段《注》13 篇下《土部》，上海古籍出版社 1981 年版，第 689 頁。另見王子今：《張家山漢簡〈二年律令・秩律〉所見巴蜀縣道設置》，《秦漢交通考古》，中國社會科學出版社 2015 年版，第 238 頁。

③ 轉引自周振鶴編著《漢書地理志彙釋・地理志上三》"巴郡"條，安徽教育出版社 2006 年版，第 335 頁。

④ 《華陽國志》卷一《巴志》，據劉琳《校注》，第 58 頁。

⑤ 〔東漢〕許慎《說文解字》載："墊，下也，從土執聲。"詳見段《注》13 篇下《土部》，上海古籍出版社 1981 年版，第 689 頁。

⑥ 巴西地處今嘉陵江流域中部和渠江，位於四川盆地山丘區東部。任乃强認爲川北爲農業區，自此以南無桑蠶牛馬，是昔人已劃分巴地爲農業區和工商業區。詳見任乃强《華陽國志校補圖注》注 14，上海古籍出版社 1987 年版，第 33 頁。另，可參考郭聲波《四川歷史農業地理》，四川人民出版社 1993 年版，第 314 ~ 317 頁。

⑦ 《華陽國志》卷一《巴志》，據劉琳《校注》，第 58 頁。參考錢林書編著《續漢書郡國志彙釋・益州巴郡》"閬中"條，安徽教育出版社 2007 年版，第 294 頁。

卷二八上《地理志》云：巴郡“閬中，彭道將池在南，彭道魚池在西南”。《地理志》中閬中縣，故城在今四川閬中市西。《華陽國志》卷一《巴志》記：“閬中縣郡治。有彭池大澤，名山靈臺，見文緯書讖……”① 閬水迂曲逕其三面，縣居其中，取以爲名。②《三巴記》曰：“閬中有渝水，賨民（左右居），鋭氣喜舞。高祖樂其猛鋭，數觀其舞，使樂人習之，故名《巴渝舞》。”③ 渝水即西漢水（嘉陵江）在巴境内之别稱。

上引《地理志》云：巴郡“閬中，彭道將池在南，彭道魚池在西南”。閬中有“魚池”，可惜語焉不詳，所記有限。對於閬中魚池規模大小、産量多寡或是否有相關商品貿易活動記載，皆付闕如。又，前文《地理志》載“彭道將池在南”。王先謙《補注》引《方輿勝覽》：“南池在今閬州高祖廟旁，即彭道將池也。……”又《一統志》：“池在閬中縣南。自漢以來，堰大斗、小斗水溉田，里人賴之。唐時堰壞，漸成平陸。”不過，《一統志》距漢代遠，不可深信，僅可存疑。④ 附帶一説，有學者云：“漢代三國巴蜀内地以産牛馬聞名的地區主要有：巴郡墊江、閬中……”前引墊江有“……桑蠶牛馬”，足證此話不錯。但論到閬中，筆者遍查《地理志》、《郡國志》及《華陽國志》，均未見閬中有生産牛馬的史料，未知學者之所據是何典籍，疑此中有誤。⑤





### 4. 西充國

西充縣地望，有西充山，西充之名或與此山有關。《華陽國志》卷一《巴志》載：“獻帝初平四年又分充國置南充國縣。……分南充國後，充國在西，故後稱西充國。”其地無記載任何物産，或仰賴南充國而生活，基本上在未分郡時兩縣皆屬充國地，大家資源共享，不足爲奇。⑥

### 5. 南充國

《巴志》曰：“和帝時置。有鹽井。大姓侯、譙氏。”⑦ 劉琳《校注》曰：“（南充國縣）原爲閬中縣地，西漢置充國縣，見《漢志》。東漢初，省入閬中。漢和帝永元二年復置。獻帝初平四年又分充國置南充國縣。……分南充國後，充國在西，故後稱西充國。蜀漢至晋，皆有西、南二充國。”⑧

---

① 《華陽國志》卷一《巴志》，據劉琳《校注》，第 92 ~ 93 頁。

② 〔北宋〕樂史撰，王文楚等點校：《太平寰宇記》卷八六，中華書局 2007 年版，第 1715 頁。

③ 《藝文類聚·樂部舞類》，《太平御覽·樂部》《太平御覽·州郡部·閬州》，轉引自王文才、王炎編著《蜀志類鈔》，巴蜀書社 2010 年版，第 14 頁。

④ 上海師範大學古籍整理研究所整理：《漢書補注·地理志》第八上，上海古籍出版社 2008 年版，第 2624 頁。

⑤ 羅開玉：《四川通史》第 2 册，四川大學出版社 1993 年版，第 260 ~ 261 頁。

⑥ 參考錢林書編著《續漢書郡國志彙釋·益州巴郡》“充國”條，安徽教育出版社 2007 年版，第 296 頁。

⑦ 《華陽國志》卷一《巴志》，據劉琳《校注》，第 94 頁。

⑧ 《華陽國志》卷一《巴志》，據劉琳《校注》，第 94 頁注 1。

東漢時期南充國已“有鹽井”，而鹽井運作更一直延續到唐代不斷，而且愈來愈興旺。①《益州記》云：“南充縣西六十里有大昆井，即古之鹽井。”② 至唐代南充國地鹽井有進一步的發展，朝廷特意建置新井縣，便是因爲南充國縣界“頗有鹽井，因斯立名”③。

6. 宕渠

巴郡宕渠乃今四川渠縣。④《後漢書·郡國志五》載：“宕渠有鐵。”但望《分巴郡疏》載：“謹按《巴郡圖經》境界，南北四千，東西五千，周萬餘里。屬縣十四，鹽、鐵五官各有丞、史。……”按東漢制“凡郡縣出鹽多者置鹽官，主鹽稅。出鐵多者置鐵官，主鼓鑄”⑤。劉琳《校注》曰：“這裏説桓帝時有‘鹽鐵五官’，説明東漢巴郡鹽、鐵業又有了發展。這五處當是：朐忍、臨江（本書有鹽官）、涪陵（本書記漢髮有鹽井。桓帝時涪陵尚未分置汉髮縣）、充國（本書有鹽井）、宕渠（《續漢志》有鐵，本書有鐵官）。”⑥ 羅二虎提到東漢新設五官，即在巴郡宕渠（四川渠縣）、巴郡臨江（重慶忠縣）、巴郡朐忍（重慶雲陽）、巴郡涪陵（重慶彭水）、巴郡充國（四川閬中一帶）。⑦ 鹽鐵五官，明確記載者有朐忍、臨江、宕渠，而羅氏據劉琳補涪陵、充國二處。



對於鹽鐵五官，在未討論五官是何五處地區前，先要問如何理解“鹽鐵五官”一詞。任乃强説：“‘鹽鐵五官’，謂漢制，郡縣綜治民、刑、賦、役之外，更設有管理生産之專官，稱爲‘五官’。全稱爲管理五行生産之官。（官爲衙署之義，後世乃轉爲官員之義。）金官治銅鐵礦冶，木官治山林果樹，水官治水利漁罟，火官治陶鑄燒煉，土官主土木繕造。初皆合爲一署，故曰‘五行之官’。郡有五官掾，縣有五官丞，其下官屬爲史。鹽官、鐵官、橘官、錦官、工官之署，又係因各縣特産，再從五官分出特設之專官。不必每縣皆有。《漢志》各縣對於此種特設之專官則記之，於五官則不記。小縣亦或不設五官。若巴郡十四縣，每縣皆在三萬户十萬口左右，則無不有五官丞史矣。鹽鐵五官丞，秩位亞於縣令。……”⑧ 任氏認爲此段鹽鐵五官乃“衙署之義”。不過，學者劉琳、羅二虎等則認爲五官乃“官員之義”，五官者是説明有五處地方，惜其無詳解。

---

① 參考盧華語等《唐代西南經濟研究》第九章《製鹽業》，科學出版社 2010 年版，第 204 ~ 249 頁。

② 〔北宋〕樂史撰，王文楚等點校：《太平寰宇記》卷八六，中華書局 2007 年版，第 1710 頁。

③ 〔北宋〕樂史撰，王文楚等點校：《太平寰宇記》卷八六，中華書局 2007 年版，第 1715 頁。

④ “渠縣地處四川盆地東部，達州市西南部，與廣安、南充、巴中山水相連。……”參見〔南朝陳〕顧野王著，顧恒一等輯注《輿地志輯注》，上海古籍出版社 2011 年版，第 85 頁。

⑤ 《後漢書·百官五》，中華書局 1965 年版，第 3625 頁。

⑥ 《華陽國志》卷一《巴志》，據劉琳《校注》，第 50 頁注 4。

⑦ 見羅二虎《秦漢時代的中國西南》，天地出版社 2000 年版，第 133 頁。

⑧ 《華陽國志校補圖注》卷一《巴志》，第 22 頁注 6。

任氏標點“鹽鐵五官”，鹽鐵中并没有標點符號，他視之爲一組名詞。劉琳《校注》則標點如下“鹽、鐵五官”，二字當中有一頓號，可看作兩個項目。任本、劉本雖然衹差一個標點，但其背後説明二人在詮釋此四字上是有區别的。究竟孰是孰非？筆者傾向“官員之義”説，所持理由如下：

（1）任氏《注》中所説“鹽鐵五官”，視爲一專有名詞，史書罕見。但望《分巴郡疏》中“……屬縣十四，鹽、鐵五官各有丞、史”。筆者認爲其中决定誰的標點較合理，則以文後“各有丞、史”的“各”字至爲關鍵。若如任氏所釋“鹽鐵五官”乃一組專詞，其文後則不必有“各”字，而是“鹽鐵五官有丞史”，此處“各”字變成衍字。

（2）漢官制中涉及“五官”之名很多，例如五官中郎將、五官掾、五官侍郎、五官郎中……“五官”名基本置於前。按任氏標點“鹽鐵五官”，五官一詞置於後，漢代官名中實未多見。①

（3）若如任氏説“金官治銅鐵礦冶”，但正史及《華陽國志》《巴志》均不見有金官之名。

基於上述幾點看法，筆者傾向於認同劉琳《校注》本之“鹽、鐵五官”。至於“鹽、鐵五官”的五處地方，學者們亦有分歧，此點筆者會在文後再討論。 

7. 宣漢

《後漢書 · 郡國志》劉昭注引《巴漢記》云：“和帝分宕渠之東置。”與漢昌同時置。故城即今達縣治。其他不詳。

8. 漢昌

漢昌縣故城，即今四川巴中市。②《華陽國志 · 巴志》云：“和帝時置……”其他亦不詳。

## （二）永寧郡

此郡包括江州、枳、平都、涪陵、永寧、臨江六縣。

1. 江州

江州縣，原巴國都，地處長江和嘉陵江的交匯之處。秦置縣，爲巴郡治。兩漢至南朝因之。治今重慶老城區，大約轄今重慶市區、巴縣、江北、綦江、南川、璧山、永川等縣地，是漢代西南地區商業的“副核心”。《華陽國志》道：“又立市龜亭北岸，今新

---

① 據《文淵閣四庫全書》統計，“鹽鐵五官”僅出現了三次。而第一次是《華陽國志 · 巴志》，另二次出現都是抄自《巴志》，且都是漢以後的典籍《蜀中名勝記》和《東漢文紀》，所涉内容全出自《巴志》，故可視爲一次僅見。

② 參考錢林書編著《續漢書郡國志彙釋 · 益州巴郡》“漢昌”條，安徽教育出版社 2007 年版，第 297 頁。

市里是也。”《水經注·江水》云：“江水又東，左逕新市里南。常璩曰：巴舊立市於江上，今新市里是也。”有學者考證其地爲今天重慶的小車海，都城江州附近已設有官市。從出土的巴蜀“橋形幣”，可約略看出巴國都城江州早已具有組織地區商業貿易的經濟功能。

江州發展的關鍵時刻應在秦朝時的“儀城江州”，即張儀築建江州城時；江州城在今重慶市區。① 大概轄有今日重慶市區、巴縣、江北、綦江、南川、璧山、永川等縣地。② 到了漢代，江州無論在軍事和經濟方面都有重要的發展。

就軍事方面而言，據顧祖禹《讀史方輿紀要》卷六九《四川四》“重慶府”載：“公孫述之據蜀也，遣將從閬中下江州，東據扞關。光武使岑彭討述，自江州而進。先主初入蜀，亦自江州而北。蓋由江州道涪江，自合州上綿州者，謂之内水，由江州道大江，自瀘、戎上蜀郡者，謂之外水，内、外二水，府扼其衝。從來由江道伐蜀者，未嘗不急圖江州，江州咽喉重地也。”③ 由此可見，江州地望在軍事戰略上實扮演重要角色。



江州於經濟方面，無論在農業、工業和商業都各有均衡的發展。

農業方面，漢代江州在主糧稻作業和農副産業上都取得了不俗的成績。就稻米的生産而言，江州縣北“有稻田”。其所生産的稻米也非普通貨色，而是品質極佳的貢品，故有“出御米”之載譽。④ 除上述外，江州出産的墮休粉、柑橘、茘枝、蒲蒻藺席等更遠近馳名，成爲江州商業區中最具土、特産色彩的商品。據《華陽國志·巴志》載：“江州縣郡治。……縣下有清水穴，巴人以此水爲粉，則膏暉鮮芳，貢粉京師，因名粉水；故世謂江州墮休粉也。”⑤ 又，《華陽國志·巴志》載：“漢世，郡治江州巴水北，有甘橘官。”⑥ 酈氏《水經注》卷三三《江水篇》王先謙注云：“漢世郡治江州，巴水北，北府城是也……縣有橘官，茘支園，夏至則熟，二千石常設厨膳，命士大夫共會樹

---

① 王褒《僮約》注26“江州條”曰：“章樵注：‘漢中郡有江州縣。蜀都衆水至此會合。見《蜀都賦》。’按：江州縣，西漢巴郡治，章注不確。”見張傳璽主編：《中國歷代契約會編考釋》卷二《兩漢·西漢神爵三年（前五九年）資中縣王褒僮約》注26“江州”條，北京大學出版社1995年版，第37頁。

② 《華陽國志》卷一《巴志》，據劉琳《校注》，第65頁注1。

③ 見〔清〕顧祖禹撰，賀次君、施和金點校《讀史方輿紀要》卷六九“重慶府”注，中華書局2005年版，第3271頁。

④ 《華陽國志》卷一《巴志》，據劉琳《校注》，第65頁。

⑤ “粉，用以傅面，有鉛粉、米粉”，見常璩《華陽國志》卷一《巴志》，據劉琳《校注》，第65頁，第66頁注4。

⑥ 《華陽國志》卷一《巴志》，據劉琳《校注》，第61頁。

下食之。"① 劉琳注《華陽國志·巴志》曰："（荔芰）産於江州（今重慶）、墊江（今合川）、枳縣（今涪陵）等地，質量較瀘州、宜賓所産者稍次（瀘州一帶原也屬巴國地）。"② 又，《華陽國志·巴志》載："（江州）縣北……陂池出蒲蒻藺席。"③

綜前所述，江州的土、特産商品特别多；尤以墮休粉、御米爲上繳京師的貢品，也成爲地方官員的日常嗜好果物。這無疑對西南地區農業的商品化帶來刺激作用。江州與安漢"足相供給"可見其流通情況。江州商品主要來自農業領域，上述墮休粉、柑橘、荔枝、御米和蒲蒻藺席便是主要特産商品。總而言之，江州的農産品一部分是滿足區内市場消費，至於外銷方面則以土、特産爲主，如以江州名土、特産荔枝爲例。《華陽國志·巴志》載："（荔芰）産於江州（今重慶）、墊江（今合川）、枳縣（今涪陵）等地。"查三地荔枝産品都各有市場，若三地荔枝質量相若，以荔枝須慮及新鮮享嗜及保鮮期限的特性，估計其産品主要是針對區内短距離的本地市場。④

鹽業方面，江州水運方面無疑是促進其工業發展的有利條件。據《華陽國志·巴志》載，但望上疏分郡云："……敢欲分爲二郡，一治臨江，一治安漢，各有……鹽鐵，足相供給。"⑤ 由巴郡而西，到達另一區位巴西郡南充國。⑥ "南充國縣和帝時置。有鹽井。"據此看到巴西以南充國、安漢及江州三鹽區從今嘉陵江聯成一綫直貫巴地西部，形成直綫三鹽區，成爲東漢川東煮鹽工業的重鎮。鹽商品可利用水路運銷外地。

商業方面，《華陽國志·巴志》載："江州以東……一治臨江，一治安漢，各有桑麻、丹漆、布帛、魚池……足相供給，兩近京師。"⑦ "足相供給，兩近京師"可反映出當時江州東部——臨江與安漢已有商品貿易活動，與京師也有商業上的往來。當時的貿易商品主要包括上述的桑麻、丹漆、布帛、漁産等。又，王褒《僮約》中有一段描寫四川境内農村城市間的貿易，其中涉及了與江州的貿易活動。⑧ 其文云："舍後有樹，當裁作船，上至江州，下到湔主，爲府掾求用錢。……"⑨ 由此得見，東漢前江州至湔





---

① 〔後魏〕酈道元注，〔清〕楊守敬、熊會貞疏，段熙仲點校，陳橋驛復校：《水經注疏》卷三三，江蘇古籍出版社 1989 年版，第 2795 頁；《華陽國志》卷一《巴志》，第 65 頁。

② 《華陽國志》卷一《巴志》，據劉琳《校注》，第 26 頁注 3。

③ 《華陽國志》卷一《巴志》，據劉琳《校注》，第 65 頁。

④ 白居易《荔枝圖序》（《全唐文》卷六五）云："荔枝生巴峽間……若離本枝，一日而色變，二日而香變，三日而味變，四五日外色香味盡去矣。"另詳見嚴耕望《唐代交通圖考》的《天寶荔枝道》，"中研院"歷史語言研究所專刊 83，第 1 頁；陳元朋《荔枝的歷史》，《新史學》2003 年第 14 卷第 2 期。

⑤ 《華陽國志》卷一《巴志》，據劉琳《校注》，第 49 頁。

⑥ 鄧少琴引《益州記》曰："南充縣西六十里，有大昆井，即古之鹽井。"見鄧少琴《梁李膺〈益州記〉輯存》，《鄧少琴西南民族史地論集》，巴蜀書社 2001 年版，第 592 頁。

⑦ 《華陽國志》卷一《巴志》，據劉琳《校注》，第 49 頁。

⑧ 官德祥：《從王褒〈僮約〉探析漢代中葉四川田莊商品經濟》，《中國農史》2010 年第 4 期。

⑨ 《全漢文》卷四二，中華書局 1958 年版，第 359 頁。

主已有一條私人商貿幹綫在運行。① 至於江州至湔主途中主要交通是陸路抑或水路，宇都宮清吉認爲湔主之水爲運河體系，有利於物資往運。② 筆者同意當地交通運輸是以水路爲主，“舍後有樹，當裁作船”即爲旁證。

2. 枳

《漢書・地理志》注引如淳云：“（枳）音徙，或音抵。師古曰：‘音之爾反。’”③《華陽國志》卷一《巴志》載：“枳縣郡東四百里，治涪陵水會。土地确瘠。……”④又，劉琳《校注》注三《荔枝》曰：荔芰産於江州（今重慶）、墊江（今合川）、枳縣（今涪陵）等地，質量較瀘州、宜賓所産者稍次。⑤ 又，《華陽國志・巴志》云：“巴子時……其先王陵墓多在枳。其畜牧在沮，今東突峽下畜沮是也。又立市於龜亭北岸，今新市里是也。”⑥

3. 平都

秦、西漢屬枳縣地，東漢和帝時置縣。故城今豐都縣治，《後漢書・郡國志五》劉昭《注》引《巴記》曰：“和帝分枳置。”可見其地由來，其他不詳。巴子時代便有“……雖都江州，或治墊江，或治平都，後治閬中”⑦。《水經注》云：“巴子雖都江州，又治平都，即此處也。有平都縣，爲巴郡之隸邑矣。縣有天師治，兼建佛寺，甚清靈。縣有市肆，四日一會。”“縣有市肆”反映了平都是當地貿易市場之一。就其地望可見，其應是枳與臨江兩縣城間貿易往來的主要平臺。“四日一會”表示出此平臺貿易并不算高度頻繁。⑧



---

① 根據《初學記》，“上至江州，下到湔主”引文處宜改爲“下至江州，上至湔主”。然而，宇都宮清吉在其《僮約校勘記》透過對“押韵”的審視，認爲“上至江州，此句當下句之下。州與舟協韵”。又“下至湔主，此句當上句之上。主與樹協韵”。參見宇都宮清吉《漢代社會經濟史研究》，1967增訂版，第269頁。全句應爲“舍後有樹，當裁作舟，上至湔主，下至江州”。宇都宮清吉持之有據，言之成理。作者對押韵没有深究。不過，如從地望考慮，無論以成都或資中作爲中心點看，湔主都是位處西北上方，而江州則在東南下方。基於以上原因，筆者接受宇都宮清吉“上至湔主，下至江州”的校勘成果。

② 詳見［日］宇都宮清吉《漢代社會經濟史研究》，弘文堂書房1967年增訂版，第355、363頁。

③ 《漢書》卷二八上《地理志》，第1603頁。

④ 《華陽國志》卷一《巴志》，據劉琳《校注》，第66頁。

⑤ 《華陽國志》卷一《巴志》，據劉琳《校注》，第26頁注3。參考錢林書編著《續漢書郡國志彙釋・益州巴郡》“枳”條，安徽教育出版社2007年版，第295頁。

⑥ 《華陽國志》卷一《巴志》，據劉琳《校注》，第58頁。

⑦ 《華陽國志》卷一《巴志》，據劉琳《校注》，第58頁。參考錢林書編著《續漢書郡國志彙釋・益州巴郡》“平都”條，安徽教育出版社2007年版，第296頁。

⑧ 筆者估計四日一會，或是買賣市場與供應地的距離。若以四天估算，以平都爲中軸，外圈或可作爲一個半徑兩天來會（共四天）的貿易圈。

4. 涪陵

《後漢書·郡國五》記："涪陵出丹。"① 劉昭《注》引《巴記》曰："靈帝分涪陵置永寧縣。"《巴漢志》曰："涪陵，巴郡之南鄙，從枳南入折丹涪水，本與楚商於之地接。漢時赤（田）［甲］軍常取其民。"②《鹽鐵論·本議第一》載："隴、蜀之丹漆旄羽……待商而通。"③ 涪陵出丹，有丹砂於市場出售。④ 劉琳注《華陽國志·巴志》："丹、漆、茶、蜜主要產於涪陵郡……"其乃據《華陽國志·巴志》載："涪陵郡……惟出茶、丹、漆、蜜、蠟……"⑤《後漢書》志二三《郡國五》記"涪陵出丹"，并無載涪陵出漆，究竟是《後漢書》失載抑或漢以後纔栽培漆，則暫不得而知。⑥

此外，靈壽杖主要產於涪陵縣，左思《蜀都賦》云："靈壽，木名也，出涪陵縣。"李衎《竹譜》卷六載曰："《晋安海物記》曰：'靈壽木，其節竹，又曰木竹，中實，注云漢賜三老靈壽杖，即此竹。靈壽即木竹异名也。'"靈壽杖漸成身份的象徵，不少人以擁有靈壽木造的杖爲榮，其自然容易成爲西南竹木市場中有錢人士所追捧的對象。雖然史書缺載，筆者估測此靈壽杖應是西南地區珍貴的土、特產品。西南手工匠生產"竹木之貴"靈壽杖，以滿足高檔次市場的需求。





5. 永寧

前引劉昭注《續漢書·郡國志》引《巴記》"靈帝分涪陵置永寧縣"。餘不詳。

6. 臨江

臨江，縣名。⑦ 西漢置。因臨江得名。治所在今四川忠縣。⑧《華陽國志·巴志》載："臨江縣枳東四百里，接朐忍。有鹽官，在監、塗二溪，一郡所仰；其豪門亦家

---

① 《漢書·貨殖列傳》載："自元、成訖王莽，京師富人杜陵樊嘉，茂陵摯網，平陵如氏、苴氏，長安丹王君房，豉樊少翁、王孫大卿，爲天下高訾。"師古《注》："王君房賣丹，樊少翁及王孫大卿賣豉，亦致高訾。"《漢書》卷九一《貨殖列傳》，第3694頁。

② 《後漢書》志二三《郡國五》，第3507頁。

③ 《鹽鐵論·本議第一》，馬非百注釋：《鹽鐵論簡注》，中華書局1984年版，第7頁。

④ 《華陽國志》卷一《巴志》，據劉琳《校注》，第88頁。

⑤ 《華陽國志》卷一《巴志》，據劉琳《校注》，第83頁。

⑥ 《後漢書》志二三《郡國五》，第3507頁。另見錢林書編著《續漢書郡國志彙釋·益州巴郡》"涪陵"條，安徽教育出版社2007年版，第295頁。

⑦ 任乃强云："'臨江'，莽曰'監江'。本以制鹽成邑。古鹽字與臨字監字常混用。如《漢·地理志》越嶲郡姑復縣'臨池澤'，《續漢·郡國志》作'鹽池澤'。此縣在巴與秦，本曰鹽江。漢作臨江，非因其臨江岸。凡巴之邑，無不臨江。此邑雖亦在江岸，不得專臨江之稱也。巴國鹽泉，皆去江岸遠，惟此縣二溪鹽泉去江岸近而旺盛，巴人當發現甚早，兼以水旺面闊，利亞於巫泉，故早得'鹽江'之稱。'枳東四百里'，正是今忠縣位置。特言'接朐忍'者，謂朐忍屬巴東郡，地界鄰接，亦產鹽，而朐忍鹽與臨江鹽皆上行，銷巴、黔地區，故連及之。"見任乃强《華陽國志校補圖注》，上海古籍出版社1987年版，第32頁。

⑧ 張舜徽：《三國志辭典》"臨江條"，山東教育出版社1992年版，第658頁。

有鹽井。”① 周振鶴《漢書地理志彙釋》“臨江”條，莽曰：監江。按治今重慶忠縣。其他語焉不詳。② 學者認爲東漢時鹽産區有所擴大，鹽官增置就反映了這一趨勢，尤以井鹽區更顯著。③ 可是，學界對於鹽鐵工官的地理分布、數目等問題一直未有共識。



早在20世紀70年代末，楊遠《西漢鹽、鐵、工官的地理分布》一文就考補出西漢還有越巂郡定莋、巴郡臨江兩處。④ 其地在今四川鹽源、重慶忠縣。王子今於一篇討論早期井鹽史料及相關問題的文章中再次引用了楊遠的成果。⑤ 不過，筆者認爲楊氏考補有些還是值得商榷的。

先談與本文相涉之臨江是否有鹽官的問題。楊遠提出的史料有《華陽國志》、《水經注》、《一統志》、《四川通志》、唐書《地理志》。基本上，綜合比較各書，實以常璩《華陽國志》爲最接近西漢時代，亦較可信。嚴耕望據《華陽國志》考臨江縣有鹽官，“疑爲東漢置”。此方面與劉琳《校注》意見相類，劉琳《校注》云：“西漢臨江縣無鹽官，蓋東漢始設。”⑥ 楊遠憑巴郡人口、繁榮程度及“一郡所仰”，推論出“西漢時也當産鹽”。值得商榷的是，某縣有鹽産并不代表政府必會在當地設鹽官，置鹽官要取決於該縣鹽産規模大小的條件。又或者附近已設置有鹽官，可一并處理兩地區鹽産，朐忍和臨江地理相近，前者設有鹽官，同時管理兩地應有可能。



另外，筆者以爲楊遠强調上文“一郡所仰”，但下文“其豪門亦家有鹽井”一句則被忽略。揣摩這句背後信息，透露出私鹽業的活躍情狀。政府能容忍大量私鹽的存在，這看來是屬東漢政策下的産物，而非西漢時産物。總之，《華陽國志》載“有鹽官”，時間不明確。在没有確鑿實據時，楊氏之説應存疑。

### （三）固陵郡

分郡後，固陵郡有兩縣，朐忍和魚復。

---

① 《華陽國志》卷一《巴志》，據劉琳《校注》，第67頁。另見〔清〕顧祖禹撰，賀次君、施和金點校《讀史方輿紀要》卷六九“塗山”條注，中華書局2005年版，第3291頁。

② 周振鶴編著：《漢書地理志彙釋·地理志上三》“巴郡”條，安徽教育出版社2006年版，第335頁。

③ 郭正忠主編：《中國鹽業史·古代編》，人民出版社1997年版，第35頁。

④ 楊遠：《西漢鹽、鐵、工官的地理分布》，《中國文化研究所學報》（上）1979年第9卷，第220、224頁。

⑤ 王子今：《張家山漢簡〈金布律〉中的早期井鹽史料及相關問題》，《鹽業史研究》2003年第3期（另載於《張家山漢簡〈二年律令〉研究文集》，廣西師範大學出版社2007年版）。

⑥ 《華陽國志》卷一《巴志》，據劉琳《校注》，第68頁注3。

1. 朐忍

《漢書》卷二八《地理志》本注云："（朐忍）容毋水所出，南（入江）。有橘官、鹽官。"① 由此可見，此地方的農副業及煮鹽業均有發展，而且應有相當的規模。

先談煮鹽工業，《華陽國志・巴志》載："朐忍縣〔郡〕西二百九十里……〔有〕……鹽井……"② 按上引《地理志》載："……朐忍……有鹽官。"③ 據漢制，凡有鹽官之地必産鹽。兩書記載相吻合，亦表明朐忍當地鹽井自西漢起一直進行開采。今人李小波說：固陵郡，"屬縣六，均爲鹽産地。朐忍縣……鹽井多，産量大……是川東最大的鹽産地"④。

《水經注疏》卷三三《江水篇》曰："東接朐忍縣有鹽官，自縣北入鹽井溪，有鹽井營户，溪水沿注江。"⑤《荆州記》云："朐䏰縣北岸有陽溪，溪内有鹽井百二十所，巴峽一川悉資此鹽。"⑥ 顧祖禹《讀史方輿紀要》卷六九《四川四》載"雲安鹽城"條注引劉昫曰："雲安多有鹽利，自漢以來皆置官司之。"⑦ 章懷太子賢曰："雲安西萬户故城即漢之朐䏰縣。"⑧ 鄧少琴據《周禮》載之"形鹽"及根據長江水庫開州區的二馬井訪查發現："……朐忍區内開鑿鹽泉，時間確實很早。"⑨



又，嚴耕望引《隸續・都鄉孝子嚴舉碑》碑陰載："鹽官有秩，安漢任□字立中。"嚴氏把之歸入"巴郡"條。⑩ 碑的内容提到延熹七年五月孝子嚴舉爲父行喪服制。延熹是東漢桓帝的第六個年號，延熹七年時間是 164 年。按東漢制，有鹽官地方，是有鹽

---

① 《漢書》卷二八上《地理志》，第 1603 頁。又章懷注：雲安西萬户故城，即漢之朐䏰縣。詳見〔清〕梁章鉅撰，楊耀坤校訂《三國志旁證》卷一九，福建人民出版社 2000 年版，第 499 頁。

② 《華陽國志》卷一《巴志》，據劉琳《校注》，第 78 頁。

③ 《漢書》卷二八上《地理志》，第 1603 頁。

④ 李小波、劉慧清：《川東古代鹽業開發對行政區劃和城市分布的影響》，《長江流域資源與環境》2000 年第 3 期。

⑤ 《水經注疏》卷三三《江水篇》，江蘇古籍出版社 1989 年版，第 2801 頁。

⑥ 〔唐〕虞世南撰：《北堂書鈔》卷一四六《酒食五》"鹽條"注引，中國書店 1989 年版，第 616 頁。

⑦ 〔清〕顧祖禹撰，賀次君、施和金點校：《讀史方輿紀要》卷六九，中華書局 2005 年版，第 3258 頁。

⑧ 〔清〕顧祖禹撰，賀次君、施和金點校：《讀史方輿紀要》卷六九，中華書局 2005 年版，第 3258 頁。

⑨ 趙逵說："産鹽古鎮歷史較長，許多起源於人類活動早期，目前存留較多的主要集中在四川自貢和渝東長江沿綫，如現在仍保存有大量遺迹的巫山大寧鹽泉、魚復（奉節）東岩磧壩鹽泉、朐忍（雲陽）鹵泉……"詳見趙逵《鹽業經濟與古代城鎮的發展演變——以四川古鹽業爲例》，《鹽文化研究論叢》第 5 輯，巴蜀書社 2011 年版，第 101 ~ 106 頁。另，參考鄧少琴《巴蜀史迹探索》，四川人民出版社 1983 年版，第 31 頁。

⑩ 見嚴耕望先生《中國地方行政制度史》甲部《秦漢地方行政制度史》，"中研院"史語所專刊之第 45 期，1980 年，第 197 頁。

產。東漢桓帝時能符合此條件者除朐忍縣外，應還有臨江縣。因此，單憑“鹽官有秩，安漢任□字立中”是不能確知此鹽官屬哪一縣。事實上，朐忍或臨江皆有機會。廖伯源云：

> 有秩在縣稱官有秩，在鄉稱鄉有秩；有秩爲郡所署，則有秩無論在郡、在縣、在鄉，皆爲郡屬吏。有秩既爲郡辟，當不限在本縣，爲本郡人即可……有秩無論在郡、在縣、在鄉，皆是郡所辟置，皆爲郡屬吏，此當爲兩漢通制。……①

因此之故，僅憑“鹽官有秩”或“安漢任□字立中”，要確認其鹽官的縣屬是資料不足的，唯一可以肯定的是“鹽官有秩”是巴郡辟。總而言之，巴郡鹽官有二，一在朐忍，另一則未能確知。

由朐忍西南沿長江而上達至第一個鹽區爲臨江縣鹽區。臨江縣“接朐忍。有鹽官，在監、塗二溪，一郡所仰”②。巴國鹽泉，皆去江岸遠，唯此縣二溪鹽泉去江岸近而旺盛，巴人當發現甚早，兼以水旺面闊，利亞於巫泉，故早得鹽江之稱。“接朐忍”者謂朐忍屬巴東郡，地界鄰接，亦產鹽，而朐忍鹽與臨江鹽皆上行，銷巴黔地區，故連及之。朐忍便是因“產鹽而興的古鎮”。根據趙逵分析，其特點就是“分布在四川盆地東部（巴）的長江邊上或長江支流附近……由於水運的便利條件使人們更多地聚集到這些產鹽地”③。



另外，《漢書》卷二八《地理志》本注云：“（朐忍）……有橘官。”④ 橘官負責向京師上貢水果。《輿程記》：“‘自巴陽驛至五峰驛水道凡九十里，五峰驛南有橘官堂故址。’《漢志》朐忍有橘官，《元和志》雲安縣有橘官，此即其治所也。”⑤

2. 魚復

《漢書》卷二八上《地理志》注云：“江關，都尉治。有橘官。”⑥《華陽國志》卷一《巴志》載：“郡治。公孫述更名白帝，章武二年改曰永安，咸熙初復。有橘官

---

① 廖伯源先生根據《東海郡下轄長吏名籍》例子得出結論，詳見廖伯源撰《簡牘與制度：尹灣漢墓簡牘官文書考證》，臺灣文津出版社有限公司 1998 年版，第 82 ~ 83 頁。

② 《華陽國志》卷一《巴志》，據劉琳《校注》，第 67 頁。

③ 詳見趙逵《鹽業經濟與古代城鎮的發展演變——以四川古鹽業爲例》，《鹽文化研究論叢》第 5 輯，巴蜀書社 2011 年版，第 103 頁。

④ 《漢書》卷二八上《地理志》，第 1603 頁。另見周振鶴編著《漢書地理志彙釋·地理志上三》“巴郡”條，安徽教育出版社 2006 年版，第 335 ~ 336 頁。

⑤ 〔清〕顧祖禹撰，賀次君、施和金點校：《讀史方輿紀要》卷六九，中華書局 2005 年版，第 3259 頁。

⑥ 《漢書》卷二八上《地理志》，第 1603 頁。

……"① 劉琳《校注》云："……至唐代，夔州柑橘列爲貢品。今奉節一帶仍爲柑橘産區。"②《後漢書·郡國五》云："魚復，扞水有扞關。"扞關即江關，是戰國時楚地的西界，也是巴東界。《後漢書·公孫述傳》云："東守巴郡，拒扞關之口。""將軍任滿從閬中下江州，東據扞關。於是盡有益州之地。"扞關是巴蜀的東部關防。③ 筆者認爲東漢《續漢書·郡國志》"魚復"條雖然没有記載任何物産，但從其地望推估東漢末其地仍有種果業。當然，此地作爲軍事戰略要地上的重要性遠大於其在産業經濟之上，則殆無异議。

從上可見，巴郡財富土沃，農林副業分布廣泛，鹽鐵産業林立。這一切都是亂世野心家們所覬覦的目標。劉璋及其集團想要在亂世中保守其資産，尤其當自下而上分巴聲音甚囂塵上時，當中難度極高。

## 四、劉璋的三次分巴郡

漢代最早提出分巴郡的時間是永興二年（154）三月甲午。主人翁是巴郡太守但望，其《請分郡疏》爲：

> 謹按《巴郡圖經》境界，南北四千，東西五千，周萬餘里。屬縣十四，鹽、鐵五官各有丞、史。户四十六萬四千七百八十，口百八十七萬五千五百三十五。……敢欲分爲二郡，一治臨江，一治安漢，各有桑麻、丹漆、布帛、魚池、鹽鐵，足相供給，兩近京師。……臣雖貪大郡以自優假，不忍小民顒顒蔽隔，謹具以聞。

這次但望分巴建議，未爲朝廷所納。筆者按，但望分巴的動機是單純的，"爲民庶請命救患"，又"不忍小民顒顒蔽隔"，均以巴郡民生福祉爲依歸。④ 細想，但望分巴郡，無論分配結果如何，分出的巴地仍歸漢室所有。但劉璋分巴情況大不同。

漢末群雄并起，各股勢力風起雲涌。與劉璋相涉的"分巴郡"舉措共三次。三次分郡，劉璋是應屬下要求進行的，屬於被動。不過，劉氏却能由"被動"轉成"主





---

① 《華陽國志》卷一《巴志》，據劉琳《校注》，第77頁。

② 《華陽國志》卷一《巴志》，據劉琳《校注》，第78頁注3。另參考盧華語等《唐代西南經濟研究》第一章"表1－1 唐代西南地區貢賦表"，科學出版社2010年版，第13～15頁。

③ 王子今、劉華祝：《説張家山漢簡〈二年律令·津關令〉所見五關》，中國社會科學院簡帛研究中心編：《張家山漢簡〈二年律令〉研究文集》，廣西師範大學出版社2007年版，第365～366頁。另見王子今《張家山漢簡〈二年律令·津關令〉所見五關》，《秦漢交通考古》，中國社會科學出版社2015年版，第224～225頁。

④ 《華陽國志》卷一《巴志》，據劉琳《校注》，第47～49頁。

動”，反“客”爲“主”，足反映他頭腦并不“暗”。①

據《華陽國志·巴志》載：

> 獻帝（初平）〔興平〕元年②，征東中郎將安漢（趙穎）〔趙韙〕建議分巴二郡。（穎）〔韙〕欲得巴舊名，故白益州牧劉璋；以墊江以上爲巴郡，（江）〔河〕南龐羲爲太守，治安漢；以江州至臨江爲永寧郡，朐忍至魚復爲固陵郡。巴遂分矣。……③

征東中郎將安漢趙韙（穎）建議分巴二郡。分巴二郡的意思就是從巴郡再分出二郡。④

又，上文載趙韙（穎）提出“欲得巴舊名”。爲何他有此要求？他提出此要求的背後又有甚麼政治目的？劉璋對於趙氏所提出的要求，又做出何種反應和行動呢？



誠如前文交代，劉璋承繼了父親的遺産，其中之一項就是趙韙（穎）問題。趙韙（穎）自去太倉令官，并“從（劉）焉來西（益州）”⑤到“貪璋溫仁，共上（劉）璋爲益州刺史”⑥，一步一步露出其政治野心。趙韙（穎）之有恃無恐向劉璋提出分巴，表面借口是“欲得巴舊名”，實際是想與劉璋瓜分巴郡。劉璋絶非愚昧到看不穿趙韙

---

① 見曠天全《劉璋論略》，《西華師範大學學報（哲學社會科學版）》2004年第3期，第114～121頁。又，“東漢末年，戰禍不斷。中原一帶已經成爲刀兵戰場，而成都一帶還算安泰。……比較平靜和緩的社會條件無疑成爲人們躲避戰亂的樂土。劉璋的暗弱之名恐怕也未必使人反感，畢竟一名性格溫和的統治者要比殘暴戾虐的上司好得多，即使他没有開疆拓土的宏圖大志，但保境安民的主旨思想還是應該符合一部分苦於戰亂，想要過安定生活的人士的心願的”。見馬寧、石超、李金鑫《劉璋“暗弱”辨》，《傳承》2008年第4期。

② 孔祥軍檢《華陽國志》，以爲獻帝無初平六年，當作元年，并因此推出益州牧劉璋（當作劉焉），惜語焉不詳，氏著《晋書地理志校注》注2，新世界出版社2012年版，第110頁。反之，任乃强《華陽國志校補圖注》云：“舊本皆作‘初平元年’。劉昭《郡國志》注引譙周《巴記》作‘初平六年’。玆據改。初平元年劉焉初入蜀。五年，焉卒，子璋爲牧，乃得分郡。初平五年改元興平。淺人以爲初平無六年，妄以爲是元字訛而改之也。蓋蜀亂道閉，頒朔不至，蜀人猶奉初平年號。六年，即興平二年也。”任氏説有理，較孔氏可取，詳見任乃强《華陽國志校補圖注》，上海古籍出版社1987年版，第26頁。另，參考〔唐〕李吉甫撰《元和郡縣圖志》卷三三《劍南道下》，中華書局1983年版，第876頁，第［七十九］條。趙一清認爲：“劉璋嗣位以趙韙爲征東，乃興平元年正分巴之歲也……”參見〔清〕梁章鉅撰，楊耀坤校訂《三國志旁證》卷一九，福建人民出版社2000年版，第499頁。

③ 《華陽國志》卷一《巴志》，據劉琳《校注》，第55頁。

④ 《華陽國志》卷一《巴志》，據劉琳《校注》，第55頁注1。

⑤ 《華陽國志》卷五《公孫述劉二牧志》，據劉琳《校注》，第485～486頁。

⑥ 《三國志》卷三一《蜀書·劉二牧傳第一》，第867頁；裴注［四］，第867頁。

(穎) 的動機。劉璋有其“巧妙”的安排。他把巴郡分成三份，但巴郡這心臟區則不交給趙韙（穎)，而是另有其人——龐羲。①

至於趙韙（穎)，原本《英雄記》載“……璋使趙韙進攻荆州，屯朐䏰”②。朐忍屬固陵郡，劉璋刻意留他在三郡中最小的固陵郡，而且此地物產相比其他兩處相對少(詳見下表)。



**東漢巴分三郡下經濟作物的分布簡表**

| 巴分三郡 | 主要物産名稱 | 備注 |
|---|---|---|
| 巴郡 | 桑、蠶、麻、丹、漆、布帛、魚、鹽、鐵、牛馬 | |
| 永寧郡 | 稻、墮休粉、甘橘、荔枝、蒲蒻、藺席、鹽、丹、漆、茶、蜜、蠟 | |
| 固陵郡 | 鹽、橘、靈壽木、靈龜 | |

至於《巴志》云：“……以墊江以上爲巴郡，(江)〔河〕南龐羲爲太守，治安漢……”③ 趙氏乃安漢縣之本地大姓，據《巴志》云：“安漢縣號出人士。大姓陳、范、閻、趙。”④ 現以龐羲爲太守治安漢，目的就是派龐羲去切斷趙氏在地方上的勢力紐帶，上述各舉措都説明劉璋是經過深思熟慮而做出的。



建安五年（200),《後漢書》、《三國志》和《華陽國志》均有載趙韙（穎）叛反的事。不過，三書所載字眼仍互有出入。

《三國志》卷三一《蜀書·劉二牧傳第一》載：

……龐羲與焉通家，乃募將焉諸孫入蜀。⑤

……（龐）羲與璋情好携隙，趙韙（穎）稱兵内向，衆散見殺，皆由璋明斷少而外言入故也……⑥

---

① 《英雄記》曰：“龐羲與璋有舊，又免璋諸子於難，故璋厚德羲，以羲爲巴西太守，遂專權勢。”詳見《三國志》卷三一《蜀書·劉二牧傳第一》裴注［一]，第869頁。又，據田餘慶云：“龐羲望出河南，東漢議郎，劉焉通家，曾將劉範、劉誕諸子入蜀，爲劉璋姻親，在劉備營壘中足以代表劉璋舊屬，起承前啓後作用。”田餘慶：《當代名家學術思想文庫·田餘慶卷》，萬卷出版公司2011年版，第116頁。

② 《三國志》卷三一《蜀書·劉二牧傳第一》，第868頁。

③ “墊江以上”指今合川以北嘉陵江、渠江流域，見《華陽國志》卷一《巴志》，據劉琳《校注》，第55頁注2。

④ 《華陽國志》卷一《巴志》，據劉琳《校注》，第95頁。

⑤ 《三國志》卷三一《蜀書·劉二牧傳第一》，第867頁。

⑥ 《三國志》卷三一《蜀書·劉二牧傳第一》，第868頁。

《華陽國志·公孫述劉二牧志》載：

> ……或構羲於璋，璋與之情好攜隙。趙韙（穎）數進諫，不從，亦恚恨也。①

《後漢書·劉焉傳》云：

> 趙韙（穎）之在巴中，甚得衆心，璋委之以權。韙因人情不輯（和），乃陰結州中大姓。建安五年（200），還共擊璋，蜀郡、廣漢、犍爲皆反應。東州人畏見誅滅，乃同心并力，爲璋死戰，遂破反者，進攻韙於江州，斬之。②

根據上引各史料，《三國志》把趙韙（穎）起兵歸咎於劉璋的性格和處事手法，而《華陽國志》則將焦點放在龐羲與趙韙（穎）二人之争。筆者以爲陳壽《三國志》云“……明斷少而外言入故……”的論斷過於主觀。根據筆者前引分巴的歷史發展來看，趙韙（穎）叛反，事出有因。趙韙（穎）應在“欲得巴舊名”不得逞下，懷恨於心。據《華陽國志·公孫述劉二牧志》載：“起兵數萬，將以攻璋，璋逆擊之。明年，韙破敗。”③ 此時距興平二年（195）三分巴郡已有五六年的光景。趙韙（穎）起兵絶非一時之衝動。早前劉璋把龐羲安排在安漢，使他壓抑趙韙（穎），使趙韙（穎）不能即時發作。若把三書史料與前引的歷史發展結合來看，趙韙（穎）謀反肯定與劉璋不肯就範有關。筆者認爲縱使劉璋性格變得果决，處事方式改善，龐羲没有“情好攜隙”，趙韙（穎）仍會叛反。這點又可從下引《英雄記》中得到進一步引證。

裴松之注引《英雄記》中一段史料説明劉璋與趙韙（穎）之間的關係，同時説明趙韙（穎）是早有預謀的。其文如下：

> 先是，南陽、三輔人流入益州數萬家，收以爲兵，名曰東州兵。④ 璋性寬柔，無威略，東州人侵暴舊民，璋不能禁，政令多闕，益州頗怨。趙韙（穎）素得人心，璋委任之。韙因民怨謀叛，乃厚賂荆州請和，陰結州中大姓，與俱起兵，還擊璋。蜀郡、廣漢、犍爲皆應韙。璋馳入成都城守，東州人畏（威）〔韙〕，咸同心并力助璋，皆殊死戰，遂破反者，進攻韙於江州。韙將龐樂、李

① 《華陽國志》卷五《公孫述劉二牧志》，據劉琳《校注》，第491頁。

② 《後漢書》卷七五《劉焉袁術吕布列傳第六十五》，第2433頁。

③ 《華陽國志》卷五《公孫述劉二牧志》，據劉琳《校注》，第491頁。

④ 安劍華：《“東州士”與蜀漢政權》，《成都大學學報（社會科學版）》2010年第6期。劉華：《論東州流民與劉焉劉璋的關係》，《昭通師範高等專科學校學報》2007年第1期。

異反殺韙軍，斬韙。①

裴松之引《英雄記》此段話，簡要説出劉璋與趙韙（穎）關係惡化的始末，是一條重要綫索。它不單單透露出趙韙（穎）實力雄厚，獲得許多益州人民及州中大姓的支持，同時記載了趙韙（穎）所做的兩方面部署：第一，“乃厚賂荆州請和”；第二，“陰結州中大姓”。而東州兵的介入，令問題變得複雜，使劉璋與趙韙（穎）之争升級成“主、客”之争，主是趙韙（穎）及本地大姓家族，客是劉璋自身及來自南陽、三輔的外來移民。② 結果，以劉璋爲首的外來移民聯合東州兵險勝。隨着趙韙（穎）被其手下所殺，劉璋的第一次政治危機暫時得到化解。爲何説“暫時”？因爲趙韙（穎）死後，魚復蹇胤白璋又争巴名。

建安六年，趙韙（穎）起兵反劉璋被殺。魚復蹇胤建議重新改三巴的名稱。劉璋乃改永寧爲巴郡，以固陵爲巴東，徙羲爲巴西太守。其實是將墊江以上之巴郡改名爲巴西，龐羲改爲巴西太守，而江州至臨江仍稱巴郡，朐忍至魚復稱巴東，正式稱爲“三巴”。《華陽國志》對於第二次的争巴名，語焉不詳。筆者按當時形勢局面，嘗試揣測劉璋第二次分巴的背後目的。

劉璋重冠巴郡地名，絶不會無的放矢。審度時局，劉氏此舉很可能是希望利用巴名來促進域内居民的“向心力”，培育出巴人一家的團結精神。劉氏的最終極目標是以此精神來修繕巴郡内主、客間之嫌隙。巴郡在未改名前，分别名巴郡、固陵郡和永寧郡，改名後全巴郡都冠有“巴”字，它們包括巴郡、巴西郡和巴東郡。事實上，無論是巴郡的主或客都不會喜歡長期過着干戈戎馬的生活。趙韙（穎）一役使彼此痛定思痛，大家都想過和平安寧的日子。客人身份的劉璋對於主客矛盾不會不察。劉璋愛和平的性格，使他不願用武力去處理主客問題。

劉璋割據益州，巴郡出任何亂子都會影響大局。他明白内憂治不好外患就擋不住的硬道理。總之，他很想維持益州穩定，人們能享受太平日子。他的和平思想及愛民思想，在投降劉備時即有所反映。據《三國志》裴松之注云：“《吴書》曰：璋以米二十萬斛，騎千匹，車千乘，繒絮錦帛，以資送劉備。”③ 後劉璋言：“‘父子在州二十餘





---

① 《三國志》卷三一《蜀書·劉二牧傳第一》裴注［一］，第869頁。

② 劉華：《論東州流民與劉焉劉璋的關係》，《昭通師範高等專科學校學報》2007年第1期。又，羅開玉認爲劉璋作爲外來統治者管理有問題，顯示其無能，其云：碑文中不見州牧劉璋，也不見蜀郡守的名字，却始終都在歌頌職位甚低的“太守守史”郭擇、趙汜。可見以劉璋爲代表的外來統治者，其統治是浮在面上的，實際上控制益州的却是入仕的當地土著豪族。此碑形象地再現了當時“蜀土人士，專權自恣，君臣之道，漸以陵替”。以劉璋爲代表的州政府連北江堋這樣關係着蜀地國計民生的大堰都不直接管理，劉璋連此次大修都不去視察一下，既是不重視經濟建設，也是懦弱無能的表現。詳見羅開玉《關於〈建安四年北江堋碑〉的幾點認識》，《四川文物》2011年第3期。

③ 《三國志》卷三一《蜀書·劉二牧傳第一》裴注［五］，第869頁。

年，無恩德以加百姓。百姓攻戰三年，肌膏草野者，以璋故也，何心能安!’遂開城出降，群下莫不流涕。”① 劉璋用大量的財富以乞和，目的是避免大動干戈。“百姓攻戰三年，肌膏草野者，以璋故也，何心能安”一句，足見劉璋的着眼處。當然，從另一角度，又有人會把劉璋看成“暗弱無能”的庸才。

至於第三次分巴，是由涪陵縣謝本向劉璋提出的。《華陽國志·巴志》云“涪陵謝本白璋”求分置丹興、漢髮二縣，以涪陵爲郡。劉璋“初以爲巴東屬國，後遂爲涪陵郡”②。任乃强釋云：“巴郡舊有涪陵縣，王莽改曰巴亭。後漢復舊。縣境遼闊，包有烏江流域。東接巴東。此時礦業大興，民户增盛，故謝本請分置二縣合涪陵爲郡。漢制：邊遠夷落地區，雖已置縣，而内地移民猶少，賦税不足以養官者，但置屬國都尉領縣，不置太守。涪陵舊與巫、魚復皆秦黔中郡地。漢時猶徵其夷兵戍守魚復之赤甲城。故劉璋以爲巴東屬國。然中原人避亂來居此僻地者日多，故未幾時即已析置五縣，爲涪陵郡矣。”③ 筆者贊成任氏的看法，隨着中原動亂釋出大量移民竄入巴東地區，令“民户增盛”，地方政區有必要擴大以配合發展。

《華陽國志·巴志》載：“涪陵郡，巴之南鄙。……無蠶桑，少文學，惟出茶、丹、漆、蜜、蠟。……”又，《後漢書·郡國志五》記：“涪陵出丹。”④《華陽國志·巴志》載：“漢髮（葭）縣，有鹽井。”⑤ 涪陵豐富的物産資源，吸引了外來移民。加上涪陵郡地僻遠，政局相對較安定，這無疑是避難者理想的容身之所。因此，涪陵郡人口愈來愈多，結果促成謝本的“分置二縣合涪陵爲郡”的構想。若從整個川東經濟發展趨勢看，地處東面邊陲巴東屬國的設立，可看成三巴勢力向東面進一步延伸的標志。這延伸的速度是很快的，未幾，巴東屬國又改名爲涪陵郡。及後至先主劉備入蜀，以朐忍、魚復、漢豐、羊渠，以及宜都之巫、北井六縣爲固陵郡，是朐忍、魚復又失巴名，故章武元年，魚復蹇胤、朐忍徐惠之争，劉備乃復以爲巴東郡，此分巴之始末也。⑥ 入蜀後分巴之事已非本文範圍，兹不贅述。

## 五、結　語

陳壽《三國志》中載諸葛亮答劉備曰：“……劉璋暗弱，張魯在北，民殷國富而不

---

① 《三國志》卷三一《蜀書·劉二牧傳第一》，第 869 頁。

② 《華陽國志》卷一《巴志》，據劉琳《校注》，第 55 頁。

③ 《華陽國志校補圖注》卷一《巴志》，第 27 頁注 4。

④ 《漢書·貨殖列傳》載：“自元、成訖王莽，京師富人杜陵樊嘉，茂陵摯綱，平陵如氏、苴氏，長安丹王君房，豉樊少翁、王孫大卿，爲天下高訾。”師古注：“王君房賣丹，樊少翁及王孫大卿賣豉，亦致高訾。”《漢書》卷九一《貨殖列傳》，第 3694 頁。

⑤ 《華陽國志》卷一《巴志》，據劉琳《校注》，第 89 頁。

⑥ 《水經注疏》卷三三，江蘇古籍出版社 1989 年版，第 2793 頁。

知存恤，智能之士思得明君……”① 又，《英雄記》曰:“……璋性寬柔，無威略。”②《三國志·蜀書》載:“……璋明斷少而外言入故也。”③《華陽國志》載:“州帳下司馬趙韙、治中從事王商等貪璋温仁，共表代父。”④ “璋字季玉，既襲位，懦弱少斷。”⑤“（法）正既宣旨，陰獻策曰：‘以明將軍之英才，乘劉牧之懦弱……’。”⑥ “龐統説曰:‘……璋既不武，又（無素豫）〔素元預備〕，一舉而定，此上計也。’”⑦ 據此“暗弱”“懦弱少斷”漸漸成爲劉璋性格特徵的“代名詞”，對於此“暗弱”標籤，一直延續至今日史學界。不過，劉璋當政時真的完全“不知存恤”？而在“民殷國富”方面他真的毫無建樹乎？劉璋“温仁”却會怒殺張魯母、弟，他“不武”却又能擊敗趙韙數萬大軍，他“無威略”，却懂不斷派使節與劉備、孫權及曹操進行外交聯繫。上述連串問題，令人不無疑問。



此外，在《後漢紀》及《資治通鑑》中載諸葛亮對劉璋的另一段評價，相當具體和詳細，文字如下：

> （建安）十九年……夏五月，劉備克成都，遂有益州。諸葛亮爲股肱，乃峻刑法，自君子小人咸懷怨嘆。法正諫曰:“昔高祖入關，約法三章，秦民知德。今君假借威力，跨有一州，初有其國，未垂惠撫；且客主之義，宜相降下，願緩刑弛禁，以慰其望。”亮曰:“君知其一，未知其二。秦以無道，政苛民怨，一夫掉臂，天下土崩。高祖因之，以成帝業。劉璋暗弱，自是已來有累世之恩，支柱羈縻，示相承奉，德政不修，威刑不肅。寵之以位，位極則賤；順之以恩，恩竭則慢。所以致敝，實由此也……”⑧



此評價顯然過偏，劉璋被形容成“一無是處”的領導。但想深一層，諸葛亮“一面倒”地評劉璋，倒也不難理解。筆者解讀此爲諸葛亮“一石二鳥”的政治手段。所謂“一

① 《三國志·蜀書·諸葛亮傳》，第913頁。〔清〕王夫之《讀通鑑論》中載：“……論者曰：‘劉璋暗弱。’弱者弱於强争，暗者暗於變詐……” 見王夫之《讀通鑑論》卷九《獻帝》，中華書局1975年版，第258頁。

② 盧弼:《三國志集解》卷三一，中華書局1982年版，第718頁。

③ 《三國志》卷三一《蜀書·劉二牧傳第一》，第868頁。

④ “貪璋温仁”，另見《三國志》卷三一《蜀書·劉二牧傳第一》，第867頁。

⑤ 《華陽國志》卷五《公孫述劉二牧志》，據劉琳《校注》，第490頁。

⑥ 《華陽國志》卷五《公孫述劉二牧志》，據劉琳《校注》，第494頁。

⑦ 《華陽國志》卷五《公孫述劉二牧志》，據劉琳《校注》，第496頁。“無素豫”文理不通。《蜀志·龐統傳》作“素無預備”。

⑧ 見張烈點校《兩漢紀》卷三〇，中華書局2002年版，第585頁。同見〔北宋〕司馬光編著，〔元〕胡三省音注《資治通鑑》卷六七，第2132頁。除一二字相异外，兩段的意思一致。

石二鳥”，一是在“後劉璋時代”治蜀時，他能把自己“尚嚴峻，人多怨嘆”的政策合理化，二可“矮化”劉璋抬高其主劉備。不過，一千多年後學者似乎無需泥守正統論，也不必背負“各爲其主”的包袱。

奇怪的是，今人羅開玉等仍然“一面倒”地貶低劉璋，評價主觀，難以令人信服。羅氏寫道：“劉璋政令多闕，勢不能制，力不能禁。益州各地，民心鼎沸，怨聲四起。”① 羅氏總結出：“在劉璋執政期間，政令多闕，法治不嚴，豪族自恣……綱紀不肅，禮制不嚴，臣吏相媚，互相奉承，邪惡不分，德政不舉，人心背離。”② 羅氏對於劉璋的評價是極端負面的，其論調幾乎完全承襲了諸葛孔明，千百年來未變。他更進一步引用考古發現加强其說。他在談到《建安四年正月中旬故監北江堋太守守史郭擇、趙汜碑》時，論證劉璋暗弱。③ 羅氏認爲碑中不見州牧劉璋的名字，也不見蜀郡守的名字，却始終都在歌頌職位甚低的“太守守史”郭擇、趙汜，據此推論，以劉璋爲代表的州政府連北江堋這樣關係着蜀地國計民生的大堰都不直接管理，既是不重視經濟建設，也是懦弱無能的表現。④ 以碑作爲旁證顯劉璋勢弱確實有心思，但劉璋弱勢是否全歸咎於其“懦弱無能”就值得商榷了。



反而，古人評劉璋比今人中肯。《三國志・劉二牧傳第一》陳壽評曰：“……璋才非人雄，而據土亂世，負乘致寇，自然之理，其見奪取，非不幸也。”⑤ 陳壽嘗試從劉璋的才能及時代背景去分析劉璋成敗，尚算多角度。而裴松之注引張璠曰：“劉璋愚弱而守善言，斯亦宋襄公、徐偃王之徒，未爲無道之主也。……”⑥ 張氏之評價如“愚弱”、“守善言”及“未爲無道之主”等，亦是褒貶并存，手法平衡。一般人說劉璋暗弱，暗者蒙昧不明。筆者認爲“暗”乃自己問題，而“弱”則由自己或由他者造成，兩者實有分别。

從中平五年（188）劉焉入蜀，到建安十九年（214）夏劉璋出降，他們父子共割據益州 26 年。劉備遷劉璋於南郡公安縣，把他過去的所有財物和振威將軍的印綬也一道送了去。後來孫吴殺了關羽後，劉璋又當上了東吴的益州牧，駐秭歸。劉璋二子：長子劉循，後仕蜀漢，任奉車中郎將；次子劉闡，爲東吴的益州刺史。上述可見劉璋本人於當地乃具相當“號召力”，其本人及後人在政治上還具有利用價值。如果劉璋是“人心背離”或“惡名昭彰”的昏主，怎能會有人願意接收這種“負資産”來拖累自己？

---

① 羅開玉：《四川通史》卷二，四川人民出版社 2010 年版，第 120 頁。

② 羅開玉：《四川通史》卷二，四川人民出版社 2010 年版，第 120 ~ 121 頁。

③ 羅開玉：《四川通史》卷二，四川人民出版社 2010 年版，第 124 頁。

④ 羅開玉：《四川通史》卷二，四川人民出版社 2010 年版，第 125 頁。

⑤ 《三國志》卷三一《蜀書・劉二牧傳第一》，第 870 頁。

⑥ 《三國志》卷三一《蜀書・劉二牧傳第一》裴注［二］，第 870 頁。同見盧弼：《三國志集解》卷三一，中華書局 1982 年版，第 720 頁。

更重要的是，對劉璋的評價，却遺漏了他“分三巴”的歷史，實有欠公允。東漢末政治波譎雲詭，政局動蕩，分巴聲急，各股勢力風起雲涌，與劉璋相涉“分巴郡”的舉措共三。三次分郡，實質上是分割劉璋地盤。劉氏雖處被動，但他能妥善處理此等政治危機，暫緩其集團有即將瓦解之虞。劉氏更“反客爲主”，由被動轉化成主動，此足反映他頭腦非但不“暗”，處於“弱”勢中仍能憑借其智慧，化險爲夷。劉璋“分三巴”，正説明“暗弱少斷”之詞，并不足以概括其一生。

# 《水經·汝水注》懸瓠城名稱辨

## ——戴校殿本《水經注》之一處謬誤

李啓文



**摘要：**《水經·汝水注》敘懸瓠城之地貌後，原文爲“城北名焉灣中有地數頃”，戴震殿本所校，將“焉”改作“馬”，又將“灣”字上屬，作“馬灣”，大謬。其實“焉”字不誤，所誤者乃“北”字耳。本文從外證、內證、旁證三方面證之（主要在內證），證明《汝水注》原文之“焉”字不誤，原文當爲“城以名焉”；而原文之“灣”字下屬，作“灣中有地數頃”。

**關鍵詞：**水經注　水經注箋　水經注釋　懸瓠城

**作者簡介：**李啓文，香港新亞研究所前研究員

## 一、前　言

戴震（東原，1724—1777）校殿本《水經注》① 卷二一《汝水注》，《經》："又東南過汝南上蔡縣西。"《注》：

> 汝水又東，逕②懸瓠城北……今豫州刺史汝南郡治。城之西北，汝水枝别左出，西北流；又屈西東轉；③ 又西南會汝，形若垂瓠。耆彦云：城北名馬灣，中有地數頃……④



酈《注》中"城北名馬灣"句下，戴校："案'馬'，近刻訛作'焉'。"所謂近刻者，蓋謂明朱謀㙔（鬱儀，？—1624）《水經注箋》；戴改"焉"作"馬"，蓋據趙一清（誠夫，1709—1764）《水經注釋》。檢《水經注箋》卷二一《汝水注》，"耆彦云：城北名焉"（葉十四），朱《箋》：

> 疑作"城比名焉"。⑤

朱《箋》此句仍作"焉"，而疑作"城比名焉"。趙一清《水經注釋》卷二一《汝水注》則改"焉"作"馬"⑥，其《水經注箋刊誤》卷八（葉十三）云：

---

① 本文所引殿本《水經注》，蓋據陳橋驛點校本（上海古籍出版社 1990 年版，以下簡稱《水經注》點校本）。

② 案："逕"乃酈道元《水經注》内專用字，意即"經過"之"經"。爲尊重《水經注》，本文一律用"逕"。特此説明。

③ "屈西東轉"，楊守敬（惺吾，1839—1915）云："《御覽》九七九引'西'作'而'，似是。"見《水經注疏》點校本（段熙仲點校，陳橋驛復校，江蘇古籍出版社 1989 年版；以下簡稱《水經注疏》點校本）卷二一《汝水注》楊《疏》（第 1776 頁）。楊説是。

④ 見《水經注》點校本，第 409 頁。又，本文所引文字，標點不全依陳氏所標示者。

⑤ 見《水經注箋》，明萬曆四十三年（1615）李長庚刻本，《四庫未收書輯刊》（第玖輯）卷二一，北京出版社 2000 年版，第 5～15 頁。

⑥ 見《水經注釋》卷二一，清乾隆五十九年甲寅（1794）小山堂雕本，臺灣華文書局影印 1970 年版，第 1136 頁；以下所引頁碼，即據此影印本。

《箋》曰："疑作城比名焉。"按，孫潛云：柳僉本作"馬灣"。若如《箋》說，正不知作何等語也。①

是趙改"焉"作"馬"，乃柳僉本作"馬"耳。

柳僉本者，影宋鈔本也，今已亡。② 然縱此本仍在，《汝水注》此處之"城比名焉"（據朱《箋》），"焉"字爲正，"馬"字反誤，朱《箋》之"焉"，亦不可改作"馬"，蓋酈《注》此處叙懸瓠城之得名，正以汝水在懸瓠城（今河南汝南縣）北東流時，汝水枝別左出，西北流，又屈而東轉，形貌似垂瓠（葫蘆）也，故懸瓠城正以此獨特水流形貌而得名。朱《箋》之"城北名焉"，所誤者，非"焉"字，乃"北"字；朱鬱儀以爲"北"乃"比"之訛，實未達一間。酈《注》原文當作"城以名焉"，此句乃補充上文叙述懸瓠城所以名"懸瓠"之故也。

今分三部分以證朱《箋》原文之"城北名焉"，其實乃"城以名焉"，此即爲外證、内證、旁證。



## 二、外　證

所謂外證者，版本之謂也。時人粗略統計，今存《水經注》版本，約四十餘種云云③。余苟存海隅，欲窺此四十餘種版本，固緣木求魚。雖然，縱得瀏覽此諸版本，於今所考之懸瓠城得名來由，亦無所彰其效；蓋清趙一清《水經注釋》所參校諸本，凡二十九種④；20世紀胡適之先生（1891—1962）搜羅《水經注》版本達四十一種⑤；近年陳橋驛先生（1923—2015）《水經注校證》，"參校版本共三十五種"⑥；諸人網羅版本，可謂富贍矣，然於《汝水注》懸瓠城"城北名焉"一語，趙改朱《箋》之"焉"作"馬"，戴襲趙，陳仍戴校，無异説。

趙改朱《箋》之"焉"，蓋未見《大典》本；戴既見《大典》本，仍襲趙，改

---

① 見《水經注刊誤》卷八，《水經注釋》，第2772頁。

② 見陳橋驛《酈學札記》（上海書店出版社2000年版）之"《水經注》若干名本校勘次數"條，第20頁；又參李曉傑、楊長玉、王宇海、屈卡樂《〈水經注〉現存主要版本考述》，載《歷史地理》第31輯（上海人民出版社2015年版），第12頁注①。

③ 見《〈水經注〉現存主要版本考述》，第1頁；又參陳橋驛《酈學札記》，第20頁。

④ 見《水經注釋》，第17～21頁。

⑤ 參陳橋驛《民國以來研究〈水經注〉之總成績》，收入氏著《水經注研究四集》（杭州：杭州出版社2003年版），第213頁。

⑥ 陳橋驛：《水經注論叢·自序》，浙江大學出版社2008年版，第5頁。

“焉”作“馬”。① 至楊熊《水經注疏》，此處亦承戴，反謂“朱‘馬’訛作‘焉’”②，以“焉”爲誤字。今陳橋驛《水經注校證》，懸瓠城之“城北名馬灣”，一仍《水經注》點校本之舊，未作考證。是所謂外證者，唯憑《永樂大典》本及朱謀㙔《水經注箋》耳；胡適之雖謂“所見的本子越多，解答的問題越多”③，然縱有珍本瑰册，似亦無助於本文懸瓠城“城北名焉”（據朱《箋》）之考證也。

## 三、内　證

所謂内證者，求諸酈《注》本身之證據也。酈道元（善長，? —527）注《水經》，其於地名事物有特殊稱謂者，必反覆闡明；若仍未得其實者，則以“所未詳也”等語作結。此稍讀酈《注》者自能體會。今撰此文，以時間所限，篇幅所制，祇能就全書四十卷中抽取其較明顯之事例，以表列形式④，證善長之凡遇地物有特殊稱號者，必解釋其來由，具見其重視地名之原委也。

| 卷 | 經 | 注 | 頁 | 説明 |
|---|---|---|---|---|
| 一<br>河水注 | 屈從其（崑崙墟）東南流，入渤海 | 余診諸史傳，即所謂罽賓之境，有盤石之隥，道狹尺餘，行者騎步相持，絙橋相引，二十許里，方到懸度，阻險危害，不可勝言。郭義恭曰：烏秅之西，有懸度之國，山溪不通，引繩而度，故國得其名也 | 4 | |
| | | 自河以西，天竺諸國，自是以南，皆爲中國，人民殷富。中國者，服食與中國同，故名之爲中國也 | 5 | |
| | | （毗舍利）城之西北三里，塔名放弓仗。……後世尊成道，告諸弟子：“是吾昔時放弓仗處。”後人得知，於此處立塔，故以名焉 | 6 ~ 7 | |



① 《永樂大典》卷一一一三五，首頁即爲《汝水注》，懸瓠城之“城北名焉”，與朱《箋》同。見《大典》本《水經注》（文學古籍刊行社影印 1955 年版），第 388 頁。

② 見《水經注疏》點校本，上册，第 1776 頁。

③ 轉引自陳橋驛《水經注論叢·自序》，第 5 頁。

④ 表内之頁碼，蓋據《水經注》點校本。

（續表）

| 卷 | 經 | 注 | 頁 | 説明 |
|---|---|---|---|---|
| | | （耆闍崛山）……復有一石窟，阿難坐禪處。天①魔波旬化作雕鷲恐阿難，佛以神力，隔石舒手摩阿難肩，怖即得止。鳥迹手孔悉存，故曰雕鷲窟也 | 10 | |
| | | 《釋氏西域記》云：耆闍崛山在阿耨達王舍城東北，西望其山，有兩峰雙立，相去二三里，中道鷲鳥常居其嶺，土人號曰耆闍崛山。胡語，耆闍，鷲也。又竺法維云：羅閲祇國有靈鷲山……山是青石，石頭似鷲鳥。阿育王使人鑿石，假安兩翼兩脚，鑿治其身，今見存，遠望似鷲鳥形，故曰靈鷲山也 | 10～11 | |
| | | 法顯曰：（波羅奈）城之東北十里許，即鹿野苑，本辟支佛住此，常有野鹿栖宿，故以名焉 | 12 | |
| 二<br>河水注 | 又南，入葱嶺山；又從葱嶺出而東北流 | 河水又西逕月氏國南……匈奴冒頓單于破月氏……國遂分，遠過大宛，西居大夏，爲大月氏；其餘小衆不能去者，共保南山羌中，號小月氏，故有大月氏、小月氏之名也 | 19 | |
| | | （蜺羅跂褅水）又西，逕四大塔北，釋法顯所謂糺尸羅國，漢言截頭也。②佛爲菩薩時，以頭施人，故因名國 | 19 | |

① “戴以‘天’爲訛，改作‘夭’”，誤；參熊會貞（固芝，1859—1936）《疏》（見《水經注疏》點校本，上册，第44頁）。

② 案：戴校之“糺尸羅國”，《法顯傳》作“竺刹尸羅國”，竺刹尸羅，法顯（約342—約423）以爲“漢言截頭”，誤，見章巽《法顯傳校注》（中華書局2008年版），第32頁校注〔2〕。

（續表）

| 卷 | 經 | 注 | 頁 | 説明 |
|---|---|---|---|---|
| | 其一源，出于闐國南山，北流與葱嶺所出河合；又東，注蒲昌海 | 河水……又東逕樓蘭城南而東注，蓋墢田士所屯，故城禪國名耳 | 26 | 此謂樓蘭城之得名，因有樓蘭田士屯此① |
| | | 龍城……胡之大國也。蒲昌海溢，蕩覆其國，城基尚存而至大，晨發西門，暮達東門，澮其崖岸，餘溜風吹，稍成龍形，西面向海，因名龍城 | 26 | |
| | 又東，入塞，過敦煌、酒泉、張掖郡南 | 應劭《地理風俗記》曰：……酒泉，其水甘若酒味故也；張掖，言張國臂掖，以威羌狄。……《釋名》曰：郡，群也，人所群聚也。黄義仲《十三州記》曰：郡之言君也，改公侯之封而言。君者，至尊也。郡守專權，君臣之禮彌崇，今郡字，君在其左，邑在其右；君爲元首，邑以載民，故取名於君，謂之郡 | 27～28 | 此處乃解釋郡之義 |
| | | 凡郡，或以列國，陳、魯、齊、吴是也；或以舊邑，長沙、丹陽是也；或以山陵，太山、山陽是也；或以川原，西河、河東是也；或以所出，金城城下得金，酒泉泉味如酒，豫章樟樹生庭，雁門雁之所育是也；或以號令，禹合諸侯，大計東冶之山，因名會稽是也 | 28 | 此處解釋三十六郡取名之義 |
| | 又東，過隴西河關縣北，洮水從東南來流注之 | 段國曰：澆河西南百七十里有黄沙，沙南北百二十里，東西七十里，西極大楊川。望黄沙，猶若人委乾糒於地，都不生草木，蕩然黄沙，周回數百里，沙州於是取號焉 | 29 | |

① 見《水經注疏》點校本卷二《河水注》，《疏》引董祐誠語（上册，第118頁）。

（續表）

| 卷 | 經 | 注 | 頁 | 説明 |
| --- | --- | --- | --- | --- |
| | | 《風俗通》曰：百里曰同，總名爲縣。縣，玄也，首也，從系倒首，舉首易偏矣，言當玄静，平徭役也。《釋名》又曰：縣，懸也，懸於郡矣。黄義仲《十三州記》曰：縣，弦也，弦以貞直，言下體之居，鄰民之位，不輕其誓，施繩用法，不曲如弦，弦聲近縣，故以取名 | 29 ~ 30 | |
| | | 河水又東北會兩川……河北有層山……懸岩之中，多石室焉。室中若有積卷矣，而世士罕有津逵者，因謂之積書岩 | 31 | |
| | | 岩堂之内，每時見神人往還矣，蓋鴻衣羽裳之士，練精餌食之夫耳。俗人不悟其仙者，乃謂之神鬼，彼羌目鬼曰“唐述”，復因名之爲唐述山。指其堂密之居，謂之唐述窟 | 31 | |
| | | 河水又東，歷鳳林北。鳳林，山名也，五巒俱峙。耆彦云：昔有鳳鳥，飛游五峰，故山有斯目矣 | 31 | |
| | | 灕水又東北，逕石門口，山高險峻絶，對岸若門，故峽得厥名矣 | 32 | |
| | | 河水又逕左南城南，《十三州志》曰：石城西一百四十里有左南城者也；津亦取名焉 | 33 | |
| | | 《沙州記》曰：洮水與墊江水俱出强臺山，山南即墊江源，山東則洮水源。《山海經》曰：……郭景純《注》云：從臨洮之西傾山東南流，入漢，而至墊江。故段國以爲墊江水也；洮水同出一山。故知强臺，西傾之异名也 | 33 | 此處解釋强臺乃西傾之异名 |

（續表）

| 卷 | 經 | 注 | 頁 | 説明 |
|---|---|---|---|---|
| | | 濫水……又西北，逕狄道故城東。《百官表》曰：縣有蠻夷謂之道，……漢隴西郡治……應劭曰：有隴坻在其東，故曰隴西也 | 35 | |
| | 又東，過金城允吾縣北 | 范曄《後漢書》曰：湟中月氏胡者，其王爲匈奴所殺，餘種分散，西逾葱嶺；其弱者南入山，從羌居止，故受小月氏之名也 | 36 | |
| | | 湟水又東，勒且溪水注之。水出縣東南勒且溪，北流，逕安夷城東而北入湟水。湟水有勒且之名，疑即此號也 | 38 | |
| | | （廣武）城之西南二十許里，水西有馬蹄谷。……胡馬……晨發京城，夕至敦煌北塞外，長鳴而去，因名其處曰候馬亭 | 39 | |
| | | 闞駰曰：河至金城縣，謂之金城河，隨地爲名也 | 40 | |
| | | 河水又東南，逕金城縣故城北。應劭曰：初，築城得金，故曰金城也。《漢書集注》薛瓚云：金者，取其堅固也，故墨子有金城湯池之言矣 | 40 | |
| | 又東北，過天水勇士縣北 | 有水出（勇士）縣西，世謂之二十八渡水。東北流，溪澗縈曲，途出其中，逕二十八渡，行者勤於溯涉，故因名焉 | | |

（續表）

| 卷 | 經 | 注 | 頁 | 説明 |
|---|---|---|---|---|
| 三<br>河水注 | 又北，過北地富平縣西 | 河水又北，薄骨律鎮城在河渚上，赫連果城也。桑果餘林，仍列洲上，但語出戎方，不究城名。訪諸耆舊，咸言，故老宿彦云：赫連之世，有駿馬死此，取馬色以爲邑號，故目城爲白口騮，韵之謬，遂仍今稱，所未詳也 | 45 | |
| | | 河水又東北，逕渾懷障西……太和初，三齊平，徙歷下民居此，遂有歷城之名矣 | 46 | |
| | 屈從（臨戎）縣北東流 | 河水……東逕高闕南，《史記》：趙武靈王……自代并陰山下，至高闕爲塞。山下有長城。長城之際，連山刺天，其山中斷，兩岸雙闕，善能雲舉，望若闕焉，即狀表目，故有高闕之名也 | 47 | |
| | 至河目縣西 | （河水）東流，逕石迹阜西，是阜破石之文，悉有鹿馬之迹，故納斯稱焉 | 48 | |
| | | （朔方）縣有大鹽池……在新秦之中。服虔曰：新秦，地名，在北方千里。如淳曰：長安以北，朔方以南也。薛瓚曰：秦逐匈奴，收河南地徙民以實之，謂之新秦也 | 49 | 此條解釋新秦之義 |
| | 又東，過臨沃縣南 | （石門）水出石門山……西北趣光禄城。甘露三年……光禄徐自爲所築城也，故城得其名矣 | 50 | |

（續表）

| 卷 | 經 | 注 | 頁 | 説明 |
|---|---|---|---|---|
| | 又東，過雲中楨陵縣南；又東，過沙南縣北，從縣東屈南，過沙陵縣西 | 塞水……南流逕廣德殿西山下。……其時帝（高祖）幸龍荒，游鸞朔北，南秦王仇池楊難當捨蕃委誠，重譯拜闕，陛見之所也。故殿以“廣德”爲名 | 52～53 | |
| | 又南，過赤城東；又南，過定襄桐過縣西 | 河水於二縣（案指赤城與桐過二縣）之間，濟有君子之名。皇魏桓帝十一年……洛陽大賈賫金貨，隨帝後行，夜迷失道，往投津長，曰：子封送之。渡河。賈人卒死，津長埋之。其子尋求父喪，發冢舉尸，資囊一無所損，其子悉以金與之。津長不受。事聞於帝，帝曰：君子也。即名其津爲君子濟 | 53～54 | |
| | | （中陵川）水出中陵縣西南山下，……水亦取名焉 | 54 | |
| | | （中陵川水）又西北，右合一水。水出東山，北俗謂之貸敢山，水又受名焉 | 54 | |
| | | （中陵川水）又西北流，右會一水。水出東山下，北俗謂之吐文水，山又取名焉 | 54 | |
| | | 沃水又東，逕參合縣南，魏因參合陘以即名也 | 54 | |
| | | （鹽）池北七里，即凉城郡治。池西有舊城，俗謂之凉城也，郡取名焉 | 55 | |
| | 又南，［過］離石縣西 | 帝原水西北出龜兹縣，東南流，縣因處龜兹降胡著稱 | 59 | |

（續表）

| 卷 | 經 | 注 | 頁 | 説明 |
| --- | --- | --- | --- | --- |
| 四<br>河水注 | 又南，出龍門口，汾水從東來注之 | （横溪）水出三累山，其山層密三成，故俗以“三累”名山。按《爾雅》：山三成爲崑崙丘，斯山豈亦崑崙丘乎？ | 66 | 此條蓋酈善長以《爾雅》之言而笑俗稱也 |
| | | 河水又逕郃陽城東……水南猶有文母廟……水即郃水也，縣取名焉。故應劭曰：在郃水之陽也 | 67 ~ 68 | |
| | 又南，過蒲坂縣西 | 《地理志》曰：縣，故蒲也。……應劭曰：秦始皇東巡，見有長坂，故加坂也。孟康曰：晋文公以賂秦，秦人還蒲於魏。魏人喜曰：蒲反矣。故曰蒲反也。薛瓚注《漢書》曰：《秦世家》以垣爲蒲反。然則本非蒲也 | 68 | 此條示酈善長於地名之由來，必反覆引證 |
| | | （徙）民有姓劉名墮者，宿擅工醸，采挹河流，醖成芳酎，懸食同枯枝之年，排於桑落之辰，故酒得其名矣。……自王公庶友，牽拂相招者，每云：索郎有顧，思同旅語。索郎，反語爲桑落也 | 69 | 此條示善長於物品之特殊稱謂，亦有所用心 |
| | | （河東）郡南有歷山……周處《風土記》曰：……吴越之間，名柞爲櫪，故曰歷山。余按，周處此志，爲不近情，傳疑則可，證實非矣。安可假木异名，附山殊稱，强引大舜，即比寧壤，更爲失志記之本體，差實録之常經矣 | 69 | 此條示善長不輕信於方志附會之言 |
| | 又南，至華陰潼關，渭水從西來注之 | 河在關内南流，潼激關山，因謂之潼關 | 71 | |
| | | （濩）水出松果之山，北流，逕通谷，世亦謂之通谷水，東北注於河。《述征記》所謂潼谷水者也。或説，因水以名地也 | 71 | |

（續表）

| 卷 | 經 | 注 | 頁 | 説明 |
|---|---|---|---|---|
| | 又東，過河北縣南 | 湖水又北，逕湖縣東而北流，入於河。《魏土地記》曰：弘農湖縣有軒轅黄帝登仙處。黄帝采首山之銅，鑄鼎於荆山之下。有龍垂胡於鼎，黄帝登龍，從登者七十人，遂升於天。故名其地爲鼎胡 | 74 | |
| | | 門水……又東北歷峽，謂之鴻關水。水東有城，即關亭也。水西有堡，謂之鴻關堡，世亦謂之“劉項裂地處”，非也。余按，上洛有鴻臚圍池，是水津渠沿注，故謂斯川爲鴻臚澗，“鴻關”之名，乃起是矣 | 75 | |
| | | 河水於此有洹津之名。……余按河之南畔，夾側水濆有津，謂之洹津。河北縣有洹水，南入於河，河水故有洹津之名 | 76 | |
| | | 河水又東，得七里澗。澗在陝城西七里，故因名焉 | 77 | |
| | 又東，過陝縣北 | 槖水又西北，逕陝城西，西北入於河。河北對茅城……津亦取名焉 | 78 | |
| 五<br>河水注 | 又東，過成皋縣北，濟水從北來注之 | 《穆天子傳》曰：天子射鳥獵獸於鄭圃，命虞人掠林，有虎在於葭中。天子將至，七萃之士高奔戎生捕虎而獻之天子，命之爲柙，畜之東虢，是曰虎牢矣。然則虎牢之名，自此始也 | 90 | |
| | 又東北，過武德縣東，沁水從西北來注之 | 河水又東，右逕滑臺城北，城有三重，中小城謂之滑臺城。舊傳滑臺人自修築此城，因以名焉 | 94 | |

（續表）

| 卷 | 經 | 注 | 頁 | 説明 |
|---|---|---|---|---|
| | 又東北，過黎陽縣南 | 黎，侯國也。……晋灼曰：黎山在其南，河水逕其東。其山上碑云：縣取山之名，取水之陽，以爲名也 | 95 | |
| | | 東岸有故城，險帶長河。戴延之謂之逯明壘，周二十里，言逯明，石勒十八騎中之一，城因名焉 | 95 | |
| | | 今城内有故臺，尚謂之鹿鳴臺，又謂之鹿鳴城。王玄謨自滑臺走鹿鳴者也；濟取名焉，故亦曰鹿鳴津；又曰白馬濟。津之東南，有白馬城，衛文公東徙，渡河都之，故濟取名焉 | 95 | |
| | | 大河故瀆又東，逕甘陵縣故城南。……漢安帝父孝德皇，以太子被廢爲王，薨於此，乃葬其地，尊陵曰甘陵，縣亦取名焉 | 99 | |
| | | 篤馬河……又東北，逕臨齊城南，始東齊未賓，大魏築城以臨之，故城得其名也 | 103 | |
| | 又東北，過楊虚縣東，商河出焉 | 大河又北，逕張公城……衛青州刺史張治此，故世謂之張公城；水有津焉，名之曰張公渡 | 114 | |
| | | 大河右溢，世謂之甘棗溝。水側多棗，故俗取名焉 | 114 | |
| 六<br>汾水注 | 汾水出太原汾陽縣北管涔山 | 汾水又南，逕汾陽縣故城東……山有羊腸坂，在晋陽西北，石隥縈行，若羊腸焉，故倉坂取名矣 | 118 | |
| | 又南，過平陶縣東，文水從西來流注之 | （綿）水出界休縣之綿山……昔子推逃晋文公之賞，而隱於綿上之山也。晋文公求之不得……因名斯山爲介山 | 121 | |

（續表）

| 卷 | 經 | 注 | 頁 | 説明 |
| --- | --- | --- | --- | --- |
| 六<br>涑水注 | 又西南，過安邑縣西 | （鹽）水出東南薄山，西北流，逕巫咸山北。……蓋神巫所游，故山得其名矣 | 132 | |
| 六<br>文水注 | 文水出大陵縣西山文谷，東到其縣，屈南到平陶縣東北，東入於汾 | 文水又南逕（平陶）縣，右會隱泉口。水出謁泉山之上頂，俗云：暘雨愆時，是謁是禱，故山得其名。非所詳也 | 135 | 此條示善長之謹慎，故引俗稱後，復補充非所詳也 |
| | | 文水又南，逕茲氏縣故城東爲文湖……湖之西側，臨湖又有一城，謂之潴城。水澤所聚謂之都，亦曰潴，蓋即水以名城也 | 135 | |
| 六<br>湛水注 | 又東南，當平縣之東北，南入於河 | 湛水又東南，逕鄧，南流注於河，故河濟有鄧津之名矣 | 140 | |
| 七<br>濟水注 | 與河合流，又東，過成皋縣北；又東，過滎陽縣北；又東，至礫溪南，東出過滎澤北 | 索水又東，逕虢亭南。應劭曰：滎陽，故虢公之國也，今虢亭是矣。……或亦謂之爲號咷城，非也。蓋虢號字相類，字轉失實也。《風俗通》曰：俗説高祖與項羽戰於京索，遁於薄中。羽追求之，時鳩止鳴其上，追之者以爲必無人，遂得脱。及即位，异此鳩，故作鳩杖以扶老。案《廣志》，楚鳩一名嗥啁，號咷之名，蓋因鳩以起目焉；所未詳也 | 149 | 此釋虢亭又名號咷城之由，唯善長亦不能確定，亦見其矜慎也 |
| | 又東，過陽武縣南 | 濟水又東，逕濟陽縣故城南……城在濟水之陽，故以爲名 | 152 ~ 153 | |
| | 又屈從（定陶）縣東北流 | 氾水又東，合於菏瀆。……張晏曰：氾水在濟陰界，取其氾愛弘大而潤下也。氾水之名，於是乎在矣 | 156 | |
| 八<br>濟水注 | 其一水東南流，其一水從（乘氏）縣東北流，入巨野澤 | 濮渠又東北，逕酸棗縣故城南，韓國矣。圈稱曰：昔天子建國名都，或以令名，或以山林，故豫章以樹氏郡，酸棗以棘名邦，故曰酸棗也 | 158 | |

（續表）

| 卷 | 經 | 注 | 頁 | 説明 |
| --- | --- | --- | --- | --- |
| | 又北，過穀城縣西 | （濟水）又北，有西流泉，出城東近山，西北逕穀城北，西注狼水。以其流西，故即名焉 | 163 | |
| | 又東北，過菅縣南 | （陽丘縣）城南有女郎山，山上有神祠，俗謂之女郎祠，左右民祀焉。其水（案指百脉水）西北出城，北逕黄巾固，蓋賊所屯，故固得名焉 | 168 | |
| | 又東，過梁鄒縣北 | （般）水出（般陽）縣東南龍山，……西北逕其城南……應劭曰：縣在般水之陽，故資名焉 | 169 | |
| | 又東，過方與縣北，爲菏水 | 菏水又東，逕秦梁，夾岸積石一里，高二丈，言秦始皇東巡所造，因以名焉 | 175 | |
| | 又東南，過徐縣北 | 徐偃王……北走彭城武原縣東山下，百姓隨者萬數，因名其山爲徐山 | 176 | |
| 九<br>清水注 | 又東，過汲縣北 | （倉）水出西北方山，山西有倉谷，谷有倉玉珉石，故名焉 | 183 | |
| 九<br>沁水注 | 又南，出山，過沁水縣北 | 沁水又逕沁水縣故城北，蓋藉水以名縣矣 | 186 | |
| | 又東，過野王縣北 | （白水）東南流歷天井關。……蔡邕曰：太行山上有天井，關在井北①，遂因名焉 | 189 | |

① 案：陳橋驛點校之戴校殿本《水經注》，此處斷句作“太行山上有天井關，在井北”（第189頁）；其《水經注校釋》（杭州大學出版社1999年版）同卷同條（第158頁），《水經注校證》（中華書局2007年版）同卷同條（第232頁），皆然；俱誤。蓋酈《注》引蔡邕語，謂天井關之得名，正因太行山上有天井，故在井北之關“遂因名焉”；“遂”字正承前文之意而下。若斷句作“太行山上有天井關，在井北”，則既已有天井關，下文“遂因名焉”四字即無對應。段熙仲點校（陳橋驛復校）之《水經注疏》同卷同條，此處斷句作“太行山上有天井，關在井北”（第838頁），是。故今從之。

（續表）

| 卷 | 經 | 注 | 頁 | 説明 |
|---|---|---|---|---|
| 九<br>淇水注 | 淇水出河内隆慮縣西大號山 | 淇水又北屈而西轉，逕頓丘北……《爾雅》曰：山一成謂之頓丘……又屈逕頓丘縣故城西……蓋因丘而爲名，故曰頓丘矣 | 195 | |
| | 屈從（内黄）縣東北，與洹水合 | 白溝又東北，逕銅馬城西，蓋光武征銅馬所築也，故城得其名矣 | 196 | |
| | 又東北，過館陶縣北；又東北，過清淵縣西 | 白溝水……又北，阿難河出焉，蓋魏將阿難所導，以利衡瀆，遂有阿難之稱矣 | 196 | |
| | | （白溝）又東過清淵縣故城西，又歷縣之西北爲清淵，故縣有清淵之名矣 | 196 | |
| | 又東北，過浮陽縣西 | 浮水故瀆出焉。按《史記》，趙之南界有浮水焉。浮水在南，而此有浮陽之稱者，蓋浮水出入津流，同逆混并，清漳二瀆①，河之舊道，浮水故迹，又自斯别，是縣有浮陽之名也 | 201 | |
| 九<br>蕩水注 | 蕩水出河内蕩陰縣西山東 | 蕩水出縣西石尚山，泉流逕其縣故城南，縣因水以取名也 | 202 | |
| 九<br>洹水注 | （洹水）東過隆慮縣北 | 縣北有隆慮山，昔帛仲理之所游神也；縣因山以取名 | 204 | |

① 案：陳橋驛點校之戴校殿本《水經注》，此處斷句作“蓋浮水出入，津流同逆，混并清漳二瀆”（第 201 頁）；其《水經注校釋》則改作“蓋浮水出入，津流同逆混并，清漳二瀆”（第 166 頁）；其《水經注校證》（第 242 頁），同，似較勝點校本《水經注》。然段熙仲點校（陳橋驛復校）之《水經注疏》同卷同條，則作“蓋浮水出入津流，同逆混并，清漳二瀆”（第 883 頁），較陳氏尤佳，故此處從之。

（續表）

| 卷 | 經 | 注 | 頁 | 説明 |
|---|---|---|---|---|
| 十<br>濁漳水注 | （濁漳水）又東北過屯留縣南，潞縣北① | 漳水又東北歷望夫山，山之南有石人，佇於山上，狀有懷於雲表，因以名焉 | 210 | |
| | | （倉谷水）……北逕偏橋東，即林慮之嶠嶺抱犢固也。石隥西陛，陟踵修上，五里餘，崿路中斷，四五丈中，以木爲偏橋②，劣得通行，亦言故有偏橋之名矣 | 210 | |
| | 又東北，過曲周縣東；又東北，過巨鹿縣東 | 衡漳……又逕銅馬祠東，漢光武廟也。更始三年秋，光武追銅馬於館陶，大破之，遂降之。賊不自安，世祖令其歸營，乃輕騎行其壘。賊乃相謂曰，蕭王推赤心置人腹中，安得不投死乎？遂將降人分配諸將，衆數十萬人，故關西號世祖曰銅馬帝也，祠取名焉 | 218 ~ 219 | |
| | 又東北，過扶柳縣北；又東北，過信都縣西 | 衡水又北，爲袁譚渡；蓋譚自鄴往還所由，故濟得厥名 | 223 | |

① 案：戴校殿本《水經注》，《經》文之“又東北過屯留縣南”，在《經》文“又東過壺關縣北”之下。此處據《水經注疏》（見《水經注疏》點校本，第 923 頁）。

② 案：陳橋驛點校之戴校殿本《水經注》，此處斷句作“陟踵修上五里餘，崿路中斷四五丈，中以木爲偏橋”（第 210 頁）；其《水經注校釋》（第 178 頁）、《水經注校證》（第 257 頁），同。然段熙仲點校（陳橋驛復校）之《水經注疏》同卷同條，則作“陟踵修上，五里餘，崿路中斷，四五丈中，以木爲偏橋”（第 928 頁），較陳氏尤佳，故此處從之。

（續表）

| 卷 | 經 | 注 | 頁 | 説明 |
| --- | --- | --- | --- | --- |
| | 又東北，過阜城縣北；又東北至昌亭，與滹沱河會 | （武强）淵之西南側，水有武强縣故治，故淵得其名焉 | 224 | |
| 十<br>清漳水注 | 東過涉縣西，屈從縣南 | 漳水於此有涉河之稱，蓋名因地變也 | 228 | |
| 十一<br>易水注 | 易水出涿郡故安縣閻鄉西山 | （易水）又東，逕漸離城南，蓋太子丹館高漸離處也 | 230 | |
| | | 易水又東，逕武陽城南，蓋易自寬中歷武夫關東出，是兼武水之稱；故燕之下都，擅武陽之名 | 230 | |
| | 東過范陽縣南；又東，過容城縣南 | （燕王仙）臺東有三峰……其東謂之石虎岡。范曄《（後）漢書》云：中山簡王焉之窆也；厚其葬，采涿郡山石，以樹墳塋，陵隧碑獸，并出此山，有所遺二石虎，後人因以名岡 | 233 | |
| | | 易水又東，逕孔山北……上又有大孔，豁達洞開，故以孔山爲名也 | 233 | |
| | | （易）水又東……歷送荆陘北。耆舊云：燕丹餞荆軻於此，因而名焉。世代已遠，非所詳也；遺名舊傳，不容不詮，庶廣後人傳聞之聽 | 233 | 此條示酈道元於地名之有特异者，既有謹慎之心態，亦有保存故舊之心迹 |

（續表）

| 卷 | 經 | 注 | 頁 | 説明 |
|---|---|---|---|---|
| 十一<br>滱水注 | 滱水出代郡靈丘縣高氏山 | 滱水又東，逕靈丘縣故城南。應劭曰：趙武靈王葬其東南二十里，故縣氏之。……瓚注《地理志》曰：靈丘之號，在武靈王之前矣。又按司馬遷《史記》，趙敬侯九年，敗齊於靈丘。則名不因武靈王事；如瓚《注》 | 236 | 此條善長輒轉引史料辨靈丘之得名，非如應劭所言 |
| | 東南過廣昌縣南 | 滱水又東，逕倒馬關。關山險隘，最爲深峭，勢均詩人高岡之病良馬，傅險之困行軒，故關受其名焉 | 236 | |
| | 又東，過唐縣南 | （唐）水出中山城之西如北……俗以山在邑中，故亦謂之中山城；以城中有唐水，因復謂之爲廣唐城也。……言城中有山，故曰中山也 | 237～238 | |
| | | 滱水又東，逕樂羊城北。《史記》稱魏文侯使樂羊滅中山，蓋其故城中山所造也①，故城得其名 | 239 | |
| | | 滱水之右，盧水注之。水上承城内黑水池。……余按盧奴城内西北隅有水，淵而不流，南北百步，東西百餘步，水色正黑②，俗名曰黑水池。或云，水黑曰盧，不流曰奴，故此城藉水以取名矣 | 240～241 | |
| | 又東，過博陵縣南 | 博水……又東，逕陽城縣，散爲澤渚。……世謂之爲陽城淀也。陽城縣故城近在西北，故陂得其名焉 | 243～244 | |

① 案："蓋其故城中山所造也"，據熊會貞《疏》："當作'蓋其城攻中山所造也'，今本訛'攻'爲'故'，又錯入'城'字上耳。"（《水經注疏》點校本，第1058頁）此説是。

② 案：陳橋驛點校之戴校殿本《水經注》，此處斷句作"東西百餘步水，色正黑"（第241頁），誤。陳氏《水經注校釋》（第207頁）及《水經注校證》（第288頁）已改正，將"水"字下屬。

(續表)

| 卷 | 經 | 注 | 頁 | 説明 |
|---|---|---|---|---|
| | | 濡水……自源東逕其縣故城南①，枉渚回湍，率多曲復，亦謂之爲曲逆水也。張晏曰：濡水於城北曲而西流，是受此名，故縣亦因水名而氏曲逆矣 | 244 | |
| | | 蒲水……又東流逕夏屋故城……其城東側，因阿仍墉，築一城，世謂之寡婦城。賈復從光武追銅馬、五幡於北平所作也。世俗音轉，故有是名矣 | 245 | |
| | | (蒲水) 又東南流，逕蒲陰縣故城北。《地理志》曰：城在蒲水之陰。漢章帝章和二年，行巡北岳，以曲逆名不善，因山水之名，改曰蒲陰焉 | 245 | |
| | | (徐) 水西出廣昌縣東南大嶺下，世謂之廣昌嶺。嶺高四十餘里，二十里中，委折五回，方得達其上嶺，故嶺有五回之名 | 245 | |
| | | 徐水東北屈逕郎山②，又屈逕其山南……漢武之世，戾太子以巫蠱出奔，其子遠遁斯山，故世有郎山之名 | 246 | |
| 十二<br>聖水注 | 聖水出上谷 | 故燕地，秦始皇二十三年置上谷郡，王隱《晉書・地道記》曰：郡在谷之頭，故因以上谷名焉 | 248 | |

① 案：此處所謂“其縣故城”者，蓋指蒲陰縣故城。

② 案：“徐水東北屈逕郎山”，熊《疏》以爲非，謂應作“徐水屈東北逕郎山”，見《水經注疏》點校本，第1084頁。

（續表）

| 卷 | 經 | 注 | 頁 | 説明 |
|---|---|---|---|---|
| | | 聖水又東，逕玉石山，謂之玉石口。山多珉玉燕石，故以玉石名之 | 248 | |
| | 東過良鄉縣南 | 聖水又東，逕其縣故城南；又東，逕聖聚南，蓋藉水而懷稱也 | 249 | |
| | 又東，過陽鄉縣北 | （桃水）出涿縣故城西南奇溝東八里大坎下，數泉同發，東逕桃仁墟北，或曰因水以名墟，則是桃水也。……余按《地理志》，桃水上承淶水，此水所發，不與《志》同，謂終爲是 | 249 | |
| | | 涿水又東北，逕涿縣故城西，注於桃。應劭曰：涿郡，故燕，漢高帝六年置。其南有涿水，郡蓋氏焉。① 闞駰亦言是矣。……余按，涿水自涿鹿東注㶟水，㶟水東南逕廣陽郡，與涿郡分水。漢高祖六年，分燕置涿郡。涿之爲名，當受涿水通稱矣；故郡縣氏之 | 249～250 | |
| 十二<br>巨馬河注 | 巨馬河出代郡廣昌縣淶山 | （淶水）又逕樓亭北，左屬白澗溪，水有二源，合注一川，川石皓然，望同積雪，故以物色受名 | 252 | |
| | | （紫）水北出聖人城北大亘下，東南流，左會磊砢溪水。蓋山崩委澗，積石淪隍，故溪澗受其名矣 | 252 | |
| 十三<br>㶟水注 | 㶟水出雁門陰館縣，東北過代郡桑乾縣南 | （馬邑川）水出馬邑西川，俗謂之磨川矣。蓋狄語音訛，馬磨聲相近故爾 | 256 | |

① 案：“其南有涿水，郡蓋氏焉”，陳橋驛點校之戴校殿本《水經注》，斷句作“其南有涿水郡，蓋氏焉”（第 250 頁），誤；陳氏《水經注校釋》（第 222 頁）亦仍此誤。然陳氏《水經注校證》（第 300 頁）已改正，將“郡”字下屬，是。

（續表）

| 卷 | 經 | 注 | 頁 | 説明 |
|---|---|---|---|---|
| | | （馬邑川）水東逕馬邑縣故城南，干竇《搜神記》曰：昔秦人築城於武州塞内以備胡，城將成而崩者數矣。有馬馳走一地，周旋反覆，父老异之，因依以築城，城乃不崩，遂名之爲馬邑。或以爲代之馬城也，諸記紛競，未識所是 | 256 | 此條示善長於地方之得名，態度謹慎 |
| | | 武州塞水……逕日没城南，蓋夕陽西頽，戎車所薄之城故也 | 256 | |
| | | （桑乾水）又東，右合枝津。枝津上承桑乾河，東南流，逕桑乾郡北，大魏因水以立郡，受厥稱焉① | 256 | |
| | | （崞川）水南出崞縣故城南，王莽之崞張也。縣南面玄岳，右背崞山，處二山之中，故以崞張爲名矣 | 257 | |
| | | 如渾水又南，至靈泉池，枝津東南注池。池東西百步，南北二百步。池渚舊名白楊泉，泉上有白楊樹，因以名焉 | 258 | |
| | | （西溪）水導源火山……其山以火從地中出，故亦名熒臺矣 | 261～262 | |
| | | 㶟水又東，逕道人縣故城南……《地理風俗記》曰：初築此城，有仙人游其地，故因以爲城名矣 | 263 | |



① 陳橋驛點校之戴校殿本《水經注》，此處斷句作“大魏因水以立，郡受厥稱焉”（第256頁）；陳氏《水經注校釋》（第230頁）、《水經注校證》（第311頁），同。然段熙仲點校（陳橋驛復校）之《水經注疏》同卷同條，則將“郡”字上屬，斷句作“大魏因水以立郡，受厥稱焉”（第1132頁），意思較完足，今從之。

（續表）

| 卷 | 經 | 注 | 頁 | 説明 |
|---|---|---|---|---|
| | | 逆水又西注於祁夷之水，逆之爲名，以西流故也 | 265 | |
| | | 祁夷水東北逕青牛淵，水自淵東注之。耆彦云：有潛龍出於兹浦，形類青牛焉，故淵潭受名矣 | 265 | |
| | 又東，過涿鹿縣北 | 清夷水又西會牧牛山水。《魏土地記》曰：沮陽城東八十里有牧牛山，下有九十九泉……耆舊云：山下亦有百泉競發①，有一神牛駁身，自山而降，下飲泉竭，故山得其名 | 270 | |
| | | （陽溝）水……西南流，逕居庸縣故城北，西逕大翮、小翮山南……郡人王次仲……變蒼頡舊文爲今隸書。秦始皇……召之，三徵而輒不至。……始皇怒其不恭，令檻車送之。次仲首發於道，化爲大鳥，出在車外，翻飛而去，落二翮於斯山，故其峰巒有大翮、小翮之名矣 | 271 | |
| | | 清夷水又西南，得桓公泉。蓋齊桓公霸世，北伐山戎，過孤竹西征……故水受斯名也 | 272 | |
| | 過廣陽薊縣北 | 㶟水又東北，逕薊縣故城南……昔周武王封堯後於薊，今城内西北隅有薊丘，因丘以名邑也 | 272 | |

① 案："山下亦有百泉競發"，熊《疏》謂"亦有"當作"本有"，參《水經注疏》點校本（第1186頁）。

（續表）

| 卷 | 經 | 注 | 頁 | 説明 |
|---|---|---|---|---|
| 十四<br>沽河注 | 沽河從塞外來 | （沽水）又南出峽，夾岸有二城，世謂之獨固門，以其藉險憑固，易爲依据，岩壁升聳，疏通若門，故得是名也 | 277 | |
| | | （漁）水出（漁陽）縣東南平地泉流，西逕漁陽縣故城南。應劭曰：在漁水之陽也。……今城在斯水之陽，有符應説，漁陽之名當屬此 | 278 | |
| 十四<br>鮑丘水注 | 鮑丘水從塞外來，南過漁陽縣東 | （三城水）又逕香陘山，山上悉生槁本香，世故名焉 | 280 | |
| | 又東，過潞縣西 | （高梁）水首受㶟水於戾陵堰，水北有梁山，山有燕刺王旦之陵，故以戾陵名堰 | 280 | |
| | 又南，至雍奴縣北，屈東入於海 | 鮑丘水又東，合泉州渠口。故瀆上承滹沱水於泉州縣，故以泉州爲名 | 283 | |
| | | （五里）水發北平城東北五里山，故世以五里名溝 | 285 | |
| 十四<br>濡水注 | 濡水從塞外來，東南過遼西令支縣北 | （五渡）水北出安樂縣丁原山……南入五渡塘，於其川也，流紆曲溯，涉者頻濟①，故川塘取名矣 | 288 | |

① 案：“流紆曲溯，涉者頻濟”，陳橋驛點校之戴校殿本《水經注》，斷句作“流紆曲，溯涉者頻濟”（第288頁）；陳氏《水經注校釋》（第256頁）、《水經注校證》（第345頁），同；俱誤。蓋“流紆曲”三字不辭。段熙仲點校（陳橋驛復校）之《水經注疏》點校本，將“溯”字上屬，作“流紆曲溯”（第1248頁），是。

（續表）

| 卷 | 經 | 注 | 頁 | 説明 |
|---|---|---|---|---|
| 十五<br>洛水注 | 東北過盧氏縣南 | （黄亭溪）水出鵜鶘山，山有二峰，峻極於天……及其長霄冒嶺，層霞冠峰，方乃就辨優劣耳。故有大小鵜鶘之名矣 | 298 | |
| | | 洛水又東，逕龍驤城北，龍驤將軍王鎮惡，從劉公西入長安，陸行所由，故城得其名 | 299 | |
| | 又東，過陽市邑南；又東北，過於父邑之南 | （白馬溪）水出宜陽山，澗有大石，厥狀似馬，故溪澗以物色受名也 | 299～300 | |
| | | 洛水又東，逕一合塢南。城在川北原上，高二十丈，南北東三箱，天險峭絶，唯築西面即爲固，一合之名①，起於是矣 | 300 | |
| | | （渠谷）水……東北流，逕雲中塢，左上迢遰層峻②，流烟半垂，纓帶山阜，故塢受其名 | 300 | |
| | 又東北，出散關南 | 洛水之側有石墨山，山石盡黑，可以書疏，故以石墨名山矣 | 302 | |

① 案："一合塢"之"合"，當作"全"；"唯築西面即爲固"，當作"唯築西面，即爲全固"；參楊《疏》（《水經注疏》點校本，第1301頁）。又參陳橋驛《水經注校釋》卷一五第12條校語（第281頁）、《水經注校證》同卷第13條《校證》（第382頁）。

② 案："左上迢遰層峻"，陳橋驛點校之戴校殿本《水經注》，將"左"字上屬，作"上迢遰層峻"（第300頁），誤。陳氏《水經注校釋》（第269頁）、《水經注校證》（第366頁），俱已改正，將"左"字下屬，是。

（續表）

| 卷 | 經 | 注 | 頁 | 説明 |
|---|---|---|---|---|
| | | 洛水自枝瀆又東出關，惠水右注之，世謂之八關水。……靈帝中平元年……置函谷、廣城、伊闕、大谷、轘轅、旋門、小平津、孟津等八關，……函谷爲之首，在八關之限，故世人總其統目，有八關之名矣 | 302～303 | |
| | 又東，過偃師縣南 | 洛水東逕計素渚，中朝時，百國貢計所頓，故渚得其名 | 305 | |
| | | （蒲池）水南出蒲陂，西北流合羅水，謂之長羅川，亦曰羅中也。蓋肸子鄩羅之宿居，故川得其名耳 | 306 | |
| | | （溪水）又北，逕袁公塢東，蓋公路始固有此也，故有袁公之名矣 | 307 | |
| 十五<br>伊水注 | 東北過郭落山 | 陽水出陽山陽溪，世人謂之太陽谷，水亦取名焉 | 309 | |
| | 又東北，過陸渾縣南 | （滽滽之）水出陸渾縣之西南王母澗，澗北山上有王母祠，故世因以名溪 | 309 | |
| | | 涓水又東，逕陸渾縣故城北。平王東遷，辛有適伊川，見有被髮而祭於野者曰：不及百年，此其戎乎？魯僖公二十二年，秦晉遷陸渾之戎於伊川，故縣氏之也 | 310 | |
| | 又東北，過新城縣南 | 狂水又西，得三交水口。水有三源，各導一溪，并出山南流合舍，故世有三交之名也 | 312 | |

（續表）

| 卷 | 經 | 注 | 頁 | 説明 |
|---|---|---|---|---|
| | | （溼水）又西南，逕溼陽亭東，蓋藉水以名亭也 | 312 | |
| 十六<br>穀水注 | 穀水出弘農黽池縣南墦冢林穀陽谷 | 穀水又東，逕缺門山。山阜之不接者里餘，故得是名矣 | 318 | |
| | 東北過穀城縣北 | 城西臨穀水，故縣取名焉 | 320 | |
| | 又東，過河南縣北，東南入於洛 | 穀水又南，逕白馬寺東，昔漢明帝夢見大人……於是發使天竺，寫致經像，始以榆欓盛經，白馬負圖，表之中夏，故以白馬爲寺名 | 331 | |
| | | 穀水又東，逕開陽門南……《漢官》曰：開陽門始成，未有名，宿昔有一柱來①，在樓上。琅邪開陽縣上言：縣南城門一柱飛去。光武皇帝使來識視，良是。② 遂堅縛之，因刻記年月日以名焉 | 333 | |
| 十六<br>沮水注 | 沮水出北地直路縣，東過馮翊祋祤縣北，東入於洛 | （沮水）又東，逕蓮芍縣故城北。《十三州志》曰：縣以草受名也 | 340 | |

① 案："未有名，宿昔有一柱來"，陳橋驛點校之戴校殿本《水經注》，將"宿"字上屬，作"未有名宿，昔有一柱來"（第333頁）；陳氏《水經注校釋》（第296頁）、《水經注校證》（第401頁），同；俱誤。段熙仲點校（陳橋驛復校）之《水經注疏》點校本，將"宿"字下屬，作"宿昔有一柱來"（第1426頁），是；樂府《飲馬長城窟行》有"宿昔夢見之"語，故今從段氏斷句。

② 案："光武皇帝使來識視，良是"，陳橋驛點校之戴校殿本《水經注》，斷句作"光武皇帝使來，識視良是"（第333頁）；陳氏《水經注校釋》（第296頁）、《水經注校證》（第401頁），同。段熙仲點校（陳橋驛復校）之《水經注疏》點校本，將"識視"二字上屬，作"光武皇帝使來識視"，（第1426頁），是。

（續表）

| 卷 | 經 | 注 | 頁 | 説明 |
|---|---|---|---|---|
| 十七<br>渭水注 | 又東，過冀縣北 | 瓦亭水又西南流，歷僵人峽。路側岩上，有死人，僵尸巒穴[①]，故岫壑取名焉 | 345 | |
| | 又東，過上邽縣 | （苗谷水）屈而東逕伯陽城南，謂之伯陽川，蓋李耳西入，往逕所由，故山原畎谷，往往播其名焉 | 349 | |
| | 又東，過陳倉縣西 | （汧）水出汧縣之蒲谷鄉弦中谷，決爲弦蒲藪。《爾雅》曰：水決之澤爲汧，汧之爲名，寔兼斯舉 | 352 | |
| 十八<br>渭水注 | 又東，過武功縣北 | （鄧公泉）水出鄧艾祠北，故名曰鄧公泉 | 356 | |
| | | （岐水）逕岐山西，又屈逕周城南，城在岐山之陽而近西，所謂居岐之陽也，非直因山致名，亦指水取稱矣 | 357 | |
| | | （杜）水東南流，東逕杜陽縣故城，……又故虢縣有杜陽山，山北有杜陽谷……故縣取名焉，亦指是水而攝目矣 | 357～358 | |
| 十九<br>渭水注 | 又東，過槐里縣南；又東，澇水從南來注之 | （耿谷）水發南山耿谷，北流，與柳泉合；東北逕五柞宮西，長楊、五柞二宮，相去八里，并以樹名宮，亦猶陶氏以五柳立稱 | 361 | |

① 案："路側岩上，有死人，僵尸巒穴"，陳橋驛點校之戴校殿本《水經注》此十一字一句直下，無斷句（第345頁）；陳氏《水經注校釋》（第315頁）、《水經注校證》（第426頁），同。此處斷句，依段熙仲點校（陳橋驛復校）之《水經注疏》點校本（第1483頁）。

（續表）

| 卷 | 經 | 注 | 頁 | 説明 |
|---|---|---|---|---|
| | 又東，過霸陵縣北，霸水從縣西北流注之 | （狗枷川）水有二源……川東亦曰白鹿原也，上有狗枷堡。《三秦記》曰：麗山西有白鹿原，原上有狗枷堡。秦襄公時，有大狗來，下有賊則狗吠之①，一堡無患，故川得厥目焉 | 371 | |
| | | 池水……又逕新豐縣故城東……高祖王關中，太上皇思東歸，故象舊里，制兹新邑，立城社，樹枌榆，令街庭若一，分置豐民以實兹邑，故名之爲新豐也 | 377 | |
| | 又東，過鄭縣北 | 渭水又東，西石橋水……北逕鄭城西。水上有橋，橋雖崩褫，舊迹猶存，東去鄭城十里，故世以橋名水也 | 381 | |
| | | 渭水又東，與東石橋水會，故沈水也。……又北逕沈陽城北……蓋藉水以取稱矣 | 382 | |

① 案："秦襄公時，有大狗來，下有賊則狗吠之"，《水經注疏》作："秦襄公時有天狗來下，有賊則狗吠之"［見《水經注疏》點校本，第1610頁。啓文案，原文作"守敬案"，據"熊會貞親筆《水經注疏》修改意見"（見《水經注疏》點校本，上册，第1頁）。楊守敬未見殘宋本、大典本、明鈔本，故原文之"守敬案"，當"改爲先梅按"］。

（續表）

| 卷 | 經 | 注 | 頁 | 説明 |
| --- | --- | --- | --- | --- |
| 二十<br>漾水注 | 漾水出隴西氐道縣嶓冢山，東至武都沮縣爲漢水 | （馬池）水出上邽西南六十餘里，謂之龍淵水，言神馬出水，事同余吾來淵之异①，故因名焉 | 387～388 | |
| | | 楊廉川水……東南流逕西縣故城北……建武八年……隗囂將妻子奔西城，從楊廣。……但廣廉字相狀，後人因以人名名之，故習訛爲楊廉也，置楊廉縣焉 | 388 | |
| | | （鳳溪水）上……南逕鳳溪，中有二石雙高，其形若闕，漢世有鳳凰止焉，故謂之鳳凰臺 | 393 | |
| | 又東南，至廣魏白水縣西；又東南，至葭萌縣，東北與羌水合 | 白水又東，逕郭公城南。昔郭淮之攻廖化於陰平也，築之，故因名焉 | 394 | |
| | | 白水……東南流，注漢水。西晋壽，即蜀王弟葭萌所封，爲苴侯邑，故遂名城爲葭萌矣 | 395 | |

① 案："事同余吾來淵之异"，陳橋驛點校之戴校殿本《水經注》，"余吾"及"來淵"俱加上專名號，復用頓號斷句，意謂"來淵"亦爲地名。其《水經注校證》（第 478 頁），同；其《水經注校釋》全書雖無加上地名人名之專名號，但"余吾"及"來淵"二者，仍用頓號斷句（第 361 頁）。陳橋驛編著之《水經注地名匯編》（中華書局 2012 年版），將"來淵"作第七類之"淵潭"地名（上册，第 309 頁）。余吾，楊《疏》引王先謙《漢書補注》，謂在今山西屯留縣西，與《史記》卷一一〇《匈奴列傳》之余吾水無涉（《水經注疏》，第 1685 頁）。然"來淵"一詞，唯《水經注》卷二〇《漾水注》一見，若作淵名，則此前未見。《水經注疏》此句，段熙仲斷句作"事同余吾來淵之异"，八字直下，楊、熊於"來淵"一詞，無疏解。細閱酈《注》原文，蓋謂神馬出水，其事與漢代馬生余吾水中或馬生渥窪水中相同，似原文之"來"字爲動詞，非與"淵"字合爲地名；抑或"來淵"二字，乃"渥窪"之誤歟？

（續表）

| 卷 | 經 | 注 | 頁 | 説明 |
|---|---|---|---|---|
| 二十<br>丹水注 | 丹水出京兆上洛縣西北冢嶺山，東南過其縣南 | 縣，故屬京兆，晋分爲郡。《地道記》曰：郡在洛上，故以爲名 | 397 | |
| | 又東南，過商縣南；又東南，至於丹水縣，入於均 | 契始封商，《魯連子》曰：在太華之陽。皇甫謐、闞駰并以爲上洛商縣也。殷商之名，起於此矣 | 397 | |
| 二十一<br>汝水注 | 汝水出河南梁縣勉鄉西天息山 | （汝水）北歷長白沙口，狐白溪水注之。夾岸沙漲若雪，因以取名 | 400 | |
| | 又東，過其縣北 | 汝水又東爲周公渡，藉承休之徽號，而有周公之嘉稱也。……（黄）水出梁山東南，逕周承休縣故城東，……故汝渡有周公之名，蓋藉邑以納稱 | 402～403 | |
| | 又東南，過定陵縣北 | 湛水之北，山有長阪，蓋即湛水以名阪，故有湛阪之名也 | 405 | |
| | | （昆水）東南流，逕昆陽縣故城西。……又屈逕其城南……蓋藉水以氏縣也 | 406 | |
| | 又東南，過郾縣北 | 醴水又東南，逕唐城北，南入城，而西流出城。城蓋因山以即稱矣 | 407 | |
| | 又東南，過汝南上蔡縣西 | 周武王克殷，封其弟叔度於蔡。《世本》曰：上蔡也。九江有下蔡，故稱上 | 409 | |
| | 又東南，過平輿縣南 | （青）陂東對大吕亭……西南有小吕亭，故此稱大也 | 412 | |

（續表）

| 卷 | 經 | 注 | 頁 | 説明 |
| --- | --- | --- | --- | --- |
| 二十二<br>潁水注 | 潁水出潁川陽城縣西北少室山 | 秦始皇十七年滅韓，以其地爲潁川郡，蓋因水以著稱者也 | 414 | |
| | 東南過其縣南 | 五渡水……東南逕陽城西，石溜縈委，溯者五涉，故亦謂之五渡水 | 415 | |
| | 又東南，過陽翟縣北 | 啓享神於大陵之上，即鈞臺也。……（㟁）水又東南流，水積爲陂……俗謂之鈞臺陂，蓋陂指臺取名也 | 416 | |
| | 又東南，過潁陽縣西；又東南，過潁陰縣西南 | 應劭曰：縣在潁水之陽，故邑氏之 | 416 | |
| | 又南，過女陽縣北 | 縣故城南有汝水枝流，故縣得厥稱矣 | 418 | |
| | 又東南，至新陽縣北，蒗蕩渠水從西北來注之 | 潁水又東，側潁有公路城，袁術所築也，故世因以術字名城矣 | 419 | |
| | | 潁水又東，逕女陰縣故城北……縣在汝水之陰，故以汝水納稱 | 421 | |
| 二十二<br>洧水注 | 洧水出河南密縣西南馬領山 | 洧水又東，會瀝滴泉。水出深溪之側，泉流丈餘，懸水散注。故世士以瀝滴稱 | 422 | |
| | 又東南，過新汲縣東北 | 洧水又屈而南流，水上有梁，謂之桐門橋，藉桐丘以取稱，亦言取桐門亭而著目焉，然不知亭之所在，未之詳也 | 426～427 | 此條示酈善長態度謹慎，有所不知者，則云未之詳也 |

（續表）

| 卷 | 經 | 注 | 頁 | 説明 |
|---|---|---|---|---|
| | 又東，過習陽城西，折入於潁 | 洧水南出，謂之鷄籠水，故水會有籠口之名矣 | 428 | |
| 二十二渠（水）注 | 又屈南至扶溝縣北 | 沙水南逕扶溝縣故城東……有扶亭，又有洧水溝，故縣有扶溝之名焉 | 440 | |
| | 其一者，東南過陳縣北 | 沙水又南，與廣漕渠合。……昔賈逵爲魏豫州刺史，通運渠二百里餘，亦所謂賈侯渠也 | 442 | |
| 二十三陰溝水注 | 又東，至下邳淮陵縣，入於淮 | 北肥水又東，逕山桑縣故城南……今城内東側猶有山亭桀立……《十三州志》所謂山生於邑，其亭有桑，因以氏縣者也 | 450～451 | |
| 二十三汳水注 | 汳水出陰溝於浚儀縣北 | 汳水又東，有故渠出焉，南通睢水，謂之董生決。或言董氏作亂，引水南通睢水，故斯水受名焉 | 452 | |
| | | 汳水又東，逕濟陽考城縣故城南，爲菑獲渠；考城縣，周之采邑也……後遭漢兵起，邑多灾年，故改曰菑縣。……章帝東巡過縣，詔曰：陳留菑縣，其名不善……其改菑縣曰考城。是瀆蓋因縣以獲名矣 | 452～453 | |
| | | 汳水又東，逕周塢側。《續述征記》曰：斜城東三里，晋義熙中，劉公遣周超之自彭城緣汳故溝，斬樹穿道七百餘里，以開水路，停泊於此。故茲塢流稱矣 | 453 | |

（續表）

| 卷 | 經 | 注 | 頁 | 説明 |
|---|---|---|---|---|
| 二十三<br>獲水注 | 獲水出汳水於梁郡蒙縣北 | 獲水又東，逕碭縣故城北。應劭曰：縣有碭山，山在東，出文石。秦立碭郡，蓋取山之名也 | 457 | |
| | 又東，過蕭縣南，睢水北流注之 | 蕭縣南對山……山有箕谷，谷水北流注獲，世謂之西流水，言水上承梧桐陂，陂水西流，因以爲名也 | 458 | |
| | 又東，至彭城縣北，東入於泗 | 獲水自凈凈溝東，逕阿育王寺北……蓋遵育王之遺法，因以名焉 | 458 | |
| 二十四<br>睢水注 | 睢水出梁郡鄢縣 | 睢水又東，逕雍丘縣故城北。……圈稱曰：縣有五陵之名①，故以氏縣矣 | 462 | |
| 二十四<br>瓠子河注 | 瓠子河出東郡濮陽縣北河 | 縣北十里，即瓠河口也。……漢武帝……元封二年……發卒數萬人，塞瓠子決河。② 於是……卒塞瓠子口，築宫於其上，名曰宣房宫，故亦謂瓠子堰爲宣房堰，而水亦以瓠子受名焉 | 468 | |
| | 東至濟陰句陽縣爲新溝 | 瓠子北有都關縣故城，縣有羊里亭，瓠河逕其南爲羊里水，蓋資城地而變名，猶《經》有新溝之异稱矣 | 470 | |

① 案："縣有五陵之名"，熊《疏》云："作'縣有五陵之名'，無'丘'，與下句不貫。……則此'名'爲'丘'之誤無疑。"（《水經注疏》點校本，第2004頁）熊説是。

② 案：陳橋驛點校之戴校殿本《水經注》，此處斷句作"塞瓠子，决河於是"（第468頁），誤。陳氏《水經注校釋》（第430頁）、《水經注校證》（第572頁），已改正作"塞瓠子決河"，"於是"二字下屬。段熙仲點校（陳橋驛復校）之《水經注疏》，斷句正作"塞瓠子決河"（第2029頁）。

（續表）

| 卷 | 經 | 注 | 頁 | 説明 |
| --- | --- | --- | --- | --- |
| 二十四<br>汶水注 | 屈從（奉高）縣西南流 | （天門下溪）水出泰山天門下谷，東流……應劭《漢官儀》云：泰山東南山頂名曰日觀。日觀者，鷄一鳴時，見日始欲出①，長三丈許，故以名焉 | 477 | |
| | 過博縣西北 | 淄水又逕梁父縣故城南，縣北有梁父山。《開山圖》曰：泰山在左，亢父在右；亢父知生，梁父主死。王者封泰山，禪梁父。故縣取名焉 | 479 | |
| 二十五<br>泗水注 | 又西，過瑕丘縣東，屈從縣東南流，漷水從東來注之 | 瑕丘，魯邑，春秋之負瑕矣。……應劭曰：瑕丘在縣西南。昔衛大夫公叔文子升於瑕丘，蘧伯玉從。文子曰：樂哉斯丘，死則我欲葬焉。伯玉曰：吾子樂之，則瑗請前。刺其欲害民良田也。瑕丘之名，蓋因斯以表稱矣 | 488 | |
| | 又南，過高平縣西，洸水從西北來流注之 | 泗水南逕高平山……其山最高，頂上方平，故謂之高平山，縣亦取名焉 | 490 | |
| | 菏水從西來注之 | 菏水……東與泗水合於湖陵縣西六十里谷庭城下，俗謂之黄水口。黄水西北通巨野澤，蓋以黄水沿注於菏，故因以名焉 | 491 | 此條釋菏水之有黄水口之名，蓋因黄水沿注於菏也 |
| | 又東，過沛縣東 | 昔許由隱於沛澤，即是縣也。縣蓋取澤爲名 | 493 | |

① 案：陳橋驛點校之戴校殿本《水經注》，此處斷句作“鷄一鳴時見日，始欲出”（第477頁）；陳氏《水經注校釋》（第437頁）、《水經注校證》（第580頁），同。段熙仲點校（陳橋驛復校）之《水經注疏》，斷句作“鷄一鳴時，見日始欲出”（第2062頁），今從段氏斷句。

（續表）

| 卷 | 經 | 注 | 頁 | 説明 |
| --- | --- | --- | --- | --- |
| | | 黄水東流，逕外黄縣故城南。張晏曰：魏郡有内黄縣，故加外也。薛瓚曰：縣有黄溝，故縣氏焉 | 493 | |
| | 又東南，過下邳縣西 | （武原）水出彭城武原縣西北……縣東有徐廟山[①]，山因徐徙，即以名之也 | 498～499 | |
| 二十六<br>沭水注 | 又南，過陽都縣東，入於沂 | 沭水故瀆……又東南歷柤口城中。柤水出於楚之柤地……又東南，亂於沂而注於沭，謂之柤口，城得其名矣 | 508～509 | |
| 二十六<br>巨洋水注 | 又北，過臨朐縣東 | （熏冶泉）水出西溪……源麓之側，有一祠，目之爲冶泉祠。……斯地蓋古冶官所在，故水取稱焉 | 510 | |
| 二十六<br>淄水注 | 又東，過利縣東 | 淄水……又東逕巨淀縣故城南……縣東南則巨淀湖，蓋以水受名也 | 516～517 | |
| | | 濁水東北流，逕堯山東。《從征記》曰：廣固城北三里有堯山祠，堯因巡狩，登此山，後人遂以名山 | 517 | |
| | | （女）水出東安平縣之蛇頭山……郭緣生《述征記》曰：齊桓公冢在齊城南二十里……大冢東有女水，或云齊桓公女冢在其上，故以名水也 | 519 | |
| 二十六<br>濰水注 | 濰水出琅邪箕縣濰山 | （涓）水出馬耳山，山高百丈，上有二石并舉，望齊馬耳，故世取名焉 | 525 | |

① 案："縣東有徐廟山"，楊《疏》云"廟字衍"（《水經注疏》，第2151頁）。楊説是。

（續表）

| 卷 | 經 | 注 | 頁 | 説明 |
|---|---|---|---|---|
| | 又北，過平昌縣東 | 荆水……東北流，逕平昌縣故城東……城之東南角有臺，臺下有井……昔常有龍出入於其中，故世亦謂之龍臺城也 | 526 | |
| | 又北，過高密縣西 | 應劭曰：縣有密水，故有高密之名也 | 526 | |
| | | （密）水有二源，西源出奕山，亦曰鄣日山。山勢高峻，隔絶陽曦，晏謨曰：山狀鄣日，是有此名。伏琛曰：山上鄣日，故名鄣日山 | 526 | |
| | 又北，過淳于縣東 | 濰水又東北逕下密縣故城西……余按，應劭曰：密者，水名；是有下密之稱 | 527 | |
| 二十七<br>沔水注 | 沔水出武都沮縣東狼谷中 | 沔水一名沮水。闞駰曰：以其初出沮洳然，故曰沮水也。縣亦受名焉 | 530 | |
| | | 褒水又東南，逕三交城。城在三水之會故也。一水北出長安，一水西北出仇池，一水東北出太白山；是城之所以取名矣 | 533 | |
| | | 漢水又東逕萬石城下……其城宿是流雜聚居，故世亦謂之流雜城 | 533～534 | |
| | 東過南鄭縣南 | 周顯王之世，蜀有褒漢之地。至六國，楚人兼之。懷王衰弱。秦略取焉。周赧王二年，秦惠王置漢中郡，因水名也。《耆舊傳》云：南鄭之號，始於鄭桓公。桓公死於犬戎，其民南奔，故以南鄭爲稱 | 534 | 此條示漢中郡及南鄭縣得名之來由 |

（續表）

| 卷 | 經 | 注 | 頁 | 説明 |
|---|---|---|---|---|
| | | 廉水出巴嶺山，北流，逕廉川，故水得其名矣 | 534 | |
| | | 漢水又東，逕胡城南……南對扁鵲城，當是越人舊所逕涉，故邑流其名耳 | 534～535 | 《史記》卷一〇五《扁鵲倉公列傳》，扁鵲，姓秦氏，名越人，故城名扁鵲城也 |
| | 又東，過成固縣南；又東，過魏興安陽縣南，涔水出自旱山北注之 | 左谷水出西北，即壻水也。……東南流歷平川中，謂之壻鄉，水曰壻水。……唐君……學道得仙……升仙之日，壻行未還，不獲同階雲路，約以此川爲居……因號爲壻鄉，故水亦即名焉 | 535～536 | |
| | | 壻水……東南流，逕通關勢南……高祖北定三秦，蕭何守漢中，欲修北道，通關中，故名爲通關勢 | 536 | |
| | | 漢水又東，逕猴逕灘，山多猴猿，好乘危綴飲，故灘受斯名焉 | 537 | |
| | | 漢水又東，逕小大黄金南，山有黄金峭，水北對黄金谷，有黄金戍，傍山依峭……與鐵城相對……言其險峻，故以金鐵制名矣 | 537 | |
| | | 洋水導源巴山，東北流，逕平陽城……洋川者，漢戚夫人之所生處也。高祖得而寵之，夫人思慕本鄉，追求洋川米，帝爲驛致長安，蠲復其鄉，更名曰縣，故又目其地爲祥川，用表夫人載誕之休祥也 | 538 | |

（續表）

| 卷 | 經 | 注 | 頁 | 説明 |
|---|---|---|---|---|
| | 又東，過西城縣南 | 漢水又東爲鱣湍，洪波淬蕩，瀰浪雲頽。古耆舊言，有鱣魚奮鰭溯流，望濤直上，至此則暴鰓失濟，故因名湍矣 | 539 | |
| | | 漢水又東爲龍淵，淵上有胡鼻山，石類胡人鼻故也 | 540 | |
| 二十八沔水注 | 又東北流，又屈東南，過武當縣東北 | 漢水又東爲伹子潭……世亦以此洲爲伹子葬父於斯，故潭得厥目焉，所未詳也 | 543～544 | |
| | 又南過筑陽縣東，筑水出自房陵縣東過其縣，南流注之 | 汎水……又東，逕學城南……舊説，昔者有人立學都於此，值世荒亂，生徒罔依，遂共立城以禦難，故城得厥名矣 | 545 | |
| | 又東，過山都縣東北 | 沔水又東，逕樂山北。昔諸葛亮好爲《梁甫吟》，每所登游，故俗以樂山爲名 | 547 | |
| | 又東，過襄陽縣北 | （檀溪）水……北逕漢陰臺西，臨流望遠……意寄漢陰，故因名臺矣 | 548 | |
| | | （檀溪）水側有沙門釋道安寺，即溪之名，以表寺目也 | 548 | 此謂寺名檀溪 |
| | | 一水東南出，應劭曰：城在襄水之陽，故曰襄陽。是水當即襄水也 | 548 | |
| | | 沔水又逕平魯城南，城魯宗之所築也，故城得厥名矣 | 549 | |
| | 又從縣東屈西南，淯水從北來注之 | 沔水中有魚梁洲，龐德公所居，士元居漢之陰，在南白沙，世故謂是地爲白沙曲矣 | 549 | |

（續表）

| 卷 | 經 | 注 | 頁 | 説明 |
| --- | --- | --- | --- | --- |
| | | 沔水又東南，逕蔡洲。漢長水校尉蔡瑁居之，故名蔡洲 | 550 | |
| | | 沔水又東南，逕邑城北，習郁襄陽侯之封邑也，故曰邑城矣 | 550 | |
| | 又東，過中廬縣東，維水自房陵縣維山東流注之 | （中廬）縣故城南有水，出西山，……東流百四十里，逕城南，名曰浴馬港，言初得此馬，洗之於此，因以名之。亦云乘出沔次浴之，又曰洗馬厩① | 551～552 | |
| | | 沔水東南流，逕犂丘故城西，其城下對繕州，秦豐居之，故更名秦洲 | 552 | |
| | 又南，過邔縣東北 | 沔水又東，逕猪蘭橋。橋本名木蘭橋……於橋東劉季和大養猪，襄陽太守曰：此中作猪屎臭，可易名猪蘭橋，百姓遂以爲名矣 | 552 | |
| | 又南，過宜城縣東，夷水出自房陵東流注之 | 夷水，蠻水也。桓温父名夷，改曰蠻水 | 553 | |
| | | 夷水又東，注於沔。昔白起攻楚，引西山長谷水，即是水也。……水從城西灌城東，入注爲淵，今熨斗陂是也。水潰城東北角，百姓隨水流，死於城東者數十萬，城東皆臭，因名其陂爲臭池 | 553 | |
| | 又東南，過江夏雲杜縣東，夏水從西來注之 | 縣，故邧亭。……《禹貢》所謂雲土夢作乂，故縣取名焉 | 557 | |

① 案："洗馬厩"，楊守敬以爲乃"洗馬既"，參《水經注疏》點校本卷二八《沔水注》楊《疏》（第2387頁）。

（續表）

| 卷 | 經 | 注 | 頁 | 説明 |
| --- | --- | --- | --- | --- |
| | | 沔水又東，得合驛口，庾仲雍言：須導村耆舊云，朝廷驛使合王喪於是，因以名焉。今須導村正有大斂口，言昭王於此殯斂矣 | 558 | |
| 二十九<br>沔水注 | （又東，過牛渚縣南；又東，至石城縣）分爲二：其一東北流；其一又過毗陵縣北爲北江 | 谷水出吴小湖，逕由卷縣故城下，《神异傳》曰：由卷縣，秦時長水縣也。……忽有大水長，欲没縣。……遂乃淪陷爲谷矣。因目長水城水曰谷水也。《吴記》曰：谷中有城，故由卷縣治也……秦始皇惡其勢，王令囚徒十餘萬人污其土，表以污惡名①，改曰囚卷，亦曰由卷也 | 565 ~ 566 | |
| | | 谷水之右有馬皋城……東出五十里有武原鄉……秦於其地置海鹽縣，……後縣淪爲柘湖。……南有秦望山，秦始皇所登以望東海，故山得其名焉 | 566 | |
| | 又東至會稽餘姚縣，東入於海 | 江水又東，逕餘姚縣故城南……因句餘山以名縣 | 567 ~ 568 | |
| 二十九<br>潛水注 | 潛水出巴郡宕渠縣 | 潛水，蓋漢水枝分潛出，故受其稱耳 | 568 | |

① 案：陳橋驛點校之戴校殿本《水經注》，此處斷句作“令囚徒十餘萬人污其土表，以污惡名”（第 566 頁）；陳氏《水經注校釋》（第 515 頁）、《水經注校證》（第 686 頁），同。段熙仲點校（陳橋驛復校）之《水經注疏》，斷句作“令囚徒十餘萬人污其土，表以污惡名”；熊《疏》云：“此‘污其土’上脱‘掘’字，‘惡名’上衍‘污’字”（第 2448 頁）；是。今從段氏斷句。

（續表）

| 卷 | 經 | 注 | 頁 | 説明 |
| --- | --- | --- | --- | --- |
| 二十九<br>均水注 | 均水出析縣北山，南流，過其縣之東 | 均水發源弘農郡之盧氏縣熊耳山……雙峰齊秀，望若熊耳，因以爲名 | 570～571 | |
| 二十九<br>粉水注 | 粉水出房陵縣，東流，過郢邑南 | 粉水導源東流，逕上粉縣。取此水以漬粉，則皓耀鮮潔，有异衆流，故縣水皆取名焉 | 571 | |
| 二十九<br>比水注 | 又西至新野縣，南入於淯 | 隆山南有一小山，山坂有兩石虎，相對夾隧道，雖處蠻荒，全無破毁，作制甚工，信爲妙矣，世人因謂之爲石虎山 | 574 | |
| | | 比水又西南，與南長坂門二水合……其水西南流，逕湖陽縣故城南……其水南入大湖，湖陽之名，縣藉兹而納稱也 | 573～574 | |
| 三十<br>淮水注 | 又東過新息縣南 | （慎）水出慎陽縣西，而東逕慎陽縣故城南，縣取名焉 | 578 | |
| | 又東過廬江安豐縣東北，決水從北來注之 | 淮水又東爲安風津……淮中有洲，俗號關洲。蓋津關所在。故斯洲納稱焉 | 581 | |
| | 又東北至九江壽春縣西，沘水泄水合北注之；又東，穎水從西北來流注之 | 淮水……又東北流逕壽春縣故城西……秦始皇立九江郡治此，兼得廬江豫章之地，故以九江名郡 | 581 | |

（續表）

| 卷 | 經 | 注 | 頁 | 説明 |
| --- | --- | --- | --- | --- |
| | 又東過淮陰縣北，中瀆水出白馬湖，東北注之 | 淮水右岸，即淮陰也。城西二里，有公路浦。昔袁術向九江①，將東奔袁譚，路出斯浦，因以爲名焉 | 589 | |
| | 又東至廣陵淮浦縣入於海 | 應劭曰：淮崖也②，蓋臨側淮瀆，故受此名 | 590 | |
| 三十一<br>淯水注 | 淯水出南陽魯陽縣西之堯山 | 淯水又東，逕魯陽縣故城南……有魯山，縣居其陽，故因名焉 | 594 | |
| 三十一<br>淯水注 | 淯水出弘農盧氏縣支離山③，東南過南陽西鄂縣西北，又東過宛縣南 | 關水歷雉衡山西南，逕皇后城西。建武元年，世祖遣侍中傅俊持節迎光烈皇后於淯陽……蓋税舍所在，故城得其名矣 | 597 | |
| | | 關水又西南，逕雉縣故城南。昔秦文公之世，有伯陽者，逢二童……二童，二雉也。得雌者霸，雄者王，二童翻飛，化爲雙雉。光武獲雉於此山，以爲中興之祥，故置縣以名焉④ | 597 | |

① 案："昔袁術向九江"，楊《疏》云"此'向'爲'自'之誤"（見《水經注疏》點校本，第2553頁）。

② 案："淮崖"，楊《疏》謂趙、戴皆誤，當作"浦岸"或"浦崖"（見《水經注疏》點校本，第2562～2563頁）。

③ 案：支離山之"支"，楊《疏》云當作"攻"。經文之"東南過南陽西鄂縣西北，又東過宛縣南"，熊《疏》云，當作"東南過南陽西鄂縣東，又南過宛縣東"（見《水經注疏》點校本，第2594～2595頁）。

④ 案：楊《疏》云"光武置縣之説，豈莽嘗廢省，而光武復置耶？否則本作'雄飛至南陽，故置縣以名焉'，在'光武'句前，傳鈔者錯於'中興之祥'下，而又脱去'雄飛'句也"（見《水經注疏》點校本，第2596～2597頁）。

（續表）

| 卷 | 經 | 注 | 頁 | 説明 |
|---|---|---|---|---|
| | | 淯水……又南，逕宛城東……秦昭襄王使白起爲將，伐楚取郢，即以此地爲南陽郡。……劉善①曰：在中國之南而居陽地，故以爲名 | 598～599 | |
| | 又屈南過淯陽縣東 | 淯水又逕安樂郡北……今於其國立樂宅戍。郭仲産《襄陽記》曰：南陽城南九十里，有晋尚書令樂廣故宅。……其故居今置戍，因以爲名② | 601 | |
| | 又南過新野縣西 | 堵水出棘陽縣北山③，數源并發……東源方七八步，騰涌若沸，故世名之騰沸水。南流，逕於堵鄉，謂之堵水。……以水氏縣，故有堵陽之名也④ | 602 | |
| 三十一<br>㶏水注 | 㶏水出㶏强縣南澤中，東入潁 | 㶏水又東逕㶏陽城北……余按㶏陽城在㶏水南，然則此城正應爲㶏陰城，而有㶏陽之名者，明在南猶有㶏水，故此城以陽爲名矣。潁水之南有二瀆，其南瀆東南流，歷臨潁亭西，東南入汝，今無水也，疑即㶏水之故瀆矣 | 603～604 | 此條示善長因㶏陽城在㶏水南而不在水之北，故疑在城南另有一㶏水，而城始能有㶏陽之稱；然用"疑"字，亦見其慎 |

① 案："劉善"，熊《疏》謂當作"劉熙"（見《水經注疏》點校本，第2604頁），是。

② 案：陳橋驛點校之戴校殿本《水經注》，"其故居"三字與上句連讀，作"終以憂殞其故居。今置戍因以爲名"（第601頁）；誤。陳氏《水經注校釋》（第549頁）、《水經注校證》（第729頁）已改正作"其故居，今置戍，因以爲名"。段熙仲點校（陳橋驛復校）之《水經注疏》，斷句作"其故居今置戍，因以爲名"（第2611頁）。

③ 案："堵水出棘陽縣北山"，楊《疏》謂當作"赭水出赭陽縣北山"（參《水經注疏》點校本，第2615頁）。

④ 案："堵鄉""堵水""堵陽"，楊《疏》謂當作"赭鄉""赭水""赭陽"（參《水經注疏》點校本，第2615頁）。

（續表）

| 卷 | 經 | 注 | 頁 | 説明 |
|---|---|---|---|---|
| 三十一<br>溳水注 | 東南過隨縣西 | （溠）水側有斷蛇丘。隨侯出而見大蛇中斷，因舉而藥之，故謂之斷蛇丘 | 608 | |
| | 又南，過江夏安陸縣西 | （小富）水出（大陽）山之東，而南逕三王城東，前漢末，王匡、王鳳、王常所屯，故謂之三王城 | 609 | |
| 三十二<br>沘水注 | 沘水出廬江灊縣西南霍山東北 | 灊者，山水名也。《開山圖》：灊山圍繞大山爲霍山。郭景純曰：灊水出焉。縣即其稱矣 | 614 | |
| 三十二<br>肥水注 | 北入於淮 | 瀆水又北，逕相國城東。劉武帝伐長安所築也，堂宇廳館仍故，以相國爲名① | 618 | |
| 三十二<br>梓潼水注 | 梓潼水出其縣北界②，西南入於涪 | 縣有五女，蜀王遣五丁迎之，至此，見大蛇入山穴，五丁引之，山崩，壓五丁及五女，因氏山爲五婦山 | 624 | |
| 三十三<br>江水注 | 岷山在蜀郡氐道縣，大江所出，東南過其縣北 | 秦昭王以李冰爲蜀守。冰見氐道縣有天彭山，兩山相對，其形如闕，謂之天彭門，亦曰天彭闕 | 626 | |
| | | 道西城，故錦官也。言錦工織錦，則濯之江流，而錦至鮮明；濯以他江，則錦色弱矣；遂命之爲錦里也 | 629 | |

① 案：陳橋驛點校之戴校殿本《水經注》，斷句作"堂宇廳館，仍故以相國爲名"（第618頁）；陳氏《水經注校釋》（第564頁），同；然陳氏《水經注校證》則斷句作"堂宇廳館仍，故以相國爲名"（第751頁）。以"堂宇廳館"下接"仍故以"固不通；以"堂宇廳館仍"斷句，更不辭。段熙仲點校（陳橋驛復校）之《水經注疏》，斷句作"堂宇廳館仍故，以相國爲名"（第2687頁），是。今從段氏斷句。

② 案："其縣"者，指梓潼縣，見楊《疏》（《水經注疏》點校本，第2719頁）。

（續表）

| 卷 | 經 | 注 | 頁 | 説明 |
| --- | --- | --- | --- | --- |
| | 又東北至巴郡江州縣東，强水涪水漢水白水宕渠水五水合南流注之 | （江州）縣下又有清水穴，巴人以此水爲粉，則皜曜鮮芳，貢粉京師，因名粉水，世謂之爲江州墮林粉，粉水亦謂之爲粒水矣 | 637 | |
| | 又東至枳縣西，延江水從牂柯郡北流西屈注之 | 江水……又東逕界壇，是地巴東之西界，益州之東境①，故得是名也 | 638 | |
| | 又東，過魚復縣南，夷水出焉 | 江水又東……逕故陵北，江側有六大墳。庾仲雍曰：楚都丹陽所葬，亦猶枳之巴陵矣，故以故陵爲名也 | 639 | |
| | | 江水又東，逕赤岬城西……因山據勢……東高二百丈……南連基白帝，山甚高大②，不生樹木，其石悉赤，土人云，如人袒胛，故謂之赤岬山 | 641 | |
| | | 江水又東逕廣溪峽……北岸山上有神淵，淵北有白鹽崖，高可千餘丈，俯臨神淵。土人見其高白，故因名之 | 642 | |

① 案：熊《疏》云："二句相對爲文，一舉郡，一舉州，參差不齊，明有訛誤。"（參《水經注疏》點校本，第2802頁）

② 案：陳橋驛點校之戴校殿本《水經注》，此處斷句作"南連基白帝山，甚高大"（第641頁）；其《水經注校釋》（第586頁）、《水經注校證》（第777頁），同。然楊守敬於"南連基白帝"五字下作《疏》，云："下叙白帝城云，北緣馬嶺，接赤岬山，足見白帝在赤岬之南，乃此南連基白帝之明徵。"（《水經注疏》點校本，第2814頁）是楊氏以"山"字下屬。段熙仲點校（陳橋驛復校）之《水經注疏》點校本，亦於"山"字下加逗號，但"帝"字下未加逗號（第2814頁）。

（續表）

| 卷 | 經 | 注 | 頁 | 説明 |
|---|---|---|---|---|
| 三十四<br>江水注 | 又東過巫縣南，鹽水從縣東南流注之 | （巫溪水）又逕北井縣西，東轉歷其縣北，水南有鹽井，井在縣北①，故縣名北井 | 644 | |
| | | 江水歷峽東，逕新崩灘，此山漢和帝永元十二年崩，晋太元二年又崩……今灘上有石……皆崩崖所隕，致怒湍流，故謂之新崩灘 | 644 | |
| | 又東，過秭歸縣之南 | 江水又東逕歸鄉縣故城北……袁山松曰：父老傳言，原既流放，忽然蹔歸，鄉人喜悦，因名曰歸鄉。……余謂山松此言，可謂因事而立證，恐非名縣之本旨 | 646～647 | 此條示酈道元於袁山松所言地名之來由，抱存疑之心 |
| | | （鄉口）溪源出（歸鄉）縣東南數百里，西北入縣，逕狗峽西，峽崖龕中石，隱起有狗形②，形狀具足，故以狗名峽 | 647 | |
| | 又東，過夷陵縣南 | （夷陵縣）城南臨大江，秦令白起伐楚，三戰而燒夷陵者也。應劭曰：夷山在西北，蓋因山以名縣也 | 649 | |
| | | 江水又東，逕白鹿岩，沿江有峻壁百餘丈，猿所不能游。有一白鹿，陵峭登峌，乘岩而上，故世名此岩爲白鹿岩 | 649 | |

① 案："井在縣北"，陳橋驛點校之戴校殿本《水經注》，"井"誤植作"并"（第 644 頁）。陳氏之《水經注校釋》（第 592 頁）、《水經注校證》（第 789 頁），俱作"井"；是。

② 案：陳橋驛點校之戴校殿本《水經注》，此處斷句作"峽崖龕中，石隱起有狗形"（第 647 頁）；其《水經注校釋》（第 595 頁）、《水經注校證》（第 792 頁），同。唯段熙仲點校（陳橋驛復校）之《水經注疏》點校本，則斷句作"峽崖龕中石，隱起有狗形"（第 2840 頁）；今從段氏斷句。

（續表）

| 卷 | 經 | 注 | 頁 | 説明 |
| --- | --- | --- | --- | --- |
| | | 江水又東，歷荆門虎牙之間，荆門在南，上合下開，暗徹山南，有門像；虎牙在北①，石壁色紅，間有白文類牙形，并以物像受名 | 649 | |
| | 又東南，過夷道縣北，夷水從佷山縣南，東北注之 | 夷道縣，漢武帝伐西南，夷路由此出，故曰夷道矣 | 650 | |
| | 又南，過江陵縣南 | （靈溪）上承散水，合承大溪，南流注江。江溪之會有靈溪戍，背阿面江，西帶靈溪，故戍得其名矣 | 652 | |
| | | （江津）洲上有奉城，故江津長所治，舊主度州郡貢於洛陽，因謂之奉城，亦曰江津戍也。……北對大岸，謂之江津口，故洲亦取名焉 | 653 | |
| | | 江水又東得豫章口，夏水所通也。西北有豫章岡，蓋因岡而得名矣。或言因楚王豫章臺名，所未詳也 | 654 | 此條示善長於地名來由，必反覆求證，若未能證實者，則曰所未詳也 |
| 三十五江水注 | 又東南，油水從東南來注之 | 大江右得龍穴水口……北對虎洲。又洲北有龍巢……昔禹南濟江，黃龍夾舟……禹笑曰："吾受命於天……何憂龍哉?"於是二龍弭鱗掉尾而去焉。故水地取名矣 | 656 | |

① 案：陳橋驛點校之戴校殿本《水經注》，此處斷句作"有門像虎牙，在北"（第649頁），誤；其《水經注校釋》（第596頁）、《水經注校證》（第794頁），已改正作"有門像，虎牙在北"。段熙仲點校（陳橋驛復校）之《水經注疏》點校本，正作"有門像，虎牙在北"（第2849頁）。

（續表）

| 卷 | 經 | 注 | 頁 | 説明 |
|---|---|---|---|---|
| | 又東北至江夏沙羨縣西北，沔水從北來注之 | 江之右岸有船官浦……是曰黄軍浦。昔吴將黄蓋軍師所屯，故浦得其名 | 660 | |
| | | 江水東逕若城南……東得苦菜夏浦，浦東有苦菜山，江逕其北，故浦有苦菜之名焉 | 661 | |
| | 又東過邾縣南 | 江水又東，逕邾縣故城南，楚宣王滅邾，徙居於此，故曰邾也 | 662 | |
| | 鄂縣北 | 江水右得樊口……樊口之北有灣。昔孫權裝大船，名之曰長安，亦曰大舶……與群臣泛舟江津，屬值風起，權……令取樊口薄，舶船至岸而敗[1]，故名其處爲敗舶灣。因鑿樊山爲路以上，人即名其處爲吴造峴 | 662～663 | |
| | | （江水）又東得次浦……東逕五磯北，有五山沿次江陰，故得是名矣 | 664 | |
| 三十六若水注 | 若水出蜀郡旄牛徼外，東南至故關爲若水也 | 《山海經》曰：南海之内，黑水之間，有木名曰若木，若水出焉。……黑水之間，厭木所植，水出其下，故水受其稱焉 | 669 | |
| | 南過越巂邛都縣西，直南至會無縣，淹水東南流注之 | （青蛉）水出青蛉縣西，東逕其縣下，縣以氏焉 | 670 | |
| | | 水出建寧郡之牧靡南山，縣山并即草以立名 | 670 | |

① 案：陳橋驛點校之戴校殿本《水經注》，此處斷句作“令取樊口薄舶船，至岸而敗”（第663頁）；其《水經注校釋》（第607頁）、《水經注校證》（第807頁），已改作“令取樊口薄，舶船至岸而敗”；是。段熙仲點校（陳橋驛復校）之《水經注疏》點校本，正作“令取樊口薄，舶船至岸而敗”（第2911頁）。

（續表）

| 卷 | 經 | 注 | 頁 | 説明 |
| --- | --- | --- | --- | --- |
| 三十六<br>延江水注 | 又東北至犍爲朱提縣西，爲瀘江水 | 朱提，山名也。應劭曰：在縣西南，縣以氏焉 | 671 | |
| | | 按永昌郡有蘭倉水，出西南博南縣，漢明帝永平二年置。博南，山名也，縣以氏之 | 671 | |
| | 又東南至武陵西陽縣，入於西水 | 《武陵先賢傳》曰：潘京世長爲郡主簿，太守趙偉甚器之。問京："貴郡何以名武陵?"京答曰："鄙郡本名義陵，在辰陽縣界，與夷相接，數爲所破。光武時，移治東山之上，遂爾易號。《傳》曰：止戈爲武；《詩》云：高平曰陵；於是名焉。" | 674 | |
| | | 西水北岸有黚陽縣，許慎曰：温水南入黚，蓋鼈水以下，津流沿注之通稱也，故縣受名焉 | 674～675 | 水北曰陽，故縣名黚陽，蓋西水亦有黚水之通稱也 |
| 三十六<br>温水注 | 温水出牂柯夜郎縣 | 温水又西南，逕滇池城。池在縣西北①，周三百許里，上源深廣，下流淺狹，似如倒流，故曰滇池也 | 676 | |
| | 又東至鬱林廣鬱縣爲鬱水 | 應劭《地理風俗記》曰……鬱，芳草也，百草之華，煮以合釀黑黍，以降神者也。或説：今鬱金香是也；一曰：鬱人所貢，因氏郡矣 | 677 | |

① 案："池在縣西北"，陳橋驛《水經注校釋》，無"北"字（第625頁）；然陳氏《水經注校證》，又有"北"字（第830頁）。《水經注疏》有"北"字，楊《疏》謂戴無"北"字，并引《漢志》，謂"作西北是，西非也"（第2976頁）。檢王先謙（1842—1917）《合校水經注》［光緒二十三年（1897）新化三味書室據長沙王氏重刊本，巴蜀書社1985年影印版］卷三六（葉十三）《温水注》，亦無"北"字（第554上頁）。是陳橋驛點校之戴校殿本《水經注》，此處誤衍"北"字。

（續表）

| 卷 | 經 | 注 | 頁 | 説明 |
|---|---|---|---|---|
| | 東北入於鬱 | 賀水又西南流，至臨賀郡東，右注臨水。郡對二水之交會，故郡縣取名焉 | 679 | |
| | | （壽泠）水出壽泠縣界，魏正始九年，林邑進侵至壽泠縣，以爲疆界，……壽泠縣以水湊，故水得其名 | 680 | |
| | | 《交州外域記》曰：九德縣屬九真郡，在郡之南，與日南接……定爲九德郡……《林邑記》曰：九德，九夷所極，故以名郡 | 682 | |
| 三十七 夷水注 | 夷水出巴郡魚復縣江 | 夷水即佷山清江也。水色清照，十丈分沙石①，蜀人見其澄清，因名清江也 | 696 | |
| | 東南過佷山縣南 | 夷水……東逕難留城南……東北面又有石室，可容數百人。每亂，民入室避賊，無可攻理，因名難留城也 | 697 | |
| | | 夷水又東，逕佷山縣故城南，縣即山名也 | 698 | |
| | 又東過夷道縣北 | 夷水又東，逕虎灘，岸石有虎像故，因以名灘也 | 699 | |
| | | 夷水又東北，有水注之。其源百里，與丹水出西南望州山。山形竦峻，……登其頂平……上有故城……登城望見一州之境，故名望州山 | 699 | |

① 案：陳橋驛點校之戴校殿本《水經注》，此處斷句作“水色清照十丈，分沙石”（第696頁）；其《水經注校釋》（第644頁）、《水經注校證》（第862頁），同。然段熙仲點校（陳橋驛復校）之《水經注疏》同卷同條，則“十丈”二字下屬（第3052頁），今從段氏斷句。

（續表）

| 卷 | 經 | 注 | 頁 | 説明 |
|---|---|---|---|---|
| 三十七<br>澧水注 | 又東過零陽縣之北 | 黄水出零陽縣西……溪出雄黄，頗有神异……鑿石深數丈，方得佳黄，故溪水取名焉 | 701 | |
| 三十七<br>沅水注 | 沅水出牂柯且蘭縣爲旁溝水，又東至鐔成縣爲沅水，東過無陽縣 | 無水出故且蘭，南流至無陽故縣，縣對無水，因以氏縣 | 702 | |
| | | 熊溪南帶移山，山本在水北，夕中風雨，旦而山移水南，故山以移爲名 | 702 | |
| | 又東北過臨沅縣南 | 沅水又東，逕臨沅縣南。縣南臨沅水，因以爲名 | 705 | |
| | | 沅南縣，後漢建武中所置也。縣在沅水之陰，因以沅南爲名 | 705 | |
| 三十七<br>泿水注 | 其一又東，過（番禺）縣東南入於海 | 裴淵《廣州記》曰：城北有尉佗墓，墓後有大岡，謂之馬鞍岡……以狀取目，故岡受厥稱焉 | 708 | |
| 三十八<br>資水注 | 資水出零陵都梁縣路山 | （大溪）又逕都梁縣南……縣西有小山，山上有渟水，既清且淺，其中悉生蘭草緑葉……俗謂蘭爲“都梁”，山因以號，縣受名焉 | 711 | |
| 三十八<br>漣水注 | 漣水出連道縣西，資水之别 | （漣水）東入衡陽湘鄉縣，歷石魚山，下多玄石。① ……石色黑而理若雲母，開發一重，輒有魚形，鱗鰭首尾，宛若刻畫，長數寸，魚形備足，燒之作魚膏腥，因以名之 | 713 | |

① 案：陳橋驛點校之戴校殿本《水經注》，此處斷句作“歷石魚山下，多玄石”（第713頁）；其《水經注校釋》（第659頁）、《水經注校證》（第890頁），同。然熊會貞於“歷石魚山”下作《疏》，是以“下”字下屬（見《水經注疏》點校本，第3118頁）。今從熊《疏》。

（續表）

| 卷 | 經 | 注 | 頁 | 説明 |
|---|---|---|---|---|
| 三十八<br>湘水注 | 東北過零陵縣東 | （觀）水出臨賀郡之謝沐縣界，西北逕觀陽縣西，縣蓋即水爲名也 | 714 | 此條謂觀陽縣在觀水之北，故名觀陽 |
| | 又東北過洮陽縣東 | 洮水出縣西南大山，東北逕其縣南，即洮水以立稱矣 | 714 | 此條謂洮陽縣在洮水之北，故名洮陽 |
| 三十八<br>灕水注 | 灕水亦出陽海山 | （彈丸溪）水出於彈丸山，山有涌泉奔流，衝激山嵎及溪中，有石若丸，自然珠圓，狀彈丸矣，故山水即名焉 | 723 | |
| 三十八<br>溱水注 | 東至曲江縣安聶邑東，屈西南流 | （邸）水出浮岳山，山躡一處，則百餘步動，若在水也，因名浮岳山 | 726 | |
| 三十九<br>洭水注 | 洭水出桂陽縣盧聚 | 溪水下流歷峽，南出是峽，謂之貞女峽，峽西岸高岩，名貞女山，山下際有石如人形，高七尺，狀如女子，故名貞女峽 | 729 | |
| | 東南過含洭縣 | 洭水又逕含洭縣西。王歆《始興記》曰：縣有白鹿城，城南有白鹿岡。咸康中郡民張魴爲縣，有善政，白鹿來游，故城及岡并即名焉 | 731 | |
| 三十九<br>耒水注 | 又西北過耒陽縣之東 | 耒陽……蓋因水以制名 | 734 | |
| 三十九<br>洣水注 | 又西北過攸縣南 | 攸水出東南安成郡安復縣封侯山，西北流，逕其縣北。縣北帶攸溪，蓋即溪以名縣也 | 735 | |
| 三十九<br>漉水注 | 又西至纍石山，入於湘水 | 纍石山在北，亦謂之五木山。山方尖如五木狀，故俗人藉以名之 | 737 | |

（續表）

| 卷 | 經 | 注 | 頁 | 説明 |
| --- | --- | --- | --- | --- |
| 四十<br>漸江水注 | 漸江水出三天子都 | 浙江又北，歷黟山，縣居山之陽，故縣氏之 | 746 | |
| | 北過餘杭，東入於海 | 浙江又東，逕烏傷縣北……《异苑》曰：東陽顔烏，以淳孝著聞；後有群烏，助銜土塊爲墳，烏口皆傷，一境以爲顔烏至孝，故致慈烏；欲令孝聲遠聞，又名其縣曰烏傷矣 | 749 | |
| | | 浙江北合詔息湖。湖本名阼湖，因秦始皇帝巡狩所憩，故有詔息之名也 | 751 | |
| | | 浙江又逕越王允常冢北。冢在木客村。耆彦云：句踐使工人伐榮楯，欲以獻吴，久不得歸，工人憂思，作《木客吟》，後人因以名地 | 752 | |
| | | 浦陽江又東北，逕始寧縣嶀山之成功嶠……嶠西有山，孤峰特上，飛禽罕至……言諸仙之所憩讌，故以壇讌名山 | 758 | |

綜上所舉，皆具見酈善長之於水名、地名有特异者（或地貌，或歷史意義），皆於列名之後，多所解釋。有不合理者，則多方印證；有不詳者，則謂“非所詳也”。雖然，若仍有可追述者，則補叙之，此其所謂“遺名舊傳，不容不傳，庶廣後人傳聞之聽是也”。① 故《汝水注》叙懸瓠城因汝水枝别之屈流，“形若垂瓠”後，引耆彦之語，以釋懸瓠得名之來由，文義語氣始完足也。

## 四、旁　證

所謂旁證者，酈《注》以後，朱《箋》以前之唐宋元資料也。今列舉數條如下，

① 見《水經注》卷一一《易水注》，《經》：“東過范陽縣南，又東過容城縣南。”酈《注》（《水經注》點校本，第233頁）。

以見唐宋元人所見酈《注》有關懸瓠城之得名，實與汝水枝別之屈流相表裏也。

（1）唐代杜佑（君卿，735—812）《通典》卷一七七汝南郡目：

漢高帝置汝南郡……隋初，郡廢；煬帝初，復置汝南郡。大唐爲荆河州，或爲汝南郡。本注：郡城即懸瓠城，形若垂瓠，故城取名焉。①

杜佑本注所言，當本諸酈《注》而融會剪裁，其“形若垂瓠，故城取名焉”。明係承襲《汝水注》而稍加變异，“故城取名焉”，正補充上句“形若垂瓠”之意。以之視《汝水注》原文，酈善長特强調城之得名，其來有自，故謂“耆彦云”也。

（2）唐代李吉甫（弘憲，758—814）《元和郡縣圖志》卷九“蔡州汝陽縣州理城”條：

古懸瓠城也。汝水屈曲，形若垂瓠，故城取名焉。②



《元和郡縣圖志》每叙各城資料，多引酈《注》；此條“形若垂瓠，故城取名焉”與上條《通典》同，當係同一史源，固亦承襲《汝水注》而略爲變异也。

（3）《太平御覽》卷一五九《州郡部》五蔡州目引《圖經》曰：

春秋時爲沈蔡二國之地……漢爲汝南郡。《地形志》曰：謂之懸瓠城，亦名懸壺城。又《水經》曰：水周城，形如懸瓠，故名焉。③

《太平御覽》此條，明顯抄自酈《注》，其所謂“《水經》”，乃《水經注》，非漢末三國時之《水經》也。

（4）宋代樂史（子正，930—1007）《太平寰宇記》卷一一蔡州目：

元嘉二十七年，後魏太武帝率兵攻圍汝南……《地形志》云：謂之懸瓠城，亦名懸壺城。又《水經注》云：“汝水周城，形如懸瓠，故取名焉。”④

同卷同目“汝陽縣懸瓠城”條云：

---

① 見《通典》（王文錦等點校，中華書局1988年版）卷一七七“汝南郡”條（第4670～4671頁）。
② 見《元和郡縣圖志》（賀次君點校，中華書局1983年版）卷九“蔡州”（第238頁）。
③ 見影宋本《太平御覽》（中華書局1960年版）卷一五九《州郡部》（第774頁下）。
④ 見《太平寰宇記》（王文楚等點校，中華書局2007年版）卷一〇“蔡州”（第197頁）。

亦名懸壺城。《水經注》："汝水曲屈①，形若懸瓠，故城取名。"

《太平寰宇記》此兩條，直引自《水經注》，但簡約其文矣。是樂子正所見之《水經注》，"名"字後乃"焉"，非"馬"也。

（5）宋代秦觀（少游，1049—1100）《淮海集》卷二五"汝水漲溢説"：

又《水經》稱，汝水至汝南郡西北，枝左别出一枝，又屈而東轉，南會汝，形如垂瓠，故號懸瓠城。②

秦少游此處所謂"《水經》"，與《太平御覽》同，即《水經注》之省稱矣。而所引《汝水注》原文，亦非原文直接抄録，但取其大意（古人引文多如此），因上文無懸瓠城之稱述（語法上所謂"主語"），故下文補以"故號懸瓠城"，以代原文之"城以名焉"或"城取名焉"（或"故取名焉"）。



（6）宋代歐陽忞（？—？）《輿地廣記》卷九京西北路蔡州汝陽縣目：

城之西北，汝水枝别左出而北流，又屈而東轉，又西南會汝，若垂瓠，故謂之懸瓠城。③

歐陽忞此條，與上條秦少游所言同，但取酈《注》大意，亦因上文無懸瓠城之稱述，故末句以"故謂之懸瓠城"補足也。

（7）宋代李壁（1159—1222）《王荆公詩注》卷四五《吴任道説應舉時事》：

縣瓠城南陂水深，春泥滿眼路嶇嶔；獨騎瘦馬銜殘雨，前伴茫茫不可尋。

李《注》："《地志》，汝南郡謂之懸瓠城。《水經》曰：汝水周城，形如懸瓠，故取名焉。今詩言懸瓠城，不知是此否？"④ 姑勿論荆公詩所言之懸瓠城，是否即《水經注》

① "汝水曲屈"，清萬廷蘭刻本《太平寰宇記》（臺灣文海出版社1963年版）同卷同條（葉四），作"汝水屈曲"（册一，第97下頁）。

② 見《淮海集》（《文淵閣四庫全書》本，臺灣商務印書館1986年影印版，第1115册）卷二五葉六，第557頁上。

③ 見《輿地廣記》（李勇先、王小紅校注本，四川大學出版社2003年版）卷九"蔡州"（上册，第210頁）。

④ 見《王荆文公詩李壁注》（上海古籍出版社據朝鮮活字本影印1993年版）卷四五（第1987～1988頁）。

卷二一《汝水注》之懸瓠城，李壁《注》所引“《水經》”（其實即《水經注》），其末句謂“故取名焉”，蓋即酈《注》原意；其至要者，乃“名焉”二字連用，與上引諸條皆可互證。

（8）宋代王應麟（伯厚，1223—1296）《通鑑地理通釋》卷一三《晉宋齊梁陳形勢考》“懸瓠”條：

《郡縣志》：蔡州治城，古懸瓠城也。汝水屈曲，形若垂瓠，故城取名焉。……《水經注》：汝水東逕懸瓠城北……城之西北，汝水枝別左出，西北流，又屈西東轉，又西南會汝，形若垂瓠。①

王伯厚此條所引郡縣志，即上引之《元和郡縣圖志》，其實《郡縣志》亦襲取酈《注》而變化文字耳。即此條伯厚下文所引之《水經注》（汝水注），其實亦取酈《注》之意而非全文録取，蓋古人引文如此；而其引録《元和郡縣圖志》後又引《水經注》者，亦以後文補充前文耳。要之，伯厚此條，亦反映懸瓠城蓋以汝水枝别之奇特屈曲而得名也。

（9）《資治通鑑》卷一〇一晉哀帝興寧二年（364）《紀》：

夏，四月甲辰，燕李洪攻許昌、汝南，敗晉兵於懸瓠。胡三省（身之，1230—1302）注：“《水經注》曰：懸瓠城，汝南郡治也。城之西北，汝水枝别左出，西北流；又屈西東轉；又西南會汝，形如垂瓠，因以名城。”②

此條胡身之所引《水經注》，與《元和郡縣圖志》《太平寰宇記》等同，蓋亦襲録自其所見之酈《注》也。

（10）同書卷一二五宋文帝元嘉二十七年（450）《紀》：

春，二月，“豫州刺史南平王鑠鎮壽陽，遣左軍行參軍陳憲行汝南郡事，守懸瓠。”胡《注》：“《水經注》：汝水自汝南上蔡縣東，逕懸瓠城北。今豫州刺史、汝南郡治。汝水枝别左出，西北流；又屈西東轉；又西南會汝，形若懸瓠，故以名城。”③

---

① 見《通鑑地理通釋》（《文淵閣四庫全書》本臺灣商務印書館景印1986年版，第312册）卷一三葉一四（第194上頁）。

② 見《資治通鑑》校點本（古籍出版社1956年版）卷一〇一晉哀帝興寧二年《紀》（第3194～3195頁）。

③ 《資治通鑒》校點本，第3938頁；惟此處之標點符號，未盡依校點本《通鑑》。

此條與上條同，亦胡身之所見之《水經注》原文大意也。

（11）胡三省《通鑑釋文辨誤》卷七《通鑑》一百四十七目“魏邢巒乘勝長驅至懸瓠因度汝水圍其城”條：

> 余按，汝（水）……又東逕懸瓠城北，汝水枝别左出，西北流，又屈西東轉，又西南會汝，形若懸瓠，城因名焉。①

胡身之此條所引，亦《水經注》原文，其“屈西東轉”，當爲“屈而東轉”，此楊守敬《疏》已言之②；而最堪注意者，厥爲“城因名焉”一句，此句與朱《箋》之作“城北名焉”，最爲相似；其重點，則在“名焉”二字。

以上選取自酈善長《水經注》以後，朱謀㙔《水經注箋》以前諸典籍之引用酈《注》原文者（古人引用原文，非必一字不易，但取其大意耳），可證諸家所見之《汝水注》原文，其叙懸瓠城之得名，正因汝水枝别之特殊流程，故“城因名焉”（或“城以名焉”）。而“城因名焉”之語，正總結《汝水注》上文之叙汝水枝别流程之特殊形貌，形若懸瓠。故趙誠夫（戴東原襲趙）之改“焉”作“馬”，蓋未審酈《注》原文語氣連貫，實誤改也。

## 五、結　語

以上從外證、内證及旁證三方面，以證《水經注》卷二一《汝水注》懸瓠城之得名，實由汝水枝别圍繞而流，形似瓠瓜以致，即酈《注》所謂“城之西北，汝水枝别左出，西北流”；又屈而東轉；“又西南會汝，形若懸瓠”故也。雖然，主力仍在内證，故三者比例不均，内證部分尤多，有腹大便便之象，亦無可如何也。要之，酈善長叙此汝水枝别之奇特流程後，謂此懸瓠之受名，其來有自，故引“耆彦云”以佐實。蓋善長於地貌有异，或地名有典故者，必加詮釋；有未能確定者，則每曰“所未詳也”，具見其謹慎之態；而耆彦云云、“名焉”等用詞，在酈《注》全書中，所在多有，不勝枚舉。故《汝水注》原文“城北名焉”之“焉”字不誤，其所誤者，反在“北”字也。

朱謀㙔“疑注文有誤，不敢妄改，故作爲《箋》”③，故朱《箋》此處保留不誤之“焉”及已訛之“北”，無愧顧炎武（寧人，1613—1682）之譽其爲“三百年來一部

① 見《通鑑釋文辨誤》（《文淵閣四庫全書》本臺灣商務印書館景印1986年版，第312册）卷七葉六（第359下頁）。

② 參楊守敬《疏》（見《水經注疏》點校本，第1776頁）。

③ 此三句爲張慕騫、毛春翔語，見陳橋驛《酈學札記》，“三百年來一部書”（第10頁）。

書”也。① 然鬱儀之於“城北名焉”此句，以爲“北”乃“比”之訛，謂酈《注》原文“疑作‘城比名焉’”,② 實未達一間。蓋所誤者，非“焉”字，乃“北”字；而“北”又“以”字之訛，酈《注》原文當作“城以名焉”。

雖然，“字經三寫，烏焉成馬”③；此善長所謂“傳寫書誤，字繆舛真”④，“蓋字狀致謬耳”⑤。然趙誠夫反謂“若如《箋》說，正不知作何等語也”⑥。遂改“焉”作“馬”，反不思朱《箋》之判“城北名焉”爲“城比名焉”，其關鍵在“北”（或“比”）而不在“焉”；若細思朱《箋》之“比”，易“以”字更佳，則上下文語意完足矣。戴東原不依《永樂大典》本之本作“焉”，反謂“近刻訛作‘焉’”⑦，襲趙，亦改“焉”作“馬”（此亦戴襲趙鐵證之一）。至楊、熊師徒，又未細察善長於地名之有特异稱謂者，必有解釋（縱未確定，善長亦云“所未詳也”，具見其謹慎之態）；故亦謂“朱‘馬’訛作‘焉’”⑧。迨近人陳橋驛參校三十五種版本⑨，然於《汝水注》懸瓠城之得名，亦未及細考，蓋惑於趙、戴之改“焉”作“馬”，一仍戴校之誤。雖然，以上所舉，皆酈學名家，偶有所失，亦智者千慮耳；蓋酈善長《水經注》，“誠宇宙未有之奇書”⑩，後之校勘研究者，實難求全責備也。



2016 年 10 月 4 日草成，

2017 年 3 月 15 日後續有修改，

4 月 12 日暫畢

---

① “三百年來一部書”，語出閻若璩（百詩，1636—1704）《古文尚書疏證》卷六下，謂“壬子（1672）冬，客太原，顧寧人向余稱，朱謀㙔《水經注箋》，爲三百年一部書”（見《文淵閣四庫全書》本，臺灣商務印書館景印 1986 年版，第 66 册，第 359 下頁）；又參陳橋驛《酈學札記》“三百年來一部書”（第 10 頁）。

② 見朱謀㙔《水經注箋》卷二一。

③ 此語見劉獻廷（繼莊，1648—1695）《廣陽雜記》（汪北平、夏志和標點，中華書局 1957 年版）卷四“予意黄鶴樓”條（第 194 ~ 195 頁）。

④ 見《水經注》點校本卷一六《穀水注》，《經》“穀水出弘農黽池縣南墦冢林穀陽谷”，酈《注》（第 319 頁）。

⑤ 見《水經注》點校本卷一〇《濁漳水注》，《經》“又東北過扶柳縣北，又東北過信都縣西”，酈《注》（第 221 頁）。

⑥ 見《水經注刊誤》卷八（《水經注釋》，第 2772 頁）。

⑦ 《水經注》點校本，戴校語（第 409 頁）。

⑧ 見點校本《水經注疏》卷二一（第 1776 頁）。

⑨ 陳橋驛之《水經注校證》“參校版本共三十五種”，見氏著《水經注論叢·自序》（第 5 頁）。

⑩ 劉獻廷《廣陽雜記》卷四“酈道元博極群書”條，謂酈《注》“片語隻字，妙絶古今，誠宇宙未有之奇書也”（第 197 頁）；參陳橋驛《〈水經注〉的地理學資料與地理學方法》，載氏著《〈水經注〉研究》（天津古籍出版社 1985 年版），第 7 頁。

# 唐代《元和郡縣圖志》史源考析

蕭錦華

**摘要：**唐初魏王李泰率領府僚文士編成的地理總志巨著《括地志》并《序略》五百五十五卷，早在宋室南渡時已散佚，現僅存留諸佚文輯本。中唐名相李吉甫所編《元和郡縣圖志》四十二卷却較完整地傳留下來，是現存唯一一部唐人編纂的當代總志。其體例以十道方鎮爲綱，府州縣爲目，成爲歷代總志編纂的藍本。李吉甫監修國史，掌握兵部職方的地圖圖經和史館的檔案資料及古今史志，故《元和郡縣圖志》徵引文獻達百餘種，更有采摭他書檔案而未加標明者，官修的權威總志《括地志》當然是其中之一。取賀次君點校的《元和郡縣圖志》《括地志》輯本及近人補訂的兩志内容進行文本比較分析，顯示前志有關府州沿革、治所、縣及縣内山川、湖澤、關塞、宫城、倉橋、亭臺、陵墓等古迹位置和沿革等多方面的大部分内容，都沿襲了後志内容，但所載府州户數、鄉數、貢賦及八到等内容非源自後志。不過，《括地志》已載及四至甚至八到内容，《通典》的州郡四至八到體例可能本諸此志，《元和郡縣圖志》的八到體例也源自此志。李吉甫常參考其他史志文獻和古老傳説，斟酌取捨《括地志》内容，但沿襲此志有關縣、山川、湖澤及古迹的位置及沿革的記載時，没有顧及諸縣治所在此志成書以後的遷徙情況，以致所沿襲的地理内容往往違離元和時代的實況。所以，研究唐代史地的學者宜重新審視《元和郡縣圖志》有關記載的年代性，或可考慮使用所沿襲《括地志》内容，恢復唐初地方行政地理和自然地理的狀況。嚴耕望教授推測《元和郡縣圖志》因抄襲舊地志而産生失實内容，《括地志》正是這類舊志之一。

**關鍵詞：**《元和郡縣圖志》　《括地志》　唐地理總志之史料來源與内容年代　唐地理總志之體例與闕逸情況　唐地理總志之傳襲關係

**作者簡介：**蕭錦華，香港中文大學歷史系高級講師

# 一、引言：有關《元和郡縣圖志》内容所屬年代之近人研究回顧

唐憲宗朝元和八年（813），宰相李吉甫爲讓朝廷清楚掌握全國各地方鎮的財政及軍事形勢，撰成了一部篇幅宏大、内容詳贍的全國地理總志——《元和郡縣圖志》。關於圖志内容所屬的年代，學者賀次君指出，李吉甫志在恢復唐初舊土，故所編《元和郡縣圖志》以貞觀十三年《大簿》規劃的十道爲綱領，配合元和時代四十七個方鎮的圖志内容，使循名核實，因而認爲圖志不算是元和時代實際控制的疆域地志，衹以當代年號命名。① 何珍如、黄圭、梁允麟、陳素清、馮榮光等學者大抵沿襲賀氏的説法。②



然而，嚴耕望、史念海、藤田純子、王文楚、鄒逸麟、吕志毅、楊正泰、李志庭、黄永年、李文才等大多數學者，都主張圖志所載唐朝疆域、行政區劃及政治、社會、經濟狀況，如朝廷對地方的支配、藩鎮防區的割據及各州的户數、鄉數等情況，都主要是屬於元和時代，反映了當時的疆域景象。③ 其中嚴耕望、王文楚、鄒逸麟、楊正泰四位學者及日本學者平岡武夫，又指出圖志中關於州縣的隸屬、廢置、縣治所位置及地名的

① 〔唐〕李吉甫撰，賀次君點校：《元和郡縣圖志》上册《前言》（賀次君執筆），中華書局1983年版，第1～2頁。

② 何珍如：《李吉甫的〈元和郡縣圖志〉》，《文史知識》1985年第4期；黄圭：《唐代地理學熱的興起與〈元和郡縣圖志〉》，《文史雜志》1992年第3期；梁允麟：《〈元和郡縣圖志〉中的嶺南地理》，《廣東史志》1998年第1期；陳素清、馮榮光：《李吉甫與〈元和郡縣圖志〉》，《四川圖書館學報》2003年第4期。

③ 嚴耕望：《中古時代幾部重要地理書：第二講〈元和志〉與〈寰宇記〉》，《漢學研究通訊》1985年第4卷第4期；史念海：《兩唐書地理志互勘》，《禹貢月刊》1935年第3卷第5期；史念海：《唐代的地理學和歷史地理學》，收入氏著《唐代歷史地理研究》，中國社會科學出版社1998年版，第9、21頁；藤田純子：《唐末の行政地理書〈元和郡縣圖志〉の編纂事情》，《鷹陵史學》1976年第2卷；王文楚、鄒逸麟：《我國現存最早一部地理總志——〈元和郡縣志〉》，《歷史地理》1981年創刊號；吕志毅：《李吉甫及其〈元和郡縣圖志〉》，《河北大學學報（哲學社會科學版）》1984年第2期；楊正泰：《中國歷史地理要籍介紹》，四川人民出版社1987年版，第88頁；倉修良主編：《中國史學名著評介》第1卷《元和郡縣圖志》（李志庭執筆），山東教育出版社1990年，第527頁；黄永年：《唐史史料學》，上海書店出版社2002年版，第92頁；李文才：《試論〈元和郡縣圖志〉的成就及特點》，《江蘇科技大學學報（社會科學版）》2006年第1期。

一些記載，都屬於元和之前的情況，尤其部分郡縣沿革衹叙述到唐初，跟圖志所謂元和時代的郡縣體制不符。① 所以，本文嘗試深入考察《元和郡縣圖志》的史料來源，尤其分析圖志沿襲太宗朝魏王李泰等所編《括地志》記載的背景、原因及具體内容，從而説明《元和郡縣圖志》部分内容的時代性、體例淵源，以及其内容過時失實的問題。



## 二、《元和郡縣圖志》之編纂背景與體例内容

《元和郡縣圖志》編撰者李吉甫（758—814）出生於安史之亂之後，是憲宗中興時期的名相。在中晚唐時代，藩鎮割據一方，坐擁軍事財政大權，往往違命中央，互相攻伐，甚至彼此聯合起來叛唐。唐朝屢圖削弱藩鎮，終未成功。自憲宗元和二年（807）起，李吉甫先後兩度擔任宰相，其間又曾出鎮淮南，深刻體會到中央政權衰微和地方政治腐敗的困局。② 所以，他希望透過圖籍的編纂，達到協助朝廷加强對地方控制，鞏固中央政權的政治目的。在《元和郡縣圖志·序》中，李吉甫透露了編纂此志的意圖：



> 况古今言地理者凡數十家，尚古遠者或搜古而略今，采謡俗者多傳疑而失實，飾州邦而叙人物，因丘墓而徵鬼神，流於异端，莫切根要，至於丘壤山川，攻守利害，本於地理者，皆略而不書，將何以佐明王扼天下之吭，制群生之命，收地保勢勝之利，示形束壤制之端，此微臣之所以精研，聖后之所宜周覽也。③

可見李吉甫編修此志，是供憲宗掌握全國各地的民生經濟命脉和山川戰略形勝，俾便全面控制地方，統馭各道藩鎮。李吉甫編志之前，便曾繪製地圖，向憲宗陳述河北的險要形勢，而頗見效用。《新唐書·李栖筠附李吉甫傳》載：

> 田季安疾甚，吉甫請任薛平爲義成節度使，以重兵控邢、洺，因圖上河北險要所在，帝張於浴堂門壁，每議河北事，必指吉甫曰："朕日按圖，信如卿料矣。"④

---

① ［日］平岡武夫、市原亨吉：《唐代的行政地理》之《序説》，上海古籍出版社 1989 年版，第 8 頁；前引王文楚、鄒逸麟論文，第 234 頁；嚴耕望論文，第 206 頁；楊正泰書，第 92 ~ 93 頁。

② 《舊唐書》卷一四至一五《憲宗紀》上下、卷一五〇《李吉甫傳》，中華書局 1975 年版，第 414 ~ 451、3992 ~ 3997 頁；《新唐書》卷七《憲宗紀》、卷一四六《李栖筠附李吉甫傳》，中華書局 1975 年版，第 207 ~ 214、4735 ~ 4744 頁。

③ 《元和郡縣圖志》上册《序》，第 2 頁。

④ 《新唐書·李栖筠附李吉甫傳》，第 4742 頁。

所以，在李吉甫死後，憲宗還敕令吉甫兒子呈獻他所繪製的淮西地圖。① 由此觀之，圖文并茂的《元和郡縣圖志》，必然有助於憲宗瞭解各方藩鎮的地理形勢，有效制裁跋扈藩鎮。

李吉甫在元和八年（813）二月向憲宗呈獻《元和郡縣圖志》，然後在翌年十月離世之前，又對圖志内容作了一些補充。② 這圖志本有正文内容凡四十卷，連同目録兩卷，合共四十二卷。③ 圖志内容以十道、四十七個方鎮爲綱，府、州爲目，縣爲子目。各方鎮附圖於篇首，而府目和州目之下分别記州名和天寶年間的郡名，然後是府州等級、户數、鄉數、墾田數、沿革、轄境面積、八到交通、貢賦及管縣等事項。再分述各轄縣，而首縣是州的治所。各縣目之下記載縣的等級與州户距、户數、鄉數、沿革以及縣内山川、湖澤、古迹、風土等内容。④ 其體例成爲以後各朝編修國家地理總志的藍本。《元和郡縣圖志》也是現存僅有的唐人所編當代地理總志，因而成爲研究唐代歷史地理方面最重要的文獻史料。





## 三、《元和郡縣圖志》之闕逸情况與各種版本

早於南宋孝宗淳熙二年（1175），《元和郡縣圖志》的附圖已經亡佚，而志文亦有闕逸，但仍保持原來的卷數。⑤ 南宋末年陳振孫撰《直齋書録解題》卷八仍然記

---

① 《新唐書·李栖筠附李吉甫傳》，第 4743 頁。

② 《舊唐書·憲宗紀下》，第 445、450 頁；〔北宋〕王溥：《唐會要》卷三六《修撰》，中華書局 1955 年版，第 661 頁。此外，〔清〕永瑢等撰《四庫全書總目》卷六八《史部·地理類一》指："書中更置宥州一條，乃在元和九年。蓋其事爲吉甫所經畫，故書成之後，又自續入之也。"（中華書局 1965 年版，第 595 頁）今從其説。

③ 關於圖志的名稱和卷數，《舊唐書·憲宗紀下》記元和八年二月："宰相李吉甫進所撰《元和郡國圖》三十卷……又爲《十道州郡圖》五十四卷。"（第 445 頁）同書《李吉甫傳》却記"爲五十四卷，號爲《元和郡國圖》"（第 3997 頁）。《新唐書》卷五八《藝文志二》亦記"李吉甫《元和郡縣圖志》五十四卷"（第 1506 頁）。《唐會要·修撰》則載"撰《元和州縣郡國圖》三十卷"，又"分天下諸鎮絶域，山川險易故事，各寫其圖於篇首，爲五十四卷，號爲《元和郡國圖》"（第 661 頁）。但李吉甫在《元和郡縣圖志》序中介紹圖志"起京兆府，盡隴右道，凡四十七鎮，成四十卷。每鎮皆圖在篇首，冠於叙事之前，并目録兩卷，總四十二卷"（第 2 頁）。今從李吉甫之説。

④ 關於州目之下的地名，學者平岡武夫認爲是郡名（平岡氏等：《唐代的行政地理》之《序説》，第 7 頁），但何珍如、靳生禾及李志庭主張是州治所，即州治所縣的名稱（前引何珍如論文，第 58 頁；《中國史學名著評介》第 1 卷《元和郡縣圖志》（李志庭執筆），第 522 頁；靳生禾：《中國歷史地理文獻概論》，山西人民出版社 1987 年版，第 162 頁）。四人都没有提出立論的根據。今檢《通典》（中華書局 1988 年版）卷一七一至一八四《州郡典》一至一四所載郡或府名，跟圖志的州目之下的地名完全相同，可知州目下的地名是玄宗天寶年間的郡名。

⑤ 《元和郡縣圖志》下册附録"〔南宋〕程大昌撰《元和郡縣圖志跋》"，第 1101 頁。

載着圖志的原來卷數，可見它直到這時仍未闕卷。① 但到了清乾隆五十四年（1789）編成的《四庫全書總目提要》，却記圖志闕失第十九、二十、二十三、二十四、三十五（原訛作二十六）及三十六卷共六卷，而第十八卷則闕其半，第二十五卷亦闕兩頁，已“非宋本之舊矣”。② 可見這時圖志已闕失整六卷及其他卷的部分内容。其後，圖志更佚去目録兩卷。其實，在明成祖永樂六年（1408）編修《永樂大典》時，它已闕失這六卷。清人程晋芳《勉行堂文集》卷五《元和郡縣圖志跋》記：“《元和郡縣圖志》四十卷，缺十九、二十、二十三、二十四、三十五、三十六凡六卷，今《永樂大典》中亦無之，蓋書缺久矣。”③ 可推知這六卷圖志内容大概是在南宋末至明初期間散佚。

據《中國古籍善本書目·史部》統計，中國内地收藏了十四種明清時代手抄善本《元和郡縣圖志》，包括：1. 北京大學圖書館藏明本三十四卷（國家圖書館藏）。2. 明本十七卷。3. 清初本三十四卷。4. 清乾隆三十四年（1769）錢氏通經樓抄、孔繼泰跋本三十四卷。5. 清陳樹華抄、黄丕烈跋、陳鱣校跋并録孫星衍跋本三十四卷。6. 清顧廣圻跋、戈襄校并跋本三十四卷。7. 浙江天一閣文物保管所藏明本八卷（南京圖書館藏）。8. 清初吴焯、丁丙跋本三十四卷。9. 清吴氏拜經樓抄本三十四卷。10. 上海復旦大學圖書館藏清趙氏小山堂抄本三十四卷（上海圖書館藏）。11. 清李文藻校并跋、周嘉猷跋本三十四卷。12. 清本三十四卷。13. 北京中國科學院圖書館藏清本三十四卷。14. 湖北省圖書館藏清本三十四卷。④ 至於《元和郡縣圖志》的刻印本，共有五種：1. 清乾隆三十八年（1773）清高宗輯《武英殿聚珍版書》刻本（廣雅書局 1899 年版）；2. 清嘉慶元年（1796）孫星衍輯《岱南閣叢書》刻本（據蘭陵孫氏刊本影印，上海博古齋 1924 年版）；3. 清光緒五年（1879）王灝刻《畿輔叢書》刻本（收入王雲五編《叢書集成初編》第 3084～3095 册，上海商務印書館 1937 年版）；4. 清光緒六年（1880）金陵書局刻本，以及近人賀次君點校本（中華書局 1983 年版）。

賀次君指出，金陵書局本以清抄本爲祖本，仔細校勘，又汲取武英殿刊本的優點，兼具抄本和殿本的長處，故優勝於其他刊本。所以，賀氏以金陵書局本爲底本，參證清抄本及兩《唐書》、《唐會要》、《通典》、《太平寰宇記》及《輿地紀勝》等文獻記載，點校《元和郡縣圖志》。賀氏點校本還參考并收録了周夢棠、繆荃孫及張駒賢等對圖志補輯的目録、逸文及考證，充分汲取了清代學者的缜密補訂成果，再加以增訂。⑤ 所





① 《元和郡縣圖志》下册附録，第 1104 頁。

② 《元和郡縣圖志》下册附録，第 1104 頁。

③ 《元和郡縣圖志》下册附録，第 1107 頁。

④ 中國古籍善本書目編輯委員會編：《中國古籍善本書目·史部》上册卷一〇《地理類一》，上海古籍出版社 1993 年版，第 721～723 頁。

⑤ 《元和郡縣圖志》上册《點校説明》，第 1～2 頁。

以，賀氏點校本是現存内容最完整、最接近圖志原貌的校刊本。抑且，其點校本出版以後，學者又陸續撰文改正補訂其中訛脱、衍誤、誤校及漏校之處，使其内容更爲正確、完備。①



## 四、《元和郡縣圖志》之史料來源

就前述《元和郡縣圖志》記載不少前代地理狀況的現象，大抵可從唐代地方圖志的編纂發展和圖志的史料來源兩方面入手，探究其原因。學者指出唐朝的對外關係迅速發展，國家以驛制爲中心的交通網絡日益發達，所掌握的國内外地理知識也逐漸進步。但唐中葉以後，在貴族官僚政治之下，科舉及第的文人官僚日增，均田制和租庸調制及以此制爲基礎的府兵制却逐漸被破壞，導致募兵制的産生。安史之亂以後，國内更出現政治權力動摇、莊園興盛發展及兩税法誕生等種種顯著變化。隨着這些政治和財政的演變發展，朝廷需要經常掌握地方的地理狀況，於是在完善的交通網絡的基礎之上，設立了地方定期修撰圖經的制度，規定府州每三年一造地圖，與版籍一起送呈兵部職方郎中掌管。至德宗建中元年（780），又規定州縣若無興廢或山川變移，每五年一造地圖送呈兵部。這些地圖又稱“圖經”，載有説明地圖的文字内容，屬於郡縣治圖、都會圖及官衙圖之類，草具地方志的性質。從玄宗尤其德宗、憲宗的中興時代起，地方府州製作了大量地方圖經，如《開元圖經》《西州圖經》《京西京北圖經》等。諸圖經的内容以地理現狀爲重心，叙述跟統治有關的事物，還促成風俗記、風土記及地方總志等反映各時代地理狀況的地理書産生。一些學者便認爲憲宗時代李吉甫編的《元和郡縣圖志》，繼承了漢、魏以來尤其盛唐、中唐時代的圖經的體例和内容，主要記載當時府州縣的方位和道里數等地理狀況，追溯諸地名的淵源，而特别叙述與統治有關的地方事物，如公



① 例如，劉錦文校正《元和郡縣圖志》（簡稱圖志）“勝州榆林郡”條 2 處誤載；張偉然校正圖志“昭州”條 2 處斷句訛誤，又補正有關湖北、湖南兩省地理内容的誤校和漏校凡 24 處；劉晨曦校正圖志“嵐州嵐谷縣”條 1 處點校錯誤；喬鳳岐和蕭守庫校正圖志“陝州”條 2 處失誤；鄭燊哲校正圖志“懷州修武縣”條 1 處點校錯誤；李銀良校正圖志“許州鄢陵縣”條 1 處誤載；劉振剛校正圖志“朔州馬邑縣”“河中府解縣”兩條的失校和誤校各 1 處；胡世明校正圖志“河南府新安縣”條 1 處衍誤。（參見劉錦文《〈元和郡縣圖志〉正誤一則》，《人文雜志》1985 年第 4 期；張偉然《〈元和郡縣圖志〉誤校“昭潭”》，《中國歷史地理論叢》1991 年第 3 期；張偉然《〈元和郡縣圖志〉兩湖部分校勘補正》，《古籍整理研究學刊》1993 年第 3 期；劉晨曦《〈元和郡縣圖志〉標點正誤一則》，《中國史研究》2005 年第 4 期；喬鳳岐、蕭守庫《〈元和郡縣圖志〉勘誤一則》，《中國歷史地理論叢》2006 年第 2 期；鄭燊哲《〈元和郡縣圖志〉賀次君點校版誤校一則》，《唐都學刊》2011 年第 5 期；李銀良《〈元和郡縣圖志〉勘誤一則》，《中國史研究》2013 年第 3 期；劉振剛《中華書局版〈元和郡縣圖志〉點校疑誤》，《中國地方志》2016 年第 1 期；胡世明《〈元和郡縣圖志〉校勘一則》，《中國歷史地理論叢》2016 年第 4 期。）

廨、墾田數、賦税等内容，供統治者參考。《元和郡縣圖志》還沿襲了《漢書·地理志》以來諸正史地理志和六朝以來地方總志等疆域地理志的體例，而加以擴充。①

唐朝設史館修史，徵集大量中央和地方官署的檔案資料，包括地理類的史料。例如，户部所報州縣廢置及地震、流水泛濫等資料，鴻臚寺所呈外國的風土、道里的記録，以及中書省和兵部所進蕃夷入寇來降的報告。史館又收藏前朝諸史、本朝國史及地理志書，以備修史之用。② 憲宗元和二年（807）起，李吉甫先後兩任宰相，而從元和六年（811）正月起更兼職監修國史，直至九年（814）十月病卒而止。③ 所以，他一直掌握和利用兵部職方郎中所掌管的圖經，以及史館所藏古今正史和各種地方志，包括地方總志及中央與地方的地理檔案等各類史料、修史撰述，因而著作甚豐。據兩《唐書》本傳及《新唐書·藝文志》記載，李吉甫著作包括：《一行易注》（卷亡）、《元和百司舉要》一卷、《古今説苑》十一卷、《一行傳》一卷、《李吉甫集》二十卷、《古今文集略》二十卷、《國朝哀策文》四卷、《梁大同古銘記》一卷、《麗則集》五卷、《類表》五十卷、監修《順宗實録》五卷、《六代略》三十卷、《十道圖》十卷、《古今地名》三卷、《删水經》十卷、《元和國計簿》十卷、《元和郡縣圖志》五十四卷及《淮西圖》。④ 一些學者便推測李吉甫是在其所著《六代略》《十道圖》《古今地名》《删水經》《元和國計簿》等史地文獻的基礎上，編撰成《元和郡縣圖志》。⑤ 事實上，《元和郡縣圖志》的史料取材範圍確實相當廣泛，學者統計圖志明記徵引的文獻多達百餘種，包括儒家經典、先秦諸子、前代史籍、詩賦書箋、奏章表疏、碑文注釋等，而其中徵引的地理類著作包括圖經和地方志，便占近五十種，部分著作更是《舊唐書·經籍志》





---

① 前引王文楚、鄒逸麟論文，第 231 ~ 232 頁；［日］青木正兒：《關於唐宋之地方志》，收入馬導源譯《日本漢學研究論文集》，臺灣中華叢書編審委員會，1960 年，第 106 ~ 107 頁；［日］青山定雄：《唐宋時代の交通と地志地圖の研究》，東京吉川弘文館 1969 年版，第 448 ~ 449、456 ~ 462、506 ~ 507 頁；華林甫：《〈元和郡縣志〉的地名學研究》，《北京社會科學》1999 年第 2 期；劉曉溪：《唐代地志考論》，吉林大學 2007 年碩士學位論文，第 99 頁。

② 《唐會要》卷六三《史館上·諸司應送史館事例》，第 1089 ~ 1090 頁。關於史館徵集史料的範圍和過程，參見張榮芳《唐代的史館與史官》，東吴大學中國學術著作獎助委員會，1984 年，第 76 ~ 92 頁。林天蔚指出史館所集州縣廢置的資料是來自兵部的職方郎中（氏著：《唐代官修〈括地志〉〈元和郡縣志〉與方志學之長成》，載陶希聖先生九秩榮慶祝壽論文集編輯委員會編《陶希聖先生九秩榮慶祝壽論文集：國史釋論》下册，臺灣食貨出版社 1988 年版，第 456 頁），但《唐會要》明記這類資料是由户部提供，今從會要記載。

③ 《舊唐書·憲宗紀下·李吉甫傳》，第 450、3993 ~ 3996 頁。

④ 《舊唐書·李吉甫傳》，第 3997 頁；《新唐書·藝文志》《新唐書·李栖筠附李吉甫傳》，第 1426、1466、1472、1478、1506、1513、1531、1606、1623、4743 頁。

⑤ 《元和郡縣圖志》上册《前言》，第 2 頁；前引吕志毅論文，第 124 頁；楊正泰書，第 91 頁；高橋稔：《元和郡國志研究》，《東方學》1987 年第 73 輯；林天蔚：《地方文獻研究與分論》，北京圖書館出版社 2006 年版，第 12、28 頁。

《新唐書·藝文志》所未著録的。這些被徵引的文獻都是明記於圖志之中的。至於圖志裏采摭的其他文獻包括官方計帳檔案而没有交代其出處的記載，諒亦不少。① 《括地志》正是其中之一。學者吕志毅、陳素清、馮榮光、何珍如、林天蔚及羅威等，已指出圖志沿用了《括地志》的體例，而嚴耕望、賀次君及楊正泰更認爲圖志采用了《括地志》的記載。② 可惜，學者們都没有討論圖志因襲《括地志》的具體情况。以下筆者嘗試理清《元和郡縣圖志》沿襲《括地志》内容的背景及原因，考察兩志的傳襲情况，進而探討圖志記載内容所屬的年代。

## 五、《元和郡縣圖志》沿襲《括地志》内容之背景及原因

在李吉甫編纂《元和郡縣圖志》之前，地理志編纂的事業已經取得了一定的成就。根據所載内容的地理範圍，當時地理志約可分爲兩類：



第一類總志，即敘述範圍包括全國諸方面的地理總志或圖志，其體例是按行政區劃載述。

第二類專志，即記載全國某方面或個别地區内的各方面或某方面的地理志或圖志，如郭璞《山海經注》、葛洪《西京雜記》及賈耽《吐蕃黄河録》等。③

就記載内容而言，總志扼要而博，專志詳盡而專。《元和郡縣圖志》即屬於總志類，李吉甫大抵側重根據以往編載全國甚至世界地理的地方圖經、正史地志及地方總志等地理文獻的記載，來編纂圖志。其所引《尚書·禹貢》、《漢書·地理志》及

---

① 譚其驤主編：《中國歷代地理學家評傳》第1卷《李吉甫》（史念海、曹爾琴執筆），山東教育出版社1990年版，第283~285頁。此外，羽田亨又以唐伊州地志殘卷記載爲例，論證《元和郡縣圖志》所載開元户數和鄉數等内容，都是采自開元二十八年户部計帳。（氏著：《唐光啓元年寫本沙州伊州地志殘卷考》，收入萬斯年輯譯《唐代文獻叢考》，商務印書館1957年版，第84頁。）

② 《元和郡縣圖志》上册《前言》，第1、3頁；前引吕志毅論文，第125頁；陳素清、馮榮光論文，第75頁；何珍如論文，第60頁；林天蔚書，第11頁；羅威：《〈元和郡縣圖志〉的版本及價值》，《高校圖書館工作》2006年第6期，第55頁；嚴耕望論文，第205頁；楊正泰書，第92頁。此外，鞠繼武考察《括地志》和《元和郡縣圖志》的地名解釋内容，指前志的地名學内容全面包括了《史記》的古地名解釋，而後志的相關内容更爲豐富，認定兩部總志先後標志着唐代地名學發展的重要階段（氏著：《唐代的兩部地名總志——〈括地志〉和〈元和郡縣圖志〉》，《地名叢刊》1989年第6期）。可惜，鞠氏没有察覺到兩志内容的因襲傳承關係。

③ 《舊唐書》卷四六《經籍志上》，第2014~2016頁；《新唐書》卷五八《藝文志二》，第1502~1508頁。上述地理志的分類，參見黄葦等《方志學》，復旦大學出版社1993年版，第23~31頁。

《郡國志》，即其例子。① 根據《舊唐書》之《經籍志》《賈耽傳》、《新唐書·藝文志》、《玉海·地理書》等史志目録記載，在元和八年（813）李吉甫編成圖志以前，已存在至少三十七部載述古今地理的全國性或世界性的圖經及地理志。玆列諸圖志如下表。

元和八年（813）《元和郡縣圖志》編成以前存在之全國性/世界性圖經地志一覽表②

| 時代 | 編撰者 | 圖經/地志名稱③ | 卷數 |
|---|---|---|---|
| 戰國 | 不詳 | 《尚書·禹貢篇》 | 1 |
| 後漢 | 班固 | 《漢書·地理志》 | 2 |
| 西晉 | 不詳 | 《晉太康土地記》 | 5（舊志）/10（新志） |
| 西晉 | 不詳 | 《太康州郡縣名》 | 5 |
| 晉 | 周處 | 《風土記》 | 10 |
| 南朝宋 | 劉澄之 | 《地理志書鈔》 | 10 |
| 南朝齊 | 鄧基、陸澄 | 《地理志》 | 150 |
| 南朝梁 | 任昉 | 《地記》 | 252 |
| 南朝梁 | 西晉司馬彪撰、南朝梁劉昭注 | 《後漢書·郡國志》 | 5 |
| 南朝梁 | 沈約 | 《宋書·州郡志》 | 4 |
| 南朝梁 | 蕭子顯 | 《南齊書·州郡志》 | 2 |
| 南朝陳 | 顧野王 | 《輿地志》 | 30 |
| 北魏 | 闞駰 | 《十三州志》 | 14 |
| 北魏 | 不詳 | 《後魏諸州記》 | 20 |

① 史念海和曹爾琴便指出《元和郡縣圖志》明記徵引總志《尚書·禹貢》的地方，多達一百五十處，而引用《漢書·地理志》亦有十餘處，可見一斑（譚其驤主編：《中國歷代地理學家評傳》第1卷《李吉甫》，第295頁）。高橋稔又指《太平寰宇記》所引不詳身份唐人編《郡國志》的記載，明顯被《元和郡縣圖志》所引用，而《郡國志》可能是《新唐書·藝文志》所記劉之推撰《郡國志》十卷或《玉海》引述曹大宗所撰《郡國志》二卷。後者乃記載"始於關内終於嶺南"的全國總志。（氏著：《元和郡國志研究》，《東方學》1987年第73輯，第1～15頁。）

② 《舊唐書》卷四六《經籍志上》、卷一三八《賈耽傳》，第2014～2016、3784～3786頁；《新唐書》卷五八《藝文志二》，第1502～1508頁；〔南宋〕王應麟輯：《玉海》卷一五《地理·地理書》，江蘇古籍出版社、上海書店出版社1988年版，第290頁。

③ 若《舊唐書·經籍志》和《新唐書·藝文志》對同一地理書作不同名稱，本表祇列後志所録書名。

（續表）

| 時代 | 編撰者 | 圖經/地志名稱 | 卷數 |
| --- | --- | --- | --- |
| 北齊 | 魏收 | 《魏書·地形志》 | 3 |
| 北周 | 宇文護 | 《周地圖》 | 90（舊志）/130（新志） |
| 隋 | 虞茂 | 《區宇圖》 | 128 |
| 隋 | 郎蔚之 | 《隋圖經集記》 | 100 |
| 隋 | 不詳 | 《諸郡物産土俗記》 | 151 |
| 隋 | 李播 | 《方志圖》 | 不詳 |
| 唐貞觀 | 魏王李泰等 | 《括地志并序略》 | 555 |
| 唐貞觀 | 房玄齡等 | 《晋書·地理志》 | 2 |
| 唐貞觀 | 魏徵等 | 《隋書·地理志》 | 3 |
| 唐武后朝 | 梁載言 | 《十道志》 | 16 |
| 唐長安四年或稍後 | 不詳 | 《長安四年十道圖》 | 13 |
| 唐開元三年或稍後 | 不詳 | 《開元三年十道圖》 | 10 |
| 唐興元、貞元間 | 賈耽 | 《地圖》 | 10 |
| 唐貞元 | 賈耽 | 《古今郡國縣道四夷述》 | 40 |
| 唐貞元 | 賈耽 | 《貞元十道録》 | 4 |
| 唐貞元 | 賈耽 | 《海内華夷圖》 | 1 |
| 唐元和 | 李吉甫 | 《十道圖》 | 10 |
| 唐元和八年前 | 不詳 | 《郡國志》 | 2/10 |
| 唐 | 劉之推、文括 | 《九州要略》 | 3 |
| 唐 | 不詳 | 《唐新集地理志》 | 9 |
| 不詳 | 不詳 | 《雜記》 | 12 |
| 不詳 | 不詳 | 《雜地志》 | 5 |
| 不詳 | 不詳 | 《職方記》 | 16 |

從上表可見，無論記載唐代以前地理的總志，抑或記述唐代地理的總志，在篇幅内容方面，都無法與唐貞觀時代魏王李泰等所編多達五百五十卷的《括地志》并其《序略》五卷相媲美。據筆者考析，唐初統一全國，政達南北，唐太宗深信朝廷統治全國必須兼采南北兩方的文化制度，故命令兼愛南方文化的兒子魏王李泰，動員出身於南北兩方的文士，按照全國十道的轄州進行分工，疏録各州的地理資料，於貞觀十六年（642）編成巨著《括地志》，使所載全國地理内涵，如《魏王泰上〈括地志〉賜物詔》所稱：

博采方志，得之於舊聞，傍求故老，考之於傳信。內殫九服，外極八荒，憲章是程，規條有序，兼苞戎夏，無遺今古，簡而能周，博而尤要，足以度越前載，垂之不朽。①

可見《括地志》全面載述古今中外、戎夏南北的地理全貌，内容博大周全，規模遠超前代地理志書。

至於《括地志》的體例内容，大抵是按照《貞觀十三年大簿》的户口簿帳爲藍本，以道、州、縣爲綱目，詳述唐初政區的地理沿革、山川形勝、風俗物産、古迹遺址、人物故實及外國風土等多方面内容。② 正因《括地志》的地理内容豐贍，博通"六籍九流，地里蒼雅"③ 的開元朝臣張守節在編撰《史記正義》時，便大量徵引其志作古地理之疏釋，而漢學家崔瑞德（Denis Twitchett）更認定《括地志》在唐代的紜紜地理總志之中享有權威地位。④ 憲宗朝李吉甫編修《元和郡縣圖志》時，自然難免多沿用《括地志》的内容。况且，史載《括地志》是魏王李泰召集著作郎蕭德言、秘書郎顧允及王府記室參軍蔣亞卿、功曹參軍謝偃等衆多僚佐，合力編成；在修志期間，"衛殿供帳，光禄給食，朝士學涉者多被奏追赴"；修志所用文獻資料都來自史館和秘書省，地志編成上呈太宗之後，又獲太宗嘉許賞賜，"且付秘閣"。其後李泰等再編成的《括地志序略》五卷，叙述該地志的編纂由來和綱要内容，并加評論，大抵也收藏於秘閣。⑤ 由此可見，《括地志》是當時一部獲得皇帝和朝臣鼎力支持和高度認可的官修權威地理總志，并成爲後世修志者參考效法的典範。後來李吉甫站在官方立場編修《元和郡縣圖志》，理所當然地沿用這部居於正統地位的地理總志的内容，達到一脉相承的效果。

學者岑仲勉推斷開元時代史臣吴兢和韋述二人在修撰《國史》時，曾參考《括地志》，故《舊唐書·地理志》因大幅沿襲《國史》内容而間接地采用了不少《括地志》

① 〔北宋〕宋敏求編：《唐大詔令集》卷四〇《諸王·睦親》，商務印書館1959年版，第189頁。

② 上述《括地志》的編纂情況與體例内容，參見拙著《論隋唐時代的兩部地理總志：〈區宇圖志〉與〈括地志〉》，《中國文化研究所學報》1997年新第6期；《元和郡縣圖志·前言》上册，第1～2頁。

③ 〔唐〕張守節：《史記正義》序（文淵閣《四庫全書》本），第1頁。

④ Denis Twitchett, *The Writing of Official History under the T'ang*. Cambridge: Cambridge University Press, 1992. p. 228.

⑤ 前引《魏王泰上〈括地志〉賜物詔》，第189頁；《唐會要》卷三六《修撰》，第651頁；《册府元龜》卷二七〇《宗室部·文學》，第3205頁。詳參拙著《論隋唐時代的兩部地理總志：〈區宇圖志〉與〈括地志〉》，第56～59、62～63頁；前引林天蔚論文，第455～457頁。

的記載。① 若岑氏推論無誤，則原本藏於秘閣的《括地志》五百五十卷，最遲在開元時已被送至藏史館，供當時編修《國史》的史官參考。《舊唐書·經籍志·序》透露《經籍志》"録開元盛時四部諸書"，而諸書目主要是根據吴兢和韋述等所記録玄宗開元時代秘閣藏書的《群書四部録》和《古今書録》而編成的。但《經籍志》裏衹記録了《括地志序略》五卷，没有提及五百五十卷的《括地志》。② 這正好證明開元時吴兢等史官在秘閣編撰《群書四部録》和《古今書録》的時候，秘閣所藏的《括地志》已被移送到史館收藏，因而没有被列入這兩部書録的秘閣藏書名單。所以，到了憲宗朝李吉甫監修國史時，便能掌握到史館所藏的《括地志》，據以編纂《元和郡縣圖志》。由於《元和郡縣圖志》大量地沿襲《括地志》内容，因而全志没有對爲數衆多的因襲記載一一説明徵引出處，以致隱藏了大幅沿襲《括地志》的重要事實。

## 六、《元和郡縣圖志》沿襲《括地志》記載之具體情況



《括地志》流傳至宋室南渡時已經亡佚。③ 筆者曾深入考析過此志在清代至今的輯校工作，説明近人賀次君整理的《括地志輯校》是目前最完備的輯校本，并補正了輯校本在引録佚文和校訂上的十五處衍脱訛誤。其他學者亦曾根據諸種文獻對輯本作出補訂。④ 前述《元和郡縣圖志》的最佳點校本，亦出自賀氏之手。不過，如前所述，《元

① 岑仲勉：《〈舊唐書·地理志〉"舊領縣"之表解》，收入氏著《岑仲勉史學論文集》，中華書局1990年版，第562～588頁。

② 《舊唐書》卷四六《經籍志上》、卷一〇二《吴兢傳》《韋述傳》，第1962～1963、1966、2015、3182～3183頁。

③ 〔清〕孫星衍輯：《括地志》序，崇文書局編《正覺樓叢刻》，崇文書局，光緒十六年至二十五年（1890—1899）第一函第二册。

④ 前引拙著《論隋唐時代的兩部地理總志：〈區宇圖志〉與〈括地志〉》，第63～71頁。另外，賀氏《括地志輯校》出版以後，一些學者也指出輯校本存在一些訛誤或漏收《括地志》佚文的問題，而予以補訂。例如，黎活仁指出賀氏輯本録有輯録唐人張楚金撰《翰苑·蕃夷部》中新羅3處、百濟7處、倭國1處的注引《括地志》（簡稱地志）佚文凡11條，以及新美寬編、鈴木隆一補《本邦殘存典籍による輯佚資料集成》續編輯録《慧林音義》引地志佚文7條；華林甫指出賀氏輯本漏收《大藏音義》引地志佚文2條、《資治通鑑》引地志佚文1條；尤德艷指賀氏輯本漏收《玉海》引地志佚文4條、《大事記解題》引地志佚文2條；周録祥指出賀氏輯本所據中華書局點校本《史記》附《正義》引地志解釋古地名的字句，存在19處訛誤疏漏；李南指出其《正義》引地志内容有訛文6處、脱文5處、衍文2處及倒誤、標點、地名錯誤各1處；李賢强又指出賀氏輯本漏收《文房四譜》《元豐九域志》《御定淵鑑類函》《吴郡志》各書所引地志佚文1條。（參黎活仁《賀次君〈括地志輯校〉補遺》，《抖擻》1980年第41期；華林甫《〈括地志〉輯本校讀》，《文獻》1991年第1期；尤德艷《〈括地志〉佚文補輯》，《文獻》2006年第4期；周録祥《〈史記正義〉引〈括地志〉札記》，《韓山師範學院學報》2010年第1期；李南《〈史記正義〉稱引〈括地志〉考辨數則》，《文教資料》2010年第18期；李賢强《〈括地志輯校〉補輯四則》，《中國歷史地理論叢》2014年第4期。）

和郡縣圖志》亦已闕失了六卷有餘的内容。限於兩部地理總志的闕逸情況，將原書全部内容進行對比分析已不可能。所以，這裏嘗試比較賀氏整理的《括地志輯校》（以下簡稱《地志》）和《元和郡縣圖志》（簡稱《圖志》）兩部總志的内容，包括筆者和近人學者對這兩志版本的補訂内容，以窺探《圖志》大幅沿用《地志》的具體情況。

兹以下表統計《圖志》各道的原卷數、現存卷數、闕卷數，《地志》各道的原州/縣數、現存州/縣數、闕縣數，以及兩志各道的相同、略同記載和微异記載，俾便具體分析這兩部總志的沿襲情況。

**《圖志》與《地志》各道存闕内容與兩志相同、略同、微异記載統計綜表**

| 道名 | 《元和郡縣圖志》 | | | 《括地志》 | | | 相同、略同記載 | 微异記載 |
|---|---|---|---|---|---|---|---|---|
| | 原卷數 | 存卷數 | 闕卷數 | 原州/縣數① | 存州/縣數② | 闕縣數 | | |
| 關内 | 4 | 4 | 0 | 24/120 | 18/58 | 62 | 36 | 10 |
| 河南 | 7 | <7 | <1 | 32/188 | 28/126 | 62 | 80 | 22 |
| 河東 | 4 | 4 | 0 | 22/102 | 18/54 | 48 | 23 | 11 |
| 河北 | 4 | <3 | 1 | 33/166 | 23/79 | 87 | 11 | 6 |
| 山南 | 4 | 2 | 2 | 30/135 | 17/38 | 97 | 15 | 5 |
| 淮南 | 1 | 0 | 1 | 14/51 | 12/20 | 31 | 2 | 1 |
| 江南 | 6 | <6 | <1 | 47/193 | 16/29 | 164 | 12 | 4 |
| 劍南 | 3 | 3 | 0 | 45/212 | 11/19 | 193 | 12 | 0 |
| 嶺南 | 5 | 3 | 2 | 59/266 | 1/3 | 263 | 0 | 0 |
| 隴右 | 2 | 2 | 0 | 64/130 | 13/21 | 109 | 11 | 10 |
| 總數 | 40 | 34 | 6 | 370/1563 | 157/447 | 1116 | 202<br>相同：48<br>略同：154 | 69 |

（<：表示《圖志》該道中有一卷出現部分闕逸）

① 《地志》原載各道的州縣數目，參見翁俊雄《唐初政區與人口》，北京師範學院出版社 1990 年版，第 42 ~ 52 頁。

② 《地志》佚文所存州縣數，參見〔唐〕李泰等著，賀次君輯校《括地志輯校》，中華書局 1980 年版。

如上表所示，《圖志》與《地志》共有202條相同和略同的記載。兩志中的“相同記載”是指《圖志》中該條内容跟《地志》佚文内容完全相同，或同於佚文部分内容的記載，共有48條。例如：

1.《地志》卷一《雍州·咸陽縣》：“陽陵，漢景帝陵也，在雍州咸陽縣東四十里。”（《史記·外戚世家》“合葬陽陵”《正義》引，又《孝景本紀》“更以弋陽爲陽陵”《正義》引）（第19頁）

《圖志》卷一《京兆府上·咸陽縣》：“陽陵，景帝陵也，在縣東四十里。”（第14頁）

2.《地志》卷一《雍州·武功縣》：“故斄城，一名武功城，在雍州武功縣西南二十二里。古邰國，后稷所封也，有后稷及姜嫄祠。”（《史記·周本紀》“封於邰”《正義》引，又《通鑑地理通釋》卷四《周都》引）（第25～26頁）

《圖志》卷二《京兆府下·武功縣》：“故斄城，一名武功城，在縣西南二十二里，古邰國也。后稷祠，在縣西南二十二里。姜嫄祠，在縣西南二十二里。”（第33頁）

兩志中的“略同記載”是指《圖志》中該條的部分内容跟《地志》佚文内容相同的記載，共有154條。例如：



1.《地志》卷一《雍州·萬年縣》：“畢原在雍州萬年縣西南二十八里。”（《史記·魏世家》“武王伐紂而高封於畢”《正義》引）（第8頁）

《圖志》卷一《京兆府·萬年縣》：“畢原，在縣西南二十八里。《詩》注云‘畢，終南之道名也’。《書序》云‘周公薨，成王葬於畢’，是也。”（第3頁）

2.《地志》卷三《汴州·陳留縣》：“陳留，汴州縣也，在州東五十里，本漢陳留郡陳留縣地。孟康云留，鄭邑也，後爲陳所并，故曰陳留。臣瓚又按宋有留，彭城留是也；此留屬陳，故曰陳留。”（《史記·項羽本紀》“擊陳留外黄”《正義》引。又《通鑑》卷八《秦二世紀》“去攻陳留”注引首十二字。）（第181頁）

《圖志》卷七《汴州·陳留縣》：“陳留縣，望。西至州五十里。本漢陳留郡陳留縣地，武帝置陳留郡，屬兖州。按：留本鄭邑，後爲陳所并，故曰陳留。又按：彭城亦有留，此留屬陳，故稱陳留。晋爲陳留國。隋開皇三年，分浚儀縣置陳留縣，屬汴州。武德四年屬杞州，今汴州雍丘縣是也。貞觀元年廢杞州，屬汴州。”（第177頁）

細究《圖志》跟《地志》相同和略同的記載内容範圍廣泛，包括：

1. 府州的治所。例如《地志》卷三《宋州·宋城縣》：“宋州外城本漢睢陽縣也。《地理志》云睢陽縣，故宋國也。”（第153頁）《圖志》卷七《宋州·宋城縣》：“宋城縣，望。郭下。漢睢陽縣，屬宋國。”（第180頁）

2. 府州的沿革。例如《地志》卷二《衛州·汲縣》：“紂都朝歌在衛州東北七十三里朝歌故城也。本妹邑，殷王武丁始都之。”（第87頁）《圖志》卷一六《衛州》：“後爲殷都，今州東北七十三里衛縣北界朝歌故城是也。”（第458頁）

3. 屬縣的治所。例如《地志》卷一《涇州·鶉觚縣》：“陰密故城在涇州鶉觚縣西，其東接縣城，即古密國也。”（第41頁）《圖志》卷三《涇州·靈臺縣》：“今縣理西陰密故城，東接縣城，即古密國之地是也。”（第56頁）

4. 屬縣的沿革。例如《地志》卷一《雍州·長安縣》：“按史傳所載長安之名舊矣。又盧綰封之初，項羽未滅，蓋長安得名，非始於漢，但未詳所在耳。及高祖入關，乃取長安以名縣也。”（第9頁）《圖志》卷一《京兆府·長安縣》：“本秦舊縣。初，楚懷王封項羽爲長安侯，則長安久矣，非始於漢，但未詳所在耳。及高帝五年入關，復置長安縣，乃取舊名以名縣也。”（第4頁）

5. 縣内山川。例如《地志》卷一《雍州·雲陽縣》：“甘泉山一名石鼓原，俗名磨石嶺，在雍州雲陽縣西北九十里。《關中記》云：‘甘泉宮在甘泉山上。年代久遠，無復甘泉之名，失其實也。’”（第16頁）《圖志》卷一《京兆府·雲陽縣》：“甘泉山，一名磨石嶺，在縣西北九十里，周回六十里。”（第11頁）

6. 縣内湖澤。例如《地志》卷三《鄭州·管城縣》：“圃田澤在鄭州管城縣東三里。《周禮》云豫州藪曰圃田也。”（第175頁）《圖志》卷八《鄭州·管城縣》：“圃田澤，縣東三里。”（第203頁）

7. 關塞。例如《地志》卷四《商州·商洛縣》：“故武關在商州商洛縣東九十里。春秋時少習也，杜預云少習，商縣武關也。”（第201頁）《圖志闕卷逸文》卷一《商州·商洛縣》：“武關，在縣東九十里，即少習也。”（第1047頁）

8. 宫城。例如《地志》卷一《雍州·長安縣》：“按今縣界兼有周鎬京及杜伯國之地。鎬京在今縣治西北十八里鎬池是……周武王宫即鎬京也。”（第9～10頁）《圖志》卷一《京兆府·長安縣》：“周武王宫，即鎬京也，在縣西北十八里。”（第5頁）

9. 倉橋。例如《地志》卷一《雍州·咸陽縣》：“渭橋本名横橋，架渭水上，在雍州咸陽縣東南二十二里。細柳倉在雍州咸陽縣西南二十里也。”（第18頁）《圖志》卷一《京兆府·咸陽縣》：“細柳倉，在縣西南二十里，漢舊倉也。……中渭橋，在縣東南二十二里。本名横橋，駕渭水上。”（第13～14頁）

10. 亭臺。例如《地志》卷三《陝州·桃林縣》：“曹陽故亭一名好陽亭，在陝州桃林縣東南十四里，即章邯殺周文處。”（第113頁）《圖志》卷六《陝州·靈寶縣》：“曹陽亭，在縣東南十四里。陳涉使周文西入秦，秦使章邯擊破之，殺文於曹陽，即此地也。後曹公改爲好陽。”（第159頁）又如《地志》卷三《鄭州·滎澤縣》：“故王宫在鄭州滎澤縣西北十五里王宫城中。《左傳》云晋文公敗楚於城濮，至於衡雍，作王宫於踐土也。按王（城）［宫］則所作在踐土，城内東北隅有踐土臺，東去衡雍三十餘里也。”（第177頁）《圖志》卷八《鄭州·滎澤縣》：“踐土臺，故王宫，縣西北十五里。《左傳》晋文公作王宫於踐土，即此也。”（第204頁）

11. 陵墓。例如《地志》卷一《雍州·咸陽縣》：“長陵在雍州咸陽縣東三十里。……周公墓在雍州咸陽北十三里畢原上。蕭何墓在雍州咸陽縣東北三十七里。”（第19頁）《圖志》卷一《京兆府・咸陽縣》：“漢長陵，在縣東三十里，高帝陵也。……周公墓，在縣北十三里。蕭何墓，在縣東北三十七里。”（第14～15頁）

古代地理志書記載縣治所和縣内山川、湖澤及古迹的位置，分别是以縣治與府州治所的方向里距，以及山川、湖澤及古迹與縣治所的方向里距來表示的。在這方面，《圖志》跟《地志》佚文的記載往往完全相同，不差一里。而且，在文字載述方面，也很相似甚至完全相同。由此可見，《圖志》在諸方面大幅沿用了《地志》的内容。據上表的統計結果顯示，《圖志》沿襲《地志》的記載，以縣治所及縣内山川、湖澤及種種古迹等方面的内容居多。這大抵是由於賀次君輯本及其他輯本所輯録的《地志》佚文，主要是來自張守節《史記正義》及唐宋兩代的類書，而諸書主要引用《地志》有關唐初諸縣治所并縣内的山川湖澤及古迹等方面記載，來疏釋古地古迹的地理位置，故取自《正義》和類書的《地志》輯本佚文跟《圖志》内容比較，自然得出《圖志》多沿襲《地志》這些方面内容的偏頗結論。由此看來，《圖志》大抵是廣泛沿用了《地志》有關府州的治所及沿革、屬縣的治所及沿革，并縣内山川、湖澤及種種古迹等多方面的記載。

再觀《圖志》所載府州的等級、户數、鄉數、墾田、轄境、貢賦，屬縣等級、户數、鄉數等方面的内容，大都是屬於開元以來尤其是元和年代的狀況，很少載及唐初的情況。而且，《地志》佚文也没有這些方面的記載，可推知《圖志》所載諸方面的内容并非都源自《地志》。李吉甫爲協助憲宗瞭解當時全國各地的財政經濟狀況，在編修《圖志》之前，已經跟史官一起編成《元和國計簿》十卷，上呈憲宗。計簿雖然已經亡佚，但《圖志・序》稱計簿“審户口之豐耗”，而《舊唐書・李吉甫傳》又謂它“録當時户賦兵籍”①，可知計簿是一部根據户籍和户部計帳等政府檔案及地理史志記録當時全國府州縣的户口、兵籍、貢賦、徭役及田數等財政軍事要項内容的簿籍。所以，上述《圖志》所載府州縣的行政等級、户口、墾田及貢賦經濟等多方面的内容，很可能是采用了此計簿的記載。至於《圖志》所載府州的“八到”，即古代地理志所載府州跟兩京及鄰近四周的州郡的方向里距來標示府州位置及對外交通的“四至八到”，《地志》祇載及《圖志》中的房州、黎州、河州、洮州、甘州、伊州、戎州等七州跟京師或他州的方向里距，却没有全面記載七州的八到，而且都跟《圖志》所載的方距不同②，《圖志》也没有記載戎州的方距。由此推知，《圖志》所載府州的

① 《元和郡縣圖志》上册《序》，第2頁；《舊唐書・李吉甫傳》，第3997頁。

② 《括地志輯校》，第202、207、222～224、226、229頁；《史記》卷二三《禮書一》“楚分而爲四參”注《正義》引《地志》文，中華書局1959年版，第1165頁；《元和郡縣圖志》上下册，第545、767、790、821、989、997、1021、1029頁。

八到大抵都不是沿襲《地志》的記載。不過，從《地志》所載上述七州跟京師及他州的方距記載來看，《地志》的體例很可能包括了府州的四至八到，或至少記載了州與京師及四至（東、南、西、北四面）的里距。杜佑《通典·州郡典》所載府郡目下的四至八到的體例，很可能是源自《地志》。换言之，《圖志》的八到體例，大抵是繼承《地志》和《通典·州郡典》的體例，并正式將這種以方向里距標示府州位置的方法，定名爲“八到”。若是如此，一些學者主張《圖志》最早創設“八到”體例的説法①，便與事實不符。

再考察上表所示兩部總志中的“微异記載”。這類記載指《圖志》中該條内容跟《地志》佚文内容相近的記載，衹是其中的細節如某地的方位或里距，稍异於《地志》佚文。這類記載共有69條，例如：

1.《地志》卷一《雍州·雲陽縣》：“雲陽，雍州縣。秦之林光宫，漢之甘泉，在雍州雲陽縣北八十里。”（《史記·匈奴列傳》“自九原至雲陽”《正義》引）

“雲陽故城在雍州雲陽縣西（北）八十里，秦始皇甘泉宫在焉。”（《史記·秦始皇本紀》“非死雲陽”《正義》引。按據《史記·封禪書》，《正義》補“北”字）（第16頁）

《圖志》卷一《京兆府·雲陽縣》：“漢雲陽故縣，在縣西北八十里。雲陽宫，即秦之林光宫，漢之甘泉宫，在縣西北八十里甘泉山上。”（第11～12頁）

2.《地志》卷三《洛州·陽城縣》：“嵩高山亦名太室山，亦名外方山，在洛州陽城縣北二十三里也。”（《史記·夏本紀》“熊耳外方”《正義》引，又《史記·封禪書》“中岳嵩高也”《正義》引。按《封禪書》，《正義》引作“西北二十三里”誤）（第172頁）《圖志》卷五《河南府·告成縣》：“嵩高山，在縣西北三十三里。”（第139頁）

《圖志》跟《地志》的“微异記載”的原來面貌，頗可能是相同的，衹是由於《史記正義》、唐宋類書或《圖志》在沿用《地志》記載的過程之中，或者在引用後的傳抄刻印過程之中，出現錯訛衍脱的毛病，以致兩部總志的傳襲内容稍异。這類微异記載就像前述兩志的相同記載、略同記載一樣，主要見於《圖志》有關屬縣的治所、沿革及縣内山川、湖澤、關塞、宫城、倉橋、亭臺、陵墓古迹等多方面的内容之中，這進一步印證了《圖志》在這些方面廣泛沿用了《地志》的内容。

但如前所述，賀次君等學者所整理《地志》輯本的佚文，都主要是輯自《史記正

① 前引王文楚、鄒逸麟論文，第232頁；何珍如論文，第59頁；林天蔚論文，第462頁；譚其驤主編：《中國歷代地理學家評傳》第1卷《李吉甫》（史念海、曹爾琴執筆），第300頁；倉修良主編：《中國史學名著評介》第1卷《元和郡縣圖志》（李志庭執筆），第524頁；靳生禾：《中國歷史地理文獻概論》，第167頁。

義》及唐宋的類書，而諸書都是徵引《括地志》作地理和史事方面的疏證解釋，故輯本佚文其實衹是《地志》原文内容的很小部分。而且，輯本佚文絶大多數是原本内容的片斷記載，并非原文全貌。加上《史記正義》及諸類書因輾轉抄刻而産生了不少錯誤衍脱，令《地志》輯本佚文内容進一步背離原書的面貌。至於《圖志》的四十卷正文，也闕失了六卷之多。《地志》與《圖志》内容的闕逸問題，明顯會導致兩部總志的大量沿襲内容被隱藏起來。從上表所示兩志各部分的闕逸程度和相同、略同記載的分布，也可以看出《圖志》本來沿襲《地志》的大概情況。《圖志》中存卷最多的道依次爲河南道、江南道、關内道、河東道，然後是劍南、嶺南、河北、隴右、山南、淮南等道。觀賀次君的《地志》輯校本所録州縣佚文，恰巧亦是河南道最多，其次是河北道，再次是關内、河東兩道，然後是山南、江南、隴右、淮南、劍南及嶺南等道。再看兩部總志的闕逸情況。《圖志》一共闕去六卷餘内容，其中闕失達一卷或以上的，有河北、山南、淮南及嶺南四道。河南道和江南道亦各有一卷出現部分闕逸情況，但兩道的存卷數目多達六七卷，在篇幅上分别居於全書的首位和次位。其内容闕逸程度明顯不及前述四道嚴重。根據上表所示，《地志》全書原本一共載述了370個州、1563個縣的地理狀況，但賀次君輯本佚文内容衹載及157個州、447個縣，缺載多達213個州、1116個縣，所載及縣數僅占原書的總縣數的28.6%，故輯本佚文整體内容衹占原書内容的很小一部分。賀氏輯本中闕失縣數最多的道是嶺南道，然後依次爲劍南、江南、隴右、山南、河北等道。淮南、河東、關内及河南四道闕逸的縣數，明顯比前述諸道較少。换言之，河南、關内、河東三道内容都是《地志》和《圖志》中最完整詳盡的部分，比較接近原書面貌，其内容比較結果也應當較爲準確。上表顯示兩志的河南道内容出現多達80條相同和略同記載，居於十道之冠。其次爲關内道内容，有36條；再次爲河東道，有23條。其餘諸道的相同和略同記載都明顯較少。若將微异記載也計算在内，諸道的相同相類記載的分布仍舊不變，河南道多達102條，關内道有46條，河東道有34條。兩部總志中内容較完整的三道部分，出現較多的相同相類記載，而闕逸嚴重的諸道部分有較少這類記載。這樣的記載分布現象，一定程度上顯示《圖志》本來全面地沿用《地志》各道的内容，衹是受到兩志的書卷闕逸問題影響，未能充分展示兩志的密切傳襲關係。

另一方面，筆者檢得《圖志》跟《地志》的“截然不同”記載凡47條，它們都是采自其他文獻史料，跟《括地志》記載完全不同。例如：

1.《地志》卷一《雍州·萬年縣》：“終南山，一名中南山，一名太一山，一名南山，一名橘山，一名楚山，一名泰山，一名周南山，一名地脯山，在雍州萬年縣南五十里。”（《史記·夏本紀》“終南敦物”《正義》引。又宋王應麟《詩地理考》卷二《終南》、卷三《南山》引作“終南山，一名南山”）（第8頁）

《圖志》卷一《京兆府·萬年縣》："終南山，在縣南五十里。按經傳所說，終南山一名太一，亦名中南。據張衡《西京賦》云'終南、太一，隆崛崔崒'。潘岳《西征賦》云'九嵕、巀嶭，太一、巃嵸，面終南而背雲陽，跨平原而連嶓冢'。然則終南、太一，非一山也。"（第3頁）

2.《地志》卷三《洛州·洛陽縣》："洛陽故城在洛州洛陽縣東北二十六里，周公所築，即成周也。《輿地志》云：'以周地在王城東，故曰東周。敬王避子朝之亂，自洛邑東居此。以其迫厄不受王都，故壞翟泉而廣之。'"（《史記·周本紀》"以封武王少弟"《正義》引）"洛陽故城在洛州洛陽縣東北二十六里，周公所築，即成周城也。《輿地志》云：'成周之地，秦莊襄王以爲洛陽縣，三川守理之。後漢都洛陽，改爲"雒"，漢以火德，忌水，故去"洛"旁"水"而加"隹"。魏於行次爲土，土，水之忌也，水得土而流，土得水而柔，故除"隹"而加"水"。'"（《史記·項羽本紀》"故立申陽爲河南王都洛陽"《正義》引）"洛陽故城在洛州洛陽（城）［縣］東［北］二十六里，周公所築，即成周城也。《尚書》［序］曰'成周既成，遷殷頑民'。《帝王世紀》云居邶、鄘［衛］之衆。"（《史記·劉敬叔孫通列傳》"乃營成周洛邑"《正義》引）（第168～169頁）

《圖志》卷五《河南府·洛陽縣》：

> 故洛陽城，在縣東二十里。按華延儁《洛陽記》云："洛陽城東西七里，南北九里。洛陽城內宮殿、臺觀、府藏、寺舍，凡有一萬一千二百一十九（門）［間］。自劉曜入洛，元帝渡江，官署里閭，鞠爲茂草。後魏孝文帝太和十七年，幸洛陽，巡故宮，遂咏《黍離》之詩，爲之流涕。觀《石經》。仍定遷都，而經始洛京。十九年九月，新都始立，於是六宮文武，盡遷洛陽。"（第131頁）

從兩部總志中這類互異的內容來看，李吉甫在編纂《圖志》時，并非毫無保留地沿襲《地志》內容，而是經常參考其他史志文獻和古老傳說，斟酌取捨，有時甚至根據更可靠的文獻史料修正《地志》的說法。

## 七、《元和郡縣圖志》部分記載的年代問題

其實，李吉甫在沿用《括地志》記載編纂《元和郡縣圖志》的過程中，亦顧及貞觀十六年（642）《地志》成書以後直到元和年代（806—820）的地方行政地理的變化，但主要限於府、州、縣名的變易和州、縣隸屬的變革。例如，《圖志》沿襲《地志》記載時，往往把唐初的府、州、縣名稱和州縣的隸屬更正過來，使之符合當時元和時代的

地理現況。① 但《圖志》的一些部分也不免沿襲了元和之前的舊府、州、縣名稱，而没有把它們更正過來。② 可幸這類弊病并不常見。事實上，唐代行政地理的變化并不限於府、州、縣名的更改和州縣隸屬的變易，還包括府、州、縣的治所遷移。有關府、州轄縣内的山川、湖澤及古迹跟縣治所的方向里距，以及縣治所跟所屬府州治所的方向里距的記載，是學者考證古代地理包括府、州、縣的治所位置的重要指標。在古代，山川湖澤及古迹的位置是較少變遷的，但府、州、縣的隸屬及其治所的位置，經常改遷。隨着府、州、縣治所的遷移，標示所在山川、湖澤、古迹及府、州、縣自身位置的方向里距，就像府、州的四至八到一樣，必然相應地改變。可是，李吉甫在沿用《地志》有關諸縣内的山川、湖澤、古迹與縣治所的方向里距位置的記載時，往往忽略了諸地所在的縣治所於《地志》成書以後的遷移情況。這些州縣治所的變遷，使《圖志》所沿襲《地志》有關唐初諸地的方向里距位置的内容，不切合元和時代的地理實況。在李吉甫所沿用《地志》的地方記載之中，確實有不少地方的所在縣治所於貞觀十六年《地志》成書以後出現遷移甚至多次變遷的情況，以致元和時代該地方縣治所的位置，跟唐初时的位置截然不同。兹略舉《圖志》所載貞觀十六年以後三個縣治所遷移的史例如下：



1.《圖志》卷二《京兆府·好畤縣》："武德二年分醴泉縣置，因漢舊名，屬雍州。三年，改屬稷州。貞觀元年廢魏州，復屬雍州。二十一年於廢上宜縣置好畤縣，今縣理是也。"（第33頁）可知貞觀二十一年（647）好畤縣治所從舊醴泉縣遷移至廢上宜縣，後維持不變直至元和年代。

2.《圖志》卷五《河南府·汜水縣》："西南至府一百八十里。……貞觀七年移鄭州於管城，以縣屬焉。顯慶二年，改屬河南府……開元二十九年，自虎牢城移於今理。"（第146頁）可知開元二十九年（741）汜水縣治所從虎牢城移至河南府東北一百八十里，後維持不變直到元和年代。

3.《圖志》卷九《泗州·徐城縣》："東至州五十里。……梁於此置高平郡及高平縣，隋開皇十八年改爲徐城縣，屬泗州，理大徐城，大業四年移於今理。"（第232頁）可見吉甫以爲元和年代當時的徐城縣治所仍然是在隋大業四年（608）遷移的地點，一直没有改變。但檢《舊唐書》卷三八《地理志一·泗州徐城縣》記："隋爲徐城縣，屬

① 《元和郡縣圖志》改正府州名稱的載例，有蔡州、興元府等，上册第239～243、559頁；改正縣名的載例，有實鷄縣、靈臺縣、真寧縣、龍泉縣、靈寶縣、平陸縣、宿遷縣、乾封縣、延唐縣等，上册第42～43、56～57、65～66、103、159～160、231、267頁，下册第713頁；改正州縣隸屬的載例，有河南府汜水縣，陜州安邑縣，宿州苻離縣，鄆州東阿縣、平陰縣，登州文登縣，磁州武安縣等，上册第146、160、229、261～262、312、435頁。

② 例如，《元和郡縣圖志》卷二一《襄州》記載"臨漢縣"，便是過去天寶至貞元年間的縣名，上册第529頁。

泗州，治於大徐城。開元二十五年，移就臨淮縣。”（第1445頁）可知《圖志》忽略了開元二十五年（737）起徐城縣徙治臨淮縣的變化，誤記元和時代的徐城縣治所仍然置於隋代的大徐城。

由此觀之，《元和郡縣圖志》所載府州縣内的山川、湖澤及諸古迹跟縣治所的方向里距位置，以及縣治所的方位和府、州的八到，都不一定是屬於元和年代的地理實況，或者可以上溯至唐初時期，學者必須細加考究。易言之，過往研究唐代歷史地理的學者經常根據《圖志》内容論述中唐時期尤其元和時代的地理狀况，至今應當重新審視有關内容記載的年代性。過去一些學者指《圖志》存有不少元和時代以前的地理記載，而兩志文本比較分析正進一步説明了這類舊時記載不少是源自唐初編成的《括地志》。從《圖志》保留了《地志》所載大量唐初地理内容的結論來看，學者或可嘗試審慎地使用《圖志》中沿襲《地志》的地理内容，更詳細地考察唐初地方州縣的行政地理和自然地理。



## 八、小　結



唐初太宗貞觀十六年（642），魏王李泰與其府僚文士編成唐朝的首部全國地理總志《括地志》，復撰成其志《序略》，凡五百五十五卷。此志繼承了以往地理總志的體例，以唐初十道的州縣行政區劃爲綱，敘述全國政區沿革乃至山川古迹等多方面的地理沿革情況，兼記外國地理風俗。至中唐憲宗元和八年（813），宰相李吉甫爲讓憲宗掌握全國方鎮的財政、軍事形勢，又編成另一部地理總志《元和郡縣圖志》，凡四十二卷。其内容以十道諸方鎮爲綱，府、州、縣爲目，在府、州目下分别列記州名和天寶年間的郡名或府名，然後是府州的等級、户數、鄉數、墾田、沿革、轄境面積、八到交通、貢賦及管縣等事項。各縣目下又記縣等級與州方向里距、户數、鄉數、沿革及縣内山川、湖澤、古迹等地理内容。其志的體例成爲以後歷代編修地理總志的藍本。《括地志》早在宋室南渡時已經散佚，現僅存佚文輯本，而《元和郡縣圖志》則較完整地保存下來，衹闕去目録、六卷多正文及各鎮附圖，因此成爲現存僅有的唐人編纂當代地理總志，更是研究唐代歷史地理方面的最重要文獻史料。

在元和時代，李吉甫既爲宰相，又監修國史，故能掌握兵部職方所管地圖和圖經、史館所藏中央和地方的地理檔案資料，以及古今史書地志。所以，李吉甫的著作甚豐，而其《元和郡縣圖志》的取材範圍亦相當廣泛。此志徵引的著述多達百餘種，而采摭他書及檔案未加標明的記載亦頗多。《括地志》即其中之一。《括地志》編成後，先後藏於秘閣和史館，其篇幅遠比當時任何地理志書宏大，内容備載古今，加上是由魏王召集朝廷官員利用官方資源編成的官修地志，并獲太宗嘉許，誠爲初唐時代最具參考價值的權威地理總志。所以，李吉甫在編修《元和郡縣圖志》的過程中，大量沿用《括地志》

的記載。從現存《元和郡縣圖志》與《括地志》輯本佚文的文本内容比較分析，筆者發現前志在府州沿革、治所、縣及其内山川、湖澤乃至關塞、宫城、倉橋、亭臺、陵墓等古迹的位置和沿革等方面的記載，亦即此志的大部分内容，大量沿襲了後志内容，衹是没有清楚説明其出處。筆者考察統計兩志的相同記載凡48條，略同記載多達154條，稍微不同而推測原本相同的記載亦達69條。事實上，現存《括地志》輯本佚文主要是輯自《史記正義》及唐宋類書，而諸書都徵引《括地志》作地理和史事方面的疏證解釋，故所引内容衹占《括地志》原文内容的很少部分，而且引文大都是原文的片斷内容，并非原文全貌。而且，《史記正義》等書因輾轉抄刻而引致不少錯誤衍脱，難免使所引《括地志》佚文更脱離原貌。再顧及《元和郡縣圖志》已闕失數卷，上述筆者考得《元和郡縣圖志》和《括地志》佚文的相同相類記載，無疑僅是兩志的沿襲内容整體的一小部分，可推知《元和郡縣圖志》中還有更多記載是源自《括地志》。兩志沿襲内容的範圍主要涉及府州沿革、治所、縣、山川、湖澤及古迹的位置和沿革等方面，但《元和郡縣圖志》所載府州户數、鄉數、貢賦及八到等諸項内容，非源自《括地志》。從現存《括地志》佚文載及州跟京師的方向里距及其四至的情況來看，《括地志》大抵已具體備載四至甚至八到的交通位置内容。《通典·州郡典》所記州郡四至八到的體例，可能是本諸《括地志》。學者稱許《元和郡縣圖志》首創八到一目，殊不知其體例實源自《括地志》。



李吉甫在編撰《元和郡縣圖志》過程中，并非毫無保留地沿襲《括地志》，而是經常參考其他史志文獻和古老傳説，斟酌取捨《括地志》的記載。筆者發現《元和郡縣圖志》中有至少47處記載是源自其他文獻史料，异於《括地志》的記載。可惜，李吉甫在沿襲《括地志》的内容時，往往忽略了當時府州縣地方行政地理變化的一個重要方面——縣治所的遷徙。他在采用《括地志》有關縣、山川、湖澤及古迹的位置及沿革的記載時，并没有顧及諸縣治所在《括地志》成書以後的遷徙情況。事實上，不少縣治所都曾經因種種緣故而發生過一次甚至多次的變遷，到了中唐元和時代已不再置於唐初舊地。所以，《元和郡縣圖志》中沿用《括地志》這些舊縣治所的記載，往往違離了元和時代的行政地理實況。過往研究唐代史地的學者經常根據《元和郡縣圖志》論述中唐尤其元和時代的地理狀況，至今應當重新審視有關記載的年代性，甚至可以考慮審慎地運用此志所沿襲大量的《括地志》内容，進一步恢復唐初地方州縣的行政地理和自然地理的面貌。嚴耕望教授曾推測《元和郡縣圖志》因抄襲舊志，導致其中存在一些當時失實的地理記載。本文便指出《括地志》與《元和郡縣圖志》的直接傳襲關係，進一步説明《元和郡縣圖志》中過時失實的地理内容，率多或部分源自《括地志》。

# 橫山之爭——林邑疆域之變遷

鄭永常



**摘要:** 林邑或稱占城（Champa），公元前112年，漢武帝南下，平定交阯，設爲交阯、九真、日南三郡，羈縻而已。42年馬援入交阯平亂後，漢朝統治力量進入，而這裏原是占婆人的活動空間。由於漢朝的實質治理，引來占婆人反抗，自是雙方在日南之地交戰連年。及至10世紀漢族政權退出，此後林邑以“占城”國名出現於史料之中，并經常與安南爭戰不已。《大南一統志》是官修史料，竟是以17世紀時占城的最後根據地藩郎（Panran）爲標的，比附得出日南郡位於今之廣平至富安，象林在富安，而林邑在象林之南。其實中國史籍對於林邑的位置，一直保持比較客觀的描述。漢唐日南郡統治範圍大概至峴港（Da Nang），而位於今廣平與河静交界之橫山（Hoanh Son）經常是雙方争戰場域。由於安南獨立後一直向南征戰，15世紀中占婆人衹留下藩郎一地，而占婆人從來没有忘記北方的原鄉，1481年占城使者來明朝求封時，還請求“諭交人退還本國全境之地二十七處，四府、一州、二十二縣，東至東海，南至占臘，西至黎人山，北至阿木喇補，凡三千五百餘里”。阿木喇補（Amaravati）即廣南以北地區。本文主要是考察林邑時期，其國北疆變遷之態勢。

**關鍵詞:** 交阯　林邑　區粟　阿木喇補　橫山

**作者簡介:** 鄭永常，臺灣成功大學歷史系教授（已退休）

## 一、《大南一統志》對林邑勢力範圍的誤導

阮文超（Nguyen Van Sire，號方亭，1799—1872）是19世紀中期越南有名的學者，特別是他的地志學影響深遠。方亭先生逝世28年後（即1900年），越南出版他的遺著《大越地輿全篇》，著者在平定省說：

> 平定蓋秦象郡、漢日南之地。漢本爲林邑，更號環王國，後爲占城都闍槃城。安南黎聖尊親征，克其城，以其地置懷仁府，領蓬山、符離、綏遠三縣，隸廣南承宣。國初太祖嘉裕皇帝肇基南服，改懷仁府爲歸仁府（仍屬廣南營）。①



阮文超的說法成爲越南學者的定論。如官修於1909年的《大南一統志》也受其誤導，且更完整呈現越南中圻各省的歷史志書，爲了突顯越人侵吞占婆人土地的合理性，編者高春育（Cao Xuan Duc）在平定省的“建置沿革”中說：

> 古越裳氏地，秦爲林邑縣，屬象郡。漢爲象林縣，屬日南郡。後漢順帝永和二年，郡人功曹區憐（一作連）殺縣令據其地自稱林邑王。隋大業元年平林邑，置冲州，尋改爲林邑郡，統縣四（象浦、金山、江南、南極）。唐貞觀初改曰林州，領縣三（林邑、金龍、海界）。貞元末廢爲占城闍槃、施耐（占婆二城名）之地。安南黎鴻德元年征占，克其城，拓地至石碑山（今屬富安）。分爲蓬山、符離、綏遠三縣，置懷仁府。隸廣南承宣……（黎莊尊弘定三年）改爲歸仁府。②

歸仁府的主要海港爲“施耐海汛”，也稱歸仁港，位於綏福縣東。③ 在施耐海汛西北方，有一座“闍槃廢城”，位於綏遠縣和符離縣界，周圍六十餘里，古占城王都。④ 也

---

① ［越］阮文超：《方亭地志類》，《大越地輿全篇》卷三（成泰庚子1900年季秋新鐫），第11～12頁。

② ［越］高春育等編修：《大南一統志》卷九，東京印度支那研究會影印，1941年，總第1071～1073頁。

③ ［越］高春育等編修：《大南一統志》，總第1125頁。

④ ［越］高春育等編修：《大南一統志》，總第1114～1115頁。

就是説，編者把占婆人隋唐時之國都歸屬平定歸仁。參《大南一統志》之“平定省闍槃城、施耐海口位置圖”①。

這幅平定省圖和“建置沿革”論述，將施耐港與闍槃城連結一起，再加上編者在“施耐海汛”編輯了黎太宗（Li Thai Ton）太和四年（1446）“與占人戰，大破之。乘勝直抵施耐海口，進圍闍槃城，擒其主賁該。聖尊鴻德年間征占城，拔施耐城，擒其主茶仝”②。這説法不符歷史事實。③ 越南學者將不同時期同一地名、城名交織一起，便使歷史脉絡淩亂了，也看不出真實的歷史進程。越南地志纂修者有一概念，即林邑或占城在象林之南，占城17世紀時最後的根據地在富安石碑山以南的藩郎（Panran）。然後用今之里數比附得出“西捲當在今之廣平，比景當在今承天、廣治，盧容當在今廣南、升平以南至廣義，象林當在今平定富安”④。如果依照《大南一統志》的説法，東漢時漢朝勢力已抵達今越南平定之歸仁港，在這以南是林邑（占婆）的勢力範圍。參《大南一統志》之“19世紀越南全圖”⑤。

不過中國古籍對於林邑的地理位置，一直保持比較客觀而保守的描述。對於漢唐時日南郡或安南勢力範圍，中國史書從未將其越過峴港（Da Nang）。秦與西漢不説，當時交阯、九真、日南三郡屬於羈縻性質，到了東漢馬援入交阯後，北部納入東漢版圖，且作實質治理，當時的日南郡設有五縣：“朱吾，比景，盧容，西捲，象林。”⑥ 盧容港即順安汛，是中國第一國際港口⑦，在東漢“交州刺史部”地理圖中，很清楚地列出朱吾、比景、西捲、盧容四縣的位置，而象林縣不列，顯然處於不穩定的狀態。象林以南是林邑（占婆），其國都在廣南峴港西南林邑浦。參《中國歷史地圖集》東漢之“交州刺史部”⑧。

馬援入交阯，究竟最南至何處？無史料記載，所謂設“象林縣”也是虚有其表，未幾象林縣林邑國反，漢朝勢力大概衹到順化之盧容海口。關於林邑國，《南史》有更細緻的描述：

> 林邑國，本漢日南郡象林縣，古越裳界也。伏波將軍馬援開南境，置此

① 原圖見《大南一統志》，平定省闍槃城、施耐海口位置圖，總第1607頁。筆者按：論文集因篇幅關係，本文所有附圖及圖内説明，從缺。

② ［越］高春育等編修：《大南一統志》，總第1126頁。

③ 詳參鄭永常：《新州港地理位置考》，收入《國家航海》2016年第17輯，第163～183頁。

④ ［越］高春育等編修：《大南一統志》，總第1162頁。

⑤ 見《大南一統志》，總第37頁。

⑥ 〔東漢〕班固撰：《漢書》，“中研院”史語所漢籍電子文獻資料庫，1997年，總第1630頁。

⑦ 詳參鄭永常《日南與交阯：五世紀前中國第一個國際貿易港市》，收入劉石吉等主編《海洋文化論集》，臺灣中山大學人文社會科學研究中心，2010年，第87～112頁。

⑧ 見譚其驤主編《中國歷史地圖集》第二册，中國地圖出版社1996年版，第63～64頁。

> 縣。其地從廣可六百里，城去海百二十里，去日南南界四百餘里，北接九德郡。其南界，水步道二百餘里，有西圖夷亦稱王。馬援所植二銅柱，表漢家界處也。其國有金山，石皆赤色，其中生金。金夜則出飛，狀如螢火。又出玳瑁、貝齒、古貝、沉木香。古貝者，樹名也，其華成時如鵝毳，抽其緒紡之以作布，布與紵布不殊。亦染成五色，織爲斑布。沉木香者，土人斫斷，積以歲年，朽爛而心節獨在，置水中則沉，故名曰沉香，次浮者棧香。①

這是廣南與廣義地區，地接今天的老撾，也是占婆人的根據地，自古以來都是稀有土産和珍品的貿易場所。② 馬援南征，結果挑起占婆人不斷的鬥争。從東漢至隋唐，雙方争戰不已，很明顯占婆人要索回横山以南的土地，這也是林邑不斷挑起戰争的原因。誠如《舊唐書》所説：

> 其林邑，即日南郡之象林縣。縣在南，故曰日南，郡南界四百里。後漢時，中原喪亂，象林縣人區連殺縣令，自稱林邑王。後有范熊者，代區連，相傳累世，遂爲林邑國。其地皆開北户以向日。晋武時，范氏入貢。東晋末，范攻陷日南郡，告交州刺史朱蕃，求以日南郡北界横山爲界。其後，又陷九真郡。自是，屢寇交阯南界。③



而林邑以“横山爲界”作爲奮鬥的目標，雙方的戰争直至漢族政權退出而停止。

譚其驤主編的《中國歷史地圖集》顯示，中國歷朝歷代控制越南北部期間（前111—939年）并没有把版圖跨越峴港（Da Nang），南北朝時更退至横山以北，隋唐亦是如此。東漢時馬援大軍大概到了隘雲關，下面是峴港大海灣，内陸深不可測，是占婆人的大本營。東漢衹想拿下日南盧容港（順化港），控制北部的對外貿易。④ 也就是説，越南獨立之後，以虚構的日南象林縣界，往南延伸至石碑山（Thach Bi San），以爲馬援銅柱所在，這樣對占城的征戰便成爲理所當然之事情。本文主要是證明中國歷朝歷代控制越南北部時，其勢力衹及順化地區而已，廣南雖時受攻擊，基本仍是占婆人的大

---

① 〔唐〕李延壽：《南史》，“中研院”史語所漢籍電子文獻資料庫，1997年，總第1947～1948頁。

② 參鄭永常《會安興起：廣南日本商埠形成過程》，收入鄭永常編《東亞海域網絡與港市社會》，臺灣里仁書局2015年版，第102～104頁。

③ 〔後晋〕劉昫等撰：《舊唐書》，“中研院”史語所漢籍電子文獻資料庫，1997年，總第1756頁。

④ 詳參鄭永常《日南與交阯：五世紀前中國第一個國際貿易港市》，收入劉石吉等主編《海洋文化論集》，臺灣中山大學人文社會科學研究中心，2010年，第87～112頁。

本營。林邑一直想通過戰爭奪回横山以南之地，因此從192年至939年連年爆發戰争。中國各朝各代爲了維持横山至盧容港的治理，人民與軍隊死傷無算，至撤出越南的統治，戰争又轉移至越人與占婆人身上。參《中國歷史地圖集》南朝齊交州之“九德郡位置圖”，及唐嶺南道西部之“安南都護府圖”。①



## 二、林邑與中國各朝代横山之争

要瞭解10世紀以前占婆人的歷史資料，不得不回頭觀察中國各朝代對越南北部的經略。要説中國古代與鄰近國家的關係，最密切者莫過於越南。在先秦典籍如《禮記》或《墨子》等書中，都有“南撫交趾”② 一語。中原地區對交阯的認知，來自珍寶輸入；如犀牛角、玳瑁甲、象牙、翠羽之類。③ 當秦始皇一統中原，派大軍南征，直指交阯（越南北部），大軍被擋在邊境不得入。秦帝國雖設南海（廣東）、桂林（廣西東）、象郡（廣西西）三郡治理其地，然而越南北部有安陽王（An Duong Vuong）統有其地，秦朝軍隊衹能在諒山（Lang son）一帶駐扎。及至秦朝末年趙佗據南海自立後，纔得以征服交阯，當時也衹是遥領而已。



公元前112年，漢武帝乘勢南下，平定兩廣及交阯，并將交阯分爲交阯、九真、日南三郡。《漢書》謂：“日南郡，户萬五千四百六十，口六萬九千四百八十五。縣五：朱吾，比景，盧容，西捲，象林。”④ 盧容指盧容浦口即順化之順安汛。自是越南北部正式轄屬漢朝，然而交阯三郡初期“猶乃夷俗，不及漢文書”⑤。不過，交阯三郡經歷漢朝幾一百年的羈縻統治，民智大開⑥，對於貪官污吏極爲不滿，因此引致徵側（Trung Trac）和徵貳（Trung Nhi）姊妹起義。⑦ 這事件涉及改土歸流的問題，動亂通常都是因爲以内地方式徵税引起。如果是羈縻政策，土司隨意進貢生産品了事；如是行

① 參見譚其驤主編《中國歷史地圖集》第四册，第33頁；第五册，第72～73頁。

② 高明注譯：《大戴禮記》，“中研院”史語所漢籍電子文獻資料庫，1997年，《少間》，第442頁；孫詒讓著，孫以楷點校：《墨子閒詁》，“中研院”史語所漢籍電子文獻資料庫，1997年，《節用》，第150頁。

③〔南朝宋〕范曄撰，李賢等注：《後漢書》，“中研院”史語所漢籍電子文獻資料庫，1997年，總第142頁，李賢注曰：“武帝時……令諸侯出金助祭，所謂酎金也。丁孚《漢儀式》曰：‘九真、交趾、日南者用犀角二，長九寸，若玳瑁甲一；鬱林用象牙一，長三尺已上，若翠羽各二十，準以當金。’”

④〔東漢〕班固撰：《漢書》，總第1630頁。

⑤〔明〕張鏡心等：《馭交記》，商務印書館1935年版，第5頁。

⑥ 鄭永常：《漢文文學在安南的興替》，臺灣商務印書館1987年版，第27～29頁。

⑦〔南朝宋〕范曄：《後漢書》，“中研院”史語所漢籍電子文獻資料庫，1997年，總第2836頁。

徵税便是編户齊民的方式，這不符合當地的傳統習慣。42 年，東漢光武帝派馬援南下交阯平亂，大軍所過“輒爲郡縣，治城郭，穿渠灌溉，以利其民。條奏《越律》與《漢律》，駁者十餘事。與越人申明舊制，以約束之。”① 一年後馬援“破交阯，斬徵側、徵貳等，餘皆降散。進擊九真賊都陽等，破降之。徙其渠帥三百餘口於零陵。於是領表悉平”②。“徙其渠帥”就是連根拔起，瓦解了當地的傳統結構。自是交阯一地，派官治理，這是中國歷史上第一次對征服地區進行“改土歸流”。

就在平定二徵之亂時，馬援親率“樓船，大小二千餘艘，戰士二萬餘人，進擊九真賊徵側餘黨都羊等，自無功至居風，斬獲五千餘人，嶠南悉平”③。嶠南在何處？并不清楚。馬援銅柱更是衆説紛紜，有説是在横山南壽泠水（靈江）海面上的三個小島上；宋代《新唐書》説在五銅柱山（即富安的石碑山）；周去非《嶺外代答》説在廣東欽州古森洞。④ 而馬司培羅（Georges Maspero）認爲：“大致應屬今之承天府（即順化），又有謂日南之南界爲隘雲山，亦得爲今之廣南省也。”⑤ 隘雲關即海雲關（Hai Van Guan），自古以來是天下第一雄關⑥，以南是林邑的重要根據地。《廣州記》曰：“（馬）援到交阯，立銅柱，爲漢之極界也。”⑦ 而所謂“漢之極界”，也就是占婆人林邑（Lin Yi）之地。林邑是一個受印度文化影響的國家⑧，唐代稱環王（Hoan Vuong），其後稱占城，這些名稱都是中國史書所載的，而占婆人（Cham）自稱占婆（Champa）。筆者認爲馬援大軍曾一度抵達隘雲關，因面對占婆人反擊而罷。

回顧公元前後的歷史情景，今日越南境内主要民族分布，大概爲三大種族：越族在北圻；占族在中圻；高棉族在南圻。占族的生活範圍北至横山，南至賓童龍（Panduranga）⑨，大約在北緯 11 度至 18 度之間。中國史籍載所謂“象林功曹姓區，有子名逵（連）攻其縣，殺令，自號爲王”⑩，這是中國史書的一般説法。區連或區憐（Khu

① “交阯女子徵側及女弟徵貳反，攻没其郡，九真、日南、合浦蠻夷皆應之，寇略嶺外六十餘城，側自立爲王。”見范曄《後漢書》，總第 839 頁。

② 〔南朝宋〕范曄撰：《後漢書》，總第 2836 ~ 2837 頁。

③ 〔南朝宋〕范曄撰：《後漢書》，總第 840 頁。

④ ［越］陶維英著，劉統文譯：《越南古代史》，科學出版社 1959 年版，第 281 ~ 285 頁。

⑤ ［法］馬司培羅著，馮承均譯：《占婆史》，臺灣商務印書館 1973 年版，第 21 頁。

⑥ ［越］高春育等編修，《大南一統志》，總第 175 頁。

⑦ 參〔南朝宋〕范曄撰《後漢書》，總第 840 頁“李賢注”。

⑧ ［法］馬司培羅著，馮承鈞譯：《占婆史》，第 4 ~ 6 頁。

⑨ 賓童龍又名藩籠或稱藩郎、邦都郎（Panran）。案：本文所用的越南地理名稱，爲了行文方便，都以高春育等撰《大南一統志》（東京印度支那研究會影印，1941 年）爲本，即以越南阮朝地名爲根據。

⑩ 〔北魏〕酈道元撰，〔清〕楊守敬、熊會貞疏：《水經注疏》，“中研院”史語所漢籍電子文獻資料庫，1997 年，卷三六《温水》，第 3008 頁。

Lien）於192年建國。這之前，占婆人也許已建立了衆多的部落國家。① 北方的壓力加速了占婆人内部的整合，以對抗外來的力量。這時間距離馬援入交阯有150多年，東漢也强化了對其的統治，特别是東漢的對外貿易，都是以日南爲第一個國際貿易港。② 例如84年"日南徼外蠻夷獻生犀、白雉"③，又131年"日南徼外葉調王便，遣使貢獻，帝賜調便金印紫綬"④。同一時間又有"撣國遣使"⑤ 從日南貢獻，而大秦國（東羅馬帝國）於159年、161年"從日南徼外來獻"⑥。大秦王安敦更在166年"遣使自日南，徼外來獻"⑦。當時一些東羅馬商人"往往至扶南、日南、交趾"⑧ 做買賣，日南的重要國際港口就是盧容浦口。三國吴時康泰《扶南記》曰："從林邑至日南盧容浦口，可二百餘里。從口南出發，往扶南諸國，常從此口出也。"⑨ 换言之，最遲至84年，東漢已將盧容浦口經營起來，至4世紀前，日南國際貿易港的地位比南海（廣州）更爲重要。⑩ 區連於192年建國是經過一百年的生聚教訓形成了林邑國來抵抗北方的壓力。

其實，這些國際貿易機會在漢族人還没有到來時，占婆人便參與此等活動。⑪ 日南貿易港口盧容港，即順化（Hue）之順安海口，《大南一統志》説："順安海汛帆檣輻輳，以通諸夏，左右山源，岩溪糾結，以限諸蠻，險陸相乘，形勢扼塞，水土平善，尤成四方之所會，自古建都之地，未有過於此者也。"⑫ 這種自然地理，自古如此，這裏最有可能是阿摩羅波胝（Amaravati）之區粟城（Indrapura）所在。馬司培羅認爲："其



① 關於占婆是否爲統一王朝的國家，仍然存在一些争議。20世紀初馬司培羅著的《占婆史》認爲占婆是一統一國家，經歷了15個王朝，其後西方學者修正爲"所謂14個王朝"，詳參 Karl－Heinz Golzio（ed.），*Inscription of Campa*（Aachen：Shaker Verlag，2004），pp. Ⅴ～Ⅻ；牛軍凱：《晚期占婆的港口與政治模式》，收入鄭德華、李慶新主編《海洋史研究》2012年第3輯，第250～254頁之"討論"。

② 鄭永常：《日南與交阯：五世紀前中國第一個國際貿易港市》，收入劉石吉等主編《海洋文化論集》，臺灣中山大學人文社會科學研究中心，2010年，第87～119頁。

③ 〔南朝宋〕范曄撰：《後漢書·帝紀第三》，總第145頁。

④ 〔南朝宋〕范曄撰：《後漢書·列傳第七十六》，總第2837頁。

⑤ 〔南朝宋〕范曄撰：《後漢書·帝紀第六》，總第258頁。

⑥ 〔南朝宋〕范曄撰：《後漢書·西域傳第七十八》，總第2922頁。

⑦ 〔唐〕李延壽撰：《南史·列傳第六十八》，"中研院"史語所漢籍電子文獻資料庫，1997年，總第1961頁。

⑧ 〔唐〕姚思廉：《梁書·列傳第四十八》，"中研院"史語所漢籍電子文獻資料庫，1997年，總第798頁。

⑨ 〔北魏〕酈道元撰，〔清〕楊守敬、熊會貞疏：《水經注疏》卷三六《温水》，第3000頁。

⑩ 鄭永常：《日南與交阯：五世紀前中國第一個國際貿易港市》，第87～119頁。

⑪ 鄭樵謂："交趾之南有越裳氏，重三譯而獻白雉。"參見鄭樵《通志》卷三下，"中研院"史語所漢籍電子文獻資料庫，1997年，第50～51頁。

⑫ ［越］高春育等編修：《大南一統志》，總第175～176頁。

國劃爲三區或四區，阿摩羅波胝（Amaravati）爲北區（按即《明史》之阿木喇補），今之廣南者也。”① 蘇繼廎校釋謂：“舊州爲占城國北部，名阿木喇補（Amaravati），在今廣南。其港口名僧伽補羅（Sinhapura），即林邑浦。”② 其實阿摩羅波胝（阿木喇補）不在廣南，是在廣南以北承天府順化地區。③《大南一統志》之“承天府·古迹”條謂：“占王故城：在香水縣月瓢社。世傳占城至所居，號佛誓城，土城遺址猶在……又廣田縣城中社亦有占城遺址，長三百餘丈。”④ 换言之，在順化之香水縣和廣田縣曾建築占婆人王城，號佛誓城（Indrapura），即中國史籍所稱的區粟城，具有印度風格的王城。區粟城并非林邑國都而是副都中心，我們從《宋書》中找到資料，即宋元嘉二十二年（445）：

伐林邑，（宗）慤自奮請行。義恭舉慤有膽勇，乃除振武將軍，爲安西參軍蕭景憲軍副，隨交州刺史檀和之圍區粟城。林邑遣將范毗沙達來救區粟，和之遣偏軍拒之，爲賊所敗。又遣慤，慤乃分軍爲數道，偃旗潛進，討破之，拔區粟，入象浦。林邑王范陽邁傾國來拒，以具裝被象，前後無際，士卒不能當。⑤

當宗慤攻陷區粟城時，再往南入象浦，林邑王“范陽邁傾國來拒，以具裝被象，前後無際”，這裏纔是國都林邑浦。其後順化之區粟城往往成爲北方攻擊摧毁之目標，曾一度被廢弃，因此林邑浦之國都也稱爲 Indrapura（因陀羅補羅/佛誓城）。兩者名稱一樣，前者建在順化，中國史籍稱之爲區粟城；後者建在廣南茶蕎（東陽），越南漢籍稱之爲闍槃，西文中譯常把兩者混淆一起，張冠李戴。

林邑是雙都城國家，林邑浦是國王居所，區粟城是副王所在，一般副王是由王弟或王儲坐陣，以保衛王都。隋大業元年（605），隋朝大軍一度攻陷林邑雙都城：

大業元年正月，軍至海口。林邑王梵志遣兵守險，方擊走之。師次闍黎江，賊據南岸立柵，方盛陳旗幟，擊金鼓，賊懼而潰。既渡江，行三十里，賊乘巨象，四面而至。方以弩射象，象中創，却蹂其陣，王師力戰，賊奔於柵，因攻破之，俘馘萬計。於是濟區粟，度六里，前後逢賊，每戰必擒。進至大緣江，賊據險爲柵，又擊破之。徑馬援銅柱，南行八日，至其國都。林邑王梵志弃城奔海，獲其廟主金

① ［法］馬司培羅著，馮承鈞譯：《占婆史》，臺灣商務印書館1973年版，第11頁。

② 蘇繼廎校釋：《島夷志略校釋》，《中外交通史籍叢刊》，中華書局2009年版，第58頁。

③ 詳參鄭永常《新州港地理位置考》，《國家航海》2016年第17輯第三節之分析。

④ ［越］高春育等編修：《大南一統志》，總第233頁。

⑤〔南朝宋〕沈約撰：《宋書·列傳第三十六》，“中研院”史語所漢籍電子文獻資料庫，1997年，總第1971頁。

人，污其宮室，刻石紀功而還。①

隋軍先攻破區粟城（順化），進至大緣江，大概是指陀瀼（峴港）之俱抵汎或大韓江，再南行八天至其國都林邑浦（廣南茶轎），刻石紀功而回。這場慘烈的戰爭并沒有實質的結果，隋軍“班師，梵志復其故地，遣使謝罪，於是朝貢不絶”②。

不多久戰爭又起，占婆人對於失地有錐心之痛，自東漢馬援平交阯，盧容港爲東漢所有，占婆人的貿易機會被奪去，因而引致區連造反。此時剛好是東漢末年，天下大亂之際，林邑乘機全面反抗，奪回失土。6 世紀中在順化 Dinh – thi 出土的占碑上寫着：“Kandarpapuresvara 神像被土著和外國人摧毁……誰摧毁占婆王的基地，將進入恐怖的地獄中。”③

從 192 年至 348 年間，林邑多次向北進攻，目的是收回横山以南之地。林邑王范文（Fan Wen）“遣使通表入貢於帝，其書皆胡字”④，及至 347 年范文率衆“攻陷日南，害太守夏侯覽，殺五六千人”⑤。原因是海外各國經常携帶“寶物自海路來貿貨，而交州刺史、日南太守多貪利侵侮，十折二三”⑥。所以范文出師“以覽尸祭天，鏟平西捲縣城，遂據日南”，并要求“以日南北鄙横山爲界”⑦。横山是越南中圻與北圻的南北天然交界，無論南方或北方，没有雄厚的軍事能力，不容易逾越。清人盛慶紱《越南地輿圖説》説：“横山在布政縣，近山焦社，接河静省界，自遠迢迢而來，重山峒叠嶂，横亘至海，隱若長城。”⑧ 這個天然屏障，在 1 世紀中葉就被馬援大軍跨過，抵達廣南隘雲山。自此而後，越南中部成爲東漢以後各朝與林邑争戰場所，横山以南是占人的争奪目標，也是印度文化與中國文化在中南半島激烈碰撞的古戰場。參《同慶輿地志》：“天然屏障廣平横山。”⑨





---

① 〔唐〕魏徵、令狐德棻撰：《隋書》，“中研院”史語所漢籍電子文獻資料庫，1997 年，總第 1358 頁。

② 〔唐〕李延壽撰：《北史·列傳第八十三·林邑》，“中研院”史語所漢籍電子文獻資料庫，1997 年，總第 3159 頁。

③ Karl – Heinz Golzio（ed.），*Inscription of Campa*（Aachen：Shaker Verlag，2004），p. 7.

④ 〔唐〕房玄齡等撰：《晋書·列傳第六十七》，總第 2546 頁，“中研院”史語所漢籍電子文獻資料庫，1997 年。馬司培羅謂：“其古碑梵文之善，可知其受印度文化之深。”參見《占婆史》，臺灣商務印書館 1973 年版，第 4 頁。

⑤ 〔唐〕房玄齡等撰：《晋書》，總第 2546 頁。

⑥ 〔唐〕房玄齡等撰：《晋書》，總第 2546 頁。

⑦ 〔唐〕房玄齡等撰：《晋書》，總第 2546 頁。

⑧ 盛慶紱：《越南地輿圖説》，《叢書集成續編》第 245 册（光緒十九年），臺灣新文豐出版社 1989 年版，第 409 頁。

⑨ 見《同慶輿地志》，越南世界出版社 2003 年版，第 281 頁。

## 三、林邑國都的地理位置

東漢以後各朝在越南與林邑的戰爭記録十分豐富，其中有數次直抵林邑都城的記録，借此大概可梳理出其國都的地望方位。一是在359年進攻林邑“於灣分界陰陽圻，入新羅灣，至焉下，一名阿賁浦，入彭龍灣隱避風波，即林邑之海渚”①。“陰陽圻”是指占不勞山或稱岣嶗山（Culao Cham），筆者認爲意思有二：一如《通典》所説“林邑浦外有不勞山，罪人亦送此山，令其自死”②；一指大海的分界，過此便是寬闊而茫茫然的南中國海，驚濤駭浪，陰陽一綫之間。誠如明人黄衷《海語》説：“分水在占城之外羅海中，沙嶼隱隱如門限，延綿横亘不知其幾百里，巨浪拍天，异於常海。”③又明成化二十一年（1485）朝廷派使者往占城册封，“是役也，軍民之在行者千人，物貨太重，而火長又昧於經路，次交趾占壁囉（占不勞），誤觸鐵板沙（萬里長沙）。舶壞二使溺焉，軍民死者十九”④。因此占不勞山外海有“陰陽圻”之稱，其來有自。



新羅灣應指沱瀼（Da－Nang，峴港），這是進入林邑國都阿賁浦的路徑，或從彭龍灣（大占，Dai－Chem）泛口入，即可抵達林邑浦又名僧伽補羅（Sinhapura）。這是林邑國都所在，其都城稱因陀羅補羅（Indrapura），位於東陽（Dong－Duong），在茶轎（Tra－Kieu）附近，這是占婆王國的國都。參《大南一統志》之“林邑國都在廣南茶轎”⑤。其北地方爲阿摩羅波胝（Amaravati）⑥，應該是指峴港之政治軍事中心區粟城，其管轄範圍至横山以南。

《宋書》曾提及，在林邑國都以北有一座區粟城，是防衛北方入侵的城堡。大概在431年，林邑“遣樓船百餘寇九德，入四會浦口，交州刺史阮彌之遣隊主相道生三千人赴討，攻區粟城不克，引還”⑦。“四會浦口”應在廣治的越安海口

① 〔北魏〕酈道元撰，〔清〕楊守敬、熊會貞疏：《水經注疏》卷三六《温水》，第3007頁。

② 〔唐〕杜佑撰：《通典》卷一八八，“中研院”史語所漢籍電子文獻資料庫，1997年，第5091頁。

③ 〔明〕黄衷撰：《海語》，收入《山川風情叢書》之《諸番志外十三種》，上海古籍出版社1993年版，總第594頁。

④ 〔明〕黄衷撰：《海語》，總第594頁。

⑤ 參見［越］高春育等編修《大南一統志》卷五，總第607～608頁。

⑥ ［法］馬司培羅著，馮承鈞譯：《占婆史》，第11頁。

⑦ 〔南朝宋〕沈約：《宋書・列傳第五十七》，“中研院”史語所漢籍電子文獻資料庫，1997年，總第2377頁。

(Cua Viet)①，四會浦口是指四條河流會合的海口，這裏是比較符合的。參《同慶輿地志》之“四會浦口（越安汛）”②。“入四會浦口”意指林邑遣樓船大軍越過盧容浦口攻入越安海口，再攻九德等地。交州刺史遣隊主相道生率領三千人反擊，他們從北方下來，當然要越過四會浦口和盧容浦口，纔能够攻打區粟城，那麽區粟應在順化之香水縣。③



不過相道生并没繼續向南進，至越安汛便引還。446年，交州刺史檀和之隨即“揚旌從四會浦口入郎湖，軍次區粟，進逼圍城，以飛梯雲橋，懸樓登壘，鉦鼓大作，虎士電怒，風烈火揚，城摧衆陷，斬區粟王范扶龍首。十五以上，坑截無赦，樓閣雨血，填尸成觀”④。這是一場激烈而殘酷的戰爭，摧毁了林邑副都區粟城。交州刺史檀和之破區粟後，即“飛旍蓋海，將指典冲。於彭龍灣上鬼塔與林邑大戰，還渡典冲、林邑入浦，令軍大進，持重故也。浦西，即林邑都也”⑤。“飛旍蓋海”是指越過海雲關，跨過峴港灣，直抵典冲、彭龍灣（指秋盆河下游一帶）之占婆廟（鬼塔）附近大戰，乘勝攻入茶轎之林邑浦（國都）。至是，林邑幾乎亡國，其後流亡占婆之扶南人當根純乘勢而起。⑥



上文提及林邑浦外海有占不勞山，而林邑國都就在浦之西。也就是説，破了區粟城纔抵達占不勞山内陸的林邑浦，區粟城在順安海口内地，即順化（Hue）附近。參《同慶輿地志》之“盧容浦口（順安汛）”⑦。隋朝又於605年派劉方攻打林邑，大軍渡過闍黎江，再行三十里攻區粟城，“於是濟區粟，度六里，前後逢賊，每戰必擒。進至大緣江，賊據險爲栅，又擊破之。徑馬援銅柱，南行八日，至其國都”⑧。

---

① 〔後魏〕酈道元《水經注》云：“壽泠水自城南東與盧容水合，東注郎究，究水所積下潭爲湖，謂之郎湖（案：近刻郎訛作狼）。浦口有秦時象郡，墟域猶存，自湖南望，外通壽泠，從郎湖入四會浦。元嘉二十年（443），以林邑頑凶，歷代難化，恃遠負衆，慢威背德。北寶既臻，南金闕貢，乃命偏將與龍驤將軍交州刺史檀和之，陳兵日南，修文服遠。……自四會南入，得盧容浦口。”參《水經注》卷三六《温水》，“中研院”史語所漢籍電子文獻資料庫，1997年，第20－1頁。筆者案：順着盧容浦口南下即可抵達順化之順安汛，這裏是區粟城所在。

② 參見《同慶輿地志》，第292頁。

③ 有學者認爲區粟城在西捲縣治所，今廣治西北面。參陳佳榮等《古代南海地名彙釋》，中華書局1986年版，第173頁。

④ 〔北魏〕酈道元撰：《水經注》卷三六《温水》，第20－1頁。

⑤ 〔北魏〕酈道元撰，〔清〕楊守敬、熊會貞疏：《水經注疏》卷三六，第3007頁。

⑥ 詳參［法］馬司培羅著，馮承鈞譯：《占婆史》，第34～35頁。

⑦ 見《同慶輿地志》，第297頁。

⑧ 〔唐〕魏徵、令狐德棻撰：《隋書·列傳第八十》，“中研院”史語所漢籍電子文獻資料庫，1997年，總第1358頁。

據上述考證區粟城應在順化附近。鄂盧梭（Aurousseau）認爲是在“承天府河之南”①，筆者同意區粟在順化香水縣，那裏有占婆人遺址。但是林邑國都是在廣南之茶轎（東陽）。當時林邑呈現雙城國都格局，即區粟城和林邑都（闍槃城）。兩城的分工似乎是區粟城是重兵防衛的第一重要塞城，所謂“林邑兵器戰具，悉在區粟”② 是也；而林邑都（闍槃城）是國王居所，精鋭防衛的京師。當時闍槃城和佛誓城的名字似仍未出現。而最早出現“區粟”一名是在《林邑記》，謂：“太和三年（229），范文侵交州於横山分界，度比景廟，由門浦至古戰灣。吴赤烏十一年（248）、魏正始九年（248），交州與林邑於灣大戰，初失區粟也，渡盧容縣日南郡之屬縣也。”③

大概早在東晋永和三年（347），林邑便攻占日南，殺太守夏侯覽“以其尸祭天。留日南三年，乃還林邑”④。所謂“留日南三年”即林邑大軍守在九真南部九德縣以南地方，大概在横山一帶，其後由於内部問題退兵回林邑。於是交州刺史朱藩“遣督護劉雄戍日南”，又激起林邑的反抗，派軍收復日南，更進犯九德，遣使要求“願以日南北境横山爲界”，被朱藩拒絶。⑤ 林邑軍“復屯日南”，换句話説，林邑奪回它原來的勢力範圍，此後林邑與東晋及南朝相互攻戰，横山成爲戰争分界。林邑越過横山攻擊九德，東晋有時奪回横山與洞海之間，事實上，東晋和南朝實際已放弃日南。參《中國歷史地圖集》之“東晋林邑勢力範圍”⑥。自交州刺使杜瑗（327—410）卒後，“林邑無歲不寇日南、九德諸郡，殺蕩甚多，交州遂致虚弱”。



## 四、東晋至隋唐林邑勢力範圍

東晋之後，南北分列，南朝雖然仍控制交州，但因面對北方的壓力，不得不削弱交州軍力，因此日南郡經常爲林邑把持，南朝對越北的控制已退至九真。宋元嘉十年（433）林邑借兵扶南（柬埔寨），未獲支持，仍然“上表獻方物，求領交州。詔答以道遠，不許”⑦。可見當時林邑與扶南關係密切，而日南爲林邑所奪纔有領交州的要求，當時交州涵蓋雷州半島範圍。上文提及宋元嘉二十三年（446），刺史檀和之攻破區粟城，於605年隋朝又派劉方攻陷區粟城及林邑國都，直搗林邑，可是大軍并没有留駐，

① 鄂盧梭：《占城史料補遺》，馮承鈞編譯：《西域南海史地考證譯叢乙集》，臺灣商務印書館1972年版，第159頁。

② 〔北魏〕酈道元撰，〔清〕楊守敬、熊會貞疏：《水經注疏》，第2997頁。

③ 〔北魏〕酈道元撰：《水經注》卷三六《温水》，第22－2頁。

④ 〔唐〕姚思廉撰：《梁書》，總第784頁。

⑤ 〔唐〕姚思廉撰：《梁書》，總第785頁。

⑥ 見譚其驤主編《中國歷史地圖集》第四册，第5～6頁。

⑦ 〔南朝宋〕沈約撰：《宋書》，總第2377～2378頁。

摧毀擄掠一番，便班師回朝，日南又重新爲林邑收復，横山再次成爲兩國自然分界綫。衹有南朝宋軍仍守在横山以南一帶，齊之後大軍衹守在横山北，梁、陳也是如此局勢。

到了隋代，劉方一度攻滅林邑國，“以其地爲三郡，置守令，道阻不得通。梵志裒遺衆，别建國邑”①。换言之，隋朝因道路阻隔不通，放弃治理其地，而林邑又重新恢復王朝，勢力範圍涵蓋横山。唐初林邑實際上控有日南之地，一度占領九真郡及屢寇交趾南界。至唐武德（618—626）中，纔來唐朝入貢，然使者“其言不恭，群臣請問罪”，太宗曰：“……朕敢妄議發兵邪？”赦不問。② 可見唐代所謂安南都護府，其南端的勢力範圍衹抵達河静（Ha Tinh）南端的口海汛附近。大概在貞觀十九年（645），林邑大臣摩訶慢多伽篡弑國王范鎮龍，“滅其宗，范姓絶，國人立頭黎壻婆羅門爲王，大臣共廢之，更立頭黎女爲王”③。可是，女王不能安定國家，大臣又共迎頭黎姑子諸葛地爲國王。④ 這次林邑内部的篡改動亂，日南部分難民投靠唐朝，唐朝不得已在驩州南設“僑置林邑郡”⑤ 以羈縻之，非正林邑國。

當時林邑仍然盤踞日南，唐至德（756—758）後，更號環王，甚至控制九真之驩州和愛州，唐衹能掌管交阯一郡（交州）而已。⑥ 參《中國歷史地圖集》唐“嶺南道西部圖”⑦。直至元和（806—820）初，安南都護張舟“執其僞驩、愛州都統，斬三萬級”⑧ 後，纔恢復對九真的治權。而日南一地，自東晋以來，基本上由林邑控制。林邑稱環王後，也稱占不勞或曰占婆⑨，反映占婆人的民族特色越來越重。晚唐已無力控制安南，導致南詔二度入侵。五代之後，安南走向獨立，之後林邑與安南連年戰争。至15 世紀退至賓童龍一帶，已潰不成國。⑩



## 五、結　語

據文獻史料記載，漢末人懷异心，日南象林功曹之子區連“攻其縣，殺令，自號

① 〔北宋〕歐陽修、宋祁撰：《新唐書》，總第 6298 ~ 6299 頁。

② 〔北宋〕歐陽修、宋祁撰：《新唐書》，總第 6298 ~ 6299 頁。

③ 〔北宋〕歐陽修、宋祁撰：《新唐書》，總第 6298 ~ 6299 頁。

④ 〔北宋〕歐陽修、宋祁撰：《新唐書》，總第 6298 ~ 6299 頁。

⑤ 〔後晋〕劉昫等撰：《舊唐書》，總第 1756 頁。

⑥ 〔北宋〕歐陽修、宋祁撰：《新唐書》，總第 6298 頁。

⑦ 見譚其驤主編《中國歷史地圖集》第五册，第 72 ~ 73 頁。

⑧ 〔北宋〕歐陽修、宋祁撰：《新唐書》，總第 6298 ~ 6299 頁。

⑨ 〔北宋〕歐陽修、宋祁撰：《新唐書》，總第 6297 ~ 6298 頁。

⑩ 詳參鄭永常《新州港地理位置考》，收入《國家航海》2016 年第 17 輯，第 163 ~ 183 頁；鄭永常：《朝貢關係本質：明中國與安占争戰之處理政策》，“新面貌或是舊故事：地緣政治與地緣經濟重組下的國際格局”學術研討會，臺灣成功大學，2015 年 10 月 24 日。

爲王"①，林邑國於焉誕生，但是否如此，也無從考察。占婆民族屬馬來人種，公元1世紀後期，印度文化影響及於扶南（柬埔寨），當時扶南的國都在金邊附近之毗耶陀補羅城（Vyadhapura），其境廣袤三千里，有城邑宫室、文字，有類於胡，喪葬婚姻略同林邑。② 占婆人是扶南人鄰居，扶南出海口在湄公河方向，向北便是占婆人的生活場域，因爲貿易交流關係，占婆人很早就受到扶南人的影響，因此早期萬物有靈崇拜容易受印度文化（婆羅門教和佛教）的熏陶。最早一塊占婆碑文大約在4世紀於慶和省之Vo－cndh出土，5世紀又有一塊占婆碑文在廣南之My－son出土，這代表占婆人四五世紀前，已受印度文化影響。③ 當馬援入交阯，越過九真時，跨過横山便應感受到文化之差异，再過一百年林邑便進行反擊戰争，誓要拿回横山以南的土地，日後連年征戰，國都雖數度淪陷，然恢復國土之心不死，終於在東晋至隋唐，跨越横山，守着占婆人原來的生活空間。



① 〔北魏〕酈道元撰，〔清〕楊守敬、熊會貞疏：《水經注疏》，總第3008頁。

② 〔唐〕房玄齡等撰：《晋書》，總第2547頁。

③ Karl－Heinz Golzio（ed.），*Inscription of Campa*（Aachen：Shaker Verlag，2004），pp. 1～5.

# 歷史諸方面

# 漢碑祭祀史料零釋

劉增貴

**摘要**：古代祭祀大約可分天神、地祇、人鬼三類，漢碑未見天神之祭，而多爲山川之神、聖賢、亡者人鬼之祭，此外尚有祭仙人者。本文對部分零散祭祀史料加以討論，論題集中於漢碑祭祀中的祭祀對象及其性質，地方官與地方勢力的互動，地方祭祀所反映的地域認同等，并對祭祀中的擇日、祭祀場所、設施、祭祀用具稍作討論。這些珍貴的史料，提供了漢代祭祀的細節，補足了過去研究祇重國家祭祀體制，而忽略信仰心態、習俗與社會之不足。

**關鍵詞**：漢碑　祭祀　地域認同　擇日

**作者簡介**：劉增貴，“中研院”歷史語言研究所研究員關於漢代祭祀的研究已有不少，也有很好的成果。① 這些研究視野廣闊，多從國家祭祀的角度，討論祭祀制度及祭祀系統的發展演變。他們也注意到漢碑祭祀資料呈現的地方的祭祀（尤其是山川祭祀），不過其論題仍集中於祭祀制度與體系，對祭祀史料所反映的信仰心態、習俗與社會較少着墨。漢碑中祭祀相關的史料雖然不多，内容也較爲零碎，但提供了瞭解當時信仰的一些綫索，并顯示部分祭祀的細節，可以補上述研究的不足。由於大部分碑都在東漢，所反映的爲東漢後期的情形。以下幾條零散札記，不成系統，聊供斟酌。

## 一、祭祀對象與性質：天神、地祇、人鬼、仙人



古代祭祀大體不離天神、地祇、人鬼三類②，漢碑所見則稍异，因天神祭祀屬於中央，地方少有祭者，故漢碑所見以地祇（主要是山川之祀）與人鬼爲多。特别值得一提的是，碑有祭仙人者，仙人成爲新的祭祀品類，反映了戰國以下求仙風氣的發展，以及方士對祭祀的影響。

地祇之祀見於碑者包括地方的社祀與山川之祀。社祀有營陵置社、陳留東昏庫上里社等。山川之祀見於碑者較多，如華山、嵩山（太室、少室）、東海、桐柏淮源、殽坑、三公山、無極山、白石山、封龍山、平山、九疑山等廟祀。至於人鬼之祀，祖先與亡者外，又有不少古聖先賢，如倉頡、堯、舜、禹、堯母慶都、開母（即啓母禹妻塗山氏）、周公、伯夷、叔齊、孔子、老子、孫叔敖、圈（園）公等四老（即商山四皓）。仙人之祀則有唐公房、王子喬、肥致等。這些被祭祀者，來源不同，性質上也有很大的差异。但在信仰者眼裏，他們又常交錯混同，不易區别。

山川之神雖與仙人明顯不同，但兩者又有關聯。方士李少君曾向漢武帝説祇要祠竈，就可見到蓬萊山的仙者，“見之以封禪則不死，黄帝是也”③。這個説法中，竈是地祇，封禪於泰山屬山川之祀，而黄帝則既是先王先聖，又是不死的仙人，可説涵蓋了

① 如王柏中：《神靈世界：秩序的構建與儀式的象徵——兩漢國家祭祀制度研究》，民族出版社 2005 年版；楊英：《祈望和諧——周秦兩漢王朝祭禮的演進及其規律》，商務印書館 2009 年版；田天：《秦漢國家祭祀史稿》，生活·讀書·新知三聯書店 2015 年版。

② 《周禮·春官·大宗伯》載其職云：“掌建邦之天神、人鬼、地示之禮。”馬融釋《尚書·堯典》中的“三禮”爲“天神、地祇、人鬼之禮”。

③ 《史記》卷二八《封禪書》，中華書局 1959 年版，第 1385 頁。

上述三類祭祀對象。武帝之封禪，除政治目的外，求仙也是重要原因。東漢印文有“大山武帝神仙印”①，具體顯示了當時人對武帝求仙泰山的認識。仙人與山關係密切②，因此山川祭祀也沾染了神仙色彩，甚至封禪儀制（如明堂）也出自方士。除泰山外，華山祭祀也與仙人有關。《華山廟碑》云：

> 孝武皇帝修封禪之禮，思登遐之道，巡省五岳，禋祀豐備。故立宫其下，宫曰集靈宫，殿曰存仙殿，門曰望仙門。③

華山之祀，顯然結合了山川與仙人二者。

古聖先賢之祀，或因其所居所葬，與山川之祠有重合之處。如首陽山上有夷齊廟，所祀爲伯夷叔齊④，蔡邕的碑文中記載了祭祀之由。熹平五年天下大旱，皇帝下令禱請名山求雨，當時處士蘇騰，夢到登首陽山，有神馬之使，醒後以夢上報，靈帝命請雨使者與郡縣的户曹掾吏登山升祠，甘雨立降。⑤ 此例中向首陽山祭祀求雨，是“禱請名山”之神活動的一部分，而所祠是先賢夷、齊，其地位與山神重合。九疑山之祀也類似。蔡邕《九疑山碑》云：

> （九疑山）時風嘉雨，浸潤下民……逮於虞舜……人以有終，遂葬九疑，解體而升，登此崔嵬，托靈神仙。⑥

此碑祭山神而及舜，舜在此又被看作解體升天的神仙，這是山川、先聖、神仙重合的又一例證。

三類祭祀對象中，仙人介於鬼神之間，其性質最爲曖昧。仙人可略分爲兩種，一種原是神而後轉被視爲仙者，如西王母、黄帝既是神，也是仙。一種是人而修練成仙者，如王子喬、唐公房、肥致等。仙人升仙，本應無墓，但《王子喬碑》提及有人於墓丘的祭祀處見一大鳥迹，有人語采薪孺子：“我王子喬也，勿得取吾墳上樹。”⑦ 則仙人亦有墳。《肥致碑》發現於墓中，無論墓主是肥致，還是與其一起度世而去的弟子許

① 印見羅福頤主編，故宫研究室璽印組編：《秦漢南北朝官印徵存》卷五《後漢官印·四·道家印》，文物出版社1987年版，第208頁。

② 參考拙著《天堂與地獄：漢代的泰山信仰》，《大陸雜志》1997年第94卷第5期，第4~5頁。

③ 《華山廟碑》，毛遠明校注：《漢魏六朝碑刻校注》第一册，綫裝書局2008年版，第247頁。

④ 〔南宋〕洪适：《隸釋·隸續》卷二〇《夷齊廟》引《水經注》，中華書局1985年版，第1頁。

⑤ 〔東漢〕蔡邕：《蔡中郎集》（張溥《漢魏六朝百三名家集》本）卷二，第19頁。

⑥ 《蔡中郎集》卷二，第19頁。

⑦ 《隸釋》卷二〇《王子喬碑》，第17頁。

幼，都顯示了仙亦有墓，也透過祭祀的方式與人溝通，則與人鬼相似。①

從當時人對這些不同的祭祀對象的稱呼上，我們也可看到三者的混同。當時人亦視仙人爲神，如《肥致碑》對肥致的稱呼，除了“道人”“神仙”“真人”外，也稱之爲“神君”。② 這與碑中稱山川之神爲“神君”（如崇高神君、白石神君、泰山君、封龍君之類）是相同的。人死爲神，孫叔敖即被稱“神明”，而仙人肥致之稱除上述外，另一稱呼爲“神靈”，唐公房、王子喬也都有“神靈”之稱，則無論山川之神、仙人與古聖賢，在信仰者心目中，性質都很接近。③

國家祭祀中，不同的神靈有不同的職司，但地方祭祀所見，不同類别的神靈，其功能大體類似。這是因爲信仰者所望於神靈者無非是護佑一方，繁榮平安。每一地方所祀不同，但所祈求相似，以《秥蟬縣平山神祠碑》爲例：

> （平山神）□佑秥墠，興甘風雨，惠閏土田。□□壽考，五穀豐成。盜賊不起，□□□臧。出入吉利，咸受神光。④



當時人所祈求於神靈者包括風雨以時，生産富足，壽命攸長，盜賊不起，出入吉利等。多方面的祈求集於一廟，使地方各種廟祀都具多重功能，這與中央祭祀神靈之種類較多，分職各别不同。

因此在當時人眼中，不同類别的地方神靈，其所職掌有如光暈，互相滲透混雜。如山川之祀，古人認爲其最大功能爲興雲致雨，豐殖萬物。《禮記·祭法》:“山林川谷丘陵，能出雲爲風雨，見怪物，皆曰神。”如華岳，“以能興雲雨産萬物，通精氣，有益於人則祀之”⑤。崇高神君（嵩山太室）“春生萬物，膚寸起雲”⑥，故有水旱癘疫之灾，則向其祈求。山川祭祀之碑中常有祭祀祈禱之後“甘雨屢降，報如景響，國界大豐，穀斗三錢，民無疾苦，永保其年”⑦ 之類的描述。但如上述平山碑所示，山川之神的功

---

① 見《肥致墓碑》，毛遠明，前揭書，第一册，第 298 頁。碑稱許幼從肥君得度世而去，後又有土仙之徒食石脂成仙而去之語，可能是所謂的“尸解”。碑即許幼之子許孝萇祭祀肥君後所立。

② 見《肥致墓碑》，毛遠明，前揭書，第一册，第 298 頁。毛氏此處斷句爲“故神君皇，又有鴻稱”，邢義田認爲“又”字當爲父字。“神君”“皇父”當斷開。參邢義田《東漢的方士與求仙風氣》，收於其所著《天下一家——皇帝、官僚與社會》，中華書局 2011 年版，第 584 頁。按此碑載許幼從肥君得度世，則許孝萇立碑，并提神君及其父可以理解，邢説可從。

③ 見《肥致墓碑》，毛遠明，前揭書，第一册，第 298 頁；《王子喬碑》，第 17 頁；《唐公房碑》，毛遠明，前揭書，第二册，第 142 頁。

④ 毛遠明，前揭書，第一册，第 32 頁。

⑤ 《隸釋》卷二《樊毅修華岳碑》，第 7 頁。

⑥ 《太室石闕銘》，毛遠明，前揭書，第一册，第 101 頁。

⑦ 《祀三公山碑》，毛遠明，前揭書，第一册，第 93 頁。

能遠不止於興風雨。另一方面看，能興風雨者也不限於山川之神。例如當時人也向堯廟求雨。《濟陰太守孟郁修堯廟碑》載永康元年二月有旱灾，舉行了雩祭來享祀群神以求雨，濟陰太守孟郁行縣到堯陵所在的成陽，謁廟行禮，即獲膏雨。何以堯也能致雨？因“聖堯精靈，與天通神”之故。① 當時人們還向堯祈求治病，“痾者静恭祈福獲祚，若不虔恪輒赴禛”②。這與民間向無極山神禱除水旱、疾病之殃相同。③ 同樣，有向禹廟請雨者④，禹妻塗山氏也“興雲降雨”⑤。甚至連孔廟也有靈雨之應⑥，孔子大聖，經緯天地，幽贊神明，自然也能“揚美風而動物，和陰陽以興雨”⑦ 了。地方廟祀，聚集了一地人群的信仰與期望，不同種類廟祀，其功能相似亦可以理解。

至於仙人，也是以其神奇能力福佑地方而被祭祀的。《唐公房碑》云：

> 《傳》曰：賢者所存，澤流百世。故使聟鄉春夏毋蚊蚋，秋冬鮮繁霜，癘蠱不遐，去其螟蟘，百穀收入，天下莫知，斯德佑之效也。道牟群仙，德潤故鄉。……（漢中太守郭芝）以爲道重者名邵，德厚者廟尊……繕廣斯廟。⑧

所謂“道牟群仙，德潤故鄉”，即仙人在此處與古賢之得祀者差别不大。





## 二、祭祀場所、規制與用具

漢代地方祭祀的場所、儀制與設施，在漢碑中有較具體的資料可供推證，可以顯示出祭祀的一些細節。漢碑中的祭祀可分爲公共祭祀（如山川之祀或古聖賢、仙人之祀）、私家祭祀（如祖先、亡者之祀）兩大類，前者通常建有祠廟或相關建築，後者應有墓前祠堂之祭、掃地露祭、墓内設祭三種情形⑨，唯墓内設祭，碑中較少提及。

公共祭祀的祠廟建築，可從成陽堯廟略窺一斑。永康元年的修廟碑文中提及廟立於堯之墓園中，可看出漢代立廟於墓的“墓祭”之俗。廟的主建築爲宗殿，爲祭祀處，

① 《隸釋》卷一《濟陰太守孟郁修堯廟碑》，第 2 頁。
② 《隸釋》卷一《帝堯碑》，第 5 ~ 6 頁。
③ 《隸釋》卷三《無極山碑》，第 18 頁。
④ 《隸續》卷一九《禹廟殘碑》，第 9 頁。
⑤ 《開母廟石闕銘》，毛遠明，前揭書，第一册，第 104 頁。
⑥ 《魯相韓勑造孔廟禮器碑》云：“禮器升堂，天雨降澍。”見毛遠明，前揭書，第一册，第 200 頁。
⑦ 《隸釋》卷一七《魯相謁孔廟殘碑》，第 8 頁。
⑧ 《唐公房碑》，毛遠明，前揭書，第二册，第 142 頁。
⑨ 李如森：《漢代喪葬制度》，吉林大學出版社 1995 年版，第 57 ~ 63 頁。

另有“便坐”①（即便殿）。廟内有璠瑚石榻二坐，配以堯帝圖象，應即神坐。殿前有石階陛欄楯等。此外墓園則種柏樹，通水渠，并建有管理人員的“百石舍”（百石應即指“百石卒史”之類的管理官吏）。② 熹平年間的帝堯碑提及當時祠廟敗壞，以致出現“壇場夷替”③ 的情形。從這些碑來看，較大的祠廟大體有大殿、便殿、神坐、壇場等。當然，不同的廟也可能各有特殊建築，因廟而异。如成陽靈臺是堯母所葬，相傳堯母慶都游河濱，感赤龍交而生堯，所以靈臺上立黄屋爲祀所，下營以水，并養有比目、鯱魚，以取悦神龍，其管理者也有黄屋嗇夫、魚師衛士等特殊官員。黄屋之制“立闕通天，户向少陽。前設大殿，俟神之堂。地致石墠，其下清凉。可舞八咏，以奏大章。”④ 提及廟前立闕以通天，廟門方位，也有講究。

漢代的祠堂亦有“祠廟”⑤ 之稱，但規模較小，多衹單間。祠内有墓主畫像，祠前或亦有闕，其資料見於漢畫者遠較碑爲多，相關的研究也已不少，這裏不多討論。⑥ 以下以公共祠廟爲主，間及祠堂，對幾個問題稍加梳理。

## （一）壇墠



漢碑祠廟中多提及壇墠，如帝堯、孔廟、華山、東海、桐柏淮源、白石神君諸廟碑等。壇墠爲祭祀處，是最基本的祭祀建築，在此基礎上築墻蓋屋，就是祠廟。⑦ 古代祭祀，皆設有壇墠。壇是高出地面的祭臺，而墠則爲平地廣場。壇小墠大，有時多壇共一墠，如《尚書·金縢》“爲三壇同墠”。從“封禪”一詞可以看出壇墠的意義。《史記·秦始皇本紀》中《正義》引《太康地記》：“爲壇於太山以祭天，示增高也。爲墠於梁父以祭地，示增廣也。……墠皆廣長十二丈。壇高三尺，階三等。”臣瓚指出積土爲“封”，即爲封壇，“除地爲墠”，後改爲“禪”。⑧ 壇墠即祭臺與祭場，故或稱“壇場”。漢代各種祭祀皆有壇場。祭祀中登壇設神位而祭。武帝祀泰一，其祠“列火滿

---

① 《漢書》卷六《武帝本紀》，中華書局 1962 年版，第 159 ~ 160 頁。師古曰：“凡言便殿、便室、便坐者，皆非正大之處，所以就便安也……既有正寢以象平生正殿，又立便殿爲休息閑宴之處耳。”

② 《隸釋》卷一《濟陰太守孟郁修堯廟碑》，第 1 ~ 4 頁。

③ 《隸釋》卷一《帝堯碑》，第 5 頁。

④ 《成陽靈臺碑》，毛遠明，前揭書，第一册，第 336 頁。

⑤ 《秦君墓刻辭》，毛遠明，前揭書，第一册，第 73 頁。

⑥ 可參考信立祥《漢代畫像石綜合研究》（文物出版社 2000 年版）第四章《墓地祠堂畫像石》，第 66 ~ 189 頁。

⑦ 參考詹鄞鑫《神靈與祭祀——中國傳統宗教綜論》（江蘇古籍出版社 1992 年版），第 186 ~ 188 頁。

⑧ 《史記》卷六《秦始皇本紀》注引，第 242 ~ 243 頁。

壇，壇旁烹炊具”①。碑所見祠廟之壇或以石製②，而墠場亦有鋪以石者，稱“石墠”③。碑之壇墠專屬一廟，應皆在廟中，與都城郊祀衆神於郊設壇者不同。

圖一　不其令董君闕畫

對死者的祭祀，也設有祭壇。在墳墓前面的祭壇稱爲“墳壇”，存留的碑刻西漢有居攝二年二月的《上谷府卿墳壇》及《祝其卿墳壇》，東漢墓前之壇墠亦常見於碑，如《郎中鄭固碑》説其子早亡，“配食此壇”④，後漢有《太丘長陳寔壇碑》，從碑文中看不出其形制。洪适提出“其云壇者蓋指廟中之壇，段光爲孫叔敖立廟作碑，其文云‘興祀立壇’是也”⑤。此説不確。從墓與祠堂之制看，或有墓無祠堂、無壇，漢石刻中有一幅祭祀圖（圖一）⑥，圖上部爲墓祭圖，看不出有祭壇，應即掃地墓祭之例。或壇在墓前（即上述各“墳壇”）；或有祠堂，但祠堂依墓而建，空間較小，壇場在祠堂之外。根據《皇覽》的記載，孔子冢高一丈二尺，冢前以瓴甓爲祠壇，方六尺，與地平。本無祠堂⑦，也是“墳壇”。而武梁碑更明白地説，“前設壇墠，後建祠堂”⑧，則壇墠在祠堂前，并不在祠廟中，這與公共祭祀之大廟不同。



## （二）神坐、神像

碑常提及“神坐”，即神座或神位。如堯廟有璠瑚石榻二神坐⑨，而魯相史晨至孔

① 《史記》卷一二《武帝本紀》，第 470 頁。

② 《隸釋》卷一《韓勑修孔廟後碑》，第 24 頁。

③ 《成陽靈臺碑》，毛遠明，前揭書，第一册，第 336 頁。

④ 《隸釋》卷六《郎中鄭固碑》，第 18 頁。

⑤ 《隸釋》卷一八《太丘長陳寔壇碑》，第 3 頁。

⑥ 《隸續》卷五《碑圖上》，第 27 ~ 28 頁。

⑦ 《史記》卷四七《孔子世家》，《集解》引《皇覽》，第 1946 頁。

⑧ 《隸釋》卷六《從事武梁碑》，第 14 頁。

⑨ 《隸釋》卷一《濟陰太守孟郁修堯廟碑》，第 2 頁。又《隸續》卷一六《帝堯殘碑陰》，第 12 頁。何以有二神坐？其一坐竊疑與其后妃有關，應劭提及博縣泰山君之祀，祭畢“取泰山君夫人坐前脯三十朐”，以傳送洛陽，則泰山神及其夫人皆有神坐。見〔西晋〕司馬彪撰，劉昭注《續漢書・志》（附於范曄《後漢書》後，以下簡稱《續漢志》）志七《祭祀志上》注引《風俗通》，中華書局 1965 年版，第 3163 頁。

廟“拜謁神坐”①。先秦祭祀常以木主代神爲祀，有時以人爲“尸”坐於神坐，代神受祠。漢代不見用“尸”者，以木主爲祀是常態。② “神坐”，應即祭祀時立木主之座。《隸釋》另收有“四老神坐神祚机”，文爲“圈（園）公神坐”“角里先生神坐”“圈（園）公神祚机”“綺里季神祚机”。神坐立神主，而祚机可能是置祚肉祭品之机。③

圖二　孝堂山出土祠堂祭祀圖摹本

神坐之外，漢代廟中有的畫了廟主神像。如堯廟之二神坐是“昭配帝圖象”④。韓勑祠孔廟，“崇聖帷坐薦席十重，改畫聖像如古圖”⑤。這些廟主畫像與神坐并存，并不能取代木主，我們也可以在漢代祠堂畫像中加深理解。信立祥研究漢代祠堂，指出通常祠堂後壁所繪樓閣圖位於中央，應正名爲“墓主受祭圖”，其下方往往有一突出的龕，此龕并非放祭品之處，而是作爲放神主之臺（即上述的“神坐”），由於祠堂小而窄，真正的祭品則在祠外。孝堂山出土的一個小祠堂，後壁下方有一幅祭祀圖（圖二），正是祀於祠外，與上述武梁碑所説的“前設壇墠，後建祠堂”⑥ 完全符合。從畫像資料中，我們可以看到祠主的畫像與神主并存的情形。

## （三）烟火

漢碑提及祭祀，常提到“烟火”，如《孟琁碑》云：“四時祭祀，烟火連延，萬歲不絶，勖於後人。”⑦《景雲碑》：“吏民懷慕，户有祠祭。烟火相望，四時不絶。”⑧ 所謂“烟火”何指？與後世“燒香”有無關係？值得進一步推究。

古代祭天常用燔柴升烟的方式以降神，稱爲“禋祀”，後世國家祭禮中仍然沿用。

① 《隸釋》卷一《魯相史晨孔廟奏銘》，第 25 頁。
② 神主之制，參詹鄞鑫，前揭書，第 196～203 頁。
③ 《隸釋》卷一六《四老神坐神祚机》，第 5～6 頁。
④ 《隸釋》卷一《濟陰太守孟郁修堯廟碑》，第 2 頁。
⑤ 《隸釋》卷一《韓勑修孔廟後碑》，第 23 頁。
⑥ 信立祥，前揭書，第 81～82、91～92 頁。圖二綫描圖爲信立祥所繪。
⑦ 《孟琁殘碑》，毛遠明，前揭書，第一册，第 64 頁。
⑧ 《巴郡朐忍令景雲碑》，毛遠明，前揭書，第一册，第 345 頁。

但這是用於祭天，規格甚高，與上述“烟火”祭人鬼應非一事。按《漢書》卷二二《禮樂志》郊祀歌之《練時日》云：“爇膋蕭，延四方。”① 即燃燒腸脂與蕭草（香蒿）所合之香，以延四方之神。漢代祭祀中曾燃燒加了油脂的香草以降神，這爲我們提供了綫索。這種方法早見於禮典，《禮·郊特牲》：“蕭合黍稷，臭陽達於墻屋，故既奠，然後爇蕭合羶薌。”鄭玄注：“蕭，薌（香）蒿也，染以脂，合黍稷以燒之。”使用香蒿草加油脂燃以降神，在當時民間較有可能使用。

值得注意的是，孔穎達指出：“蕭……或云牛尾蒿……可作燭，有香氣，故祭祀以脂爇之爲香。”② 因此蕭既可加油脂直接燒，也可以做成柱狀的燭（古代一般燭多以葦束加油脂而成，與後世蠟燭不同）。本文圖一之墓祭圖，墳前一爐，香烟裊裊，可能是直接焚香蒿混脂所製之香於爐。圖二之祠堂祭祀圖，祭品前一柱狀物，上有火，疑即蕭草所製之燭。另外山東棗莊市臺兒莊出土一畫像石（圖三），可能是祭祀所用供案石，上刻兩魚置盤中，中間有一壺，上插三根柱狀物，也可能是蕭草所製之燭，但其形狀已很接近後世的綫香了。六朝時期“燒香”“香火”之類的辭句已很常見，其演變之迹雖尚有未明之處，但并非全然受佛教影響是可以確定的。

圖三　山東棗莊市臺兒莊區雙魚畫像

### （四）祭祀頻率：“時祀月醮”及其他祭祀

當時祭祀，大多是每年四時爲祭，不但祭先人如此，其他廟祀也是如此。如《柳敏墓碑》（建寧二年）：“四時烝嘗，不廢荒兮。”③《孟琁碑》云：“四時祭祀，烟火連延，萬歲不絶，勖於後人。”④《景雲碑》：“吏民懷慕，户有祠祭。烟火相望，四時不絶。”⑤ 皆祭亡者。《三公山碑》“四時奉祀”；東海廟祀“四時享祀有常”⑥；孔廟在魯

① 《漢書》卷二二《禮樂志》原文及注引李奇之言，第1052頁。

② 《詩·采葛》：“彼采蕭兮。”孔穎達疏《毛傳》的“蕭所以共祭祀”句。

③ 《柳敏墓碑》，毛遠明，前揭書，第一册，第301頁。

④ 《孟琁殘碑》，毛遠明，前揭書，第一册，第64頁。

⑤ 《巴郡朐忍令景雲碑》，毛遠明，前揭書，第一册，第345頁。

⑥ 《隸釋》卷二《東海廟碑》，第10頁。

相乙瑛之前，都是由褒成侯“四時來祠，事已即去”①。四時中，春秋兩次較爲重要，魯相史晨於建寧二年上書請以王家穀“春秋行禮，以共烟祀”②。營陵縣社祀“春祈秋報，歲有常秩”③。皆爲例證。

不過四時之外，有的地方提及每月也祭祀，碑稱之爲“月醮”，即每月以酒食爲祭，這點不見於正史記載，值得注意。如《無極山碑》“月醮時祠”，《三公山碑》“四時珪璧，月醮酒脯”④，“月醮”都與“時祠”并列。月醮的日子應爲每月朔旦，靈帝時濟陰太守劉郃，除了到官下車即出奉萬錢給堯廟外，每月朔旦又各捐五百錢。⑤

這些都是例行的祭祀，據碑所載，有事則有各種祭祀。大體可分數類：（1）各種灾害如水旱風灾等，常禱請於廟。（2）新官到任或經過謁廟時。（3）朝廷下令特祠。（4）祠廟建築完成或立碑時，舉行祭祀。（5）出入、求治病等民間各種祈請。不同的祭祀各有不同規格，這裏以成陽堯廟的祭祀爲例，稍作説明。

《濟陰太守孟郁修堯廟碑》載永康元年，濟陰太守孟郁修堯廟宗殿成，乃“敬修宗壓，長吏奉祠，三牲粢饌，獻珍於時”⑥，這是廟殿落成的祭祀。修殿之由，在此年二月有旱灾，舉行雩祭來享祀群神。孟郁行縣到堯陵所在的成陽，謁廟行禮，即獲膏雨，因此修殿以報。除上述落成之祀外，碑也提及孟郁到官時致祭的情形：



> 遣户曹掾史具中牢祠，常以甲子日與西宫樂生倶詣大聖，陳上古之禮，舞先王之樂，鞀磬柷圉，五音□□，□□之儀，莫不盡備。敷列技藝，以榮大聖。

可見是以“中牢”祭祀，并有樂舞禮儀。這與上述大殿繕修完成之祭以“三牲”相比，多出了樂舞等儀節，但尚未達到歲祭的規格。祀堯之舉，在《帝堯碑》⑦ 中也有記載。碑提及漢爲堯後，因而“祠以上犧”（即太牢），王莽代漢，遂廢其祀，至無壇場。東漢末廷尉仲定興造靈廟，復舊祠“以一大牢春秋秩祠”⑧。可見春秋常祠是一太牢，與上述到官祠之“中牢”等有别。

孟郁修堯廟碑還提到同年九月奉詔書“三往大祠”，其規格可能更勝於常祠。何以一月中三大祠？這與堯在漢代的地位有關。漢代對堯特别崇祀，因爲西漢中葉以後，漢

---

① 《隸釋》卷一《史晨饗孔廟後碑》，第 28 頁。

② 《隸釋》卷一《魯相史晨孔廟奏銘》，第 26 頁。

③ 《營陵置社碑》，毛遠明，前揭書，第二册，第 2 頁。

④ 見《隸釋》卷三《無極山碑》，第 20 頁；《三公山碑》，毛遠明，前揭書，第二册，第 28 頁。

⑤ 《隸釋》卷一《帝堯碑》，第 6 頁。

⑥ 《隸釋》卷一《濟陰太守孟郁修堯廟碑》，第 1 ~ 4 頁。

⑦ 《隸釋》卷一《帝堯碑》，第 5 ~ 7 頁。

⑧ 按碑云“廷尉卿□□”，從《城陽靈臺碑》來看，□□應即仲定。

家堯後之説盛行①，碑謂堯爲“赤精之胄，爲漢始别”，到東漢光武帝時甚至有“漢當郊堯”（即祭天以堯爲配）之論，雖未遵行，亦可見堯之地位。②《帝堯碑》也説“聖漢龍興，纘堯之緒”。東漢末，天下不安，廷尉仲定指出當時四夷數侵，軍甲屢動，這是上天對漢室的譴告，應修祖先堯的祠廟以“招祥塞咎”，因此修堯及堯母廟祠，下詔九月三祠也有厭鎮漢家氣運的作用。③

堯廟之祠，反映了當時祭祀視不同狀況而有不同規格，并非如制度規定的一成不變。

### （五）祭祀擇日

祭祀擇日，殷周已然，漢代國家祭祀，也都擇良日。主要的負責人是太史。《續漢志》云：

> 太史令一人，六百石。本注曰：掌天時、星曆。凡歲將終，奏新年曆。凡國祭祀、喪、娶之事，掌奏良日及時節禁忌。凡國有瑞應、灾异，掌記之。④

祭祀中擇吉日爲重要儀節。漢武帝時的《郊祀歌》十九章，其首章即爲《練時日》（練即揀選），又《華爗爗》詩云：“神安坐，鴹吉時。”師古曰：“言神安坐回翔，皆趣吉時也。”⑤ 揚雄《甘泉賦》提及郊祀“乃命群僚，歷吉日，協靈辰”，顔師古解釋爲“歷選吉日而合善時也”⑥，吉日、善時都要講究。漢光武建武三年二月己酉詔“其擇吉日祀高廟”，接着記載二月己未祀高廟，受傳國璽，則其吉日即指二月己未。⑦ 此日於建除爲“定日”。元帝時改革廟制，以“令日”遷太上皇、惠帝等廟。⑧

碑文的地方祭祀也反映了擇日之俗。如成陽仲氏在廷尉仲定領導下爲靈臺建黄屋，選“令月吉日”開工，而完成後立碑，并“卜擇元日”來祭祀。倉頡廟也是“良辰薦祀”。⑨ 蔡邕《祭社文》：“元正令午，時維佳良，乾坤交泰，太簇運陽，乃祀社靈，以祈福祥。”⑩

---

① 昭帝時眭孟已言“漢家堯後”，見《漢書》卷七五《眭弘傳》，第3153～3154頁。
② 司馬彪《續漢書·志》志七《祭祀上》，第3160頁。
③ 《成陽靈臺碑》，毛遠明，前揭書，第一册，第336頁。
④ 《續漢志》卷二五《百官》，第3572頁。
⑤ 《漢書》卷二二《禮樂志》，第1052、1066～1067頁。
⑥ 《漢書》卷八七上《揚雄傳上》，第3523頁。
⑦ 《後漢書》卷一上《光武帝紀》，第32～33頁。
⑧ 《漢書》卷七三《韋玄成傳》，第3123頁。
⑨ 《蒼頡廟碑》，毛遠明，前揭書，第一册，第224頁。
⑩ 《蔡中郎集》卷二《祝社文》，第25頁。

從漢代地方祭祀之碑來看，通常立碑日也擇日。延熹四年七月甲子，弘農太守袁逢爲華山廟易碑飾闕，重勒碑銘，但因遷官去郡，到延熹八年四月廿九日甲子日，在繼任者孫璆時纔完成。兩次時日都選甲子，應非偶然。① 通常立碑日也舉行祭祀，《孫叔敖碑陰》云“（期思長段光）考龜吉辰，五月辛卯，宜以存廢，可立碑祀，招請諸孫，都會國右，郭西道北，處所顯好，興上牢祭，倡優鼓儛，式序其胄”。選吉辰、興上牢以立“碑祀”，可知立碑當日舉行祭祀。② 另一個例子是《無極山碑》，碑載無極山求法食得許可之事，并云：“今備七牲、珪璧法食，改館興廟，恢祐宇室，增益吏役，恭君下職，月醮時祀……□必博碩……願君歆享。”可以看出立碑日也舉行了祭祀。此外，地方官之謁廟也擇日，碑載漢末謁孔廟者常選“吉月令辰”③，即其例。

祭祀擇日，碑中可看出兩種不同的方式，一是先秦以來禮典中所規定的方法，即以龜占卜擇天干中的吉日，如甲、辛、丁日等是否適合，其中甲爲天干之首，甲子爲六十干支首，辛、丁則屬“先甲三日，後甲三日”（《易・蠱卦》卦辭），是漢代郊祀擇日之重要考慮。④ 碑中如上述華山碑之甲子日，孟郁“常以甲子日”祀堯，孫叔敖碑陰之“考龜吉辰，五月辛卯”，以及無極山、三公山、殽坑諸碑皆是（參下表）。另一種是民間流行的擇日術，其中最常用的是建除術。《肥致碑》載許孝萇祭祀肥君的日子是：“建寧二年，太歲在己酉，五月十五日丙午直建。”⑤ 按曆丙午直建之日是五月五日，十五日是丙辰，此處所載不合於曆，可能有誤，不過“直建”的記載，可見以建除良日爲選擇祭日根據之俗，這與上述祭祀日以天干吉日、透過占卜者不同。以下試列碑中立碑日、祭日等如下：



| 碑 名 | 時 間 | 事 件 | 所屬建除 | 出 處 |
|---|---|---|---|---|
| 秥蟬縣平山神祠碑 | 建武某年四月戊午 | 立神祠刻石 | 除日 | 毛 1：32 |
| 漢侍廷里父老僤買田約束石券 | 建初二年正月十五日壬子 | 立約束日 | 開日 | 毛 1：51 |
| 陽三老石堂畫像題字 | 延平元年十二月丁巳 | 石堂畢成，朝半祠祭 | 定日 | 毛 1：79 |
| 少室石闕銘 | 延光二年三月三日壬寅 | 立銘日 | 開日 | 毛 1：108 |
| 文叔陽食堂畫像石題記 | 建康元年八月十九日癸未 | 食堂成 | 開日 | 毛 1：151 |

① 《華山廟碑》，毛遠明，前揭書，第一册，第 247 頁。
② 《隸釋》卷三《孫叔敖碑陰》，第 7 ~ 9 頁。
③ 《隸釋》卷一七《魯相謁孔廟殘碑》，第 8 頁。
④ 《漢書》卷六《武帝紀》，第 185 頁。
⑤ 《肥致墓碑》，毛遠明，前揭書，第一册，第 298 頁。

（續表）

| 碑名 | 時間 | 事件 | 所屬建除 | 出處 |
|---|---|---|---|---|
| 乙瑛碑 | 永興元年六月十八日辛酉 | 立碑日 | 盈日 | 毛 1：179 |
| 李孟初神祠碑 | 永興二年六月十日戊申 | 立祠日 | 除日 | 毛 1：185 |
| 薌他君祠堂畫像題記 | 永興二年七月廿七日甲午 | 立祠日 | 開日 | 毛 1：188 |
| 韓勑造孔廟禮器碑 | 永壽二年九月五日己亥① | 立碑日 | 平日 | 毛 1：200 |
| 許卒史安國祠堂碑 | 永壽三年十二月十六日癸巳 | 立祠日 | 定日 | 毛 1：207 |
| 孫叔敖碑陰 | 延熹三年五月二十八日辛卯 | 立碑及祭祀日 | 收日 | 隸釋 3：8 |
| 桐柏淮源廟碑 | 延熹六年正月八日乙酉 | 立碑日 | 危日 | 毛 1：230 |
| 華山廟碑 | 延熹四年七月八日甲子<br>延熹八年四月廿九日甲子 | 立銘日<br>立碑日 | 定日<br>危日 | 毛 1：247 |
| 肥致墓碑 | 建寧二年五月十五日丙午 | 祭祀日 | 建日 | 毛 1：298 |
| 柳敏墓碑 | 建寧二年七月二十四日甲子 | 立碑日 | 定日 | 毛 1：301 |
| 營陵置社碑 | 熹平三年十月廿三日壬戌 | 修社成立碑 | 閉日 | 毛 2：2 |
| 三公山碑 | 光和四年四月二日甲子 | 立銘日 | 成日<br>（上屬三月） | 毛 2：28 |
| 無極山碑 | 光和四年十月十三日辛丑 | 立碑及祭祀日 | 盈日 | 隸釋 3：21 |
| 殽坑神君碑 | 光和四年六月辛未 | 立碑日 | 建日 | 隸釋<br>2：14～15 |





從上表看來，除了少數外，大多數立碑日、祭祀日都符合建除中的吉日如建、除、盈、平、定、成、開等，可以看出民間數術的影響力。

## 三、地方祭祀中的官民互動

地方祭祀常是群體活動，尤其是方域神靈的祭祀，凝聚一地信衆，匯集地方人士，是地方勢力的呈現。但碑文所見，官方在公共祭祀活動中扮演主導的角色，他們與地方人士形成複雜的互動。

地方神的祭祀工作本即漢代地方官的職責之一。地方首長如太守及縣令長，都要主持官方祭祀。祠廟的興建、修繕，也是其治績的重要表現。當時人常對能“深達和民

① 按此碑“霜月之靈”句，毛遠明認爲是“相月”，故以爲是七月五日，但以霜月爲九月是大多數學者的意見，毛氏之説可疑。

事神之義，精通誠至礿祭之福”① 的官員大加贊揚，因此祭祀工作也是政治要務之一。

從碑文看來，地方長吏到官就謁祭當地神廟，應是當時的一般習俗。如魯相史晨於建寧元年四月十一日戊子到官，“乃以令日拜謁孔子，望見闕觀，式路虔跽，即至升堂，屏氣拜手”②。光和元年十二月己巳，弘農太守樊毅下車之初就“恭肅神祀”③，親自主持西岳華山祭祀之事。後漢鍾離意爲魯相，到官後出私錢萬三千付户曹修孔子車，親自入廟拭几席，令人除堂下草。④ 靈帝時濟陰太守劉郃自以爲是堯的後代，到官下車即出奉錢萬爲祠祀之資，每月朔旦又各五百錢；繼任的張寵，也在到官初即出錢二千禮祠，以上都可看到此俗。⑤ 除了祈求福祉外，謁廟是對當地信仰的尊重，“事神”也是“和民”的另一面。

廟宇的修建，也是地方官的重要工作，常被視爲振興地方的重要措施。“寧神”正是爲了“安民”，《祀三公山碑》載：

> 元初四年，常山相隴西馮君到官，承饑衰之後，（深）惟三公御語山，三條別神，迥在領西。吏民禱祀，興雲膚寸，遍雨四維。遭離羌寇，蝗旱鬲并，民流道荒，醮祠希罕，（徹）奠不行。由是之來，和氣不臻。乃求道要，本（祖）其原。以三公德廣，其靈尤神。處幽道艱，存之者難。卜擇吉土治東，就衡山起堂立壇，雙闕夾門，薦牲納禮，以寧其神。神熹其位，甘雨屢降，報如景響。國界大豐，穀斗三錢。民無疾苦，永保其年。⑥



碑文指出常山國因先前羌寇、旱蝗、民流道荒，以致祭祀廢闕不行，遂使此後一直“和氣不臻”，爲了打破這種惡性循環，國相馮君就重建了三公山壇廟“以寧其神”，神得到祭祀，地方遂得以復興。

禮神修廟可使風雨以時、地方豐穰，是官民共有的普遍想法。民間在祭祀活動中也有積極的一面，無極山求“法食”事件，正可作爲官民互動的例子。《無極山碑》載光和三年五月，常山相馮巡遣吏到三公山請雨，山神即使男子常山蓋高傳言命吏歸，即可得雨。三公山、龍靈山、無極山之神就共興雲雨。國相馮巡與元氏令因此祭神，山神又使蓋高及上黨男子范遷、縣吏和卞到太常替無極山神索取“法食”（由國家給予封號，

---

① 《華山廟碑》，毛遠明，前揭書，第一册，第247頁。

② 《隸釋》卷一《史晨饗孔廟後碑》，第27頁。

③ 《隸釋》卷二《西岳華山亭碑》，第4頁。按《樊毅復華下民租田口算碑》，提到十一月到官，十二月祀華山。見同書同卷，第6頁。

④ 《後漢書》卷四一《鍾離意傳》注引《鍾離意别傳》，第1410頁。

⑤ 《隸釋》卷一《濟陰太守孟郁修堯廟碑》，第2頁。

⑥ 《祀三公山碑》，毛遠明，前揭書，第一册，第93頁。

并出祭祀之費)①，得到同意。當年九月，就更造神廟，擴大祠宫，照制度設管理的官吏與犧牲，“月醮時祀”②，與三公山相同。此一事件有兩點特别值得注意：一是事件中代神傳言的是兩個民間男子，他們是巫還是士人已不可考，但其代神傳言，也代表了地方人士的共同願望。他們在縣吏和卞的陪伴下到太常，縣吏既是吏，也是地方人士。一是得法食後，就更造神廟，擴大祠宫。另一求法食的常山國境内之山爲白石山（白石神君)，得許法食後，也是“開祏舊兆，改立殿堂”③ 與無極山相同。現存漢代廟碑，大多是爲修建廟宇而立。

祠廟修建除地方長吏倡導，群吏出錢外，更有許多地方人士的積極參與，成陽堯廟及堯母黄屋之建，就是很好的例證。堯廟的修建是在地方官與成陽地方大族仲氏全族的合作下完成的。當時人相信此舉可以致福，太守孟郁“必受大聖嘉福，公侯傳子孫”，而儒術之宗的仲氏（居堯墓附近)，“官位宦學，皆不可測，子子孫孫必蒙大聖休烈之福”。④ 由於關係一族之盛衰，故仲氏宗家“貧富相均”，都出了錢，在《靈臺碑陰》中列出了修黄屋及作碑的仲氏門宗達三十一人，管理的黄屋嗇夫，也由仲氏擔任。⑤ 這一類的例子并非特例，又如東海廟的修建，在東海相倡導下，“義民相帥，四面并集”⑥,《唐公房碑》中（漢中太守郭芝）“躬損奉錢，倡率群義，繕廣斯廟”⑦，都是官民共同參與。



修廟、祭祀都需要大量的人力物力，除了官方支援，更需要祀廟附近民衆的參與。光和二年，負責華山祭祀的弘農太守樊毅上書，提及華陰縣當交通孔道，一年四祀華山，養牲百頭，用穀三千餘斛，加上請雨齋禱活動的役費，所需加倍，更常有詔書調發之事。雖然祭祀華山“神歡民喜”，但附近的民衆賦役負擔較重，因此請求能復除華山下十里以内人民的租田口算，這個要求得到許可。⑧

在舉行祭祀時，主祭者雖爲官吏，但地方人士也共同參與。魯相史晨之祭於孔廟，參加者除了史晨、長史李謙、五官掾孔暢、功曹史孔淮、户曹掾東門榮、功曹史馬琮、

---

① 關於漢末祠廟“求法食”之風，可參考田天《東漢山川祭祀研究——以石刻史料爲中心》，《中華文史論叢》2011 年第 1 期。

② 《隸釋》卷三《無極山碑》，第 18 ~ 20 頁。

③ 《隸釋》卷三《白石神君碑》，第 23 頁。

④ 《隸釋》卷一《濟陰太守孟郁修堯廟碑》，第 1 ~ 4 頁。

⑤ 《隸釋》卷一《靈臺碑陰》，第 11 ~ 13 頁。關於城陽仲氏，可參考拙著《從碑刻史料論漢末士族》，收於傅樂成教授紀念論文集編輯委員會《傅樂成教授紀念論文集——中國史新論》（1985），第 337 ~ 338 頁。高震寰：《漢代地方大姓與政府的依存——以成陽仲氏爲例》，臺灣大學歷史系 2011 年碩士學位論文。

⑥ 《隸釋》卷二《東海廟碑》，第 10 頁。

⑦ 《唐公房碑》，毛遠明，前揭書，第二册，第 142 頁。

⑧ 《隸釋》卷二《樊毅復華下民租田口算碑》，第 6 頁。

守廟百石孔贊、副掾孔綱、故尚書孔立、河東太守孔彪、處士孔褒等官員與諸孔齊集外，國縣所有大小吏人，“空府竭寺，咸俾來觀”①，加上畔宮文學先生、執事、諸弟子，人數達到九百七十人，共同參與盛典。另一例子爲延熹三年五月，期思長段光，因夢到縣先賢孫叔敖，就爲孫叔敖立碑，祭以上牢，參加的除了長、丞、尉、户曹、令史外，也招集諸孫大會。

從基層社會看，祭祀本是重要活動。最基層的里民，其結社往往也與祭祀有關，祭祀活動的領導人被稱爲“祭尊”或“祭酒”。如《侍廷里父老僤買田約束石券》載此里二十餘人共立父老僤約束，以祭尊于季爲首。② 僤，在碑中或寫爲彈，是一種地方性的互助組織，因組織約定需誓約，當祭祠神前約言，故主持者有“祭尊”之稱。僤、彈或即上述祭祀場所之“墠”，由場所轉爲組織之稱。③ 除了這種私約中的祭尊外，里祭祀中，其領導人就是“祭酒”。漢碑中《中部碑》是五十餘人的題名，其中有諸曹掾史、功曹、主簿等官吏外，“祭酒”共十六人，除一人是“校官祭酒”外，其他都列有里名，都是里祭酒。根據洪适引如淳、胡廣的解釋，“祭酒”是古代祭祀時，由一個尊長者先以酒酹地爲祭而有此稱，因此祭酒既是祭祀長，也是地方尊長，如三老之類。④ 此碑的性質雖不清楚，但應是某種祭祀活動的記載。此一祭祀集結了地方官吏以及基層祭祀領導人（代表了基層父老階層），也可看出官民的互動。





## 四、祭祀與地域認同

漢碑祭祀中有許多地方山川地祇、人物之祀，這些祭祀既顯示了當時人的地域認同，也反映了他們相信一地山川地祇、先聖先賢之祀能福佑一方，庇蔭後人。如孫叔敖碑載縣對神靈的祈求：“福祐期思，縣興士熾。”⑤ 蔡邕指出陳留東昏庫上里，一里而出四宰相，雖由修身積德，也是里社之神福佑所致。⑥ 這些神靈中，山川之神對地方尤其重要。當時人相信山川祭祀與一地人物之興衰關係密切，山川影響人物，尤其一地人物的宦途，光和四年《三公山碑》云：

> 明公降靈，惟德（是）輔，士宦得志，列爲群后。或在王庭。……倉府既盈，

---

① 《隸釋》卷一《史晨饗孔廟後碑》，第28頁。

② 《漢侍廷里父老僤買田約束石券》，毛遠明，前揭書，第一册，第51頁。

③ 說見籾山明《漢代結僤習俗考》，收於邢義田、劉增貴編《古代庶民社會》，“中研院”，2013年，第149～170頁。

④ 《隸釋》卷一六《中部碑》，第7～9頁。

⑤ 《隸釋》卷三《楚相孫叔敖碑》，第6頁。

⑥ 《蔡中郎集》卷二《陳留東昏庫上里社碑》，第19頁。

# 一、曹操的統一戰略

東漢靈帝中平元年（184），東漢執政者長期的“主荒政謬”，令民怨沸騰，終於爆發了由道教首領張角兄弟領導的、幾乎波及全國的“黄巾之亂”。自此之後，全國陷於軍閥混戰、分裂割據之中，特别是黄河中、下游南、北兩側的中原大地，成爲群雄逐鹿的戰場。譙郡（在黄河以南，今安徽省北部亳州市一帶）地方土豪出身的曹操，在群雄混戰中率領鄉里子弟建立了一支規模不大的武裝隊伍，參與群雄競逐。曹操的家世和實力，比不上出自累世公卿家族、割據河北四州的袁紹；也比不上驍勇善戰、兵强馬壯的吕布，但曹操看準時機，趁漢獻帝剛擺脱關中軍閥的控制，逃返故都洛陽，而洛陽殘破、漢室勢孤力弱之際，出兵保護獻帝，把他迎接到許昌，於是形成了“挾天子以令諸侯”的有利形勢，得以不斷擴充實力。



曹操的深謀遠慮和政治才能，不僅顯露於“挾天子以令諸侯”一事之中，更爲重要的，是他善於吸納人才，實行軍隊屯田，確保糧餉的供應，鞏固、擴展軍事據點，制定長遠的軍事進取策略，把强勁的對手逐個擊破。以下是建安元年曹操“挾天子”之後至赤壁之戰十多年期間的擴張歷程①：

建安元年（196），八月，曹操迎漢獻帝居許昌，開始挾天子以令諸侯。

建安二年（197），正月，曹操征南陽太守張綉，兵敗。

二月，漢朝任命袁紹都督冀、青、幽、并四州。

九月，曹操討伐割據淮南，在壽春稱帝的袁術。

建安三年（198），三月，曹操再征伐張綉，敗之。

九月，曹操征伐吕布，破彭城，擒殺吕布，控制徐州。

建安四年（199），六月，袁術病死，曹操控制淮南。

十一月，南陽太守張綉降曹操。袁紹率大軍攻曹操。

十二月，曹操屯兵官渡，與袁紹對抗。

建安五年（200），四月，孫權繼其兄孫策號令吴、丹陽、會稽等郡。

十月，曹操擊敗袁紹於官渡。

建安六年（201），九月，曹操擊敗劉備於汝南，劉備奔附荆州牧劉表。

① 參考《三國志·魏書·武帝紀》《後漢書·獻帝紀》等史籍（中華書局點校本，下同）。

建安七年（202），五月，袁紹病死，諸子袁譚、袁尚等争權。

建安八年（203），二月，曹操擊敗袁譚、袁尚。

建安九年（204），九月，曹操領冀州牧。

建安十年（205），正月，曹操攻殺袁譚，取冀州首府鄴城。

冀、青、幽、并四州全歸曹操，霸府移於鄴。

夏，三郡烏丸入侵幽州。并州刺史高幹（袁紹甥）叛。

十月，曹操討高幹。

建安十一年（206），正月，曹操平并州。

建安十二年（207），三月，曹操親征烏丸，降其酋帥。

是年，劉備三顧諸葛亮於隆中。

建安十三年（208），正月，曹操征烏丸還鄴，作玄武池訓練水師。

春，孫權征伐江夏太守（屬荆州）黄祖，破之，擁兵柴桑（今江西省九江市）。

六月，漢朝廢三公，設丞相，曹操自任丞相。

七月，曹操發兵征伐荆州牧劉表。



八月，荆州牧劉表卒，少子劉琮繼位。

從上可以窺見，十多年間曹操不斷征戰，幾乎是所向無敵，控制範圍不斷擴大，建安十年平定河北四州之後，基本上已經肅清了北方的割據勢力。下一步的擴展，必然是降服南方長江流域的幾個割據政權：江東的孫權、荆州的劉表和益州的劉璋。不過，隱患仍在北方的邊疆。袁氏的殘餘勢力與北方的游牧民族烏丸勾結，不斷侵擾邊境，因此曹操需要征伐烏丸，先解决後顧之憂，於是有建安十二年三月親征烏丸之舉。平定烏丸之後，把部分烏丸部落遷徙到内地，成爲曹操軍中勁旅。史書云："太祖潛師北伐，出其不意，一戰而定之，夷狄懾服，威振朔土。遂引烏丸之衆服從征討。"① 又云："由是三郡烏丸爲天下名騎。"② 於是曹操立刻把征伐的矛頭指向長江流域。

## 二、長江流域的三政權

長江流域的三個割據政權都已擁兵據地多年，長江下游的孫權，繼承父、兄的基業，控制揚州的吴郡、會稽、丹陽、豫章、廬陵等郡差不多二十年，而且剛於建安十三

① 《三國志·魏書·烏丸傳》，第831頁。

② 《三國志·魏書·烏丸傳》，第835頁。《三國志》未有明確指出"三郡"名稱，而《魏書·烏丸傳》裴松之注引《英雄記》曰："（袁）紹遣使即拜烏丸三王爲單于（中略），版文曰：'使持節大將軍督幽、青、并領冀州牧阮鄉侯紹，承制詔遼東屬國率衆王頒下、烏丸遼西率衆王蹋頓、右北平率衆王汗盧維：乃祖慕義遷善，款塞内附'"云云，可知"三郡烏丸"指遼東屬國、遼西、右北平三郡。

年春擊敗其上游的勁敵江夏太守黄祖，勢力伸展至漢水、長江的會合處（今武漢市以東）；長江中游的荆州牧劉表，於漢靈帝中平六年（189）出任荆州刺史①，趁中原戰亂割據今湖北、湖南②；上游的益州牧劉璋，繼承父親劉焉權力，父子兩代統治三峽以西（今四川盆地）亦超過二十年。③

長江流域的揚、荆、益三州，是東漢的新發展地區，黄巾之亂爆發之前的漢順帝永和五年（140），這三州的户口數目已經在東漢十三州之中居於前列，以下表列東漢永和五年各州户口及比重如下④：

| 州别 | 縣數 | 户數（百分比） | 口數（百分比） | 諸州户口排次 |
|---|---|---|---|---|
| 十三州總數 | 1160 | 9336665（100%） | 47892413（100%） | …… |
| 荆州 | 117 | 1399394（15%） | 6265952（13%） | 2 |
| 揚州 | 92 | 1021096（11%） | 4338538（9.1%） | 4 |
| 益州 | 109 | 1525257（16%） | 7242028（15%） | 1 |

南方三州户、口已經分别占全國的42%和37%。在古代農業生產主要依靠人力的時代，人口衆多反映經濟發展的力量雄厚。黄巾之亂爆發（184年）之後，北方黄河流域陷入十多年的戰亂，人口大幅下降，而南方長江流域的政局相對安定，加上大批北方士大夫、民衆往南方遷移避亂，使南方的實力足以與北方抗衡。這是赤壁之戰作爲南北對决戰争背後經濟實力的對比。

然而，長江流域三個割據政權的主政者，各有不同的統治策略。位居上游的益州牧劉璋，統治素有“天府”之譽的益州（今四川盆地），東阻於三峽，北限於漢中，西和南俱爲蠻夷部落，足以守成，缺乏進取。史籍記載，劉璋父親劉焉奉漢朝命令到益州討

① 《三國志·劉表傳》云“靈帝崩，代王叡爲荆州刺史”，第210頁。漢靈帝崩於中平六年（189）三月。

② 東漢後期的荆州管轄七郡：南郡、南陽、江夏、長沙、零陵、武陵、桂陽。東漢末，張綉控制最北的南陽郡北部，南陽郡南部襄陽等縣仍由荆州統治。東漢末，從南陽郡分出襄陽郡。

③ 《三國志·蜀書·劉二牧傳》云“會益州刺史郤儉賦斂煩擾，謡言遠聞，而并州殺刺史張壹，凉州殺刺史耿鄙……（劉焉）出爲監軍使者，領益州牧，封陽城侯，當收儉治罪”，第865頁。據《後漢書·靈帝紀》，中平五年（188）三月，“休屠各胡攻殺并州刺史張懿”（第355頁），張懿、張壹應是同一人；又，六月“益州黄巾馬相攻殺刺史郗儉”（第356頁），其姓與《三國志》不同，應是字形近似而記録有异。據此可知劉焉出任荆州牧，在靈帝中平末，距赤壁之戰二十年。

④ 參考近代學者梁方仲教授《中國歷代户口、田地、田賦統計》（上海人民出版社1980年版）一書之“甲表6：後漢各州户口數、平均户數及各州户口數的比重”，第22頁。該表主要依據〔西晋〕司馬彪《續漢書·郡國志》所記，順帝永和五年（140）各州户口資料編製。

平黄巾之亂，其後割據益州，焉死後，“州大吏趙韙等貪璋温仁”①，推舉劉璋爲益州牧。漢朝制度，州、郡吏必由當地人擔任，州、郡大吏多出自地方豪族大姓，他們比較重視維護地方利益。趙韙等地方大吏支配了益州政權，“皆由璋明斷少而外言入故也”②。諸葛亮在他著名的《隆中對》中，對劉璋政權有以下的觀察：“劉璋暗弱，民殷國富而不知存恤。”③ 可見益州政權衹顧自保而不思進取。

劉表控制中游的荆州，“南收零、桂（零陵、桂陽兩郡，今湖南省南部和廣東省北部），北據漢川（長江中游支流漢水中游的襄陽一帶），地方千餘里，帶甲十餘萬”，而且收納了大批到荆州避亂的中原名士和失意軍人，包括諸葛亮和劉備，因此名望甚高。但他采取守勢，“欲保江漢間，觀天下變”④。曹操與袁紹争持的時候，僚屬勸他“舉州以附曹公”，但不被劉表接納。大抵劉表自恃荆州的地富民多，足以長期割據一方。

荆州東鄰的江東諸郡，在孫氏父子兄弟統治之下，取向却完全不同。孫氏是會稽郡富陽縣地方土豪出身，黄巾之亂爆發，孫堅響應官府號召，率領鄉里少年參加討伐黄巾，史書記載，孫堅“并力奮擊，所向無前”，其後轉戰中原，甚至曾擊敗董卓，斬董卓大將華雄⑤，率先攻入洛陽。之後歸附割據淮南的袁術，奉袁術之命攻打荆州劉表，在圍攻重鎮襄陽時中箭身亡。孫堅長子孫策得到袁術的允許，在淮河長江之間招募兵馬爲袁術收復江南諸郡。據史書記載，孫策在母舅吴景協助下，“渡江轉鬥，所向皆破，莫敢當其鋒，而軍令整肅，百姓懷之”⑥。不久袁術在壽春稱帝，被曹操討伐，兵敗病死，袁術勢力瓦解，孫策乘機據守江東諸郡。江東是孫氏家鄉，孫策如魚得水。孫策麾下，聚集了一群有勇有謀的部屬，如張昭、周瑜、魯肅、吕蒙、程普等，都是才俊之士，輔助孫氏建基立業。曹操對於孫策，態度十分微妙，史書云：“是時袁紹方强，而策并江東，曹公力未能逞，且欲撫之。乃以弟女配策小弟匡，又爲子章取賁女，皆禮辟策弟權、翊。”⑦ 值得注意的是“曹公力未能逞”一語，説明了曹操對江東孫策，實在鞭長莫及，事實上，直至赤壁之戰前後，曹操仍然對江東鞭長莫及。



建安五年四月，孫策死於刺客之手，次弟孫權承繼了江東軍政大權。曹操向孫權示好，任命他爲討虜將軍、領會稽太守。不過孫權在他的謀臣張昭、周瑜等人輔助之下，内平山越，西征江夏太守黄祖，以“共成大業”爲目標。從孫氏父子兄弟的行事可以

---

① 《三國志·蜀書·劉二牧傳》，第867頁。

② 《三國志·蜀書·劉二牧傳》，第868頁。

③ 《三國志·蜀書·諸葛亮傳》，第913頁。

④ 《三國志·魏書·劉表傳》，第211～212頁。

⑤ 《三國志·吴書·孫破虜討逆傳》，第1096頁。小説《三國演義》把華雄説成是袁紹將，被關羽所斬，并非史實。

⑥ 《三國志·吴書·孫破虜討逆傳》，第1101～1102頁。

⑦ 《三國志·吴書·孫破虜討逆傳》，第1104頁。

以穀士女，髦俊得進，陳其鼎俎。……①

當時人相信，在山神的護佑下，地方人士“士宦得志”，經濟富裕之餘，地方髦俊得以仕進。類似的説法如《白石神君碑》云：“惟山降神，髦士挺生。濟濟俊乂，朝野充盈。”《西岳華山亭碑》亦云：“唯岳降神，實生群公”②，二者皆比三公山碑更進一步，直接將地方髦士俊秀，視爲山神所誕。又《水經注》卷二八“沔水”條：

（宜城）縣有太山，山下有廟，漢末名士居其中。刺史、二千石卿長數十人，朱軒華蓋，同會於廟下。荆州刺史行部見之，雅嘆其盛，號爲冠蓋里，而刻石銘之……其辭曰：峨峨南岳，烈烈離明，實敷俊乂，君子以生……

冠蓋里一里而有高官數十，在當時人的觀念中，皆歸因於南岳所生。

山川誕生人物之説，與後世所謂“地靈人杰”相近，這種説法在碑中并不少見，在個别人物碑中尤多。如桓帝時期的《劉熊碑》云：“惟岳降靈，篤生我君。”③《孔彪墓碑》（建寧四年）：“穆穆我君，大聖之胄……惟岳降精，誕生忠良。”④ 彪爲孔子後裔，岳指泰山而言。《景雲碑》：“惟汶降神，梃斯君兮。”⑤ 景雲廣漢人，故云汶水所誕。《楊震墓碑》贊美楊震“乃台吐耀，乃岳降精”⑥，楊震孫楊著碑也説“惟岳降靈，於我明君”⑦，則皆指華山而言。《耿勛碑》：“泰華惟岳，神曜吐精，育兹令德，既哲且明。實謂耿君，天祚顯榮。”⑧ 陳國長平人《潘乾墓碑》云“君稟資南霍之神”，亦指南岳霍山而言。⑨ 又如《鄭季宣殘碑》云“伊産□繼，岱宗之靈”。《樊敏碑》：“華南西畺，濱近聖禹，飲汶茹汸……渾元垂象，岳瀆淵仁兮。金錯火佐，實生賢兮。”⑩ 這些都是例證。

按《詩・大雅・崧高》“惟岳降神”，以上各碑雖然可能是借用詩經的典故，但其實際山川各有所指，仍反映了當時一地人物爲當地山川所誕育的信仰。事實上，自古以來，即有土地孕育人群之説，認爲山川水土不同，所誕人物不同。《淮南子》云：

---

① 《三公山碑》，毛遠明，前揭書，第二册，第 28 頁。
② 《隸釋》卷二《西岳華山亭碑》，第 4 頁。
③ 《劉熊碑》，毛遠明，前揭書，第一册，第 265 頁。
④ 《孔彪墓碑》，毛遠明，前揭書，第一册，第 318 頁。
⑤ 《巴郡朐忍令景雲碑》，毛遠明，前揭書，第一册，第 360 頁。
⑥ 《楊震墓碑》，毛遠明，前揭書，第一册，第 301 頁。
⑦ 《隸釋》卷九《繁陽令楊著碑》，第 13 頁。
⑧ 《耿勛碑》，毛遠明，前揭書，第一册，第 368 頁。
⑨ 《潘乾墓碑》，毛遠明，前揭書，第二册，第 35 頁。
⑩ 《樊敏碑》，毛遠明，前揭書，第二册，第 82 頁。

# 正史記述的赤壁之戰

張偉國

**摘要：**赤壁之戰的名氣太大了，千百年來，被小説家們盡情發揮，增添了許多情節，而且小説家們所偏重的是英雄故事，至於戰爭的過程，衹是襯托英雄們鬥力鬥智的場景而已，不必完全符合史實，因此這場戰爭的歷史面貌，早已被厚厚的假象所掩蓋。幸好有關赤壁之戰的早期歷史資料仍然保存不少，後人可以從《三國志》《後漢書》等早期史籍中，獲得可靠的資料，重建這場大戰的歷史面貌。

**關鍵詞：**曹操　周瑜　諸葛亮　荆州　赤壁之戰

**作者簡介：**張偉國，香港樹仁大學歷史學系教授得知，他們尚武進取，不斷增强實力、擴大地盤。

孫氏最主要的兼并目標，是西鄰上游的荆州。《三國志・吴書・吴主孫權傳》裴松之注引述《吴録》的一則故事：吴郡人沈友擅長文學，兼好武事，又有口辯之才，曾經向孫權"陳荆州宜并之計"①，權從之。計謀的内容如何，未見提及，但可以反映孫權早已對荆州虎視眈眈。孫權曾經多次出兵攻打江東、荆州之間的門户江夏郡（郡治在鄂城，今湖北省鄂州市），建安十三年春"權復征（江夏太守）黄祖，（略）遂屠其城，祖挺身亡走，騎士馮則追梟其首，虜其男女數萬口"②，可見兼并荆州確是孫權君臣的重大戰略目標。

綜合上述資料，可以得知，建安十三年曹操揮軍南下時，南方三政權的情況如下：

東部（長江下游）的江東和西部（上游）的益州距離中原稍遠。

荆州劉表、益州劉璋雖然地富民多，但傾向於據地自保，劉璋更加滿足於守成，俱缺乏進取。

江東孫氏是尚武家族，三位主君不斷從征伐之中擴充實力，擴大地盤。而且孫氏手下猛將、謀士衆多，争相立功，早已有兼并荆州的打算。



## 三、曹操南征

建安十三年初，曹操在統一北方之後，決定全力南征，征伐的目標是荆州的劉表。《三國志》有兩則資料記述曹操南征，一則是《三國志・魏書・武帝紀》建安十三年，"秋七月，公南征劉表；八月，表卒，其子琮代。屯襄陽，劉備屯樊"③；另一則是《三國志・魏書・劉表傳》："建安十三年，太祖征表，未至，表病死。"④ 史書没有説明曹操爲何選擇先攻伐荆州，而不是先伐江東或益州。不過，從當時中原人的視野角度判斷，荆州是南方的經濟和文化中心，荆州的開發歷史，可以上溯至春秋時代，荆州的州治和最大城市江陵（今湖北省荆州市），是楚國的首都（楚都"紀南城"遺址至今仍然存在，被列爲全國重點文物），歷代楚王據此南征北討，建立楚國的霸權。戰國後期秦國東侵，占據江陵，設立南郡，成爲秦國經營長江流域的據點。因此中原人的戰略觀點，視南郡江陵爲控制長江流域的核心咽喉。

諸葛亮的《隆中對》分析荆州形勢："荆州北據漢、沔，利盡南海，東連吴、會，西通巴、蜀，此用武之國。"⑤ 諸葛亮爲劉備規劃統一天下的策略，第一步是跨有荆、

---

① 《三國志・吴書・吴主傳》，第 1117 頁。
② 《三國志・吴書・吴主傳》，第 1117 頁。
③ 《三國志・魏書・武帝紀》，第 30 頁。
④ 《三國志・魏書・劉表傳》，第 213 頁。
⑤ 《三國志・蜀書・諸葛亮傳》，第 912 頁。

益，然後結好孫權，待天下有變，“則命一上將將荆州之軍以向宛、洛，將軍（指劉備）身率益州之衆出於秦川”①。《隆中對》寫成於曹操南征之前數年，其戰略關鍵是先據有荆州，然後連合長江流域三政權，抗衡北方。時機來臨，則從荆、益兩路北伐。荆州北伐路綫，是從荆州（首府南郡江陵）北向宛、洛。宛，即南陽郡治；洛，即洛陽，是東漢故都。

曹操征戰多年，他的戰略識見，不會低於諸葛亮，他率兵南征，是經過精密部署的。他遠征烏丸班師回鄴，馬上作玄武池訓練水師；隨即更改漢朝官制，取消三公（東漢光武帝爲了防範丞相權力過大，取消丞相，改設太尉、司徒、司空三公，由老臣出任，坐朝論道，行政實權由皇帝直接掌握），就任復設之丞相，防止漢朝大臣掣肘，獨攬漢朝軍政大權，然後親自率兵南征。南征路綫和隨後的推進方略，必然經過縝密考慮。大致上是諸葛亮《隆中對》戰略的反方向而行：即先從宛、洛南下荆州，然後以荆州爲根據地，跨有荆、益，再兼并江東，完成統一大業。曹操未必能看到諸葛亮《隆中對》，而兩人的戰略相似，可謂英雄所見略同，而全國大一統的關鍵在據有荆州，應是客觀形勢。



除此之外，曹操還有兩點考量：其一是中原進軍益州，必須取道關中，越過秦嶺、大巴山，路綫崎嶇迂回，“蜀道之難，難於上青天”，行軍和接濟困難，而且關中諸將雖然已歸附曹操，但不甚可靠，後來馬超借故叛變，可折射出當時曹操未能完全支配關中，取道關中，風險甚大；其二是荆州牧劉表年老體弱，長子劉琦和少子劉琮各樹朋黨，争奪承繼權，劉琦被迫出守夏口，荆州政局動蕩，曹操應有所知悉，伐亂侮亡，勝算較高。

事實上，曹操的先取荆州南征策略完全正確，曹軍未至荆州境内，劉表在驚惶之中病死，其部屬已有人勸劉琮投降曹操。② 曹軍不失時機，迅速進攻荆州的北方門户樊城、襄陽（今湖北省襄樊市樊城區和襄陽區）。樊、襄兩城，隔漢水并立，樊城在北岸，襄陽在南岸。建安六年，豫州牧劉備在汝南戰敗，喪失了地盤，携同核心部屬關羽、張飛等投奔荆州牧劉表，劉表把他安置於樊城以北的新野，爲荆州防守北方前綫，但“不甚信用”。劉備在新野招納豪杰，“荆州豪杰歸先主者日益多”③，其中包括寄寓襄陽隆中山的北方名士諸葛亮。亮向劉備呈獻《隆中對》。④ 劉備收到曹軍迫近軍情，未經接戰便率衆逃走。史書記述：“先主屯樊，不知曹公卒至，至宛乃聞之，遂將其衆去。過襄陽。”⑤ 曹軍在幾乎没有反抗之下占領樊城、襄陽，渡過漢水，向荆州首府江

① 《三國志・蜀書・諸葛亮傳》，第 913 頁。

② 《三國志・魏書・劉表傳》，第 213 頁。

③ 《三國志・蜀書・先主傳》及注引《世語》，第 876 頁。

④ 《三國志・蜀書・諸葛亮傳》，第 912 ~ 913 頁。

⑤ 《三國志・蜀書・先主傳》，第 877 頁。

陵邁進。同時，劉表的少子劉琮已匆匆派人向曹操呈遞降表。① 益州的劉璋也暗中派人向曹操祝賀，并“送叟兵三百人并雜御物於曹公”②。如果没有隨之而來的形勢變化，曹操南征的第一個目標——兼并荊州，便可以順利完成。

## 四、孫劉聯盟

然而戰局出現了曹操始料不及的轉折，這場南征戰役的對手，轉換爲劉備和孫權兩個野心勃勃的亂世英雄聯手抗曹。劉、孫爲甚麼願意聯手抗曹呢？原因很簡單，曹操占據了荊州，劉、孫已面臨生死存亡的關頭。劉備在曹操大軍壓境，劉琮降曹的形勢之下，不戰而逃，弃新野、走樊城，已喪失了他和部屬最後的立足之地，半生戎馬，將成泡影。不過他還不甘心於全盤放弃，他避免與曹軍交鋒，大概爲了保全實力，而他撤離新野、襄、樊時，把當地的民衆一并帶走。劉備方面的資料稱：“琮左右及荊州人，多歸先主。比到當陽，衆十餘萬，輜重數千輛”③。這支龐大的隊伍，其中有萬餘兵馬，其餘是自願追隨劉備的百姓，不過却拖慢了劉備搶先進占江陵的計劃。④ 有學者認爲，劉備携同十餘萬軍民南下江陵，是“成功的政治表演，目的是争取民心。‘有衆十餘萬，輜重數千輛’，可以看出所取得的巨大效果。劉備在實力不僅未受損失，反而快速壯大的情况下，挾政治優勢南走”⑤。假如劉備成功搶占江陵，不僅增强實力，而且可與劉表長子江夏太守劉琦結成犄角之勢，阻止曹操的兵力靠近長江，甚至擁戴劉琦爲荊州牧，抗拒曹操。⑥ 這分析切中了要害。劉備的親信大將關羽率領戰船數百艘（應是襄樊水師的所有船隻），沿漢水到江陵會合。⑦ 曹操亦擔心劉備搶占江陵，所以加速追趕，五千輕騎，在當陽長阪追上劉備，把劉備的隊伍擊潰。⑧ 這場戰鬥，便是著名的長阪之役。

長阪之敗，是對劉備政治前途的又一次沉重打擊，他搶占江陵的計劃完全幻滅，衹能率領殘餘部屬逃往夏口，與劉琦會合。劉琦手下的兵力，有萬餘人。⑨ 曹操在長阪擊





① 《三國志·魏書·武帝紀》“公到新野，琮遂降”，第 30 頁；《三國志·魏書·劉表傳》“太祖軍到襄陽，琮舉州降”，第 214 頁。

② 《三國志·蜀書·劉二牧傳》，第 868 頁。

③ 《三國志·蜀書·先主傳》，第 877 頁。

④ 《三國志·蜀書·先主傳》提及，有人勸備“宜速行保江陵”，可能是劉備原來的打算。

⑤ 張靖龍：《赤壁之戰研究》，中州古籍出版社 2004 年版，第 134 頁。

⑥ 張靖龍：《赤壁之戰研究》，第 144 頁。

⑦ 《三國志·蜀書·關羽傳》，第 940 頁。

⑧ 《三國志·蜀書·先主傳》，第 878 頁。

⑨ 《三國志·蜀書·先主傳》云“先主弃妻子，與諸葛亮、張飛、趙雲等數十騎走，曹公大獲其人衆輜重。先主斜趨漢津，適與羽船會，得濟沔，遇表長子江夏太守琦衆萬餘人，與俱到夏口”，第 878 頁。

潰劉備，可以長驅進入江陵，接收劉表所遺下的軍政大權，因此有史籍記述曹操當時异常興奮，“昔先帝（劉備）敗軍於楚（指長阪），曹操拊手（拍手），謂天下以定”①。事實上，曹操進入江陵之後，立刻進行一連串鞏固政權的工作：任命劉琮爲青州刺史，離開荆州送往北方；下令安撫荆州吏民；獎勵歸順立功者，封侯十五人；又向益州牧劉璋徵兵②；招降長江以南的長沙、武陵、零陵、桂陽四郡③。

曹操占據江陵之後，荆州大局略定，荆州八郡已取其七，祇餘下劉琦、劉備仍然據守江夏。江夏雖然是軍事要衝，但二劉的殘存兵力，祇有二萬餘人④，實在不可能與曹軍爭持，甚至據地自守也有困難。唯一的選擇，是向孫權求助，於是有諸葛亮出使江東，游説孫權君臣的行程。史籍和小説，都記述了諸葛亮在江東君臣面前的精彩辯論，力勸孫權出兵抗曹，非本文探討重點，從略。

孫權方面，則深感唇亡齒寒的威脅，當時江東群臣所説的一番話，道出了孫權的焦慮：“（曹操）挾天子以征四方，動以朝廷爲辭，今日拒之，事更不順。且將軍（孫權）大勢，可以拒操者，長江也。今操得荆州，奄有其地，劉表治水軍，蒙衝鬥艦，乃以千數，操悉浮以沿江，兼有步兵，水陸俱下，此爲長江之險，已與我共之矣。而勢力衆寡，又不可論。”⑤ 其中最關鍵的要點是“長江之險，已與我共之矣”，江東政權危在旦夕，兩代三主打拼經營二十多年的地盤，極有可能要拱手讓人，這絶非尚武進取的孫權所甘願，因此孫權心中早有定案，從他在群臣面前的激烈反應可以得知：“權勃然曰：‘吾不能舉全吴之地，十萬之衆，受制於人。吾計决矣！’”⑥ 不過，孫權需要借諸葛亮的口才和對時局的分析，打消群臣主和畏縮的顧慮，振奮軍民的士氣，而且與劉琦、劉備合作後，不但江夏的障礙消除，長江也變成暢通無阻的水軍交通綫。於是孫劉聯盟形成，改變了局勢，出現了曹操意料之外的新敵人。

孫權派遣主戰的親信大將周瑜、程普、魯肅等，率領三萬水軍，溯江而上，與劉琦、劉備聯合抗曹。周瑜所率領的三萬兵，應是孫權所能抽調的極限，當時有資料提及，周瑜向孫權要求調派五萬人，但孫權表示：“五萬兵難卒合，已選三萬人，船糧戰具俱辦……孤當續發人衆，多載資糧，爲卿後援。”⑦ 假如這則資料所記確實，則孫權已準備盡全力與曹操對决，加上劉琦、劉備的部屬各萬餘人，孫劉聯軍的總兵力約五萬



① 《三國志·蜀書·諸葛亮傳》注引《漢晋春秋》，第924頁。

② 《三國志·魏書·武帝紀》，第30頁。

③ 《三國志·蜀書·劉巴傳》，第980頁。

④ 據《三國志·蜀書·諸葛亮傳》，諸葛亮向孫權陳述：“豫州（劉備）軍雖敗於長阪，今戰士還者及關羽水軍精甲萬人，劉琦合江夏戰士亦不下萬人。”第915頁。

⑤ 《三國志·吴書·周瑜傳》，第1261頁。

⑥ 《三國志·蜀書·諸葛亮傳》，第915頁。

⑦ 《三國志·吴書·周瑜傳》注引《江表傳》，第1262頁。

餘人。面對曹操大軍，孫劉聯軍明顯處於劣勢，因此劉備在迎接江東水師的時候，失望地說："恨少!" 周瑜唯有說："此自足用，豫州（劉備）但觀瑜破之。"①

曹操南征大軍的數量，曹操一方的資料未有提及，衹有孫吴一方有較詳細的記述"曹公入荆州，劉琮舉衆降，曹公得其水軍，船步兵數十萬，將士聞之皆恐"②。同傳裴松之注引《江表傳》記述周瑜對孫權分析形勢："諸人徒見操書，言水步八十萬，而各恐懾，不復料其虚實……今以實校之，彼所將中國人（指中原人、北方人），不過十五六萬，且軍已久疲，所得表衆，亦極七八萬耳。"③ 據這種説法，南下曹軍發布宣傳，聲稱八十萬人，以震懾南方，實數衹有十五六萬。另一説法是十多年後吴國大臣諸葛恪上表時提及曹操南侵："近者劉景升（劉表）在荆州，有衆十萬，財穀如山……操率三十萬衆來向荆州……"④ 大概周瑜在曹軍壓境時故意低估曹軍的人數，以增强孫權的抗敵信心；諸葛恪的説法在事過境遷之後多年，應該比較接近事實。在兵員數量方面，在裝備方面，曹軍顯然占了壓倒性的優勢。

然而，兵員的多寡不是戰争勝負的必然因素。曹軍以騎兵爲主，長於陸上衝鋒陷陣；孫劉聯軍以水師爲主，以船爲車，以楫爲馬，在波濤中游弋，激流中穿插。把戰場轉移到風高浪急的水面，正如周瑜所説："舍鞍馬，仗舟楫，與吴越争衡，本非中國（中原）所長。" 優勢必然大減。而孫劉聯軍的優勢正是水戰，所以周瑜對劉備表示有破敵的信心。



## 五、赤壁决戰

當然，克敵制勝，尤其是在逆境之中克敵制勝，還需要有其他方面的配合：戰略部署、臨陣指揮、軍隊士氣，以至當時的天氣情況、細微的突發事端，都有可能影響戰局，甚至改變戰果。周瑜率領三萬水師溯江而上，兼程指向江陵，屯兵江陵的曹操應該得到了劉孫互動的情報，親自指揮艦隊順流而下，欲搶先攻占夏口，但雙方在江陵、夏口之間的赤壁—烏林江面相遇，赤壁之戰展開。

小説戲劇對赤壁之戰的描述非常詳細，讀之有身歷其境的感覺。但史籍之中，有關這場大戰的記述文字非常稀少，兹抄録較重要的幾則如下：

### （一）曹操方面

《三國志・魏書・武帝紀》：

---

① 《三國志・蜀書・先主傳》注引《江表傳》，第 879 頁。
② 《三國志・吴書・周瑜傳》，第 1259 頁。
③ 《三國志・吴書・周瑜傳》，第 1262 頁。
④ 《三國志・吴書・諸葛恪傳》，第 1436 頁。

十二月，孫權爲備攻合肥。公自江陵征備，至巴丘，遣張憙救合肥。權聞憙至，乃走。公至赤壁，與備戰，不利。於是大疫，吏士多死者，乃引軍還。備遂有荆州、江南諸郡①。

## （二）劉備方面

《三國志・蜀書・先主傳》：

先主遣諸葛亮自結於孫權，權遣周瑜、程普等水軍數萬，與先主并力，與曹公戰於赤壁，大破之，焚其舟船。先主與吴軍水陸并進，追到南郡，時又疾疫，北軍多死，曹公引歸。②

《三國志・蜀書・諸葛亮傳》：



權大悦，即遣周瑜、程普、魯肅等水軍三萬，隨亮詣先主，并力拒曹公。曹公敗於赤壁，引軍歸鄴。③

## （三）孫權方面

《三國志・吴書・吴主傳》：

瑜、普爲左右督，各領萬人，與備俱進，遇於赤壁，大破曹公軍。公燒其餘船引退，士卒飢疫，死者大半。備、瑜等復追至南郡。④

《三國志・吴書・周瑜傳》：

權遂遣瑜及程普等與備并力逆曹公，遇於赤壁。時曹公軍衆已有疾病，初一交戰，公軍敗退，引次江北。瑜等在南岸。瑜部將黄蓋曰："今寇衆我寡，難與持久。然觀操軍船艦，首尾相接，可燒而走也。"乃取蒙衝鬥艦數十艘，實以薪草，膏油灌其中，裹以帷幕，上建牙旗，先書報曹公，欺以欲降。又豫備走舸，各繫大船後，因引次俱前。曹公軍吏士皆延頸觀望，指言蓋降。蓋放諸船，同時發火。時

① 《三國志・魏書・武帝紀》，第30～31頁。
② 《三國志・蜀書・先主傳》，第878頁。
③ 《三國志・蜀書・諸葛亮傳》，第915頁。
④ 《三國志・吴書・吴主傳》，第1118頁。

風盛猛，悉延燒岸上營落。頃之。烟炎張天，人馬燒溺死者甚衆，軍遂敗退，還保南郡。備與瑜等復共追。曹公留曹仁等守江陵城，徑自北歸。①

《三國志·吴書·周瑜傳》注引《江表傳》：

至戰日，蓋先取輕利艦十舫，載燥荻枯柴積其中，灌以魚膏，赤幔覆之，建旌旗龍幡於艦上。時東南風急，因以十艦最著前，中江舉幡，蓋舉火白諸校，使衆兵齊聲大叫曰："降焉！"操軍人皆出營立觀。去北軍二里餘，同時發火，火烈風猛，往船如箭，飛埃絶爛，燒盡北船，延及岸邊營柴。瑜等率輕鋭尋繼其後，雷鼓大進，北軍大壞，曹公退走。②

上述資料實在太簡略，省略了很多細節，給後世的小説家、編劇家留下許多想象和創作空間。但研究歷史必須以可靠的資料作爲依據，不能想象、創作，而保留至今有關赤壁戰役的歷史資料就是這幾則，後人祇能憑這些資料，重組戰役的經過。

審閲這幾則資料，不難發現，曹操方面對這場戰役的記述非常簡略，祇是一筆帶過，雖然承認了戰事"不利"，但隨即轉移至"大疫""吏士多死"方面，給人的印象是，曹軍退出荆州撤返中原是因爲受大疫困擾。此外，曹方記録赤壁所遭遇的對手祇有劉備，似乎忽略了孫權水師的存在。劉備方面的記述内容稍爲增加，最明顯是增加了戰争的方式"與曹公戰於赤壁，大破之，焚其舟船"，點出使用了火攻。孫權方面的記述最詳細，不但詳細描述了火攻的過程，增加了黄蓋詐降的情節，更重要的是，《周瑜傳》中記述了兩支水軍"初一交戰，公軍敗退，引次江北。瑜等在南岸"這件與戰役勝敗有密切關係的細節。

"初一交戰"，即第一次交手。據《三國志·魏書·武帝紀》資料"公自江陵征備，至巴丘"，可知曹操率領艦隊自江陵出發，目的是征伐據守夏口的劉備，文句没有提及孫權，大概曹操還未得知孫劉已結成聯盟。曹軍艦隊曾經在巴丘（今湖南省岳陽市，在洞庭湖匯入長江處）停留，再順流東下，至赤壁、烏林江面與逆流西上的周瑜水師遭遇。"引次江北"就是把曹軍船艦逼至北岸。周瑜在這回接觸中采取了主動的策略，很明顯他早有準備，選擇了對他有利、對曹軍不利的地點，封鎖了曹軍所在烏林一帶的江岸，因爲烏林江岸以北，當時是一片延綿數十里的沼澤地，古代稱爲"雲夢"，時至今日，仍是一片湖沼，名爲"洪湖"。曹軍艦隊被周瑜"引向"長江、雲夢之間，祇能停靠在狹窄的江岸沙堤之上，活動空間非常有限，凍結了北方騎兵、步兵的戰鬥能力。

① 《三國志·吴書·周瑜傳》，第1262頁。

② 《三國志·吴書·周瑜傳》注引《江表傳》，第1263頁。

周瑜水軍則停靠在南岸赤壁之下，監視着對岸的曹軍。雙方都不敢隨便出擊。曹軍需静待時機擺脱對手，但當時已是農曆十月、十一月之間，天氣轉寒，風高浪急，對於不習慣水戰，而且被迫局促於狹窄江岸的曹軍將士更爲難受，開始出現疫症。拖延太久對周瑜也没有好處，因爲曹軍人數衆多，隨時可能分兵突圍，偷襲夏口，或渡江來攻。因此周瑜決定使用“詐降計”和“火攻計”，先安排黄蓋暗中向曹營通款，等候轉吹東南風，使詐降隊伍開船逼近曹艦，進行火攻。結果是“大破之，焚其舟船”，“人馬燒溺死者甚衆”，“死者大半”，曹操落荒而逃，被迫放弃已攻取的荆州七郡，退返中原。孫劉聯軍在這次軍事角力中大獲全勝。

## 六、赤壁之戰餘論

這場戰争以曹軍潰敗、倉皇北退告終。後人評論這場戰争，都以“弱勝强”“少勝衆”爲主要論點。爲什麽孫劉聯軍能够以弱勝强，以少勝多呢？其中關鍵原因是，周瑜在赤壁決戰中掌握了天時、地利、人謀，他選擇了適當的地點與曹操艦隊展開遭遇戰，以其嫻熟的水戰經驗，把龐大的曹操艦隊逼向背倚沼澤的烏林北岸，削弱曹軍的戰鬥力，并降低曹軍陸路突圍的可能，使不習慣水上生活的曹軍困惑不安。加上孫劉陣營正處於存亡關頭，將士士氣高昂，有效死的決心，所以願意施行詐降計，冒生命危險發動火攻。



周瑜一戰而勝，絶非僥幸，他早已熟悉長江中游的地理形勢，據《三國志·周瑜傳》記述，這位“長壯有姿貌”（高大、强壯、相貌俊美），而且精於音樂的周郎，早在孫策時，已爲孫氏經營長江中游，他“進尋陽，破劉勛，討江夏，還定豫章、廬陵，留鎮巴丘”①，尋陽是今日江西的九江，江夏是今日湖北的黄州、武漢一帶，豫章是今日江西的南昌，廬陵是今日江西的吉安，巴丘是今日湖南的岳陽。周瑜在長江中游的九江、黄州、武漢、岳陽之間多次往來，對長江水道和沿岸的險要，應非常了解。所以他能够在適當地點，把曹軍引向江北，困於沼澤之地，利用地利、天時和人謀，取得勝利。

曹操方面，曹軍最初長驅直進占領江陵，據有荆州七郡，完成南征原定任務，戰意鬆懈，安於守成。大抵原先未有占據江陵後立刻東征的計劃（官渡之戰後，曹操亦未立刻進攻冀、青、幽、并等州，數年之後，纔逐個擊破），但劉琦和劉備仍然據守夏口，給曹操控制荆州構成後患，必須及早清除。進攻夏口，曹操放弃北方擅長的陸戰，改爲以舟代馬的水戰，將士難以適應，士氣難以高昂。曹軍被困烏林江岸之後，處境惡劣，水土不服，疾疫發作，氣急心焦在所難免，使得黄蓋的詐降計可以得逞。周瑜發動

① 《三國志·吴書·周瑜傳》，第1260頁。

火攻之後，火勢迅猛，曹軍潰敗，而且必須從沼澤泥濘中尋求生路，可謂狼狽不堪。曹操雖然大敗，但他的實力并未削弱，他仍是北方最强的霸主，十多年後曹操病逝，長子曹丕篡奪了漢朝政權，改國號爲魏。曹魏史官對於這場曹操有生以來最大的敗仗，用了“公至赤壁，與備戰，不利”幾個字輕輕帶過，保全了曹操的顏面。

赤壁戰後，曹操北還，真正的争奪戰展開。不久劉琦病死，劉備占據荆州，開始策劃實現諸葛亮《隆中對》中“跨有荆益”的戰略，準備兼并益州；孫權覬覦荆州已久，亦準備武力争奪。孫劉聯盟即將破裂，戰火即將重燃。

由於史書有關赤壁戰役的文獻極爲稀少，留給後人不少謎團。

其一，是赤壁的地點，北宋大文豪蘇軾流放黄州時，曾游覽黄州附近的赤壁，并撰寫了著名的前、後《赤壁賦》，於是有人以蘇軾的文章爲依據，誤以爲赤壁戰役發生於黄州附近。歷代史家都對這説法予以辨正，最强的理由是黄州位於夏口（今武漢市漢口）以東，從江陵東下，先至夏口，再至黄州。假如曹軍已抵夏口，兵臨城下，二劉難以抵抗，大局已定，則不必與周瑜水軍相遇於東面的黄州赤壁。因此赤壁戰役必定發生於夏口以西、江陵以東的長江河道之上，歷代文獻都指明在今日蒲圻市、洪湖市之間（蒲圻市於 1998 年 6 月 11 日更名赤壁市），而地理形勢亦完全符合。

其二，是戰役發生的月份。據《三國志・魏書・武帝記》記載，戰事發生在十二月，但《後漢書・獻帝紀》則記在十月之後。《三國志》成書比《後漢書》早百餘年，應該較可信。但曹操在九月已占據江陵，假如十二月戰於赤壁，其間有兩三個月全無軍事行動，不知應作何解釋？極有可能曹操需要時間整編軍隊、安撫荆州士民，尤其是需要等待長江以南長沙、武陵諸郡的歸附。如《後漢書》所記正確，則曹軍東征，應緊接於占領荆州、江陵之後。

其三，曹操爲何不直接用騎兵進攻夏口？或許由於江陵、夏口之間的雲夢沼澤不便騎兵推進，以水軍進攻夏口，較爲安全、便捷，所以曹操弃陸從舟。

其四，爲何曹操水軍到達巴丘之後，不弃舟從陸進攻江東？或許由於東吴孫氏，本非曹操這次軍事行動的攻伐目標，曹操急於先肅清盤據夏口的荆州二劉（琦、備）的殘餘勢力，鞏固荆州統治，至於江東孫氏，平定夏口之後再徐圖收拾。而荆州江南四郡名義上歸附曹操，但變數仍多，假如曹操大軍在巴丘弃舟從陸，糧食補給和退路都無法保證，曹操用兵謹慎，不會貿然冒這個糧道被切斷、退路受阻的風險。但實情如何，仍待後人考據。

# 《隋書》中“聖人可汗”一詞探釋

羅永生

**摘要**：據《隋書》記載，突厥啓民可汗曾先後上表稱隋文帝爲“大隋聖人莫緣可汗”及“聖人可汗”，其後處羅可汗亦稱煬帝爲“聖人可汗”。根據兩漢魏晉南北朝史書所載，“聖人”一詞基本是沿襲先秦儒家“明主賢君”的理念，再加上後世史書，如《北史》《册府元龜》《資治通鑑》均沿用《隋書》説法，也就頗能反映在傳統史家的儒家本位意識内，“聖人可汗”一詞雖是突厥可汗所提出，却切合傳統儒家天下觀以“恩威”來撫服四夷的理念，隋代的二位君主便是由此獲得以突厥爲首周邊民族的認同。

**關鍵詞**：聖人　儒家思想　突厥可汗　部臣　聖人可汗

**作者簡介**：羅永生，香港樹仁大學歷史學系副教授

## 一、引　言

《隋書》卷八四《突厥傳》中記録開皇十八年（598），隋文帝派兵協助突厥啓民可汗擊潰同族達頭步迦可汗與倈利伐所部，啓民可汗因而上表陳謝，表内先後稱隋文帝爲“大隋聖人莫緣可汗”和“聖人可汗”。① 及至煬帝大業八年（612），突厥處羅可汗，仍上表稱煬帝爲“自天以下，地以上，日月所照，唯有聖人可汗。今是大日，願聖人可汗千歲萬歲常如今日也”②。不同的突厥可汗俱先後以部臣身份上表尊稱隋文帝、煬帝父子爲“聖人可汗”，則可見隋朝君主在突厥諸部中的崇高地位。



相對於後來唐代君主稱“天可汗”的歷史，學界對隋主稱“聖人可汗”的研究甚少。③ 近年來，臺灣學者林冠群與朱振宏在其論著中雖有兼論“聖人可汗”的地方，唯林、朱二文内，俱視“聖人”與“可汗”爲“胡漢體制”下的兩個獨立的名號，即“中原皇帝”與“部落酋長”。兩者雖并存，但并非一整體稱號。④ 然而《隋書》中“聖人可汗”的説法三出，從全文的理解，很難判斷出“聖人”與“可汗”是兩個獨

---

① 〔唐〕魏徵、令狐德棻撰：《隋書》卷八四《突厥傳》，中華書局 1973 年版，第 1873 頁。

② 《隋書》卷八四《突厥傳》，第 1978 頁。

③ 近代以來，學界研究唐代“天可汗”史事者，始於羅一之《唐代天可汗考》，載於《東方雜志》1945 年第 41 卷第 16 號，第 44～46 頁。而早期影響較大者當推羅香林《唐代天可汗制度考》，收入氏著《唐代文化史》，臺灣商務印書館 1955 年版，第 54～87 頁。踏入 20 世紀八九十年代以後，關於“可汗”“天可汗”的文章大量涌現，而且論述頗能突破羅香林氏之舊例，分别從民族學、語言學、音韵學、翻譯學、世界史等不同角度釋論，如陳發源《柔然君名可汗考》，《新疆社會科學》1988 年第 2 期；侯爾瑞《“可汗”一詞之源流》，《語言與翻譯》1994 年第 4 期；劉義棠《天可汗探源》，收入氏著《中國西域研究》，臺灣正中書局 1997 年版，第 71～109 頁；李志敏《可汗名號語源問題考辨》，《民族研究》2004 年第 2 期；羅新《可汗號研究——兼論中國古代“生稱謚”問題》，《中國社會科學》2005 年第 2 期；趙立民《“天王”到“天可汗”所詮釋的胡漢互化》，《滄桑》2010 年第 4 期；朱振宏《大唐世界與“皇帝・天可汗”之研究》，臺灣花木蘭文化出版社 2009 年版；朱振宏《唐代“皇帝・天可汗”釋義》，收入氏著《隋唐政治、制度與對外關係》，臺灣文津出版有限公司 2010 年版，第 183～208 頁。

④ 林冠群：《隋文帝“莫緣可汗”汗號考釋》，《史學彙刊》2010 年第 25 期。朱振宏：《西突厥與隋朝關係史研究（581—617）》第三章第五節《胡漢體制下“聖人・可汗”的歷史意義》，臺灣稻鄉出版社 2015 年版，第 204～219 頁。按：林文釋“莫緣”爲“富裕”之意，此非本文討論焦點，今略而不談。

立的名號概念。反而值得注意的是後世史書，如《北史》①、《册府元龜》②、《資治通鑑》③ 的相關記載却直接沿用《隋書》的説法，這或許反映在傳統史家的儒家本位意識内，“聖人可汗”本是一整體稱號，并不存在“胡漢體制”的概念。

## 二、傳統儒家思想中的“聖人”概念

若從傳統中原文化思想角度來看，上古時代“聖人”概念的原本意思是指聰明、睿智之人，然在春秋戰國時代，聖人概念具有了雙重含義：既指道德上的完美人格，又指政治上的杰出人物。④ 臺灣學者邢義田指出，《尚書》及《詩經》中的“聖”或“聖人”原來并没有什麼神聖的意思，聖字神聖化，是到戰國時代纔開始出現的一種趨向，主要以孟子、荀子、韓非子等爲代表，他引用朱駿聲的一個觀察：“春秋以前所謂聖人者，通人也。”“戰國以後所謂聖人，則尊崇之虚名也。戰國以降，孔子被聖人化，并表現出聖人神聖化之趨向。”⑤ 所以，可知“聖人”一詞原意是“聰明、睿智的人”，至孔子之時，因其强調個人的道德修養，視“聖人”爲“終極的理想人格”⑥，“聖人”成爲集“聰明、睿智、道德、修養”於一身，可望而不可及的完美典範。而旁及政治層面，又衍生出以“聖人”代表理想中的“明主賢君”，而并非純粹是國君、皇帝的代名詞。⑦ 因是之故，自西漢確立儒家經典爲官學以來，兩漢史傳中所云“聖人”者⑧，以儒家思想中“聖人”的雙重含義角度來理解，則雖不中亦不遠矣。⑨



---

① 〔唐〕李延壽撰：《北史》卷九九《突厥傳》，中華書局 1974 年版，第 3302 頁。

② 〔北宋〕王欽若等編：《册府元龜》卷九八〇《外臣部 · 通好》，中華書局 1960 年版，第 11509 頁。

③ 〔北宋〕司馬光編著，〔元〕胡三省音注：《資治通鑑》卷一七九“開皇二十年”條，中華書局 1956 年版，第 5572 頁。

④ 吴震：《中國思想史上的“聖人”概念》，《杭州師範大學學報（社會科學版）》2013 年第 4 期。

⑤ 邢義田：《天下一家：皇帝、官僚與社會》，中華書局 2011 年版，第 50 頁。

⑥ 吴震：《中國思想史上的“聖人”概念》，《杭州師範大學學報（社會科學版）》2013 年第 4 期。

⑦ 先秦典籍中以“聖人”代表明主賢君的説法，始見於《禮記 · 大傳》：“聖人南面而聽天下，所且先者五，民不與焉。……聖人南面而治天下，必自人道始矣。”見王文錦譯解《禮記譯解》，中華書局 2001 年版，第 480 頁。

⑧ 秦漢以來皇帝與“聖人”的概念，可參邢義田《秦漢皇帝與“聖人”》，收入《陶希聖先生九秩榮慶祝壽論文集》編輯委員會編《陶希聖先生九秩榮慶祝壽論文集——國史釋論》，臺灣食貨出版社 1988 年版，第 389 ~ 427 頁。

⑨ 按：《漢書》中“聖人”一詞，凡 227 處，除有幾處指孔子爲聖人外，餘者俱可解讀爲集“聰明、睿智、道德、修養於一身的完美典範”或“明主賢君”，較《後漢書》的 138 處，《三國志》的 101 處，更具代表性。

援及漢末“從初平之元，至建安之末，天下分崩，人懷苟且，綱紀既衰，儒道尤甚”①。官方儒學衰頹。至曹魏時期，儒學更是一蹶不振，夏侯玄、何晏、王弼等開創以“老莊注解《周易》”的“正始之音”，爲魏晋玄學的整體發展踏出最重要的一步。②然而，兩漢儒家所主張的三綱五常對於維護統治階層秩序而言，又是非常必要的，不能完全放弃。玄學與儒學終必合流，情況就如學者許抗生所述：“玄學是魏晋之際儒道兼綜思想發展的産物。”③ 魏晋時期傳統儒家的“聖人”觀念，已參雜了《莊子·逍遥游》中“聖人無名”的思想，亦可以完全理解。④ 根據此一思路來解讀魏晋以來迄隋唐時期諸史傳中“聖人”一詞的含義，或許有助於我們進一步瞭解《隋書》中“聖人可汗”的背後理念。

## 三、南北朝諸史内的“聖人”含義

傳世的《晋書》與“八書二史”中，衹有《宋書》《南齊書》《魏書》是成書於南北朝時期的，餘者俱是入唐後纔定稿刊行。透過對上述三部正史中“聖人”一詞的分析，應該有助於我們瞭解南北朝時期，史家們對“聖人”一詞的定義。



考《宋書》中“聖人”一詞，凡 68 處。大部分仍離不開兩漢儒家那種“聰明、睿智、道德、修養於一身的完美典範”“明主賢君”的雙重含義。衹有 3 處，有着道家、釋家的色彩。現詳列於下：

1. 卷九三《隱逸傳》：“若夫千載寂寥，聖人不出，則大賢自晦，降夷凡品，止於全身遠害，非必穴處岩栖，雖藏往得二，鄰亞宗極，而舉世莫窺，萬物不睹。”⑤

2. 卷九七《慧琳傳》：“有白學先生，以爲中國聖人，經綸百世，其德弘矣，智周萬變，天人之理盡矣，道無隱旨，教罔遺筌，聰睿迪哲，何負於殊論哉。”⑥

3. 卷九七《慧琳傳》：“有迹不能不敝，有術不能無僞，此乃聖人所以桎梏也。”⑦

而《南齊書》中“聖人”一詞，雖僅 18 處，但同樣大部分離不開儒家的解説，衹有 2 處明顯是反映着莊子“至人無己、神人無功、聖人無名”的思想。現詳列於下：

1. 卷五三《良政·裴昭明傳》：“郡民龔玄宣，云神人與其玉印玉板書，不須筆，

---

① 〔西晋〕陳壽：《三國志》卷一三《魏書·王肅傳》裴注引《魏略》，中華書局 1959 年版，第 420 頁。

② 詳參許抗生《三國兩晋玄佛道簡論》第一編第一章《夏侯玄、何晏、王弼的玄學貴無派哲學思想——玄學發展的第一階段》，齊魯書社 1991 年版，第 1 ~ 56 頁。

③ 許抗生等：《魏晋玄學史》，陝西師範大學出版社 1989 年版，第 18 ~ 27 頁。

④ 陳鼓應注譯：《莊子今注今譯》，中華書局 1983 年版，第 14 頁。

⑤ 〔南朝梁〕沈約撰：《宋書》卷九三《隱逸傳》，中華書局 1974 年版，第 2275 頁。

⑥ 《宋書》卷九七《慧琳傳》，第 2388 頁。

⑦ 《宋書》卷九七《慧琳傳》，第 2391 頁。

吹紙便成字。自稱‘龔聖人’，以此惑衆。”①

2. 卷五四《高逸·沈驎士傳》：“或勸（沈）驎士仕，答曰：魚縣獸檻，天下一契，聖人玄悟，所以每履吉先。吾誠未能景行坐忘，何爲不希企日損。”②

最後，《魏書》中“聖人”一詞，凡54處。當中亦僅有4處是表達儒家以外的佛道宗教思想。現詳列於下：

1. 卷九九《沮渠蒙遜傳》：“始罽賓沙門曰曇無讖，東入鄯善，自云‘能使鬼治病，令婦人多子’，與鄯善王妹曼頭陀林私通。發覺，亡奔涼州。蒙遜寵之，號曰‘聖人’。”③

2. 卷一〇三《蠕蠕傳》：“太祖謂尚書崔玄伯曰：‘蠕蠕之人……异部人有教其以犍牛易之者，蠕蠕曰“其母尚不能行，而況其子”，終於不易，遂爲敵所虜。今社侖學中國，立法置戰陳，卒成邊害。道家言聖人生，大盜起，信矣。’”④

3. 卷一〇六上《地形志上》原注：“永安郡領縣五。户二萬二千七百四十八。口一十萬四千一百八十五。定襄……（原注：……有趙靈武王祠、介君神、五石神、關門山、聖人祠、皇天神、定襄城、撫城）……”⑤

4. 卷一一四《釋老志》：“時西域有胡沙門鳩摩羅什，思通法門，道安思與講釋，每勸（苻）堅致羅什。什亦承安令問，謂之東方聖人，或時遥拜致敬。道安卒後二十餘載而羅什至長安，恨不及安，以爲深慨。”⑥

承此而來，成書較《隋書》稍早的《梁書》《陳書》《北齊書》《周書》等四部正史。⑦ 書中所述“聖人”一詞，庶幾亦與《宋書》《南齊書》《魏書》相近。考《梁書》中“聖人”一詞，凡26處。其中卷四八《儒林·范縝傳》引《神滅論》中提及“聖人”者，凡7處⑧，以及卷五一《處士·阮孝緒》所述“聖人”1處⑨，頗具老莊道學思想外，餘者十多處，俱可是從傳統儒家的“道德、睿智”“明主賢君”的雙重含義角度來理解。而《陳書》中“聖人”凡15處、《北齊書》中“聖人”凡8處、《周書》中“聖人”凡14處，三書所述者，俱屬儒家“聖人”雙重含義的範疇。據此，我們可以作這樣的推論：《隋書》以前的諸部正史中出現的“聖人”一詞，基本沿襲兩漢





---

① 〔南朝梁〕蕭子顯：《南齊書》卷五三《裴昭明傳》，中華書局1972年版，第919頁。

② 《南齊書》卷五四《沈驎士傳》，第943頁。

③ 〔北齊〕魏收撰：《魏書》卷九九《沮渠蒙遜傳》，中華書局1972年版，第2208頁。

④ 《魏書》卷一〇三《蠕蠕傳》，第2291頁。

⑤ 《魏書》卷一〇六《地形志上》，第2474頁。

⑥ 《魏書》卷一一四《釋老志》，第3029頁。

⑦ 有關《梁書》《陳書》《北齊書》《周書》的成書經過，可參陳高華、陳智超等《中國古代史史料學》，北京出版社1983年版，第133～165頁。

⑧ 〔唐〕姚思廉撰：《梁書》卷四八《范縝傳》，中華書局1973年版，第669頁。

⑨ 《梁書》卷五一《阮孝緒傳》，第741頁。

以來儒家思想中“聖人”的雙重含義，亦偶爾兼及老莊釋道等理念，但仍未有以“聖人”來代替“天子”“皇帝”的意思。

## 四、《隋書》中的“聖人”與“聖人可汗”



今本《隋書》中“聖人”一詞，凡88處。當中除却“聖人可汗”連稱者三處外，尚餘85處。當中卷三四《經籍三》載：“《符子》二十卷（原注：……《聖人無情論》六卷，亡。）……道者，蓋爲萬物之奥，聖人之至績也。……聖人體道成性，清虚自守，爲而不恃，長而不宰……”① 明顯屬老莊“至人、神人、聖人”的思想。餘下的82處，基本仍屬兩漢魏晋南北朝以來，儒家“聖人”的雙重含義。

值得注意的是，在卷八四《突厥傳》中記載啓民可汗於開皇年間向隋文帝上表陳謝的一段文字裏，啓民可汗先後稱文帝爲“大隋聖人莫緣可汗”“聖人可汗”。及至文帝駕崩，煬帝即位之後，啓民可汗於大業三年四月上表曰：



> 已前聖人先帝莫緣可汗存日，憐臣，賜臣安義公主……臣種末爲聖人先帝憐養……實憶聖人先帝言語，投命去來。聖人先帝見臣……至尊今還如聖人先帝於天下四方坐也……臣今憶想聖人及至尊養活事，具奏不可盡，并至尊聖心裏在。……②

啓民改稱文帝爲“聖人先帝”，而稱當時的中原皇帝——隋煬帝爲“至尊”。同是啓民可汗對文帝的尊稱，生前身後的意思應該是一致的。所不同者是“先帝”與“可汗”。這樣“聖人”稱謂的涵義，一定不能是前述林冠群、朱振宏二文所解的“（中原）皇帝”的意思，否則“皇帝先帝”是解釋不通的。相反，若啓民可汗尊稱的“聖人”仍是按兩漢魏晋南北朝史傳的慣例，從儒家“道德、睿智”“明主賢君”的雙重含義角度出發，甚至簡單地理解爲“明主賢君”，却并無不妥之處。或許在啓民可汗的眼中，隋文帝的賢明，較之其富裕更值得推崇贊頌，故“莫緣可汗”③ 的説法，僅生前身後各一次提及；相反“聖人可汗”“聖人先帝”的尊稱，却多番出現於其上表中。况且在此以前，突厥可汗沙鉢略曾致書文帝，直稱文帝爲“大隋皇帝”④ 及“大隋天子”⑤，并無特别尊稱的意義。及後沙鉢略因獲隋軍協助而擊敗達頭、阿波和阿拔國的來犯，乃向文帝上表立約，表中沙鉢略先稱文帝爲“大隋皇帝”及後更推許文帝爲“萬世之一聖，

---

① 《隋書》卷三四《經籍三》，第1002、1003頁。
② 《隋書》卷八四《突厥傳》，第1874頁。
③ 參見林冠群《隋文帝“莫緣可汗”汗號考釋》一文。
④ 《隋書》卷八四《突厥傳》，第1868頁。
⑤ 《隋書》卷八四《突厥傳》，第1869頁。

千年之一期……意以華夏其有大聖興焉。……"① 可見在突厥可汗的眼中，"聖" 較"皇帝、天子" 更爲尊貴，是最具分量的尊稱。鑒於此，則"聖人" 一詞在突厥用語中，并不是代表"大隋皇帝""大隋天子" 那麽簡單了，其層次必在此之上。及至大業八年（612），處羅可汗上表尊稱煬帝爲"聖人可汗"，大抵亦可以解釋爲是依從沙鉢略、啓民可汗的舊例而行之。



## 五、從隋文帝的儒家"天下觀" 看"聖人可汗"

據《周書》《隋書》所載，隋文帝楊堅家族乃東漢世族弘農華陰楊氏之後。② 然此説法基本已爲學界所否定。③ 實質上，隋楊帝室是已發生變化的"武川英豪"④ 家族，是由鮮卑和漢族相雜而成的關隴集團的核心成員之一。⑤ 楊堅建立隋朝後，所倚重的也基本上是鮮卑人或是深受少數民族影響的漢族人，故《隋書》稱楊堅是"不悦儒術，專尚刑名"⑥，意謂文帝是個輕視儒家思想的統治者。⑦ 然而，值得注意的是楊堅在剛掌握了北周政權後，便先下令"已前賜姓，皆復其舊"⑧，稱帝後又"依漢魏之舊"⑨，廢除北周六官之制，大有放弃北周鮮卑傳統的味道。⑩ 平陳之後，文帝曾慨嘆"聖人遺訓，掃地俱盡"⑪、"王道衰而變風作，微言絶而大義乖，與代推移，其弊日甚"⑫，於是重申"制禮作樂，今也其時"⑬，認爲適當時候當重建儒家的政治秩序，即建立以維



---

① 《隋書》卷八四《突厥傳》，第 1869 頁。

② 分别參見《周書》卷一九《楊忠傳》、《隋書》卷一《文帝紀上》。

③ 參見王永興《楊隋氏族問題述要——學習陳寅恪先生史學的一些體會》，收入《季羡林教授八十華誕紀念論文集》上卷，江西人民出版社 1991 年版，第 356 ~ 372 頁。

④ 參見韓昇《隋文帝傳》第二章第三節《武川英豪》，人民出版社 1998 年版，第 37 ~ 47 頁。又臺灣學者常華安則認爲楊氏一族并非漢族人，亦非鮮卑、柔然和稽胡，而是屬於歐羅巴人血族的高車人，亦即敕勒人。見氏著《敕勒人史迹源流考》，臺灣文史哲出版社 2009 年版。

⑤ 參見張偉國《關隴武將與周隋政權》，中山大學出版社 1993 年版。

⑥ 《隋書》卷七五《儒林傳》，第 1706 頁。

⑦ 有關文帝"不悦儒術" 的研究，可參見王心喜《隋文帝"不悦儒術" 辨正》，《杭州教育學院學報》1996 年第 3 期。

⑧ 《隋書》卷一《文帝紀上》，第 7 頁。又《周書》卷八《帝紀八》作"諸改姓者，悉宜復舊"，第 135 頁。

⑨ 《隋書》卷六〇《崔仲方傳》，第 1448 頁。

⑩ 可參高明士《隋文帝"不悦學""不知樂" 質疑——有關隋代立國政策的辨正》，《臺灣大學歷史學系學報》1988 年第 14 期。

⑪ 《隋書》卷二《文帝紀下》，第 34 頁。

⑫ 《隋書》卷二《文帝紀下》，第 48 頁。

⑬ 《隋書》卷二《文帝紀下》，第 34 頁。

護隋王朝統治爲根本目的的政治秩序。① 對外方面，文帝亦意圖以“仁孝爲本”②、“仁義相向”③ 等儒家理念來處理隋楊王朝與周邊民族的關係發展，實際就是建立“推恩示信，賓服四夷”的儒家思想天下觀。④ 且看後來文帝先後用兵於吐谷渾、突厥、吴越和高麗之時，俱以此爲策略。⑤

用兵吐谷渾：開皇元年（581），吐谷渾出兵侵擾凉州，爲了迅速控制西北邊境局勢，文帝以元諧爲行軍元帥，率領行軍總管賀婁子幹、郭竣、元浩等數萬步騎兵前往河西擊之。大軍出發時，文帝下詔曰：“本欲自寧疆境，保全黎庶，非是貪無用之地，害荒服之民。王者之師，意在仁義。渾賊若至界首者，公宜曉示以德，臨之以教，誰敢不服也!”⑥ 這表明文帝對吐谷渾用兵是爲了“自寧疆境，保全黎庶”，而且明確了用兵方針是“曉示以德，臨之以教”；結果是當元諧等擊敗吐谷渾後，馬上“移書諭以禍福，其名王十七人、公侯十三人，各率其所部來降”。⑦ 文帝基於吐谷渾風俗與中原殊异，所謂“渾賊風俗，特异人倫，父既不慈，子復不孝”⑧。故曉以大義，强調“朕以德訓人，何有成其惡逆也！吾當教之以義方耳”⑨，實際上是用“恩威并施”⑩ 的手段來臣服四夷之。

對突厥方面，開皇二年（582）四月，文帝派竇定榮、韓僧壽、李充等將領，用兵擊敗突厥軍隊於鷄頭山、河北山等處。⑪ 除軍事行動之外，文帝主要采納長孫晟“遠交而近攻，離强而合弱”⑫ 的策略，成功分化、離間了突厥各酋長的關係。⑬ 如前文所述，沙鉢略可汗在獲得文帝的協助下，擊退威脅其權位的諸部酋長後，上表立約請和，表文云：



---

① 高明士：《中國中古禮律綜論——法文化的定型》第七章《隋文帝時代的制禮作樂》，臺灣元照出版有限公司 2014 年版，第 98 ~ 203 頁。

② 《隋書》卷八三《吐谷渾傳》，第 1844 頁。

③ 《隋書》卷八三《吐谷渾傳》，第 1843 頁。

④ 參見雷家驥：《隋史十二講》第八講《二、大國的國防外交：單一國際體系的塑造》，清華大學出版社 2012 年版，第 165 ~ 177 頁。

⑤ 參見管彦波《簡論隋文帝的治邊思想與治邊措施》，《貴州民族研究》2006 年第 2 期。

⑥ 《隋書》卷四〇《元諧傳》，第 1171 頁。

⑦ 《隋書》卷四〇《元諧傳》，第 1171 頁。

⑧ 《隋書》卷八三《吐谷渾傳》，第 1843 頁。

⑨ 《隋書》卷八三《吐谷渾傳》，第 1843 頁。

⑩ 參見馬曉麗《論隋文帝“君臣一體”的民族關係思想》，《烟台大學學報（哲學社會科學版）》2005 年第 3 期。

⑪ 參見《隋書》卷一《文帝紀上》，第 16 ~ 17 頁。

⑫ 《隋書》卷五一《長孫晟傳》，第 1331 頁。

⑬ 文帝對突厥政策，可分别參見劉健明《隋代政治與對外政策》第六章《開皇年間對突厥政策》，臺灣文津出版社 1999 年版，第 197 ~ 230 頁；吴玉貴《突厥汗國與隋唐關係史研究》第三章《文帝時代隋朝與突厥的關係》，中國社會科學出版社 1998 年版，第 81 ~ 113 頁。

> 突厥自天置以來，五十餘載，保有沙漠，自王蕃隅。……頃者氣候清和，風雲順序，意以華夏其有大聖興焉。況今被沾德義，仁化所及，禮讓之風，自朝滿野。竊以天無二日，土無二王，伏唯大隋皇帝，真皇帝也。豈敢阻兵恃險，偷竊名號，今便感慕淳風，歸心有道，屈膝稽顙，永爲藩附。雖復南瞻魏闕，山川悠遠，北面之禮，不敢廢失。……①

明顯地，沙鉢略已接受文帝"恩威并施"的策略，贊揚隋朝是"被沾德義，仁化所及，禮讓之風，自朝滿野"，而自己則"感慕淳風，歸心有道……北面之禮，不敢廢失"云云。言辭間散發出一種强烈的"推恩示信，賓服四夷"的儒家天下觀思想。

用兵吴越：開皇九年（589）四月，文帝下詔天下，特别指出："往以吴、越之野，群黎塗炭，干戈方用，積習未寧。今率土大同，含生遂性，太平之法，方可流行。"②顯而易見，這裏所説的"太平之法，方可流行"，是指在文帝統一南北後，應由以往"干戈方用"的戰争狀態，轉向當今"率土大同"的和平時期。同年，文帝派江州總管韋洸率軍南下之時，給其詔書中便明確訓示，此番軍事行動務必要"若使干戈不用，兆庶獲安，方副朕懷"③。某程度上是與孟子所云"推恩足以保四海"④ 的思想吻合。



用兵高麗：隋朝立國以來，高麗依違不定，時而稱臣，時而擾邊。⑤ 開皇十七年（597）前後，高麗屢次犯邊，侵擾百姓。文帝却依然秉持廣務文德、示以恩信的態度，希望與高麗保持率土君臣的關係，因而在給予高麗王高湯的璽書中，文帝仍然强調了這種思想，其云：

> 彼之一方，雖地狹人少，然普天之下，皆爲朕臣。今若黜王，不可虚置，終須更選官屬，就彼安撫。王若洒心易行，率由憲章，即是朕之良臣，何勞别遣才彦也？昔帝王作法，仁信爲先，有善必賞，有惡入罰，四海之内，具聞朕旨。王若無罪，朕忽加兵，自餘藩國謂朕何也！……湯得書惶恐，將奉表陳謝……⑥

---

① 《隋書》卷八四《突厥傳》，第 1869 ~ 1870 頁。

② 《隋書》卷二《文帝紀下》，第 32 頁。

③ 《隋書》卷四七《韋洸傳》，第 1268 頁。

④ 楊伯峻譯注：《孟子譯注·梁惠王上》，香港中華書局有限公司 2000 年版，第 16 頁。

⑤ 就隋朝初年與高麗國的關係發展，可分别參見王小甫《隋初與高句麗東北諸族關係試探——以高寶寧據營州爲中心》，《國學研究》第四卷，北京大學出版社 1997 年版，第 157 ~ 176 頁；劉健明《隋代政治與對外政策》，臺灣文津出版社 1999 年版，第 262 ~ 267 頁；顧向明、黄娟《試論隋文帝時期對高句麗政策的演變》，《山東師範大學學報（人文社會科學版）》2004 年第 4 期；朱振宏《隋唐政治、制度與對外關係》，臺灣文津出版社 2010 年版，第 337 ~ 347 頁。

⑥ 《隋書》卷八一《高麗傳》，第 1815 ~ 1816 頁。

雖然，雙方在開皇十八年（598）仍得一戰。其後，高麗王高元主動遣使上表謝罪，戰事并没有擴大，文帝“待之如初，元亦歲遣朝貢”①。率土君臣關係，維持不變。

總括而言，文帝在處理周邊民族關係上，并非單純依靠軍事武力，而是着重以儒家思想天下觀的“恩威”理念來撫服四夷，并獲得以突厥爲首周邊民族的認同。② 突厥可汗尊稱文帝爲“聖人可汗”，而非普通的大隋皇帝、中原天子其個中因由，或許在此。





① 《隋書》卷八一《高麗傳》，第 1816 頁。

② 參見拙文《“普天之下，莫非王土”——隋代君主的天下觀》，收入《第三届“漢化、胡化、洋化”國際學術研討會論文集》，香港浸會大學（待刊）。

# 狎妓叙事的先驅：孫棨《北里志》所見晚唐社會

宋德熹



**摘要**：唐代社會風氣較爲開放，青樓艷妓的身影經常在士大夫公私宴飲生活的場景中徘徊。唐妓類型細分爲宫妓、官妓、營妓、家妓、民妓五種，大别歸納爲官方管轄的公妓和不屬官方的私妓兩類。這些不同類型的妓女所表現的特點也自有别，但不論其類型等級，這些麗人們對於士子騷人墨客的社交網絡或詩文藝術創作，都無疑具有一定的作用。晚唐士大夫孫棨所撰《北里志》，堪稱中國史上第一本狎妓叙事的專著，同時也是狎妓經驗談的見聞實録，文本主要叙述唐朝長安城平康坊（通稱北里）北中南三曲民妓的營業生活及其與狎客文人的互動，顯示了唐代才妓的特色是談吐以幽雅風趣是尚，以及重技藝才氣而不重色。唐妓與士大夫的互動往來，對於當時及後世人文藝術的發展具有一定的作用。然而該書所生動呈現的士大夫的風操，則爲放浪形骸、窮奢極欲，相當程度上襯托出晚唐冶游文士有才無行的真面目，不僅無補於社會風氣，反而更變本加厲地催化了帝國大厦之將傾。《新唐書·選舉志》指出“進士科當唐之晚節，尤爲浮薄，世所共患也”，本文擬由妓女風貌、晚唐士風兩角度，探討晚唐狎妓士風、貢舉風習、官宦子弟三者環環相扣的交互關係。

**關鍵詞**：北里志　平康坊　士風　貢舉　狎妓

**作者簡介**：宋德熹，臺灣中興大學歷史學系教授

## 一、前　言

唐代社會風氣開放，青樓艷妓的身影經常在士大夫公私宴飲生活的場景中徘徊，不管是社會交際網絡的媒介，還是詩文藝術創作的催化，這些麗人無疑都扮演了不可忽視的角色。筆者曾於多年前撰寫《唐代的妓女》一文，全面性地探討唐人狎妓風氣、妓女組織規制、才妓藝文表現等課題①，近年來重讀晚唐孫棨《北里志》，發覺該書堪稱中國史上第一本狎妓叙事的專著，同時也是狎妓經驗談的見聞實録，雖然學界針對唐妓已有相當多的討論②，個人猶覺《北里志》書中尚有有待發掘的話題與討論的意義。

唐代妓女身分與職業的内涵，由於涉及類型的區别，以致尚有諸多争議。從唐妓英文譯名的分歧，即可見其端倪，譬如 courtesan（交際花）、whore（賣淫者）、prostitute（妓女）、demimonde（風塵女子）、entertainer（藝術表演者、歌舞妓）。③ 簡言之，唐妓類型可細分爲宫妓、官妓、營妓、家妓、民妓五種，大别則可歸納爲官方管轄的公妓（前三者）和不屬官方的私妓（後二者）兩類④，這些不同類型的妓女其所表現的特點也自有别，譬如宫妓、家妓擅長歌舞表演，民妓和官妓則較側重人際酬酢場合所需的飲酒賦詩技藝（詳見下節）。有學者以張鷟《游仙窟》爲例，認爲民間妓院的業務，包括舉辦宴會，唱歌、跳舞、演奏樂器、做游戲、游園以及侍寢等各項接待活動，其中穿插談辯説笑，甚至作詩。⑤ 也有學者認爲首度出現於唐朝的私（民）妓，既不隸名官府承應官差，按月繳納妓捐，也不像官妓、家妓那樣精通歌舞雜技，而是以陪席佐談和賣



---

① 該文收入鮑家麟編《中國婦女史論集續集》，臺灣稻鄉出版社 1991 年版，第 67 ~ 121 頁。修訂稿改題爲《美麗與哀愁——唐代妓女的生活與文化》，另收入拙著《唐史識小》，臺灣稻鄉出版社 2009 年版。

② 專論唐妓的代表作，舉其犖犖大者，有鄭志敏《細説唐妓》，臺灣文津出版社 1997 年版；廖美雲《唐伎研究》，臺灣學生書局 1993 年版。其他探討中國娼妓、唐代婦女的專書或專篇不勝枚舉。

③ 詳參姚平《唐代婦女的生命歷程》，上海古籍出版社 2004 年版，第 200 ~ 201 頁。本書列舉了相當豐富的西方學者探討唐妓或翻譯《北里志》的成果。

④ 詳參拙文《唐代的妓女》，第 75 頁；姚平《唐代婦女的生命歷程》，第 199、204 頁。關於娼妓的定義與類别，另參見高世瑜《唐代婦女》，三秦出版社 1988 年版，第 64 ~ 65、71 頁；徐君、楊海《妓女史》，臺灣華成圖書出版社 2004 年版，第 10 頁；嚴明《中國名妓藝術史》，臺灣文津出版社 1992 年版，第 1 ~ 3 頁。

⑤ 徐有富：《唐代婦女生活與詩》，中華書局 2005 年版，第 308 ~ 309 頁。

淫爲主。①《游仙窟》是否確爲狎妓之作②，前述妓院的接待活動雖有其一定的呈現，不過，如由《北里志》觀之，局部細節（譬如跳舞、籍屬教坊、繳納妓捐等）仍無法對應，顯示本課題尚有再討論的餘地。下文筆者擬由妓女風貌、晚唐士風兩角度，加以探討。

## 二、《北里志》所見唐代妓女風貌

《北里志》作者孫棨，正史無傳，依《新唐書・宰相世系表》等記載，孫棨字文威，出自武邑孫氏，歷官侍御史、翰林學士，官至中書舍人；其高祖父孫逖爲玄宗朝著名文臣，曾擔任兩任貢舉主考官與八年中書舍人；孫棨曾祖父孫成於德宗朝官至桂州刺史、桂管觀察史。③ 以上信息顯示孫棨的文筆有其家學淵源。《北里志》敘事的時間點集中在僖宗中和四年（884），其後續有增補，爲作者歷經黄巢之亂後追憶舊游之作，誠如作者所説“是不獨爲風流之談，亦可垂誡勸之旨也”④，自然也深具感懷憂時的寓意。該書文本敘述唐朝長安城平康坊（通稱北里）北中南三曲民妓的營業生活，及其與狎客文人的互動。其首篇《海論三曲中事》描述妓院的環境相當幽雅：

> （南曲中曲）二曲中居者，皆堂宇寬静，各有三數廳事（指客廳），前後植花卉，或有怪石盆池，左右對設，小堂垂簾，茵榻帷幌之類稱是。諸妓皆私有指占。廳事皆彩版，以記諸帝后忌日。

此處借由幽雅的環境以襯托出狎妓行爲不流於庸俗，《開元天寶遺事・風流藪澤》有載：“長安有平康坊，妓女所居之地，京都俠少萃集於此，兼每年新進士，以紅箋名紙

① 單光鼐：《中國娼妓——過去和現在》，法律出版社 1995 年版，第 84 頁。蕭國亮：《中國娼妓史》，臺灣文津出版社 1996 年版，第 66 頁也有類似看法。

② 陳寅恪認爲唐人喜稱妓爲仙，詳參《讀鶯鶯傳》，收入《陳寅恪先生文集》六《元白詩箋證稿》，臺灣里仁書局 1982 年版，第 107 頁。由此推論《游仙窟》中作者與十娘、五娘人神交歡的情節，疑爲狎冶之作，詳參拙文《唐代的妓女》，第 70 頁。

③ 孫棨家世生平資料，詳參《新唐書》卷七三下《宰相世系表》，新校本第 2949 ~ 2953 頁。《舊唐書》卷一九〇中《文苑・孫逖傳》，新校本第 5043 ~ 5045 頁。［日］齋藤茂譯注《教坊記・北里志》（東京平凡社 1992 年版），第 32 頁。齋藤茂另有兩篇論述可資參考，分别是《關於〈北里志〉——唐代文學與妓館》，收入《唐代文學研究》第 3 輯（廣西師範大學出版社 1992 年版）；《唐詩の中の妓女》，“第一届中國古典文學（國際）研討會——先秦至南宋”，臺灣清華大學，1997 年 4 月 19、20 日。孫逖擔任主考官，另參拙文《唐代前期吏部考功員外郎的身分背景》，《興大歷史學報》2006 年第 17 期。

④ 〔唐〕孫棨：《北里志》，收録於《唐五代筆記小説大觀》下，上海古籍出版社 2000 年版，第 1418 頁。以下本文所引《北里志》皆出此本，不另注明。

游謁其中，時人謂此坊爲風流藪澤。”① 僞托李商隱《義山雜纂》一書有載“妓筵説俗事”，意即煞風景，以上二例皆可爲證。② 拙文《唐代的妓女》曾指出唐妓特徵有二，一是談吐以幽雅風趣是尚，二是重技藝才氣而不重色。③ 有學者歸納唐代妓女的才藝，主要是善談謔和能歌令，其中以能歌善舞居首，詼謔言談居次，音律再次，居住及飲食爲最末，而容貌色相已無足輕重。④ 也有學者指出歷史上樂妓的概念，有兩層涵義：其 ，以色事人，包括以色“娛”人與以色“欲”人兩類；其二，以藝事人，樂妓具有從事音樂歌舞活動的技藝與才能。不完全等同於以賣淫爲生的一般娼妓，有時可以賣藝不賣身，如文人重藝，以求娛爲上；商人重色，以求欲爲主。⑤ 章學誠論婦學時指出：

> 詩禮大家，多淪北里。其有妙兼色藝，慧擅聲詩，都士大夫，從而酬唱。大抵情綿春草，思遠秋楓；投贈類於交游，殷勤通於燕婉；詩情闊達，不復嫌疑，閨閣之篇，鼓鐘閫外，其道固當然耳。……名妓工詩，亦通古義，轉以男女慕悦之實，托於詩人温厚之辭，故其遺言，雅而有則，真而不穢，流傳千載，得耀簡編，不能以人廢也。⑥



北里民妓雖不等同於上述的樂妓，但的確是以藝事人更重於以色娛人或欲人。《北里志》文本叙事所及包括妓女 18 人，鴇母 4 人，共 22 人，其中北曲鴇母楊妙兒旗下有萊兒、永兒、迎兒和桂兒；鴇母王團兒旗下有小潤、福娘和小福，另外尚有劉泰娘。南曲有天水仙哥、顔令賓、王蘇蘇；鴇母張氏旗下有親生女張住住；居址不明者有楚兒、鄭舉舉、牙娘、俞洛真；鴇母王氏旗下有王蓮蓮、小仙。《北里志》所載絶大多數紅牌名妓皆有類似傾向：

> “天水仙哥”條：善談謔，能歌令，常爲席糾，寬猛得所。其姿容亦常常，但蘊藉不惡，時賢雅尚之，因鼓其聲價耳。

---

① 〔五代〕王仁裕撰，曾貽芬點校：《開元天寶遺事》卷上《風流藪澤》，中華書局 2006 年版，第 25 頁。

② 〔唐〕李商隱：《義山雜纂》，岳麓書社 2005 年版，第 13 頁。《義山雜纂》，第 16 頁，另有“向娼婦吟詩”一則，意即不達時宜。對照之下，前則指的是妓筵場合，偏重社交關係的理想性，後則指的是床笫場合，偏重兩性關係的現實面，兩者自有分際。

③ 詳參拙文《唐代的妓女》，第 94 ~ 95 頁。

④ 徐君、楊海：《妓女史》，第 29 頁；龔斌：《北里瑣話》，廣東教育出版社 2003 年版，第 47 頁。

⑤ ［日］川上子：《中國樂伎》，上海音樂出版社 1993 年版，第 2 頁。

⑥ 〔清〕章學誠：《文史通義》内篇五《婦學》，古籍出版社 1956 年版，第 172 ~ 173 頁。

"楚兒"條：素爲三曲之尤，而辯慧，往往有詩句可稱。

"鄭舉舉"條：亦善令章，嘗與絳真互爲席糾，而充博非貌者，但負流品，巧談諧，亦爲諸朝士所眷。

"顔令賓"條：舉止風流，好尚甚雅，亦頗爲時賢所厚。事筆硯，有詞句。見舉人，盡禮祇奉，多乞歌詩，以爲留贈，五彩箋常滿箱篋。

"楊妙兒"條：萊兒，貌不甚揚，齒不卑矣。但利口巧言，詼諧臻妙。陳設居止處，如好事士流之家，由是見者多惑之。……又以俱善章程。……萊兒以敏妙誘引賓客，倍於諸妓，榷利甚厚。……次妓曰永兒……婉約於萊兒，無他能。……次妓曰迎兒，既乏豐姿，又拙戲謔，多勁詞以忤賓客。次妓曰桂兒，最少，亦窘於貌，但慕萊兒之爲人，雅於逢迎。

"王團兒"條：長曰小潤……少時頗籍籍者。……福娘……甚明白，豐約合度，談論風雅，且有體裁。……小福……雖乏芳姿，亦甚慧黠。

"俞洛真"條：俞洛真，有風貌，且辯慧。……亦時爲席糾，頗善章程。

"王蘇蘇"條：……亦頗善諧謔。

"王蓮蓮"條：……微有風貌。

"劉泰娘"條：……年齒甚妙，粗有容色。

"張住住"條：南曲所居卑陋，有二女兄不振，是以門甚寂寞，爲小鋪，席貨草剉（莝）薑果之類。……（住住）少而敏慧，能辨音律。

由以上例子可以歸納出，北里紅牌名妓大抵相貌并不出色，但由於善談謔，能歌令，能作詩，事筆硯（通文墨），善章程（爲席糾、酒糾、録事），性聰慧，辨音律等人文内在條件，以致排名在他妓之上，且在社交酬酢場合上飽受文人士子的歡迎，所以孫棨在《序》中特别稱道："其中諸妓，多能談吐，頗有知書言語者，自公卿以降，皆以表德呼之。其分别品流、衡尺人物，應對非次，良不可及。"（第1403頁）乃至有一長安妓誇口説："我誦得白學士《長恨歌》，豈同他妓哉？"① 因此增加身價，可見一斑。

如所周知，蜀妓薛濤除工於詩外，也頗擅書法，唐代長安民妓是否也展現出此類才華？目前所見有效史料②，書法技藝并不見於北里諸妓的場合，這顯示出北里妓館對於旗下妓女的訓練和要求，仍然側重於人文方面，包括能歌作詩、彈奏樂器（如楚兒之

---

① 《舊唐書》卷一六六《白居易傳》所録白氏與元稹書，第43～49頁。

② 譬如宋代皇都風月主人所編《緑窗新話·任生娶天上書仙》有載："曹文姬，本長安娼女也。姿質艷麗，尤工翰墨，時人號爲'書仙'。"此處曹文姬爲工於書法的長安妓，《全唐詩》卷七八三、徐有富前揭書《唐代婦女生活與詩》第291頁，皆有録此事（《全唐詩》同卷另載京兆韋氏子悼妓，提及此位才妓也工書法），惜年代不明，并非有效史料。此處承陳尚君教授指正，特此致謝。

弄琵琶)，以及在宴席的場合擅長應酬、行酒令、善章程并擔任酒糾的角色，以迎合文人士子俠客的胃口。唯話説回頭，傳統所謂琴棋書畫樂舞的才藝項目，北里名妓顯然較欠缺棋、書、畫、舞等條件，筆者認爲可能與每家民營妓館的空間環境以及妓筵酒席的場合氣氛有關。

北里妓館對旗下諸妓的訓練，有如《北里志》“海論三曲中事”條所描繪的情節，“初教之歌令而責之甚急。微涉退怠，則鞭朴備至”（第1404頁），王團兒鴇母旗下次妓福娘對孫棨吐露其身世及誤墮風塵的源由：

> 本解梁人也，家與一樂工鄰，少小常依其家學針綫、誦歌詩。總角爲人所誤，聘一過客，云入京赴調選。及挈至京，置之於是，客紿而去。初是家以親情，接待甚至。累月後乃逼令學歌令，漸遣見賓客。（《北里志·王團兒》，第1411～1412頁）

福娘爲《北里志》書中的主題人物，與作者孫棨關係密切，而其主要才藝仍局限在歌詩與歌令上。唐人小説名篇《霍小玉傳》謂其“姿質穠艷，一生未見，高情逸態，事事過人，音樂詩書，無不通解……玉管弦之暇，雅好詩書，筐箱筆研，皆王家之舊物”。《李娃傳》：“明眸皓腕，舉步艷冶……幃幕簾榻，焕然奪目，粧奩衾枕，亦皆侈麗。乃張燭進饌，品味甚盛。……生娃談話方切，詼諧調笑，無所不至。”透露出此兩位長安名妓除皆美艷動人外，李娃還善於應對酬酢，霍小玉更通解音樂詩書，有相當的人文藝術氣息。① 據稱晚唐洛陽名妓沈子柔“凡洛陽風流貴人，博雅名士，每千金就聘必問達辛勤，品流高卑，議不降志。……善曉音律，妙攻弦歌”②，可見其也是精通音樂、善於酬酢的青樓才妓。

如上所述，《北里志》中的名妓大抵能知書識字、吟詩作詞、酬酢交際，能歌善樂。但無可否認的是，誠如唐人小説《楊娼傳》載其自謂：“夫娼，以色事人者也。”唐喬知之《倡女行》一詩所云“願君解羅襦，一醉同匡床”，顯示了唐代妓女再如何有才華，畢竟不脱出賣色相的現實環境需求。此點在《北里志·張住住》中也有具體呈現，南曲富豪陳小鳳看中及笄的住住，欲聘爲外室以“求其元”（指初夜權），由於住住已與青梅竹馬的傭書者龐佛奴私通款曲，便利用鬥鷄丹冠造假取血的方法混充落紅，還獲取陳小鳳三緡的價償（第1414～1415頁）。此段過程和結局相當離奇，但從中可

① 以上蔣防《霍小玉傳》、白行簡《李娃傳》，收録於汪辟疆《唐人小説》，臺灣河洛圖書出版社1974年版，第77、101頁。

② 周紹良等主編：《唐代墓志彙編續集》咸通066《有唐吴興沈氏墓志銘并序》，上海古籍出版社2001年版，第1085頁。

以反證得知唐妓的職業生活也包括有薦枕席的情色一項。

## 三、《北里志》中的晚唐士風素描

唐代社會風氣受到魏晋南北朝儒學衰微和胡風輸入的影響，故而社會趨向開放，色情意味較爲濃厚，“閨門失禮之事，不以爲异”①，章太炎也指出：“唐代荒淫累代獨絶，播在記載，文不可誣。又其浮競慕勢，尤南朝所未有，南朝疵點專在帝室，唐乃延及士民。”② 孫棨《北里志》叙事所及的狎客，包括進士舉子 20 人，官員 18 人，富商 2 人，總計 40 人，顯然以文人士大夫爲多，其中 5 人後來官拜宰相，16 人爲宰相的近親。③ 唐代士風開放，競以風流相尚，狎妓冶游爲司空見慣的社會交際方式，誠如趙翼詩中所謂“想見當時疏禁網，尚無官吏宿娼條”④。譬如《霍小玉傳》中的詩人李益“每自矜風調，思得佳偶，博求名妓”；《開元天寶遺事》中進士郭昭述與長安名妓劉國容“鷄聲斷愛”⑤ 的故事，更爲當時士林所艷羨。依《北里志》所述，諸妓雖被限制活動，但如逢每月的八日（指八、十八、廿八等三日）可與士子約會游園踏青，不過需繳納抵押金一緡給鴇母（第 1404～1405 頁）；另外，朝士舉子新科進士宴集的場合，杯觥交錯，飲酒行令，皆可見長安妓女的芳踪：



> 京中飲妓，籍屬教坊，凡朝士宴聚，須假諸曹屬行牒，然後能致於他處。惟新進士設筵顧吏，故便可行牒，追其所贈之資，則倍於常數。諸妓皆居平康里，舉

---

① 語出《朱子語類》卷一三六《歷代類三》。詳參傅師樂成《唐型文化與宋型文化》《唐人的生活》等文，皆收入《漢唐史論集》（臺灣聯經出版事業公司 1977 年版），第 360～361、117～118 頁。關於唐代兩性關係開放的社會風貌，另詳見段塔麗《唐代婦女地位研究》，人民出版社 2000 年版，第 14～22 頁；高世瑜《唐代婦女》，第 7～8 頁；閔家胤主編《陽剛與陰柔的變奏》第六章，中國社會科學出版社 1995 年版。

② 章太炎：《章氏叢書》（下册）正編《太炎文録初編》卷一《五朝學》“案語”，臺灣世界書局 1958 年版，第 69 頁。

③ 拙文前揭《唐代的妓女》，第 78 頁。齋藤茂譯注，前揭《教坊記・北里志》，第 38 頁則歸納出舉子 5 人（孫棨、趙光遠、于棁、李渭、李標），進士及第 15 人（劉覃、鄭賨、孫偓、侯潜、杜彦林、崔昭愿、趙光逢、盧擇、李茂勳、盧嗣業、劉崇魯、李深之、夏侯澤、崔徹、□就今?），官僚 10 人（鄭仁表、郭鍜、鄭昌圖、王調、鄭縠、崔澹、蕭遘、于琮），商人 2 人（張言、陳小鳳），不明者 1 人（鄭九郎）。關於唐代士妓關係，另詳見鄭志敏《細説唐妓》，第 103～188 頁。

④ 〔清〕趙翼：《題白香山集後》詩。關於唐代禮法疏闊問題，〔南宋〕洪邁《容齋五筆》卷七《琵琶行海棠詩》曾有論及，陳寅恪前揭《元白詩箋證稿》第二章《琵琶引》（第 50～52 頁）也曾針對洪邁的誤判有所澄清。另詳拙文《參透風流二字禪——“風流”詞義在中國社會文化史上的遞變》，《淡江中文學報》1991 年創刊號，也收入拙著《唐史識小》。

⑤ 《開元天寶遺事》卷下《鷄聲斷愛》，第 43 頁。

子、新及第進士、三司幕府但未通朝籍未直館殿者，咸可就詣。如不吝所費，則下車水路備矣。（《北里志・序》，第1403頁）

以下謹據《北里志》所載，臚列文士與妓女的互動關係，以見晚唐士風之一斑。

| 文士 | 妓女 | 文士家世背景風操與狎妓行徑 | 出處 |
|---|---|---|---|
| 劉覃<br>鄭賨 | 天水仙哥<br>（絳真） | 劉覃祖三復爲武宗朝刑部侍郎，父鄴爲懿、僖宗朝相。覃自廣陵入舉，輜重數十車，名馬數十駟，時同年鄭賨先輩扇之（鄭賨本吴人，或薦裴讚爲東床，因與名士相接，素無操守，粗有詞學。（僖宗）乾符四年，裴公致其捷，與（劉）覃同年，因詣事覃，以求維揚幕，不慎廉隅，猥褻財利，又薄其中餽，竟爲時輩所弃斥。）極嗜欲於長安中<br>哀帝天佑三年，敕貶西都留守判官、左諫議大夫鄭賨崖州司户，尋賜死 | 《天水仙哥》，第1405頁。《舊唐書》卷一七七《劉鄴傳》、《舊唐書》卷二〇下《哀帝紀》、齋藤茂譯注，第131頁 |
| 鄭光業<br>（昌國） | 楚兒<br>（潤娘） | 父涓爲太原節度使，光業性疏縱，且無畏憚，不拘小節。楚兒在娼中逬逸特甚，後爲萬年補賊官郭鍛納爲外婦，仍與光業私情往來，有詩爲證："應是前生有宿冤，不期今世惡因緣。蛾眉欲碎巨靈掌，鷄肋難勝子路拳。衹擬嚇人傳鐵券，未應教我踏金蓮。曲江昨日君相遇，當下遭他數十鞭。"光業懿宗咸通十三年狀元及第，僖宗中和四年拜相，光啓三年因涉及朱玫反叛被處死 | 《楚兒》，第1405～1406頁；齋藤茂譯注，第136～137頁 |
| 孫偓<br>盧嗣業<br>劉崇魯 | 鄭舉舉 | 孫偓父景商，爲天平軍節度使，偓官至昭宗朝宰相，性通簡，不矯飭，第進士爲狀元，頗惑舉舉。同年盧嗣業，出自范陽盧氏山東士族，祖爲詩人盧綸，父簡求爲河東節度使，嗣業少有詞藝，無操守之譽。左史劉郊文崇（魯）及第年，亦惑於舉舉。崇魯爲昭宗朝宰相崇望之弟，及第後歷任右拾遺，於昭宗乾寧二年流嶺南 | 《鄭舉舉》小注，第1407頁。《新唐書》卷一八三《朱朴附孫偓傳》；《舊唐書》卷一六三《盧簡辭傳》；齋藤茂譯注，第143～145頁 |

（續表）

| 文　士 | 妓　女 | 文士家世背景風操與狎妓行徑 | 出　處 |
| --- | --- | --- | --- |
| 夏侯澤<br>趙爲山 | 牙娘 | 夏侯澤父孜爲宣宗懿宗朝宰相，及第中甲科，皆流品知聞者，宴集尤盛。而則性疏猛，不拘言語，或因醉戲之，爲牙娘批頰，傷其面頗甚。翼日期集於師門，同年多竊視之，表中因厲聲曰："昨日子女牙娘抓破澤腮。"同年皆駭然。其年主司裴瓚俯首而哂，不能舉者久之。今小天趙爲山，每因宴席，偏眷牙娘，謂之郡君 | 《牙娘》，第 1407 頁；《舊唐書》卷一七七《夏侯孜傳》；齋藤茂譯注，第 146 頁 |
| 趙光遠 | 萊兒 | 進士趙光遠伯父隱爲懿宗朝宰相，父騭爲華州刺史。年甚富，與萊兒殊相懸，而一見溺之，終不能捨。萊兒亦以光遠聰悟俊少，尤諂附之，又以俱善章程，愈相知愛。光遠未應舉時，已相昵狎矣。咸通、乾符中，以爲氣焰，温、李因之。恃才，不拘小節，常將領子弟，恣游狹斜 | 《楊妙兒》，第 1409 頁；《舊唐書》卷一七八《趙隱傳》；《唐摭言》卷一〇《韋莊奏請追贈不及第人近代者》；齋藤茂譯注，第 164 頁 |
| 崔胤<br>（崔徹?） | 小潤 | 胤爲昭宗朝宰相，父慎由爲宣宗朝宰相。變化年溺惑小潤，所費甚廣。嘗題記於小潤髀上，爲山就所見。贈詩曰："慈恩塔下親泥壁，滑膩光華玉不如。何事博陵崔四十，金陵腿上逞歐書?" | 《王團兒》，第 1410 頁；《舊唐書》卷一七七《崔慎由附崔胤傳》；《新唐書》卷七二《宰相世系表》；齋藤茂譯注，第 178 頁 |
| 孫棨 | 福娘<br>（宜之） | 孫棨家世詳前。在京師，與群從少年習業，或倦悶時，同詣此處。他日福娘忽以紅箋授棨，泣且拜，視之詩曰："日日悲傷未有圖，懶將心事話凡夫，非同覆水應收得，祇問仙郎有意無。"棨因謝之曰："甚知幽旨，但非舉子所宜，何如?"又泣曰："某幸未係教坊籍，君子倘有意，一二百金之費爾。"棨題其箋後曰："韶妙如何有遠圖，未能相爲信非夫。泥中蓮子雖無染，移入家園未得無。"覽之因泣<br>頃年往長安中，鰥居僑寓，頗有介静之名。然惚率交友，未嘗辭避，故勝游狎宴，常亦預之 | 《王團兒》，第 1411 頁；《附録・北里不測堪戒二事》，第 1417 頁 |
| 李標 | 王蘇蘇 | 進士李標自言李英公勣之後，久在大諫王致君門下，致君弟侄，因與同詣焉。性褊，頭面通赤，蘇蘇嘲之爲熱趕郎 | 《王蘇蘇》，第 1413 頁 |

（續表）

| 文士 | 妓女 | 文士家世背景風操與狎妓行徑 | 出處 |
| --- | --- | --- | --- |
| 裴思謙 | | 裴思謙藉宦官仇士良奧援，文宗開成三年狀元及第後，作紅箋名紙十數，詣平康里，因宿於里中。因旦賦詩曰："銀釭斜背解鳴璫，小語低聲賀玉郎。從此不知蘭麝貴，夜來新惹桂枝香。" | 《附録・狎游妓館五事》，第1416頁；《唐摭言》卷九《惡得及第》；齋藤茂譯注，第210頁 |
| 鄭合敬 | 楚娘（字潤卿） | 鄭合敬先輩及第後，宿平康里，詩曰："春來無處不閑行，楚潤相看别有情。好是五更殘酒醒，時時聞唤壯元聲。"鄭合敬爲山南東道節度使鄭涯之子 | 《附録・狎游妓館五事》，第1417頁；齋藤茂譯注，第213頁 |
| 王式 | | 王金吾式，父播爲穆宗、文宗朝宰相。式少狂逸，曾昵行此曲 | 《附録・北里不測堪戒二事》，第1417頁；《舊唐書》卷一六四《王播附王式傳》；齋藤茂譯注，第205～206頁 |

由上表觀之，狎妓的文士大多爲官宦子弟，其中有不少是貢舉出身的新科進士，但其普遍放浪形骸，窮奢極欲，處在晚唐外患頻仍、民變四起、藩鎮交侵、宦官干政、黨争侵軋等風雨飄摇的亂世洪流中，更不乏貶官流放，乃至賜死的下場。表中人物多見"素無操守，粗有詞學""性疏縱，且無畏憚，不拘小節""少有詞藝，無操守之譽""性疏猛，不拘言語""恃才，不拘小節，恣游狹斜""性褊""少狂逸"等貶抑的形容，相當程度上襯托出晚唐冶游文士有才無行的真面目。《唐才子傳・趙光遠傳》云："有孫棨、崔珏，同時恣心狂狎，相爲唱和，頗陷輕薄，無退讓之風。"① 此可見一斑。《新唐書》卷四四《選舉志上》載："進士科當唐之晚節，尤爲浮薄，世所共患也。"李肇《唐國史補》卷下也云："進士爲時所尚久矣……故争名常切，而爲俗亦弊。"② 關於唐代貢舉、士風與文學的關係，學界討論多矣，陳寅恪論及晚唐士風時，曾一針見血地指出："唐代進士科，爲浮薄放蕩之徒所歸聚，與倡伎文學殊有關聯。觀孫棨《北里志》及韓偓《香奩集》，即其例證。……然則進士科舉者之任誕無忌，乃極

① 《唐才子傳》卷九《趙光遠傳》，收入傅璇琮主編《唐才子傳校箋》第四册，中華書局1990年版，第101頁。

② 李肇：《唐國史補》卷下"叙進士科舉"條，臺灣世界書局1991年版，第55頁。

於懿僖之代。"① 這顯示出晚唐士風、貢舉、官宦子弟三者環環相扣的交互關係。《北里志・序》業已注意及此種盤根錯節現象的糾葛：

自大中（宣宗）皇帝好儒術，特重科第，故其愛婿鄭詹事再掌春闈，上往往微服長安中，逢舉子則狎而與之語，時以所聞，質於内庭，學士及都尉皆聳然莫知所自。故進士自此尤盛，曠古無儔。然率多膏粱子弟，平進歲不及三數人，由是僕馬豪華，宴游崇侈，以同年俊少者爲兩街探花使，鼓扇輕浮，仍歲滋甚。自歲初等第於甲乙，春闈開送，天官氏設春闈宴，然後離居矣。近年延至仲夏。（第 1403 頁）

學者尹楚彬探討晚唐懿、僖兩朝的士風，援舉相當多詩文例子，以見其頹唐無補的時局狀況，譬如：

咸通、乾符之際，斯道隳明，鄭衛之聲鼎沸（《全唐文》卷八二三，黄滔《答陳磻隱論詩書》）

咸通時代物情奢，歡殺金張許史家。破産競留天上樂，鑄山争買洞中花。諸郎宴罷銀燈合，仙子游回璧月斜。人意似知今日事，急催弦管送年華。（《全唐詩》卷六九六，韋莊《咸通》詩）

昔年曾向五陵游，子夜歌清月滿樓。銀燭樹前長似晝，露桃華裏不知秋。西園公子名無忌，南國佳人號莫愁。（《全唐詩》卷六九六，韋莊《憶昔》詩）

乾符丁酉歲關宴，甲於常年，有温定者，久困場屋，坦率自恣，尤憤時之浮薄，設奇以侮之。（《唐摭言》卷三《慈恩寺題名游賞賦咏雜記》）②

前揭周紹良《唐代墓志彙編續集》咸通十一年（870）《有唐吴興沈氏墓志銘并序》，載有文士狹客源匡秀對其所鍾愛的洛陽才妓沈子柔的哀思，其中有一番刻骨銘心的書寫：

青衣告疾，雷奔電掣，火裂風摧，醫救不施，奄忽長逝。嗚呼！天植萬物，物固有尤，况乎人之最靈，得不自知生死。所恨者貽情愛於後人，便銷魂於觸響，空虞陵谷，乃作銘云：麗如花而少如水，生何來而去何自？火燃我愛愛不銷，刀斷我

① 陳寅恪：《元白詩箋證稿》第四章《艶詩及悼亡詩》，第 89～90 頁。另參見臺静農《論唐代士風與文學》，收入《中國文學史論文選集》（第三册），第 776 頁；李師樹桐《唐代的科舉制度與士風》，收入《唐史新論》，臺灣中華書局 1972 年版。

② 參見尹楚彬《咸、乾士風與艶情詩風》，《文學遺産》2002 年第 6 期。

情情不已。雖分生死，難拆因緣，刻書貞珉，告安下泉。

同書咸通六年《故清河妓人張氏墓志》，文中也載有官僚李從質追憶其家妓張氏生平的種種情愛：

色艷體閑，代無罕比，温柔淑願，雅静沈妍。①

以上兩篇墓志文中所呈現的非妻妾關係的男女情愛書寫②，相當露骨也相當特殊，爲其他時期墓志銘形式所未見，由此更加可以顯現晚唐士風大膽宣泄、任情放縱的開放程度。前揭章學誠論婦學時也提及："夫傾城名妓，屢接名流，酬答詩章，其命意也，兼具夫妻朋友，可謂善藉辭矣。"有學者指出，文人士子之所以喜歡與才妓往來，除了聲色上的滿足外，還有情趣上的溝通。其中歌詩的傳遞、唱和是一種聯絡感情的主要形式；另外，在男性意志所構築的藝術殿堂中，文士與才妓彼此可能找到雙方不拘禮俗甚而任性爲之的感情寄托，而這是綱常名教下的良家婦女與正常名分下的妻妾關係中所無法獲得的報償的要素。③





## 四、小　結

綜上所述，晚唐孫棨《北里志》爲中國史上第一本狎妓經驗談的專著，其中涉及長安城平康坊民妓的佼佼者，側重善談謔、能歌令、能作詩、事筆硯（通文墨）、善章程（爲席糾、酒糾、録事）、性聰慧、辨音律等人文内在條件，在在顯示出唐代才妓的特色是談吐以幽雅風趣爲尚，以及重技藝才氣而不重色。其次，《北里志》中所生動呈現的文士大夫風操，爲放浪形骸，窮奢極欲的寫照，相當程度上襯托出晚唐冶游文士有才無行的真面目，不僅無補於社會風氣，反而更變本加厲地催化了帝國大厦之將傾。不過，從文化史的角度而言，晚唐文士與才妓的交往，以詩詞樂舞酬酢，無疑對當時及後世人文藝術起到了一定的作用。王書奴《中國娼妓史》概括指出："我看了唐宋元詩妓、詞妓、曲妓，多如過江鯽，乃知娼妓，不但爲當時文人墨客之膩友，且爲贊助時代文化學術之功臣。"④ 洵爲確論。

---

① 周紹良：《唐代墓志彙編續集》咸通 028《故清河妓人張氏墓志》，第 1055 頁。

② 相關論述另參見陳尚君《貞石詮唐》書中《新出石刻與唐代文學研究》《唐代的亡妻與亡妾墓志》两文，復旦大學出版社 2016 年版。

③ 詳參［日］川上子《中國樂伎》，第 4 ~ 5、113 頁；李劍亮《唐宋詞與唐宋歌妓制度》，杭州大學出版社 1999 年版，第 45 頁。

④ 王書奴：《中國娼妓史》，團結出版社 2004 年版，第 194 頁。

# 《新唐書》《資治通鑑》比事一則

李廣健

**摘要：**李承乾曾被李世民册封爲太子，但最終被廢爲庶人。《新唐書》與《資治通鑑》記載了太子在被廢前的一些行爲，顯示他的下場并非無緣無故。本來，兩書的行文大同小异，衹有個别文字出入，可是這類差别，會引起解釋上極大的分歧，而相關記載又僅見於兩書，故此在缺乏其他文獻佐證下，似難判定兩書記載的是非。本文嘗試轉從當時的環境與文化作爲切入點，從貞觀年間唐朝與突厥關係的發展以及突厥文化與"胡人"文化在當時的流行着眼，探討《新唐書》與《資治通鑑》有關記載的深層意義。

**關鍵詞：**突厥　"胡人"文化　李承乾　李思摩

**作者簡介：**李廣健，臺灣暨南國際大學歷史學系教授

## 前　言

《新唐書》《資治通鑑》都是北宋史學的代表。兩書編纂時，去唐未遠，當時《舊唐書》雖已問世，但是隨着社會局勢的穩定，唐代文獻陸續重現人間，遂提供了重修唐史的大好機會。因此，儘管兩書出於宋人之手，在唐史研究上却仍具有不可取代的地位。不過，近人岑仲勉、周紹良兩位先生以《舊唐書》《新唐書》本紀與《資治通鑑》對校，發現彼此之間時有差异，且爲數不少。① 如果能將對校範圍擴大到本紀以外的地方，則這類問題應更爲可觀。本文遂沿用比較之法，草成是篇，借此一窺《新唐書》《資治通鑑》這兩部北宋史學的代表，在處理資料時的種種考慮。得當與否，尚望方家賜正。



## 一、《舊唐書》《新唐書》《資治通鑑》對李承乾的描述

唐代上承北周與隋代而來，文化上深受域外風氣的影響，其範圍之廣、程度之深，是有目共睹的。李唐王室即使居深宫之中，亦受到感染。其中，李承乾是唐太宗李世民登基後册立的太子，貞觀十七年（643）被廢爲庶人。《舊唐書》《新唐書》《資治通鑑》都記載了李承乾受到域外文化影響的事，《舊唐書》記載：

> 常命户奴數十百人專習伎樂，學胡人椎髻，翦彩爲舞衣，尋橦跳劍，晝夜不絶，鼓角之聲，日聞於外。②

《新唐書》則載：

> 又使户奴數十百人習音聲，學胡人椎髻，翦彩爲舞衣，尋橦跳劍，鼓鞞聲通晝夜不絶。造大銅鑪、六熟鼎，招亡奴盗取人牛馬，親視烹燖，召所幸厮養共食之。

① 岑仲勉：《通鑑隋唐紀比事質疑》，中華書局 1964 年版。周紹良：《〈資治通鑑·唐紀〉勘誤》，北京師範大學出版社 2001 年版。

② 〔後晋〕劉昫等撰：《舊唐書》卷七六《李承乾傳》，中華書局 1975 年版，第 2648 頁。

又好突厥言及所服，選貌類胡者，被以羊裘，辮髮，五人建一落，張氈舍，造五狼頭纛，分戟爲陣，繫幡旗，設穹廬自居，使諸部斂羊以烹，抽佩刀割肉相啖。承乾身作可汗死，使衆號哭剺面，奔馬環臨之。忽復起曰："使我有天下，將數萬騎到金城，然後解髮，委身思摩，當一設，顧不快邪！"左右私相語，以爲妖。又襞氈爲鎧，列丹幟，勒部陣，與漢王元昌分統，大呼擊刺爲樂。不用命者，披樹抶之，或至死，輕者輒腐之。嘗曰："我作天子，當肆吾欲；有諫者，我殺之，殺五百人，豈不定？"①

《資治通鑑》"貞觀十七年三月"條，則記載如下：

初，太子承乾喜聲色及畋獵……作八尺銅鑪，六隔大鼎，募亡奴盜民間馬牛，親臨烹煮，與所幸廝役共食之。又好效突厥語及其服飾，選左右貌類突厥者五人爲一落，辮髮羊裘而牧羊，作五狼頭纛及幡旗，設穹廬，太子自處其中，斂羊而烹之，抽佩刀割肉相啖。又嘗謂左右曰："我試作可汗死，汝曹效其喪儀。"因僵卧於地，衆悉號哭，跨馬環走，臨其身，剺面。良久，太子欻起，曰："一朝有天下，當帥數萬騎獵於金城西（胡三省注：'金城'恐當作'金河'），然後解髮爲突厥，委身思摩，若當一設，不居人後矣。"……漢王元昌所爲多不法，上數譴責之，由是怨望。太子與之親善，朝夕同游戲，分左右爲二隊，太子與元昌各統其一……布陣大呼交戰，擊刺流血，以爲娱樂。有不用命者，披樹檛之，至有死者。且曰："使我今日作天子，明日於苑中置萬人營，與漢王分將，觀其戰鬥，豈不樂哉！"又曰："我爲天子，極情縱欲，有諫者輒殺之，不過殺數百人，衆自定矣。"②

在這三部書中，《舊唐書》成於北宋初，最早問世，《新唐書》完成後在仁宗嘉祐五年（1060）進奏③，《資治通鑑》則成於神宗元豐七年（1084）④。《新唐書》與《資治通鑑》成書時間相差26年，因此司馬光有機會參考到《新唐書》。例如"貞觀元年九月"條下"《考异》曰：《實録》云'杜淹署位'，不知所謂署位何也，今從《新（唐）



① 〔北宋〕歐陽修等：《新唐書》卷八〇《李承乾傳》，中華書局1975年版，第3564～3565頁。

② 〔北宋〕司馬光編著，〔元〕胡三省音注：《資治通鑑》卷一九六，中華書局1956年版，第6189～6190頁。

③ 《進〈唐書〉表》，《新唐書》，第6471～6472頁。

④ 《進書表》，《資治通鑑》，第9607～9608頁。

書·宰相表》"①，説明司馬光編纂《資治通鑑》時，確實吸收了《新唐書》的内容。

《舊唐書》《新唐書》《資治通鑑》三段記載按照成書先後排列，可以看出敘述的變化。首先，《舊唐書》提及"學胡人椎髻"等，并未涉及突厥文化；其次，《新唐書》在《舊唐書》的敘述後加入"造大銅鑪"至"殺五百人，豈不定"一段文字，《新唐書》除沿用《舊唐書》記載外，加入"又好突厥言及所服"一段，"胡人"、突厥兼及；最後，《資治通鑑》補充了"喜聲色及畋獵"一句，删去《舊唐書》原來的記載，而《新唐書》增添的文字則大致保留，僅略作修飾，故祇剩下與突厥相關的記載，而另一個改動的地方，則是《新唐書》"選貌類胡者"在《資治通鑑》寫成"選左右貌類突厥者五人爲一落"。

按《資治通鑑》記載李承乾好突厥語及其服飾等事，僅見於《新唐書》，但《資治通鑑》對李承乾所選左右外貌這一點，又與《新唐書》記載不同。較爲可惜的是，由於相關記載僅見於《新唐書》和《資治通鑑》，且《資治通鑑》未作進一步交代，因此儘管知道《資治通鑑》有機會參考《新唐書》，但是爲何《資治通鑑》采用這樣的記載方式，一時間似乎仍難以作答。



不過，向達提示了一種可能。他在一篇論文中引用《新唐書》這段敘述後指出：

> 貞觀五年突厥平，從温彦博議，移其族類數千家入居長安，承乾之好突厥言、突厥服，大約係有見於流寓長安之此輩，因而心生欣羡，爲所化耳。所謂"習音聲學胡人""椎髻"云云，俱指仿效西域妝飾而言，故史文特爲析明，不與突厥淆混也。②

依循向達的思路，《新唐書》承襲《舊唐書》的記載，乃是"仿效西域"之事，而《新唐書》所加，則屬模仿突厥之事，"史文特爲析明"，未見混淆。這是從李承乾模仿的對象來説，一清二楚。然而，《新唐書》在"又好突厥言及所服"下，忽然冒出"選貌類胡者"一語，恰好與向達所稱"史文特爲析明，不與突厥淆混"之意相左。因此，《資治通鑑》徑行删改以便前後一致，不得謂爲捕風捉影。

## 二、李思摩與《新唐書》的記載

表面看來，《新唐書》襲用《舊唐書》時，明白指出"學胡人椎髻"，其後插入"又好突厥言及所服，選貌類胡者……辮髮"，椎髻與辮髮爲明顯不同的頭飾，前者指

① 《資治通鑑》卷一九二，第6037頁。

② 向達：《唐代長安與西域文明》，生活·讀書·新知三聯書店1987年版，第43頁。

"胡人"，後者屬突厥。可是，中間忽然插入"選貌類胡者"，前後句子立刻混淆不清，而且邏輯上亦似有所不通。

然而，下文記載李承乾提及"委身思摩"，則成爲瞭解《新唐書》這樣叙述的關鍵。李承乾口中的思摩，即阿史那思摩，原爲突厥王族，後得唐室賜姓李氏。《通典·邊防》記載：

> 思摩者，頡利族人也。始畢、處羅以其貌似胡人，不類突厥，疑非阿史那族類，故歷處羅、頡利代，常爲夾畢特勤，終不得典兵爲設。①

這裏清楚指出，李思摩雖然係出阿史那，却因"貌似胡人，不類突厥"而受到質疑，一直被打壓，未能"典兵爲設"。説明突厥與"胡人"在外貌上存在差异，以致李思摩長期投閑置散。其實，始畢、處羅等人的顧慮，并不是多疑。因爲，在隋代開皇十三年（593）突厥曾發生一起宫闈醜聞，《隋書·長孫覽傳》附《長孫晟傳》記載了事件經過：



> 突厥攝圖請婚於周，以趙王招女妻之。……因遣晟副汝南公宇文神慶送千金公主至其牙。……（開皇）四年，遣晟副虞慶則使於攝圖，賜公主姓爲楊氏，改封大義公主。……十三年，流人楊欽亡入突厥，詐言彭公劉昶共宇文氏女謀欲反隋……雍閭（葉護可汗）信之，乃不修職貢。又遣晟出使，微觀察焉。公主見晟，乃言辭不遜，又遣所私胡人安遂迦共欽計議，扇惑雍閭。晟至京師，具以狀奏。又遣晟往索欽，雍閭欲勿與，謬答曰："檢校客内，無此色人。"晟乃貨其達官，知欽所在，夜掩獲之，以示雍閭，因發公主私事，國人大耻。雍閭執遂迦等，并以付晟。②

北朝末年突厥趁着中原分裂，利用新舊政權交替之際，迅速發展起來。由於羽毛漸豐，在外交上趾高氣揚，於是引發出長孫晟揭露大義公主私通安遂迦之事。大義公主事件，導致"國人大耻"，可見這事已是衆所周知。文中明言安遂迦是"胡人"，今傳《魏書·西域傳》乃據《北史》所補，《北史·西域傳》中"康國"條下記載：

---

① 〔唐〕杜佑：《通典》卷一九七，中華書局 1988 年版，第 5415 頁。另參考《舊唐書》卷一九四上《突厥傳》，第 5163 頁。《新唐書》卷二一五上《突厥傳》，第 6039 頁。

② 〔唐〕魏徵、令狐德棻：《隋書》卷五一，中華書局 1973 年版，第 1329 ~ 1333 頁。另參見〔唐〕李延壽《北史》卷二二《長孫晟傳》，中華書局 1974 年版，第 817 ~ 819 頁；《資治通鑑》卷一七八，第 5542 ~ 5543 頁。

康國者，康居之後也，遷徙無常，不恒故地，自漢以來，相承不絶。其王本姓温，月氏人也，舊居祁連山北昭武城，因被匈奴所破，西逾葱嶺，遂有國。枝庶各分王，故康國左右諸國并以昭武爲姓，示不忘本也。……名爲强國，西域諸國多歸之。米國、史國、曹國、何國、安國、小安國、那色波國、烏那曷國、穆國皆歸附之。①



而從安遂迦的姓氏中，亦反映他源出昭武九姓的安國。

大義公主事件在開皇十三年被揭發，晚近在昭陵出土的《李思摩墓志銘》，記載他"以貞觀廿一年歲次丁未三月丁亥朔十六日壬寅，遘疾卒於居德里第，春秋六十有五"②，自貞觀二十一年（647）上推六十五歲，爲開皇三年（583）。故此，大義公主與安遂迦東窗事發時，李思摩十一歲。雖然，大義公主與安遂迦兩人都不是突厥人，可是大義公主身爲可汗妻子私通"胡人"，造成突厥的重大醜聞。李思摩因爲貌似"胡人"，不免很容易讓族人懷疑這不是單一事件，類似情況可能早已在王族中發生。所以，李思摩在始畢、處羅可汗當政時的遭遇，便不是無緣無故的了。



通過李思摩的相貌特徵和大義公主事件，一方面可説明李思摩身世受到懷疑的來龍去脉，另一方面亦可説明《新唐書》在記載中，忽然插入"選貌類胡者"，并非無的放矢。

## 三、突厥中的"胡"

大義公主事件透露出兩事：第一，突厥中存在着"胡人"的事實。尤其當突厥在發展的過程中，兼并了大量土地和不同族群的人口。《隋書·裴矩傳》引《西域圖記·序》説：

以國家威德，將士驍雄，泛濛汜而揚旌，越昆侖而躍馬，易如反掌，何往不至！但突厥、吐渾分領羌"胡"之國，爲其擁遏，故朝貢不通。③

隨着隋唐之際中原動蕩，突厥更進一步發展勢力。據《通典·邊防》記載，始畢時期曾大肆擴張：

此後隋亂，中國人歸之者甚衆，又更强盛，勢陵中夏。……東自契丹，西盡吐

① 《北史》卷九七，第3233～3234頁。另參見〔北魏〕魏收《魏書》卷一〇二《西域·康國傳》，中華書局1974年版，第2281頁；《隋書》卷八三《西域·康國傳》，第1848頁。

② 張沛編著：《昭陵碑石》，三秦出版社1993年版，第113頁。

③ 《隋書》卷六七，第1580頁。另參考《北史》卷三八《裴矩傳》，第1389～1390頁。

谷渾、高昌諸國，皆臣之。控弦百萬，戎狄之盛，近代未之有也。①

在此過程中，西域諸國被突厥并吞，於是突厥中便吸收了不少“胡人”。

第二，部分“胡人”受到突厥統治高層的倚重，在突厥中具有特別的地位。史書顯示“胡人”在突厥的地位，似乎并未受大義公主事件的影響。裴矩曾對楊廣提出：

矩又言於帝曰：“突厥本淳易可離間，但由其内多有群胡，盡皆桀黠，教導之耳。臣聞史蜀胡悉尤多奸計，幸於始畢，請誘殺之。”帝曰：“善。”矩因遣人告胡悉曰：“天子大出珍物，今在馬邑，欲共蕃内多作交關。若前來者，即得好物。”胡悉貪而信之，不告始畢，率其部落，盡驅六畜，星馳争進，冀先互市。矩伏兵馬邑下，誘而斬之。②



從“其内多有群胡”，反映始畢可汗時，突厥中“胡人”的數目爲數不少，而史蜀胡悉則爲桀黠的“群胡”中“尤多奸計”者。從史蜀胡悉的姓名來看，應爲昭武九姓史國之屬。③ 當史蜀胡悉得知隋朝要在馬邑交關時，便“率其部落，盡驅六畜，星馳争進，冀先互市”，顯示出突厥中的“群胡”自成部落，并擁有豐厚私産，可以自行交易。此外由裴矩建議誘殺史蜀胡悉一事，説明昭武九姓“胡人”，起碼在突厥統治階層中具有相當大的影響力。因而引起隋方君臣注意，務欲除之。《隋書》將此事置於大業十一年（615）前，透露“胡人”在突厥中的人數、財力與影響，并未因大義公主事件而受到限制。

突厥中“胡人”人口衆多的事，還可從體制上得到證明，頡利可汗就特別委任下屬管理“胡部”，反映突厥中的“胡人”已達相當數量。始畢可汗在武德二年（619）卒，由處羅可汗繼位，翌年即武德三年（620）處羅可汗死，頡利可汗繼任。《新唐書·突厥傳》記載：

頡利之立，用次弟爲延陀設，主延陀部，步利設主霫部，統特勒主胡部，斛特勒主斛薛部，以突利可汗主契丹、靺鞨部，樹牙南直幽州，東方之衆皆屬焉。④

① 《通典》卷一九七，第5407頁。另參見《舊唐書》卷一九四上《突厥傳》，第5153頁；《資治通鑑》卷一八五，第5792頁。

② 《隋書》卷六七《裴矩傳》，第1582頁。另參考《北史》卷三八《裴矩傳》，第1392頁。

③ 馬長壽便認爲史蜀胡悉係康國一帶的粟特人。馬長壽：《突厥人和突厥汗國》，上海人民出版社1957年版，第41頁。

④ 《新唐書》卷二一五上，第6038頁。按文中“特勒”當作“特勤”，是突厥語“王子”“子弟”（tigin）的音譯。

值得注意的是，頡利可汗登基時，以延陀設、步利設、統特勤、斛特勤、突利可汗諸人，分統延陀部、霫部、胡部、斛薛部、契丹和靺鞨部。這種分部管治，明顯是以族類爲標準。其中，胡部自成單元，并與薛延陀等族同列，説明武德初突厥中存在數量甚夥的"胡人"。若把史蜀胡悉率其部落赴馬邑互市，與統特勤主"胡部"兩事發生的時間聯繫推斷，則可顯示隋唐之際，突厥中的"胡人"一直維持相當大的數量。

至於突厥中"胡人"的地位，始畢時的史蜀胡悉并不是個案。李淵起兵時，曾派劉文静出使突厥：

> 高祖起義太原，遣大將軍府司馬劉文静聘於始畢，引以爲援。始畢遣其特勤康稍利等獻馬千匹，會於絳郡，又遣二千騎助軍，從平京城。①

《大唐創業起居注》記述：

> （李淵）於是遣使以衆議馳報突厥。始畢依旨，即遣其柱國康鞘利、（級）［執］失、熱寒、特勤、達官等，送馬千匹，來太原交市。②



兩段文字略有出入，皆注音或翻譯上的問題。以史源而言，暫從《大唐創業起居注》。代表突厥與李淵接觸的康鞘利，從姓氏反映他是昭武九姓康國胡，而康鞘利於突厥中擔任特勤，已厠身統治階層。能作爲代表，説明康鞘利受到始畢的信任。史蜀胡悉與康鞘利兩例，相距甚近，不過兩三年時間，可見頡利任用"胡人"，并未因史蜀胡悉被誘殺而改變。

"胡人"受到重用，或許與他們擅長貿易，以及因此發展出來在語言和國際之間交往的實務經驗有關。以康鞘利出身的康國爲例，《唐會要》記載：

> （康國人）生子必以蜜食口中，以膠置手内；欲其成長口甞甘言，持錢如膠之粘物。習善商賈，争分銖之利。男子二十，即送之他國，來過中夏。利之所在，無所不至。③

康國在西域的商業角色，已成爲該國的特點，甚至成爲其他國家或族群商貿的集散地。

---

① 《舊唐書》卷一九四上《突厥傳》，第 5153 頁。

② 〔唐〕温大雅撰：《大唐創業起居注》卷一，臺灣新文豐出版公司 1983 年版，第 8 頁。

③ 〔北宋〕王溥撰：《唐會要》卷九九《康國》，中華書局 1960 年版，第 1774 頁。另參見《舊唐書》卷一九八《西戎·康國傳》，第 5310 頁；《新唐書》卷二二一下《西域·康國傳》，第 6243 ~ 6244 頁。

所以，《北史·西域傳》“康國”纔會說：“善商賈，諸夷交易，多湊其國。”① 可見突厥在擴張過程中倚重史蜀胡悉與康鞘利這些“胡人”，應與突厥在經貿與國際事務上的需要有關。

始畢重用“胡人”的做法，歷經處羅，到頡利執政，這趨勢似乎有增無減。在《通典·邊防》對突厥在貞觀四年（630）敗亡前夕，有如下記載：

> 頡利每委任諸胡，疏遠族類，胡人貪冒，性多翻覆，以故法令滋章，兵革歲動，國人患之，諸部攜貳。……由是下不堪命，內外多叛之。②

頡利時“胡人”在政治上得到進一步的發展，且有超越突厥之勢，遂造成突厥衆叛親離，因此突厥敗亡，“胡人”扮演了微妙的角色。而這情況更延續到頡利執政最後一刻，《通典·邊防》記載：

> （貞觀）四年正月，李靖進屯惡陽嶺，夜襲定襄，頡利驚擾，因徙牙於磧口，胡酋康蘇密等遂以隋蕭后及楊政道來降。③



《舊書·李靖傳》對此事的叙述，則謂頡利“所親康蘇密來降”，可見康蘇密既是頡利所親，復爲突厥中的“胡酋”。以上案例都可說明，隋唐之際的“胡人”在突厥中一直保持相當大的地位與勢力。④

## 四、貞觀中突厥與“胡人”文化

頡利敗亡後，出現了一輪如何安置降人的討論。⑤ 主要觀點有三種：第一種爲“因

---

① 《北史》卷九七，第3234頁。另參見《魏書》卷一〇二《西域·康國傳》，第2281頁。

② 《通典》卷一九七，第5411頁。另參見《舊唐書》卷一九四上《突厥傳》，第5159頁；《新唐書》卷二一五上《突厥傳》，第6034頁。

③ 《通典》卷一九七“突厥”，第5411頁。另參見《舊唐書》卷六七《李靖傳》，第2479頁；《舊唐書》卷一九四上《突厥傳》，第5159頁；《新唐書》卷二一五上《突厥傳》，第6035頁；《資治通鑑》卷一九三，第6070～6071頁。

④ 馬長壽：《突厥人和突厥汗國》，第41～42頁。

⑤ 相關的討論記録，散見於〔北宋〕王溥《唐會要》卷七三《安北都護府》，中華書局1960年版，第1311～1314頁；〔唐〕吴兢《貞觀政要》卷九《安邊》，上海古籍出版社1978年版，第274～276頁；《通典》卷一九七《邊防》，第5414～5415頁；《舊唐書》卷六一《温大雅附温彦博傳》，第2361頁；同書卷六二《李大亮傳》，第2388～2389頁；同書卷一九四上《突厥傳》，第5162～5163頁；《資治通鑑》卷一九三，第6075～6077頁，等等。吴玉貴對相關資料有深入研究，可參考氏著《突厥汗國與隋唐關係史研究》，中國社會科學出版社1998年版，第227～236頁。

其歸命，分其種落，浮之河南兗、豫之地，散屬州縣，各使耕織，百（方）［萬］胡虜，可得化而爲百姓，則中國有加户之利，塞北可（嘗）〔常〕空矣”①。即以唐河南道一帶安置突厥，朝臣多持此議。優點是改變突厥的文化，易牧爲農，借此增加山東人口，增加國家收入。第二種主張“改其常性，同此華風，於事爲難，理必不可。當因其習俗而撫馭之。……凡是突厥、鐵勒，終須河北居住。分置酋首，統領部落，節級高下，地界多少，伏聽量裁，爲立條制，遠綏邇安”②。即將原來入居河套以南的突厥，遷至河套以北，并沿用其固有風俗，顏師古、竇静、李百藥、魏徵等大臣傾向此議。優點爲突厥南下將受阻河套，國防安全較有保障。第三種主張“於河南處之。準漢建武時，置降匈奴於五原塞下，全其部落，得爲捍蔽，又不離其土俗，因而撫之，一則實空虛之地，二則示無猜之心”③。即原地安置，用河套以南給突厥居住，此議乃温彦博所倡。優點是避免突厥外移導致户口驟減，又可以之屏障唐朝，成爲塞北民族入侵的緩衝。



上述建議，第一種是積極干預，借内遷改變突厥的生活習慣，從而使之同化。第二種是放任態度，把突厥遷到河北，即與之保持距離，任其自生自滅。第三種則代表保持現狀。



就當時形勢而言，第三種建議最爲可行。由於其他主張都須突厥遷離原地，可能導致降人因離鄉背井而産生不滿。而且，就地安置花費最低，也是唐室重要的考慮點。李世民最終采用了温彦博的建議。《貞觀政要·安邊》記載：

> 卒用彦博策，自（幽）［豳］州至靈州，置順、祐、化、長四州都督府以處之……④

《唐會要·安北都護府》記載：

> 上遂用之，封阿史那蘇尼失爲懷德郡王、阿史那思摩爲懷化郡王，處其部落於河南朔方之地，入居長安者近萬家。⑤

---

① 〔北宋〕王欽若等編：《册府元龜》卷九九一《外臣部·備禦》，中華書局 1982 年版，第 11638 頁上右；“［ ］”内文字乃據《舊唐書》校改，卷六一《温大雅附温彦博傳》，第 2361 頁。

② 《唐會要》卷七三《安北都護府》，第 1312 頁。

③ 《貞觀政要》卷九《安邊》，第 274 頁。

④ 《貞觀政要》卷九《安邊》，第 275 頁。文中“幽州”爲“豳州”之誤，據吴玉貴《突厥汗國與隋唐關係史研究》改，第 244 ~ 246 頁。

⑤ 《唐會要》卷七三《安北都護府》，第 1314 頁。

原地安置了大部分降人，另有近萬家突厥人移入長安居住。雖然，入居人口應該祇是突厥中一小部分，但對唐而言，仍是一個可觀的數目。突厥敗亡導致入居長安的人口大增，考慮到隋末唐初中原戰亂，人口劇減，唐初居於長安的人口相對不多，忽然涌入近萬户的突厥，這數目是相當可觀的。這現象亦呈現在朝廷上，“自突厥頡利破後，諸部落首領來降者，皆拜將軍中郎將，布列朝廷，五品已上百餘人，殆與朝士相半”①。這裏特别標明來降拜爲五品以上的部落首領有百餘人，與朝臣數目相等。可見這些突厥都是上層貴族，因此受到朝廷拜官的籠絡。如果考慮到個别“胡人”在突厥中原有較高的地位，他們也會隨着諸部首領進入長安甚至朝廷中，實不足爲怪。章群先生認爲突厥“布列朝廷”，乃是唐室采取“選其酋首，遣居宿衛”，亦即變相的人質制度。② 另外，其間降附的外族人口亦大量增加，隨着突厥平定，邊遠地區的人口入唐，安置在各地方州縣，“大唐貞觀中，户部奏言，中國人自塞外來歸及突厥前後降附開四夷爲州縣者，男女百二十餘萬口”③。突然增加一百二十多萬人，對人口結構勢將産生重大影響。而順着上述的思路發展，在這衆多降唐來歸的突厥中，應不乏“胡人”混雜其中。此外，在貞觀九年（635）都布可汗阿史那社尒“率衆内屬，拜左騎衛大將軍。歲餘，令尚衡陽長公主，授駙馬都尉，典屯兵於苑内”④，顯示貞觀時朝廷、宫禁之中都不乏突厥。故此，貞觀四年頡利敗亡後，唐從宫禁、朝廷、長安以至地方，都有突厥的踪迹，“胡人”混雜其中隨之而來，亦是理所當然的事。



《新唐書》和《資治通鑑》有關李承乾的記載，就是在這樣的環境下産生的。兩書共同的記載，是李承乾模仿突厥，其中提及的突厥語及其服飾、辮髮、五狼頭纛等，都是突厥中的風俗文化。而其中尤其突出的，是模仿可汗之死。《新唐書》記載“使衆號哭剺面，奔馬環臨之”；《資治通鑑》則作“衆悉號哭，跨馬環走，臨其身，剺面”，兩書所載基本相同。《隋書》剛好有一段關於突厥風俗的描述：

> 其俗畜牧爲事，隨逐水草，不恒厥處。穹廬氈帳，被髮左衽，食肉飲酪，身衣裘褐，賤老貴壯。……有死者，停尸帳中，家人親屬多殺牛馬而祭之，繞帳號呼，以刀剺面，血泪交下，七度而止。於是擇日置尸馬上而焚之，取灰而葬。⑤

---

① 《貞觀政要》卷九《安邊》，第 275 頁。

② 《唐會要》卷七三《安北都護府》，第 1314 頁。章群：《唐代蕃將研究》，臺灣聯經出版事業股份有限公司 1986 年版，第 97 ~ 102 頁。另參見吴玉貴《突厥汗國與隋唐關係史研究》，第 240 ~ 241 頁。

③ 《通典》卷二〇〇《邊防》，第 5494 頁。另參考《舊唐書》卷二《太宗紀》，第 37 頁；《新唐書》卷二《太宗紀》，第 31 頁。

④ 《舊唐書》卷一〇九《阿史那社尒傳》，第 3289 頁。另參考《新唐書》卷一一〇《阿史那社尒傳》，第 4115 頁。

⑤ 《隋書》卷八四《突厥傳》，第 1864 頁。

《隋書》的描述與《新唐書》《資治通鑑》李承乾的記載相吻合。

李承乾模仿可汗喪禮，應該來自現實經驗。李承乾在貞觀十七年被廢，武德元年（618）至貞觀十七年期間，共有四位突厥可汗逝世。分别是始畢、處羅、突利及頡利。始畢死於武德二年（619）夏四月①、處羅死於武德三年（620）十一月②、突利死於貞觀五年（631）十月③、頡利死於貞觀八年（634）正月④。

始畢和處羅兩位可汗逝世時，李承乾年僅兩三歲，且兩人都在突厥國内舉殯，故應排除這兩次葬禮對李承乾産生影響的可能性。

至於突利，乃於貞觀“五年，徵入朝，至并州，道病卒”⑤。他死前任順州都督⑥，《新唐書·地理志》“忻州秀容”條下記載：“貞觀五年以思結部落於縣境置懷化縣，隸順州。”⑦ 遂知突利在貞觀三年（629）十二月入唐後，於貞觀四年“以其下兵衆置順、祐等州，帥部落還蕃”⑧。順州寄治忻州境内，故突利在貞觀五年被徵入朝，纔會路經并州，病卒途中。因爲并州（即太原）位處忻州之南，是入朝必經之地。突利死後，“帝舉哀於永安門，賵贈甚厚，詔中書侍郎岑文本爲立碑”⑨，文中未提及葬禮詳情。按理而言，突利猝死道中，如繼續運柩入京，須經“一千三百六十里”⑩ 路程，而并州與順州寄治的忻州緊鄰，相差不過一百二十里。⑪ 且突利拜爲順州都督後，便“遣率



① 《通典》卷一九七《邊防》，第 5407 頁。另參見《舊唐書》卷一《高祖紀》，第 9 頁；《舊唐書》卷一九四上《突厥傳》，第 5154 頁；《新唐書》卷二一五上《突厥傳》，第 6028 頁。

② 處羅可汗的確實死亡時間，史無明文，《通典·邊防》衹記載“（武德三年）六月，處羅至并州，總管李仲文出迎勞之，留三日，城中美婦人多爲所掠，仲文不能制。俄而處羅死”，卷一九七，第 5408 頁。另參見《舊唐書·突厥傳》卷一九四上，第 5154 頁。《資治通鑑》則安排此事於卷一八八“武德三年十一月”條下，第 5896 頁。今從《資治通鑑》。

③ 《舊唐書》卷三《太宗紀》，第 41 頁。另參考《通典》卷一九七《邊防》，第 5413 頁；《舊唐書》卷一九四上《突厥傳》，第 5161 頁。

④ 《舊唐書》卷三《太宗紀》，第 43 頁。另參見《通典》卷一九七《邊防》，第 5412 頁；《舊唐書》卷一九四上《突厥傳》，第 5160 頁；《新唐書》卷二一五上《突厥傳》，第 6036 頁；《資治通鑑》卷一九四，第 6105 頁。

⑤ 《通典》卷一九七《邊防》，第 5413 頁。另參見《舊唐書》卷一九四上《突厥傳》，第 5161 頁；《新唐書》卷二一五上《突厥傳》，第 6038 頁。

⑥ 《通典》卷一九七《邊防》，第 5412 頁。另參見《舊唐書》卷三《太宗紀》，第 41 頁。

⑦ 《新唐書》卷三九《地理志》，第 1006 頁。

⑧ 《舊唐書》卷一九四上《突厥傳》，第 5161 頁。另參考《通典》卷一九七《邊防》，第 5412 頁；《通典》衹提到拜爲順州都督，未及祐州都督。

⑨ 《册府元龜》卷九七四《外臣部·褒异一》，第 11442 頁上右。另參見《通典》卷一九七《邊防》，第 5413 頁；《舊唐書》卷一九四上《突厥傳》，第 5161 頁；《新唐書》卷二一五上《突厥傳》，第 6038 ~ 6039 頁。

⑩ 《舊唐書》卷三九《地理志》，第 1481 頁。

⑪ 按忻州“去西京一千四百八十里”，減去“一千三百六十里”，爲一百二十里。《通典》卷一七九《邊防》，第 4742 頁。

部落還蕃"①，而據近人對突厥喪葬風俗的研究指出：

> 史書載，突厥人死後，"死者停尸於帳，子孫及諸親屬男女各殺羊馬，陳於帳前祭之"。可見：第一，突厥人已有停靈的習慣。死者咽氣後，子女要把尸體停放在廬帳裏。……第二，家屬聚集起來一同辦喪。停靈後，死者家中親屬聚於喪所，治辦喪事。突厥民族的家庭裏，并存着許多個由祖、父、子、孫幾輩男性爲家長的小型家庭。……在這種情形下，突厥人死後，其子、侄子、侄孫、女、侄女、侄孫女都要以子女、孫子女的身份來辦喪，可見其場面之熱烈宏大。②



因爲突厥喪俗須由家屬合辦，突利就算能携帶部分家屬入朝，但以突厥的家庭特色，必定仍有大量家眷留在順州，故此按理來説其靈柩應運返順州由家屬和部落辦理後事。所以身在長安的李承乾和衆多居民，仍無法耳聞目睹突利這次葬禮。

另一次可汗之喪，是卒於貞觀八年正月的頡利。李世民在他逝世後：



> 令其國人葬之，從其俗禮，焚尸灞水之東，贈歸義王，謚曰荒。其舊臣胡禄達官吐谷渾邪自刎以殉。③

這説明頡利可汗的葬禮在長安舉行，而且是按照突厥喪俗舉行。頡利之死方爲長安人士提供觀察突厥喪禮的機會。如果考慮到《隋書》的編纂時間，突厥已大舉入唐。而頡利之死則讓長安的史臣，利用這機會就近觀察，并詳細記入史册。所以，《隋書》關於突厥風俗尤其喪俗的記載，應是該書編纂期間發生的事件的實録。而李承乾極有可能從這次事件中，通過耳聞或目睹得知突厥的葬俗，遂有模仿可汗之死的游戲。

另外，《新唐書》與《資治通鑑》記載不同的地方，主要是把《新唐書》承襲《舊唐書》"又使户奴數十百人習音聲，學胡人椎髻，翦彩爲舞衣，尋橦跳劍，鼓鞞聲通晝夜不絶"的話，以"太子承乾喜聲色及畋獵"一語帶過，把李承乾對域外文化特别如"學胡人椎髻"這類的"胡人"文化内容删去。同時，《資治通鑑》也把《新唐書》"選貌類胡者"改爲"選左右貌類突厥者"。《資治通鑑》較《新唐書》晚出，編纂時既有參考采用《新唐書》的内容，但這裏的記載，《資治通鑑》對《新唐書》的

① 《通典》卷一九七《邊防》，第5412頁。另參考《舊唐書》卷一九四上《突厥傳》，第5161頁。

② 劉錫濤、劉永連：《突厥喪葬禮儀》，《喀什師範學院學報（社會科學版）》1999年第3期，第46頁。

③ 《通典》卷一九七《邊防》，第5412頁。另參考《舊唐書》卷一九四上《突厥傳》，第5160頁；《新唐書》卷二一五上《突厥傳》，第6036頁。

記述徑行删改，《資治通鑑》前面的改動，似乎是行文精簡，但是若與後者合并在一起觀察，則似乎又是另有原因。具體而言，《新唐書》所載涉及“胡人”的地方，《資治通鑑》都删除或徑改爲“突厥”。這樣删改的結果，使《資治通鑑》的記述呈現出李承乾傾向突厥文化的形象，而《新唐書》的記載則突厥文化與“胡人”文化兼具。《資治通鑑》似乎是對《新唐書》“胡人”、突厥文化混雜兼載不以爲然，因此徑行改動，將李承乾的文化傾向集中於突厥之上。

無論李承乾傾慕的對象是“胡人”與突厥文化兼具，還是單純針對突厥文化，《新唐書》與《資治通鑑》的記載，都是以李承乾不適任儲君的角度來描述。突厥中本來就存在一定數量的“胡人”，已見上文。而在頡利敗亡前，李世民手下亦不乏“胡人”，《大唐故右威衛將軍上柱國安府君（元壽）墓志銘并序》記載：

> 貞觀元年，突厥頡利可汗擁徒卅萬衆來寇便橋，太宗親率精兵出討。頡利遣使乞降，請屏左右，太宗獨將公一人於帳中自衛。其所親信，多類此也。①

《舊唐書·突厥傳》謂“太宗獨與頡利臨水交言，麾諸軍却而陣焉”，這與安元壽的墓志銘記載相吻合。李世民與對方單獨談判，獨留安元壽於帳中，除了自衛外應兼具居中翻譯的作用，這與“胡人”往來列國貿易，通曉多國語言，以及反應靈活不無關係。結果，這次會談很快便出現“是日，頡利請和，詔許焉，車駕即日還宫。乙酉，又幸城西，刑白馬，與頡利同盟於便橋之上，頡利引兵而退”的戲劇性結局。

安元壽既是李世民的屬下，又在與突厥交手中過程中扮演了重要角色，這是具有正面形象的“胡人”。另外，“胡人”文化中存在某些引人注目的特點，并被李世民與大臣提出并加以討論。《資治通鑑》“貞觀元年”條下記載：

> 上謂侍臣曰：“吾聞西域賈胡得美珠，剖身以藏之，有諸？”侍臣曰：“有之。”上曰：“人皆知彼之愛珠而不愛其身也；吏受賕抵法，與帝王徇奢欲而亡國者，何以异於彼胡之可笑邪！”魏徵曰：“昔魯哀公謂孔子曰：‘人有好忘者，徙宅而忘其妻。’孔子曰：‘又有甚者，桀、紂乃忘其身。’亦猶是也。”上曰：“然。朕與公輩宜戮力相輔，庶免爲人所笑也！”②

相關記載亦見《魏鄭公諫録》中：

① 周紹良等主編：《唐代墓志彙編續集》，上海古籍出版社2001年版，第272頁。
② 《資治通鑑》卷一九二，第6041～6042頁。

> 使者從奚、契丹中返者，太宗問其土俗。對曰：“最愛肉珠，以數百珠博一馬。”太宗曰：“何爲愛重此物?”對曰：“穿以繫頸，及交絡身。”太宗哂之。公曰：“此物誠不足重，人各有所惑。西域諸胡愛重珍寶，若遇好珠，則傾家市取。乃劈肌膚，藏之於身内。……人聞皆以爲笑，然國家今日，亦太重之。”太宗曰：“魏徵即以我爲一胡也。事皆如此：往者見林邑使人，每旦磨沈水等諸香，用塗身體。皆共笑之，以爲虚飾。我今愛重此物，與彼亦何异乎? 有識者還共笑我耳。安可不深思也。”①

又：

> 太宗謂侍臣曰：“朕聞西胡愛珠，若得好珠，劈身藏之。”侍臣咸曰貪財損己，實爲可笑。太宗曰：“勿惟笑胡，今官人貪財，不顧性命，身死之後，子孫被辱。何异西胡之愛珠耶? 帝王亦然，恣情放逸，勞役無度，信任群小，疏遠忠正。有一於此，豈不滅亡。……”公對曰：“臣聞魯哀公謂孔子曰：有人好忘者，移宅乃忘其妻！孔子曰：又有好忘者甚於此，丘見桀、紂之君，乃忘其身!”太宗曰：“朕與公等既知笑人，今共相匡輔，庶免人笑!”②



兩則對話都以“胡人”愛珠而論及治國之道。根據《資治通鑑》，李世民與大臣討論“胡人”愛珠，事在貞觀元年，當時突厥尚未敗亡，且一度兵臨渭水，對剛登基的李世民構成嚴重威脅。但是，突厥在三四年間由盛而衰，終致敗亡，乃是當時重大事件。杜佑在《通典》檢討突厥敗亡時，指出“頡利每委任諸胡，疏遠族類。胡人貪冒，性多翻覆”，暗示突厥的衰落與“胡人”有關，多少反映唐人對這段史事的觀感。“胡商”貪利愛寶的特性又爲時人習知，上述對話，即使出現在突厥勢力如日中天之際，然而在事後回想，反映李世民君臣有先見之明，同時説明突厥敗亡并非無緣無故的意外。《資治通鑑》收入貞觀君臣討論“胡人”愛寶，并聯繫國家治亂之上的對話，更是呼應了《資治通鑑》編纂的目的。

《新唐書》《資治通鑑》的描述與安排，都是呈現李承乾最終被廢的原因，兩書雖然行文、重點稍有不同，基本上目標已達。

---

① 〔唐〕王方慶：《魏鄭公諫録》卷一《諫國家愛珠》，臺灣新文豐出版公司 1983 年版，第 5 頁。

② 〔唐〕王方慶：《魏鄭公諫録》卷三《對西胡愛珠》，臺灣新文豐出版公司 1983 年版，第 27 頁。

## 五、論《新唐書》《資治通鑑》的記載與安排

比對《新唐書》與《資治通鑑》李承乾的記載，可以發現後出的《資治通鑑》，記述上與《新唐書》歧异之處，似乎是經過一番考慮，纔加以删改的。

討論這個問題前，需先行交代一件發生在相關記載前後的事。貞觀十三年（639），發生了一起兵變，《唐會要·安北都護府》記載了此事經過：

> 十三年四月，上幸九成宫。突利弟中郎將阿史那社爾（結社率）陰結部落四十人，夜犯鈎陳，逾四重幕，引弓亂發，衛士王及善力戰死之。折衝孫武開率府兵奮擊，良久乃退，馳入御馬厩，盗馬二十匹，欲奔部落。尋皆斬之。①

從阿史那結社率夜犯御營，能逾越第四重幕，并殺害衛士、盗取御馬等事來看，當時情勢相當危急。事後“太宗自是不直突厥，悔處其部衆於中國，還其舊部於河北，建牙於故定襄城，立李思摩爲乙彌泥熟俟利苾可汗以主之，因謂侍臣曰：‘中國百姓，天下之根本，四夷之人，乃同枝葉，擾其根本以厚枝葉，用求久安，未之有也。初，不納魏徵言，遂覺勞費日甚，幾失久安之道。’”② 於是在“十三年，改授（李思摩）乙彌泥孰可汗，率部落歸於黄河之北”③。貞觀十三年後，李思摩率突厥大舉遷徙到黄河之北，京都關内區的突厥驟減，與此前的盛况形成强烈對比。



如從《新唐書》《資治通鑑》部分記載相同的内容，再配合上述歷史背景，或可揣摩《資治通鑑》作出删改的端倪。兩書都提到李承乾自言帥數萬騎於金城（或金城西），然後解髮，委身思摩，當一設的話。這番話顯示李承乾自甘居於李思摩之下，李淵、李世民父子與突厥交手多年，歷經千辛萬苦最終降服突厥，李承乾竟然説出委身思摩的話，一方面讓人覺得兒戲，另一方面更令人懷疑他是否適合擔任國君大位。設乃是突厥官制，李思摩即因“貌似胡人，不類突厥”，以致在歷任可汗統治時，“終不得典兵爲設”。因此，很易讓人聯想到李承乾説這番話時，李思摩已被李世民封爲乙彌泥孰可汗，并率部落徙於黄河之北。在這種情况下，李承乾説話的時間，便在貞觀十三年四月之後。此時李世民警覺到突厥仍有潜在危險，遂將處於中國的突厥舊部遷徙至黄河之北，建牙於故定襄城。這時不要説宫禁之中，長安以及地方上原來充斥着的突厥踪影應該都消失殆盡，所以李承乾祇

① 《唐會要》卷七三，第1314頁。另參見《舊唐書》卷一九四上《突厥傳》，第5161頁；《新唐書》卷二一五上《突厥傳》，第6039頁。

② 《貞觀政要》卷九《安邊》，第277頁。

③ 《大唐故右武衛大將軍贈兵部尚書謚曰順李君（思摩）墓志銘并序》，張沛編著：《昭陵碑石》，三秦出版社1993年版，第112頁。

能找尋“貌類突厥者”來模仿突厥的種種生活。“類”指似是而非，《資治通鑑》的記載顯示李承乾衹能選左右貌似突厥而非突厥的人來模仿游戲。因此，《資治通鑑》的改動是把焦點集中於李承乾對突厥文化的偏好上，并認爲此事發生在貞觀十三年四月之後。

然而，《新唐書》的記載，即如向達的研究所指，“‘習音聲學胡人’‘椎髻’云云，俱指仿效西域妝飾而言，故史文特爲析明，不與突厥淆混也”，而在描述突厥時，加插“選貌類胡者”，亦如上文所言因李思摩貌似“胡人”，不類突厥，李承乾因對李思摩存有好感，遂致挑選突厥中貌類“胡者”爲伴。但是，如果無法判别此事發生的時間，則《新唐書》顯示發生於貞觀十三年四月以前，與《資治通鑑》所示發生於阿史那結社率事件之後，終讓人難以定奪去取。



李承乾話中提及的“金城”，對於理解整段記載是一個關鍵。《新唐書》作“金城”，而《資治通鑑》作“金城西”。若爲“金城”，則可這樣解釋：《通典》、兩《唐書》明載李思摩出任“化州都督”，這雖與其《墓志銘》稱“尋授夏州都督”的記載有歧异①，但是細閲《舊唐書·地理志》記載，這個歧异仍可得到合理解釋：



> 夏州都督府　隋朔方郡。貞觀二年，討平梁師都，改爲夏州都督府，領夏、綏、銀三州。其夏州，領德静、岩銀（緑）、寧朔、長澤四縣。……
>
> 德静　隋縣。貞觀七年，屬北開州。八年，改北開州爲化州。十三年，廢化州，以縣屬夏州。②

德静於貞觀八年至貞觀十三年爲化州，故李思摩擔任化州都督，當在此時。而《墓志銘》緊接“尋授夏州都督”之後，便記載貞觀十三年，“改授乙彌泥孰可汗，率部落歸於黄河之北”③。可見他出任夏州都督，應相當接近貞觀十三年。因此，《通典》與兩《唐書》記載，應該是指李思摩在貞觀十三年，“廢化州，以縣屬夏州”前的經歷。而《墓志銘》所載，則是“廢化州”後、“改授乙彌泥孰可汗”前的職任，《通典》與兩《唐書》無夏州都督記録，或爲任期太短故從略。而《墓志銘》則爲彰顯其職歷，所以特加標出。姑無論李思摩爲化州都督，抑或夏州都督，治所均在夏州境内。④ 而金城乃關内道由長安北上夏州的交通中途站，嚴耕望先生的《唐代交通圖考》即有標示。⑤

---

① 《昭陵碑石》，第112頁。

② 《舊唐書》卷三八《地理志》，第1413～1414頁。

③ 《昭陵碑石》，第112頁。

④ 《舊唐書》卷三八《地理志》，第1414頁。

⑤ 嚴耕望：《唐代交通圖考》第一卷圖六《唐代關内道交通圖》，臺灣“中研院”史語所，1985年。關於金城與夏州的地望，另參見譚其驤主編《中國歷史地圖集·隋·唐·五代十國時期》，中國地圖出版社1982年版，第40～41頁。

由此更可佐證李承乾身作可汗死的發生時間，當在李思摩擔任化州都督或夏州都督期間，亦即在阿史那結社率事件發生前。

但李承乾的話若是“金城西”而非“金城”，則可從另一角度來作解釋：吴玉貴先生對設立突厥都督府州的地望作出研究之後，指出唐朝自豳州（按：後改爲邠州）至靈州置順、佑、化、長四州都督府①，豳州（E108°6′·N35°3′）、靈州（E106°20′·N38°5′）與金城（E109°6′·N36°24′）都位處關内道，而兩州之間的範圍又皆在金城之西。② 故此，李思摩若身處豳州至靈州之間安置歸降突厥的地方，則李承乾之言仍然合於當時實際的環境。

《新唐書》“金城”與《資治通鑑》“金城西”的記載，雖然一時無法判别何者爲當。但兩者都與其他記載契合，更重要的是，李承乾話中提及“金城”，在河套之内，顯示李思摩尚未“改授乙彌泥孰可汗，率部落歸於黄河之北”。由是推斷，李承乾説話時間，當在阿史那結社率事件前。因此，《新唐書》和《資治通鑑》記載李承乾模仿可汗之死，應於貞觀十三年四月之前。順着這點推理，李承乾模仿突厥時，宫禁中有甚多突厥宿衛，他并不需要找貌類突厥的人來冒充突厥，但突厥中貌類“胡人”的則爲數不多，因此仍有需要經過一番挑選。

## 結　語

《新唐書》與《資治通鑑》在唐史研究中都有重要地位，同時兩書又是宋代史學的代表作，本文基於兩書記載李承乾模仿域外文化之事，姑不論其中是非對錯，借此可反映兩書編纂者謀事命篇時，注意到種種細節的考量。其中斟酌損益，幾經推敲，可見兩書在宋代以至中國傳統史學上的地位，是其來有自的。

二十五年前，筆者有幸在香港中文大學與新亞研究所連續三年恭聆嚴耕望先生授課，包括“中國中古史料學”“中古人文地理”等課程，受益良多。在課上，嚴先生曾指出他發現司馬光的《資治通鑑》誤讀《後漢書》，以致雲臺二十八將次序排列倒錯，嚴先生對此發現十分高興，其情景至今仍如在目前。此事説明即使像司馬光這樣的大家，也不免百密一疏。而嚴先生在“中國中古史料學”課上介紹《新唐書》時，認爲此書的價值偏重在史學方面，至於史料上的價值，則仍需多注意《舊唐書》。自此在閲讀相關史籍時，每每憶及嚴先生的發現與教誨。歲月匆匆，今年適值嚴先生百年之際，謹以此文作爲紀念。

---

① 吴玉貴：《突厥汗國與隋唐關係史研究》，第243～246頁。

② 《唐代交通圖考》第一卷指出唐代靈州靈武郡治所在今寧夏自治區“靈武縣（E106°20′·N38°5′）西南十里”，第175頁。《中國歷史地圖集·隋·唐·五代十國時期》，第40～41頁。

# 南宋“采生”之禁與荆湖地方社會*

吕永昇

**摘要：**荆湖乃昔日的楚地，常被視爲信巫好鬼重淫祀之地。宋朝時，當地流行“采生”之俗，又稱“殺人祭鬼”，即以錢募或盗殺人牲以祭鬼。宋代中央政府和地方官吏屢次頒布“殺人祭鬼”的禁令，十分頻繁，遠超前代。民間信仰和地方的社會結構、生活作業方式及吏治的關係極爲密切。淫祠和异俗的出現，象徵民間信仰勢力的伸展，同時也是王朝國家借用正統禮儀來建立國家權威與地區社會秩序的體現。從北宋開始，朝廷實行荆湖墾荒的政策，鼓勵開墾。南宋時期大量北方人南遷到荆湖地區，帶來新的定居農業文明，并逐步由平原向山地開發耕地。山區的生産方式開始從刀耕火種、狩獵轉向固定農耕。外來人口遷居荆湖和農作業方式的轉變，造成民間信仰的角力，并成爲國家、移民與土著社會較勁的場域。是以“采生”之俗，宜置於王朝國家在荆湖地方的開發和地方格局變化的脉絡下重新討論。本文擬從民間信仰和儀式入手，討論“采生”之俗的社會意涵，及其與荆湖地方社會發展的關係。

**關鍵詞：**采生　殺人祭鬼　地方社會　民間信仰　荆湖地區

**作者簡介：**吕永昇，香港中文大學大學通識教育部講師



* 本文爲香港中文大學直接撥款研究（Direct Grant for Research）資助項目《聖化祖先：明清時期湘中的“法術”與地方社會的建構》（研究編號：4051077）以及香港研究資助局優配研究金（GRF）資助項目《二十世紀文化中國的再展演：香港、神户和新加坡華人社區的中元節》（研究編號：14617915）的研究成果之一，特此鳴謝。

# 前　言

宋室南遷，政治中心南移，兩浙路遂成爲學術、政治與經濟的中心，故南宋地方史的研究以兩浙地區爲盛。相較之下，荆湖西面因位處邊境，地形多山區河谷，文獻記録匱乏，往往被研究者忽略。本文在整理史料時，發現荆湖地區的“淫祀”備受宋政府的關注，尤其是“殺人祭鬼”之俗。這種風俗帶動了人口販賣，危害社會的安穩，對政府的管治與權威構成威脅。因此，本文將以地方社會“殺人祭鬼”爲研究主軸，探討地方社會與官吏在這一領域中的角力。這個研究有助於瞭解南宋民間信仰的特徵，也可呈現地方社會的生活面貌。



中國從上古時期開始，已經出現以人爲犧牲、殺人祭祀的現象。① 據黄展岳先生的研究，人牲指的是用活人作爲犧牲，用以祭祀祖先、神靈。因此，人牲是供祖先、神靈“食”的，人牲多用俘虜、仇人。② 在這個體系下，人牲被置於社會習俗的裁判之外，獻祭者可以任意殺人而不會被處罰。人牲既符合部分區域的社會規範，也符合民間認知。臺静農是最早關注“殺人祭鬼”的祭祀行爲與地域分布的學者。臺静農《南宋人體犧牲祭》一文，分析了人體犧牲的原因、區域分布，以及南宋政府的應對政策。③ 臺静農發現 12 世紀後半期，歷高宗以下四朝，爲時五十年間，乃“人體犧牲”祭最風行的時代，這種風俗普遍流行於衹有半壁江山的南宋。④ 這種“殺人祭鬼”的現象在現存的官方詔令和官員的記録中猶爲顯著，南宋從高宗到寧宗四朝（1127—1224），政府下達了至少十道與“祭人祭鬼”有關的禁令。⑤ 因此，本文將討論的時段集中於南宋。

以人牲作爲祭祀的方式，宋代的文獻一般稱之爲“殺人祭鬼”或“采生”之俗。早年臺静農、宫崎市定、澤田瑞穗、河原正博和金井德幸等史學家，曾初步爬梳及考證

---

① 參見黄展岳《中國古代的人牲人殉》，文物出版社 1990 年版；黄展岳《中國古代的人牲人殉新資料概述》，《考古》1996 年第 12 期。

② 黄展岳：《中國古代的人牲人殉》，文物出版社 1990 年版，第 1～6 頁；另見顧德融《中國古代人殉、人牲者的身份探析》，《中國史研究》1982 年第 2 期。

③ 臺静農：《南宋人體犧牲祭》，臺灣編譯館中華叢書編審委員會：《宋史研究集》第 2 輯，臺灣編譯館中華叢書編審委員會，1983 年，第 327～342 頁。

④ 臺静農：《南宋人體犧牲祭》，第 329～330 頁。

⑤ 詳見王章偉《妖與靈：宋代邪神信仰初探》，《九州學林》第 34 輯，第 70～72 頁。

了宋代“殺人祭鬼”的史料①；近年劉佳玲、王章偉進一步把史料整理完備②。雖然有學者質疑“殺人祭鬼”的真實性③，但從部分地方官吏的記録和《夷堅志》的描述可見，在宋人日常生活中確實出現過類似“殺人祭鬼”的真實事件④。南宋政府對這一現象的關注，也是不争的事實。近年學者在“殺人祭鬼”之俗的歷史傳承、社會意涵、國家與社會的互動等方面，都有深入探究。⑤

李敏昌認爲殺人祭鬼風俗興盛於宋代，大致有兩個原因：其一，宋代殺人祭鬼神乃繼承了古代“奴隸社會”遺風。其二，宋朝以前，殺人多是祭天、祭神，祭鬼衹是少數，但到了宋朝，隨着志怪小説在民間廣爲傳播，使宋人對鬼和因果關係深信不已，殺人祭祀纔變成專一的祭鬼活動。⑥ 林富士則進一步指出，“殺人祭鬼”有其特定時代的社會意涵和功能。林氏認爲“殺人祭鬼”雖然是“舊俗”，但因社會情境的改變，而形成具有時代特色的“新風”。林氏指出“殺人祭鬼”可能是非漢民族的傳統祭儀，但到了南宋，南方族群衝突加劇，“殺人祭鬼”在某些地區可能被用來强化某些社會群體或族群成員的“身份認同”。南方土著借此彰顯其族群標志，宣示對漢族統治者的“反抗”。⑦





此外，研究宋代巫覡的學者也留意到與殺人祭鬼密切相關的“巫俗”“巫風”。林富士認爲從獻祭的角度來看，“殺人祭鬼”可能和傳統祭儀中“同類相祭”的思維與習慣有關，亦即殺人以祭“人神”。林富士發現最晚從六朝時期開始，巫覡的鬼神世界就呈現一種類似先秦時期“封建”王國林立的結構，每一位神明各有疆域，神明往往需

---

① 詳見臺静農《南宋人體犧牲祭》，第 327 ~ 342 頁；［日］宮崎市定《宋代における殺人祭鬼の習俗について》，載氏著《アジア史研究》第 5 册，京都同朋社 1978 年版，第 100 ~ 144 頁；［日］澤田瑞穗《殺人祭鬼》《殺人祭鬼・証補》《殺人祭鬼・再補》，《中國の民間信仰》，東京工作舍 1982 年版，第 330 ~ 404 頁；［日］河原正博《宋代の殺人祭鬼について》，《法政史學》第 19 卷，第 1 ~ 18 頁；［日］金井德幸《南宋荆湖南北路における鬼の信仰について——殺人祭鬼の周邊》，《駒澤大學禪研究所年報》1994 年第 5 卷，第 49 ~ 64 頁；［日］金井德幸《宋代における妖神信仰と“吃菜事魔”“殺人祭鬼”再考》，《立正大學東洋史論集》1995 年第 8 卷，第 1 ~ 14 頁。

② 劉佳玲：《宋代巫覡信仰研究》，臺灣師範大學歷史研究所 1996 年碩士學位論文；王章偉：《在國家與社會之間：宋代巫覡信仰研究》，香港中華書局 2005 年版。

③ 詳見蔣義斌《〈清明集〉中有關“移風易俗”與“人性”案例的檢討》，《宗教哲學》第 51 期，第 121 ~ 146 頁。

④ 參見王章偉《妖與靈：宋代邪神信仰初探》，《九州學林》第 34 輯，第 69 ~ 121 頁。

⑤ 林富士：《“舊俗”與“新風”：試論宋代巫覡信仰的特色》，《新史學》2013 年第 4 期，第 1 ~ 54 頁；王章偉：《文明推進中的現實與想像：宋代嶺南的巫覡巫術》，《新史學》2012 年第 2 期，第 1 ~ 55 頁。

⑥ 李敏昌：《宋代東南地區的殺人祭鬼風俗》，《東南文化》1990 年第 Z1 期，第 86 ~ 87 頁。

⑦ 林富士：《“舊俗”與“新風”：試論宋代巫覡信仰的特色》，《新史學》2013 年第 4 期，第 27 ~ 31 頁。

要配偶、侍從、兵馬等，而其主要來源就是“取”生人魂以充之。① 因此，從特定功能或意涵而言，“殺人祭鬼”的功能在於貢獻鬼魂供神明填充部屬，强大其邦國與家庭的力量。②

另外，人牲往往包括官員士秀和僧侶道士。例如《夷堅志》提到官員士秀、僧道比婦女及小兒更珍貴③，反映出師巫對於儒道釋人士的憎恨，因爲他們是巫覡在宋代社會最强大的敵對者和宗教市場的競爭者。王章偉以“殺人祭鬼”的文化衝突爲切入點，試圖説明政府鎮壓掃蕩“殺人祭鬼”之俗，與中原文化在華南地區推動的進程有關，中原文明的推進伴隨國土在南部疆域的擴張而得到强化。所謂的淫祀與殺人祭鬼問題，部分情況可能衹是官方樹立威權的話語論述。④ 因此，“殺人祭鬼”可能是宋代政府禁巫的主要動機或借口。⑤

從上文可見，宋代文明的擴張與政府極力遏止殺人祭鬼現象，體現了宋代巫風開始轉化，這種轉化還包括儀式專家和鄉村禮儀的改變。儀式專家在連接地方文化與正統禮儀之間，扮演了重要的角色。戴安德（Edward L. Davis）在 *Society and the Supernatural in Song China*（《宋代的社會與超自然現象》）一書中，嘗試對道教和民間信仰作分層式研究，提出了由上至下的道士—法師—巫師（spirit - mediums）三級之間的相互關聯。⑥ 戴氏認爲需要更關注儀式專家之間的關聯，尤其是道士—法師—巫師之間錯綜複雜的關係，這是理解宋代中國社會秩序的重要途徑，也反映了上述儀式傳統的多元性。⑦ 韓明士（Robert P. Hymes）則進一步建立更準確的研究模型，以反映道士—法師—巫師三者的關聯。韓明士發現從北宋末到南宋，貨幣的普及爲個人提供了求助於非本地神靈的可能性。而朝廷放寬對道教群體的管治，更使個人買賣度牒越來越普遍。這些因素成了道士介入地方宗教的契機，促使道士的服務，從上層社會轉向更加廣闊的全國性宗教服務市場（national market for religious services）。⑧ 在宗教市場中，宋代的道





① 參見林富士《中國中古時期的宗教與醫療》，臺灣聯經出版事業股份有限公司 2008 年版，第 467 ~ 515 頁。

② 參見林富士《中國中古時期的宗教與醫療》，臺灣聯經出版事業股份有限公司 2008 年版，第 467 ~ 515 頁。

③〔南宋〕洪邁撰，何卓點校：《夷堅志三志 · 壬卷第四》之《湖北棱睁鬼》，中華書局 1981 年版，第 1497 ~ 1498 頁。

④ 王章偉：《文明推進中的現實與想像：宋代嶺南的巫覡巫術》，《新史學》2012 年第 2 期，第 1 ~ 55 頁。

⑤ 王章偉：《在國家與社會之間：宋代巫覡信仰研究》，第 310 ~ 321 頁。

⑥ 詳見 Edward L. Davis, *Society and the Supernatural in Song China*, Honolulu: University of Hawaii Press, 2001, pp. 8 ~ 10.

⑦ Ibid., pp. 87 ~ 170.

⑧ Robert P. Hymes, *Way and Byway: Taoism, Local Religion, and Models of Divinity in Sung and Modern China*, Berkeley: University of California Press, 2002, p. 198.

士要進入地方的宗教市場，需要建立一個多層上升的權威結構，將地方社會及地方神靈體系的關係納入其中，增强其競爭力。① 因此，道士最方便的辦法，乃借用朝廷權威，模仿官僚架構，扮演成官員的角色，將其身份凌駕於地方諸神和地方社會之上。宋代地方宗教禮儀的變革，體現了道士在鄉民相當原始的鬼神觀念中，加插官僚體制、文書系統與正統儀式的影響。不過，這種影響雖然在部分地區能起到一定作用，但宋代殺人祭鬼現象及相關的巫風仍然盛行。

根據上述研究成果，我們可初步掌握宋代“殺人祭鬼”的面貌、社會意涵、特定功能以及空間分布，但當中有一些問題尚待厘清，例如殺人祭鬼的風俗與地方社會的關係。人祭通常是爲了全社區的利益而舉行，包括祈晴禱雨、祈求農作物豐收或在戰爭中獲取勝利等目的。② 宋代“殺人祭鬼”之俗，在某程度上是地方社會觀念、知識傳統以及地方社會力量的體現③，可從中瞭解宋代的地方社會。由於殺人祭鬼的風俗在荆湖地區盛行，與當地人民的生活、吏治的關係極爲密切，因此本文將以政書、正史、文人筆記等宋代史料爲本，探討“殺人祭鬼”的社會現象。



## 一、作爲邊陲的荆湖之地

宋代湖南的轄區分爲南北兩路，湘資流域爲荆湖南路，沅澧二流域屬荆湖北路。④ 這個區域被視爲昔日的楚地，地方祭祀有异於官方正統的祭祀文化，官員士秀一般認爲“昏淫之鬼，散在荆楚，習尚尤甚”⑤，荆湖一帶所謂“淫祠”“淫祀”到處充斥，“殺人祭鬼”之俗也盛行於當地。這個風俗曾驚動朝廷，皇帝數次下詔嚴禁，如北宋天聖九年（1031）“詔，如聞荆湖殺人以祭鬼，自今首謀若加功者，凌遲斬之。募告者，悉畀以罪人家貲。官吏捕獲者，其賞與獲全伙劫盜同”⑥。由此可見荆湖地區不僅早已有此風俗，而且還不是個别現象。

南宋文人的筆記與記録，不乏荆湖盛行殺人祭鬼的記載。例如陳淳（1159—1223）的《北溪字義》中，提到此種風氣：“湖南風俗，淫祀尤熾，多用人祭鬼，或村民裒錢

---

① Robert P. Hymes, *Way and Byway: Taoism, Local Religion, and Models of Divinity in Sung and Modern China*, Berkeley: University of California Press, 2002, pp. 199 ~ 204.

② ［日］鳥越憲三郎:《稲作儀禮と首狩り》，東京雄山閣 1995 年版；鈴木質:《臺灣蕃人風俗志：探尋原住民的歷史》，臺灣武陵出版有限公司 1991 年版。

③ 皮慶生:《論宋代的打擊“淫祀”與文明的推廣》，《清華大學學報（哲學社會科學版）》2008 年第 2 期。

④ 參見譚其驤主編《中國歷史地圖集》第 6 册，中國地圖出版社 1996 年版，第 63 ~ 64 頁。

⑤ 〔南宋〕范西堂:《寧鄉段七八起立怪祠》，中國社會科學院歷史研究所隋唐五代宋遼金元史研究室點校:《名公書判清明集》卷一四《懲惡門・淫祠》，中華書局 2002 年版，第 544 頁。

⑥ 〔南宋〕李燾:《續資治通鑑長編》卷一一〇，中華書局 1979—1995 年版，第 2558 頁。

買人以祭，或捉行路人以祭。”①《名公書判清明集》中的《行下本路禁約殺人祭鬼》道：“訪聞本路（荆湖南路）所在鄉村，多有殺人祭鬼之家。”②《建炎以來繫年要録》亦載：“右朝奉大夫傅寧知沅州還，言湖南北之俗，遇閏歲則盜殺小兒……望令逐路監司帥臣嚴責巡尉，如一任之内，糾察采生七人，依獲强盗法推賞。”③ 從逐路監司帥臣每任要糾察七人纔能得賞，可見一任期間抓到七人以下是不足爲奇的。《續資治通鑑長編》載：“澧州逃卒匿民家，傭以自給。一日，誣告民家事摩駝神，歲殺人十二以祭。”④ 這是一件誣告案，宜小心分析，不過就算是誣告，誣告者也需要把故事合理化，才能取信於人。因此，澧州一帶可能有“殺人祭鬼”之俗。

有宋一代，移風易俗已成爲地方官的工作，地方官吏以禁淫祠爲急務，因此必須留意民間信仰的動静，關注地方非法的祭祀對象與祭祀行爲，包括“殺人祭鬼”之俗。我們也必須清楚地認識到，宋人描述這種現象時，顯然是從儒家的觀念出發的。故時人稱：“楚俗淫詞，其來尚矣，惟是戕人以賽鬼，不宜有聞於聖世。”⑤ 這種觀念的產生，是由於時人以抽象的夷夏秩序所推導出來的文化秩序，判斷發生在自己身邊的事情。然而值得探討的是，“殺人祭鬼”之俗，是不是衹流行於荆湖等地？當時的官員有否進行過類似的儀式？真德秀（1178—1235）爲南宋名臣，著名的儒家學者。他在嘉定十年至十二年（1217—1219）任温州知州時，其屯軍大將王大壽在一次清剿海賊中，不幸負傷而亡。真德秀爲了撫慰亡靈，取出生擒海賊的心肝，祭獻王大壽。《宋史》載：

> 王大壽，泉州人，爲左翼隊將。紹定五年，海寇王子清犯圍頭，守真德秀遣大壽領卒百人防遏。猝與賊遇，奮前控弦，斃賊十餘，後無援者，遂没。從死者五人。賊就俘，剖心祭之。事聞，贈官，恤其家。⑥

真德秀以敵人的心肝獻祭的儀式策略，成爲征服敵人、震懾周邊盜賊和恢復社會秩序的主要手段。由此可見，祭祀儀式中殺人此暴力行爲，是一種用不同於一般規範或法規來維持社會秩序的手段。因此，社會中同時存在着禁止殺人的規則和脱離該規則的暴力行爲。真德秀此舉并没有受到時人批評。因此，“殺人祭鬼”的合法與否，其内涵則更多

① 〔南宋〕陳淳撰，王雋録：《北溪字義》卷下，第44頁下至第45頁上，《四庫全書·子部》第709册，上海古籍出版社1987年版，總第53頁。

② 〔南宋〕佚名：《行下本路禁約殺人祭鬼》，中國社會科學院歷史研究所隋唐五代宋遼金元史研究室點校：《名公書判清明集》卷一四《懲惡門·淫祠》，第545～546頁。

③ 〔南宋〕李心傳：《建炎以來繫年要録》卷一六二“紹興二十一年”，中華書局1956年版，第2636頁。

④ 〔南宋〕李燾：《續資治通鑑長編》卷一二〇，第1814頁。

⑤ 〔清〕徐松輯：《宋會要輯稿·刑法二》之一二九，中華書局1957年版，第6560頁。

⑥ 〔元〕脱脱等撰：《宋史》卷四五三《列傳·忠義八》，中華書局1977年版，第13338頁。

爲統治者權力話語所界定。由此可見，以人牲作爲祭祀的方式，并非荆湖等特定地區所獨有。

荆湖地區與西南地區接壤，地域混雜，巫風陋習由來已久。官員在描述這個區域時，往往會將之視爲“巫鬼，重淫祠”之地。然而，是從何時起，地方官員開始關注并介入地方祭祀事務的呢？淫祠、淫祀的出現反映了政府開始注意地方的祭祀事務，并有意運用操控祭祀的權力移風易俗。在這種情況下，民間信仰成爲政府與地方勢力的角力場地。北宋“殺人祭鬼”的資料寥寥可數，南宋却資料甚多，而且“殺人祭鬼”之俗又屢禁不止。本文認爲要探討這個現象，必須瞭解宋王朝在荆湖地區開發的歷史脉絡，尤其是兩湖山林之地的開發歷史。

宋代是湖南開發的重要時期，對境内地方格局有深刻影響。① 宋代於湖南的開發，主要集中於資、沅、澧三水流域。整體而言，湘水流域的開發，比資、沅、澧流域要早得多。秦代經略嶺南，屯戍五嶺，湘水上游爲過嶺孔道，洞庭湖以南的開發較早，主要是疏通沿湘江經靈渠溝通西江的灕江，整個省境其實設縣稀疏。隋朝以前，湖南的開疆拓土主要以洞庭湖周遭及湘水右岸爲主，這些地區不僅成功置郡設官，而且後來也成爲王朝國家的固定疆域。至於湘水的左岸，包括資、沅、澧流域，雖然不少地區也置郡設官，名義上列入版圖，但有名無實，常常是由蠻酋自相統率，基本上還是維持其自有的社會秩序與架構，被當作是王朝的邊陲地區。

湖南地方歷史的發展，不僅體現了王朝在地方上的開發，更是深刻地展示了地方行政體系的變革在地域人群族類的變更。或者説，這種族類的劃分，更爲系統地展示出了這一行政歷史的變革。地方政府的行政方法，由百姓和登記在籍的户口組成。在政府統治圈以外的周邊地區被視爲邊陲之地，政府爲了强調圈内圈外之别，在大部分時候，居住在湖南山區的土著都被泛稱爲“溪峒蠻”。《隋書·地理志》載：“長沙郡又雜有夷蜒，名曰莫徭……武陵、巴陵、零陵、桂陽、澧陽、衡山、熙平皆同焉。”② 可見湖南在隋代，還是蠻蜒遍布、尚未開發的邊陲地區。湖南地區作爲邊陲的形象，使湖南地區在人們的想象中被進一步邊緣化。以湘西爲例，唐宋史籍，一直强調其爲“蠻夷”之地，邊患之所在。③ 有關湘西土著族源的描述，最能够體現這一點。當時描寫湘西的人，都被盤瓠的祖源傳説所吸引。這些土著被認爲是高辛帝之狗盤瓠的後代，居住於山壑之間，衣服飲食、言語習俗都不同於漢族。但隨着王朝的開發，許多人被融入地方的

① 以政區的設置爲例，湘、資流域行政區劃的變遷比較穩定，開發與設縣基本上在宋代已經完成。沅、澧流域的建置變遷較爲明顯，該州縣的設置到了清代纔比較穩定。整體而言，自宋代以後，高層的行政區相對比較穩定。參見張偉然《湖南歷史文化地理研究》，復旦大學出版社 1995 年版。

② 〔唐〕魏徵、令狐德棻撰：《隋書》卷三一《地理志·下》，中華書局 1973 年版，第 898 頁。

③ 〔北宋〕李昉等撰，夏劍欽等校點：《太平御覽》卷一七一《州郡部》“辰州”條，河北教育出版社 1994 年版，第 628 ~ 629 頁。

統治圈，成爲省民後，在文獻上就没留下任何原本出身的記載。南朝范曄《後漢書》所載曾遍布沅水、澧水流域和洞庭湖的西北部地區的“武陵蠻”①，到了唐末漸漸被“五溪蠻”取代，士大夫筆下的“蠻夷”身份，漸漸從洞庭湖的西北部及澧水流域地區淡化，而專指更爲靠近武陵山脉地區和沅水流域的土著。

960年，後周禁軍首領趙匡胤通過陳橋兵變，奪取帝位，建立宋朝。史籍顯示湖南境内“蠻傜”聚居出没的地方除了南北江流域，還包括了湘江流域以及資江流域的一部分地區。對湖南境内的土著，宋朝依然實行“以蠻夷治蠻夷”的羈縻政策，并建立起一大批羈縻州，授予土著和大姓豪酋以刺史等官職。如趙匡胤在平定湖南後，親自授予辰州傜人秦再雄辰州刺史，并聽其自行任免官吏，享一州租賦。② 宋初的辰州跟羈縻州幾乎無甚差别，同樣是任用當地酋長，并且擁有自選吏屬以及財政上的特權。有趣的是，它承擔了招撫其他蠻酋的任務，比起境内的羈縻州縣，與王朝的關係更爲密切。③

到了宋熙寧年間，政府鋭意開發南北江，大大地改變了湘中及湘西的地方格局，南北江地區從此分道揚鑣，并有了不同的發展軌迹。在熙寧年間開拓的資水流域、靖州、沅州和武岡軍却作爲經制州縣保留下來，融入漢文化的統治圈。這些地區不僅較早得到了開發的機會，而且在後代没有出現土司制度。這一影響不單體現在爲後來王朝政治威權在地方上的滲透埋下了種子，同時也深刻地影響了士大夫筆下當地土著的身份與形象。以宋熙寧年間爲例，湘中、湘西隨着宋王朝的鋭意開發及行政的建置，使得一部分曾經被認爲是蠻夷的土著，首次成爲王朝編制下的省民。而南北江地區的開拓，同時也改變了整個南北江地區，甚至再進一步深入影響西南的格局。 

宋代湖南的轄區分爲兩路，湘、資流域爲荆湖南路，沅、澧二流域屬荆湖北路。“梅山”地處資水流域中下游的山地，入宋後，這一帶的土著時生動亂，宋朝廷往往束手無策。宋人劉摯於元豐六年（1083）爲湖南轉運副使蔡奕撰墓志銘時云：“潭、邵間所謂上下梅山，其地千里，馬氏以來，傜人據之，號‘莫傜’。”④ 在劉摯的筆下，地方的統治圈與圈外的邊界是極其模糊的概念，當時梅山地區處於潭州與邵州之間，大部分地區從五代馬楚時期開始，都不在中央政府控制範圍内。在文人的筆下，這一帶的人以“凶獷”著名，經常“抄掠漢界”。⑤ 開寶八年（975），“梅山峒蠻”“寇邊”邵之

① 〔南朝宋〕范曄撰，〔唐〕李賢等注：《後漢書》卷二四《馬援傳》、卷八六《南蠻西南夷列傳·南蠻傳》，中華書局1965年版，第842、2829頁。

② 〔北宋〕魏泰：《東軒筆録》卷一，中華書局1983年版，第1頁。此事亦見於宋人所著之《宋朝事實類苑》《續資治通鑑長編》《方輿勝覽》以及元人所著之《宋史》等。

③ 謝曉輝：《延續的邊緣：從宋到清的湘西》，香港中文大學歷史系2007年博士學位論文。

④ 〔北宋〕劉摯：《直龍圖閣蔡君墓志銘》，《忠肅集》卷一二，中華書局1985年版，第163頁。

⑤ 〔南宋〕李燾：《續資治通鑑長編》卷二三八“神宗熙寧五年”，第5800頁。

武岡與潭之長沙等十四個縣，受影響的範圍十分之大。當時，宋太祖雖派兵攻打“梅山峒蠻”，俘馘數千人，但基本上仍不能够收復梅山。宋太宗於太平興國二年（977）嘗試以招諭及派兵討伐的模式解决，但最後也不能收復梅山、設縣戍兵，衹能設寨外守，并厲禁漢民與之交通，其地不得耕牧。①

以資江中游爲例，當時梅山地區的土著主要還處於刀耕火種，靠打獵來維生是當地的生産形態。縣官的首要任務是“籍户授田，均定租賦”，詳細的規劃包括“畫田畝，分保伍，列鄉里，築二邑隸之，籍其田”②。同時，官員也開始改良當地“刀耕火種”的生産模式，均賜田地，給牛種，鼓勵開荒。③ 在宋代官員的推動下，一定程度上開發了梅山部分地區。這種農事生産模式的改變，代表以前“刀耕火種”的流動人群會固定下來，雖然當地土著對土地産權的理念及身份認同或會因而産生改變，但我們也不能高估北宋官員在當地的影響力，筆者懷疑當時北宋政府能控制的地方除了縣城之外，對於城外山地的管治還是鞭長莫及的。從現存文獻可見，宋官員在“開梅山”之後，除了嘗試在地方社會建立王朝秩序的基本措施，即設縣戍兵、編户均役、改良耕種外，官員最關心的是如何“變傜爲漢”“同風俗”，致力於將邊緣地區納入“禮教”的秩序中。因此，設學校、行祀典、改良風俗爲歷來地方官員所關注。

宋梅山地區大體上仍然是個邊極之地，放眼整個宋朝，新化縣及安化縣衹有一人獲得進士資格。④ 對於改良風俗方面，我們從 13 世紀所載有關南宋中後期荆湖南路淫祀、淫祠的判詞來討論。當時政府的官僚積極運用理學的規範去改造地方的風俗，嘗試將邊區改造成符合“禮教”的社會秩序。⑤ 在官方文獻的記載中，當時在資江上流的邵陽縣，廟宇列祀的對象被視爲鬼神錯雜，爲政府毁淫祠的目標。⑥ 地方一些祀典不載的鬼神，如“通天三娘，有所謂孟公使者，有所謂黄三郎，有所謂太白公”，被官員視爲“名稱怪誕”“魑魅魍魎之物”，政府官員認爲地方的巫覡靠此“作孽興妖”“假鬼神，

① 〔北宋〕劉摯：《直龍圖閣蔡君墓志銘》，《忠肅集》卷一二，第 163 頁；〔元〕脱脱等撰：《宋史》卷四九三，第 14196 頁。

② 〔北宋〕劉摯：《直龍圖閣蔡君墓志銘》，《忠肅集》卷一二，第 163 頁。

③ 〔北宋〕劉摯：《直龍圖閣蔡君墓志銘》，《忠肅集》卷一二，第 163 頁。

④ 新化自建縣至清末，科舉進士 44 人，包括宋 1 人，元 1 人，明 8 人，清 34 人；將才 23 人；舉人 297 人（其中武舉 62 人，包括宋 3 人，明 30 人，清 29 人）。參見《新化縣志》編纂委員會編《新化縣志》，湖南出版社 1996 年版，第 1127 頁。

⑤ 本文主要討論南宋胡穎所收録的書判。胡穎，字叔獻，號石壁，潭州人，紹定五年（1232）登進士第，先後官任浙江東路提點刑獄公事、荆湖南路提點刑獄公事、廣南東路提點刑獄公事、廣南西路經略安撫使兼知桂林等，宋度宗咸淳八年（1272）病逝於湖南衡陽家中。本文所討論的書判，多成於其湖南任上。

⑥ 〔南宋〕胡石壁：《巫覡以左道疑衆者當治士人惑於异者亦可責》，中國社會科學院歷史研究所隋唐五代宋遼金元史研究室點校：《名公書判清明集》卷一四《巫覡》，第 547 ~ 548 頁。

亂政疑衆”。① 官員同時嘗試禁止一些習俗如“埋桐人以造蠱”“用生人以代犧”等，并於市曹焚燒收集的木鬼、戲面等。② 宋廷積極在邊陲社會通過行政、軍事進行擴張的同時，更着重推出一套文化性的操作，即推行一套能被納入正統社會標準的文化和禮儀。



南宋時政治、文化中心南遷，南宋政權更着手處理、介入荆湖的地方事務，對荆湖地區祭拜淫祠、“殺人祭鬼”的方式有所警惕。因此，政府比以往更關注“殺人祭鬼”之俗，相關的文獻材料亦自然增多。在這個過程中，朝廷、地方官員打壓巫覡、淫祀的行爲也就不難理解了。③ 地方的傳統與中原漢族文明、儒家文化的衝突轉趨熾烈，正説明國家對地方勢力的控制日益加强。

## 二、昏淫之鬼與人牲獻祭

《夷堅志》是宋朝著名的志怪小説集，當中記載了不少殺人祭鬼的故事，這些故事反映出當時殺人祭鬼的盛行，并非衹存在於官方的文書當中，而是真切地發生在民間，影響甚廣。例如《夷堅志》收録了《碧瀾堂》的故事，細緻刻畫了宋人對殺人祭鬼的恐懼。該故事講述一位乞丐因受主人家接待，反而“懼其家或事神殺己”。④ 乞丐的反應雖屬個人行爲，但也反映出“殺人祭鬼”之俗已引起普通民衆的注意，并造成驚懼。就算政府明令禁止，也無法阻止這種風俗的蔓延⑤，以及消除或減輕人們對殺人祭鬼的恐懼程度。民衆的恐懼往往給社會帶來極大的不安定感，影響政治與社會的穩定。這一現象逼使官吏必須加以正視。



人牲獻祭的對象，文獻上常稱爲“鬼”“昏淫之鬼”“巫鬼”“妖神”等。據金井德幸研究，宋代“殺人祭鬼”所祭祀的對象，大半是由“厲鬼”或是由厲鬼與物怪糅合而成的“妖神”。⑥ 沈宗憲於《宋代民間的幽冥世界觀》中説：“觀宋代殺人祭鬼的

---

① 〔南宋〕胡石壁：《巫覡以左道疑衆者當治士人惑於异者亦可責》，中國社會科學院歷史研究所隋唐五代宋遼金元史研究室點校：《名公書判清明集》卷一四《巫覡》，第 547 ~ 548 頁。

② 〔南宋〕胡石壁：《巫覡以左道疑衆者當治士人惑於异者亦可責》，中國社會科學院歷史研究所隋唐五代宋遼金元史研究室點校：《名公書判清明集》卷一四《巫覡》，第 547 ~ 548 頁。

③ 參見王章偉《在國家與社會之間：宋代巫覡信仰研究》；皮慶生《宋代民衆祠神信仰研究》，上海古籍出版社 2008 年版。

④ 〔南宋〕洪邁撰，何卓點校：《夷堅志甲志》卷一六，第 1 册，第 140 頁。

⑤ 〔南宋〕洪邁撰，何卓點校：《夷堅志甲志》卷一六，第 1 册，第 140 頁。

⑥ 參見［日］金井德幸《南宋荊湖南北路における鬼の信仰について——殺人祭鬼の周邊》，第 49 ~ 64 頁；［日］金井德幸《宋代における妖神信仰と“吃菜事魔”“殺人祭鬼”再考》，《立正大學東洋史論集》，第 1 ~ 14 頁。林富士提出，從六朝起，“人鬼”尤其是其中的“厲鬼”日趨重要。參見林富士《中國中古時期的宗教與醫療》，第 467 ~ 515 頁。

資料，人民自稱祀‘神’，東窗事發後，官方或筆記作者俱稱爲‘鬼’，此鬼不必然爲人鬼。”① 一般民衆并無意識清楚區分鬼神，這種分類主要從國家的立場出發，纔會區分神明的“正”與“邪”。因此，祭祀的對象是否列入祀典神十分重要。從官方的角度，“鬼”可理解爲不列祀典的地域鬼神，屬於“淫祀”。故此，王章偉認爲所謂“殺人祭鬼”，可理解爲“殺人祭邪神”。②

這些所謂的“昏淫之鬼”，往往都有名號，如《名公書判清明集》中《寧鄉段七八起立怪祠》一案中道：

> 昏淫之鬼，散在荆楚，習尚尤甚。……近有白札子，指言寧鄉段七八因劫墓事發，禱神得免，竭力爲祠，奉於水濱，謂之東沙文皇帝。……據本縣體究回申，朱書年命，埋狀屋下，更相詛咒，專行巫蠱之事，廟非所當，今棟宇宏壯，圖像炳煥，愈爲民惑。刲羊刺豕，日享血食之奉，此猶可也，用人於亳社，必有周公之所不享者，豈容聽其滋長以爲風俗之蠹。③



寧鄉地處湘中東北部，太平興國二年（977）政府析益陽、長沙、湘鄉部分地始置寧鄉縣，隸屬潭州。范西堂的判詞，主要批評民間祭祀對象及行爲不合禮法。“東沙文皇帝”被視爲“昏淫之鬼”，屬淫祠。從案件的描述可見，廟宇的建築華麗，是地方一個很重要的祭祀場所。范西堂力數其違背常理的惡俗，包括“用人於亳社”。不難發現，這些“昏淫之鬼”其實各有名號。例如《夷堅志》載，“殺人祭祀之奸，湖北最甚，其鬼名棱睁神”④。這些“昏淫之鬼”實屬地域神明，爲地方基層所信奉。

祭祀的對象與行爲是地方社會觀念、知識傳統以及地方社會力量的體現。岡部隆志指出，在20世紀上半葉，雲南佤族每年仍舉行獵頭祭的活動。這個儀式具有祈求旱稻豐收的意思，因此獵頭祭會於旱稻生長的某個階段舉行。在獵頭祭的活動中，會載歌載舞，其歌唱大致的意思：“我們把人頭帶回村裏，在他的守護下，祈願來年莊稼豐收。”⑤ 岡部隆志發現即使是禁止殺人的社會，在舉行儀禮時，有時也允許“供牲”之類的殺人。而臺灣早期獵頭祭俗，其目的是多種多樣的，包括解決紛爭、爲親人復仇、

---

① 沈宗憲：《宋代民間的幽冥世界觀》，臺灣商鼎文化出版社1993年版，第31頁。

② 王章偉認爲“邪神”除了“殺人祭鬼”者較爲特别外，不少邪神的本源其實與很多民間祠神或精怪崇拜很相似，甚至是完全相同，參見王章偉《妖與靈：宋代邪神信仰初探》，第69～122頁。

③ 〔南宋〕范西堂：《寧鄉段七八起立怪祠》，中國社會科學院歷史研究所隋唐五代宋遼金元史研究室點校：《名公書判清明集》卷一四《懲惡門·淫祠》，第544～545頁。

④ 〔南宋〕洪邁撰，何卓點校：《夷堅志三志·壬卷第四》之《湖北棱睁鬼》，第1497頁。

⑤ ［日］岡部隆志著，張正軍譯：《神話與自然宗教——中國雲南省少數民族的精神世界》，上海交通大學出版社2016年版，第36～52頁。

炫耀男人的勇敢、祈求作物豐收和病體康復等。① 荊湖地區采生之俗與莊稼的祭祀有没有關係，則尚待考察，但正如上文提及的，南宋時期有大量北方人口南遷到荊湖地區，帶來了新的定居農業文明，并逐步由平原向山地開發耕地。山區的生產方式開始從刀耕火種、狩獵轉向固定農耕。外來人口遷居荊湖和農作業方式的轉變，亦可能加速采生的活動。

采生之俗也與民衆相當原始的信仰有關。例如嘉泰元年（1201）吴興發生了“殺人祭鬼”的事件，主審官員查找了其案發緣由：

> 所謂淫祠者，始因愚民無知，以謂殺人而死，可得爲神。其家父子兄弟與夫鄉黨鄰里又憚聞官之擾，相與從臾，使之自經。於是立廟以祠，稱之爲神。故後之凡欲殺人者，三五爲群，酹酒割牲，謂之起傷；起傷之廟，蓋偏於四境之内矣。生不正典刑，死乃得立廟，遞相仿效，皆以殺人爲喜，豈清明之世，近畿之地所宜有哉！②



上文提及，鄉民以爲殺人可成神，即貢獻鬼魂供“殺人者”充當部屬，以强大其力量。③ 案件没有交代“殺人者”的身份，但從親屬及鄰里爲其建立祠廟，“殺人者”很可能屬於宗教人士，尤其是官方所謂的“師巫”。④ 元代采生之風仍然盛行於荊湖地區，《元典章》載有兩湖地區采生祭鬼的緣由：

> 據監察御史呈：近至荊湖，訪問（聞）常、澧、辰、阮（沅）、歸、峽等處，地連溪洞，俗習蠻淫。土人每遇閏歲，糾合凶愚，潛伏草莽，采取生人，非理屠戮。彩畫邪鬼，買覓師巫祭賽，名曰采生。所祭之神，呼爲雲霄五岳之神，能使猖鬼，但有求索，不勞而得。日逐祈禱，相扇成風。⑤

上文提及，采生祭鬼之俗主要發生在荊湖一帶，土人每遇閏歲，就糾衆潛伏草莽，采取生人，屠戮祭神。這種能役使“猖鬼”的神明，其祭祀方式可能與中國傳統上“同類

① 張良澤監修，戴嘉玲譯：《原住民圖録 & 解説集》，臺灣前衛出版社 2000 年版，第 11 ~ 12 頁。

② 〔清〕徐松輯：《宋會要輯稿·刑法二》之一三一至一三二，第 6561 頁。

③ 參見林富士《“舊俗”與“新風”：試論宋代巫覡信仰的特色》，《新史學》2013 年第 4 期，第 29 頁。

④ 參見吕永昇、李新吾《神明，祖先，儀式專家：明以降梅山“家主”與“地主”信仰》，《民俗曲藝》2015 年第 187 期，第 1 ~ 61 頁。

⑤ 陳高華等點校：《元典章》卷四一《刑部三·諸惡·不道·禁采生祭鬼》，中華書局、天津古籍出版社 2011 年版，第 1422 ~ 1423 頁。

相祭”的觀念相關。獻祭的“人牲”會成爲該神明的部下或親屬。林富士的研究表明從六朝起，鬼神都有着自己的勢力範圍，互不統屬，殺人祭鬼成爲鬼神維持勢力之法。①

在祭祀的形式上，“殺人祭鬼”的時間也有所選擇。如《宋會要・刑法二》載：

> （紹興）二十一年（1151）閏四月十六日，知沅州傅寧言，湖南北兩路風俗，每遇閏月之年，前期盜殺小兒，以祭淫祠，謂之采生。②

這份奏書又見於《建炎以來繫年要録》，文字略有不同：“右朝奉大夫傅寧知沅州還，言湖南北之俗，遇閏歲則盜殺小兒，以祭淫祠。”③ “殺人祭鬼”的儀式，有可能是以閏年爲周期，與閏月的禁忌有關。《荊楚歲時記》云：“閏月，不舉百事。”④ 在這個不吉利的閏月，百姓需要祈求神明庇佑。

除了祭祀的時間外，獻祭者對人牲也有講究，包括性别、年齡、身份、相貌等都有特定的要求。例如《夷堅志》載：“其鬼曰獰瞪神，每祭須取男子貌美者。”⑤ 除了相貌外，有些材料則説明了獻祭者對人牲有分等的觀念。《墨客揮犀》一書説：“湖南之俗，好事妖神，殺人以祭之。凡得儒生爲上祀，僧爲次，餘人爲下。”⑥ 相關的描述在《夷堅志》亦有提及：“其鬼名曰棱睁神。得官員士秀，謂之聰明人，一可當三。師僧道士，謂之修行人，一可當二。此外，婦人及小兒，則一而已”⑦。由此可見，獻祭的人牲分成不同的功效，官員的功效最大，一個官員人牲可以等如三個普通人牲，道士及和尚則等如兩個。這種祭祀的動機不明，但由於人牲往往包括了地位較高的官員和僧道等宗教人士，有可能涉及巫覡與官府及主流意識形態的權力鬥争。土著或巫覡借此對官府與主流意識形態的反擊，以强化社群内成員的身份認同感⑧，而這種社會團體或族群的矛盾，在文獻上往往被忽略或較少被書寫，不易察覺。



除了對人牲有講究外，對獻祭的方式與手段也有要求。如以下發生於湖北沅州的

---

① 林富士：《“舊俗”與“新風”：試論宋代巫覡信仰的特色》，《新史學》2013 年第 4 期，第 29 頁。

② 〔清〕徐松輯：《宋會要輯稿・刑法二》之一五二，第 6571 頁。

③ 〔南宋〕李心傳：《建炎以來繫年要録》卷一六二“紹興二十一年”，第 2636 頁。

④ 〔南朝梁〕宗懍撰，宋金龍校注：《荊楚歲時記》，山西人民出版社 1987 年版，第 72 頁。

⑤ 〔南宋〕洪邁撰，何卓點校：《夷堅志丁志》卷一〇《秦楚材》，第 620 頁。

⑥ 〔北宋〕彭乘撰，孔凡禮點校：《墨客揮犀》卷二《殺人祭神》，中華書局 2002 年版，第 294 頁。

⑦ 〔南宋〕洪邁撰，何卓點校：《夷堅志三志・壬卷第四》之《湖北棱睁鬼》，第 1497 頁。

⑧ 林富士：《“舊俗”與“新風”：試論宋代巫覡信仰的特色》，《新史學》2013 年第 4 期，第 29 頁。

案件：

> 沅靖州巡轄遞鋪官成忠郎李侁，滿罷後赴調，留家於沅。一子年十歲……見兒橫尸地上，腹以（已）遭剖，肺肝皆空，而實以米餌，蓋爲惡徒殺以祭鬼也。①

根據上文所載，李侁的十歲兒子被挖空内臟，用以祭祀，狀甚恐怖。這種記載出現於不同的文獻材料，如《癸辛雜識》講述一位孕婦被誘騙吐舌以驗男女，“婦即吐舌，爲其人以物鈎之，遂不可作聲。遂刳其腹，果有孿子，因分其尸，烹以祀神”②。《名公書判清明集》中的《行下本路禁約殺人祭鬼》道：“訪聞本路所在鄉村，多有殺人祭鬼之家。……（生口）臠割烹炮炰，備極慘酷，湘陰尤甚。”③

然而，當信徒未能完成人牲的祭祀時，信徒就會面臨神明的懲罰。洪邁《夷堅志》記載乾道元年（1165）發生於湖南醴陵的例子：

> 吉水縣人張誠，以乾道元年八月往潭州省親故，次醴陵界，投宿村墟……遂就寢。良久，堂上燈燭照耀，起而窺。竊見主人具衣冠，設茶酒，拜禱於畫像前。聽其詞，屢言張生，知其必以己祭鬼，不敢復睡。……嘗聞《大悲咒》能辟邪，平時誦習，於是發心持念。……乃閉目坐於床，誦咒愈力，時聞敲户擊搏，欲入不能，已而鴉噪，天且明。張亟走出，不暇取囊篋。但聆店家聚哭，無追逐者。行二里少歇，聞途中來人則云：“彼店主翁，中夜暴卒。”徐扣其實，蓋因三世事妖鬼，歲以一人祭之，往過遭害，不可勝舉，其法若無外人，則禍及家長，斯其驗也。湘中風俗，大抵皆然。④

在這則記載中，有兩點值得留意。其一，張誠雖被視作人牲，但最後因念《大悲咒》而得免於禍，故事强調了殺人祭鬼被視爲相對於佛教的邪魔外道。其二，殺人祭鬼必須定期進行，如無法按時找到人牲，信衆則會受到懲罰。從獻祭人的角度來看，“殺人祭鬼”主要爲了消灾避禍，向神明獻祭人牲衹爲求心安，但正是這種原因，也讓“殺人祭鬼”風俗屢禁不止。

地方官吏在嘗試遏止采生之俗時，往往將其歸咎於巫覡蠱惑。譬如，慶元四年（1198）有官員奏稱：

---

① 〔南宋〕洪邁撰，何卓點校：《夷堅志支志》支庚卷四《李成忠子》，第1166頁。

② 〔南宋〕周密：《孕婦雙胎》，《癸辛雜識》續集下，中華書局1988年版，第183～184頁。

③ 〔南宋〕佚名：《行下本路禁約殺人祭鬼》，中國社會科學院歷史研究所隋唐五代宋遼金元史研究室點校：《名公書判清明集》卷一四《懲惡門・淫祠》，第545頁。

④ 〔南宋〕洪邁撰，何卓點校：《夷堅志支志》支癸卷四《醴陵店主人》，第1247頁。

楚俗淫祠，其來尚矣，惟是戕人以賽鬼，不宜有聞於聖世。俗尚師巫，能以禍福證兆簧鼓愚民，歲有輸於公，曰師巫錢。自謂有籍於官，官利其一孔之入，於是縱其所爲，無復誰何，浸淫妖幻，詛厭益廣，遂至用人以祭。每遇閏歲，此風猶熾。①



這份奏文明確指出師巫在"殺人祭鬼"中的作用。上文提及師巫是南宋官方認可的行業，并需繳納"師巫錢"。地方下級官吏在查禁師巫時，官吏可能因有利可圖而有包庇師巫之嫌。這些師巫是聯繫信徒與鬼神的中間角色，地位超然。《名公書判清明集》指出，巫覡"乘釁興妖，自此湖湘之民，益將聽於神而不聽於人矣"②。長沙知縣王師愈上疏云："荆楚之俗，自古信師巫，然而近世爲尤甚。其最爲害者，有所謂把門師是也，言一家之事皆由其掌握也。"③ 王師愈留意到"把門師"的聚衆能力、支配力及財力，當時此類活動不但與地方經濟發展之間的關係緊密，而且百姓寧聽鬼神之話都不聽於人話。當宋室南遷，政府官吏在强化南方的管治時，地方的巫風與中原文化産生直接衝突，這些衝突直接反映在官方的禁巫措施和反巫論述中。由於"殺人祭鬼"之俗興盛，地方官吏也注意到另外一個很嚴重的問題，即人口販賣。



## 三、荆湖"采生"的特定市場

"殺人祭鬼"之俗除手法殘忍外，也引發諸如破壞社會治安、道德倫理等隱患，同時也導致拐賣人口盛行。由於人牲的來源對"殺人祭鬼"至爲重要，市場需求大，背後往往涉及人口販賣的問題。又由於人牲對性别、年齡、身份、相貌都有要求，除了誘捕、拐騙，以及尋求十餘歲童女，"養之以充用"④ 外，也有通過人口販賣的途徑，來獲得適合人牲的。陳淳（1159—1223）在《北溪字義》中，曾關注這種風氣："湖南風俗，淫祀尤熾，多用人祭鬼，或村民裒錢買人以祭，或捉行路人以祭。"⑤《宋會要輯稿》亦指出當時宋代民間的情况："殺人爲犧牲以祀鬼，以錢募人求之，謂之采牲。"⑥ 宋代文獻一般所謂"采生"，就是購買活人，用作犧牲，祭祀鬼神。

---

① 〔清〕徐松輯：《宋會要輯稿·刑法二》之一二九，第6560頁。

② 〔南宋〕胡石壁：《不爲劉舍人廟保奏加封》，中國社會科學院歷史研究所隋唐五代宋遼金元史研究室點校：《名公書判清明集》卷一四《懲惡門·淫祠》，第540頁。

③ 〔明〕黄淮、楊士奇編：《歷代名臣奏議》卷二一四《法令》，上海古籍出版社1989年版，第2809頁。

④ 〔北宋〕龐元英：《談藪》，載《全宋筆記》第2編第4册，大象出版社2006年版，第204頁。

⑤ 〔南宋〕陳淳：《鬼神》，《北溪字義》卷下，中華書局1983年版，第65頁。

⑥ 〔清〕徐松輯：《宋會要輯稿·刑法二》之三至四，第6497頁。

有關“買人以祭”的事例很多，例如北宋淳化元年（990），峽州長楊縣人向祚和向收兩兄弟，收受一位富人十貫錢，用以“采牲”。向氏兄弟於是謀殺了同縣人李祈的女兒，交給雇用他們的富人。① 南宋地方官吏蔡久軒也指出荆湖南路采生的情況：

> 訪聞本路所在鄉村，多有殺人祭鬼之家。平時分遣徒黨，販賣生口，誘略平民。或無所得，則用奴僕；或不得已，則用親生男女充代。臠割烹炮炰，備極慘酷，湘陰尤甚。②

蔡久軒所描述的采生現象，似乎普遍流行於農村。這種有組織的采生活動，不但破壞地方社會的治安、道德倫理，同時挑戰政府的統治威信。

“采生”的市場并不衹是活躍於特定的地域，而是發展成跨州縣的人口販賣活動。如將作監主簿孫祖壽於紹興二十三年（1153）指出：

> 愚民無知，至於殺人以祭巫鬼，篤信不疑，湖、廣、夔、峽，自昔爲甚。近歲此風又浸行於他路，往往陰遣其徒，越境千里，營致生人，以販奴婢爲名，每至歲閏，屠害益繁，雖异姓至親，亦不遑恤。……守令不嚴禁之，生人實被其害。今歲閏在季冬，良民罹其非横者必多，若不早爲之所，則弗及矣！③

“殺人祭鬼”之俗增加了人口販賣。每當到了祭祀的閏月，人牲更顯短缺。對人口販子而言，由於市場對“人牲”的需要大，有利可圖。有溪洞蠻人亦裝扮成漢族人，販賣人牲：“又言溪洞蠻詐爲漢官倈子，帶家屬止鋪驛，以誘市吾人，一爲奴婢，用以祭鬼。”④ 由此可見，當時采生的市場，普遍存在。

根據南宋官方記載，當時有人拐騙兒童及婦女，販賣至荆湖地區，利潤豐厚。例如《宋會要輯稿》載：

> （淳熙十二年三月）二十五日，前發遣筠州趙謐言：湖外風俗，用人祭鬼，每

① 〔清〕徐松輯：《宋會要輯稿·刑法二》之三至四，第6497頁。

② 〔南宋〕佚名：《行下本路禁約殺人祭鬼》，中國社會科學院歷史研究所隋唐五代宋遼金元史研究室點校：《名公書判清明集》卷一四《懲惡門·淫祠》第545頁。

③ 〔元〕馬端臨撰，裴汝誠等點校：《文獻通考》卷九〇《郊社考·雜祠淫祠》，中華書局2011年版，第2773頁。

④ 〔南宋〕韓元吉撰：《南澗甲乙稿》卷二一《墓志銘·中奉大夫提舉武夷山冲右觀王公墓志銘》，《四庫全書·集部》第1165册，上海古籍出版社1987年版，總第347頁。

以小兒、婦女生剔眼目，截取耳鼻，埋之陷阱，沃以沸湯，糜爛飢［肌］膚，靡所不至。蓋緣販弄生口之人，偷竊小兒婦女，販入湖之南北，貪取厚利。①

曾任官江西筠州的趙謐，留意到當時有人口販子，自荆湖以外的地區拐帶兒童及婦女，然後販售至荆湖地區，供“殺人祭鬼”之用，并從中賺取了豐厚利潤。采生的人不惜到千里之外拐售人口，以減少官府的懷疑和追查。這種采生的風氣，更隨之傳播到其他州縣。人牲的獻祭者與人口販子由此建立起一個互相依存的關係和活躍的特定市場。

由於荆湖一帶的采生活動過於猖獗，宋高宗時期已責成負責治安的巡尉查辦，嚴厲打擊。② 地方守尉平時若無視這些問題，會受到牽連處分。因此，地方官吏不敢怠慢。如《名公書判清明集》内收録了一份《禁約販生口》的判詞：

前後販生口人，專一來饒管下販賣，或遇荒歉疾疫年分，徑行掠去，多是賣與求食人家。蓋賣與良人家得錢少，賣與求食人得錢多，惟利是嗜，直是不曾把做人看，猶賣猪羊爾！販生口，掠婦女，抑良爲賤，三項罪名，并該徒配，無知之人故意輕犯，兼之多係福建路人。……别給榜下諸縣約束，如有因四月入獻香，興販生口，及平時販賣者，許諸色人告捉解官，照條徒斷施行。③

如上文所述，當發生天灾或戰亂時，人口販子會掠奪人口，販賣圖利。地方官吏則不斷通過公告、立碑等提高民間對非法販賣人口的警覺。在宋代，人口販賣是非法活動，刑律將之分爲以武力手段搶掠人口的“略賣”“略誘”，以及以非武力手段誘騙人口的“和誘”。④ 前文“販生口”的案例屬於“略賣”。對於販賣人口的刑罰，《宋刑統》載：

諸略人、略賣人爲奴婢者，絞；爲部曲者，流三千里；爲妻妾、子孫者，徒三年；（原注：因而殺傷者，同强盗法。）和誘者，各減一等。若和同相賣爲奴婢者，皆流二千里；賣未售者，減一等。⑤



① ［清］徐松輯：《宋會要輯稿·刑法二》之一二二，第 6556 頁。

② 詳見王章偉《妖與靈：宋代邪神信仰初探》，第 70 ~ 72 頁。

③ ［南宋］吴雨巖：《禁約販生口》，中國社會科學院歷史研究所隋唐五代宋遼金元史研究室點校：《名公書判清明集》卷一四《懲惡門·販生口》，第 549 ~ 550 頁。

④ “略賣”意指以武力搶掠婦女或孩童，再將其賣走；“略誘”意指以暴力威迫。“和誘”意指以非武力的手段，誘拐生口，參見宋乾《試論宋代略賣人口的幾個問題》，《樂山師範學院學報》2004 年第 9 期，第 81 頁。

⑤ ［北宋］竇儀撰，薛梅卿點校：《宋刑統》卷二〇，法律出版社 1999 年版，第 356 頁。

宋朝掠賣人口的罪行和刑罰不輕，這種案件在《名公書判清明集》中亦有提及："販生口，掠婦女，抑良爲賤，三項罪名，并該徒配。"① 而將生口作爲人牲者，更會被凌遲斬之。②

采生對社會秩序構成了威脅，因此受到政府的嚴厲打擊。雖然官府有明文禁令限制民間的人口販賣，但人口販賣仍不絶於宋，主要原因是這一市場的需求大，利潤高，采生者不惜觸犯禁令。而宋政府對采生的處罰，主要從維護整體社會秩序的角度出發，防止其擴散，以及威脅到王朝統治和管理的權威。值得考慮的是，爲什麽南宋政府無法有效禁止荆湖地區殺人祭鬼的活動？本文認爲要解答這個問題，就必須重新審視宋政府縣級以下的管理能力。

## 四、异域遠俗與邊陲的管理

宋代界分省地與溪峒（也作"溪洞"），前者指省民的住地，後者則視爲土著的住地。③ 宋人往往視"溪洞乃蠻夷聚居、叛服不常之地"④。在宋人眼中，人群的分類與文明程度存在因果關係。因此，"蠻夷"被視爲没有被中原文明所同化的土著。地方的風俗習慣往往成爲量度文明的指標。本節將討論宋政府在管治荆湖地區時，是如何因應地方的社會運作及問題而加以管制；士大夫又如何看待和禁止"殺人祭鬼"這種與他們的信條不相容的事，并如何通過各種法律程序與政治機制來完成的。對於荆湖地區的民間習俗，文獻記載都呈現出很刻板的印象，如理學大師陳淳（1159—1223）以爲，"江淮以南，自古多淫祀。以其在蠻夷之域，不沾中華禮義"⑤。陳淳的看法是時人的典型看法。當地方官吏開始正視及描述荆湖地區的民間信仰時，即代表宋朝政府開始關注荆湖的地方社會。

史料有關采生之俗的最早記録，乃宋太宗於雍熙二年（985）所發出的禁令，禁止位於現在兩廣地區的"殺人祭鬼"之俗：





---

① 〔南宋〕吴雨巖：《禁約販生口》，中國社會科學院歷史研究所隋唐五代宋遼金元史研究室點校：《名公書判清明集》卷一四《懲惡門·販生口》，第 549 頁。

② 〔元〕馬端臨撰，裴汝誠等點校：《文獻通考》卷一六七《刑考六·刑制》，第 4995 頁。

③ 據李榮村的研究，"峒"在唐宋人的理念中，多認爲是南方土著的居地或"蠻區"的山地。參見李榮村《溪峒溯源》，《編譯館館刊》第 1 卷第 1 期，臺灣編譯館 1971 年版，第 7～23 頁。

④ 溪洞蠻夷叛服不常，荆湖路辰、澧、全、邵、道、永諸州皆需駐軍控制，如《宋史·兵志》載："荆湖路義軍土丁、弩手不見創置之始，北路辰、澧二州，南路全、邵、道、永四州皆置。蓋溪洞諸蠻，保據岩險，叛服不常，其控制須土人，故置是軍。"參見〔元〕脱脱等撰《宋史》卷一九一《兵志·鄉兵·荆湖義軍土丁弩手》，第 4741 頁。

⑤ 〔南宋〕陳淳撰：《北溪字義》，第 64 頁。

> 嶺嶠之外，封域且殊，蓋久隔於華風，乃染成於汚俗。……并殺人以祭鬼、病不求醫藥，及僧置妻孥等事，并委本郡長吏，多方化導，漸以治之，無宜峻法，以致煩擾。①

北宋政府在應對上述問題時，往往下詔禁之。如在宋太宗時雍熙二年下詔“禁邕管殺人祭鬼”②；又在淳化元年（990）下詔“禁川峽、嶺南、湖南殺人祀鬼，州縣察捕，募告者賞之”③。《文獻通考》也有記述：“又詔：如聞荆湖殺人祭鬼，自今首謀若加功者，凌遲、斬；募告者，悉畀犯人家資；捕獲者，重其賞。”④ 政府雖然禁止這些殺人祭鬼的行爲，但成效究竟有多大，對當地土著能產生甚麼影響就不得而知了。

由於發生采生之俗的地域偏遠，有時政府更有縱容“殺人祭鬼”之嫌，例如太宗淳化二年（991），《宋史》載：“荆湖轉運使言，富州向萬通殺皮師勝父子七人，取五臟及首以祀魔鬼。朝廷以其遠俗，令勿問。”⑤ 這件殺人祭鬼的案件發生在富州境内，地處偏遠，北宋政府將之視爲“遠俗”，曉示地方官不必過問。朝廷不免有縱容之嫌，但也足以説明，雖然北宋政府在湖廣地區建立了行政體系，但其管理并不是十分有效。這種情形在荆湖的山林之地，更是鞭長莫及。



本文認爲在探討禁止“殺人祭鬼”的成效時，不應高估政府對邊陲地區的統治能力，也不該對政府頻繁頒布禁止“殺人祭鬼”的禁令感到奇怪。探討這些現象，需要留意宋朝縣級的統治能力。例如湖南資水流域中下游的山地，史稱“梅山”，從唐五代始一直爲蠻夷所占。入宋後，這一帶的土著時生寇亂，宋朝廷往往對此束手無策。宋人劉摯於元豐六年（1083）爲湖南轉運副使蔡奕撰墓志銘時云：“潭、邵間所謂上下梅山，其地千里，馬氏以來，猺人據之，號‘莫猺’。”⑥ 在劉摯的筆下，地方的統治圈與圈外的邊界是極其模糊的概念，當時梅山地區處於潭州與邵州之間，大部分地區從五代馬楚時期開始，都不在中央政府控制範圍内。在文人的筆下，這一帶的人群以“凶獷”著名，經常“抄掠漢界”。⑦

宋熙寧五年（1072），朝廷決定出兵經略其地，并順利於是年建縣戍兵。當時梅山地區主要還處於刀耕火種的階段，土著靠打獵來維持生計是當地的生產形態。縣官的首

---

① 〔清〕徐松輯：《宋會要輯稿·刑法二》之三，第6497頁。
② 〔元〕脱脱等撰：《宋史》卷五《太宗本紀》，第76頁。
③ 〔元〕脱脱等撰：《宋史》卷五《太宗本紀》，第85～86頁。
④ 〔元〕馬端臨撰，裴汝誠等點校：《文獻通考》卷一六七《刑考六·刑制》，第4995頁。
⑤ 〔元〕脱脱等撰：《宋史》卷四九三《蠻夷一·西南溪峒諸蠻上》，第14174頁。
⑥ 〔北宋〕劉摯：《直龍圖閣蔡君墓志銘》，《忠肅集》卷一二，第163頁。
⑦ 〔南宋〕李燾：《續資治通鑑長編》卷二三八“神宗熙寧五年”，第5800頁。

要任務是“籍户授田，均定租賦”①。同時，官員也開始改良當地“刀耕火種”的生產模式，官吏均賜田土，給牛種，鼓勵開荒。② 在宋官員的推動下，梅山一小部分的地區得到開發。這種農事生產模式的改變，代表以前“刀耕火種”的流動人群會固定下來，對當地土著土地產權的理念和身份認同或許會產生影響。但我們也不能高估北宋官員在當地的影響力，筆者懷疑當時北宋政府能控制的地方除了縣城之外，對於城外山地的統治還是有限的。熙寧六年（1073），政府推行保甲，司農寺請令“全、邵二州土丁、弩手共爲保甲，立保正、保長以統之”③。元祐七年（1092），荆湖南路安撫鈐轄謝麟奏言，請以新化縣中等以下户選充土丁、弩手，分作兩番邊寨防拓。④ 官員用“土丁”“弩手”來形容梅山地區的民壯，顯示本土力量擁有武裝，能捍衛自己的利益。政府對於梅山地區縣以下的統治，没什麽具體的制度可言。一旦地方發生武裝叛亂，政府就無法應付。萬一地方有警，官府衹能依靠地方豪酋的幫助。因此，地方官吏能否貫徹中央政府的政策，禁止淫祀，實在是一大疑問。

到了南宋，政府基本上循地方基層組織加强對荆湖地區的控制，加大力度禁止采生之俗。例如紹興十九年高宗頒布禁令，“禁湖北溪洞用人祭鬼及造蠱毒，犯者保甲同坐”⑤。高宗希望借保甲連坐之法，加强對土著的監管和控制，杜絶采生之俗。《名公書判清明集》其中一篇判決，詳細記載了南宋荆湖地區的保甲及連坐法的運作方法：

> 來歲閏年，所合申明禁戢。除已密切差人體探外，今仰諸縣巡、尉，常切跟緝，知縣尤當加意。應有淫祠去處，并行拆毁；奉事邪鬼之家，并行籍記；四路采生之人，并行收捉。鄰甲照已排立保伍，互相舉覺，賞錢三千貫，仍許諸色人陳告。如有違犯，不分首從，并行凌遲處斬，家屬斷配，家業抄籍充賞。如官容縱，本司體探得知，定將知縣并巡、尉按劾，當行人吏决配，鄰人、保正隱蔽，一體施行。仍鏤榜曉示。⑥

上文提及，政府通過保甲及連坐之嚴刑峻法，以打擊及阻嚇土著殺人祭鬼等不當行爲。由此可見，南宋對殺人祭鬼有相當嚴厲的懲罰與防範措施。

---

① 嘉靖《安化縣志》卷六《遺詩·開梅山頌·序》，第13頁上。

② 嘉靖《安化縣志》卷六《遺詩·開梅山頌·序》，第13頁下。

③〔元〕馬端臨撰，裴汝誠等點校：《文獻通考》卷一五六《兵·八》，中華書局1986年版，第1359頁下。

④〔元〕馬端臨撰，裴汝誠等點校：《文獻通考》卷一五六《兵·八》，中華書局1986年版，第1359頁下。

⑤〔元〕脱脱等撰：《宋史》卷三〇《高宗紀》，第569頁。

⑥〔南宋〕佚名：《行下本路禁約殺人祭鬼》，中國社會科學院歷史研究所隋唐五代宋遼金元史研究室點校：《名公書判清明集》卷一四《懲惡門·淫祠》，第545～546頁。

整體而言，南宋對殺人祭鬼的禁令比北宋更多。南宋政府自高宗一朝已開始采取不同措施，加以遏制殺人祭鬼之俗。如紹興二十三年（1153），孫祖壽向高宗建言，提出防範、解决殺人祭鬼的方案：

（乞嚴禁殺人祭鬼神奏：）聖王之制，祭祀非忠勞於國、功德及民者，不與祀典。間者禁止淫祠不爲不至，而愚民無知，至於殺人以祭巫鬼，篤信不疑。湖廣夔峽，自昔爲甚。……欲望申嚴法令，戒飭監司州官之吏，治之縱之，明示賞罰，增入考課令格，加之鄉保連坐，誥誡禁止，期於革心，毁撤巫鬼淫祠。從之。①

孫祖壽提出了三項措施：考課官員、鄉保連坐、毁撤淫祠。此建議獲得高宗接納，打擊“殺人祭鬼”成爲地方官吏的工作。宋高宗以下的四朝，曾不斷地重申禁止“殺人祭鬼”的詔令，可見成效并不理想。有地方官吏指出，“朝廷條令，自有明禁，官司玩視，久不奉行，致無忌憚”②。雖然有人將屢禁不止的“殺人祭鬼”之俗，歸咎於官員對政令没有切實執行，但是作爲考課官員的任務之一，地方官員不可能等閑視之。正如上文所述，問題的癥結更有可能是地方官員在管轄的範圍内没有能力全面制止這種風俗。



“殺人祭鬼”成爲法律條文，有清晰的内容可依，這導致南宋地方官吏往往借此來打擊非法的淫祠、淫祀和師巫的信仰。③ 例如孝宗時，常德府出現疑爲殺人祭鬼之案，知府鮑粹即命焚毁祠廟及神像：

鮑公粹然……淳熙辛丑，第進士，調徽州司户參軍。……擢知常德府，湖陰俗尚妖祠，用人於淫昏之鬼，踪迹詭秘不可詰。公閱他訟，見民有横死者，疑爲祭鬼，即命審核。伏其辜，焚祠毁像，由是訖息。④

從上文的事例可見，知府鮑粹然將毁“淫祠”的因由和“殺人祭鬼”連在一起。“殺人祭鬼”一詞原屬官方法律語言，却被地方官吏挪用來指代民間淫祠、淫祀的活動。由

① 〔元〕馬端臨撰，裴汝誠等點校：《文獻通考》卷九〇《郊社考·淫祠》，第 2773 頁。

② 〔南宋〕佚名：《行下本路禁約殺人祭鬼》，中國社會科學院歷史研究所隋唐五代宋遼金元史研究室點校：《名公書判清明集》卷一四，《懲惡門·淫祠》，第 546 頁。

③ 據柳立言的研究，宋朝政府界定宗教犯罪的標準有七：淫祠、淫風、淫神、誑惑（以妄言或妖言惑衆）、淫祀、异行、妖術。見柳立言《從〈名公書判清明集〉看南宋審判宗教犯罪的範例》，載柳立言編《性别、宗教、種族、階級與中國傳統司法》，臺灣“中研院”歷史語言研究所，2013 年，第 102 ~ 106 頁。

④ 〔南宋〕真德秀：《西山文集》卷四六《墓志銘·朝散大夫知常德府鮑公墓志銘》，《國學基本叢書》第 299 册，臺灣商務印書館 1968 年版，第 838 ~ 840 頁。

此可見，“殺人祭鬼”成爲一個取締非法信仰强而有力的證據或官方話語，讓地方官吏可借此取締民間的“淫祠”，建立統治權威與地區社會秩序。

除了毀淫祠與禁淫祀外，南宋地方官吏亦厲禁師巫的信仰。前文提及宋朝的師巫與社區的活動和地方經濟發展關係密切。師巫的聚衆能力、支配力和財力，更令地方官吏有所警惕。王師愈（1122—1190）於高宗末年知長沙縣時，發現民間有一股不穩定的勢力：“楚俗尚巫鬼，窮山中有叢祠，號影株神，愚民千百輩，操兵會祭，且欲爲亂。”① 變亂初起，王師愈力排衆議，没有發兵討伐，僅密詔土豪，并配合射士捉拿首魁者，收平亂事。② 由此可見，王師愈對當地的信仰十分瞭解，能够及時察覺民間信仰的動静，并作出合適的應對。鄉間山裏“操執器杖”的事件，并不一定是叛亂，有可能衹是地方的祭祀活動。平定“叛亂”後，王師愈便立即奏請朝廷禁止師巫信仰，趁機打擊巫覡。宋高宗更認爲殺人祭鬼，“此必有大巫倡之，治巫則此自止”。③“殺人祭鬼”成爲南宋地方官吏用以禁師巫崇拜的有力話語。由此可見，地方官吏與民間師巫的對抗，實際上既是對神權話語權的争奪，也是對世俗社會控制權的争奪。相較之下，師巫鼓勵信衆以官員或主流宗教人士作爲人牲，這不單是挑釁政府的行爲，也是在和政府争奪在地方上的統治權威。

綜觀而言，南宋大部分的官方文書將荆湖地區的淫祠與淫祀冠以“殺人祭鬼”這一正式的法律術語，用以增强其對异域遠俗的想象及律令對异端淫祀的一致性，同時也使反淫祠和禁師巫的行爲有了法律依據而趨於合理化。有學者對此提出質疑，認爲南宋部分的判案雖有人牲的記載，却無人牲的事實。綜觀整個宋朝，由於政府的行政權力無法貫徹到荆湖地方社會，尤其是在山林之地，故“殺人祭鬼”之俗在宋代無法被禁止，采生問題亦繼續存在。

## 小　結

南宋定都南方，據半壁江山而立國，南方如荆湖等地區逐漸得到開發。對於宋人而言，荆湖山林之地爲蠻夷聚居之所，常被視爲信巫好鬼、重淫祀之地，有异於宋人的文化和信仰。北宋政府和地方官吏很早已注意到當地流行的以錢募或盗殺人牲以祭鬼的“采生”之俗。爲加强對荆湖一帶的開發和統治，禁止“殺人祭鬼”之俗成爲宋代開發南方的政策。

① 〔南宋〕朱熹：《晦庵集》卷八九《中奉大夫直焕章閣王公神道碑銘》，臺灣商務印書館1986年版，第42頁上。

② 〔南宋〕朱熹：《晦庵集》卷八九《中奉大夫直焕章閣王公神道碑銘》，臺灣商務印書館1986年版，第42頁上。

③ 〔南宋〕李心傳：《建炎以來繫年要録》卷一四五“紹興十二年”，第2328頁。

描述宋荆湖山區人群活動的文章，流傳下來的數目很少，因此無法從土著的角度，瞭解當時采生的社會意涵和功能。但從北宋開始，朝廷實行荆湖墾荒的政策，鼓勵開墾。南宋時期大量北方人口南遷到荆湖地區，帶來新的定居式的農業文明，土地開發逐步由平原向山地開展。山區的生産方式開始從刀耕火種、狩獵轉向固定農耕。外來人口遷居荆湖和農作業方式的轉變，反映在民間信仰的角力上。宋代中央政府和地方官吏屢次頒布"殺人祭鬼"的禁令，其頻繁程度遠超前代，這與王朝在荆湖地方的開發和地方格局的變化有關，亦與地方官吏借用正統禮儀來建立政府權威與社會秩序有關。

荆湖地方社會普遍存在民間權威和地方政府權威兩股力量。南宋地方官吏在處理地方淫祀的訴訟中，有意排除師巫，借用國家力量禁止"殺人祭鬼"的話語，争取其統治的合法性，行使其合法權力。因此，在打擊淫祠與師巫時，部分案件或官方文書出現通過以"殺人祭鬼"的法律術語，對淫祠與師巫的行爲加以定性的過程。官方辭令"蠻夷化"了荆湖山林一帶的淫祀，從而達致反巫反淫祀的論述。而巫覡與官府的權力鬥争，正反映在選取人牲時，以官員等人士爲上品，報復官府之禁令與剷除競争的主要對手。荆湖地區的采生之俗，是朝廷與土著社會競力的場所，亦是民間信仰勢力的延伸；而對采生之俗的厲禁，則代表着朝廷對荆湖山地土著控制力的日益加强。由於宋政府於縣級的統治能力始終有限，故在荆湖的山林之地，采生之俗始終無法禁止，予人宋朝政令不達的錯覺。

# 自西入東:“中古”(the Middle Ages)歷史分期觀念在中國歷史教科書的回向

區志堅

**摘要:** 民國學人喜以“中古”或“中世”的歷史分期指稱自秦漢至宋代的歷史,又或指稱自秦漢至明中葉的歷史,不少研究成果已指出國史的分期多承傳自日本漢學家表述中國史分期的觀點,而日本漢學家乃受到歐洲文明史觀及啓蒙學者表述歷史進步思想的影響。本文運用晚清至民初(1895—1925)出版的中國歷史教科書或教材,檢視“the Middle Ages”或“the Medieval Ages”(“中古”)觀念自歐洲傳入日本,再傳入中國的歷程;進而探索,國人在“綫性進步史觀”的影響下,知識分子吸納、運用以及反思綫性史觀的過程。

**關鍵詞:**《支那通史》　《東洋史要》　中國歷史三段論　中古

**作者簡介:** 區志堅,香港樹仁大學歷史系助理教授

# 一、引　言

研究隋唐史的專家學者陳寅恪與吴宓論學時，曾說“歐洲之中世，名爲黑暗時代 Dark Ages。實未盡然。吾國之中世，亦不同；甚可研究而發明之也”，已商榷民初時人以西方“中古”（“中世”）歷史時代劃分觀點，指稱中國自秦漢至宋代的歷史。① 其後，傅斯年又認爲日本學者桑原騭藏在《東洋史要》把自秦至唐亡的歷史，劃爲“中古”階段，“所謂漢族最盛時代……非中國歷史之分期法。……宜知唐宋兩代漢胡消長之迹，南宋之亡又爲中國歷史一大關鍵”②，批評國人把日人“中古”的分期指稱自秦至唐的歷史發展，已有不當。今天不少高等院校開辦中國歷史課程，在基礎課程内開辦“中國通史”，有些高等院校把“中國通史”分爲“中國上古史”“中國中古史”“中國近古史”“中國近世史”的四個時期講授，也有高等院校不設“中國近古史”而分爲三個時期授課，形成歷史系籌辦課程的體系。基本上，1949 年後高等院校開辦的中國歷史課程，也多以“上古”“中古”“近世”(或稱爲“近古史”）的三段論爲課程規劃③；然而，這種“上古”“中古”“近世”（“近古史”）三段論的分期標準，乃是上承晚清政府開辦新學制内中外史學門的課程編排次序，及其時國人編撰的中國通史教科書；若細加觀察，可知這種對中國史分期的知識，乃源自晚清時期的日本；再深入分析，日本學者對中國史分期標準乃源自歐洲“文明史觀”，而傳入的三段論更成爲學術氛圍，影響了清末民初國史教科書及教材的編修。④ 清末民初國人有所選擇地運用傳入的“上古”“中古”“近世”的三段論來撰寫國史，尤以“中古”或“中世”的歷史時期更



---

① 吴宓著，吴學昭整理:《吴宓日記》Ⅱ“1919 年 12 月 14 日”條，生活·讀書·新知三聯書店 1998 年版，第 103 頁；參見吴學昭整理《吴宓與陳寅恪》“1919 年 12 月 14 日”條，清華大學出版社 1992 年版，第 11 頁。

② 傅斯年:《中國歷史分期之研究》(1918)，載歐陽哲生編《傅斯年全集》第 1 卷，湖南教育出版社 2003 年版，第 29 ~ 36 頁。

③ 有關民國建元至 1949 年前中國高等院校開辦中國通史課程的情況，參見尚小明《由“分期”史到“斷代”史——民國時期大學“中國通史”講授體系之演變》，《史學集刊》2011 年第 1 期。

④ “上古”“中古”“近世”三段論不同於考古學上“石器時代”“銅器時代”“鐵器時代”三期論，後者主要研究“上古史”階段中的細分階段，而三段論主要是宏觀整個中國自先秦至當代的歷史文化各方面發展的動力，有關考古學上三期論的傳入，參見李孝遷《西方考古學“三期論”傳入考》，《學術研究》2011 年第 2 期，第 50 ~ 62 頁。

值得注意。蓋自日本所傳西方的三段論，乃上承17及18世紀初西方啓蒙時期的學者，而西方啓蒙時期的學者當以其時所處的時段爲“近代”或“近世”，并以“近世”以前的年代爲“古代”，也就是自17世紀以前爲“古代”。這樣“古代”的時段似太長及涵蓋範圍太廣，由是在“古代”與“近世”之間，應另立“中世”或“中古”。日本學者傳入啓蒙思想家的分期標準時，也把“中古”的分期標準傳入日本，其後更由“中古”的分期標準，引起了第二次世界大戰前後日本治唐宋史學者廣泛討論“唐宋變革”的課題。① 而清末學者又以日本爲中介，傳入西方的“中古”的分期標準。民國建元，不少學者倡導要改革這種三段論，從中也反思“中古”的分期觀點是否恰當。②

究竟17世紀西方啓蒙時代的思想家表述“中古”的觀念是怎樣的？自日本傳入的“中古”觀念，怎樣爲國人編撰教科書的編者所接受及運用？國人又怎樣提出改革“中古”觀點？這不衹是一個學術翻譯史及中日文化交流史的課題，也是中國史學自接受三段論至欲擺脱三段論，及借建立中國史分期的學術討論，從中得見中國學術呈現主體自覺性。③ 本文運用晚清至民初（1895—1925）出版的中國歷史教科書或教材，檢視“中古”觀念自歐洲傳入日本，再傳入中國的翻譯歷程。④ 借此中日翻譯文化交流的研究課題，進一步探索，以見國人在“綫性進步史觀”（Linear Perspective或Linear History）的影響下，中國知識分子怎樣以翻譯文獻的媒介，吸納、運用以及反思綫性史觀的





---

① 參見［日］池田誠《唐宋の變革にっろの再檢討》，《日本史研究》1954年第24卷，第120～136頁。參見李華瑞《“唐宋變革”論的由來與發展》，天津古籍出版社2010年版，第1～13頁。

② 不衹是中國學者批評上古、中古、近古三段論的歷史分期觀點，也有西方學者懷疑歷史分期在全球化的意義，見Jocques Le Goff，translated by M. B. De Bevoise，*Must We Divide History into Periods*? Columbia Universiby Press，2014，pp. 5～13.

③ 有關近年學者倡導研究要重視國家主體性的問題，參見孫歌《亞洲意味着什麽?》，《亞洲意味着什麽：文化間的“日本”》，臺灣巨流圖書公司2001年版，第22～98頁。

④ 鄒振環：《晚清史書編纂體例從傳統到近代的轉變——以漢譯西史〈萬國通鑑〉和東史〈支那通史〉〈東洋史要〉爲中心》，《河北學刊》2010年第2期，第1～10頁；鄒振環：《東文學社及其譯刊的〈支那通史〉與〈東洋史要〉》，載張伯偉主編《域外漢籍研究集刊》第3輯，中華書局2007年版，第347～369頁；李孝遷：《清季中國史、東洋史教科書介譯初探》，《史學月刊》2003年第9期，第101～109頁；李孝遷：《西方考古學“三期論”傳入考》，《學術研究》2011年第2期，第111～117頁；李孝遷：《西方史學在中國的傳播》，華東師範大學出版社2007年版，第9～41頁；潘喜顔：《清末民初日本〈支那史〉在中國的翻譯與影響》，網絡版：http：//www. cnki. net；黄東蘭：《書寫中國——明治時期日本支那史·東洋史教科書的中國叙述》，《新史學》第4卷，中華書局2010年版，第123～154頁；王晴佳：《科學史學在近代日本和中國的興起及其异同》，《中華文史論叢》2004年第77輯，第1～35頁；Stefan Tanaka，*Japan's Orient Rendering Pasts into History*（Berkeley，University of California Press，1993），pp. 115～152.

過程。① 同時，因爲有關中國人學習這種自日本傳入的“中古”觀念的中國通史知識時，往往以漢譯本及中文書寫的中國歷史教科書建構的圖像，爲清末民初國人吸收歷史知識的主要媒體，故本文也以清末漢譯日文及日人以漢文書寫的有關中國歷史或“東洋史”的書籍爲參考文獻②，檢視處在1895至1925年，這個“轉型時代”③，國人吸收、去取及反思日本史學知識的情況，借此也提供一幅思考東亞翻譯文化交流的圖像。④



## 二、“the Media Tempestas”及“the Middle Ages”一詞在17世紀西方啓蒙時期的運用

早在16世紀文藝復興時思想家已把“the Medieval Era”（漢譯爲“中世”）指稱自4世紀至15世紀和16世紀以前的歷史，其後在17世紀，啓蒙思想家以“the Middle Ages”（漢譯爲“中古”）指稱4世紀至17世紀前的西方歷史。

14、15世紀，意大利文藝復興時的思想家指稱這兩個世紀爲“recent era”或“an aevum recentius”（漢譯“近代”）。這個“近代”一詞在文藝復興時的George Horn（1620—1670）表述爲一個“近於所處時代”（“recent era”或“an aevum recentius”），而不是“modern”（“近代”）的意義。16世紀，已有思想家如Gottfried Wihelm Leibnitz（1646—1716）運用“ancient”“medieval”“modern”（漢譯爲“古代”“中世”“近代”）指稱歐洲歷史的發展，其中在16世紀，Christopher Keller（1638—1707）編寫*History of the Middle Ages from the Time of Constantine to the Conquest of Constantinople by the Turks*指稱“古代史”（Ancient）是先於耶穌出生，至君士坦丁於311年，羅馬帝國撤消全部迫害基督教禁令，以基督教爲合法宗教時代的歷史，而自4世紀至15、16世紀爲現代（Modern）。



---

① 有關晚清綫性史觀的傳入與影響，以及國人的回應，參見王汎森《近代中國的綫性歷史觀——以社會進化論爲中心的討論》，《近代中國的史家與史學》，三聯書店（香港）有限公司2008年版，第49～108頁；參Luke S. K. Kwong，“The Rise of the Linear Perspective on History and Time in Late Qing China，1860～1911”，*Past and Present*，No. 173（Nov. 2011），pp. 165～166.

② 筆者明白中外翻譯誤讀與中外翻譯文化的問題，但晚清國人主要閱讀漢譯日文的資料，更容易理解日文原著的內容，加上國人受漢文譯本的影響甚大，故本文論述晚清傳入的日文著作時，多依其時漢文譯本。有關翻譯文化的問題，見Linda H. Lau（劉禾），*Translingual Practice*（Stanford：Stanford University Press，1995）一書。

③ 參見張灝：《中國近代思想史的轉型時代》，《時代的探索》，臺灣聯經出版事業股份有限公司2004年版，第37～60頁。

④ 有關國人編寫中國歷史教材受日本學者的影響，參見賴福順《民國時期中國歷史教材之研討》（宣讀論文），“中華民國史專題第四屆討論會”，1997年12月18日至20日；區志堅《歷史教科書與民族國家形象的營造：柳詒徵〈歷代史略〉去取那珂通世〈支那通史〉的內容》，收入冬青書屋同學會編《慶祝卞孝萱先生八十華誕——文史論集》，江蘇古籍出版社2003年版，第71～96頁。

17、18 世紀，不少思想家多視其時生活的年代爲“近代”，因肯定當下他們生活的價值，若能實踐他們提出的重視民權及廣開民智的理念，將來人類纔可以有“進步”，肯定了當下爲有價值而勝於前代，當下生活的年代就是“modern”（“近代”或“近世”）；而於 17 世紀之前的歷史就是“ancient”（古代），自公元前的埃及皇朝至 17 世紀爲一個很長時間，然而自埃及至羅馬帝國的發展爲他們的理想所在，衹有羅馬帝國的瓦解，日耳曼民族的入侵，對他們生活的歐洲來説，是破壞歐洲已有的希臘及羅馬文化，羅馬帝國於 4 世紀分裂成爲東西羅馬，這是表述了以羅馬帝國爲代表的古代文化的終結。自 4 世紀至 14 世紀或 15 世紀，便成爲啓蒙思想表述古代與他們生活的 16 世紀或 17 世紀的中介，既然 4 世紀之前爲“古代”，16 世紀或 17 世紀爲“近代”或“近世”，這樣自 4 世紀至 15 世紀，便是“近代”瞭解“古代”的中介，故拉丁文的“media”（媒介），便具有“intermediate”聯繫物件的“中介”的意思，文藝復興的教士及人文精神學者 Giovanni Andrea Bussi（1414—1475）也認爲自古代至 14 世紀所處時段，應有一個“less ancient”（較少古代“黑暗時代”意味）的時期，故於 14 世紀時人文精神思想家多以“media tempesta”指稱一個較近於所處時代，又具有與較遠的古代之分别的歷史時期，并能够顯示自 5 世紀羅馬帝國西部的覆亡，至 14、15 世紀，這一千年間介乎“光榮的古代”及他們自己的古典文明復興時代之間的一個“黑暗時代”、一個野蠻時代，而這個建構的“黑暗時代”也是介乎“古代”及“近代”的“中世”（the Medieval Ages，the Middle Ages）。①

總之原本的“媒介”（“media”）一詞的意義，具有“聯繫物件的‘中介’”的意思（“intermediate”），被 14 世紀文藝復興的思想家指稱自 4 世紀至 14 世紀的歷史文化。日後於 15 世紀時生活的啓蒙思想家，也沿文藝復興的觀點，指稱自 4 世紀至 15 世紀的歷史時段爲“近代”，并因肯定啓蒙時代思想家所處的“近代”及“古代”是“光明”或“神聖”的，因他們復興古代希臘及羅馬文化的價值，故自羅馬帝國分裂爲東西羅馬的歷史至 15 世紀的歷史便是“黑暗”的，在文藝復興思想家及啓蒙思想家的建構下中世紀便是“黑暗時代”（“the Dark Ages”）。

## 三、肯定近代（近世）的價值而建構“中世”時期：自歐洲傳往日本的文明史觀

把“中古”概念放進中國史分期，與文明史觀的傳入甚有關係，以下先介紹文明

① 有關“media”及“the Middle Ages”兩詞的原本詞義，自 14 世紀至 20 世紀的演變，不同時代不同歐洲學者對“the Middle Ages”的理解與詮釋，見 Paolo Delogu（translated by Matthew Moran），*An Introduction to medieval History*（London：Gerals Duchworth，2002）一書。該書也可以作爲檢視西方學界研究中世紀的史學史。

史觀自西方傳入中國的情況。

中國文明史觀乃受日本明治學者的影響，而日本明治文明史觀又受法國的基佐（Francois P. G. Guizot，1787—1874）及英國博克爾（Henry Thomas Buckle，1821—1861，又漢譯爲巴克爾）倡導的"文明史觀"所影響①，故先看二氏文明史觀的特色。

基佐把文明的發展分爲"古代文明"及"近代文明"，近代文明是代表進步及發展，祇有歐洲文明纔代表近代文明，而歐洲文明主要劃分爲三個時期：

| 時期 | 特色 | 時間 |
|---|---|---|
| 初創或形成階段 | 社會的各種因素從混亂中解脱、誕生，以它們的原始形式呈現，具有自己的活動原理 | 羅馬帝國東西分立，4 世紀末（395 年，羅馬分爲東西兩部）至 10 世紀 |
| 試驗、探索時期 | 社會各因素互相靠攏、混合、猶如互相試探，而無力形成任何普遍的、正規的、持續的東西 | 11 世紀至 16 世紀終止 |
| 發展階段 | 歐洲社會具有一定形式，遵循一個既定的方向，快速而普遍地向一個明確的目標前進 | 開始於 16 世紀至今（按：即基佐身處的 17 世紀末 18 世紀初） |



基佐認爲歐洲文明的發展不是固定的，5—14 世紀歐洲文明發展較慢，15 世紀開始歐洲文明發展較快，在科學、精神文明、政治等各方面均有重大發展，也是"現代"歐洲社會的開始，爲 16 世紀法國革命的準備階段。16 世紀爲現代社會的開始，因爲此時屬於歐洲舊社會的一切因素和特點轉化爲兩大事實——"自由探索和中央集權"。至 17、18 世紀，即基佐身處的時代，爲歐洲文明進一步發展時代，法國已居歐洲文明的領先地位。

博克爾關注於探討支持文明進步的原因及規律。博克爾説宗教、神學被視爲阻礙力量，一但國家發展，國家愈文明，宗教便愈開明，各種文明要獲進步，便應反對宗教保守精神，實行宗教改革，也因此中世紀各國發展受宗教影響甚大，故爲"黑暗時代"，而他劃分時代的標準爲②：

① Stefan Tanaka，*Japan's Orient Rendering Pasts into History*（Berkeley，University of California Press，1993），pp. 48～50；［日］三宅米吉：《文學博士那珂通世君傳》，故那珂博士功績紀念會編：《那珂通世遺書》，日本圖書株式會社 1915 年版，第 25～33 頁。

② 有關 Henry Thomas Buckle 表述文明史的觀點，主要見 Henry Thomas Buckle（with an introduction by Arthur Brisbane），*History of Civilization in England*（New York：Hearsts International Library Co. 1913，Vol. 1）一書。

| 時期 | 特色 |
|---|---|
| 游牧時代 | 未受文化浸染，專恃漁獵爲生的游牧民族，衹以食物爲供給某種偶然的結果，無紀律的供給及生活，没有懷疑自然的規劃，思想未感到可以支配事件發生的規律及未有預料未來的普通原理 |
| 農業時代 | 嘗試種植，人們需要的食物由自己支配，人們能確定工作的結果，能察見清楚計劃及規常的均等性，非但確定未來，也可以得到一種信念 |
| 現代（時代）（按：作者没有明確説明現代的範圍，主要以歐洲文明爲現代社會的代表） | 商業競争，工業發展人們累積財富，減弱戰争精神，注意文學，注意立法，減少社會罪惡 |

博克爾以文明進步作爲古代及現代社會的分別，這種分別的標準，就是人類知識獲得進步，得以控制自然定律，他没有如基佐一般清楚説明社會進步的階段，而是主要以“歐洲文明區域”及“非歐洲文明區域”的文化發展爲判準，指出“歐洲文明區域”爲現代社會，“非歐洲文明區域”爲古代社會。可見博克爾雖然未如基佐提出三個時段的歷史演化過程，但是多注意文明進步史觀，并以“古代”與“現代”對比，“古代”包括“游牧時代”“農業時代”，而“現代”應是博克爾所處的17、18世紀的商業及工業時代。

日本幕府末期及明治之初，不少日人留學或游學歐洲，又或邀請洋人學者在日本任教，以此促進西方學問在日本傳播，其中一位對日本傳播西學甚爲重要的人物，就是福澤諭吉。更重要的是，福澤氏的啓蒙思想受到西方文明史觀的影響，間接地促使西方的啓蒙思想及歷史分期的觀點傳往日本。福澤於1875年撰寫的《文明論概略》一書，把歐洲的文明史觀視爲普遍標準意義的文明，他把世界劃分爲野蠻（非洲、澳洲）、半開化（中國、朝鮮）及文明（歐美）的國家，“如今在判斷世界各國的文明程度時，通常以歐洲諸國及美國爲最上等的文明國家；以土耳其、中國、日本等亞洲諸國爲半開化國家；以非洲、澳洲等爲野蠻國家，這樣的區分已成爲世界通説，不單單衹有西方諸國自詡爲文明，連被判定爲半開化或野蠻的地區，也服膺這個説法，這些地區的人民甘願接受半開化、野蠻等稱呼且不以爲辱，没有人敢誇耀本國的情況以爲勝於西洋諸國”；若以此西方文明論的標準區分世界文明地圖，19世紀中後期日本及中國也是屬於“半開化”的國家，他以“野蠻”“半開化”“文明”爲文明進化的三階段，甚至認爲“這是人類該當經過的階段，或者可稱之爲文明的年齡”。①





① 有關福澤諭吉表述文明史的觀點，參見福澤諭吉著，北京編譯社譯《文明論概略》，商務印書館1982年版；有關解釋福澤文明史的觀點，參見［日］子安宣邦著，陳瑋芬譯《福澤瑜吉〈文明論概略〉精讀》，清華大學出版社2010年版，第19～21頁。

| | |
|---|---|
| **野蠻狀態** | 居所不定，飲食不備，爲了一時的利益而成群，利益盡了便各自離散；雖能定居務農，自給自足，却不知如何使用機器；雖能發明文字，却不知如何發展爲文學作品。非常害怕天災，仰賴他人的恩惠與威嚴。衹無奈地等待禍福偶然的降臨，却不去想辦法招福避禍。這樣的人們可稱之爲野蠻，離文明甚遠 |
| **半開化狀態** | 農業已經相當發達，人民能衣食無虞。人們已經知道建蓋房屋，形成都邑。從表面看來，已經具備國家的模樣，但其實還不足爲正式國家。在學術方面，文學研究相當盛行，治實學的却非常少。人們内心往往充滿猜疑妒忌，興趣於討論事物之理，却不敢發言提問，抒解疑惑。他們的手藝雖然工巧，善於模仿，却缺乏自己創造的工夫。在人際關係方面，雖不是没有交際規則，但因爲往往流於慣例俗習，規則遂無法發揮實際功能。這種社會可謂半開化狀態，即尚未達到文明之程度 |
| **文明狀態** | 天地間的事物已有完整的規範，在此規範内人們能够充分發揮自己的才能，朝氣蓬勃，不耽溺於舊習。他們對自己有完整的主宰，不求他人的恩惠、不屈於他人的威嚴。他們自行陶冶自己之道德智慧，也不羨慕古代聖賢，也不滿足於現狀；不會滿足於眼下的小穩定，喜歡就未來大事展開謀略；勇敢邁進而毫不退縮，努力向上而不懈怠。他們對無形之虚學不感興趣，熱衷於有形之學，奠定創造發明的基礎。隨着工商業日益繁榮，遂造福於生活。其思考能力不僅可滿足於當下之需，且有餘力謀策將來。這就是現代的文明狀態，與野蠻和半開化相距甚遠 |



在福澤等人推動“文明史”流播之下，日本學者也多著述有關文明史的書籍及文章，如《日本開化小史》《日本文明史》《明治開化史》《文明東漸史》《支那開化小史》等，也隨西學東往日本，影響了日本學者編撰歷史的體例。明治初期學者運用教導有關中國及亞洲歷史知識的教科書，既有中國正史的編年體教科書，也有以西方萬國史體例所編的中國通史，前者如取自漢文史籍《史記》至《宋史》内容，而成編年體王朝史教科書的《十八史略》，後者以“文明”“開化”的西方新觀念撰寫中國通史，如那珂通世於1888年至1900年完成的五卷本漢文撰寫的《支那通史》，桑原鷺藏也於明治初年完成《中等東洋史》等，那珂一書更是近代日本第一部以萬國史體例編寫的中國通史。那珂21歲進入福澤諭吉籌辦的慶應義塾速成科，學習英語，於1896年至1903年兼任東京帝國大學講師，桑原就是那珂在東京帝大時的學生之一。① 那珂主要是受到福澤的比較文明論、脱亞論及科學實證的研究方法的影響。

那珂一書以歐美文明發展階段觀念編寫中國史，以居中國的漢人歷史爲表述内容，借表述中國史，得見“古代開化之一例”及“我鄰邦開化之大勢矣”。② 他把中國歷史

① ［日］窪寺紘一：《東洋學事始：那珂通世とその時代》，日本平凡社2009年版，第158～174頁。

② ［日］那珂通世：《總論》，《支那通史》，東文學社1899年版，第6～7頁。參［日］井上毅《論支那史》（漢文），《梧陰存稿》，轉引三宅米吉《文學博士那珂通世君傳》，《那珂通世遺書》，日本圖書株式會社1915年版，第30頁。

分爲上世史、中世史及近世史三個時期，本文主要介紹《支那通史》表述“上世史”及“中世史”的指涉範圍：

| 時期 | 朝代 | 特色 | 備注 |
|---|---|---|---|
| 上世 | 唐虞三代春秋戰國 | 華夏文化開展時期，文化大爲開拓，立下九州領地，統一萬邦，立定五刑，立朝儀，周行執建置十四國，立華禮教教化，嚴分漢人與夷狄之别，三代立文字 | 文明開化階段 |
| 中世上 | 春秋三國至晉并吴 | 中國境内各種族聯合，居北方漢種，不斷擴張，秦統一，統一文字，春秋戰國爲中國人“智之活動，未有盛於此時”，在政制上，行中央集權，定郡縣，結束諸侯并世 | |
| 中世中 | 晉南北朝隋唐 | 晉（西晉）立國結束漢末分裂，經五胡亂華，加强漢種與其他種融和，至隋唐，“漢土復歸統一”法律自成體系 | |
| 中世下 | 五代遼宋金 | 五代爲分裂的開始，五代的後周與宋朝成立，甚有關係 | |

那珂以文明綫性史觀建構了一幅漢種與其他族群交往的中國史的圖像。他認爲唐虞三代時“四鄰皆純夷之時，漢土獨爲禮樂之邦，政教風俗已擅美於東洋，足以觀古代開化之一例”，秦漢以後“歷朝政俗殆皆一樣，文化凝滯不復進動，徒反復朝家之廢興”，其間不斷戰亂，“胡人”更取漢土，從漢俗，却“失其爲异種之實”。因爲中國“建國甚久成俗極固，其開化之度，亦非四夷之可及”，縱觀中國歷史自上世唐虞之後“可稱盛世者，即兩次三代”，一爲唐宋國運最長“延續政俗，又有可觀者”，故稱爲自唐虞三代之後的“後三代”，元明清“爲隆盛之朝，此亦足稱近世三代”，秦晋隋唐是“雖暫成一統，其業不長”。清朝看似“盛世”，細看却得見那珂認爲滿族人雖以武力勝漢族人，但“以其文則必從於漢”，終致中國“國民之情態一定不變，無進無退，恰如在範型之中”，此中國“開化之所大异於西國也”，滿族人雖繼承漢族人政權，却學習漢文化之餘不思改革，舉國臣民不思進取，終致國運停滯不前，又《支那通史》雖未談及元朝以後的史事，但結合其時文部省井上毅憶述那珂教授中國史事時的言論，以及那珂的《東洋小史》所記，那珂認爲自上世以後的中國是“版圖跨萬里，而至今日仍能書同文，維持其一統團結之大勢，不至分裂，是堯舜禹之功業也，所可惜者，此大業

至秦漢以後，逐漸敗壞，人民陷於文弱，累世被北方游牧民族之侵害，馴致强弱易勢”，清乾隆一朝出現十全武功後，發生“觀昔日隆盛及至中世已見衰替之徵，禍變而生，國家漸漸多事”，清考據學風衹是“學者事業以古物爲好，離實用漸遠”，清廷時的中國已走入近世後期，不能自救。① 由此可見，那珂受到福澤諭吉所言“文明”與“野蠻”的觀點所影響，解説中國歷史的發展，也演繹了歐洲文明史觀學者所持自游牧階段演化至“現代”階段的發展及進步史觀，那珂以此表述中國歷史從古代至近世的發展，并以文明“開化”爲判斷社會進步的標準，可是那珂不同於歐洲文明史觀學者認爲“現代”的歐洲文明地域是進步之觀點。那珂認爲清朝是“文化凝滯，不復進動，徒反復朝家之廢興”，衹是在已有及固定的“範型之中”，故形成“中國開化之所大异於西國也”，清朝實不如古時開化的時段，那珂雖未如桑原騭藏、内藤湖南所言甲午戰後日本取代中國在亞洲地位的觀點，但已見那珂認爲近世中國不如古代中國的論調。②

最重要的，那珂與啓蒙史家不同的地方是：

第一，啓蒙史家多認爲 4 世紀爲“中世”的起點，至 14、15 世紀爲“中世”的終點，也就是“中世”的範圍自 4 世紀至 14 世紀或 15 世紀。然而，那珂編撰《支那通史》於 1888 年至 1900 年，爲自 17、18 世紀初日本啓蒙思想家生活的年代，若以“近世”觀念是近於所處的時代而言，那珂自是以“近世”爲自 17、18 世紀。同時，那珂認爲中外交往及外力入侵使東亞國家特别是中國，受到近代西洋力量的影響，由是以澳門爲葡人所殖民統治及新航道發展爲“近世”中國及東亞諸國的開始，於 15、16 世紀以上的中國朝代，自然是“古代”及“中世”。

第二，歐洲啓蒙史家以 4 世紀羅馬帝國分立東、西羅馬爲“古代”的終結，也是下開“中古”的世紀，但那珂以爲“上世”是起自公元前的傳説時代之唐虞，而“中世”起自公元前的春秋戰國。主要原因，是那珂以“華夏文化開展”爲標準，也就是從中國建立制度及教育的關注點出發，“中世”就是中國境内各種族聯合，居北方漢種，不斷擴張，秦統一六國，更統一文字，春秋戰國便是中國人“智之活動，未有盛於此時”，肯定了中世的中國地位及歷史意義；明顯地，那珂的分期觀點，受到了教化及建立制度的啓蒙思想的影響，不同於啓蒙思想家。啓蒙思想家多認爲“中古”的時段是“黑暗”的，4 世紀是“蠻族”入侵歐洲的開始，也是破壞歐洲文明的開始，14

---

① ［日］那珂通世：《那珂東洋小史》，東文學社 1903 年版，第 13～16 頁；參見黄東蘭《書寫中國——明治時期日本支那史·東洋史教科書的中國叙述》，《新史學》第 4 卷，中華書局 2010 年版，第 123～154 頁。

② ［日］連清吉：《日本近代的文化史學家：内藤湖南》，臺灣學生書局 2004 年版，第 173～192 頁。有關研究清末傳入的西方及日本學者倡導的中國“停滯論”，參見張顯清《中國歷史“停滯論”的由來和發展》，《明史研究》2003 年第 8 輯。

世紀以後是朝向“好”政府及“好”社會。但在那珂看來中國歷史的“中世”是制度及文化的建立，而“中世”是外族攻入，也帶來另一種文化，更重要的是“近世”的中國是“以其文則必從於漢”，終致中國“國民之情態一定不變，無進無退，恰如在範型之中，此中國開化之所大异於西國也”；近世的中國反未如上世的堯禹“版圖跨萬里，而至今日仍能書同文，維持其一統團結之大勢，不至分裂，是堯舜禹之功業也，所可惜者，此大業至秦漢以後，逐漸敗壞，人民陷於文弱，累世被北方游牧民族之侵害，馴致强弱易勢”，因肯定上世的價值，以及從種族文化交流而言，“中世”上已是漢族與其他非漢族交往，并接受漢族文化及制度；但“近世”下的中國已是漢文化及民族不振，故爲滿族人代替，但滿族人又染華夏重文輕武的惡習，故“觀昔日隆盛及至中世已見衰替之徵，禍變而生，國家漸漸多事”。可見那珂雖如歐洲啓蒙思想家表述外族（歐洲啓蒙思想家稱爲“蠻族”“Barbarian”）入侵、民族遷徙爲導致歷史文化演變的環境，但是歐洲思想家多言“近代”爲朝向“進步”的發展，而那珂表述下的中國“中世”，是衰替的開始，特别是五代遼宋金的“中世下”是“衰替”的開始。

甲午戰争之後，中國不少游學或出使日本的官員、留日學生、逃亡日本的知識分子，因在日本學校修讀相關歷史課，必然會接觸到《支那通史》及《東洋史要》等日本文教科書，而受日本的文明史觀及史學影響。他們返國後，或在中國刊行文章及出版書籍，帶動文明史觀傳往中國，因此影響中國學者表述歷史分期。① 加之，晚清推行教育改革前後，建立新學堂，國人初時尚未有以新式體例書寫中國通史的歷史教科書，祇好取自日人已編的中國通史教科書，那珂通世的《支那通史》原爲漢文本，不用翻譯，故早爲清官方采用爲史學門教科書，而桑原騭藏的《東洋史要》（按：即桑原騭藏《中等東洋史教科書》）及市村瓚次郎的《支那史要》，白河次郎、國府種德的《支那文明史》，先後於1903年至1906年譯成漢文，中國讀者閱讀以上日本漢學家撰寫的書籍，既吸收了歐洲文明史觀，也促使國人學習及運用經日本學者表述的歐洲文明史觀及中國史階段論的觀點，并以此構建中國歷史的分期，其中尤需注意日人表述中國史的“中古”或“中世”歷史時期，及其對國人編寫中國通史的著作中，表述的“中古”或“中世”歷史時期。②

## 四、自日本傳入“中古”歷史分期觀點及對國史的影響

光緒二十八年（1902），清政府頒布《欽定學堂章程》（“壬寅學制”），規定了各

① 有關西方文明史觀傳入日本的情況，參見［日］實藤惠秀著，譚汝謙、林啓彦譯《中國人留學日本史》，香港中文大學出版社1982年版，第156～157頁。

② 有關歐洲文明史觀以日本爲中介傳入中國，見李孝遷《西方史學在中國的傳播》，第9頁。

級各類學堂的教學目標及課程設置等，中學堂要開辦世界歷史課程，其中“中外史學”爲十二門課程之一，按照課程所示“詳近略遠，詳大國略小國”的指引，先講中國史，次講亞洲史，次講歐洲美洲史，具體安排爲第一年講中國史，第二年講中國史及亞洲各國史，第三年講中國本朝史及亞洲各國史，第四年及第五年講東西洋各國史。① 課程設置上，以上世史、中世史及近世史爲分年教學的劃分標準，爲適應新時代，清政府要求撰寫新教材，但在教育改革之初，國人尚未編寫國史教材，祇好轉譯或運用日本人編寫的中國通史或東洋史的教材。

在傳入的新歷史教科書書寫體例影響下，國人也效法日本新式中國史教科書體例，自編中國史教科書及教材，編次的内容均以三段論爲中國史分期的標準，其中對三段論内的“中古”歷史分期之觀念，甚值得注意。其時學界既有直接不加改動日本學者的三段論及其“中古”觀念者，也有依日本傳入三段論及其“中古”觀念，進一步改編的，故以下便看國人取自漢譯日文本及改編自日本傳入的“中古”觀念之中國通史教材，以見“中古”觀念在中國流布及其對中國教育的影響。



其一，直譯自日本“三段論”内“中古”分期觀點的教科書及教材。

上文已介紹那珂通世在《支那通史》表述“中古”範圍外，不少日人撰寫的中國史著，又被翻譯爲漢文及較廣泛流布者，計有：

> 市村瓚次郎著，陳毅譯《支那史要》；桑原騭藏著，山東官印局及清人金爲譯《東洋史要》；隨二書譯本流行，也使《東洋史要》“盛行殆遍於東南諸省”②。

先看市村瓚次郎③的《支那史要》及桑原騭藏的《東洋史要》漢譯日文本對“中古”（中世）觀念的引介④：

---

① 舒新城編：《中國近代教育史資料》，人民教育出版社 2011 年版，第 36 ~ 38 頁。

② 除了山東官印局、樊炳清及金爲譯的桑原騭藏《東洋史要》外，尚未得閱其他譯本，有關漢文譯本《東洋史要》的内容及其流布情況，參鄒振環《東文學社及其譯刊的〈支那通史〉與〈東洋史要〉》，載張伯偉主編《域外漢籍研究集刊》第 3 輯，第 362 ~ 363 頁。

③ 有關市村瓚次郎的生平，參見《市村博士年譜略》及瀧川龜太郎《序》，市村博士古稀記念東洋史論叢刊行會編《市村博士古稀記念東洋史論叢》，日本富山房 1933 年版，第 1 ~ 18、1 ~ 5 頁。

④ 市村瓚次郎著，陳毅譯：《支那史要》，廣智書局 1902 年版；桑原騭藏著，山東官印局譯：《東洋史要》，山東官印局 1904 年版；桑原騭藏著，金爲譯：《東洋史要》，商務印書館 1903 年版；桑原騭藏著，樊炳清譯：《東洋史要》，東文學社 1899 年版。筆者閱以上譯本，未能參見其他譯本，有關國人翻譯桑原騭藏《東洋史要》的情況，見鄒振環《東文學社及其譯刊的〈支那通史〉與〈東洋史要〉》，張伯偉主編《域外漢籍研究集刊》第 3 輯，第 362 ~ 363 頁。筆者十分感謝陳偉强先生借閱桑原騭藏著、樊炳清譯《東洋史要》（東文學社 1899 年版）一書影印本。

| 分期/作者及書名 | 《中等東洋史教科書》《桑原隲藏全集》 第四卷 | 陳毅譯，市村瓚次郎著《支那史要》[上海:廣智書局，光緒二十八年(1902)] | 周同愈譯，桑原騭藏著《中等東洋史教科書》[上海：文明書局，光緒三十年(1904)] | 山東官印局譯，桑原騭藏著《東洋史要》漢文譯本(1904) | 金爲譯，桑原騭藏著《東洋史要》漢文譯本(1908) | 樊炳清譯《東洋史要》漢文譯本(1899)(上海:東文學社1899年版)(此爲桑原騭藏著《中等東洋史》較早的譯本) | 桑原騭藏著《中等東洋史》(原日文，1898年刊本) |
|---|---|---|---|---|---|---|---|
| 表述自公元前221年至970的史事(中古/中世史)<br>1. 秦統一六國爲公元前221年；<br>2. 漢高祖立國爲公元前206年 | 中古期　漢族優勢時代<br>第一篇　秦及び西漢の初世<br>第一章　秦始皇帝の政策<br>第二章　秦の亡<br>第三章　漢楚の争<br>第四章　高祖の政策<br>第五章　恵帝より景帝に至る間の形勢<br>第六章　武帝の治世<br>第二篇　西漢の外國經略<br>第一章　南方諸國と西漢との関係<br>第二章　古朝鮮と西漢との関係<br>第三章　匈奴の勃興<br>第四章　西域諸國の沿革大略<br>第五章　匈奴の衰微<br>第三篇　西漢の末世及び東漢の初世<br>第一章　武帝より元帝に至る間の形勢<br>第二章　外戚の専権と王莽の簒立と<br>第三章　漢室の再興と東漢の初世と | 上世史自秦吞并六國至隋一統南北 | 中古期漢族盛世時代(自秦及西漢之初葉至唐之中葉及末世) | 中古期漢族盛世時代(自秦一統至唐之亡) | 中古期漢族全盛時代(從秦一統至唐亡) | 中古期漢族盛勢時代(從“始皇帝政策”至“唐之亡與群雄割據”) | 中古期漢族優勢時代(秦漢至唐末) |

| | | | | | | | |
|---|---|---|---|---|---|---|---|
| 中世史<br>1. 唐亡爲907年<br>2. 五代十國，自907年至北宋立國(960)<br>3. 遼耶律賢稱帝於970年 | | 中世史　自隋之統一南北時至宋之亡 | 近古期　蒙古族最盛時代（自契丹及北宋至明之中葉及末世） | 近古期　蒙古族最盛時代，謂自五代至清之興，凡七百年間是也，當此間漢族氣焰全衰，塞外諸侯漸得勢 | 近古期　蒙古族極盛時代，專指五代至明末 | （全書衹在總論中談及其章目，没有書寫其内容） | 近古期　蒙古族最盛時代（契丹至明） |

周同愈譯《中等東洋史教科書》，山東官印局、金爲譯桑原騭藏《東洋史要》與原日文桑原的《中等東洋史教科書》對中國史分期標準①，雖有少許不同，如“中世期”內，原本日文表述近古期起自“契丹”，兩本漢文譯本名爲“第四部近古期上第一篇契丹及北宋”，二書內容均先述契丹興起，次述宋統一，最後述蒙古之興，與原本日文本均是一樣的。故山東官印局及金爲譯的桑原騭藏《東洋史要》二書可視爲同一書，而陳毅譯市村《支那史要》，實有不同，前者主要從東亞諸國與中國歷史發展之角度述中國史，“以東亞爲經，餘部爲緯，演繹其間種族之衰旺，邦家之廢興，嶷然而與西洋史相班，劃然而幹世界史之半者也”，而《支那史要》主要述中國“本部，人民之栖息，既在五千年前，黄河與揚子江之間，既歸苗人種之占領。及漢人種來自西北，繁殖於黄河沿岸，初生兩人種之衝突。漢人種以智識體力之優，遂次第驅逐苗人種而蔓延於各地”，主要述中國本部漢種與其他中國境内苗人種、蒙古人種、滿洲人種、回回人種的“此人種之行爲，即造成四千餘年之歷史者也”，故市村《支那史要》與那珂《支那通史》可視爲同一類的書籍，借比較桑原的《東洋史要》，與那珂、市村二書，可見此兩大類通史對中國史分期的不同看法：

| 分期/作者及書名 | 陳毅譯，市村瓚次郎著《支那史要》 | 山東官印局譯，桑原騭藏著《東洋史要》漢文譯本 | 周同愈譯，桑原騭藏著《中等東洋史教科書》 | 金爲譯，桑原騭藏著《東洋史要》漢文譯本 | 那珂通世《支那通史》 |
|---|---|---|---|---|---|
| 古代史 | 古代史　自開闢至堯舜之沿世 | 上古期　漢族增勢時代（太古至秦一統之間也） | 上古期　漢族勃興時代（太古至秦之一統） | 上古期<br>漢族膨脹時代（太古至秦統一） | 上世<br>唐虞<br>三代<br>春秋<br>戰國 |
| 上世史 | 上世史　自秦吞并六國至隋一統南北 | 中古期　漢族盛世時代（自秦一統至唐之亡） | 中古期　漢族盛世時代（自秦及西漢之初葉至唐之中葉及末世） | 中古期　漢族全盛時代（從秦一統至唐亡） | 中世上<br>春秋戰國至晉并吴<br>中世中<br>晉南北朝<br>隋唐 |

① 見桑原騭藏著，金爲譯《凡例·譯者識》，《東洋史要》，第1~3頁。見桑原騭藏著《卷首》，《東洋史要》，第1頁；桑原騭藏著，金爲譯：《東洋史要》，商務印書館1908年版。周同愈：《重譯中等東洋史自序》，桑原騭藏著，周同愈譯《中等東洋史教科書》，文明書局1904年版。陳毅：《致那珂通世的信》（1902），李慶編注：《東瀛遺墨》，上海人民出版社1999年版，第111頁。

| | | | | | |
|---|---|---|---|---|---|
| **中世史** | 中世史　自隋之統一南北時至宋之亡 | 近古期　蒙古族最盛時代，謂自五代至清之興，凡七百年間是也，當此間漢族氣焰全衰，塞外諸侯漸得勢 | 近古期　蒙古族最盛時代（自契丹及北宋至明之中葉及末世） | 近古期　蒙古族極盛時代，專指五代至明末 | 中世下<br>五代遼宋金 |

市村與那珂表述中國史“中古”期的指涉範圍，有以下不同之處：第一，名稱方面：市村以“古代史”指稱三代，那珂把三代名爲“上世”；第二，市村以“上世史自秦并吞六國至隋一統南北”，那珂則把春秋戰國至晋并吴，乃至宋遼金爲“中世”；第三，市村以“中世史自隋之統一南北時至宋之亡”，那珂表述中世階段，上自春秋戰國，下迄五代遼宋金。可見市村及那珂二氏，雖對中古史的指涉範圍有不同的觀點，然而二氏同以表述漢種族政治、經濟、歷史發展爲依歸，二氏同樣要求表述治亂與“種族盛衰，互有關係”的歷史，其中尤注意中國“境内之人種競争，當至與世界之各人種競争也，是可以觀世變矣”，二氏同以表述漢種族發展及文明開化爲主要的觀點。



比較那珂、市村二氏撰寫的“中國史”，與桑原編寫的“東洋史”，以上三書表述中國史“中古”範圍之觀點，其不同處爲：第一，那珂多持唐虞三代爲中國史的開端，而桑原從漢種族及文化制度上研究中國史，故桑原表述上古史，爲“上古期漢族膨脹時代”；同時，那珂及市村二氏雖同樣認爲唐虞三代爲傳疑的歷史，但未如桑原從整個漢族發展及制度的角度出發，而把三代與秦統一劃爲一個時代；第二，桑原從東亞諸國的發展檢視中國的地位，那珂、市村二氏均從中國境内的歷史討論中國史的發展。桑原表述的“中國”，爲一個“以中國本部之大勢爲樞紐，而參考其四圍諸國之興亡，各族之盛衰，與有關係者”，東洋史就是一個由“漢族中國”與“塞外諸國”等中國周邊地區構成的“東洋”空間展開的歷史，故太古至秦統一，爲“漢族之勢力，寖假體用膨脹，行且難免與塞外諸外諸國相衝突”的時代，而自秦漢至唐亡爲漢族勢力遠及中亞、西亞及歐洲東部，此爲“中古期漢族全盛時代”，蒙古族建立國家，拔都遠征至莫斯科、匈牙利等，蒙古分崩後，不少領地爲露西亞（俄羅斯）“蠶食”的中亞；加之，桑原不如那珂氏以中國華夏及諸族開化文明興衰爲分期，桑原衹以民族在“争天下”的競争爲分期標準，桑原以秦漢至唐末爲中古期，把契丹至宋以後的歷史定爲近古期，也是“蒙古族極盛時代”，此時“漢族之氣焰全熸，塞外諸族更迭得勢，通古斯族（按：桑原指契丹、女真）先興，蒙古族起而建元朝，統一東亞”，更席捲西北，餘威及歐洲大陸。表述蒙古國的意義，不是朝代興替的觀點，也不是那珂傳入的歐洲文明史觀，而是中國在内的歐亞大陸不同民族群體的競争，桑原不關心清朝文明的興衰，而是把清朝放在歐亞“争天下”中管治中國與周邊諸國的統治問題。①

此外，漢譯日文有關中國通史的專著，從世界歷史文化的角度，檢視東洋諸國及中國通史的作品，也有上海競化書局譯白河次郎、國府種德的《支那文明史》。此書原爲日文，其漢譯本已於1903年出版②，書中把中國文明放在世界文明發展上，進行考察，并把世界文明簡單地分爲“太古”及“近世”兩個階段，没有另立“中古”階段。世界文明的源泉分爲五個文明中心，“各胚胎一定之文明，而使濫觴於一潮流，從一中心出之文明與他中心出文明，二潮流及二以上的潮流相合流”，形成世界文明的大潮流，如中國的黄河及揚子江，印度的印度河及恒河，美索帕德米的格里士、阿付臘底斯河（按：底格里斯河及幼發拉底河），埃及的尼羅河，亞美利加的米司希比河。而美索帕德米的文明與埃及文明接觸，成爲歐洲文明；中國“文明與美索帕德米之文明結合而成太古之東洋史，更與印度之文明接觸而東洋之中古史以開”。成吉思汗統治下的文明，多流行於東歐羅巴，促使“歐羅巴之文明”與中國文明“始直相灌輸”。元代以前的中國歷史爲亞細亞文明的歷史，元代歐羅巴、亞細亞大陸之歷史始開。總結漢武帝以前爲中國與美索帕德米文明有關係之時代，武帝以後至元朝忽必烈爲開美索帕德米及印度文明與中國相結合之時代，忽必烈以後的歷史爲“近世史”，此也是“干係開始”中國文明與歐羅巴文明結合時代，形成“亞細亞之文明史”。可見，白河及國府二氏的觀點，仍受歐洲文明史觀的影響，從世界文明交流的角度闡述中國史。他們認爲中國史不獨是中國個體的歷史，更把中國的地位放在東亞及全球文化考察，以接受文明進步史觀爲判斷國家地位興衰，强調文明地域文化交流的重要。因忽必烈以後的中國與歐洲文明交流，故從全球文明的角度考察，白河及國府二氏稱此時段爲“近世史”。



晚清學界甚重視這些自日本傳入的中國通史著作。如徐維則、顧燮光《增版東西學書録》一書，除了介紹那珂通世《支那通史》，也談及桑原騭藏的《東洋史要》，認爲此書是“合東洋諸國爲一歷史團體於亞細亞東方民族之盛衰邦國之興亡，言之甚詳，而南方亞細亞，中央亞細亞與有關係者，亦略述之，洵爲世界史教科善本”③。梁啓超於1899年發表的《東籍月旦》，雖未稱美那珂一書，但也稱譽桑原及白河二氏之書，

---

① 本文未談及有關研究桑原騭藏表述“近世”觀點及“近世”觀念在日本史學界的演變，有關此方面的研究，可參見岸本美緒著，黄東蘭譯《中國史研究中“近世”概念》，《新史學》第4卷，中華書局2010年版，第81～98頁。

② ［日］白河次郎、國府種德著，上海競化書局譯：《支那文明史》，競化書局1903年版，第1～6頁。此書實受 Terrien De Lacouperie, *Western Origin of the Early Chinese Civilization* (London: Asher & Co.) 一書的影響，見 Tze～ki Hon（韓子奇），“From a Hierarchy in Time to a Hierarchy in Space: The Meanings of Sino～Babylonianism in Early Twentieth～century China”, *Modern China*, Vol. 36(2010)2, pp. 139～169. 韓子奇指出，章太炎、劉師培提倡種族革命及其對中國史分期的觀點，也受《支那文明史》的影響。

③ 徐維則、顧燮光編：《增版東西學書録》，第42頁。

梁氏認爲那珂一書之弊爲“此書與市村氏之著，體裁略同，而完善尚不逮之，蓋前書頗近新體，此書全仍舊體也”，反之桑原一書“爲最晚出之書，頗能包羅諸家之所長，專爲中學校教科用，條理頗整……繁簡得宜，論斷有識”，稱後者爲“此書乃草創之作，雖非完善，然大略椎輪，厥意亦良善矣”①，在民間及清政府推動下，日人撰寫中國通史的教材，更廣爲國人所注意；加上這些東洋通史或中國通史的體裁，不同於中國傳統史書的書寫框架，前者從政治、社會、歷史文化瞭解自古至今的中國情形，注意到中國與東洋諸國的關係。又這些自日本傳入的中國通史教科書，多爲篇章體的教科書，先按歷史分期，在其下分章節、分段。晚清官員也可以按這些漢譯教科書表述分期的內容。爲每學年史學門教學的內容。王國維於 1899 年在《東洋史要序》一文説，“自近世歷史爲一科學，故事實之間不可無系統。抑無論何學，苟無系統之智識者，不可謂之科學。中國之所謂歷史，殆無有系統者，不過集合社會中散見之事實，單可稱史料而已，不得云歷史”，又言“然則東方諸國，所以有現時之社會狀態者，皆一一有其所由然，不可不察也。故欲解釋現時之社會狀態者……則研究東洋史其要也”②，傳統中國歷史教學尚没有系統，也未注意中國、東亞諸國及各族群的關係。處在 20 世紀，東亞受到歐洲列强所迫，衹瞭解中國本地的歷史文化，不足瞭解萬國，故必須把中國與東亞諸國關係，放在萬國中考察，纔可“解釋現時之社會狀態”，纔可明白20 世紀末東洋諸國受到西洋列國影響的原因，衹有研究及引介日人東洋史及中國史的著作，纔可以補救傳統中國歷史教學之弊。隨着這些中譯中國通史及東洋史的教科書在中國流行，帶動日人書寫中國史著作體例漸爲國人所效法，國人開始以這些體裁及歷史分期撰寫中國通史。



其二，國人改編自日本傳入“中古”分期觀點的中國通史著作，先介紹經官辦學部審定及爲地方學堂所用，爲國人以三段論内“中古”分期觀點的中國通史著作，得見國人反思自日傳入“中古”觀念及其去取三段論的情况。③

---

① 梁啓超：《東籍月旦》（1899），收入《飲冰室合集》第 1 册，中華書局 1989 年版，第 98、100 頁。

② 王國維：《〈東洋史要〉序》，《王國維全集》第 14 卷，浙江教育出版社 2009 年版，第 2 ~ 3 頁。有關日本史學對晚清中國的啓導，見王汎森《“思想資源”與“概念工具”——戊戌前後的幾種日本因素》，《中國近代思想與學術的系譜》，臺灣聯經出版事業股份有限公司 2003 年版，第 181 ~ 194 頁。

③ 比如，劉師培《中國歷史教科書》（《劉申叔先生遺書》本）；柳詒徵《歷代史略》，江楚書局 1902、1903 年版；夏曾佑《最新中學教科書中國歷史》，楊琥編《夏曾佑集》，上海古籍出版社 2011 年版（1904 年，第 1 册；1905 年，第 2 册；1906 年，第 3 册）；陳慶年《中國歷史教科書》，商務印書館 1903 年版；屠寄《京師大學堂史學科講義》（北京師範大學圖書館藏）；汪榮寶《本朝史講義》（原爲《京師大學堂講義》），《近代中國史料叢刊續編》第 49 輯，臺灣文海出版社 1965 年版；陳懋治《高等小學中國歷史教科書》，文明書局 1906 年版；丁寶書《蒙學中國歷史教科書》，商務印書館 1904 年版；姚祖義《最新高等小學中國歷史教科書》，商務印書館 1904 年版。

| 史著名稱/分期 | 那珂通世《支那通史》 | 桑原騭藏《東洋史要》 | 劉師培《中國歷史教科書》 | 柳詒徵《歷代史略》(1902,1903) | 夏曾佑《最新中學教科書中國歷史》(1904,第1冊;1905,第2冊;1906,第3冊) | 陳慶年《中國歷史教科書》(1903—1906) | 屠寄《京師大學堂史學科講義》 | 汪榮寶《本朝史講義》(原爲《京師大學堂講義》) | 陳懋治《高等小學中國歷史教科書》(1906) | 丁寶書《蒙學中國歷史教科書》(1904) | 姚祖義《最新高等小學中國歷史教科書》(1904) |
|---|---|---|---|---|---|---|---|---|---|---|---|
| 上古 | 上世 唐虞三代春秋戰國 | 上古期 漢族膨脹期(太古至秦統一中國) | 上古時代(第二課由九頭紀至禪通紀,凡所謂古代者由上古起至殷代止)(但此書也有述西周史,未記述周以後的歷史) | 上世史 自唐虞三代至六國并於秦三千餘年 | 上古之世 自草昧以至周末(開闢至周初爲傳疑之期;周中葉至戰國爲化成之期) | 上古期 漢族增勢時代(太古至秦一統之間) | 太古史第一(第一章自開闢至敘命紀,黄帝與帝摯)上古史第二 第一章 唐虞至秦之統一 | 上古 太古至戰國(未有内容) | 第二編 上古 第一章 三皇五帝 至第六章 上古之學術 | 第一篇 中國之古代(唐虞三代) | 第一課上古時代(第一課歷朝國統,第二課上古時代至五帝開化至第六十課司馬氏并吴)第1冊 |
| 中古 | 中世上 秦漢(附録秦漢三國世系) | 中古期 漢族優勢時代(秦漢至唐末) | | 中世史 自秦歷漢晋至唐一千餘年 | 中古之世 自秦至唐(秦至三國,爲極盛之期;晋至隋爲中衰之期;唐室一代爲復盛之期) | 中古期 漢族盛勢時代(自秦統一至唐之亡) | 中古史第三 秦至唐(尚未述唐以後的歷史分期) | 中古 自秦至唐(未有内容) | 第三編 中古(第一章秦至第十五章中古之宗教) | 第二篇 秦漢三國時代 | 卷二(第一課晋初八王之亂至第六十課五季列國之亡)第2冊 |

以上均爲部分國人撰寫的中國通史教科書或講義，這些編著者既有明言是改編日本傳入的三段論，也有未明言三段論影響其書寫體例的，細觀之，其實乃受三段論的啓導。從傳承及改編三段論的觀點，自可見三段論在中國的流變，尤以改編三段論者，更知國人不是全盤接受三段論，而是依中國國情及其個人觀點，加以更改；并可見國人編國史與漢譯日文國史，在表述中國史分期的問題上之异同：從二者所同的觀點，可見國人傳承三段論内“中古”歷史分期觀念；從二者相异的觀點，可見國人改動自日本傳入三段論内“中古”歷史分期觀念之處。

以下再看國人在編寫中國史教科書或教材時，怎樣運用自日本傳入的“中古”觀念編寫中國史教科書；或重新審視中國歷史發展，修改自日傳入“中古”觀念之教科書的書寫内容：

其一，國人與日人同以中國史中古（中世）期的發展主脉，其表述中國史内容爲起自秦，但二者對中國史下迄時限則有不同的意見。國人與桑原均以上古期迄秦統一，但那珂以中古期斷至宋金，桑原則斷至唐亡，就算改編那珂一書的柳詒徵《歷代史略》也把中古下限至唐亡，陳慶年一書自言改自桑原一書，自是上承桑原之説，夏曾佑、汪榮寶、陳懋治書寫中古期下迄至唐亡。那珂氏把“中古”期分爲“中世上”“中世中”“中世下”的觀點，此書寫框架，也不爲其他國人承襲，若以此分期而言，似乎不少國人采用桑原之説。夏曾佑更把中古之世，細分爲極盛之期、中衰之期、復盛之期。誠然，中日學者多認同從中國境内漢民族與周邊諸國族群交流、混同及各民族壯大的歷史，爲考察中國歷史發展的主脉，夏曾佑尤多注意以文化發展與治亂興衰、各種制度演變的互動關係書寫中國史。



其二，國人與日人表述自蒙古族興起，下迄晚清爲近古（近世）期中國史的發展主脉。然那珂所言“中古期”下斷自宋金，近世期始自蒙古；桑原則以“近古期”始自契丹族與漢族群的戰争，終至金與宋（北宋）在中國北方建立皇朝之史事。柳詒徵既可能因那珂尚未述及元代以後的史事，也可能受到桑原强調漢族與亞洲諸國族互動表述所影響，故書近世期起自五代，下至明亡。夏、汪、陳氏均以近古期自（五季）宋至明或當代（按：清），衹是夏氏再把近古期分爲“退化之期”“更化之朝”。

從以上表列所見國人編寫教科書，已運用三段論内“中古”歷史分期的標準，設計教材及編寫中國通史的教科書，由是可見以“中古”觀念書寫中國史已受國人所關注；然而，運用“中古”觀念書寫框架，也有不少通史教科書及教材的設計，按個别編者的構想進行了修改。

夏曾佑編寫《最新中學教科書中國歷史》一書，所列的中國史分期，已見他認爲中國自草昧至周末爲上古之世，“此時期之事，并無信史”，衹從群籍中見，三皇五帝是“寓言”，雖“寓言、實事不可分，讀者各信其所習而已”，史料不足徵，衹可列爲上古之世的“傳疑期”，作者更以中國文化整體發展，以中國種族、文教、政治、治亂興衰、漢族與少數民族（包括匈奴、氐、鮮卑、羌等族）的關係爲歷史分期的標準，因爲周朝定立封建制，春秋戰國又有孔孟學説的出現，此與日後儒家思想的發展甚有關係，作者認爲此是中國文化“化成之期”，“此期之學問，達中國之極端，後人不過實行其諸派中之一分，以各蒙其利害”。① 秦至三國已進入“中古之世”，此時人才極盛，“凡其兵事，皆同種相戰，而别種人則稽顙於闕廷，此由實行第二期人之理想而得其良果者”，既是文教大開，也因對外用兵，漢族與其他族群交往日多，中國文化由是“極盛”；但夏曾佑指出，自晋至隋的史事爲“外族侵入，握其政權，而宗教亦大受外教之變化”，從以儒家文化爲中國歷史的主脉發展而言，佛教爲外來宗教，傳入後却影響儒家文化，此名爲“中衰期”。可惜書中没有表述隋以後各朝代的歷史，衹好從書中《古今世變之大概》一節，得知夏曾佑認爲唐代“國力之强，略與漢等，而風俗不逮，然已勝於其後矣，故謂之復盛期”，唐代擴張已有漢族群版圖，但“胡風”傳入，影響了儒家文化的發展，可知在夏氏看來，政治上國力强大及儒家主流文化的發展爲歷史分期的標準之一，書中名這時段爲“復盛期”。進入五代宋元明的史事爲“學殖荒蕪，風俗凌替，兵力、財力逐漸摧頽，漸有不能獨立之象”，少數民族再次入侵，契丹建金，元代立國，明室雖復漢室政權，但漢族政權不復漢唐盛世，衹是“附會第二期人之理想，而得其惡果者，故謂之退化期”。終至滿族人立國，爲“前半，學問、政治集秦以來之大成，後半世局人心，開秦以來所未有”。自秦建立中央集權以來，歷代相承，乃至明末遇上歐洲勢力的入侵，“秦人成局已窮，而將轉入他局者，故謂之更化期”。夏曾佑既受晚清今文學派思想的影響，强調求變化，更名清期後半部的歷史爲“將轉入他局者，故謂之更化期”，又從整體考察中國文化的發展，以定立中國史的分期標準。夏曾佑雖如那珂君從制度、漢族皇朝發展、儒家思想興衰、文明史觀上，重視文明教化發展的角度，闡述中國歷史，但不同於那珂及桑原二氏者，爲日本學者多注意從漢族與境内族群發展的角度闡述中國史，如桑原氏多以種族群文化互動的情况爲焦點，不同於夏曾佑多以儒家文化發展爲朝代興衰的要點。

陳懋治《高等小學中國歷史教科書》把中國史發展分爲上古、中古、近世，書中第三編第一章“秦”至第十五章“中古之宗教”，把自秦統一至滿洲興起定爲“中古”史的範圍。

民國建元後，學界對中國史的分期，仍有不同的意見。20 世紀 20 年代末，中國史學進入社會史論戰，其後更有運用馬克思主義史學（原始社會、奴隸社會、封建社會、資本主義社會及共産主義社會）的五個階段論解釋中國通史。但在社會史論戰前，不少編著中國史教科書的學者，在編次史書時，也修改了三段論；也有不少學者發言批評三段論之失，他們的觀點上承晚清史學者倡言按中國國情發展，要重新審視三段論中

① 夏曾佑：《最新中學教科書中國歷史》，楊琥編《夏曾佑集》下册，第 792 ~ 793 頁。

“中古”歷史分期的標準；明顯地，在晚清時爲中國史主脉的三段論，至民初受到批評的聲音較昔日爲多，這應是受到民初民族主義思潮影響，也可能是受到學術制度化及學術發展“中國化”之風尚影響。20世紀20年代後，學界多希望以中國本土歷史事實，檢視運用域外觀念研究中國史是否恰當，由此帶動學界重新檢視三段論爲中國史分期的標準。

民初重刊清末胡朝陽《第一簡明歷史啓蒙》一書，胡氏運用三段論中的“中古”分期觀念表述中國史發展。此書雖成於光緒三十四年（1908），及至民國十二年（1923）已刊行三十九版，并經四次訂正，此書對象自是兒童，雖未能詳解確立三段論的標準，此書仍以自開闢天地至秦統一爲上古期，秦至宋亡爲中古期，把作者建構“中古”分期的歷史知識傳給學童。①

1913年，中華書局出版湯存德編《高等小學校用新制中華歷史教授書》，此書以太古至戰國爲“古代史”，秦始皇統一至北魏孝文帝爲“中代史上”，自隋文帝統一至唐黄巢之亂爲“中代史下”，自五代至海都之亂爲“近代史上”。湯氏表述中國史的分期，雖把前人的“中古史”易名爲“中代史”，衹是加了自清至中華民國成立爲“最近代史”階段，“最近代史”以上各階段的論述均上承晚清的三段論。書中“古代史”編目下，開列：第一課太古之由來，第二課太古之創造，第三課黄帝，第四課唐堯及虞舜，第五課夏禹之傳子，第六課少康，第七課商成湯，第八課伊尹，第九課周文王武王，第十課周公召公，第十一課周穆王，第十二課共和之始，第十三課東周，第十四課春秋霸者之一，第十五課春秋霸者之二，第十六課管仲，第十七課孔子，第十八課戰國諸雄一，第十九課戰國諸雄二，第二十課商鞅，第二十一課孟子，第二十二課游説之士，第二十三課養客之四君。至於“中代史上”其内容爲：第一課秦始皇之統一，第二課項羽，第三課漢高祖之統一，第四課漢武帝……第六課張騫與蘇武，第七課東漢光武帝，第八課班超，第九課黨錮諸賢，第十課董卓之亂政，第十一課三國，第十二課諸葛亮，第十三課晋武帝之統一，第十四課東晋與五胡，第十五課王導與謝安等課文本，從以上綱目内容可知，作者時以人物，時以歷史事件，時以文化制度爲表述内容，也可見作者是以漢族的政治及文化發展爲各級歷史階段的標準。②

1916年，經審定發行的中華書局編刊《高等小學新式歷史教科書》全書共分三册，第一册：第一太古，第二開化之始，第三黄帝，第四唐堯，第五虞舜，第六后稷，第七夏禹，第八少康中興，第九商湯，第十周武王，第十一成王，第十二穆王，第十三厲王，第十四宣王平王，第十五春秋戰國；第二册：第一管仲，第二子産，第三孔子，第四老子，第五墨子，第六孟子，第七游説之士及四君，第八秦始皇，第九項羽，第十漢

① 胡朝陽:《第一簡明歷史啓蒙》，上海新學會社1913年版，第45、58頁。

② 湯存德編:《高等小學校用新制中華歷史教授書》，中華書局1913年版。

高祖，第十一漢武，第十二張騫蘇武，第十三東漢光武帝，第十四班超，第十五黨錮，第十六董卓；第三册述自三國至隋統一前；第四册記隋統一至唐亡；第五册“第一五代十國之興亡”至第十三“五代至明之政教學術”，全書的最後一章爲上接第十三“五代至明之政教學術”的第十四“清中葉”，可見作者雖衹列三段論中“太古”的名稱，没有列“中古”及“近世”之名，但作者仍用“太古”一名指稱先秦的歷史，作者也把五代十國與明代史事合爲一册，此近於桑原氏把五代十國及契丹的歷史列爲“近世”開端之觀點。①

顧頡剛、王鍾麒於1923年至1924年陸續出版的《現代初中教科書本國史》一書又是怎樣表述三段論中的“中古”範圍呢？作者把中國史分爲五個時期：“A. 上古—秦以前，B. 中古—從秦初到五代之末，C. 近古—從宋初到明末，D. 近世—清朝，E. 現代—中華民國。”② 太古時代，没有可靠史料，故衹可稱爲“無史時代”，但此時族群漸擴張，器物日漸發展，“文字的應用也漸露萌芽”“由渙散的部落漸進爲明定的封建，由明定的封建漸漸地兼并做單一的國家，到秦朝的統一，恰恰成就一個政治演進的時代”。此時主要的歷史精神是“政權的集中和民間思想的發達”，而受到外族的影響極少，衹是中國境内各族群的自由活動，所以“上古期又可認做‘域内文明的成人時代’”。自秦漢至五代，中國境内統一，行郡縣，但“政治上的根本精神却老没改動；政治的中心人物，差不多都是秦始皇的幻相”，此時也有五胡亂華及印度佛教傳入，中原文化南遷與其他民族被“同化”，中國文化因吸收佛學“居然能從糟粕裏提出精華來”，中國文化由魏晋已暮氣，漸有“新血”及“返老還童”，故“中古”又是“中國民族文化的蜕變時代”。③



金兆梓於1923年編撰《新中學本國歷史》一書，以自開國至秦統一六國爲“上古史”，自秦統一建國至明季爲“中古史”，自清初至清亡爲“近世史”階段，而“上古史”的章節爲：第一章　有史以前之初民生活，第二章　國家之成立，第三章　唐虞之治，第四章　湯武革命，第五章　周初國家社會組織之進步，第六章　周之東遷與春秋之霸局，第七章　戰國時代，第八章　周末學術思想之發達，第九章　上古時代之民

---

① 中華書局編：《高等小學新式歷史教科書》，中華書局1917年版。

② 顧頡剛、王鍾麒：《現代初中教科書本國史》，《顧頡剛全集》第12卷，中華書局2011年版，第12～15頁。王鍾麒在《現代初中教科書本國史》表述的中國史分期之觀點與顧頡剛是同調的，王氏也以自太古至秦統一爲“上古史”，自秦之統一至明季爲“中古史”，又以疑古的態度治上古史，故在“上古史”一章，下列“一　古史傳説”節，《初中中國史教科書》，商務印書館1931年版，第24～30頁。有關顧頡剛及疑古史學的觀點，見王汎森《古史辨運動的興起》，臺灣允晨文化實業股份有限公司1987年版，第36～60頁。

③ 顧頡剛表述歷史分期的觀點，與顧氏以平等的態度視漢族與境内其他族群的觀點，甚有關係，此方面的論述，見氏著《我們應當歡迎蒙古人》（1925），《顧頡剛全集》第36卷，中華書局2011年版，第24～27頁。

生狀況，第十章　上古時代之宗教及風俗。金氏也運用三段論分析中國通史，書中“上古史”的階段及“中古史”的起點，同於那珂及桑原二氏的觀點，然而金氏表述“中古史”的迄點，不同於那珂及桑原二氏。①

1923 年，吕思勉編寫的第一本中國通史《白話本國史》，此書表述中國史分期爲：周以前爲“上古史”，自秦統一至唐全盛時代爲“中古史”，其下細分爲“中古史上”“中古史中”“中古史下”。從秦統一至後漢全盛時，爲“中古史上”；從漢末分裂至南北朝爲“中古史中”；從隋朝統一至唐朝全盛，爲“中古史下”。②

章嶔於 1914 年撰寫《中華通史》，此書也運用三段論中的“中古”觀念，表述中國史分期。章氏既肯定歷史爲表述人類發展之迹，“去古逾遠，則時間愈永，史實亦愈多，治史者憂夫史實之多，而所積時間之未易簡單包舉也，因是區分歷史時代而有量析數部之法”，爲求明析時代特色，故注意歷史分期。章氏以自黄帝歷春秋戰國至秦統一前爲甲編上古史期，自秦統一至漢亡爲乙編中古史期，自三國至唐亦爲乙編中古史期，自五代至明亡爲丙編近古史期，乃至滿族入主中原至民國爲丁編近世史期。章氏又在上古史期下把黄帝生活前後的史事，列爲“文明孕養時代”，夏商周爲“政治發展時代”，春秋戰國爲“封建解紐時代”；在中古史期下把秦漢列爲“帝權初熾貴族助長時代”，三國兩晋南北朝爲“神州分裂外力内侵時代”，隋唐爲“帝權再熾武人助長時代”。③



傅斯年於 1918 年發文批評桑原氏中國史分期的觀點，此文又與 20 世紀二三十年代學界注意中國學術研究應重回本土的討論，相爲呼應。傅斯年在《中國歷史分期之研究》中，先肯定中國歷史分期的意義“執一事以爲標準，爲之判别年代，一則察其遞變之迹，然後得其概括；一則振其綱領，然後便於學者”，昔日衹知有朝代，不知有時期，歷史應使讀者明白各時期政治變遷及社會遞變的大勢，判别轉移歷史的大事，闡述不是一家一姓的歷史，應注意各時期歷史變遷的分别，“一姓之變遷誠不足據爲分期之準也”，但其時出版歷史教科書多取桑原騭藏《東洋史要》，“概以桑原氏爲準，未見有變更其綱者”，但桑原的分期尚有可議：

> 似此分期，較之往日之不知分期，但論朝代者，得失之差，誠不可量。然一經中國著史學教科書者儘量取用，遂不可通。桑原氏書，雖以中華爲主體，而遠東諸民族自日本外，無不繫之。既不限於一國，則分期之誼，宜統合殊族以爲斷，不容

① 金兆梓:《新中學本國歷史》（中華書局 1923 年版）一書。又，金兆梓於 20 世紀 30 年代末撰寫《新編高中本國史》（中華書局 1936 年版），雖對中國史分期作了少許改動，但主要仍以三段論爲中國史分期的標準。

② 吕思勉:《白話本國史》,《吕思勉文集》，上海古籍出版社 2007 年版，第 11、661 ~ 766 頁。

③ 章嶔:《中華通史》，商務印書館 1935 年版，第 92 ~ 102 頁。

專就一國歷史之升降，分别年世，强執他族以就之。①

桑原氏一書祇就東洋諸國歷史及諸國互動的關係論述，未注意一國歷史的特色，强行把諸國民族交往的歷史放在同一時期論述，漢族最盛時代，歐人東漸時代，皆西方人對遠東歷史的分期法，非中國歷史分期法，“中國歷史之分期，此其失固由桑原，又不盡在桑原也。且如桑原所分，尤有不可通者二端”，一則分期標準不一，二則誤認爲歷來所謂漢族者爲古今一貫，因爲桑原一書在中國學界十分流行，國人書寫中國史多仿效其中國史分期，故傅氏發文批評桑原表述中國史分期的標準，也批評仿效桑原氏三段論的國史編著。一國歷史分期“宜執一事糾爲標準，此一事者，一經據爲標準之後，便不許復據他事别作標準”，歷史分期必以單一標準，不可取標準於一事以上，以種族變遷分上世與中古，應據種族之變遷分中世與近世，不可據政治改革，風俗易化爲分期標準，以種族爲大别，便以政治爲“細界”，取政治發展爲分期的標準，此不可與以種族發展的分期標準并列。傅氏更以英文的“Subdivision”（支分）的方法，認爲種族發展應成爲政治發展分期準標的“支分”，而“今桑原氏之分期法，始以漢族升降爲别，後又以東西交通爲判，所據以爲分本者，不能上下一貫，其弊一也”。況且，中國史上“諸夏”“漢族”自黄帝以來，歷代均有外族與漢族交往，但是如北狄南蠻對於漢族“但有向化，而無混合，但有變夷，而無變夏”，對於漢族文化“無增損也”；自漢至唐已非“漢族”一系，漢代中國與唐代中國不可謂同出一族，也“不可謂同一之中國”，隋唐所謂中華是“上承拓拔宇文之遺，與周漢魏晋不爲一貫，不僅其皇室异也，風俗政教，固大殊矣”，强合漢唐二代實有不當，漢與唐近，唐與宋近，故南北朝以前的中國爲“第一中國”，隋至宋不同民族多與漢族并列，故爲“第二中國”，可惜“今桑原氏泯其代謝之迹，强合一致，名曰‘漢族極盛時代’，是爲巨謬，其弊二也”。

因傅氏肯定種族發展爲中國史分期的標準，故他認爲中國史的分期，應注意以下幾個方面：第一，宜知中國所謂漢族於陳隋之間的大變化。第二，宜知唐宋兩代有漢、“胡”之消長，南宋之亡又爲中國歷史一大關鍵。第三，宜據中國種族之變遷升降爲分期標準。傅氏還認爲研究歷史應先辨種族，“漢族之變化升降以爲分期之標準，既合名學‘分本必一之説’，又似得中國歷史上變化之扼要，較之桑原氏忽以漢族盛衰爲言，忽以歐人東漸爲説者，頗覺簡當也”，要注意漢族建立的政權與其他族群的互動關係，以漢族地位升降爲歷史分期。傅氏把漢族與其他民族放在平等地位考察，而不以其他民族接受“漢化”與否爲研究中國境内族群地位升降的標準，更不談漢族與西洋人東漸的問題，蓋西力東漸主要影響者，不獨是中國國境，而是整個東洋地區，若依桑原氏以爲“近世”的特色，是歐力東漸的開始，則是忽視了中國境内漢族與少數民族文化交

① 傅斯年：《傅斯年史學論著》，上海書店出版社2014年版，第42頁。

往的情況。第四，宜别作“枝分”（Subdivision）勿使與初分相混。① 傅氏建議中國史分期，應先分上世、中世、近世、現世。上世再細分爲：周平王以前爲上世第一期，爲傳疑時代，自平王至秦始皇統一爲上世第二期，此時已有信史，而政治風俗自與西周有别，自秦始皇至晋立國爲上世第三期，政治上自成一系，自晋建興五年至陳亡爲上世第四期，政治及風俗自成一貫。細分中世範圍是：自陳亡至後周顯德爲中世第一期，自宋立國至祥興二年爲中世第二期。細分近世範圍是自宋祥興二年至元朝至元十六年爲近世第一期，主要“括蒙古一代”，自元至正二十四年至南明永曆十五年爲近世第二期，此爲明亡。他更强調漢、唐爲兩個不同歷史文化的系統，不可并稱“漢唐兩代，實不能比而同之”。② 總之，傅氏認爲中國史分期的標準，應以政治發展爲主，而參考種族地位升降，并認爲桑原對中國史分期的標準不統一，忽視了中國境内漢族與其他群族交往的史實，這種交往不可與15世紀以來歐人勢力東漸對東洋諸國影響混爲一談。傅氏以爲要以漢族與境内族群平等態度爲分期的標準，重視蒙古及清朝的地位，不可把漢、唐史事混爲一談，强調治中國史分期的標準，要多注意中國種族的内部情况。若結合日後傅氏在同年發表的《中國學術思想界之基本誤謬》及於1928年發表的《歷史語言研究所工作之旨趣》二文，其還强調學術研究要獨立專精，以及建議“我們要科學的東方學之正統在中國”。可見傅氏自1918年至1928年間，乃倡導學術研究要注意中國本土的問題，并以科學研究方法在中國建立國際東方學的領導地位，這些觀點與他在《中國歷史分期之研究》的論旨相呼應，也是呼喚中國學者進行研究時，應多注意本土内部的問題，不可强執外來的觀點，應以西方科學研究方法及觀點，結合中國事情進行深入的研究，這也是與20世紀二三十年代學術界倡議西學“中國化”問題，相爲呼應。③

陳寅恪於1919年12月14日與吴宓論學時，指出國人若以歐洲“中世”範圍指稱中國自秦漢至唐史，實有不當。《吴宓日記》已指出1919年12月，陳氏與吴宓在美國





① 傅斯年的“枝分”與“支分”甚有不同，傅氏言“支分”指通史表述的分期標準，應先以“種族”發展爲主脉之下，再在其下考慮設立政治、經濟、文化的類目；而傅氏言“枝分”則以上世、中世、近世、現世的範圍下，先分上世，再細分爲上世第一期、上世第二期、上世第三期及上世第四期。

② 傅斯年：《中國學術思想界之基本誤謬》（1918），《歷史語言研究所工作之旨趣》（1928），《傅斯年全集》，第1卷，第21～28頁；第3卷，第3～12頁。1938年，熊十力任教時，雖批評前人三段論的觀點，但他提出自三皇至六國亡爲上古史，自秦始皇統一六國至唐末五代爲中古史，自宋至南北兩京“失陷”爲近古史，自清順治入關至溥儀遜位爲近代史，自民國成立以來爲現代史的觀點，熊氏言上古史與中古史的分期觀點與那珂通世、桑原騭藏言上古及中古的論述甚爲相近，也可見自日本傳入的三段論對熊氏之影響，參見熊十力《中國歷史講話·中國哲學與西洋科學》，上海書店出版社2008年版，第25～101頁。

③ 王銘銘：《西學“中國化”的歷史困境》，廣西師範大學出版社2005年版，第32～57頁。

哈佛大學師事提倡人文精神、中西學經典學問并重的白璧德（Irving Babbit）時，陳氏治學已多注意研究中國的佛學，以爲“漢晋以還，佛教輸入，而以唐爲盛，唐之文治武功，交通西域，佛教流布，實爲世界文明史上，大可研究者。佛教於性理之學 Metaphysics 獨有深造，足救中國之缺乏，而爲常人所歡迎。惟其中之規律，多不合於中國之風俗習慣。故昌黎等攻闢之，然闢之而另無以濟其乏，則終難遏之。於是佛教大盛，宋儒若程若朱，皆深通佛教者，既喜其義理之高明詳盡，足以救中國之缺失，而又憂其用夷復夏也。乃求得而兩全之法，避其名而居其實，取其珠而還其櫝，采佛理之精粹以之注解四書五經，名爲闡明古學，實則吸收异教。……佛教實有功於中國甚大”。因爲自印度傳入的佛教，對中國文化的影響甚大，甚至是“足救中國之缺乏，而爲常人所歡迎”，外來的文明實對中國思想文化甚有貢獻，但國人用西方啓蒙思想家倡導的“中世”時段，指稱中國自漢至唐的歷史，實不明西方啓蒙思想家以“中世”表述爲“黑暗時代”，故希望國人反思以“中世”歷史時期指稱中國史是否恰當，并説“歐洲之中世，名爲黑暗時代 Dark Ages，實未盡然，吾國之中世，亦不同，甚可研究而發明之也”。①



## 五、小　結

一時代有一時代的學問，清末時日本學者編撰的中國通史著作的傳入，帶動了由中國學者引入文明史觀表述下的“中古”歷史分期。自日本傳入的三段論不衹對中國通史著作産生影響，更涉及對當時不同學科的討論及運用。蓋晚清爲適應新時代及新教育要求，傳入原爲漢文本的那珂通世《支那通史》，漢譯的桑原騭藏《東洋史要》及市村瓚次郎《支那史要》等日本學者撰寫的中國通史教科書，使上古、中古及近世的三個階段論，在中國廣泛傳播。以階段論表述中國歷史分期的觀點，强調“後”階段取代“前”階段的文明進化史觀，甚爲切合晚清知識界要求富强的目的，國人紛紛仿效這種單綫性發展的文明史觀，編撰中國通史；然而，深入分析，可知時代日漸發展，國人也逐漸重視中國本土的主體性特色，反省三段論及以中古指稱中國史的時段，有些學者希望揚弃自日本傳入的三段論，呼喚國人應按中國國情編寫國史。1927 年以後，又有運用馬克思主義史學解釋中國歷史者。② 近年，學界普遍呼喚要從東亞諸國主體性的角度研究各國的歷史，不少學者懷疑是否可以繼續運用這種自歐洲傳至日本，再經日本傳至中國的三段論書寫中國通史模式。若放弃這種書寫通史的模式，是否可以完全泯去以西

① 《吴宓日記》II“1919 年 12 月 14 日”條，第 102 ~ 103 頁。

② 王學典、牛方玉：《唯物史觀與倫理史觀的衝突——階級觀點問題研究》，河南大學出版社 2010 年版，第 14 ~ 28 頁。

方爲首的“文明史觀”，完全漠視西方“現代化”的書寫模式？怎樣以亞洲諸國本土情況書寫框架，代替昔日西方“現代化”及進步史觀的通史書寫模式？我們期望21世紀亞洲學界可以從全球本土學（Golcalogy）結合地方（local）、區域（regional）與全球化（global）着眼，秉持東洋與西洋平等互動的觀念，以各國學者所屬的地域，爲所屬的國家設計一套屬於本國史及“中世”的歷史分期標準。①



① “Golcalogy”（全球本土學），參見白永瑞《對話互動之相映——全球本土學視角下的臺灣與韓國之漢學研究》，《漢學研究通訊》2012年第31卷第1期，第23～30頁；《横觀東亞：從核心現場重思東亞歷史》，臺灣聯經出版事業股份有限公司2016年版，第217～302頁。

# 後　記

李啓文

《中國古代政治制度與歷史地理——嚴耕望先生百齡紀念論文集》之出版，固得力於香港中文大學歷史系中國歷史研究中心與新亞研究所，其間承香港中文大學歷史系系主任黎明釗教授、新亞研究所所長劉楚華教授之體諒，香港中文大學歷史系陳麗賢女士之多所協助，銘感至深。

今年（2019）春，齊魯書社寄來二樣稿本，除各篇作者自校外，余亦校對一過，以補其資料有誤及漏校者。仲冬，再爲三樣本校對，承臺灣“中研院”中國文哲研究所蔣秋華教授、湖南科技學院朱雪芳副教授裨助，惠賜所需資料，故雖困處蝸居，尚可校核全書。① 然終能付梓，蓋亦蒙齊魯書社李軍宏女士、史全超先生、曹新月女士之襄助，始克有成；故謹致蕪辭，以志其事。

2018 年 9 月 16 日颱風“山竹”襲港日初稿，
2019 年 9 月 13 日（己亥中秋）補記，
2019 年 12 月 15 日三校後再記



① 〔北宋〕沈括《夢溪筆談》卷二五《雜志》二云：“宋宣獻……常謂：‘校書如掃塵，一面掃，一面生。故有一書每三四校，猶有脱謬。’”（見胡道静《夢溪筆談校證》第 479 條，《胡道静文集》，上海人民出版社 2011 年版，第 604 頁）是也。余雖全書校閲一過，付梓流程中，固仍有缺漏者也。